江西通史

主编 钟起煌
顾问 周銮书
副主编 邵鸿 彭适凡（常务） 方志远

江西人民出版社
Jiangxi People's Publishing House
全国百佳出版社

《江西通史》编辑委员会

江西通史

明代卷

方志远　谢宏维　著

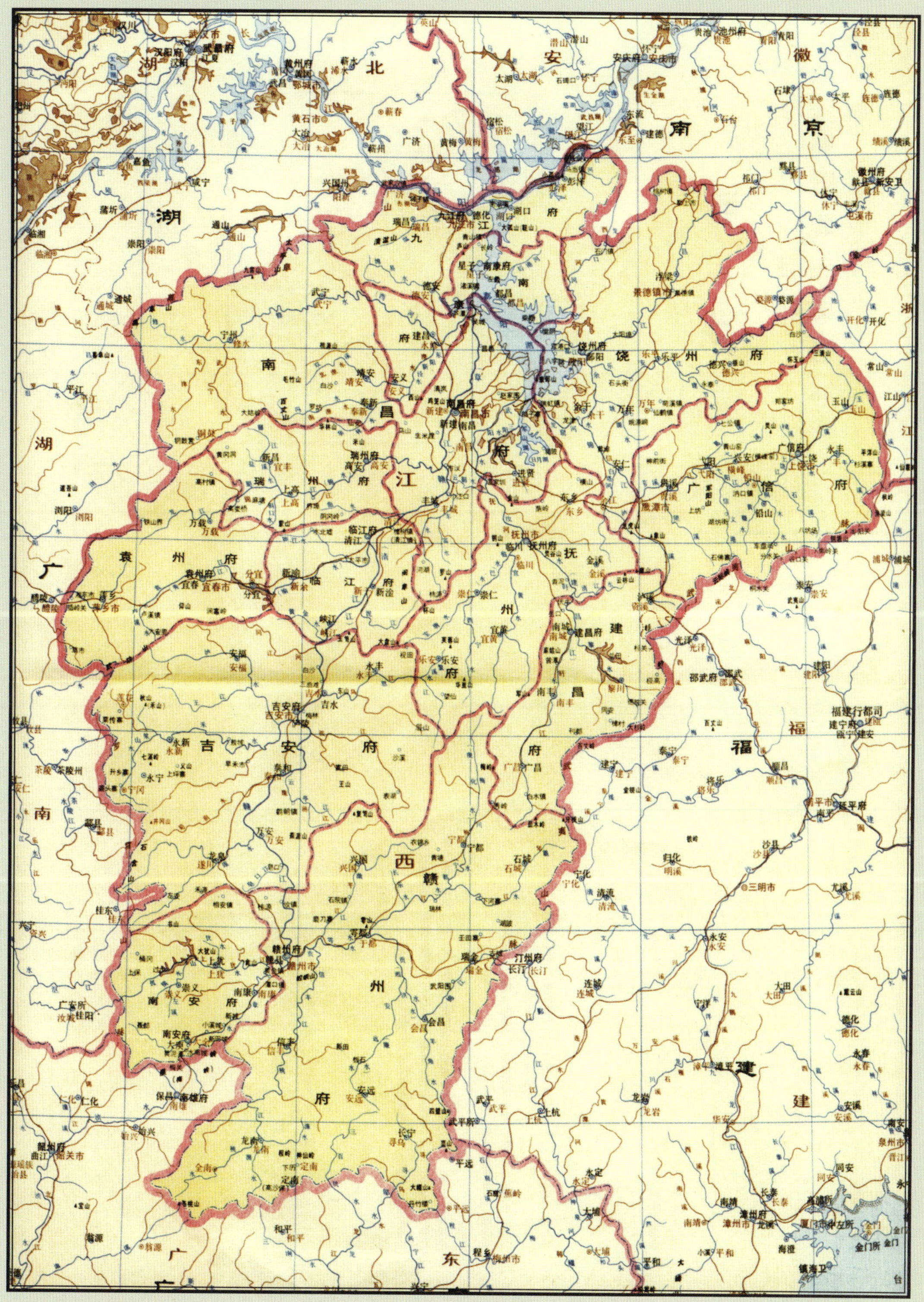
湖北
安徽
南京
湖南
广东
福建
浙江
九江府
南康府
南昌府
饶州府
广信府
瑞州府
袁州府
临江府
抚州府
建昌府
吉安府
赣州府
南安府

明代江西政区图

①

②

① 吉安渼陂村养源书院
② 赣县夏府村戚氏宗祠
③ 明永乐青花花卉执壶
④ 明宣德青花海水白龙纹扁瓶
⑤ 明益定王夫妇合葬墓出土的镂雕蟠螭穿花纹玉香筒

③

④

⑤

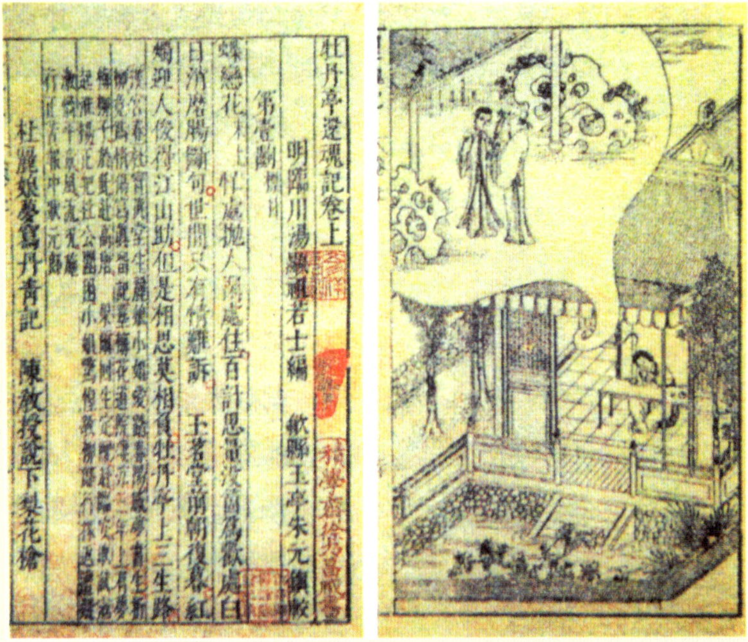

①

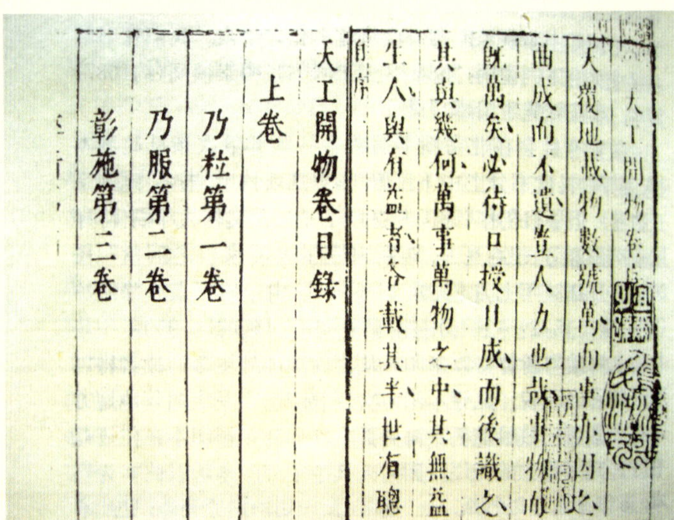

天工開物卷序

天覆地載物數號萬而事亦因之曲成而不遺豈人力也哉事物而既萬矣必待口授目成而後識之其與幾何萬事萬物之中其無益生人與有益者各載其半世有聰

自序

天工開物卷目錄

上卷

乃粒第一卷

乃服第二卷

彰施第三卷

②

① 明话本《牡丹亭》书影及插图

② 宋应星《天工开物》书影

总序

钟起煌

世界上的很多事情都是由机缘而起因执著而成,包括我们这部《江西通史》。

说由机缘而起,是因为这件事情的发生几乎纯属偶然。2002年夏天,我和彭适凡、孙家骅同志谈到江西悠久的历史、谈到江西辉煌的文化,因而产生了组织专家编撰《江西通史》的设想,彭、孙二位当即认为此举当行而且可行。

说因执著而成,是因为一旦有这个想法,而且认为这是一件研究江西历史、弘扬江西文化的重要工程,就决心去做。为此,我征询了周銮书同志的意见,并邀请邵鸿和方志远同志共商此事,得到他们的热烈响应。2002年10月18日,在江西省文物局和江西师大历史文化与旅游学院共同举办的全省文博教育成果展示与经验交流会上,我向大会通报了编撰《江西通史》的意见,引起全体代表的热烈反响,大家用长时间的热烈掌声表示支持,认为这是贯彻"三个代表"重要思想、全面挖掘和整理江西传统文化、推进江西经济文化建设的一大盛事。有了这个共识,12月13日,准备工作进入实质性阶段。在我的主持下,召开了有关专家和编辑人员的联席会议,对编撰《江西通史》的指导思想、作者人选、工作日程、成果形式等具体问题展开了比较细致的讨论。2003年2月15日,召开了第一次编撰工作会,《江西通史》的编撰工作就此正式启动。

虽然说是机缘和偶然,但新的《江西通史》的编撰,实具备诸多因素和条件。

一、江西在中国历史上具有重要的地位。根据最新的考古发现,在江西这块土地上,人类的活动至少已有20万年历史,它是中华民族发展史和古代文明发展史的重要组成部分;唐末五代以来,随着全国经济重心的南移,江西遂为全国经济文化最为发达的省份之一，其物产之富、人才之众，举世瞩目；进入20世纪，江西又因为中央苏区的建立而成为全国苏维埃运动的中心。很难想象，在十分漫长的时段里，没有江西的中国历史将会是什么样子。

二、文献与实物资料丰富。江西既有“物华天宝、人杰地灵”之誉（唐王勃语），又素称“文章节义”之邦（宋司马光语）和“人文之薮”（清乾隆帝语），存世官修私撰文献极为丰富。近年来一系列的考古发现，既可弥补文字记载之不足，更可与文献资料相互印证，为编撰《江西通史》提供了可供参考的实证材料和科学依据。

三、前期成果丰硕、学术队伍整齐。老一辈的历史学家仍然健在，他们不但学术积累深厚，而且对研究江西历史有着强烈的责任心；中青年学者正趋成熟，他们继承了前辈学者的严谨学风，又吸收了新的研究方法和研究技术，思维敏捷，勇于创新。在他们的共同努力下，这些年来已有大批高质量的有关江西历史的学术成果问世，这些成果涉及江西历史的方方面面，为编撰《江西通史》奠定了坚实的学术基础。

四、政治环境宽松、经济形势发展。盛世修志是中国的传统。改革开放以来，政通人和，国泰民安，江西经济和全国一样，有较快速度的发展。这为编撰《江西通史》提供了自由的学术气氛和比较充裕的财力保证。近年来，江西的学术事业和出版事业取得了有目共睹的成就，连续获得中宣部“五个一”工程奖和国家图书奖、中国图书奖，给江西文化艺术界和学术界以振奋，也引起了各兄弟省市的关注。这些成就的取得，为我们组织大规模著作的编撰工作提供了经验。而周边各省如湖北、湖南、浙江以及其他省市新编通史的纷纷问世，对《江西通史》的编撰是有力的推动，也提供了有益的借鉴。

五、从我个人来说，当时也恰恰能分出一些精力和时间来抓这件事情。于是尽力协调各方面的关系，为作者们、编者们排除各种障碍，以保证这项重大工程的圆满完成。

四年来，《江西通史》的编撰工作得到了各方面的关心和支持。黄智权、吴新雄省长亲自过问此事并指示有关部门给予支持，省政协将其作为一件大的文化事业进行推动，省社联将其列为重大科研项目，江西师大、南昌大学、省社科院、省文物局、省博物馆和省考古所等有关单位也对参与编撰的专家们给予各种便利，出版部门派出了强大的编辑班子并准备了足够的启动和出版资金。特别要指出的是，各位作者在繁忙的教学和科研工作中，能够将《江西通史》的写作列入重要的工作计划并全身心地投入。我在第一次全体编撰会议上指出，《江西通史》的编撰是一项挖掘和弘扬江西历史文化传统的千秋事业，希望作者和编者将其视为自己学术生涯中的重大事业。事实证明，作者和编者们后来都是这样要求自己的。正是因为有了各方面的支持和全体编撰人员的共同努力，11卷的《江西通史》才能顺利地完成书稿并得到如期出版。

明代中期，随着区域经济文化的发展，修撰地方志成为一大文化现象。各省、各府乃至各县的省志、府志、县志大量涌现。此后遂为传统。盛世修志也不仅仅限于修前朝历史，更大量、更具有普遍意义的乃是修当地地方史。具有全局意义的江西省志也正是在这个时候产生的。自明中期以来，江西整体史著作已编撰过多部，其中著名的有：林庭㭿《江西通志》(37卷，明嘉靖四年)，王宗沐《江西省大志》(8卷，嘉靖三十五年；万历二十五年陆万垓增修)，于成龙、杜果《江西通志》(54卷，清康熙二十二年)，白潢、查慎行《西江志》(206卷，康熙五十九年)，高其倬、谢旻《江西通志》(163卷，雍正十年)，刘坤一、刘绎、赵之谦《江西通志》(180卷，光绪七年)，吴宗慈、辛际周、周性初《江西通志稿》(9编，民国三十八年)。20世纪末，又有许怀林的《江西史稿》(1994年，江西高校出版社)，陈文华、陈荣华主编的《江西通史》(1999年，江西人民出版社)问世。这些著作在保留江西历史遗存、挖掘江西历史文化方面作出了重要的贡献。如何在充分吸取前人成果的基础上有所发展、有所创新，是对新编《江西通史》的重大考验。

为了使新的《江西通史》更具有时代特色和历史价值，更具有划时代的意义，我们对这部著作提出了以下的要求。

一、中国历史是一个整体，我们在研究任何地方历史的时候，都不能脱离这个整体。因此，正确认识各个历史时期江西在全国政治经济格局中的地位就显得尤其重要，必须充分关注江西与中央、与周边地区的关系，不溢美、不自卑，不关起门来论江西，将《江西通史》写成一部与中华民族的整体有着血肉联系的江西历史。

二、《江西通史》是系统记述和研究江西历史的大型学术著作，由众多学者共同参与完成。一方面，各卷是作者的个人成果，是作者最新研究成果的结晶，可以也应该有自己的风格和特色，所以希望作者精益求精，使其成为各自领域的学术精品。另一方面，甚至更为重要的是，它又必须是一个整体，是一部“通史”，所以全书11卷必须有统一的体例和统一的要求，在文风上一定要力求简洁、明快。各卷作者务必服从整体、服从大局，使自己的作品成为整个《江西通史》的有机组成部分。

三、《江西通史》必须是一部真实、动态、有可读性的信史。所谓真实，是指史料翔实、言必有据。此“据”是经过考证后认为合理的，否则，“尽信书则不如无书”(孟子语)。这就需要每个作者既尽可能地系统爬梳和挖掘史料，又谨慎辨析和使用史料。所谓动态，是指用发展的眼光看问题，既将问题放在特定的历史背景之下，又特别关注它的演进过程，因为即使是同一件事物，其状态和作用也是随着时间的推移和社会的变迁而变化的。这就需要每个作者以历史唯物主义和辩证唯物主义的观点和方法去阐释历史、去探讨历史演进的规律。所谓有可读性，是指应该用流畅的文字、叙述的方法写作，展示的是作者的观点和结论，而不是考辨的过程，它的体例是史书而不是论文。无图不成书。图文并茂是中国出版物的优良传统和重要特点，《江西通史》应该在尽可能的情况下，收集能够说明江西历史各阶段各方面状况的历史图片，以加强其历史感和可信度，同时也使其更具有可读性。

四、以人为本，以民为本，以基层社会为本。所谓以人为本，指的是要写成人的历史，以人的活动为描述对象，即使是制度、习俗，也应尽可能地有人的活动。所谓以民为本，指的是尽可能地站在大众的立场上来叙述历史、看待历史，更多地叙述大众的活动。所谓以基层为本，是因为地方史本身就是基层乃至底层的历史，要尽可能地揭示基层组织和底层社会的活动状况。在此基础上，充分重视统治者和社会精英对社会的主导作用，重视自然环境、人文环境，特别是包括传统价值观念和现实政治制度等在内的上层建筑对个人、对大众、对底层的影响和制约作用，写成一部上层建筑与经济基础互动、国家权力与基层社会互动、社会精英与人民大众互动的历史。

11卷本《江西通史》即将付梓，我们希望它的出版能够成为江西历史研究的新的里程碑、能够成为江西文化史上的一大盛事。当然，能否达到这个目标，还要由读者和历史来检验。

【目录】

第二章 明代江西人口的流动与地方社会的治乱

第三章

明代江西的农田水利与多种经营

第四章

明代江西的商品、商人与市场

第五章

江西士大夫与明代政治

第六章

第七章

明代江西的文学艺术与科学技术

第八章

明代江西的社会风俗及其嬗变

附录

引　言

一

人们总是喜欢将“明清”放在一起进行讨论。而说到明清，总免不了要说两件事情，一是中国封建社会晚期的资本主义萌芽，二是明清专制主义中央集权的强化。这两件事情其实也是前辈学者在特定历史条件下研究明清史所得出的基本结论，倾注了许多学者的毕生精力和心血。

但是，随着时间的推移，随着研究的深入，特别是当站在更为客观的立场上重新考察明清历史时，上述结论的某些片面性也就凸现出来。暂且不说如果不是鸦片战争、如果不是世界资本主义的猛烈撞击、如果不是中国融入世界历史发展的大潮之中，明清时期能不能成为中国封建社会的“晚期”，我们通常所说的“机户出资，机工出力”等现象能不能视为引导中国进入资本主义社会的“萌芽”，即便是明清时期的君主专制、中央集权，也未必就像人们所描绘的那样冰冷灰暗。从社会发展的规律来看，矛盾是绝对的，统一则是相对的。同样，专制、集权是相对的，自由、开放却是绝对的。所以，尽管明清政府在大多数时间实施海禁，但私人海上贸易却从未间断；尽管明清政府实施食盐管制，但私盐也从未真正得到有效禁止。同样，尽管明清政府(其实不仅仅是明清政府)总是企图将社会纳入统治者规划好的蓝图，但社会的发展却极少按照统治者安排好的轨道行进；尽管明太祖和清世宗都想建立起按个人意志办事的国家体制，但他们的个人意志最终仍得适应变化万千的社会生活。

近年来，明清史特别是清史成为全社会关注的热点，而充斥屏幕的清宫戏(近期明宫戏也有方兴未艾之势)，更将大众的视野拖入历史。如何认识明朝和清朝在中国历史上的地位，应该是每个明史研究工作者和清史研究工作者的责任和义务。根据我的理解，明代、清代其实和汉代、唐代和宋元乃至南北朝时期、宋辽金时期一样，都是中华民族发展过程中的一个历史阶段，都在中华民族发展史上具有重要的地位。作为明史研究者，我从来不认为明代比清代或汉、唐、宋、元更为重要，也对一些断代史研究者对于自己的研究对象的无限拔高觉得"甚无谓也"。中国历史发展有自身的特点和规律，各个历史阶段和各个朝代又都有自身的特点和个性，这才是历史研究者所应该予以充分关注的。对于明代和清代的历史个性和相互关系，我认为至少可以从三个方面来考虑。

一、就政治态势而言，清朝通过对周边用兵并辅之以宗教和民族政策，建立起中国有史以来疆域最为辽阔的国家。有国外学者将清朝的疆域说成一个等边三角形：东北至库页岛东北角，西北至巴尔喀什湖西北角，南到马来半岛的南端，总面积近2000万平方千米，比明朝要风光得多。而康雍乾持续一个半世纪的"盛世"，也是中国有史以来所没有过的。对此进行研究和宣传，无疑可以提高民族的自信心和凝聚力。何况清朝还有一批勤政的皇帝。反观明朝，虽然太祖、太宗(成祖)有不少善绩可陈，但洪武、永乐间的严刑峻法、草菅人命却令史臣在进行掩饰时左右为难。其后继者，或者善于作秀而并无多少雄才大略(如宣宗)，或者视皇位为儿戏故从不干正经事(如武宗、熹宗)，或者既不知己也不知彼而梦想做"英主"(如英宗、思宗)，或者上朝听政如木偶而于国家大事一窍不通(如宪宗、穆宗)，或者干脆不视朝不见大臣却自以为"乾纲独揽"(如世宗、神宗)。侍候这样的皇帝，明朝的大臣们只得在无奈之中津津乐道于"垂拱而治"。宦官参政专权，虽然不像唐朝那样可以废立皇帝，但至少可以进退大臣。大学士和言官们的大量时间及精力耗在了劝导和阻止皇帝及宦官们对国家事务的"破坏"，但皇帝和宦官却认为干坏事的不仅仅是他们。被认为糊涂透顶的武宗却说出了十分清醒的话：文官中好人仅有三四，坏人却占了六七。

二、就经济社会而言，明朝由于土地兼并和前期政策的僵化产生大量的流民，这些流民或者进入山区，为开发山区作出了重要贡献，但时时和土著及官府发生矛盾，并酿成多起规模不小的农民起义；或者进入城市，成为城市的繁荣和发展的重要因素，但他们又是城市中的"无根之徒"、动乱之源。徽商、晋商、江右商、闽粤商、两湖商，苏州、扬州、杭州、松江、临清，毋须历史学家的叙述，即从《三言》《二拍》中也可以体会到明代城市生活的富丽多彩。且不说苏松杭嘉湖地区星罗棋布的繁荣市镇，即使是江西的景德镇、樟树镇，湖广的湘潭，广西的梧州，也是商贾成云、货积成山。但就传统眼光看，这种活跃和繁荣却不免受到指责，被认为是社会不稳定的根源。清朝矫枉过正地吸取了明朝的经验教训，在相当长的时间里建立起了比较稳定的小农社会，人口流动多往边境，既开发了边疆，又至少在乾隆退位之前没有引起太大的社会动荡。社会稳定，社会财富自然积累，北京、苏州、汉口、佛山成了天下货物的“四大聚”。

三、就思想文化而言，尽管明太祖“以重典治天下”、明成祖以“瓜蔓抄”诛杀方孝孺十族，还有王振、魏忠贤当道时的恐怖，但明朝在总体上却是自由奔放的；尽管清康熙帝号称开明、乾隆帝堪称风流，也有于成龙等人的铮铮铁骨，但清朝总体上是严峻冷酷的。明代中期以后，是思想家和文学家的思想引导社会思潮，是商人的消费方式影响价值观念。阳明学派、泰州学派，前后七子、江南四子，台阁派、公安派、竟陵派，传奉官、马尾裙，民歌、时调、小唱，形形色色的思想家、文化人，富商、巧匠、名妓，名儒吴与弼、陈献章、王守仁，异端王艮、颜钧、何心隐，山人徐渭、陈继儒、乐新炉，“洋僧”利玛窦、汤若望、南怀仁，基督教徒徐光启、李之藻、杨廷筠，洋人的书、洋人的炮、洋人教师，光怪陆离，目不暇接。自由之风、西方之学，犹如润物之和风细雨，细致入微。清代则是统治者的思想领导社会潮流，直至晚清，肃杀之气尚存，致龚自珍有“避席畏闻文字狱，著书全为稻粱谋”之叹。即以文字狱论，明朝的文字狱大多为胡乱杀人，清朝的文字狱则为蓄意杀人，其后果遂全然两样。明朝的士大夫越是被朝廷惩罚，便越是得到舆论的赞扬，于是更加意气风发；除了文字狱和贪赃枉法，清朝的士大夫倒是少受惩罚，但不是最高统治者的仁慈，而是士大夫的“死相”。中国知识分子的脊梁，其实是在清朝被折断的。在洋务运动发生之前，他们的聪明才智皆用于“朴学”即考据之学，虽然远离了社会远离了民众、听不到他们关注社会关注民众的呼声，但对于整理中国故籍，却多有贡献。至于洋人，倒是在康熙时做了一阵子花瓶，而雍正帝则将他们统统赶到澳门，省去了许多麻烦。但当洋人携带着坚船利炮卷土重来之时，却瞠目不知所措。

这其实又是明代和清代社会的三大差异或者说各自的三大特点，至少是本书作者对明清两代时代精神和人文面貌的认识。但心态的矛盾也因此而生，从维护社会稳定来说，清代有借鉴意义；但从倡导自由开放和社会发展来说，似乎明代更具有胸襟气度。

二

江西人应该对王勃有感恩之情。尽管王勃在初唐时说江西“物华天宝、人杰地灵”是外地人对好客主人的客套，却成了江西在唐末五代以后经济文化发展繁荣的预言。而这一预言之变为现实，则是与全国经济文化重心的南移同步的。它既是全国经济文化中心南移的结果，又是其重要内容。其间具有重大影响的因素主要有两个方面。

一是政治中心的东移和运河的开通，使鄱阳湖及赣江成为南北物质交流的重要通道。

大运河开凿之前，中国南北水路交通的最长航道为汉水—长江—湘江、沅江，汉水—长江—赣江。灵渠的开凿以及秦岭和大庾岭山路的开通，使这两条航道在陆路的连接下向北延伸到了黄河水系的渭水和珠江水系的西江、北江，并进而沟通了黄河、长江、珠江三大水系。自秦汉到隋唐，由于政治中心一直在关中，所以从西北政治区到东南经济区的水路沟通主要是由汉水和长江完成的；而与以广州为起点的海上丝绸之路对接的内河交通，则是汉水—长江—湘江—西江—珠江。

两汉时期，关中地区的财力已表现出难以支持全国政治中心的无奈。从隋文帝带领政府官员和关中百姓“就食”洛阳，到隋炀帝营建东都、开凿运河，实质上反映了西部政治中心从被动到主动向东部经济重心靠拢的趋势。从五代到北宋，完成了中国政治中心的东移过程；元、明、清的定都北京，更巩固了中国政治中心东移的格局。虽然比起开封，北京距离东南经济发达区更为遥远，但运河的全线开通，却将这一空间距离大大缩短。政治中心东移及大运河开通之后，汉水—长江—湘江—西江—珠江这一南北交通要道失去了往昔的地位；而运河—长江—赣江—北江—珠江则成为国内最为重要的南北通道。这条通道全长2000多千米，贯穿今北京、天津、河北、山东、江苏、安徽、江西、广东八省市，在江西境内几占1/3。

二是中原地区的战乱导致大量北方人口的南移，江西则因远离战乱又相对靠近政治中心而成为北方人口的避难所。

江西经济文化的发展，与中原地区发生的三次大的长时期战乱关系密切。

第一次是两晋之际“永嘉之变”后发生的在中国历史上称为“五胡乱华”的事件，这一事件的结果是北方的长期战乱和中国境内南北政权的对峙；第二次是唐天宝年间开始发生的安史之乱，这一事件的结果是北方陷入长时间的动荡和藩镇割据、五代凌替；第三次是两宋之际的宋金战争，这一事件的结果是宋室的南渡和宋金之间的持续战争及对峙。三次战乱都导致了北方居民的大规模举族南迁。北方居民迁徙的落脚点，总是在那些既远离战场又便于返回中原的地区。于是，当战乱发生在黄河流域时，移民便主要迁移至江淮之间，九江及赣北地区开始接纳移民；当战乱延伸到淮河一线，移民便迁移至长江以南，南昌、鄱阳、宜春及赣中也有了大量的移民；当战乱蔓延到长江两岸，移民便被迫继续南移，吉安、抚州乃至赣州也就有大批移民迁入。

北方移民洪水般的涌入，既为江西的开发带来了大批劳动人手，更将相对发达的中原文化及宗族制度带到了江西，并促成了中古以来江西家族的发达和“耕读治家”生产生活方式的形成。这种生产生活方式与江西的自然生态环境相结合，使得江西人进可入仕取得功名、退可家居温饱无忧。孟子所说的“兼济天下”和“独善其身”，江西人为其提供了大量的实证。宋元明时期江西经济文化的全面发展，正是建立在这一基础之上的。

明代江西的发展，既是宋元时期江西发展的继续，也是因为这时出现了有利于江西经济文化发展的形势或机遇。而这种形势或机遇在一定程度上又是可遇而不可求的：其一是元末战乱与明朝的统一，其二是明政府推行的禁海政策。

从元顺帝至正十一年(1351年)红巾起义开始，中原及其边缘地区即今河南、河北、山东、山西、湖北、安徽、陕西及江苏北部陷入了旷日持久的战乱之中，社会经济遭受巨大的破坏，人口锐减、土地荒芜。相比之下，东南地区的战事则较为缓和。明太祖以南京为基地，经营江南，江西是第一个设立行省的地区。虽然也经过鄱阳湖大战，但为时甚短，且是一战而定，全省几乎传檄而下，没有发生反复的大规模拉锯战，故此战祸较少。此后明军进兵湖广、两广、云贵，都以江西为基地。北伐中原的主力虽从南京出发，军需给养却有相当多依赖于江西。而且，北伐偏师也是从江西、湖广进军河南、陕西、四川的。于是奇迹出现了：随着明军的推进，开始了江西有史以来最大规模的向外移民运动。浩浩荡荡的江右商大潮也在这个时期形成并迅速流向全国各地，占领了广阔的市场。而江西商人经营的商品，又多是人们日常生活的必需品如粮食、布匹、木材、纸张、瓷器等，适合经受战争劫难地区的需要。这一情况的发生，既使江西的经济文化影响扩散于全国各地，而对于江西境内商品经济的发展也具有重要的推动作用。

与此同时，由于倭寇的骚扰、葡萄牙等西方国家商人的东来，以及统治者希望建立一个稳固不变的社会政治秩序和经济结构，因而明政府实行了长时期的海禁。接待外国使者及管理朝贡贸易的市舶司也由元朝的七个减为宁波、泉州、广州三个。而且规定，宁波市舶司只许接待日本使者，泉州市舶司只能接待琉球(今日本冲绳)使者，同时限定了进贡的周期和贡船、贡使及随行人员的数量。只有广州市舶司被允许接待东南亚及印度洋(以及此后的欧洲)地区的贡使和商人。从官方贸易而言，实际上是广州一口通商。这一政策后来为清朝统治者所继承。这样一来，不仅南北贸易，而且对外贸易也主要依靠运河一长江—赣江—北江这一水上通道。虽然海上的走私活动从来没有真正被禁绝，但一直到鸦片战争以前，官方的一口通商格局并无大的变化。这使得江西在国内、国际贸易中处于极为有利的地位，为江西经济社会的发展提供了前所未有的机遇。

三

江西人无疑在明代历史上居于十分重要的地位，致使明朝的所有故事，无论是风光的故事还是尴尬的故事，都少不了江西人的表演。无法想象，没有江西人的明代会是什么样子。

说到明代的江西，江西的文化人往往不由自主地兴奋起来：遍及中国中南及西南地区的江西移民，起步甚至比徽商晋商更早而且无所不在的江右商人，从明初直至嘉靖时期独占鳌头的科举考试，从解缙、胡广、杨士奇到费宏、夏言、严嵩的长期主持内阁，汤显祖的“临川四梦”、宋应星的《天工开物》，为数众多的江右王门学者，“赤手搏龙蛇”的异端思想家，橹声不绝的赣江、信江、修水、抚河、袁河，敢于在戏曲之乡绍兴、海盐叫板的弋阳腔，等等。所有这些，都是作者希望在《江西通史·明代卷》中所表现的。

但是，虽然我们常说不能分割历史，虽然我们也很想描述一个完整的明代社会、描述一个完整的明代江西，但限于篇幅和学识，只能是在尽可能地关注整体明代江西的基础上，对一些自己长期关注并有一定研究基础的断面进行讨论。呈现在读者面前的这部《江西通史·明代卷》即是如此。

引言

在这部著作中，我们比较详尽地讨论了我们认为明代江西最值得的关注的问题:从元末明初开始的江西人口向湖广、向西南地区的流动问题。先是自发的人口流动,继而是政府的大规模强制移民,接着又是持续性自发移民,“江西填湖广”、“湖广填四川”贯穿着整个明清时期,成为持续影响当时中国整体经济社会的重大事件。在这个过程中,数百上千万江西人口拥向湖南、湖北、四川、贵州、云南、广西(在一段时间也涌向河南),他们在那里开垦荒地、发掘矿产、交流物质、传播文化,不仅成就了一个通过地缘、血缘关系密切联系在一起的湘鄂赣经济区,而且与广东、福建、湖广等地移民和土著居民一道,造就了中国西南部地区的开发和社会经济的发展,并对近代中国产生重要影响。据明清两代《实录》记载,中国西南部地区的少数民族及缅甸、越南的许多村寨,其首领也多有江西移民;明清时期西南地区的改土归流,常将土司酋长移居江西,原因是他们的祖籍就在江西。而近年发现的家谱等资料显示,中国共产党的领导人毛泽东、邓小平、胡耀邦等,其祖先均在明代由江西迁往云南、四川、湖南等地。1934—1935年中国工农红军长征,一、二方面军在云南威远扎西镇会师,一方面军总部驻地为江西会馆,二方面军总部驻地为湖广会馆。从某种意义上说,当年中央红军从赣南开始的长征,其行军路线或许也受到明清时期江西移民路线的启发。

在本书中,我们也比较详尽地讨论了由于明代江西人口流动和农业、手工业商品化而导致的令人瞩目的明清江右商现象。明人王士性《广志绎》说:“滇云地旷人稀,非江右商贾侨居之,则不成其地。”张瀚《松窗梦语》说:“今天下财货聚于京师，而半产于东南，故百工技艺之人亦多出于东南，江右为夥,浙(江)、(南)直次之,闽粤又次之。”明成化间吉安彭华说:“(吾乡)商贾负贩遍天下。”明末抚州艾南英说:“随阳之雁犹不能至,而吾乡之人都成聚于其所。”《湖南商事习惯报告书》说:“无江西人不成市场。”清总税务司《海关十年报告》(1881—1890年)说,云南蒙自有七个矿业会馆,其中四处为江西人所建。近人丁文江院士在《天工开物》重印时为宋应星作传称:宋应星所以能作《天工开物》,是因为当时中国的矿业“皆操于先生乡人(按:即江西人)之手”。江西商人以其众多的人口、广泛的行业、极强的渗透力,对明清经济社会产生重大的影响。由于明清江右商是一持续现象,所以经与《清代卷》的作者商议,本卷对这一问题的讨论并不仅仅限于明代,也延续到清代。

江西经济(这里主要指农业经济)的发展,是唐末五代以来中国经济重心南移的重要内容，同时也是其原因和结果。湘鄂赣地区粮食生产基地的形成，对于先后位于开封、杭州、南京、北京的中国政治中心的稳定，对于东南地区商品经济的发展和西南地区的经济开发，具有重要的意义。玉米、红薯等高产粮食作物的种植，茶、麻、烟等经济作物的种植和加工，江河湖泊的水产资源和丘陵山区的木材资源，景德镇的瓷、樟树镇的药、铅山的纸、金溪的书，不仅养育了数以千万计的江西人口，也为数以百万计的江西商人提供了充足的货源；不仅从各方面加强了江西的经济地位，也为政府提供了更多的税收。在这部著作中，我们也力图对这一现象予以描述。

明人沈德符《万历野获编》记载了一则与友人听口技的故事：

> 一日，同社馆东郊外韦公庄者，邀往宴集，诧谓余：有神技可阅。既酒阑出之，亦一瞽者，以小屏围于座隅，并琵琶不挈，但孤坐其中。初作徽人贩姜邸中，为邸主京师人所赚，因相殴投铺。铺中徒隶与索钱，邸主妇私与徒隶通奸。或南或北或男或妇，其声嘈杂，而井井不乱，心已大异之。忽呈解兵马，兵马又转解巡城御史鞫问。兵马为闽人，御史为江右人，掌案书办为浙江人，反复诘辩，种种曲肖。廷下喧哄如市，诟詈百出。忽究出铺中奸情，遂施夹拶诸刑，纷纭争辩，各操其乡音。①

这段口技的精彩，不仅仅在于表演者以一人之力，模仿出“或南或北或男或妇，其声嘈杂，而井井不乱”，也不仅仅在于表演者能使所模仿的人物“纷纭争辩，各操其乡音”，还在于表演者将各地的职业特征也充分表现出来：贩姜的商人为徽州人即徽商，坐铺的邸主为京师人即当地人，兵马司官员为福建人，御史为江西人，书办则是浙江人。而这种职业的地域特征，恰恰与现实相吻合：在当时的地域性商人中，以徽商影响最大，所以商人用徽州乡音最为合适；江、浙、闽为科举大省，尤以江西为甚，而科道官须进士出身，故御史用江西乡音，兵马司则用福建乡音；绍兴师爷的前身——浙江书办当时已是一大社会现象②，故书办用了浙江乡音。虽然万历时期两浙的科举势头已经超过江西，但作为京师艺人的“瞽者”和浙江士人沈德符，仍然感受到江西人在政治生活中的重要

① 沈德符：《万历野获编》，卷二四《技艺·李近楼琵琶》。

② 参见方志远《明代苏松江浙人“毋得任户部”考》，《历史研究》2004 年第 6 期。

地位。本书自然要对这一状况作恰当的表述。

江西至少存在着三组对应的文化现象:精英文化与大众文化、附庸文化与异端文化、摇篮文化与主流文化,而这三种文化又在不断地转化之中。本书也试图对明代江西的这一现象进行讨论。以今天的眼光看,尽管地位有高低、境遇有穷达,朱权、解缙、杨士奇、汤显祖、宋应星、艾南英等人所代表的,自然属于精英文化;而大量"无名氏"农民、工匠、商人、术士、儒士在生产生活中所表现出来的,则应该属大众文化。三千名进士、数量居全国首位的举人,以及无数修习"举业"的士人、无数通过各种方式进入仕途的各色人等,他们身上所体现的,主要是附庸文化;而朱季友、李孜省、颜钧、何心隐以及尚未被主流思潮接受时的崇仁学派及王门诸弟子、被正统儒学视为邪术但又在江西乃至全国广泛流行的种种思潮及法术,自然属于异端文化。由于从来没有成为过全国性的政治中心,甚至也很少成为区域性的政治中心,所以江西更多时候表现出来的往往是摇篮文化的特征。从这里可以走出大思想家、大政治家、大文学家,也可以走出未来的富商巨贾,但在本地却很难产生大思想家、大政治家、大文学家,更难以产生富商巨贾。但在明代,这里恰恰一度成为政治中心、学术中心、经济中心,所以恰恰又产生了大思想家、大政治家、大文学家,江西文化也一度由摇篮文化演变为主流文化。王阳明的心学在这里由异端变为主流,汤显祖、宋应星、艾南英也在这里完成了由大众文化向精英文化、由摇篮文化向主流文化的转变。在江西发生的这些现象,在全国也具有重要的意义。而无论是精英文化、摇篮文化、附庸文化,抑或是大众文化、主流文化、异端文化,以及有名无名的代表人物,均在明代社会历史中起着不可忽视的作用,都是中国明代历史的创造者。本书理所当然用了大量的篇幅进行叙述。

至于明朝在江西统治的建立及维系,明朝政府在江西的各级管理机关及其在江西经济社会发展中的地位和作用,这是一代地方史书所不能忽略的,本书在这方面也作了一定的叙述和讨论。

四

明人王士性《广志绎》说:

> 游观虽非朴俗,然西(湖)业已为游地,则细民所藉为利,日不止千金。

有司禁之,固以易俗,但渔者、舟者、戏者、市者、酤者咸失其本业,反不便于此辈也。[①]

清人钱泳《履园丛话》说:

苏郡五方杂处,如寺院、戏馆、游船、青楼、蟋蟀、鹌鹑等局,皆穷人之大养济院。一旦令其改业,则必至流为游棍,为乞丐,为盗贼,害无底止。不如听之。潘榕皋(奕隽)农部《游虎丘冶坊浜诗》云:"人言荡子销金窟,我道贫民觅食乡。"真仁者之言也。[②]

苏、杭号为"人间天堂",岂止是富人的天堂,也为穷人准备了无数的就业岗位和致富机遇。富人的财富固然是由穷人创造,但没有富人的消费,便没有穷人的生计。而富人的消费,自然应该包括文学、艺术、娱乐等在内的精神消费。否则,饭馆只是填充肚子的所在,妓院只是发泄性欲的场所,消费也就必然是浅层次和低价位的消费。从一定意义来说,它决定着城市的繁荣程度与经济的发展方向,也是一个地区商品经济能否得到发展的重要因素。越是大的消费中心,越是有高消费群体,提供的就业机会就越多,城市也就越繁荣,对周边地区商品生产的刺激也越大。

王士性《广志绎》同时记载了明代大多数江西人的生活习性:

江右俗力本务啬,其性习勤俭而安简朴,盖为齿繁土瘠,其人皆有愁苦之思焉。又其俗善积蓄,技业人归,计妻孥几口之家,岁用谷粟几多,解橐中装籴入之,必取足费。家无囷廪,则床头瓶罂无非菽粟者,余则以治缝浣、了征输,绝不作鲜衣怒马、燕宴戏剧之用。即囊无资斧者,且暂逋亲邻,计足糊家人口,则十余日而男子又告行矣。以故大荒无饥民、游子无内顾。盖忧生务本,俗之至美。[③]

虽说是"至美"之俗,却脱不了"愁苦"之状。尽管初唐时期王勃就为江西人

---

① 王士性:《广志绎》,卷四《江南诸省·浙江》。

② 钱泳:《履园丛话》,卷一《旧闻·安顿穷人》。

③ 王士性:《广志绎》,卷四《江南诸省·江西》。

说了“物华天宝、人杰地灵”的好话；南唐以后，江西已经有了发达的农业和手工业，有了令人称羡的读书风气；至明清时期，人数众多、操业甚广的江右商人更遍布全国、远涉海外。但江西从来都说不上富裕，江西人的精神文化消费多在外地，本地却从未产生令人向往的消费中心。王士性对明代浙江、江西不同生活习性的比较，或可解释这两个地区今日经济差距的根源所在。①

《履园丛话》还有一段更有意思的记载和评论：

> 雍正间，朱文端公轼以醇儒巡抚浙江，按古制婚丧祭燕之仪以教士民，又禁灯棚、水嬉、妇女入寺烧香、游山、听戏诸事。是以小民肩背资生，如卖浆市饼之流，弛担闭门，默默不得意。迨文端去后，李敏达公卫莅杭，不禁妓女，不擒樗蒲，不废茶坊酒肆。曰：“此盗线也，绝之则盗难踪迹矣。”公虽受知于文端，而为政不相师友，一切听从民便，歌舞太平，细民益颂祷焉。人谓文端是儒者学问，所谓“齐之以礼”；敏达是英雄作为，所谓“敏则有功”也。②

朱轼与李卫“为政不相师友”，钱泳的倾向性是明显的。但对于作为整体的中国社会或中国文化来说，二者其实都需要。来自江西的朱轼代表的是稳定和秩序，来自江苏的李卫代表的是创新和发展。在民族发展中，稳定和创新都是需要的。中华文化的绵延不绝，就因为其中包含着两大因素：稳定和创新，二者共同构成中华文化的和谐整体。地域之间的关系也是互动与互补的，其间只有特征的不同，却很难以先进与落后来进行衡量。就江西而言，既有过辉煌的创新史，也有着持续的稳定性。在每个不同的历史时期，江西都以不同的方式为中国的整体发展作出贡献，只是在明代（宋元时期也如此）更令人注目并更加接近于中心位置而已。

---

① 关于自清后期开始的江西在全国经济格局中地位的下降，参见方志远《地域文化与江西传统商业盛衰论》，《江西师范大学学报》2007年第1期。

② 钱泳：《履园丛话》，卷一《旧闻·为政不相师友》。

第一章

明朝在江西的统治

第一节
明朝在江西统治的建立

一、周子旺、彭莹玉的起事及元末江西形势

元顺帝至正十一年(1351年)五月,刘福通、韩山童领导白莲教起义,揭开了元末农民战争的序幕。

白莲教又称白莲社,是一种混合有佛教、道教、明教等内容的民间秘密宗教组织,其教义崇尚光明,信奉阿弥陀佛,认为光明一定战胜黑暗,宣称"弥勒降生"之日即是光明到来之时,所以又称"明教"。元末,白莲教成了各地反元活动的普遍组织形式。

早在元泰定帝泰定二年(1325年),河南息州民赵丑斯(一作厮)、郭菩萨就公然倡言:"弥勒佛当有天下。"此事惊动了元廷,由宗正府、刑部、枢密院、御史台及河南行省联合进行审讯,当事人或被杀或流放。[①]河南信阳州民棒胡也"以烧香惑众,妄造妖言",于顺帝至元三年(1337年)二月初一日公开起事,曾攻破

① 《元史》卷二九《本纪二十九·泰定帝纪一》。

归德府鹿邑、焚毁陈州。[1]

在此前后，江西宜春县慈化寺僧人彭莹玉（一名国玉，人称彭和尚）也以白莲教为号召，自称能撒豆成兵、飞茅为剑。至元四年六月，彭莹玉密推弟子周子旺为王，建国号为“周”。[2]事情败露之后，周子旺被捕杀，彭莹玉则潜至湖广麻城，继续从事传教其实是集结反元力量的活动。至正十一年八月，彭莹玉和邹普胜在麻城起事，以红巾为号，推举布贩徐寿辉为帝，攻陷蕲水，作为都城，国号“天完”。在此后短短的几个月里，“天完”军占领了今湖南、湖北、江西三省的大部和浙江、安徽的一部，兵威大振，与活动在黄河流域的刘福通遥相呼应，给元朝在南方的统治以重大打击。[3]

不久，元廷调集江浙、江西、湖广、四川四省驻军，向“天完”军展开了猛烈的反击。在当地豪强武装的配合下，元军先后收复了江西境内的信州、江州、建昌、吉安、临江、瑞州、抚州诸路[4]，彭莹玉也于至正十二、十三年间在瑞州被捕杀[5]。不久，“天完”国都蕲水被元军攻破，徐寿辉逃入了黄梅山中。[6]

但是，全国形势的发展使得元军在江西及南方的军事优势迅速丧失。至正十五年二月，刘福通拥韩山童之子韩林儿为帝，国号“大宋”，建元龙凤。两年后，攻占北宋故都汴梁，几乎掩有河南全省，随即分兵取山东、山西、陕西、河北、辽东，直逼大都。至正十六年二月，盐枭出身的张士诚占领平江（今苏州），以为都城，建国号“周”，并派兵攻略松江、常州、湖州，据有江南财赋之地。至正十六年三月，名义上接受“大宋”龙凤年号的朱元璋部攻占元集庆路（今南京），改为应天府，置江南行中书省，自为吴国公，遣将分略镇江、宁国、扬州、徽州、婺州（今浙江金华）、衢州、处州等地。[7]

---

① 《元史》卷三九《本纪三十九·顺帝纪二》。

② 《元史》卷三九《本纪三十九·顺帝纪二》，雍正《江西通志》卷三一《武事三·元》。

③ 《明史》卷一二三《陈友谅传》。

④ 雍正《江西通志》卷三一《武事三·元》。

⑤ 正德《瑞州府志》卷十一《遗事志》记，至正十二年十一月，元兵克复瑞州，“擒况普天、闵总管、彭国（莹）玉，并家属无少长脔之，民应之者亦戮以徇。”柯绍忞《新元史》卷二二六《徐寿辉传》记彭莹玉死于至正十三年六月：“十二年二月，彭莹玉陷瑞州。……未几，项普略陷饶州、信州。……十三年六月，行省左丞火你赤复瑞州，执彭莹玉，斩而脔之。”按：吴晗在《朱元璋传》中经过辨析，认为彭莹玉战死于杭州（人民出版社 1985 年版，第 87 页），但其所列史料似不足以支持此一观点，疑误。

⑥ 《元史》卷四四《本纪四十四·顺帝纪七》。

⑦ 《元史》卷四五《本纪四十五·顺帝纪八》、卷四六《本纪四十六·顺帝纪九》。

就在元军顾此失彼之时,“天完”军东山再起,重新在湖北、江西等地取得了节节胜利,其政权内部也发生了权力转移。至正十五年初,徐寿辉部将倪文俊攻占了沔阳,不久又攻克武昌、汉阳,进克常德、衡州等地,并将徐寿辉接至汉阳,汉阳遂为“天完”政权的都城。至正十七年九月,倪文俊谋杀徐寿辉不果,从汉阳逃奔黄州。渔民出身的陈友谅本为倪文俊部将,积功为元帅,所部兵精将勇,遂袭杀文俊,自称宣慰司,旋称平章政事。从至正十七年至十九年,陈友谅先后攻取了江州(今九江)、龙兴(今南昌)、瑞州(今高安)、袁州(今宜春)、吉安、抚州、建昌(今南城)、赣州、信州(今上饶)、饶州(今鄱阳)诸路,几乎拥有今江西全境。又取安庆、池州(今属安徽)、衢州(今属浙江)、汀州、邵武(今属福建)等处,成为整个中国南方最大的军事集团,与正在迅速扩张的朱元璋集团形成全面对抗。①

至正十九年十二月,徐寿辉领兵从汉阳往江西进发,拟将都城迁至龙兴,却被陈友谅困在江州。陈友谅遂以江州为都城,自称汉王,徐寿辉成了傀儡。次年五月,陈友谅杀徐寿辉,自立为帝,国号“汉”。虽然还有一些元朝的残余势力和各地豪强的割据力量,但此时的江西,大抵已在陈友谅集团的实际控制之下。

二、朱元璋集团对江西的用兵及明朝在江西统治的建立

至正二十年(1360年)五月,正在浙江攻城略地的胡大海奉朱元璋之命,进军江西,并于六月占领信州路,改为广信府,从此揭开了朱元璋集团争夺江西的序幕。七月和九月,徐寿辉旧部于光、余椿和欧普祥分别以饶州和袁州归降朱元璋。内部的矛盾导致了陈友谅政权在江西的迅速瓦解。至正二十二年初,朱元璋亲自率军进略江西,置江西行省,先以吉安为省城,旋迁龙兴,改名洪都府(第二年八月改南昌府),以邓愈为行省参知政事。江西成了朱元璋集团设置的第一个省级权力机构(此前有浙东分省,但并非全浙权力机构,故只是“分省”而非“行省”)。

至正二十三年四月,急于夺回江西的陈友谅倾尽全力,“自为必胜之计,载其家属、百官,空国而来……其气甚盛,号六十万”②,围攻江西省府洪都,同时

① 《元史》卷四六《本纪四十六·顺帝纪九》、《明史》卷一二三《陈友谅传》。

② 童承叙:《平汉录》,《续修四库全书》本。

分兵攻陷饶州、吉安、临江。当时镇守洪都的是朱元璋之侄大都督朱文正及江西行省平章赵德胜、参政邓愈等,“友谅尽攻击之术,而城中备御,随方应之,友谅计穷”[①]。洪都攻守战前后延续近三个月,双方损失惨重。七月,朱元璋亲率大军25万,溯长江而上,经鄱阳湖赴援洪都。陈友谅闻报,撤洪都之围,顺赣江而下迎击。两军在鄱阳湖康郎山一带相遇,展开了一场决定两大军事集团生死命运的鄱阳湖大战。《明史·陈友谅传》根据各方面的记载,对这场战事作了既简洁明了又绘声绘色的叙述:

友谅集巨舰连锁为阵,太祖兵不能仰攻。连战三日,几殆。已,东北风起,乃纵火焚友谅舟,其弟友仁等皆烧死。友仁号“五王”,眇一目,有勇略。既死,友谅气沮。是战也,太祖舟虽小,然轻驶。友谅军俱艨艟巨舰,不利进退,以是败。太祖所乘舟樯白,友谅约军士明日并力攻白樯舟,太祖知之,令舟樯尽白。翌日复战,自辰至午,友谅军大败。友谅欲退保鞋山,太祖已先扼湖口,邀其归路。持数日,友谅谋于众。右金吾将军曰:“出湖难,宜焚舟登陆,直趋湖南,图再举。”左金吾将军曰:“此示弱也,彼以步骑蹑我,进退失所据,大事去矣。”友谅不能决,既而曰:“右金吾言是也。”左金吾以言不用,举所部来降。右金吾知之,亦降。友谅益困。太祖凡再移友谅书,其略曰:“吾欲与公约从,各安一方,以俟天命。公失计,肆毒于我。我轻师间出,奄有公龙兴十一郡,犹不自悔祸,复构兵端。一困于洪都,再败于康郎,骨肉将士,重罹涂炭,公即幸生还,亦宜却帝号,坐待真主,不则丧家灭姓,悔晚矣。”友谅得书,忿恚不报。久之乏食,突围出湖口,诸将自上流邀击之,大战泾江口,汉军且斗且走,日暮犹不解。友谅从舟中引首出,有所指扐,骤中流矢,贯睛及颅死。军大溃,太子善儿被执,太尉张定边夜挟友谅次子理载其尸遁还武昌。

鄱阳湖大战彻底摧毁了陈友谅的主力,成为朱元璋集团建立对江西、湖广乃至全国统治的决定性战役。朱元璋向文武官僚们宣称:“友谅亡,天下不难定也。”[②]作为胜利者,朱元璋在战后分建“忠臣祠”于鄱阳湖康郎山和南昌(洪都

① 《明太祖实录》卷一二,至正二十三年六月辛亥。

② 《明史》卷一《太祖纪一》。

府改)，分祀在鄱阳湖战死的韩成、丁普郎等36名将领和在洪都保卫战中阵亡的赵德胜、李继先等14名将领[①]，可见战争的惨烈。

图1–1　郭英刺死陈友仁

图1–2　刘伯温计破陈友谅

以上二图皆见于《皇明英烈传》插图，《古本小说集成》本。

朱元璋初下集庆路时，曾问计于徽州名儒朱升，朱升对以“高筑墙、广积粮、缓称王”，朱元璋深以为然。[②]所以，尽管同时的张士诚、陈友谅等人均建号立国、称王称帝，朱元璋却始终奉小明王韩林儿的“龙凤”年号。而在鄱阳湖之战击杀陈友谅后，朱元璋即于次年（至正二十四年，1364年）正月建国号为“吴”，自称“吴王”。可见这场战争对于朱元璋集团的意义。

鄱阳湖大战后，江西省城南昌牢牢掌握在朱元璋手中，但陈友谅旧部及各地地方武装仍然据地自保，赣中、赣南仍处于分裂状态。陈友谅故将熊天瑞据赣州、饶鼎臣据吉安、邓志明据临江。此外，在吉安等地尚有一些小股地方割据势力，他们建立山寨，凭恃险阻，自成一体，但多为元末乱世中建立起来的地方农民或地主武装，目的在于在乱世中求得生存、保卫家园。其中最著名的有永新的周安、新淦的邓克明兄弟。

至正二十四年二月，朱元璋亲征武昌，陈友谅之子陈理迎降。此后，朱元璋命常遇春、邓愈、汤和等自北向南，荡平江西各地割据势力。七月，常遇春、邓愈

① 谷应泰：《明史纪事本末》，卷三《太祖平汉》。

② 《明史》卷一三六《朱升传》。

率军深入江西，发起了平定江西的战役。当月，扫平新淦的沙坑、麻岭、十洞等山寨，俘获邓克明兄弟。八月，大军进围吉安，饶鼎臣弃守，常遇春部收复了吉安并直逼赣州城下。熊天瑞坚守了5个月后，于次年正月举城投降。邓愈自赣州还军吉安，继续清扫饶鼎臣之残部，饶鼎臣退守湖南。七月，汤和进攻永新的周安，各山寨也或降或平。

至此，江西全省尽入朱元璋集团的掌握之中。至正二十二年朱元璋初置江西行省时，江西其实还只是朱、陈两大集团的争夺地带，而此时，江西真正纳入朱元璋集团的核心势力范围，并且成为该集团攻取福建、广东、湖广及统一全国的重要物资和兵源供给地。

公元1368年，朱元璋在南京称帝，国号“大明”，建元“洪武”。朱元璋成了新一代皇朝的开创者，死后庙号为“太祖”，江西则为明朝统治下的一个省份。

第二节 明朝在江西的权力机关

一、省级权力机关及其演变

从行省到三司

明太祖朱元璋起兵之初，取南京，称吴国公，并仿元朝制度置江南行中书省，自总省事。这既是朱元璋集团政权建设的开端，也是明初省级制度建置的尝试。此后，随着军事力量的扩张和统一战争的推进，在各地陆续建立行省，作为地方一级行政区划，设行省平章或中丞，为最高军政首脑，“分镇方面”。

但是，军政合一的省级体制存在时间极短。明朝建立以后，明太祖立即着手在地方建立军政分离的政治体制。洪武元年（1368年）八月，明军进取元大都（北京），明太祖并没有按惯例立即在这里设置行省，而是先置大都督府分府，以领导北方战事。到洪武二年战事平息，虽然设置北平行省，却不将都督分府并入行省，而是行省、分府并存，各不相属。后又将这一体制推广，并改分府为都卫，分置燕山、青州、太原、河南、西安、江西、武昌、杭州等八个都卫指挥使司于北平、山东、山西、河南、陕西、江西、湖广、浙江等八行省，此后又设成都、广东、广西、福州四都卫于所在行省，旋改都卫为都指挥使司，简称都司，直属中央大都督府。这样，各行省都有行政、军事两大机构。行省掌民政、财政，都司掌军政，分属中央的中书省和大都督府，分领地方府县和驻军卫所。与此同时，各省先后设提刑按察使司，简称按司，为省级司法及监察机关。省级政权由行省大权独揽变为三权分立。

洪武九年六月，改行中书省为承宣布政使司，简称布司或布政司，与都司、按司并称三司，明初地方一级权力机关由行中书省到三司的过渡最终完成。

由于行省、都司、按司分理财政民政、军政、司法监察的体制早已形成，所以，改行省为布政司除了使三司名称统一外，其实际意义在于：一、为以后在中央废除中书省作准备。[①]二、强调地方必须无条件秉承中央的意志。明太祖自撰《承宣布政使诰》说："迩来朕有天下，更行省为承宣布政使司。所以承者，朕命也，宣者，代言之也，布者，张陈之也。所以政者，军民休戚，国之利病。所以使者，必去民之恶而导民之善，使知有畏从。于斯之职可不重乎！"[②]明太祖一贯讨厌繁文缛节，但在省级地方政府的名称上，却又不厌其烦，可见对此事的重视。但是，民间仍沿元时旧习，径称某承宣布政使司为某省，如江西承宣布政使司，即简称江西布政司或径称江西省、江省。如与他省并称，则称一"江"字。如浙江、江西，并称"江浙"；浙江、江西、福建，并称"江浙闽"；江西、湖广，并称"江广"。[③]

作为全国十三布政司之一[④]，江西布政司也并置都、布、按三司。都指挥使司设都指挥(正二品)、同知(从二品)、佥事(正三品)，统率本省卫所，掌军籍、练兵、屯田、漕运、京操诸事。布政使司设左右布政使(从二品)、左右参政(从三品)、左右参议(从四品)，主要职责在两个方面：一是理民政，包括抚民赈灾、管

① 关于这一问题，参见方志远《论明代内阁制度的形成》(《文史》第33辑，中华书局1990年版)、《论明代的君主专制》(《严嵩与明代政治》，上海人民出版社1990年版)。

② 朱元璋：《洪武御制文集》，卷四《承宣布政使诰》。

③ 按：在明代史料中，"江"一般是指江西而非康熙五年才建省的江苏；"江浙"一般也指江西浙江而非江苏浙江。参见方志远《"江浙"辩》，《争鸣》1988年第5期。

④ 洪武九年改行省为布政司时，全国除"直隶"(今江苏、安徽二省)外，有浙江、江西、福建、北平、广西、四川、山东、广东、河南、陕西、湖广、山西12个布政司。洪武十五年，置云南布政司。永乐元年(1403)，改北平布政司为北京、北直隶；永乐五年，置交阯布政司；十一年，置贵州布政司。这样，全国地方一级行政区划有南北两直隶和14个布政司。另外，在边疆地区还有辽东都司、奴尔干都司(以上在东北地区)、乌思藏都司和朵甘都司(以上在西藏)等军政合一的准省级区划，以及西北的赤斤、哈密等六卫。是为明代疆域的全盛时期。宣德三年(1428)，罢交阯布政司，此后即为13个布政司。

理户籍田册、劝民耕作技艺；二是理财政，包括均平赋役、催粮征役、发放在省宗室、官吏、师生、军伍的禄俸廪粮。按察使司设按察使（正三品）、副使（正四品）、佥事（正五品），掌刑名按劾之事，纠劾官员以澄清吏治，缉捕罪犯以整顿治安，受理诉讼以察理冤情，打击豪强以安抚贫民。

从三司到三堂

从理论上说，三司并立，各负其责，相互协调相互制衡，“所以稳当”[①]，但实际上却是相互牵制、相互推诿。都司名义上掌一省之军政，但布政司参政、参议，按察司副使、佥事也有清军、监军乃至操练之责；布政司掌一省之政令，但纠劾官员、整肃吏治却由按察司负责；按察司主吏治刑名，但都司、布司却处处掣肘。不仅如此，中央也没有对地方三司实行统一管理协调的机关：江西都指挥使司听命于中央的前军都督府[②]、按察使司听命于都察院；布政使司则财政民政听命于户部、刑法听命于刑部、工程听命于工部。而官员的任命，则是文归吏部、武归兵部。因此，三司体制一确立，很快就暴露出事权不一、运转不灵、效率低下的弊端，尤其难以应付突发事件。正如何乔新所抨击的那样：

> 我朝惩前代藩镇之弊，以都司典兵，布政司理民，按察司执法。凡军戎调发之政，布、按二司不得专，非有符验，都司亦不听调也。平日所以能前却之者，恃有三尺法耳。一旦有事，白刃临其身，厚禄诱其心，三尺法焉能制之？[③]

何乔新并非危言耸听。早在洪武年间，仅仅是永新、龙泉（今遂川）二县“山民”结聚，江西都司便屡讨不平，只得命申国公邓镇等率兵往讨。[④]赣县发生民变时亦然。[⑤]

明太祖对地方体制的改革，是以社会的静态为前提的，但社会的发展却始

---

① 此为明太祖废除中书省、提升六部地位后的用语，参见后注。

② 按：明初中央置中书省、大都督府、御史台三大府，洪武十三年，废中书省、升六部，废御史台，置都察院，分大都督府为前后左中右五都督府，江西都司事务由前军都督府管理。

③ 何乔新：《论都司书》，《皇明名臣经济录》卷一七《兵部四》。

④ 《明太祖实录》卷一五六，洪武十六年八月癸亥。

⑤ 《明太祖实录》卷一九九，洪武二十三年正月乙酉。

终处于动态。随着社会矛盾的发展,以成祖起兵“靖难”并夺取皇位为契机,省级制度从永乐开始发生了一系列变化。都、布、按三司逐渐失去其法定的地位,下降为部门性业务机关及分道制派出机关。省级最高权力机构从洪武中期开始到正德、嘉靖,经历了以下的演变过程:都司、布司、按司三司并立——镇守总兵、镇守中官、镇守文臣三堂并立——巡抚都御史掌军政。①与洪武九年六月在中央的统一指令下各行省均改为布政司不同,各地省级权力机构从三司到三堂、三堂至巡抚的过渡却是在渐进而无序中完成的。以江西而言,这一过程始于建文四年(1402年,成祖即位后改洪武三十五年)八月即成祖即位后不久。

《明太宗实录》载:洪武三十五年八月初八日,“命右军都督同知韩观往江西等处操练军马、整点城池,广东都司、福建行都司、湖广都司军马听其节制”②。这是江西有镇守总兵之始。镇守总兵之设,既是出于对建文朝旧部的疑虑,更是由于原有的三司并立体制难以迅速平息在“靖难之役”后所发生的地方动乱。与都指挥使司不同,总兵均以勋臣或都督府堂上官出任,地位崇高,而且具有“钦差”性质,在兵员调动上有更大的主动权。韩观到江西所做的第一件事,便是越俎代庖,招抚“啸聚劫掠”的庐陵县民。③

但是,总兵权力一大,又有控制上的问题,必须要有对其进行监督的力量。于是便有“右军都督陈晖、旗手卫指挥李忠往江西参赞都督韩观军事”④。说是“参赞”,其实就是监督。但同一系统内部的监督存在诸多不便,也不是“祖宗旧制”。明太祖于战时派往前敌“观军”的,既非文官,也非武官,建元洪武之前多为义子干儿,建元洪武之后则多为宦官。⑤这一惯例理所当然为成祖所效法,其后韩观由江西转镇广西,以及顾成等人出镇贵州等地,均以宦官随军监督,称镇守中官或镇守内官,江西亦然。⑥而且,军事将领固然可以平息一时之动

---

① 按:这一过程参见方志远《明代的镇守中官制度》,(《文史》第40辑,中华书局1994年10月版)、《明代的巡抚制度》(《中国史研究》1988年第3期)。

② 《明太宗实录》卷一一,洪武三十五年(即建文四年,下同)八月己未。

③ 《明太宗实录》卷一一,洪武三十五年八月甲子。

④ 《明太宗实录》卷一一,洪武三十五年八月庚午。

⑤ 关于这一问题,参见业师欧阳琛教授《明代的司礼监》(《江西师范大学学报》1984年第4期)及方志远《明代的镇守中官制度》(《文史》第40辑,中华书局1994年10月版)、《明代的御马监》(《中国史研究》1997年第2期)。

⑥ 《御批通鉴辑览》卷一〇一。

乱、宦官固然可以直通皇帝通报消息,却无法处理地方善后事务,更无法消弭动乱于未然,这些事情仍然得靠文官。这就使镇守或巡视文官的设置成为必要。

江西省级权力机构的本质性变化发生在宣德五六年间。《明宣宗实录》载:

> 宣德五年(1430年)十一月庚子,敕行在都察院副都御史贾谅、行在锦衣卫指挥王裕、参议黄翰,同奉御张义、兴安往江西巡视军民利病。凡军卫有司官吏及富豪大户奸民强盗为军民害者,体实擒拿,轻者就彼发落,重者连家属解赴京师。仍戒谅等务公勤廉谨,毋徇情枉法,纵释有罪及滥及无辜。[①]

上述"行在"云云,实为永乐、宣德时明朝的中央机关。成祖在永乐八年以后将中央各部门迁往北京,南京仅留太子"监国",但最终将京师定在北京却是在正统六年,其间中央各部门均称"行在"。贾谅等人的职责说是"巡视"军民利病,其实是安抚地方,被赋予超越地方政府的权力。其制裁和打击对象,既包括所有官方军队系统的都司卫所和行政系统的司府州县,也包括一切民间的强势群体和动乱因素,而且,一经查实,即可便宜行事,"体实擒拿"。在这一行人等中,起着主导作用的,是都察院副都御史贾谅和宦官张义、兴安。

《明宣宗实录》又载:

> 宣德五年九月丙午,升行在吏部郎中赵新为吏部右侍郎、兵部郎中赵伦为户部右侍郎、礼部员外郎吴政为礼部右侍郎、监察御史于谦为兵部右侍郎、刑部员外郎曹弘为刑部右侍郎、越府长史周忱为工部右侍郎,总督税粮。新江西、伦浙江、政湖广、谦河南山西、弘北直隶府州县及山东、忱南直隶苏松等府县。先是上谓行在户部臣曰:"各处税粮多有逋慢,督运之人,少能尽心,奸民猾胥,为弊滋甚,百姓徒费,仓廪未充。宜得重臣往莅之。"于是命大臣荐举。遂举新等以闻,悉升其官,分命总督,赐敕谕曰:"今命尔往总督税粮,务区画得宜,使人不劳困、输不后期,尤须抚恤人民,扶

① 《明宣宗实录》卷七二,宣德五年十一月庚子。

植良善，遇有诉讼，重则付布政司、按察司及巡按监察御史究治，轻则量情责罚，或付郡县治之。若有包揽侵欺及盗卖者，审问明白，解送京师，敢有沮挠粮事者，皆具实奏闻。但有便民事理，亦宜具奏。尔须公正廉洁、勤谨详明、夙夜无懈，毋暴毋刻，庶副朕委任之重。"[①]

从明宣宗的敕谕可以看出，当时的执政者仅将这一次任命作为权宜之举，且责任只是督粮，但不久即命巡抚地方，事实上成为明代在各省普遍设置巡抚之始。其以临时性督粮为始任，以长驻一省巡抚地方为终结，除赵伦外[②]，赵新在江西、吴政在湖广、于谦在河南山西、曹弘在北直隶、周忱在南直隶的任期至少在五年以上，而赵新、于谦、周忱更为一代名臣。从宣德五年开始，至正统四年九月调任吏部管事，赵新巡抚江西长达九年。[③]

其后，巡视都御史与巡抚侍郎合二而一，演变为"巡抚都御史"，其在江西者称"巡抚江西都御史"，根据所命官员品级的不同，分别为巡抚江西右佥都御史（正四品）、巡抚江西右副都御史（正三品）。品级虽然低于布政使（从二品），但衙门却是正二品都察院。巡视奉御也演变为"镇守中官"或"镇守内官（或内臣）"，其在江西者全称为"镇守江西内官"或"镇守江西中官"。根据所命宦官品级及监司的不同，以御马监为例，其全称为"镇守江西御马监太监"、"镇守江西御马监少监"等。巡抚都御史、镇守中官与镇守总兵一道并称"三堂"，构成了江西新的省级三权分立体制。巡抚主一省之行政并参赞军务，总兵主一省之军政，宦官总管全局并为地方与中央的联系纽带。

巡抚江西都御史与巡按江西监察御史

成化至嘉靖年间，随着中央层面外廷文官、内廷宦官以及勋臣将领集团之间势力的相互消长，以及社会秩序的动荡和重建，各省的镇守中官陆续撤回，总兵在很大程度上受巡抚都御史的监督和控制，巡抚虽然保留着"都御史"的官衔，形式上仍是中央都察院的派出机构，而实际上已经长驻地方，成为地方最高军政长官，巡抚衙门也成了省级最高权力机关。故而成化、弘治以后，明朝在江西的最高权力机关不再是以承宣布政使司为代表的三司，而是

---

① 《明宣宗实录》卷七十，宣德五年九月丙午。

② 《明宣宗实录》卷九三，宣德七年七月辛酉条载："时有言（赵）伦督粮赋用峻法、吏民不胜苦者，上闻之曰：即酷安可抚民，遂命（成）均往代之而召伦还。"

③ 《明宣宗实录》卷五九，正统四年九月甲寅。

巡抚衙门,最高军政长官自然也不再是布政使为首的三司首脑而是巡抚江西都御史。

弘治八年(1495年)四月,由于赣州、南安与福建、广东、湖广接壤地区流民聚集、连年动荡,明廷准镇守江西太监邓原之请,以广东左布政使金泽为都察院右副都御史[①],巡抚江西南赣等处,开府赣州,兼理江西南安、赣州、建昌三府,广东潮州、惠州、南雄三府,福建汀州府及湖广郴州。[②]这样,江西境内有了两个巡抚衙门,一在南昌,称巡抚江西都御史,一在赣州,称巡抚南赣都御史(关于南赣巡抚的设置,详见第二章第三节)。

在巡抚都御史成为省级最高军政首长的同时, 巡按御史也逐渐演变为省级最高监察和司法官员,其在江西者,称“巡按江西监察御史”。

明代监察御史的分道巡按,始于洪武十年。虽然仅为七品,却因为“代天子巡狩”,故地位尊崇,俨然视正三品的按察司官员为下属。正德时胡世宁对当时的地方权力关系作了这样的描述:“天下亲民者,郡县守令也;总督郡县者,藩臬二司也;巡察二司守令者,巡按御史也。”[③]可见巡按的权势。《皇明条法事类纂》所记载的成化年间江西民间诉讼程序,则为胡世宁的描述提供了实证:

> 江西地方小民,多被势要土豪大户占种田地,侵占坟山,谋骗产业,殴伤人命。状投里老,(里老)畏惧富豪,受私偏判。反告到县,平日富豪人情稔熟,反将小民监禁,少则半年,多则一二年以上,贿属官吏,止凭里老地邻保结,妄行偏断。小民屈抑,又逃司府伸诉,又行串查原案,本县妄称问结,一概朦胧中覆,屈抑不伸。及赴御史处伸冤,御史又待查审,曾经司、府、州、县、里老剖判过者,俱不行准状,以致小民卒至含冤受苦,欲引赴京诉奏,水远山遥,寸力寡弱,民之受苦,莫是之甚。[④]

① 按:金泽本为广东左布政使,为从二品,以右副都御史巡抚南赣,为正三品,但却是“升迁”,可见体制的变化。

② 《明孝宗实录》卷九九,弘治八年四月辛巳。按:雍正《江西通志》卷三二《武事四》据《明书·本纪》,将南赣巡抚之设系于弘治八年四月,但在卷四七《秩官》中则记设于成化,误。同卷记赵新于宣德六年以吏部侍郎镇守江西,时间亦误。

③ 胡世宁:《守令定例疏》,《明经世文编》卷一三六。

④ 《皇明条法事类纂》卷四八《断罪不当》。

里老、县、府、按察司、御史依次为民间诉讼的司法级层，而御史处于最高层。虽然巡抚均带都御史衔，从而确定了对巡按的统属关系，但是，巡按御史在履行司法权时，仍保持独立性，巡抚不得干预。王鏊《守溪笔记》有这样一段记载：

> (景泰间，李秉)公以都御史巡抚宣府，张鹏以御史巡按。有武臣私役士卒，公将劾之。故事，(巡抚)都御史不理讼狱，公以嘱鹏，亲诣之。鹏不可，曰："鹏非公问刑官也。"强之再三，必不可。公乃自为奏劾之。事下御史，鹏曰："今日乃可理耳。"①

可见巡按并不对当地巡抚负责，而是直接对中央都察院负责。嘉靖十一年(1532)重定抚、按职掌时更明确规定："其文科武举，处决重辟，审录冤刑，参拔吏典，纪验功赏，系御史独专者，巡抚亦不得干预。"又定："地方之事，俱听巡抚处置。都、布、按三司将处置缘由，备呈巡按知会。巡按御史出巡，据其已行之事，考查得失，纠正奸弊。"②

这样，巡抚一方面总揽一省之军政，被视为"封疆大吏"，另一方面，其所行之事，又必须接受巡按代表中央所进行的监督。但为了保持巡抚在体制上的尊崇地位，巡按御史对其监督是通过对都、布、按三司的监督而间接进行的。

二、司道府县的机构设置及其职责

江西布政司、按察司及分守、分巡道

在巡抚衙门成为实际上的省级最高权力机构之后，原有的三司仍然保留，但其地位则下降为省级职能部门，须对巡抚负责并同时接受巡抚的考查和巡按的监督。③

江西布政司定制设有左、右布政使各一人，左、右参政及左、右参议若干

① 王鏊：《守溪笔记》，《纪录汇编》卷一二四。

② 万历《明会典》卷二一一《都察院·抚按通例》。

③ 万历《明会典》卷一五《吏部十四》载，天顺八年奏准："各处巡抚巡按，会同从公考察布按二司并直隶府州县、各盐运司、行太仆寺苑马寺等官贤否。"

人。《明史·职官志四》对布政使的职掌作了如下表述：

> 布政使掌一省之政，朝廷有德泽、禁令，承流宣播，以下于有司。凡僚属满秩，廉其称职、不称职，上下其考，报抚、按以达于吏部、都察院。三年，率其府州县正官，朝觐京师，以听察典。十年，会户版以登民数、田数。宾兴贡，合省之士而提调之。宗室、官吏、师生、军伍，以时班其禄俸、廪粮。祀典神祇，谨其时祀。民鳏寡孤独者养之，孝弟贞烈者表扬之，水旱疾疫灾祲，则请于上蠲振之。凡贡赋役，视府州县土地人民丰瘠多寡，而均其数。凡有大兴革及诸政务，会都、按议，经画定而请于抚、按若总督。其国庆国哀，遣僚贰朝贺吊祭于京师。天子即位，则左布政使亲至。

这其实是一段自相矛盾的文字，而文字上的矛盾是由于制度上的矛盾所造成的。如前文所说，布政使在洪武、永乐时期，确实是“掌一省之政”，但巡抚成为省级最高军事首脑之后，布政使已为其下属。《明史·职官志》的作者显然已经注意到了这一变化，却将洪武时布政使设置之初的职掌和宣德、正统以后的情况糅合在一起，遂使布政使既“掌一省之政”，又听命于抚、按。在上述职掌中，所谓宣告朝廷的“德泽”和“禁令”、掌管田册户籍、每十年主持编造赋役黄册、每三年率府州县正官赴京朝觐、表扬孝弟贞烈、赡养鳏寡孤独、赈济灾民祀典神祇等，均为常规性事务而无决策性权力。真正可视为权力象征的，是属官的考察和政务的兴革，但恰恰这两项都必须“报抚按”或“请于抚按”，即需要得到巡抚都御史和巡按监察御史的认可而后行。虽然左右布政使的品级均为从二品，而初任巡抚仅为佥都御史正四品，巡抚御史更为正七品，但布政使仍得听命于巡抚都御史并接受巡按御史的监督。

布政司具有实质意义的政务，是参政、参议的分道理事。江西是明朝重要的漕粮供给地和商品粮生产地，所以专设督粮道参政或参议，驻省城南昌，以督运漕粮为专责。又有五分守道，各设参政或参议：南瑞道辖南昌、瑞州二府，驻南昌；湖东道辖广信、抚州、建昌府，驻广信；湖西道辖吉安、袁州、临江三府，驻临江；饶南九江道辖饶州、南康、九江三府，驻九江；赣南道辖赣州、南安二府，驻南安。各分守道的主要职掌是管理粮储、屯田、清军、驿传、水利、抚民等事。虽为布政司堂上官，却长驻地方；虽为布政司的派出机关，却又主要对巡抚而不是对布政使负责。

江西按察司设按察使一人、副使和佥事若干人。《明史·职官志四》对按察使的职掌作了和布政使相类似的归纳和处理：

> 按察使掌一省刑名按劾之事。纠官邪，戢奸暴，平狱讼，雪冤抑，以振扬风纪，而澄清其吏治。大者暨都、布二司会议，告抚、按，以听于部、院。凡朝觐庆吊之礼，具如布政司。

与布政使一样，按察使也受控于抚、按，其实质性职责是副使、佥事分巡各道。江西按察司设有提学副使一人，驻省城南昌，专理学校、科举事；设南瑞道、广建道兵备副使各一人，分驻南昌和建昌，专职治安。又有五分巡道，各设副使或佥事：饶南九江道，驻饶州；湖西道，驻吉安；南昌道，驻省城；湖东道，驻广信；岭北道，驻南安。按察司各分巡道与布政司各分守道都是派出机构，职责相同，并且也主要对巡抚负责。但布政司分守道更侧重赋役、屯田、水利等有关国计民生事，按察司分巡道更侧重治吏、抚民、清军等有关社会风气与社会治安事。

江西府县衙门及"亲民官"

在明代，真正的"亲民官"或直接对民众进行管理的衙门，是府(州)、(州)县两级机构。明朝江西布政司下辖南昌(治南昌)、瑞州(治高安)、九江(治德化，即今九江)、南康(治星子)、饶州(治鄱阳)、广信(治上饶)、建昌(治南城)、抚州(治临川，即今抚州)、吉安(治庐陵，即今吉安)、临江(治清江)、袁州(治宜春)、赣州(治赣县)、南安(治大庾，即今大余)等13府。13府共辖1州、69县，后增设8县，共78州县。其范围北起九江，南至安远，东起玉山，西至永宁(后改名宁冈，今并入井冈山市)，大抵相当于今日江西省的区域范围(婺源县除外)，结束了宋元时期赣东北分隶江东、江浙的历史。各府沿革及所辖州县情况如下：

南昌府：元龙兴路，至正二十二年改名洪都府，第二年再改南昌府，领县七：南昌、新建、丰城(洪武九年十二月改富州为丰城县)、进贤、奉新、靖安、武宁；州一：宁州(元分宁县，宁州治，洪武初改为宁县，省州入县，弘治十六年升县为州)。

瑞州府：洪武二年改路为府，领县三：高安、上高、新昌(元为州，洪武初降为县)。

九江府:元江州路,至正二十一年改为九江府,领县五:德化、德安、瑞昌、湖口、彭泽。

南康府:至正二十一年改为西宁府,二十年改为南康府,领县四:星子、都昌、建昌(元为州,洪武初降为县)、安义(正德十三年置)。

饶州府:至正二十一年改为鄱阳府,隶江南行省。不久改为饶州府,隶江西,领县七:鄱阳、余干(元为州,洪武初降为县)、乐平(元为州,洪武初降为县)、浮梁(元为州,洪武初降为县)、德兴、安仁、万年(正德七年置)。

广信府:元信州路,至正二十二年改为广信府,领县七:上饶、玉山、弋阳、贵溪、铅山(元为州,洪武时降为县)、永丰(今广丰)、兴安(今横峰,嘉靖三十九年置)。

建昌府:至正二十二年改为肇庆府,不久改称建昌府,领县五:南城、南丰(元为州,洪武初降为县)、新城、广昌、泸溪(万历六年置)。

抚州府:至正二十二年改为临川府,不久改称抚州府,领县六:临川、崇仁、金溪、宜黄、乐安、东乡(正德七年置)。

吉安府:至正二十二年改为府,领县九:庐陵、泰和(元为州,洪武二年降为县)、吉水(元为州,洪武二年降为县)、龙泉、万安、永新(元为州,洪武二年降为县)、永宁。

临江府:至正二十三年改为府,领县四:清江、新淦(元为州,洪武初降为县)、新喻(元为州,洪武初降为县)、峡江(嘉靖五年置)。

袁州府:至正二十年改为府,领县四:宜春、分宜、萍乡(元为州,洪武初降为县)、万载。

赣州府:至正二十五年改为府,领县十二:赣、雩都、信丰、兴国、会昌(元为州,洪武初降为县)、安远、宁都(元为州,洪武初降为县)、瑞金、龙南、石城、定南(隆庆三年置)、长宁(万历四年置)。

南安府:至正二十五年改为府,领县四:大庾、南康、上犹、崇义(正德十四年置)。

至明代,江西境内的政区单位数量众多,分布相对匀称。十三府是宋代十三州军、元代十三路的改名,后来清代基本沿袭;县级单位在稳步增长之中趋于饱和,仅于清代后期在边沿地区增置三厅。从国家治理的方面看,政区设置已是严密完备;从政治地理的发展趋势看,已经相对稳定。

其隶属及沿革关系见表1-1。

表1-1　明代江西布政司所辖道、府、州、县

分守道	府名	州县名	元名	宋名	分守道	府名	州县名	元名	宋名
南瑞道	南昌（元龙兴路、宋洪州）	南昌	南昌	南昌	湖东道	抚州（元抚州路、宋抚州）	临川	临川	临川
		新建	新建	新建			崇仁	崇仁	崇仁
		丰城	富州	丰城			金溪	金溪	金溪
		进贤	进贤	进贤			宜黄	宜黄	宜黄
		奉新	奉新	奉新			乐安	乐安	乐安
		靖安	靖安	靖安			东乡	明正德七年置	
		武宁	武宁	武宁	湖西道	吉安（元吉安路、宋吉州）	庐陵	庐陵	庐陵
		宁州	宁州	分宁			泰和	泰和州	泰和州
	瑞州（元瑞州路、宋筠州）	高安	高安	高安			吉水	吉水	吉水
		上高	上高	上高			永丰	永丰	永丰
		新昌	新昌州	新昌			安福	安福州	安福
饶南九江道	九江（元江州路、宋江州）	德化	德化	德化			龙泉	龙泉	龙泉
		德安	德安	德安			万安	万安	万安
		瑞昌	瑞昌	瑞昌			永新	永新州	永新
		湖口	湖口	湖口			永宁	元至顺年间置	
		彭泽	彭泽	彭泽		临江（元临江路、宋临江军）	清江	清江	清江
	南康（元南康路、宋南康军）	星子	星子	星子			新淦	新淦州	新淦
		都昌	都昌	都昌			新喻	新喻州	新喻
		建昌	建昌州	建昌			峡江	明嘉靖五年置	
		安义	明正德十三年置			袁州（元袁州路、宋袁州）	宜春	宜春	宜春
	饶州（元江浙行省饶州路、宋饶州）	鄱阳	鄱阳	鄱阳			分宜	分宜	分宜
		余干	余干州	余干			萍乡	萍乡州	萍乡
		乐平	乐平州	乐平			万载	万载	万载
		浮梁	浮梁州	浮梁	赣南道即岭北道	赣州（元赣州路、宋虔州）	赣	赣	赣
		德兴	德兴	德兴			雩都	雩都	雩都
		安仁	安仁	安仁			信丰	信丰	信丰
		万年	明正德七年置				兴国	兴国	兴国
湖东道	广信（元浙江行省信州路、宋信州）	上饶	上饶	上饶			会昌	会昌州	会昌
		玉山	玉山	玉山			安远	安远	安远
		弋阳	弋阳	弋阳			宁都	宁都州	宁都
		贵溪	贵溪	贵溪			瑞金	瑞金	瑞金
		铅山	铅山	铅山			龙南	龙南	龙南
		永丰	永丰	永丰			石城	石城	石城
		兴安	明嘉靖三十九年置				定南	明隆庆三年置	
	建昌（元建昌路、宋建昌军）	南城	南城	南城			长宁	明万历四年置	
		南丰	南丰州	南丰		南安（元南安路、宋南安军）	大庾	大庾	大庾
		新城	新城	新城			南康	南康	南康
		广昌	广昌	广昌			上犹	上犹	上犹
		泸溪	明万历六年置				崇义	明正德十四年置	

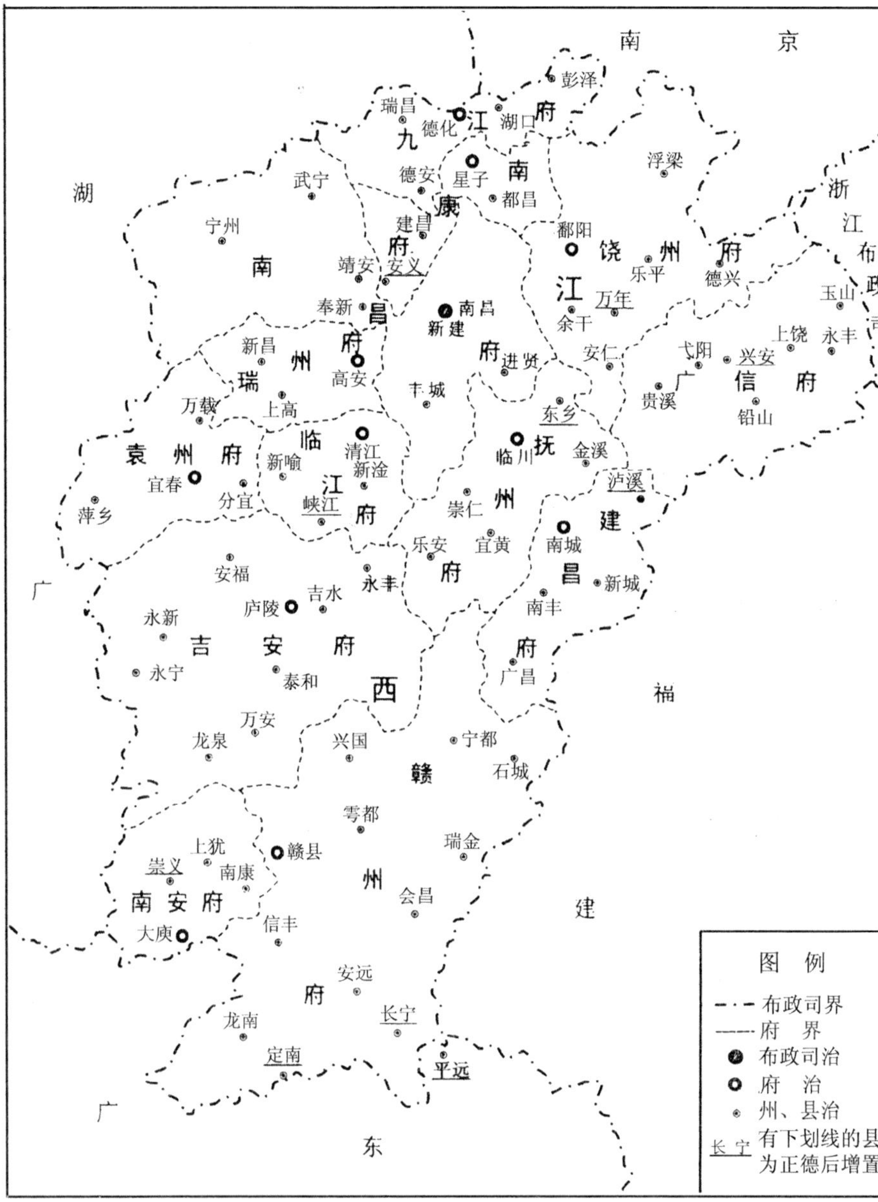

图 1-3 万历六年(1578 年)后江西布政司图

本图参考郭红、靳润成:《中国行政区划通史·明代卷》,复旦大学出版社 2007 年版,第 124 页,图 7。

各府的正官为知府,正四品,这在明朝已属于高级官员。《明史·职官志四》对其职掌作了如下归纳:

知府掌一府之政,宣风化,平狱讼,均赋役,以教养百姓。每三岁,察属吏之贤否,上下其考,以达于省,上吏部。凡朝贺、吊祭,视布政使司,直隶府得专达。凡诏赦、例令、勘札至,谨受之,下所属奉行。所属之政,皆受约束于府,剂量轻重而令之,大者白于抚、按,布、按,议允乃行。凡宾兴科贡,提调学校,修明祀典之事,咸掌之。若籍帐、军匠、驿递、马牧、盗贼、仓库、河渠、沟防、道路之事,虽有专官,皆总领而稽核之。

由此可以看出,比起布政使,知府才真正有责有权。而且,这种责任和权力是全面的,包括教化、行政、财政、司法、教育、治安、水利、交通等等,即本府的一切事务及所发生的一切事件,知府都必须进行处置并承担责任。

按明朝的制度,各府还设有副职,名为同知(正五品)、通判(正六品),但并非各府并设。如南昌、南康二府,同知、通判便经常缺额。协助知府处理事务、专理刑名并协管财政的是推官(正七品)。可见司法和财政在地方事务中的地位。根据需要,推官可以不止一名。成化时,吉安知府张锐上疏奏称:"江西多大家,往往招纳四方流移之人,结党为非。如吉安一府,健讼尤甚,囚犯监禁,常累至千人。缘官少不能决断,多致瘐死。今宜增设推官一员,专理词讼,不得以他事差遣。"①明廷从其请,吉安府遂有两名推官。同知、判官的不时设置,在南昌府自然是因为省会所在,省、府、县官员重重,但在南康府,则是因为府小而政务相对清闲。但不置同知、判官而置推官,或者是因为前者与知府地位相埒易生掣肘、后者与知府地位悬殊易于听命故。如果这种推测成立,更说明政府对于"知府"这一级亲民官的重视。

明代的州有两种,一为直隶州,直属布政司,其地位同于府而低于府;二为散州,地位同于县而高于县。江西只有一个州即宁州,为散州,辖于南昌府。州的首脑为知州,从五品。其副为同知(从六品)和判官(从七品)。按明代制度,编户少于30里的散州,不设同知和判官。宁州编户达86里,故二者均设。②县的首

① 《明宪宗实录》卷二八〇,成化二十二年七月壬戌。

② 李贤等:《明一统志》卷四九《江西布政司》。另据《江西通志》卷一九《公署一》,宁州同知、判官公廨分别在州署后求瘼堂的东南和西南。

脑为知县,正七品。其佐为县丞(正八品)、主簿(正九品),分掌财务(粮马)和治安(巡捕)。《明史·职官四》将知州的职掌并入知县记述:

> 知县掌一县之政。凡赋役,岁会实征,十年造黄册,以丁产为差。赋有金谷、布帛及诸货物之赋,役有力役、雇役、借债不时之役,皆视天时休咎,地利丰耗,人力贫富,调剂而均节之。岁歉则请于府若省蠲减之。凡养老、祀神、贡士、读法、表善良、恤穷乏、稽保甲、严缉捕、听狱讼,皆躬亲厥职而勤慎焉。若山海泽薮之产,足以资国用者,则按籍而致贡。

如果说知府作为"亲民官"偶尔还有推诿责任的理由,知州、知县则全无退路,本州、本县的任何事务都必须"躬亲厥职而勤慎焉"。如果无同知、判官或县丞、主簿,其有关职掌也由知州或知县一并掌管。

下面以南昌府、南安府为例,分析明朝在江西的机构设置情况。

作为省、府以及南昌、新建二县三级地方权力机关的所在地,南昌城内分布着大大小小的官署,驻扎着大大小小的官员。

省级官员有:巡抚江西都御史,巡按江西监察御史;江西左、右布政使,江西督粮道、清军道参政或参议;江西按察使,江西驿盐道、清军道副使或佥事;江西都指挥使及同知、佥事。作为江西布政司的派出机构分守湖东道、湖西道、南昌道、九江道,江西按察司的派出机构分巡南昌道、湖东道、湖西道、九江道,其参政或参议、副使或佥事,也都在南昌设有时官署。

南安虽然偏处江西南端,却因为扼江西、广东两省通道而为按察司岭北分巡道所在地,驻有分巡道副使或佥事,另有提督学政署和布政分司署,以便接待提学副使及分守岭北道参政或参议。

两府均设有知府、推官(同知、通判不常设),以理府事。据雍正《江西通志》,明末南昌有知府公署、督粮厅、推官理刑厅而无同知厅、通判厅,这是因为南昌只设知府、推官不设同知、通判的缘故。南安有知府公署、通判厅、理刑厅而无同知厅,则是因为南安府不设同知故。

各县设官也并不都满额。南昌府所属各县及宁州,县丞、主簿并设,而南安府所属南康、崇义二县因人口较少,县丞、主簿并不常设。又,南昌府除了"附郭"县即府治所在地的南昌、新建二县,其他丰城、进贤等县及宁州,南安府的南康等县,均设有各种"行署"。多者如丰城,有巡按御史的察院、分守参政或参

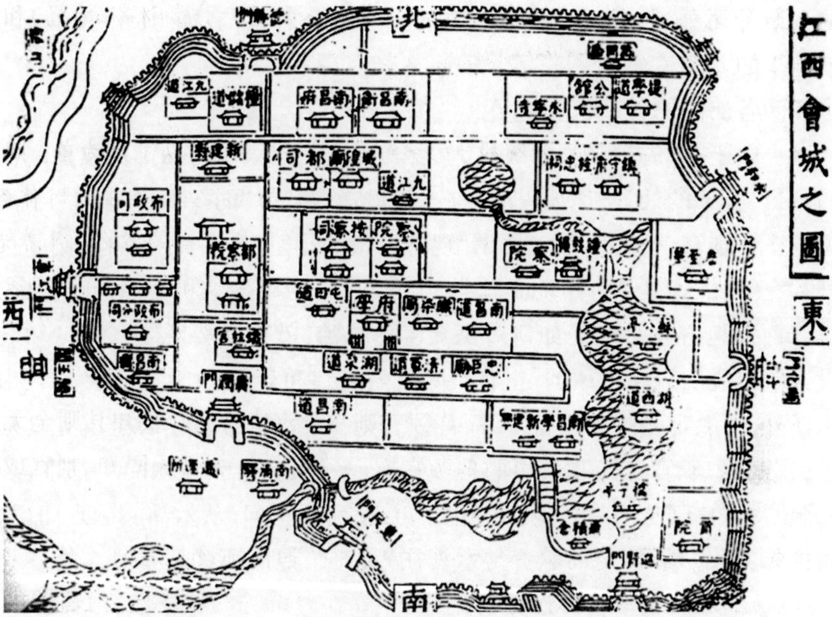

图 1–4　江西省城图，嘉靖《江西通志》卷一《藩省》。

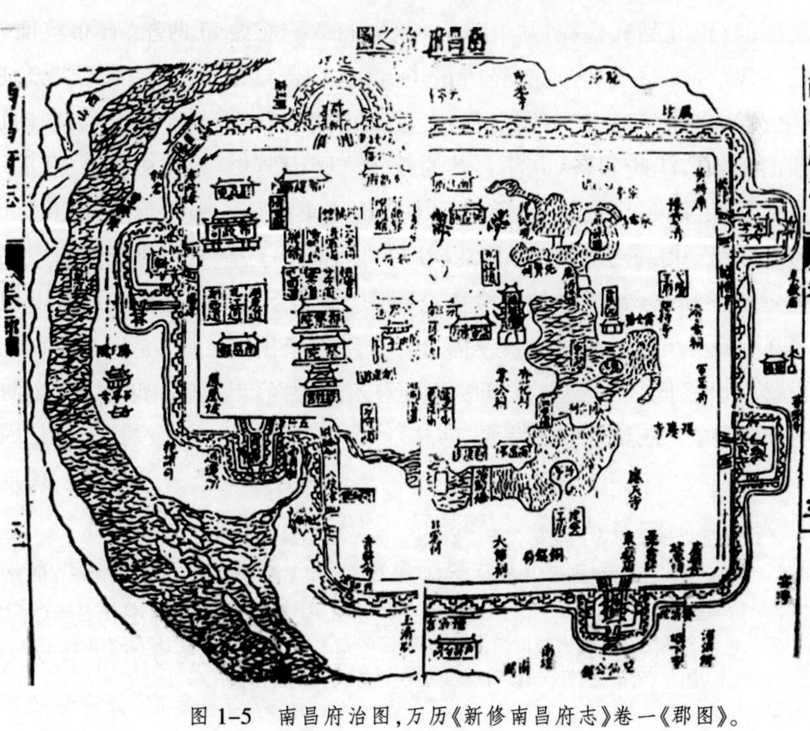

图 1–5　南昌府治图，万历《新修南昌府志》卷一《郡图》。

议的布政分司公署、分巡副使或佥事的南昌道公署,少者如上犹,也有分巡副使或佥事的岭北道公署。

江西各衙门的首领官及吏员

以上关于司、府、州、县各级权力机构的叙述,仅限于"正官"的层面。而权力的运行、公务的处置,很大程度是在"首领官"和"吏"的层面进行的。中国民谚说:"不怕现官,就怕现管。"所谓"现官",指的是"正官",而"现管",则是指首领官和吏员,因为具体办事的是这批人。要了解明朝国家机器的运行状况,要了解江西的地方官员们是如何对民众实施统治,就有必要对"首领官"和"吏"的设置予以说明。在江西的"正官",除了州通判和县丞、主簿可以由举人出身者担任外,一般都是进士出身。[①]而首领官则只需举人或儒士乃至由吏拨充。

据《明史·职官志》,布政司的首领官有:经历司经历(从六品)、都事(从七品),照磨所照磨(从八品)、检校(正九品),理问所理问(从六品)、副理问(从七品)、提控案牍。经历司的职责是掌管往来公文,照磨所的职责是掌管各类卷宗,理问所的职责是掌管诉讼文档。

按察司的首领官相对少一些,只有经历司经历(正七品)、知事(正八品),照磨所照磨(正九品)、检校(从九品)。他们职掌与布政司同名首领官一样,但品秩低一级。府的首领官也有经历司经历(正八品)、知事(正九品),照磨所照磨(从九品)、检校(未入流),职责和布、按二司同名首领官相同,品级又相应降低。州的首领官为吏目(从九品),县的首领官则为典史(未入流)。

从职掌和品级可以看出,首领官中管理文书者地位较高而管理具体事务者则地位较低。其高者为经历,品级超过知县,但由于是"首领官"出身,其升迁机会远远少于知县;其低者如府检校、县典史,均未入流,但又因为他们是"官"而非"吏",所以升迁仍在官的系统内进行。所以指出这一点,是因为明代官与吏的身份完全不同。[②]但这些低品级乃至未入流的"官",就其出身来说,有相当部分由吏"拨充",故情况十分复杂。

---

① 所以特别提出江西,是因为明代边远如广西、贵州、云南等地的知州、知县也可以是举人出任,称为"边远选"。参见杜婉言、方志远《中国政治制度通史·明代卷》第九章《明朝的人事管理制度》(人民出版社 1996 年版。

② 明代民谣说热恋男女的海誓山盟:"要分离,除非是天做了地;要分离,除非是东做了西;要分离,除非是官做了吏!"(《明清民歌时调集·挂枝儿》卷二《分离》,上海古籍出版社 1987 年版,第 62 页。)可见官与吏的天壤之别。

在省、府、县各级政府中，还有一些具体的职能部门，这些部门也设置了主管官员，主要有：司狱司司狱（布、按二司从九品，府未入流），管理监狱；库大使（布政司从九品，州县未入流）、副使（仅布政司设，未入流），掌管钱物；仓大使（布政司及府从九品，州、县未入流）、副使（布政司及府、州、县设，均未入流），掌管粮储；儒学教授（府学设，从九品）、正学（州学设，未入流）、教谕（县学设，未入流）、训导（府、州、县学均设，未入流），掌教诲生员；税课司（县为局）大使（从九品），掌征收商业税及财产过户税；河泊所官，掌收鱼税；递运所官，掌递运粮物。

又有一些对特殊行业进行管理的机构，也设有主管官员：管理医生的衙门叫医学，府设医学正科（从九品）、州设医学典科（未入流）、县设医学训科（未入流）。管理术士如算卦、占卜的衙门叫阴阳学，府设阴阳学正术（从九品）、州设阴阳学典术（未入流）、县设阴阳学训术（未入流）。管理僧人的衙门，府设僧纲司，有都纲（从九品）、副都纲（未入流）；州设僧正司，有僧正（未入流）；县设僧会司，有僧会（未入流）。管理道士的衙门，府设道纪司，有都纪（从九品）、副都纪（未入流）；州设道正司，有道正（未入流）；县设道会司，有道会（未入流）。这些机构的官员本身也都从事该行业，所以只设官而不给俸禄，带有民间团体的自治性质。

上述机构均设于府、州、县治所在地。还有一些机构则根据需要，分布在各地。在这些机构中，巡检司和驿站是需要关注的。

巡检司置巡检、副巡检（均为从九品），掌"缉捕盗贼、盘诘奸伪"。这些巡检司多设在远离府州县城的关津要害处。[①]如南安府大庾县，在郁林镇黄泥巷设有郁林镇巡检司、赤石镇峰山里水西村设有赤石镇巡检司；再如吉安府庐陵县，在淳化乡设有富田巡检司、宣化乡设有敖城巡检司、安平乡设有井冈巡检司。巡检司一般都是要害去处，嘉靖时增设峡江县，隆庆时增设定南县，县治所在地即为原巡检司所在地。

驿站置驿丞（未入流），掌管邮传和官员迎送事。驿站既有设在府州县城之内及城郊者，如南昌县的市汊驿、青浦驿；也有设在远离府州县城而地处交通枢纽的重要市镇，如铅山县的车盘驿、鹅湖驿。

所有这些机关，构成了明朝在江西的基本统治网络。但所有的机关，又离

① 《明史·职官志四》："凡在外各府州县关津要害处俱设，俾率徭役弓兵警备不虞。"

不开“吏”。

明朝的吏有各种名目，弘治《明会典》说：

> 国初因前代之制，令有司设司吏，许各保贴书二名，其后定设掾史、令史、书吏、司吏、典吏，俱视政事繁简为额。及政事益繁，又设提控、都吏、人吏、胥吏、狱典、攒典，事简者则裁减之。①

可见，明朝各衙门吏的名目并不相同，吏的数量则根据需要而变化。现根据《明会典》的记载，对江西各衙门的吏员设置及其名目综述如下，但吏员的数量因缺乏记载而从略。

巡抚江西都御史衙门：令史（正九品出身）、典吏（杂职出身）。

巡按江西监察御史衙门：书吏（从九品出身）、典吏。②

江西布政司衙门：通吏（正九品出身）、令史（正九品出身）、典吏（杂职出身）、承发架阁库典吏、库攒典；经历司：典吏；理问所：司吏、典吏。

江西布政司属各府衙门：司吏（杂职出身）、典吏、承发；经历司：典吏；司狱司：狱典。

江西布政司属各州县衙门：司吏、典吏、承发。

江西布政司各府州县属机构，儒学：司吏；税课司（局）：司吏、攒典；库、仓：攒典；递运所：司吏、典吏；水马驿：驿吏；巡检司：司吏。③

江西按察司衙门：书吏（从九品出身）、典吏、承发；经历司：典吏；司狱司：典吏；架阁库典吏。

江西都指挥使司衙门：令史（正九品出身）、典吏（杂职出身）、承发、架阁库典吏；经历司：典吏；断事司：司吏、典吏。

江西都指挥使司属各卫：令史（从九品出身）、典吏；镇抚司：司吏。

江西都指挥使司属各守御千户所：司吏。

明太祖出身贫苦，对于元末官昏吏贪的社会现实有刻骨铭心的感受④，故重典治吏，对吏员的出身有较为严格的要求：凡佥充吏役者，应该出身于农民，

---

① 弘治《明会典》卷六《吏部五·吏》。

② 弘治《明会典》卷六《吏部五·吏》、卷九《吏部八·洪武礼制》。

③ 弘治《明会典》卷七《吏部六·吏》、卷九《吏部八·洪武礼制》。

④ 关于这一情况，参见明太祖御制三编《大诰》。

自身和家庭没有过失的记录，年龄在30岁以下，并且能够识字书写。时人称吏员为“书吏”，即因为吏的职责多为文书。为了预防他们的作弊，又规定，即使符合上述条件，但如果曾经在各衙门主写文案、攒造文册，或者曾经充当过衙役，或者虽为农民而实为城市游荡者，皆不得充吏。①而江西之吏受到更为严厉的限制，不管实绩如果，都不得调充户部为吏。②

虽然如此，但明代国家政策的种种弊端，江西官场的种种问题，仍然多与吏员相关。有关这方面的情况，将在本书的以下各章有所论列。③

三、都司卫所的分布及变更

任何时候，国家的统治都是构建在军事打击力量基础之上的。明朝的军队以卫所为基本编制，但随着战事的平息，卫所逐渐成为掌管军籍、组织屯田和操练、护送漕粮及其他物资的编制，一旦有军事行动，则在卫所抽调兵员、组织建制、命将出征。明朝在江西的军队，也经历了这一演变过程。所以，当时的军事力量其实由两套系统来管理。

明朝对江西的统治是从军事占领开始的，加上当时的国家体制基本沿袭元朝，故军政合一的江西行省最初的领导集团是由军事将领为主体构成的，主要人物有大都督朱文正、行省平章赵德胜、行省参政邓愈等。洪武初期，明朝对江西的防守相当重视，曾设置南昌卫、建昌卫、抚州卫、吉安卫、袁州卫、赣州卫、广信卫、宁都卫八个军卫，这是明代中期的四卫和明代后期的三卫无法比拟的。当然，此时的江西行省，其管辖区主要在南昌及其周边地区。随着江西形势的稳定及战场向北、向西、向南的推移，江西行省的领导集团逐步让位于文职官员，著名的有行省参政及中丞杨宪、汪广洋、陶安等。作为腹里地区，一旦国家统治稳定之后，江西便不需要供养如此众多的军队，故八个军卫相继改为守御千户所，或被废除。

洪武九年六月，江西行省改为江西布政使司，江西都卫指挥使司也改名为都指挥使司，简称江西都司，隶属于中央的大都督府。④大都督府改为五军都督府后，江西都司隶属于前军都督府，下辖南昌左、南昌前、袁州、赣州四卫及吉

① 关于对吏员的限制，参见弘治《明会典》卷九《吏部八·宪纲、事例》有较为详细的记载。

② 参见方志远：《明代苏松江浙人“毋得任户部”考》，《历史研究》2004年第6期。

③ 对于中国古代吏的论述，参见赵世瑜：《吏与中国传统社会》，浙江人民出版社1994年版。

④ 按：江西都司的军事辖地与江西布政使司的辖区并不完全一致。

安、安福、永新、会昌、信丰、南安、饶州、抚州、建昌、广信、铅山十一守御千户所,另辖宁府、淮府、益府三仪卫司和淮府、益府二群牧所。永乐之后江西都司卫所数目的变化皆与宁王府有关。永乐元年宁王由塞外大宁改封南昌,南昌左卫改为南昌护卫。天顺年间,宁靖王不法,废护卫,复置南昌左卫。正德十六年,由于宁王朱宸濠事变后南昌左、前二卫卫士大大减少,公署也毁于战火,明廷遵照王守仁的建议,将二卫并为南昌卫。[①]从此至明末,江西一直为三卫。

对于江西都司诸卫所的这种布局,正德时江西南城籍吏部侍郎罗玘作了如下的分析:

> 江西都指挥使司统卫四所十有一。卫以南昌名者二(按:指南昌左卫和前卫),治会府南昌地也;以赣名治赣,以袁名治袁。所之以地名者,亦治其地。凡其所在,大抵皆要害也。赣暨南安背负大庾,而信丰、会昌犬牙入于南粤之奥区,袁、吉则湖湘之胁,洞蛮实口张噬于安福之隙,永新则先尝其龈焉。铅山瓯闽之北门也,抚、建扼其西牖,与赣犄角之。吴越以饶、信为唇齿。而江淮湖汉舟师必争之地者,南昌也。[②]

也就是说,所有的卫所都设置在要害之地,但其重点又在南昌、吉安、赣州一线及袁州。南昌设有两卫、袁州设有一卫;吉安虽由卫改所,但安福、永新也各有一千户所,即一府三所;赣州不仅有赣州卫,且有会昌、信丰二千户所。从卫所分布来看,显然偏重于西边与湖广接壤处,这不能不说与明初弹压陈友谅旧部有关。其余各千户所多在府治所在地,但临江、南康二府地域狭小,又近南昌、袁州,故未设千户所。而铅山扼入闽通道,故也设有千户所。九江也设有卫,但由于与江防有关,故属南京京卫。

按明制,都指挥使司设都指挥使一人(正二品)、都指挥同知二人(从二品)、都指挥佥事四人(正三品),这些都是“堂上官”,在三司之中品秩最高。所以凡属礼节性的文字,都指挥使列名均在布政使和按察使之前。由于省级体制的变化,所以《明史·职官志》为都指挥使开列职掌时,文字也颇费周折:

---

① 《明史》卷九〇《兵志二》。

② 罗玘:《送都阃文君之江西任序》,雍正《江西通志》卷一三七《艺文》。

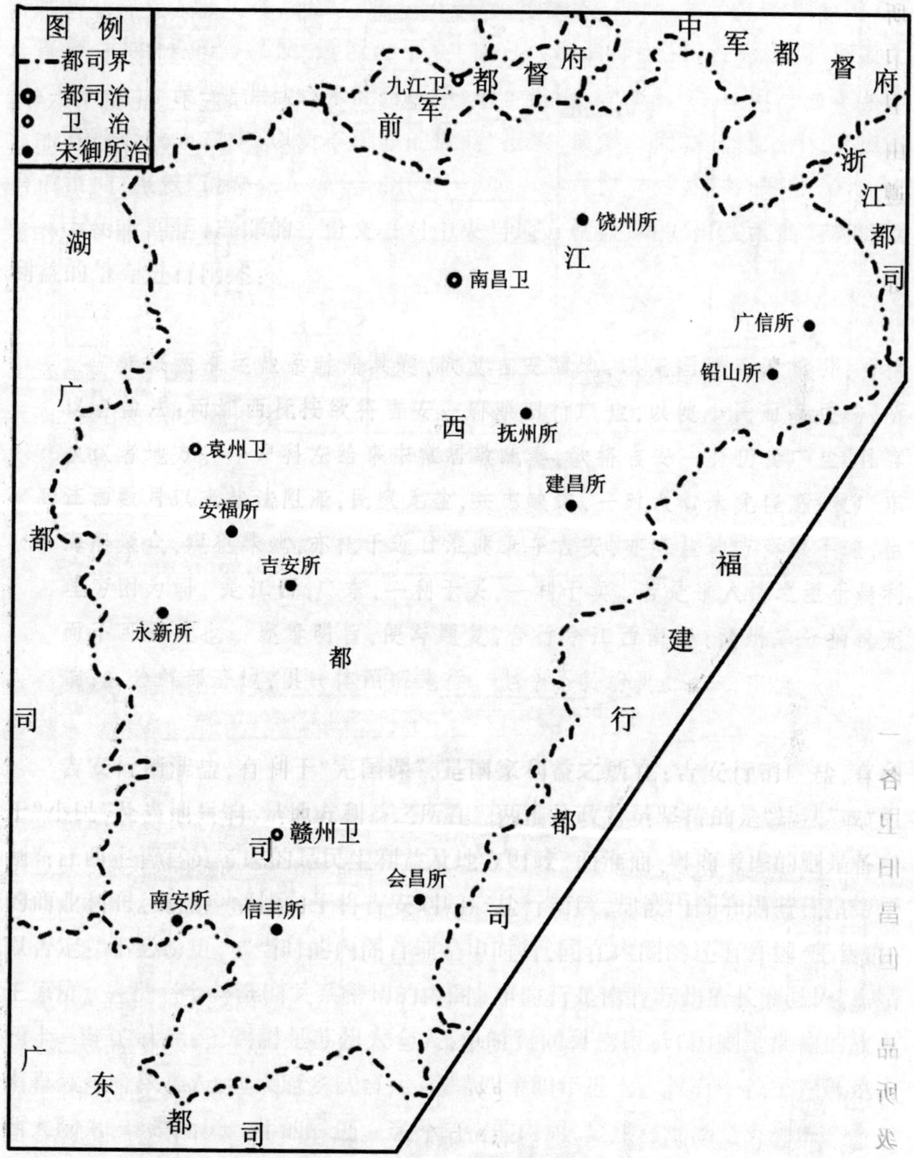

图 1–6 正德十六年(1521年)后江西都司辖区及卫所图

本图参考郭红、靳润成:《中国行政区划通史·明代卷》,复旦大学出版社2007年版,第624页,图34。

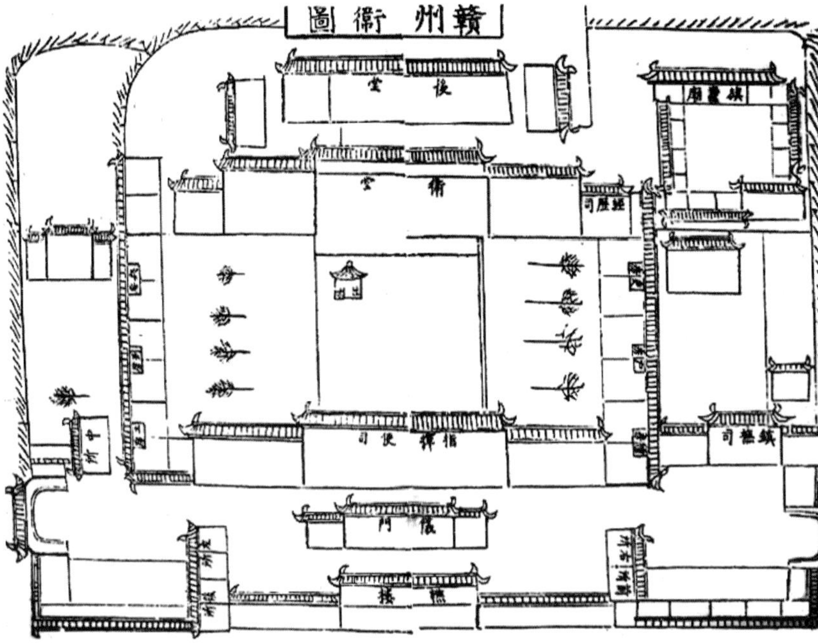

图 1-7　赣州卫图，嘉靖《赣州府志》图一八。

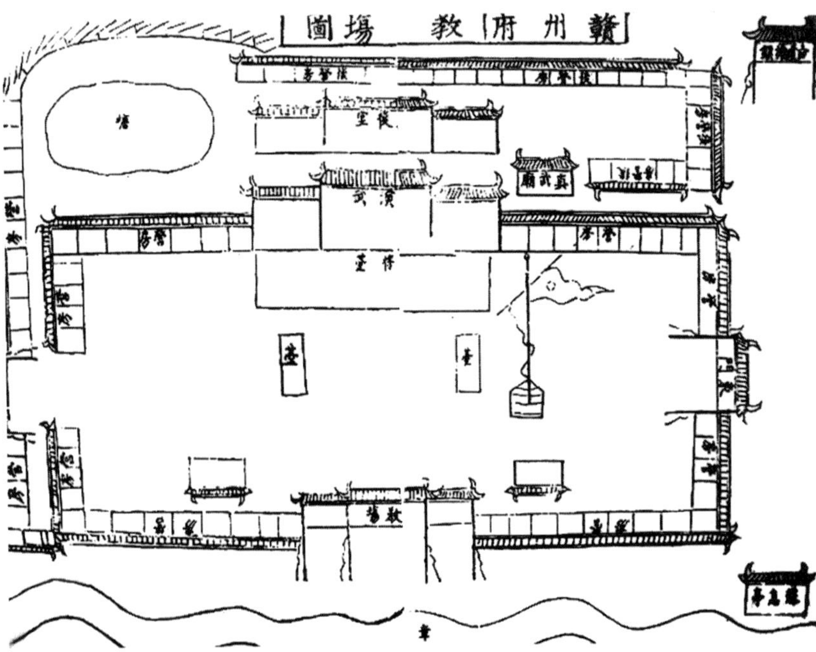

图 1-8　赣州卫图，嘉靖《赣州府志》图一九。

> 都司掌一方之军政,各率其卫所以隶于五府,而听于兵部。凡都司并流官,或得世官,岁抚、按察其贤否,五岁考选军政而废置之。都指挥使及同知、佥事,常以一人统司事,曰掌印,一人练兵,一人屯田,曰佥书。巡捕、军器、漕运、京操、备御诸杂务,并选充之,否则曰带俸。

都司虽然说掌"一方之军政",但常规事务是掌管军籍,以及练兵、屯田。虽说隶属于前军都督府、听命于兵部,其考核则由巡抚、巡按进行。由于巡抚江西都御史均提督军务,所以都司实听命于巡抚。在七位"堂上官"中,管理日常事务的只有三人,一掌印、一练兵、一屯田,其余均为"带俸",即食禄而不理事,除非被委任以具体的事务,如领兵赴京操、护漕运、捕"盗贼"等,但这些事务均为临时选派而不固定人员。由于都司的这种地位,故被文官们视为"武吏"。

都司衙门也设有文职首领官:经历司经历(正六品)、都事(正七品),掌管文书往来;断事司断事(正六品)、副断事(正七品),掌管刑狱。另有吏目及司狱司司狱(从九品),管理监狱。

各卫设有卫指挥使一人(正三品)、指挥同知二人(从三品)、指挥佥事四人(正四品)、镇抚司镇抚二人(从五品),其属有经历司经历(从七品)、知事(正八品),吏目(从九品)及仓大使、副使。七位卫指挥或同知、佥事,真正管事者只有两人:一掌印、一佥书。其主要职责为屯田、验军、营操、巡捕、漕运等,也是"考选其才者充之",管事者称"见任管事",不管事者称"带俸差操"。镇抚的职责则是整顿军纪、处置军中违法者。卫指挥一方面听命于都司,但其考核也与都司一样,由巡抚、巡按进行。

各守御千户所均设正千户一人(正五品)、副千户二人(从五品)、镇抚二人(从六品),其属只设吏目一人。按明制,每卫之下设五千户所,每千户所下辖十百户所,每百户所设百户一人(正六品)、总旗二人、小旗十人。小旗既是军队的基本编制,也是这一编制(十人)的头目。由于上述江西吉安等千户所均为"守御千户所",这是一些独立于卫的千户所,直隶于江西都指挥使司。

明代都司、军卫两级,"堂上官"多而管理者少,是由于两个方面的问题而引起的。

一是军官的世袭制。明朝继承了元朝的军户制度,一人军籍,世代为军,而军官除了军功及由武举得官者,也都是世袭。都指挥与卫指挥的不同处,在于后者直接世袭,而前者须有阅历,所以《明史·职官志》说到卫指挥,用的是“率世官,或有流官”,而说到都指挥,用的则是“并流官,或得世官”。而从其出身来说,则多为世官。卫指挥官阶为正三品,镇抚也为从五品,但往往是“幼军”,或实际年龄刚够入伍,实践经验和军事才能更无从谈起,所以均“带俸差操”,进行锻炼。

二是编制的不足额。明制每卫定额5600人,每千户所定额1100人,但实际兵员则远不足额。万历《江西省大志》记载了当时江西都司各卫所的兵员情况,整理列表如下:

表1-2 明代江西都司卫所兵员编制

卫所名	食粮官	操守旗军	运粮旗军	合　计
南昌卫	46	1443	2336	3825
袁州卫	38	336	812	1186
赣州卫	56	876	625	1557
吉安千户所	16	818	1150	1984
安福千户所	10	554	655	1219
永新千户所	16	500	426	942
会昌千户所	10	518		528
信丰千户所	12	600		612
南安千户所	12	353		365
饶州千户所	23	446	807	1276
抚州千户所	17	389	781	1187
建昌千户所	20	585	530	1135
广信千户所	17	773	563	1353
铅山千户所	14	445	506	965
合　计	307	8636	9191	18134

资料来源:万历《江西省大志》卷五《实书》。

据上表,江西卫所在嘉靖时的官军总数为18134人,这是当时明朝在江西的常规军事力量。但这些兵员不足原额的一半,其职责又分成两大部分,一是驻屯,维护社会治安,二是运粮,往返于江西与通州或淮安之间。也就是说,常规驻军的一半是用作护送漕粮,维护社会治安的部队不到一万人。而且在明朝的卫所中，官吃军缺乃是普遍现象，所以这不到一万人也只是在册人数，其中不少仍然空缺。据估计，当时的空缺一般在三成左右[①]，如果这一估计适用于江西，则用于维护社会治安、应付突发事件的大约是六千余人，分驻在全省各地。从国家的养兵政策来看，为了不加重财政负担，在内地省份有这些兵员也大抵可以应付一般性事件，而一旦发生大的动乱，便显得捉襟见肘。这就使机动军事力量成为必要。

作为一个拥有完全主权的政府，明朝对国家的全部军事力量都可以自由调配，从这个意义上说，全部的兵员都可以是某一特定地区的机动军事力量。如洪武时，吉安龙泉等地“山寇”与广东“猺贼”“互相扇动、结聚徒党……势甚猖獗”，江西都司剿捕不力，命申国公邓镇等率兵讨伐。[②]又如永乐时，新淦县逃匠雷剑南聚众拒捕，命都督马聚会同都指挥刘忠领兵剿捕。[③]值得注意的是，这些军事行为都不是由江西都司而是由中央临时任命的将领指挥，他们所统领的军队，有从江西都司各卫所抽调而来的，也有从他省卫所中抽调而来的。这就是《明史·兵志》所说的：“兵卫之政，征调则统于诸将，事平则散归各卫。”[④]以江西而言，这里所说的“诸将”既包括江西都司的都指挥使、都指挥同知或佥事，但更多的是由兵部派遣的五军都督府的都督、都督同知或佥事，乃至侯、伯等勋臣。这些由兵部派遣的将领，开始是有事派出，事毕返回，永乐以后，则往往长驻一地，成为该处的总兵或副将、参将。

洪武三十五年即建文四年八月，“命右军都督同知韩观往江西等处操练军马、整点城池，广东都司、福建行都司、湖广都司军马听其节制”[⑤]。韩观成了江西实际上的军事首脑，不仅可以调动江西都司各卫所的军队，也可以调动广东、福建、湖广三都司卫所的军队，形成四省军队的联防。永乐元年，即韩观调任广西总兵之后不久，“命襄城伯李浚充总兵官，锦衣卫指挥陈敬为副总兵，往江西操练军民，镇守城池，节制江西都司并护卫官军”[⑥]。李浚遂为第一位驻守江西的总兵官。其后，根据形势的需要，总兵、副将、参将间设。至嘉靖四十三年，定

① 马文升：《存远军以实兵备疏》，《明经世文编》卷六二。
② 《明太祖实录》卷一五六，洪武十六年八月癸亥。
③ 《明太宗实录》卷二〇八，永乐十七年正月丙寅。
④ 《明史》卷九十《兵志二》。
⑤ 《明太宗实录》卷一一，洪武三十五年八月己未。
⑥ 《明太宗实录》卷一九，永乐元年四月甲戌。

制设参将一人，名曰“南赣参将”，驻会昌县，下设守备四人、把总六人。[①]据《明世宗实录》，先是有会昌参将，后降为守备，嘉靖三十九年，以贵州都司佥书署都指挥佥事谷旸为参将，改名“南赣参将”，“令其居闽广湖浙之间，控制诸巢”[②]。

南赣参将既有参将衔，也有以副总兵衔管理参将事务，如俞大猷、张斌均以副总兵衔管理南赣参将事务。[③]其兵员，起初多从广东南雄、韶州、惠州、潮州，福建汀州、漳州，湖广郴州，广西桂州及江西抚州、吉安等处征发，但逃亡甚多。嘉靖四十年，采纳总督南赣汀漳都御史陆稳的提议，命上述地区按兵员多少输银，由南赣参将自行在当地招募乡民骁勇者充军。[④]这样，明朝在江西的军队除卫所正军之外，又有了募兵。

第三节 明朝在江西的王府

一、明朝的宗藩问题

秦汉以降，尽管郡县制已经成为中国地方的基本政治体制[⑤]，但如何安置好皇子皇孙，却一直困扰着中国历代最高统治者。明太祖以布衣得天下，或者比其他任何开国帝王更希望将政权传之久远，故而设计了一整套国家制度，让子孙世代恪守。分封诸王制度，就是整个制度中极其重要的组成部分，但也是给明朝和明代社会造成巨大灾难的制度。

明代的分封制始行于洪武三年。当时明太祖有十个儿子，长子朱标已立为太子。经过反复酝酿，明太祖于这年四月初七日封其余九子为亲王、一位从孙为郡王，“分茅胙土，以藩屏国家”[⑥]。整个明朝，实封就藩的亲王共48位(内太祖

---

① 《明史》卷九十《兵志二》。

② 《明世宗实录》卷四八一，嘉靖三十九年二月乙巳。

③ 《明世宗实录》卷五一〇，嘉靖四十一年六月癸丑；《明神宗实录》卷三，隆庆六年七月丁亥。

④ 《明世宗实录》卷五〇四，嘉靖四十年十二月丁丑。

⑤ 关于历代政治家对分封与郡县问题的讨论，参见方志远：《略论西汉初期的分封与削藩》，《南昌职业技术师范学院学报》1989年第3期。

⑥ 《明太祖实录》卷五一，洪武三年四月乙丑。当时受封的有：次子朱樉为秦王、三子朱棡为晋王、四子朱棣为燕王、五子朱橚为吴王、六子朱桢为楚王、七子朱榑为齐王、八子朱梓为潭王、九子朱杞为赵王、十子朱檀为鲁王、从孙朱守谦为靖江王。

诸子23王、成祖诸子2王、仁宗诸子5王、英宗诸子5王、宪宗诸子7王、世宗诸子1王、穆宗诸子1王、神宗诸子4王)，先后发生过大的宗室动乱四次(建文时燕王朱棣、宣德时汉王朱高煦、正德时安化王朱寘鐇及宁王朱宸濠)。

早在洪武九年，山西平遥县学训导叶伯巨就上疏指出这一制度的潜在危机：

先王之制，大都不过三国之一，上下等差，各有定分，所以强干弱枝，遏乱源而崇治本耳。今裂土分封，使诸王各有分地，盖征宋、元孤立，宗室不竞之弊。而秦、晋、燕、齐、梁、楚、吴、蜀诸国，无不连邑数十，城郭宫室亚于天子之都，优之以甲兵卫士之盛。臣恐数世之后，尾大不掉，然后削其地而夺之权，则必生觖望，甚者缘间而起，防之无及矣。议者曰，诸王皆天子骨肉，分地虽广，立法虽侈，岂有抗衡之理？臣窃以为不然。何不观于汉、晋之事乎？孝景，高帝之孙也，七国诸王，皆景帝之同祖父兄弟子孙也，一削其地，则遽构兵西向。晋之诸王，皆武帝亲子孙也，易世之后，迭相攻伐，遂成刘、石之患。由此言之，分封逾制，祸患立生，援古证今，昭昭然矣，此臣所以为太过者也。昔贾谊劝汉文帝，尽分诸国之地，空置之以待诸王子孙。向使文帝早从谊言，则必无七国之祸。愿及诸王未之国之先，节其都邑之制，减其卫兵，限其疆理，亦以待封诸王之子孙。此制一定，然后诸王有贤且才者入为辅相，其余世为藩屏，与国同休。割一时之恩，制万世之利，消天变而安社稷，莫先于此。①

叶伯巨的忠告被明太祖视为离间骨肉，将其下狱致死。但事情的发展却一如伯巨之预言，只是没有等到“数世之后”。明太祖尸骨未寒，燕王朱棣即起兵南向，开始了长达数年之久的“靖难”之役，并夺取了皇位。作为历史总结，《明史·诸王传赞》对这一制度的演变和后果作了如下评述：

封建之不可行于后世也信矣！明太祖建立亲藩，大封诸子，方谓枝叶相维，根本益固，乃一传而有燕王之变，篡夺之祸，起不旋踵。厥后高煦、宸濠逆谋屡动，非所谓最强则最先反者欤。中叶以来，矫枉过正，防闲之峻，

① 《明史》卷一三九《叶伯巨传》。

> 至于二王不得相见，省墓请而后许，识者讥焉。降及末季，盗贼充斥，社稷之危，在于呼吸，而起兵勤王者，且援祖制以罪之。诸王之据名城、拥厚赀，束手就戮，所在皆是，其能资捍御者谁耶？

但叶伯巨的奏疏和《明史》编撰者的论赞还只是从国家治乱的角度对明代封藩的危害进行分析，尚未涉及分封对明代国计民生带来的灾难。按明太祖所定制度，继承皇位者都将自己的嫡长子立为太子，其余诸子均封为亲王。亲王分封于各地，名为“就藩”。每位亲王的嫡长子均立为世子，其余诸子为郡王，郡王的嫡长子为世子，其余为镇国将军，以下依次类推，为辅国将军、奉国将军、镇国中尉、辅国中尉、奉国中尉。所有的亲王、郡王、将军都有封地及固定的岁禄，亲王万石、郡王二千石、镇国将军千石，以下递减，至奉国将军为二百石。此外，皇帝的女儿称“公主”，其夫为“驸马”；亲王的女儿称“郡主”、郡王的女儿称“县主”、镇国将军的女儿称“郡君”、辅国将军的女儿称“县君”、奉国将军及中尉的女儿称“乡君”，其夫均为“仪宾”，也都有岁俸。公主及驸马二千石，郡主及仪宾八百石，县主、郡君及仪宾按二百石递减，县君、乡君及仪宾按百石递减。[①]年复一年，子孙繁衍，郡王、将军、诸主、诸君难以计数，给国家财政和人民生活造成难以承受的负担。嘉靖四十一年，御史林润在一份奏疏中痛陈：

> 天下之事，极弊而大可虑者，莫甚于宗藩禄廪。天下岁供京师粮四百万石，而诸府禄米凡八百五十三万石。以山西言，存留百五十二万石，而宗禄三百十二万；以河南言，存留八十四万三千石，而宗禄百九十二万。是二省之粮，借令全输，不足供禄米之半，况吏禄、军饷皆出其中乎？故自郡王以上，犹得厚享，将军以上，多不能自存，饥寒困辱，势所必至，常号呼道路，聚诟有司。守土之臣，每惧生变。夫赋不可增，而宗室日益藩衍，可不为寒心。宜令大臣科道集议于朝，且谕诸王以势穷弊极，不得不通变之意。令户部会计赋额，以十年为率，通计兵荒蠲免、存留及王府增封之数。共陈善后良策，断自宸衷，以垂万世不易之规。[②]

---

① 《明史》卷五四《礼志八·嘉礼二》、卷八二《食货六·俸饷》。

② 《明史》卷八二《食货六·俸饷》。

国家财政不堪重负，遂不得不作出削减藩俸的决定，郡王、将军的宗禄七分折钞、中尉六分折钞，郡县主及郡县乡君皆八分折钞，亲王们也不得不自行请求减俸。

“折钞”是明朝政府转嫁财政危机的经常性措施，即将部分俸米折合成纸钞及苏木、香料等实物，而钞的实际价值已降到政府规定价值的百分之一、二乃至千分之一、二，所以折钞实为减俸。①此前各级官员的俸禄已折钞，故宗禄的折钞也势在必行。按明太祖所定制度，为了保持皇族的尊崇地位，同时也表示不与庶民“争利”，皇家子孙既不得通过科举出仕，也不得经营农、工、商诸业，完全靠国家支付的岁俸生活。在商品经济欠发达的明初，藩王及其子孙们从国家领取的岁俸足以维持豪华奢侈的生活。但随着社会财富的积累和商人阶级的兴起，他们光靠岁俸已经不可能做“富人”，何况岁俸骤减一半以上。分封在各地的龙子龙孙们坐吃山空，贫困潦倒者多多，只得不断向中央和地方政府要求救济，同时欺压乡里，鱼肉一方。藩王们的“天潢贵胄”，多半是游手好闲之辈，无法无天、作恶多端、穷奢极欲者，更不乏其人。明清之际魏禧曾谓：

明季天下宗室几百万，所在暴横奸宄，穷困不自赖，为非恣犯法，而南昌宁藩支子孙尤甚。崇祯末，诸宗强猾者，辄结凶党数十人，各为群，白昼捉人子弟于市，或剥取人衣，或相牵讦讼破人产，行人不敢过其门巷，百姓相命曰“鏖神”。②

二、明朝在江西的王府

明朝分封在江西的藩王有三：宁、淮、益。③

第一代宁王朱权为明太祖的第十七子，洪武二十四年受封，两年后就藩大宁。大宁即今内蒙古多伦，在喜峰口外，东连辽左，西接宣府，为当时“巨镇”，统

① 明代官俸之薄，与折俸有很大的关系。关于这一问题，参见杜婉言、方志远：《中国政治制度通史·明代卷》第九章《明朝的人事管理制度》。

② 魏禧：《魏叔子文钞》卷一一。

③ 按：另有荆王曾就藩于江西建昌。《明史·诸王传》载：仁宗第六子瞻堈于永乐二十二年封荆王，宣德四年就藩江西建昌(今南城)，因发现宫中有巨蛇而畏惧，明廷于正统十年将其迁往湖广蕲州，在江西的时间仅十多年。

领边军八万人、兵车六千辆，其属蒙古朵颜三卫骑兵皆骁勇善战。朱权就藩后，曾多次随晋王朱棡、燕王朱棣等出塞与蒙古军队作战，时称“燕王善谋，宁王善战”[①]。朱棣“靖难”之初，计赚宁王入北平，所夺大宁诸军，成为靖难之役的主力，许以事成之后平分天下。但是，成祖夺得皇位之后，并没有也不可能实践诺言。宁王请徙苏州、杭州，成祖不允，让其在福建建宁、四川崇庆、湖广荆州、山东东昌选择。经过一番讨价还价，最后在永乐元年二月徙封南昌。

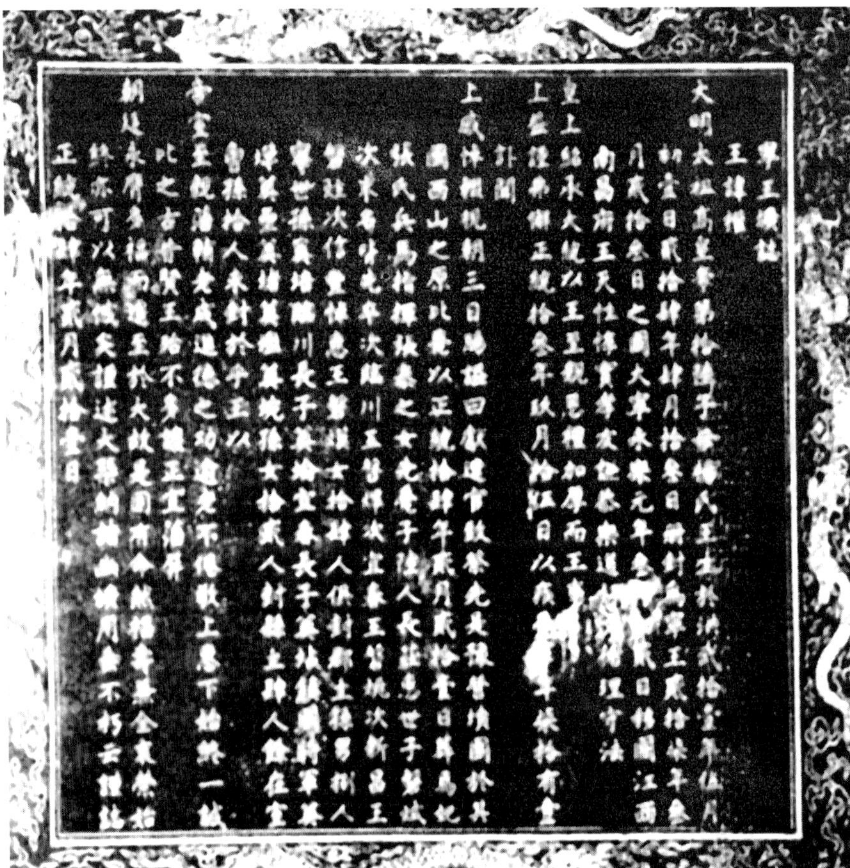

图 1–9　宁王朱权圹志，91×91 厘米，1958 年江西新建朱权墓出土，江西省博物馆藏。

① 谷应泰：《明史纪事本末》，卷四七《宸濠之乱》。按：《明史》卷一一七《诸王传二·宁献王权传》则云：“权数会诸王出塞，以善谋称。”

建文时期，在齐泰、黄子澄等人的推动下，对各王府进行了种种限制，成为燕王起兵"靖难"的借口。但夺取皇位之后，明成祖对各王府的限制比建文时期严厉得多。宁王徙封南昌，诏即以江西布政司公署为其王府，规制大降，宁王的不满情绪也溢于言表。但当局有的是办法迫其就范，宁王身处檐下，只得低头。[①]"自是日韬晦，构精庐一区，鼓琴读书其间。"[②]整个永乐时期，宁王不敢再有怨言，但成祖一死，宁王这条在江西的囚龙又开始和北京的真龙较劲。洪熙时，宁王上书重提旧账，称南昌非其封国。仁宗装糊涂："南昌叔父受之皇考已二十余年，非封国而何？"[③]向皇帝讨公道不果，宁王遂向地方谋实利。宣德时，请乞南昌近郊灌城乡土田，又对新的宗室政策提出不满。宣宗没有其父仁宗的沉稳，却有祖父成祖的脾气，下诏严责。第一代宁王的气焰被彻底压制，地方官痛打落水狗，动辄寻找过失。在此情势之下，宁王朱权从此不再过问政事，整日求神问仙，自号"臞仙"，日与文人相过从，留下了数十种著述，涉及文学、戏曲、释老、医卜、星象、修炼等各个方面，为明朝的第一位戏曲理论家和宗室著名学者，成为其他宗室成员寻找自身价值的楷模。[④]

正统十三年朱权死后，明廷给了他一个安慰性的谥号"献"。因世子朱盘烒先卒，孙朱奠培嗣，这是第二代宁王，但从宁王世系来说，已是第三代了。朱奠培也是个文学家，但性格怪僻，致使宁府家族内讧迭起、丑闻不断，又与江西布政司、按察司官多所龃龉，留下笑柄。弘治四年朱奠培死后，谥号为"靖"，其子朱觐钧继位，这是第三代宁王（世系第四代）。弘治十年，朱觐钧去世，谥号为"康"，其子上高王朱宸濠嗣，这是第四代也是最后一位宁王（世系第五代）。共五世四代宁王。[⑤]

宁府除了四位亲王，还有十一位郡王，以及若干位"将军"。第一代宁王即献王朱权的诸子分别为临川王、宜春王、新昌王、信丰王；献王世子朱盘烒虽然没有继承王位而先逝，但他仍有谥号曰"惠"，有四个儿子封为郡王：瑞昌王、乐安王、石城王、弋阳王；第二代宁王即靖王朱奠培有三个儿子封为郡王：上高

---

① 《明史》卷一一七《诸王传二》载："永乐元年二月改封南昌，帝亲制诗送之。诏即布政司为邸，瓴甋规制无所更。已而人告权巫蛊诽谤。事密，探无验，得已。"

② 《明史》卷一一七《诸王传二》。

③ 《明史》卷一一七《诸王传二》。

④ 详见第七章第一节。

⑤ 《明史》卷一〇二《诸王世系表三》。

王、钟陵王、建安王;共十一府。由于上高王朱觐钧后来袭封为宁王,其子朱宸濠也由上高王而袭宁王。宁王因“谋反”而国除,故上高王也不再传。①

朱宸濠起事失败后,宁府被废,但各郡王、将军等则依然享受宗室待遇,文学之士代有传人。其著名者,如宁王朱权孙石城王朱奠堵一支的镇国中尉朱谋玮,学贯历代百家、通晓当代典故,著有《易象通》、《诗故》、《春秋戴记鲁论笺》等书共一百多种,皆手自缮写。在明代各藩王子孙中,“好学敦行,自周藩中尉睦㮮而外,莫及谋玮者。”子八人皆笃学好文。又弋阳王朱奠壏一支的奉国将军朱多炡,颖敏善诗歌,曾更改姓名出游,踪迹遍吴楚,晚年病羸,犹不废吟诵。死后门人私谥曰“清敏先生”。子朱谋𡐤亦有父风,与宗室同好沉湎于诗文美酒之中。

第一代淮王朱瞻墺是仁宗的第七个儿子,永乐二十二年仁宗即位后封,宣德四年就藩广东韶州。正统元年,因韶州“多瘴疠”而徙藩江西饶州府城鄱阳。这一支朱氏宗室在江西共八世九代为王:靖王瞻墺、康王祁铨、定王祐棨(按:康王世子见濂先亡无子,此为其弟清江端裕王之子)、庄王祐楑(按:定王无子,此为其弟)、宪王厚焘、恭王载坮、顺王载坚(按:恭王一子先亡,此为其弟)、王翊钜、王常清。郡王则有鄱阳、永丰、清江、南康、德兴、顺昌、崇安、高安、上饶、吉安、广信、嘉兴、绍兴、金华、华容、荣昌16府。②

第一代益王朱祐槟为宪宗第六子,弘治八年就藩江西建昌府城南城。③益王一支在江西共继承了六世六王:端王祐槟、庄王厚烨、恭王厚炫(按:庄王无子,此为其弟,先封崇仁王)、宣王翊鈏(按:恭王子载增先亡,此为载增之子)、敬王常迁、定王由本。益王府人丁兴旺,虽然只有六世,受封的郡王竟有27府:

---

① 按《明孝宗实录》卷一二六,弘治十年六月己亥条:“宁王觐钧薨,靖王庶长子,母胡氏。正统十四年生,天顺八年封为上高王,弘治五年袭封宁王。”又,卷九三,弘治七年十月条下:“封宁府庶长子镇国将军宸濠为上高王。”许怀林教授《江西史稿》(江西高校出版社1993年版)第470页说:“朱权5子,嫡长子继承宁王位,其余庶子封为郡王,即临川王、宜春王、新昌王、信丰王。第二代宁王的庶子4个,分别封为瑞昌、乐安、石城、弋阳王。第三代宁王的庶子有2个,封钟陵、建安王。第四代宁王即宸濠。”由于忽略了第一代宁王朱权死时,世子盘烒已先卒,继承王位的其孙奠培,即宁靖王,这才是第二代宁王,按世系则为第三代,所以,许教授误将瑞昌等四王误认为是靖王庶子(实为惠王即盘烒之子),而将钟陵等二王误以为康王庶子(实为靖王即奠培之子),作为第三代宁王的康王觐钧,其子宸濠初为上高王,后袭位宁王,这才是第四代宁王,如按世系,则为第五代。

② 《明史》卷一〇三《诸王世系表四》。

③ 南城益王诸墓多数被盗,1949年以后陆续由考古工作者进行清理发掘,所得文物仍很丰富,能让我们更具体地看到藩王们生活的豪奢程度。墓葬发掘报告,分别见于《文物》1959年第1期、1973年第3期、1982年第8期和1983年第2期。

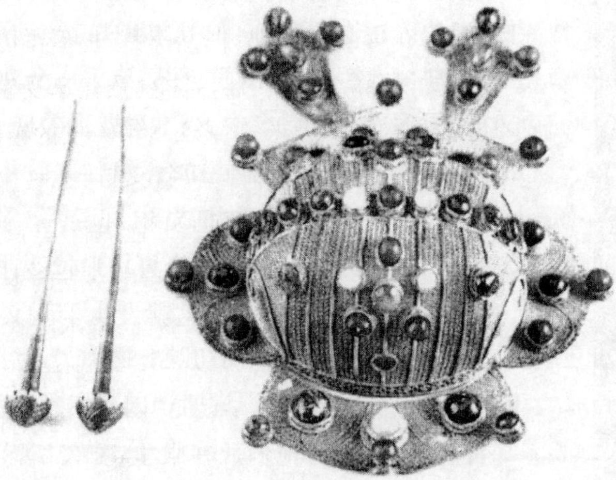

图 1-10 嵌珠宝金冠，1958 年江西南城益庄王朱厚烨妃万氏棺出土。

金溪、玉山、安东、舒城、阜平、铜陵、黎丘、浦阳、淳河、华山、筠溪、罗川、安仁、德化、德安、郧西、丰城、泸溪、峡江、安义、新建、奉新、仁化、兴安、和顺、永宁、嘉祥。①这在整个明代藩府中也是少见的。

据嘉靖《江西省大志》记载，淮、益二王府及宁、淮、益三府各郡王、将军、中尉及其妃嫔夫人等，至嘉靖时已有388位，全年该支银90021两；各府庶人、庶女（即废除爵位者）等121位，全年该支银3368两；各府郡主、县主、县君、乡君及其仪嫔等247位，全年该支银18372两。以上三项共计11万余两，为嘉靖时江西地方财政必须支付给藩府的固定年俸，而其余临时性开支及补助，不在此内。②

按明朝的宗藩制度，凡皇室，无论是皇帝还是亲王、郡王或将军人等，每生一个儿子或女儿，都意味着要建立一个等级不同的小朝廷或大家庭；而每封一藩，便是将此小朝廷或大家庭的财政负担推给各级地方官府，官府便须根据国家规定的标准支付开支，这些开支自然都是落在当地的民众身上。所以，封藩越多，民众的负担也就越重。江西各藩，宁、淮、益三亲王府的岁禄由江西省财

① 《明史》卷一〇四《诸王世系表五》。

② 万历《江西省大志》卷三《藩书》。

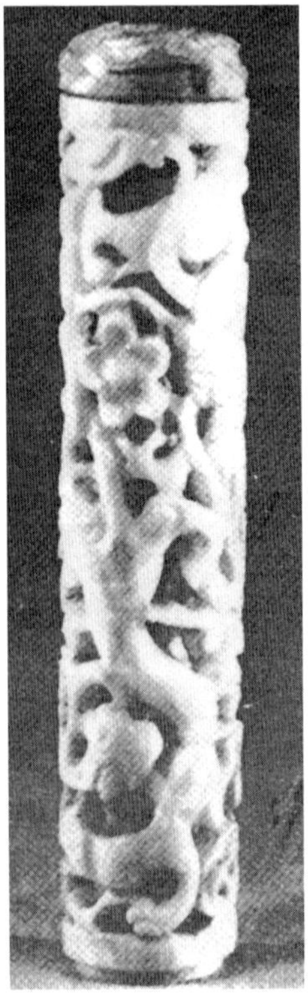

图1-11　玉香筒，高15厘米，直径3厘米，1982年江西南城益定王朱由木墓出土。

政负担，临川、宜春、吉安、广信、嘉兴、绍兴各郡王府并不真正在郡名所在地，但其岁禄却必须由这些地区承担。所以，除了江西财政，江西藩王府的部分岁禄其实还要由浙江（如嘉兴、绍兴）、安徽（如舒城、铜陵）、湖南（如华容）、湖北（如郧西）等省支付。

宗室既是明朝国家的负担，也是省、府、县主要是民众的负担。随着宗室成员的越来越多，国家、地方和民众也越来越不堪重负，这就发生了上文所说的折色减俸之举。国家既然可以采用变通之法，而且这些分封在各地的龙子龙孙早已是“困龙”、“囚龙”，所以地方官府并不真正将他们放在眼里，拖欠宗禄之事也就在所难免。万历三十年，江西各藩一千多人集结省城南昌，要求补发拖欠宗禄。虽然皇家的体面荡然无存，江西布政司却不得不在朝廷的压力下以存积银13万两补偿。①

淮藩在江西，劣迹斑斑。其尤者如第三代淮王朱祐棨，游戏无度，“左右倚势横暴，境内苦之”，又与当地官府及宁王府相龃龉。②历代益王虽说是“自奉节俭”，于民“无所侵扰”，但子孙繁衍，开支巨大，宣王翊鈏又好结宾客，府藏悉空，其搜刮民财，自不可免。但对江西社会造成巨大破坏的，还得说是宁藩。

三、宁王兵变及其失败

宁王兵变是明代政治史上的一件大事，不仅使江西北部及湖北、南直隶的部分地区卷入战乱，其间接影响，则导致了明武宗的去世和世宗继位，客观上推动了嘉靖朝的政治改革。

由于朱宸濠后来成为失败者，故《明史》根据明代的官方文书对其出身和

---

①　雍正《江西通志》卷五八《名宦二·陆长庚传》：“陆长庚字符白，号津阳，平湖人。万历进士，累官湖南道。（万历）三十年进江西右布政使，转左。时宗禄不给，宗属千余人噪于衢，两台束手，长庚出存积银十三万补之。”

②　《明史》卷一一九《诸王传四》。

图1–12　小说中正德皇帝与宁王的形象

见于《大明正德皇游江南传》,《古本小说集成》本。

人格进行了恶意描述:“其母故娼也。始生,靖王(按:指其祖二代宁王朱奠培)梦蛇啖其室,旦日,鸱鸣,恶之。及长,轻佻无威仪,而善以文行自饰。”[①]因其生母的原因而使靖王厌恶朱宸濠,或为事实;靖王做梦云云,则多系附会。江西是文学之邦,宁王府又以学问相传,朱宸濠自幼耳闻目染,喜好文学,也十分自然,未必就是“自饰”。言其“轻佻无威仪”,或许应该是礼贤下士。

历代野心家初萌异志时,常受文人术士的策动。唐玄宗时安禄山起兵,是受落魄文人高尚、严庄的挑唆;宋太祖赵匡胤陈桥兵变,也有赵光义、赵普等人策划。明太祖出兵与陈友谅决战时,有江西术士张中、周颠为其预测吉凶。而燕王朱棣起兵前,既有姚广孝出谋划策,声称要在其王位上送一顶白帽子,又有术士袁忠彻相面预测,赞其龙行虎步,有帝王之相。由于有大宁铁骑的凶悍善战,朱棣夺取了皇位。但成祖→仁宗→宣宗→英宗→宪宗→孝宗→武宗这一支帝系实是欠了宁王一家的宿债。

朱宸濠于弘治十年继王位。弘治时,朱宸濠给人的印象大抵是“贤王”类:

① 《明史》卷一一七《诸王传二》。

上敬朝廷、下礼文士、善待官府、文名颇著,如果明朝中央不出问题,朱宸濠可能就此以文学了结一生。但恰恰武宗朱厚照行事荒唐,朝政日非;宦官刘瑾专权,政局动荡。[①]朱宸濠身边,又有一些无行文人推波助澜,术士李自然、李日芳更称朱宸濠有异相,当为天子,又说南昌城东南有天子气。这些,不由得朱宸濠不想入非非,认为替祖宗讨还宿债、为自己夺取皇位的时机成熟了。从另外一个角度说,朱棣一支的皇位本来就是从朱标一支夺来的,那么,朱宸濠以其人之道还治其人之后,也并没有太多值得指责的。

为了夺取皇位,朱宸濠进行了多方面的准备。

首先是结纳当道、排除异己。当权宦官刘瑾、张雄、张锐,南京守备太监刘琅、江西镇守太监毕真,武宗宠臣钱宁、臧贤,兵部尚书陆完,乃至大学士杨廷和、巡抚南赣都御史王守仁,朱宸濠都倾心结交,或者收为党羽,至少不能成为其行事的障碍。对于那些公开作对的官员,如江西籍大学士费宏、巡抚江西都御史俞谏、江西按察副使胡世宁及布政使张嵿等,则千方百计进行打击。

其次是集结军队、招纳亡命。按明太祖定制,亲王府均有护卫,既是王府的卫队,也可在朝廷发生“奸臣”乱政时起兵“靖难”。成祖起兵“靖难”时,燕府护卫实为中坚力量,而名将张玉、朱能也都出自燕山护卫。宁府本有护卫,天顺时革除为南昌左卫。正德时,朱宸濠先是贿赂刘瑾,后是买通陆完和钱宁,两次恢复了护卫。又收买江西各处亡命之徒及鄱阳湖“水寇”,作为核心武装。并遣人往广东购买皮帐、制作皮甲,又命工匠学造佛郎机铳,日夜造作不息。

其三是收敛钱财、储备粮饷。王府及各郡王、将军、郡主、县主等,均有宗禄,但这些只能支付日常的消费,要为结纳当道特别是为起兵提供经济保障,就必须扩大财源。为此,朱宸濠买通权珰,得到了南昌的一个河泊所,征收商业税;又利用“水寇”凌十八、闵廿四、杨清等人的武装,劫夺军饷商货民财;南昌周边的民田及淮府庄田,也多为宁府侵占。

宁王府的动静通过各种渠道传到北京。御史萧淮上疏,建议朝廷及早进行处置,将朱宸濠逮捕进京。疏云:

> 宸濠不遵祖训,凌轹官府,虐害忠贞,招纳亡命,掠杀亡辜者数百人,

① 关于正德朝的时局和武宗的作为,李洵先生在《正德皇帝大传》(辽宁教育出版社 1993 年版)有精湛的叙述和分析。

> 没富民资产万数，西山牧马几万匹，南康私船亦有千艘，酷虐遍于江西，而流毒及于他省。所遣旗校及内使，接踵京师，或潜住终年，不知所营何事。且群奸为之党者，如致仕都御史李士实，仪宾顾官祥，指挥葛江、王信，引礼丁璜，内使陈贤、寿山、熊寿、涂钦、梁伟，义官倪庆、卢孔章、徐纪、赵七、谢培省，祭官黄海、秦梁，舍人李显忠，校尉查五、火信，乐工秦荣，皆入府昼夜密谋。又招致建昌贼首凌十一、闵廿四等以为羽翼。不早制之，臣恐将来之患，有不可胜言者。乞敕锦衣卫逮其党至京诛之，其潜住京师者，缉捕重治。所占田产，皆给还军民，仍革其护卫，一裁以法。镇守太监毕真同恶相济，巡抚都御史孙燧、巡按御史林潮不能纠正，又为献谀，宜究其罪。原任江西副使李梦阳，佥事李淳、王奎，参政白金、参议王泰，附势助虐，宜削夺其官为民。左布政使郑岳、充军副使胡世宁，因忤濠得罪者，宜急起用。①

从这份奏疏所说的内容看，明廷实际上已经掌握了宁府的不少动态。但由于此前已有安化王事件②，故当权者并不愿扩大事端，只希望消弭于未然，故只遣太监赖义、驸马都尉崔元、都御史颜颐寿赴南昌告谕，使宁王有所收敛。由大学士杨廷和等人起草、以正德皇帝名义发出的敕旨警告说："朕念至亲，且不深究。然隐忍不言，彼此怀疑，亦非两全之道。"因而要求宁王："原革护卫并屯田献还，所夺官民田土亦皆复其故主。贼首如凌十一等及其党散遣归乡，诸拨置者俱不许在府出入。朕亦俯从宽典，并不深究，则朝廷与宗室两尽其道，永享太平之福。"③从北京到南昌本来应该由运河—长江—鄱阳湖水路，但赖义等人显然没太在意这桩差事，过长江后，竟然继续由运河绕道杭州往江西。结果，五月二十二日奉旨离京，七月十五日才到浙江严州，整整花费了近两个月的时间。而此时，宁王起兵已有一个月。④

正如御史萧淮所说，宁府有多人长期潜居京师，其目就是笼络权贵、刺探

① 《明武宗实录》卷一七四，正德十四年五月丙辰。

② 按：安化王朱寘鐇为明太祖第十六子庆王朱㮵的曾孙，正德五年起兵，参见《明史·诸王传二》。有意思的是，安化王之乱，也与术士的策动有关。《明史纪事本末》卷四四《寘鐇之叛》记："时刘瑾擅权，毒流天下。寘鐇素有逆谋，与宁夏卫生员孙景文、孟彬往来甚密。觋王九儿降鹦鹉神，妄言祸福，每见寘鐇，辄呼'老天子'，寘鐇益怀不轨。"

③ 《明武宗实录》卷一七四，正德十四年五月丙辰。

④ 《明武宗实录》卷一七六，正德十四年七月丙午条："太监赖义、驸马都尉崔元、都御史颜颐寿行至浙江严州，闻宸濠兵起，不致命而还。"

情报。所以萧淮一上疏、赖义等刚奉旨,负责在京打探消息的宁府间谍林华便已得晓。但他只知道有御史上疏,建议朝廷重惩宁府,却不知内阁最后拟旨只是革除护卫。赖义一行奉旨出京,北京街头议论纷纷,都说要将宁王押解赴京,林华也信以为真。他只用了20天的时间,抢在朝廷使者之前赶回南昌,向宁王报告了他在北京得到的并不准确的情报。这天是正德十四年六月十三日,正好是朱宸濠43岁生日,宁王府正宴请驻南昌的镇守、巡抚及三司官员。所谓做贼心虚,听说使者中有驸马都尉崔元,朱宸濠大惊。因为明朝开国以来有一惯例,即只有对犯罪宗室抄解家属时,才派遣驸马。

经过与李士实等人的紧急策划,六月十四日,宁王乘江西镇、巡及三司官员至王府回谢时,将其全部控制,宣称正德皇帝乃民家子,被宦官李广抱入皇宫,伪称柏妃之子,骗了孝宗皇帝,致使太祖太宗不得血食十四年,今奉太后密旨起兵入朝,要求所有江西官员听从调遣。除巡抚江西都御史孙燧、江西按察副使许逵誓死不从被杀,公差主事马思聪、布政司参议黄宏绝食而死外,其余镇守太监王弘,巡按御史王金,主事金山,江西布政使梁宸、胡濂,参政王纶、季敩、刘斐、程杲,参议杨学礼、许效濂,江西按察使杨璋,副使唐锦、贺锐,佥事师夔、潘鹏、赖凤,江西都司都指挥许清、马骥、白昂、郏文等,凡中央派驻南昌及在昌的江西三司长官,尽皆"从逆",王伦更成了宁王的"兵部尚书",地位仅在李士实、刘养正之下。

尽管朱宸濠为发动兵变作了长期的准备,但事实上当时并不具备进行一场改代不换朝的战争的条件。

从总体形势来看,尽管武宗行事荒唐,但并没有触动国家的大政方针;内阁杨廷和等人老成练达,具有控制全局的威望和能力,兵部尚书王琼老谋深算、对各地形势了如指掌,他们在国家发生变故时总能从容应对;虽然在对蒙古的战争中一直处于守势,但经过武宗改制的禁军仍然是全国最精锐的部队。特别是经过一个半世纪的统治,明朝的根基已经十分稳定,北京政府已经为全国民众和士大夫所认同,所以虽然正德时在河北、四川、江西等地发生过规模较大的流民起义,也有过宁夏的安化王起兵,但都没有得到多少的响应,说明民心思定,没有动荡的社会基础。

反观宁府,尽管不少文官、宦官、佞幸接受了宁王的贿赂,并帮助他恢复了护卫,但并不意味着他们甘冒灭族的风险去帮助宁王夺取皇位;尽管恢复了护卫,又网罗了不少"水寇"、"山贼"之类的武装,但后来的事实证明,这支部队的战斗力极其有限,与当年成祖起兵时的燕山诸卫特别是大宁铁骑不可同日而语；尽管术士们称“帝星”在南昌，宁王自己也颇为自负，但他与当年曾经指挥千军万马与蒙古人周旋的燕王根本不能相提并论；当年成祖起兵之时，一方面有北京为根本，又得到大宁各卫相助，北方无后顾之忧，而宁王的身后，却有足以致其于死地、身处上游的巡抚南赣都御史王守仁。特别是宁王所在的江西，也与自古以来盛产燕赵豪侠之士的北京不同，这里从来就没有形成过独立的政治力量，秦汉一统以后，一直是全国最稳定的省区之一；中国以农为本的经济格局，适应江西的地理环境；唐宋以来科举取士的选举制度，更给了江西士人参政的机会。因此，绝大多数江西士人宁愿按正常途径进入仕途，也不愿意铤而走险以求无妄之福。所以，围绕宁府问题发生的以下事实就不足为怪了：一直对宁王朱宸濠持有警惕态度并采取有效措施扼制其势力发展的是江西铅山士人、大学士费宏；全面揭露朱宸濠的“反状”，请求朝廷及早采取措施的是江西南昌士人、给事中熊浃。朱宸濠起兵后，最先作出反应并领兵讨伐的是以南赣汀漳巡抚王守仁为首的江西官员，而支持者仍是江西士人。王守仁在丰城得知朱宸濠起兵，他既不赶赴赣州、南安调兵，也不就在丰城布防，而是急驰吉安，在吉安组织地方武装，直攻南昌。其原因不仅仅是吉安离南昌较近，而且因为吉安士人有科举入仕的传统，对背叛朝廷的人和事有同仇敌忾之心。

尽管宁王为起兵事作了长期的准备，但具体到六月十四日起事，却仍属仓促行事。宁王于十三日得到林华关于朝廷动态的消息，十四日乘江西各官答谢之机将其一网打尽，应该说是一个好的时机。但这天的起事却使一人漏网，这就是巡抚南赣都御史王守仁。王守仁六月九日离开赣州，拟于十三日到南昌为宁王贺寿后赴福建，处置兵变事务，但却因为各种原因未能赶上，十五日到了距南昌六十里的丰城，闻变后立即返舟赴临江。如果不是这一变故，王守仁的结局也只有两个：被杀或从逆。那么，宁王兵变或许会发展为更大规模的战乱。[1]当然，历史研究往往是事后诸葛亮，都是在一切成为定局之后分析其成因败果，而历史的进程却往往为一些偶然因素所决定。

当时的事态进程是：王守仁在丰城闻变后，摆脱宁王的追捕，经临江、峡江，赴吉安，并在吉安集结力量。七月一日，宁王留下儿子宜春王朱拱樤和王府宦官万锐等人守南昌，自己领兵顺赣江而下，出鄱阳湖，直攻安庆。七月十五日，王守仁和吉安知府伍文定领兵进驻樟树，临江知府戴德孺、袁州知府徐琏、

① 参见方志远：《阳明史事三题》，《江西师范大学学报》2003 年第 4 期。

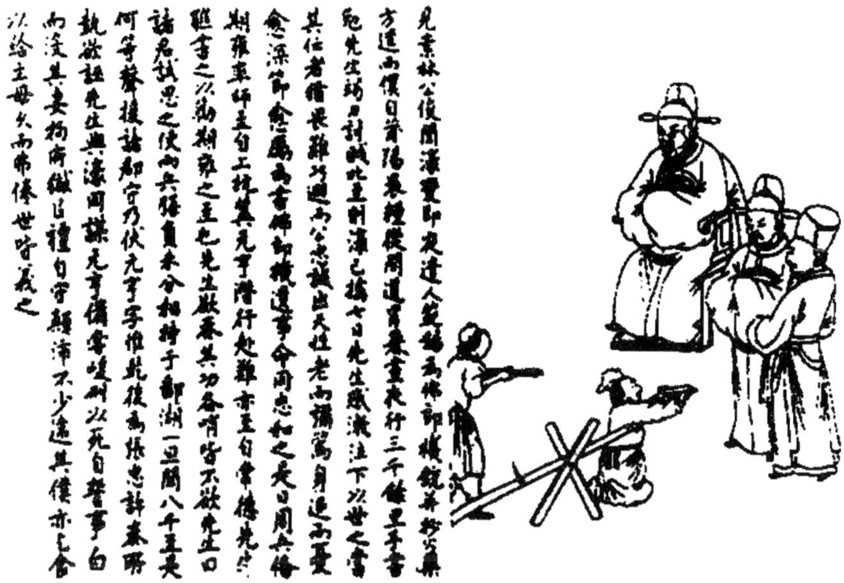

图1-13　致仕江西巡抚林俊遣人送王阳明佛朗机图
见于邹守益《王阳明先生图谱》,《北京图书馆藏珍本年谱丛刊》,北京图书馆出版社1999年。

赣州知府邢珣、都指挥佘恩、瑞州通判胡尧元、抚州通判邹琥、浙江安吉通判谈诸、新淦知县李美、泰和知县李楫、万安知县王冕、宁都知县王天兴等,一齐领兵来会。十九日深夜,伍文定兵临南昌城下。二十日凌晨,王守仁命令攻城,并于当天上午占领南昌。宁王闻讯,弃攻安庆,回救南昌,并于七月二十四日与王守仁部相遇于距南昌三十余里的黄家渡赣江江面,大败,退守樵舍。二十六日,宁王在樵舍兵败被俘。

从正德十四年六月十四日起事,到七月二十六日被俘,朱宸濠苦心经营了十多年的皇帝梦,在短短的40天里便烟消云散了。但是,这场为时仅40天的闹剧,却使江西主要是南昌及其附近地区遭受了浩劫:先是朱宸濠长年累月的搜刮和战时的征调,再是王守仁部攻占南昌后虽有禁令却仍然发生了的烧杀劫掠,最后是明朝边兵和京军在南昌将近半年的肆意骚扰。[①]宁王兵败后,明中央

① 有关宸濠及相关事,见谷应泰《明史纪事本末》卷四七《宸濠之叛》、《明史》卷一一七《诸王传二》及《明武宗实录》正德十四、五年间的记载。另见方志远《旷世大儒——王阳明传》第六章《处变不惊》(河北人民出版社 2000 年版)。

政府加强了对各地藩王的管理，江西各王状况大不如前，可谓噤若寒蝉。

据载，朱宸濠起事之初，其妃娄氏曾多次泣谏劝阻，宁王不听从，及至兵败被擒才叹曰："昔纣用妇言亡，我以不用妇言亡，悔何及！"①

娄妃为上饶名儒娄谅的孙女。②朱宸濠败后，娄氏家族皆受株连，娄谅的著述也因此失传。娄妃之妹，嫁与铅山费家。费寀堂兄费宏，时为户部尚书，兼文渊阁大学士参与机务。朱宸濠因此希求费宏援助，遭其拒绝后遂指使党羽弹劾费宏，致使费氏兄弟罢官归家；又遣人烧毁费宏坐船，并派人攻打费氏家族，掘其祖坟。朱宸濠凶残暴戾，决非娄妃所能谏止得了的。娄妃于朱宸濠事败后，自沉黄家渡江中。有南昌人敬其贤烈，收娄妃尸葬于德胜门外隆兴观侧。乾隆初年，江西布政使彭家屏修缮该墓，并题写墓碑。"乾隆三大家"之一、铅山蒋士铨还以娄妃为题材，编写了《一片石》《第二碑》两种传奇，赞美她的贤能，痛惜其不幸。

第四节 明代江西的赋税与地方财政体制改革

一、江西税粮的定额与漕粮的运输

田赋与浮粮

税收是国家权力的表现，也是国家存在的基础。明政府财政收入的主要来源依次是田赋、盐税与关税。

自杨炎作两税法，简而易行，历代相沿，至明不改。明代田赋的种类，原则上沿袭两税名目，按田亩征收"夏税"和"秋粮"两种，但两税名目繁多且有所变化，谓米麦为本色，而诸折纳税粮者谓之折色。洪武时夏税为米麦、钱钞、绢，秋粮为米、钱钞、绢。弘治时，夏税为大小米麦、麦莜、税丝、丝绵折绢、本色丝、农桑丝折绢、棉花折布、税钞、绢、折色丝等，秋粮曰米、租钞、赁钞、租丝、租绢、租粗麻布、课程棉布、租苎布、鱼课米、改科丝折米等。万历时大略以米麦为主，而丝绢与钞次之。夏税之米唯江西、湖广、广东、广西，麦莜唯贵州，农桑丝遍天

① 《明史》卷一一七《诸王传二》。

② 按：《明史》卷二八三《娄谅传》称："女为宁王宸濠妃，有贤声，尝劝王毋反。"有误。1986年上饶县出土娄性墓志一方，得知娄妃父为娄性，娄性父为娄谅。参考陈定荣、林友鹤《娄妃之父辨》，《江西师范大学学报》1991年第1期。

下,唯不及川、广、云、贵,余各视其地产。[①]至于纳税时间,"夏税无过八月,秋粮无过明年二月"。

明初定天下官、民田赋:"凡官田亩税五升三合,民田减二升,重租田八升五合五勺,没官田一斗二升。"[②]而实际上各地的征收则例参差不齐,轻重悬殊,南昌、瑞州、袁州三府则为重赋之区。永乐初,江西给事中朱肇奏江西十三府官田租重十倍民田:"乞于官田折收布,民田输米,以苏贫民。"[③]而江西民田的赋额,在全国也是居高不下。以万安县为例,洪武二十四年,民田"每亩科米一斗",民地民山"每亩科米俱一升",民塘"每亩科米五升"[④]。

洪武至嘉靖初,江西两税数量变化不大,基本维持在米粮260万石上下,参见下表。

表1–3 明洪武至嘉靖年间江西两税数量统计

时间	官民田地山塘	夏税米麦(石)	秋粮米(石)	农桑丝(斤)	折绢(匹)
洪武间	392520 顷 62 亩余	82061 余	2535908 余	4049 余	3239 余
弘治间	399270 顷 13 亩余	86600 余	2560270 余	3970 余	3175 余
嘉靖初	398566 顷 35 亩余	82965 余	2576888 余	4264 余	3411 余

资料来源:嘉靖《江西省大志》卷一《赋书》。

据嘉靖《江西省大志·赋书》载,嘉靖三十八年以前,江西征收赋税的具体项目有:

户口——以户口为准而征的盐销银。门摊、商税附于此。

起运(指本色)——如夏税农桑丝、秋粮兑淮,南京仓米,南北棉、苎布。

折色——如夏税京库,秋粮过湖带江、兑折,京库,颜料米银,南北布米。

存留(本色、折色)——如夏税、秋粮,各王府禄米,三司俸粮,庶人仪嫔禄粮,府县学仓米。

额办——如荐新茶芽,南北药材,弓箭、弦条、神器、军器,袄、裤、鞋等项,系额之数,解送至部。

岁办——如野味、翎毛、皮张等项,俱岁定之数,解送京师。

岁派——如各部物料,并典白腊银,每岁定派之数,解送京师。

---

① 《明史》卷七八《食货二·赋役》。

② 《明史》卷七八《食货二·赋役》。

③ 《明太宗实录》卷三一,永乐二年十月辛未。

④ 同治《万安县志》卷四《食货志·田赋》。

杂办——如历日、纸张等银,解布政司支用者及春秋祭祀等项,俱为府县公费。

以上八种名目,可分为两大类,一类依缴纳方式区分,一类依征派部门区分。除米粮、布帛、银钱三大项之外,江西每年还要上交其他许多农产品。其中几个基本税额是:全省夏税米、麦共88059石余,秋粮官民米2528458石余。其中官米65万余石,民米187万余石。课程中,按户丁征盐销银无闰月共14914两余,有闰月共16123两余。门摊、商税共银6448两余。鱼课银844两余。

明代江西以只有全国1/15~1/20的田地,承担着全国约1/10的田赋,每亩平均田粮额较全国平均米麦数高出近三升(见下表)。①

表1–4 明洪武至万历年间江西田赋数量统计

时间	洪武廿六年(1393)			弘治十五年(1502)			万历六年(1578)		
	田地(亩)	米麦(石)	亩均	田地(亩)	米麦(石)	亩均	田地(亩)	米麦(石)	亩均
全国	850762368	29442350	3. 46	622805881	26792260	4. 30	701397628	26638414	3. 80
江西	43118600	2664306	6. 18	40235247	2615906	6. 50	40115127	2616342	6. 52

在江西各府中,按负担田赋的多少排序,依次为南昌、吉安、抚州、临江、袁州、瑞州、饶州、广信、建昌、南康、赣州、九江与南安。各府的田赋数量相差也很大,最高的南昌府与最低的南安府之间,相差约25倍(见下表)。②

表1–5 明代江西各府田赋数量统计

府　名	天顺间(石)	崇祯间(石)
南昌府	500000	482800
吉安府	440000	447638
抚州府	310000	308800
临江府	230000	330000
袁州府	230000	238900
瑞州府	225000	225000
饶州府	213000	262600
广信府	133000	143960
建昌府	100000	100000
南康府	70000	82680
赣州府	70000	71000
九江府	40000	50200
南安府	20000	28015
合　计	2581000	2771593

① 万历《明会典》卷二四、二五《户部·税粮》。

② 李贤等:《大明一统志》,卷四九—五八《江西布政使司》。

明代南昌、瑞州、袁州三府为重赋地区，存在“浮粮”问题。元末农民大起义以后，江西曾经是陈友谅汉政权统治地区，尤其是南、瑞、袁三府为其管辖的时间更久。陈友谅地少兵多，为应战争所需，在此三府加征军粮。明太祖灭陈友谅，以此三地“冥然为渔家子抗拒，是以忿不减赋”，即在元代原额田赋的基础上再加以陈友谅多征的军粮。南昌府八州县中，唯武宁为陈友谅乡里而未征军粮，明朝仍照元朝旧额征收。据清初官员的计算，明代南、瑞、袁三府的浮粮，合计加征浮银331190两余，加征浮粮211407石余，多征部分是原额的一倍以上。江西南、瑞、袁重赋与江南重赋有相似之处，即大抵为陈友谅占领时所加征的田赋，而一旦加了上去，政府为了保证税收则难以减免。但江南的重赋问题一直受到朝野高度关注，被称为“独重”，建文帝时曾予减少，宣德、正统时江西籍官员况钟、周忱专门为此事呼吁努力，并得到部分解决；而南昌等三府的浮粮，终明之世，在朝廷上却未见有人提起。

漕粮与漕运

明代定都金陵，以地近江淮谷仓，水路四通八达，故洪武、建文时税粮京运的问题不大。永乐以后，北京的重要性与日俱增，粮食及其他物资的供应压力日益扩大。会通河河运的成功，宣告河漕时期的开始与海运时代的结束。河运的运法经历了几次改变，“初支运，次兑运、支运相参，至支运悉变为长运而制定”[①]。

江西是漕粮的主要供应地之一，洪武元年，明太祖曾即“命浙江、江西及苏州等九府，运粮三百万石于汴梁”[②]，供应北伐大军，以后江西都要运粮至北方。明前期行支运法时，“江西、湖广、浙江民运粮至淮安仓，分遣官军就近挽运”[③]。中期行长运法后，大大加大了运军的负担。

至于江西漕粮的数额，据嘉靖《江西通志》卷二四载，江西全省合计漕船运米40万石。据《漕船志》卷三《船数》及《通漕类编》卷二，江西把总[④]所属的各卫所年转运漕粮30万余石。另据《通粮厅志·漕政志·漕额》，江西漕额除兑运米40万石外，尚有改兑米17万石。也就是说，江西漕粮总额超出江西运军载运量约27万石，超出部分据《漕运通志》载：

① 《明史》卷七九《食货三·漕运》。

② 《明史》卷七九《食货三·漕运》。

③ 《明史》卷七九《食货三·漕运》。

④ 江西把总下设南昌、袁州、赣州三卫，吉安、安福、永新、建昌、抚州、铅山、饶州八所。

> 江西都司一十一卫所，止有旗军九千七百九十四名，浅船八百六十六只，该运兑改正粮三十万六百九十五石三斗九升。其余正粮二十六万九千三百四石六斗一升，该用船八百余只，用军八千余名。为因江西无军可拨，递年添拨南京、湖广、江南、直隶四总军船领兑。①

可知江西因为军少粮多，不得不依赖其他把总军船的支援，亦可见卫所军队与漕运的密切关系。明代江西运军主要出自卫所的屯军。据嘉靖《江西通志》《通漕类编》及万历《江西省大志》，屯军数量在11500名左右。

至于江西的漕船数量，嘉靖《江西通志》卷二四记全省合计漕船866只，《漕船志》卷三《船数》则记899只。当然，这一数字当指军船，由于军运与民运的并行和交互举行，民船的数字实际上无法知道。不同的数字说明漕船的数量前后有所变化。《漕运通志》卷八《漕例略》指出，九江卫在弘治初有船155艘，弘治七年增派35艘，共凑足190艘。值得注意的是，宁王朱宸濠兵变对江西漕船数量的增减有一定的影响。据乾隆《袁州府志·屯运》及康熙《宜春县志·兵卫》，袁州卫明初有船100艘，正德间宸濠之乱，分拨南昌卫漕船20艘到卫，总数遂达120艘。由于船多累军，万历间屡控司院，请求将南昌卫拨来船只尽数拨回，奉批仅拨回10艘，尚存110艘。安福所原额42艘，宸濠之乱时增至62艘，后因武弁“利艘多，索常例，因循未返”②。

漕船三年小修，六年大修，十年更造。每船装米正耗合计472石，后因漕船减少，一船有装至七、八百石。③江西使用的漕船主要是四百料浅船，因漕船要涉历长江，故必须特别坚固，比别处为大。万历元年，督漕参政潘允端曾以湖广、江西漕船“深大坚固，二船可抵三船”，建议以此标准改造他省漕船，以节省造船经费。④这种四百料浅船船式后来遭到运军破坏，江西、湖广船式的破坏较之他省更甚。天启六年，户部尚书郭允厚说：“浙、直、江、广船之广狭同而载米之多寡异，此皆为私货地也”，要将江、广船“比照浙、直规式改造”。这是因为各地船只都是统一成造，而江西、湖广漕船是由旗军自行设厂成造的缘故。运军私增

① 嘉靖《漕运通志》卷八《漕例略》，《四库全书存目丛书》本。

② 伍承载：《恤军救民疏》，同治《安福县志》卷一六《艺文》。

③ 《明史》卷七九《食货三·漕运》。

④ 《明神宗实录》卷一五，万历元年七月丁酉。

图1-14　漕船图,《天工开物》卷中《舟车》。

船式,加重了"揽载之弊"、"胶滞之虞"[①],"每于兑粮完后即满载私货以行,船重如山,势不得不滩浅起剥;移船如移山,势不得不前脱后壅"[②],严重影响了漕运。

由于屡禁不止,明廷作了让步,"许令附载土宜,免徵税钞"。同时对违禁货物严加盘查,但仍是禁而不止,私货带运日甚一日。万历十八年,在济宁查获南昌卫、饶州所漕船带竹木达136.5万余斤,所带木筏挤塞河道,除折合每船可带60石外,超载28.5万余斤,而"未盘之先,沿途开厂发卖已多,该道所报仅及其半,船内磁、铁等器又不知其几何矣"[③]。

二、江西的"盐界"与盐税

江西的"盐界"

食盐是关系到国计民生的重要物资,从这一点来说,它与粮食相类似。但

① 《明熹宗实录》卷七八,天启六年十一月甲戌。

② 毛一鹭:《题为转饷竣事敬佐末议等事疏》,《神庙留中奏疏汇要》,《户部》卷四。

③ 潘季驯:《河防一览》,卷一二《官旗挟带私货疏》。

是,粮食随处都有生产,江南的稻米、西北的小米、中原的小麦,或农户自给自足,或通过商贩互通有无。国家只能通过征收土地税及粮食流通税来进行控制。食盐则不然,产地有限,便于国家进行控制,所以从春秋时期开始,就被视为国家的垄断商品。

明太祖于元顺帝至正十六年攻占集庆路,改名应天府,以为根本。两年后,出兵浙东,连下处、婺等路,方国珍又以温、台、庆元等路归降。这既是军事上的胜利,更是经济上的胜利。温州和台州是浙盐的主要产地,夺取了浙东,便在食盐供应上得到了保证。正如处州翼总制胡深所说:"温、台二郡产盐,浙东、江西皆资其用。"[①]当时朱元璋集团所占地区,主要也局限在江西、浙东、南京一带,温州和台州成为这些地区的主要食盐供给地。因此在这时,江西的食盐,来自浙东,商人贩卖,则二十税一。此后,朱元璋势力夺取了江淮、湖广、福建,两淮地区的盐场均在其控制之中,江西、湖广等地开始改食淮盐。

明朝建立之后,根据宋、元时期的旧制及各地产盐和缴纳盐课的情况,设了六个都转运盐司:两淮、两浙、长芦、山东、福建、河东;又设了七个盐课提举司:广东、海北、四川及云南黑盐井、白盐井、安宁盐井、五井;另有陕西灵州盐课司。同时,划分了各运盐司及盐课提举司的行盐地。两淮盐的行销地为南直隶的应天、宁国、太平、扬州、凤阳、庐州、安庆、池州九府,滁、和二州,河南之河南、汝宁、南阳三府及陈州,以及江西、湖广二布政司。江西大部分地区为淮盐的行销地,但广信府食浙盐。[②]

洪武二十八年,致仕兵部尚书唐铎上言:"长沙、宝庆、衡州、永州四府,郴、道二州,食盐缺少,广东积盐实多,而广西新立卫分军粮未敷。若将广东之盐运至广西,召商中纳,可给军食。"户部采纳了唐铎的建议,令广东、海北二提举司运盐85万余引至广西桂林,以便商人纳米中盐,运销湖南。[③]但据监察御史严震直所言,直到洪武三十年二月,预计起运的85万引盐才运到不足10万引。于是改募商人于广西乏粮卫所纳米,自赴广东支盐,并通过大庾岭——赣江通道,于江西南安、赣州、吉安、临江四府发卖。[④]当然,这些都属权宜之计。但在相当多的情况下,法律和制度也是在权宜之计的基础上形成的。

---

① 《明太祖实录》卷一二,至正二十三年三月丁丑。

② 《明史》卷八〇《食货志四》。

③ 《明太祖实录》卷二四一,洪武二十八年九月壬寅。

④ 《明太祖实录》卷二五〇,洪武三十年二月己丑。

据《明史·食货志》:“成化十八年,湖广衡州、永州改行海北盐。正德二年,江西赣州、南安、吉安改行广东盐。”[①]但赣州、南安二府行广东盐并非始于正德二年。

正德十二年,吉安、临江、袁州等府及万安、泰和、清江、宜春等县商民彭拱、刘常、郭闰、彭秀等连名状告:“……广盐许于南、赣二府发卖,原亦不系洪武旧制,乃是正统年间为建言民情事,奉总督两广衙门奏行新例。”[②]明朝以例代律,南安、赣州二府行广东盐,当从正统时始。

又正德六年,总制江西等处地方军务左都御史陈金在一份批示中说:“查得江西十三府俱系两淮行盐地方,湖西、岭北二道滩石险恶,淮盐因而不到。商人往往越境私贩广盐,射利肥己。先蒙总督衙门奏准广盐许行南、赣二府发卖,仰令南雄照引追米纳价,类解梧州军门。官商两便,军饷充足。当时止是奏行南、赣,不曾开载袁、临、吉三府,分无遵照敕谕,便宜处置,暂许广盐得下袁、临、吉三府地方发卖,立厂盘掣,以助军饷。”[③]从这份批示中可知,南、赣二府行广盐乃“先蒙总督衙门奏准”,与吉安等府、彭拱等人所言相符,为正统时的事情,但吉安及袁州、临江却仍行淮盐。到正德六年,因江西各处流民起事,声势浩大,主持江西军务的都御史陈金为筹集军饷,“明文行令赣州府起立抽分盐厂,告示商民:但有贩到闽、广盐课,由南雄府曾经折梅亭纳过劝借银两,止在赣州府发卖者,免其抽税;愿装至袁、临、吉三府卖者,每十引抽一引。闽盐自汀州过会昌羊角水,广盐自黄田江、九渡水来者,未经折梅亭,在赣州府发卖,每十引抽一引;愿装至袁、临、吉三府发卖,每十引又抽一引。”是广盐在南、赣二府行销,十税一;在吉、临、袁三府行销,十税二。如此重税,商人竟然乐行,说明利润可观。

但到正德九年十月,户部批准巡抚江西都御史周南的题请:“仍照正德三年题奉钦依事理:有引官盐,许于南、赣二府发卖,不许再行抽税。袁、临、吉不系旧例行盐地方,不许到彼。如有犯者,不分有引无引,俱照律例问罪没官。”[④]禁止袁、临、吉三府行广盐。

其后因南、赣用兵,经王守仁题请,于正德十二年六月开始,广盐沿十抽二

---

① 《明史》卷八十《食货志四》。

② 王守仁:《王阳明全集》,卷九《疏通盐法疏》。

③ 王守仁:《王阳明全集》,卷九《疏通盐法疏》。

④ 王守仁:《王阳明全集》,卷九《疏通盐法疏》。

的税额，仍行吉安三府，至十三年兵事结束，即行禁止。从正德六年十一月二十七日，至正德九年五月，两年半里，赣州抽分盐厂共抽过税银4万余两。[①]以正引每引夹带余盐六引、正引每引抽银一钱二分、夹带每引抽银一钱五分、平均每引一钱四分计，卖往吉安、临江、袁州三府的官盐约有29万余引，每年约11.7万引。[②]

嘉靖五年，南赣巡抚潘希曾又奏："先年因两广军饷不足，奏准广盐于南雄府抽分，许行南、赣发卖。继因南赣军饷不足，复令广盐于赣州抽分，行袁、临、吉三府发卖。正德十三年，户部仍禁广盐不得至三府，盖恐夺淮盐利也。然淮盐逆流而上，费繁价重，相去倍蓰，三府之民称不便。况豪民世以私贩为业，连艘挟刃，官不能禁，且私征税焉，是贾盗也。不若因其势而导之，令广盐行鬻三府，如故道以赣州量行抽税，以资兵食。"经兵部力争，仍在袁、临、吉三府行销广盐。[③]

经过反复争论，并在平衡了中央和地方的经济利益之后，终于确定了吉安与南安、赣州同食广盐，而临江和袁州则仍食淮盐。《明世宗实录》载：

> 嘉靖十五年十二月丁未，先是，御史徐九皋言：江西原两淮行盐境界，后以广东及南、赣军饷不足，许南、赣、袁、临、吉五府行广盐。由广入南、赣者于南雄收税，以给广东；由南、赣下袁、临、吉者于赣州抽税，以给南、赣。非旧制也。今宜禁止广盐，或令两淮商人查照原额三十万引，每引纳银一分，以给南、赣军军饷。事下抚臣勘议。至是，南赣巡抚王浚言：赣州盐厂旧所积军饷银二十六万两有奇，比因大工缺乏，奏取无余。而赣州界在四省之中，盗贼时发，若盐税罢革，止令商人照引纳价，计所入三千余耳。万一兵饷不继，地方可虑。且南、赣、吉安去广最近，商民便之。今第宜暂禁袁、临二府毋得行广盐，而于赣州盐厂迭委部臣员往理其税。每年税银以十分为率，二分贮库，八分解部；果有征调，许抚臣得以便宜留用。部复：从其议。第主税官员令如旧以府佐摄之。报可。[④]

---

① 王守仁：《王阳明全集》，卷九《疏通盐法疏》。

② 《明世宗实录》卷五四三，嘉靖四十四年二月丁丑。

③ 《明世宗实录》卷六二，嘉靖五年三月戊子。

④ 《明世宗实录》卷一九四，嘉靖十五年十二月丁未。

此后虽然仍有反复,但江西地区行销的官盐或引盐以淮盐为主、以浙闽粤三省之盐为辅的局面并没有发生变化。[①]

官盐与私盐的消长

关于行盐额,正统以前,江西一省除广信府食浙盐外,其余12府每年派行淮盐共39万引,后南安、赣州、吉安三府改行广盐,惟南昌等9府仍行淮盐27万引。既而私盐盛行,如袁州、临江、瑞州三府私食广盐,抚州、建昌、广信三府私食福盐。于是淮盐仅行16万引。至嘉靖时,巡抚马森请于峡江县建桥设关,禁遏广、福私盐之路,比原额增行20万引,达47万引。[②]是在峡江建桥设关之前,南昌等九府所行私盐至少在31万引以上;而在额定的27万引之外,每年也至少有20万引私盐在这9府行销,这仅仅是政府通过建桥设关向盐私夺回的数额,而私盐的数量却远不止这些。即使按这一比例,在南安、赣州、吉安行销的私盐数,也应在10万引以上。加上广信府,江西在嘉靖时每年所需食盐,当在七八十万引以上。原额官盐39万引,约为需求量的一半左右。

另据天启五年十月御史崔呈秀的奏疏,淮商江礼等愿将南、赣二府委以属粤,听其自行盐、自收利,止将吉安一府仍归于淮。除旧课15万照旧认完外,仍愿岁加新课15万以佐军兴。[③]这里可以有两种推测:一是淮商打算利用吉安行盐的便利,向他处渗透;二是吉安、赣州、南安三府在天启时所需食盐每年至少达30万引。如属后者,以每引200斤计,则为6000万斤,每日约耗盐16.4万余斤。商人出于成本及利润核算的需要,对市场的预测应比官方更为准确。

官盐正额的减少,原因是私盐的盛行。顾炎武《日知录》对此有精辟的论述:

> 行盐地分有远近之不同。远于官而近于私,则民不得不买私盐。既买私盐,则兴贩之徒必兴。于是乎盗贼多而刑狱滋矣。《宋史》言江西之虔州,地连广南,而福建之汀州,亦与虔接。虔盐弗善,汀故不产盐,二州民多盗

① 陈锋:《清代盐政与盐税》(中州古籍出版社 1988 年版)详载了淮盐由汉口至两湖各地的里程,最远者达 2000 多里,而淮盐从仪征至汉口又有 1600 里。但却忽略了湖广的永州、衡州二府及郴州、桂阳二直隶州所属地并不食淮盐而食广盐。

② 《明世宗实录》卷四六〇,嘉靖三十七年六月癸未。

③ 《明熹宗实录》卷六四,天启五年十月己亥。

贩广南盐以射利。(原注:又言,虔州官盐自淮南运致,卤湿杂恶,轻不及斤而价至四十七钱;岭南盐贩入虔,以斤半当一斤,纯白不杂,卖钱二十。以故虔人尽食岭南盐。虔州即今赣州府,宋时屡议不定,今卒食广东盐。)每岁秋冬,田事才毕,恒数十百为群,持甲兵旗鼓,往来虔、汀、漳、潮、循、梅、惠、广八州之地。所至劫人谷帛、掠人妇女,与巡捕吏卒斗格,或至杀伤,则起为盗,依阻险要,捕不能得;或赦其罪招之。元末之张士诚,以盐徒而盗据吴会,其小小兴贩,虽太平之世,未尝绝也。①

可见江西行淮盐宋时已然,而赣州一带走私广盐,也至少从宋代已经开始。走私的原因则在于“远于官而近于私”,故私盐质优而价廉,官盐质劣而价高:官盐不足秤却每斤价至47钱,私盐以斤半当1斤,却只卖20钱。以足秤论,“纯白不杂”的私盐价钱仅相当于“卤湿杂恶”的官盐的1/4。这是宋代的情况。

图1–15　盐的运输图,《天工开物》卷上《作咸》插图。

① 顾炎武:《日知录》卷一〇《行盐》,《日知录集释》本。

明正统时改赣州、南安行广盐，既是不得已而为之，也是顺乎民情。即使行广盐，但由于官盐成本高，其价钱也高于私盐，所以走私仍不可免。

其实，不仅正额淮盐受到粤私、闽私、浙私、川私、潞私等的抵制，由于行盐地区划分的不合理，正额浙盐也同样受到淮私的冲击。作为一代大儒，顾炎武对当时的禁私进行了批评："此地利之便，非国法之所能禁也。明知其不能禁而设为巡捕之格，课以私盐之获，每季若干，为一定之额，此掩耳盗铃之政也。"①

官盐中的利益构成

打破行盐地的划分，是杜绝私盐的基本前提，这本是显而易见的道理，但明政府却抱住成法不放，仍然要行"掩耳盗铃"之政。而明政府坚持在江西地区行销淮盐，或者说保护淮盐的行销，主要有以下三个方面的原因。

第一，包括江西在内的两淮盐课在国家财政中具有重要地位。

明洪武时所定各盐司引额：两淮各场岁办大引35.2万余引，其余两浙盐场22万余引、长芦盐场6.31万引、山东盐场14.33万引、福建10.45万引、河东岁办15.2万余引（按小引35.4万引折算）、陕西3万余引（按1200万斤折算）、广东4.68万引、海北2.7万引、四川近3万引（按112万余斤折算）、云南1.78万余引。在所有盐场的岁办引额中，以两淮居首，占总数118.69万大引中的29.66%。引额多，盐课自然也多。而两淮岁入太仓余盐银的数量，在总数中的比重，又远远高于其引额的比重。仍以明代为例，各盐司额定岁入太仓余盐银：两淮60万两、两浙14万两、长芦12万两、山东5万两、福建2.2万余两、河东0.4万余两、广东及海北1.1万余两、云南3.5万余两。也以两淮为最，占总数98.2万两的61.10%。这种格局一直延续到晚清。

对于政府来说，各盐场的产量固然重要，但更主要的是向国家上交的盐课。从上面的数字可以看出，明代两淮盐课在国家财政收入中占重要的地位。明代各盐司均向九边提供盐课作军饷，两浙所输之边为甘肃、延绥、宁夏、固原、山西五处，长芦为宣府、大同、蓟州三处，山东为辽东、山西两处，陕西为宁夏、延绥、固原三处，四川为陕西一处，而两淮所输，遍及甘肃、延绥、宁夏、宣府、大同、辽东、固原、山西八处，其数额也比其他盐司大得多。所以在万历时期，针对广盐侵夺淮盐的行盐地，巡按直隶御史应朝卿大声疾呼："京师之拥卫赖九边，边饷之灌输仰两淮，岁计开中刍粟与解京余银，两者总之不下百万。

① 顾炎武：《日知录》，卷一〇《行盐》，《日知录集释》本。

……臣窃计之,今日之亟宜罢者,新行之存积也、加增之辽引也;亟宜复者,江西三府。……江西九府,岁壅二十余万引,盖因南安、赣州、吉安三府改食广盐。广盐顺流而下,其势甚便,遂浸淫于袁、临、抚、瑞诸郡,明行者有限,私贩者无穷。故三府不复,则淮盐终未能与广争。"①

在所有商人之中,以资本雄厚的盐商"报效"最多。而在盐商之中,又以富有的淮商"报效"最厚。

万历十四年,户部的一份文书对中央与地方就盐课的分配、淮商与粤商就利益的争夺进行阐述:

> 先该两淮运盐蔡时鼎具题,欲复吉安额地,以完国课而消积引,所执议者盐法;而江西抚按欲将吉安一府照旧行广盐,以便小民而济兵饷,所执议者地方。今户科左给事中常居敬疏奏,欲将吉安一府仍食广盐,且言江西数月以来盐法阻滞,民叹无盐,兵虑缺饷,一时人心未免惶惑;及广东海船聚众,窥犯珠池,亦托于近日淮商争夺吉安,亦广盐地方商贩不通,生理穷困为词。是江西、广东,一利于买,一利于卖。若是乎人情之亟于趋利而不可骤反也。迩奉明旨,便与题复,合行令江西南安、赣州二分抽税充饷,八分解部济边,俱一体照旧施行。上令不必纷更。②

吉安行销淮盐,有利于"完国课",是国家利益之所在;吉安行销广盐,有利于"小民"及当地兵饷,是地方利益之所在。两淮盐政官员坚持的是"盐法"或"祖制";江西主管官员考虑的是民生利益及地方财政。而淮商、粤商考虑的则是各自的商业利润。虽然户部倾向于将吉安划归广盐行销区,却被内阁和内监代皇帝予以否定:"不必纷更。"当时的内阁首辅是申时行,同在内阁的还有许国、王锡爵、王家屏。这是一个与淮商关系密切的内阁。申时行是南直苏州府长洲县人,嘉靖四十一年的状元;王锡爵是苏州太仓人,申时行同科榜眼;许国则是淮商的故乡南直徽州府歙县人,应天府乡试解元,嘉靖四十四年进士。只有一位王家屏是山西大同人,却是隆庆二年的后进。这种结构的内阁,显然对淮商是有利的。

盐课以淮商为多,"捐输" 也以淮商为最; 两淮盐课是国家财政的重要来

---

① 《明神宗实录》卷三四四,万历二十八年二月戊午。

② 《明神宗实录》卷一七三,万历十四年四月辛巳。

源,而其他盐场的盐课则主要支持地方财政。因此,中央支持淮商并保护淮盐的畅销,便是可以理解的事情了。

第二,皇室及有关官员均可在淮盐中分润。

如果只是因为两淮盐课关系到国家财政,尚不足以使明代乃至宋、元、清各个时期的统治者们如此坚定不移地维护淮盐的行销。其中另一重要因素,是因为淮盐的行销与皇室的收入、官员的分润息息相关。而在海内商人中,既"富"且"奢"而出手豪阔的,也只有两淮盐商。明朝的当权宦官、中央各部门官员、两淮盐政及淮盐行销地官员从淮商处得到好处是尽人皆知的事实。

天启五年,淮商江礼等人通过御史崔呈秀,表示愿意将南安、赣州二府划为粤盐的行销地,听其自行盐、自收利,但要求吉安一府仍为淮盐的行销地。作为条件,愿除旧课15万照旧认完外,岁加新课15万以佐军兴。不仅如此,江礼等人还带着引银4.25万两进京,资助皇宫的改造①,而万历时在全国闹闹腾腾的矿监税监,每年也不过上交二三十万两白银。当时主持朝政的是宦官魏忠贤,崔呈秀则是"阉党"的代表人物,江礼等人通过崔呈秀打通关节,可谓看破了明政府权力要害的所在。而要打通魏忠贤、崔呈秀的关节,自然免不了利润的分成。崔呈秀在奏疏中说得冠冕堂皇:如满足了淮商的要求,"国家不烦搜括而坐收无疆之利,于计甚便"。国家财政可以增加15万引盐课、皇宫改造得到了4万余两银子的资助、魏忠贤和崔呈秀们又接受了关节费若干,于是旨意下达了:"以南、赣二府属粤,以吉安一府归淮,此盐法定论,着该部如议行。"吉安一府仍归淮商。当然,淮商的算盘也是十分精细的:南安、赣州二府早已为粤盐的行销地,不可能再夺回;吉安为江西大府,其人口超过南安、赣州二府的总和,行盐的利润自然也远远高于二府;在吉安堵住粤盐,也就保住了下游的临江、瑞州诸府;而且,投资是暂时的,得益却是永久的。由于皇室和有关官员从淮盐中分润颇多,所以他们极力维护淮商的利益便是可以理解的了。②

第三,淮盐生产地所处的地理位置和传统习惯的作用。

据《明史·食货志》,两淮盐司辖泰州、淮安、通州三分司,有仪真、淮安二批验所,分别控制淮南和淮北的行盐。这些都是南直隶的辖地,且地处苏北平原,便于政府控制。两浙盐司辖嘉兴、松江、宁绍、温台四分司,有杭州、绍兴、嘉兴、温

---

① 《明熹宗实录》卷六四,天启五年十月己亥。

② 关于明清政府坚持淮盐的种种因素,参见方志远:《明清湘鄂赣地区的食盐输入与运销》,《中国社会经济史研究》2001年第4期。

州四批验所；长芦盐司辖沧州、青州二分司，有长芦、小直沽二批验所；山东盐司辖胶莱、滨乐二分司，批验所在泺口。这些分司及批验所多滨海，控制较为困难。而山西、四川、云南、广东、广西各盐司所属盐场、盐井，或分布过散，或近海近边，也同样面临着缉查困难、走私猖狂的问题。国家要对这些盐场进行控制，远较两淮为难。而从明清两代各盐司的行盐地看，也多是宋元旧制。如浙盐行销地：浙江及南直的松江、苏州、常州、镇江、徽州五府及广德州，江西的广信府，除广信府和广德州外，便是两宋的浙江东路和浙江西路，当时即行浙盐。而两淮盐行销地：南直隶的应天、宁国、太平、扬州、凤阳、庐州、安庆、池州九府，滁、和二州，河南之河南、汝宁、南阳三府及陈州，以及江西、湖广二布政司，除河南所属部分地区外，大致上为两宋的淮南东、西路，江南东、西路和荆湖南、北路，当时也行淮盐。

在新的形势下，当原有的制度发生问题时，人们往往谴责传统。却不知一种传统的形成，自有其形成的道理。以淮盐的行销而论，即是如此。

淮盐的是否畅销，直接关系到国家的财政收入，关系到上自皇帝下到经办官吏的个人利益，也关系到淮商自身的利益，而淮盐的一半以上是在江西及湖南、湖北行销的。保证淮盐在江西及两湖的畅销，自然也就维护了淮盐盐课的征收和各方面的利益。按《明史·食货志》，两淮岁办大引盐35.2万余引，弘治改办小引盐，“倍之”，即为70.4万余引，这一数字至万历未变。而如前文所说，正统以前，江西一省12府（广信除外）即派行淮盐39万引；嘉靖时，经在峡江建桥设关，南昌等九府（南安、赣州、吉安已改食广盐）行销淮盐46万引。淮盐的盐课及各方面的利益，也自然有一半以上出自江西和湖广。①

三、九江钞关与赣关

在近代铁路和海运开通之前，鄱阳湖和赣江是贯穿中国南北的交通要道，与北通京都、南下广州的驿道相连，江湖上舟楫往返，络绎不绝。随着商品经济的繁荣与商业的发展，水上货运的税收便成了明王朝国家财政收入的重要来源。明代在江西所设税关，最为重要的莫过于九江的钞关和赣州的税关。这一南一北两关，既决定了江西商业的基本路径和货物流向，也决定了江西在全

① 黄国信《区与界：清代湘粤赣界邻地区食盐专卖研究》（三联书店 2006 年版）通过分析朝廷、封疆大吏及地方士绅共同介入下清代湘粤赣界邻地区食盐专卖制度演变的种种面相，探讨因缘于不同人群而产生的不同层次的区域及其之间的关系，对表面上非常清楚但实际上难于确定的区域及其划界等问题提出了一些新鲜有力的解释。

国贸易中的地位。

九江钞关

明初，赣江水运已颇盛，设有南昌、清江、临江、吉安四个税关，其后，九江增设钞关。

九江位于长江南岸，地处长江中下游之交，上通川楚下至浙直，又是鄱阳湖和赣江水系与长江的交汇点，地理位置十分重要。也正因为如此，九江在历史上开发较早，汉代即已建城，明代为府城。嘉靖时该城共有18坊，大街8条，火巷28条，其中分布于西门之外的有5坊3街20巷[①]，在沿江一带形成一大片商业区。龙开河口，在九江府城西一里余，河面宽阔，纵深长，嘉靖间在河口两岸修建石砌码头，“长六十余丈，宽二丈，上砌二平台，随舟往来抵泊”，是九江最重要的港口码头。此外，湓浦港、女儿港、小港等也都是船舶往来停靠之所。[②]

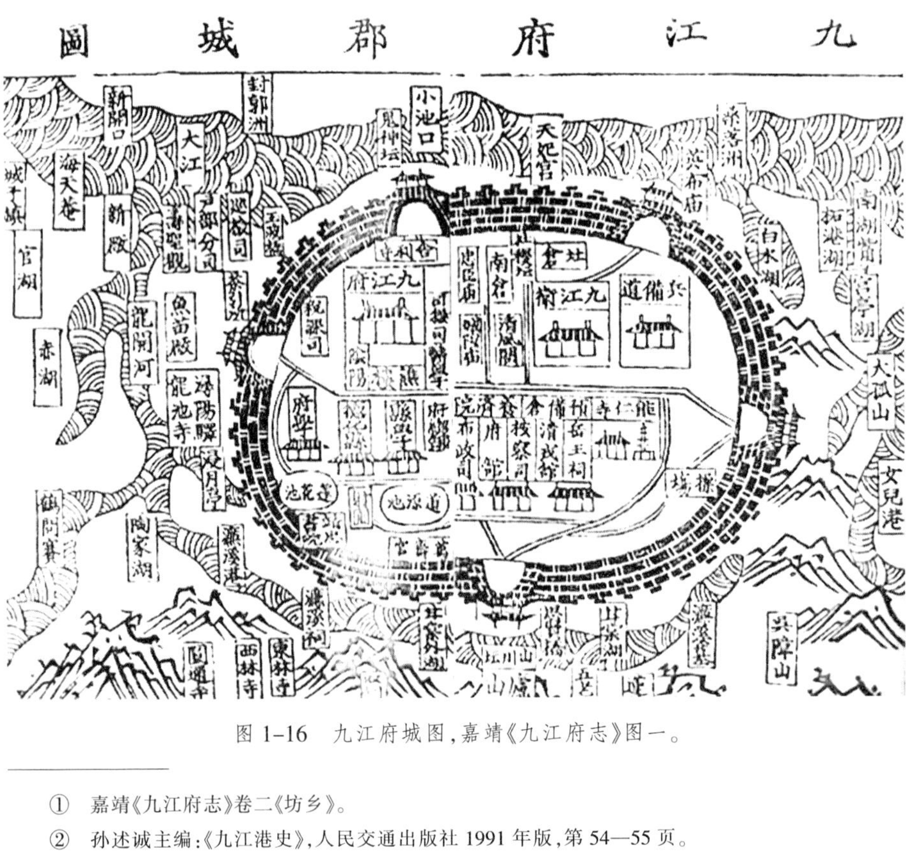

图 1-16　九江府城图，嘉靖《九江府志》图一。

① 嘉靖《九江府志》卷二《坊乡》。

② 孙述诚主编：《九江港史》，人民交通出版社 1991 年版，第 54—55 页。

《明史·食货志五》说：

> 洪熙元年增市肆门摊课钞。宣德四年，以钞法不通，由商居货不税，由是于京省商贾凑集地、市镇店肆门摊税课，增旧凡五倍。两京蔬果园不论官私种而鬻者，塌房、库房、店舍居商货者，骡驴车受雇装载者，悉令纳钞。委御史、户部、锦衣卫、兵马司官各一，于城门察收。舟船受雇装载者，计所载料多寡、路近远纳钞。钞关之设自此始。其倚势隐匿不报者，物尽没官，仍罪之。于是有漷县、济宁、徐州、淮安、扬州、上新河、浒墅、九江、金沙洲、临清、北新诸钞关，量舟大小修广而差其额，谓之船料，不税其货。惟临清、北新则兼收货税，各差御史及户部主事监收。

钞关初建时，以钞为征收本色，故得名。成化元年规定钱、钞均为本色，弘治六年又定钞关税折收银两例，但钞关之名未变。

在明代八大钞关中，唯一设在长江上的是九江关。明景泰初年，"以国用不敷，榷舟税以充之"。九江钞关先是设于湓浦口，"四方商舟骈集其地"，"船自西而下者收入小江之口最便"，但"北上而候纳者漫无依泊"，"关之厉商如此"。嘉靖三年官府在龙开河西海天堤北建成新关，由此钞关"居腹心，船收两腋，自北上而候纳者泊于龙开河，获免冲激之患"[①]。钞关新迁，实际上也为税收的征收提供了便利。万历年间其税额为25000两，占八大钞关税收总额的7.3%；天启时为57500两，占总额的12%。[②]

经由九江关流通的商品以粮食、竹木、食盐、茶叶等项为大宗。

粮食，是经由九江关转运的最大宗的商品。九江是全国四大米市之一，从湖广、四川输往江浙的米谷均需经由九江，江西本省米谷也多由此输出。"江广为产米之区，江浙等省采买补仓，江西之九江关乃必由之路。"[③]江西粮食在明代即有大量输出，至清代前期数量更大。

木材、竹料，是建造房屋、制造交通工具、生产工具和生活用品的重要原料。我国木竹资源主要分布在云贵、四川以及湘赣山区。云贵川湘所产木材顺长江而下至九江，赣南山区的竹木则由赣江经鄱阳湖入长江东下，转销江南及

---

① 王汝宾：《新迁九江钞关记》，嘉靖《九江府志》卷十六《诗文志》。

② 参见许檀：《明清时期运河的商品流通》，《历史档案》1992 年第 1 期。

③ 参见许檀：《清代前期的九江关及其商品流通》，《历史档案》1999 年第 1 期。

华北平原。档案记载称，九江关税“惟木税最大，船税较轻”，“木由川楚及本省之吉、赣等府，商人扎簰贩赴下江发卖”[①]。

食盐，也是九江关税收之大宗。由九江过境的食盐主要是销行湖广两省的淮盐，这些淮盐溯长江经九江而抵汉口，然后分销湖广各府。

茶叶也是经由九江关的重要商品之一，多来自福建武夷山区和本省的鄱阳湖产区，其流向大致有二。北路主要销往西北边疆和俄国，武夷茶在河口镇装船顺信江而下至鄱阳湖，穿湖而过出九江口入长江，然后溯江而上抵汉口，转汉水至樊城(襄樊)起岸，经河南、山西抵张家口，再由张家口转运俄国。[②]东路则由长江而下至上海并转输欧美各国，这一路在鸦片战争以后发展迅速。

此外，浙直绸缎布匹溯长江至中上游地区，洋广杂货由大庾岭商道入鄱阳湖转中原各省，以及江西本省所产瓷器、纸张、夏布、药材多输往汉口、重庆等地，均需经由九江转输。

但是，由于九江距鄱阳湖、长江交汇处数十里，九江钞关所在的位置无法控制由长江下游进出鄱阳湖的船只，因此不得不在江、湖交汇处的湖口县另设关卡，以防止税收的流失。嘉靖四十三年，明廷从巡抚周相之奏，“于江西湖口县南湖嘴增设抽税衙门一所，令通判一人领之，凡商船由湖口上流至江西下流、至芜湖者一体征税，输之九江钞关”[③]。只是湖口县虽拥有远近闻名的石钟山，却没有一处可供商船泊岸的港口。那里断崖壁立，风急浪高，船只无处下锚。为了交税，演出了不少舟覆人亡的惨剧，自然不免流失税款。这个被称为“遗算于湖口”的遗憾，一直到明朝灭亡也没有解决。

赣关

赣州位于江西南部，古称虔州。章、贡二水在此合流为赣江，然后直下鄱阳湖。赣江纵贯全省，为江西省内最重要的商品流通干线。唐宋时代，赣州已是大庾岭商道上重要的转运枢纽，“广南金银、香药、犀象、百货，陆运至虔州而后水运”[④]。

明代赣州为府城及南赣巡抚所在地，涌金门至建春门内外沿江一带是赣州商业最繁荣的地区，瓷器街、米市街、棉布街等都集中于此。[⑤]商贾辐辏，船舶

① 参见许檀:《清代前期的九江关及其商品流通》,《历史档案》1999年第1期。

② 张正明:《晋商兴衰史》,山西古籍出版社1995年版,第274页。

③ 《明世宗实录》卷五三八,嘉靖四十三年九月辛酉。

④ 《宋史》卷一七五《食货上三》。

⑤ 乾隆《赣县志》卷三《城池》;同治《赣州府志》卷首《府城街市全图》。

往来，“或棨戟之出入，或钱贝之纷驰，从朝至暮攘攘熙熙”。[①]

赣州是江西通往广东的重要税关。档案记载：“江右一省额设二关，赣关抽收江粤往来商税，九江关抽收江楚往来船税。”[②]赣关之设始于明代中叶王守仁巡抚南赣期间。先是首任巡抚金泽创设折梅亭抽分厂于南安大庾，“一则甦大庾过山之夫，一则济南赣军饷之用”，后因抽分官员贪污、商人偷税漏税等奸弊丛生，致使收入“倍少于前”[③]。主持江西军务的都御史陈金为筹集军饷，于正德六年十一月设立赣州龟角尾抽分厂，至九年七月，共抽过商税银42686两。但此

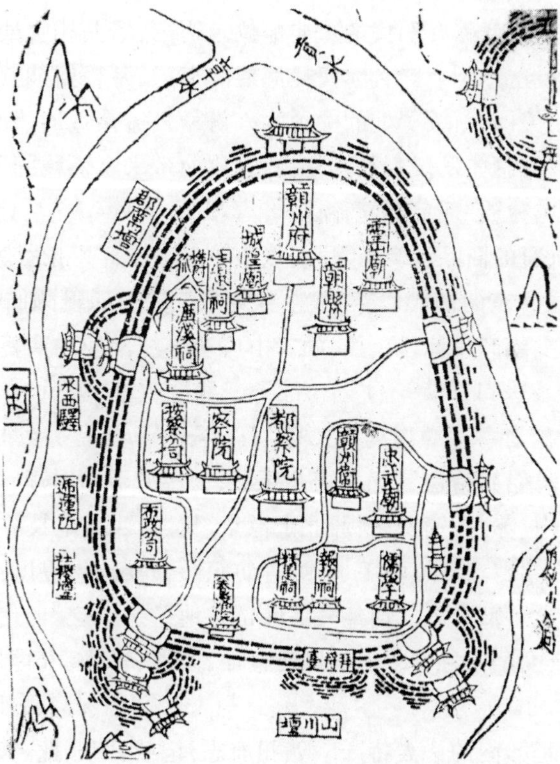

图 1–17　赣州府城图，嘉靖《赣州府志》图一。

① 乾隆《赣州府志》卷一六《濂溪书院赋》。

② 《军机处录副奏折》，乾隆十四年五月十九日唐绥祖折，中国第一历史档案馆档案藏。

③ 王守仁：《王阳明全集》卷一〇《议南赣商税疏》。

项税收属对商人重复征税，在给事中的奏报下遂于正德十一年停止。王守仁任南赣巡抚后，为广开财源，大举用兵，对折梅亭、龟角尾两个抽分厂加以整顿，“革去折梅亭之抽分，而总税于龟角尾”，统一在龟角尾收税。[①]赣关关厂原设于涌金门外龟角尾，即章、贡二水合流之处。后改“于东、西二桥并设盘掣”，东桥在建春门外，临贡水；西桥在西津门外，滨章水。

明代赣关“每年盐税、杂税共银三万两”，关税收入在全国各钞关中名列前茅。万历八年，赣关税收占全国关税总收入的17.1%，仅次于运河沿线的临清关和杭州北新关，位居第三；万历二十七年，赣关税收占全国总数的14.07%，位于临清关之后，与河西务关、浒墅关不相上下。[②]这期间赣关的税收比九江关要高出许多，显示大庾岭商路在明代的重要地位。明末，赣关税收虽在全国关税收入中地位下降，但这并不意味着大庾岭商道的衰落。从同时期其他各关如临清关、浒墅关、九江关、北新关等处的关税收入份额日益接近的情况来看，当时运河沿线商品经济的总体发展水平均有提高，故而带来了商税的普遍增加，往日某一税关的“一花独放”现象不复存在。

经由赣关流通的商品种类繁多，而以茶叶、生丝、洋广杂货为大宗。

由赣关输往广东的商品以茶叶、生丝为最大宗。茶叶来自福建、安徽、浙江，丝及丝织品主要产自苏、杭、嘉、湖。由广东输往江西的商货主要有广东所产的蔗糖、果品及进口洋货。《广东新语》记载：“顺德多龙眼，南海、东莞多荔枝”，“每岁估人鬻者……载以栲箱，束以黄白藤……向台关（即大庾岭）而北，踰岭而西北者，舟船弗绝也”。又，“广州望县，人多务贾与时逐，以香、糖、果箱、铁器、藤、蜡、蕃椒、苏木、蒲葵诸货，北走豫章、吴浙，西北走长沙、汉口。”[③]广东进口洋货主要有哆罗、哔叽、羽毛、纱缎等纺织品，香料、铅锡以及犀角、象牙等等，其中也有很大一部分入江西经赣关转销各地。

江西本地产品经由赣关输出的则有桐油、茶油、瓷器、木材、烟草、纸张、夏布、粮食等。

桐油、茶油是赣南的一大特产。《赣州府志》记载：“茶、桐二油惟赣产佳，每岁贾人贩之他省，不可胜计，故两关之舟载运者络绎不绝。”[④]赣南所属各邑，山

---

① 王守仁：《王阳明全集》，卷一〇《议南赣商税疏》。

② 数据来源：《清朝续文献通考》卷一八《征榷一》、同治《赣州府志》卷二八《经政志·榷税》。

③ 屈大均：《广东新语》，卷二五《木语》、卷一四《食语》。

④ 乾隆《赣州府志》卷二《物产》。

场多栽桐、梓二木,秋成收取其果实榨油,系赣关上游土产,每年江浙客商前来贩买,经过该关,例应输税。

木材,也是赣南输出的重要商品。赣关税则中竹木列有专项,清流木、草流木、杉木、皮槁木以及方板、苗竹、关竹之类各有税则。[①]

瓷器,也是赣关输出的重要商品。景德镇所产瓷器,明清两代均大量出口。无论成瓷还是白胎,均需由赣关过境,并在此更换小船溯章水至大庾县过岭。建春门内的瓷器街,就是这些瓷器储运销售及换载之所。

经由赣关输出的粮食也有一定数量。明代赣州即有不少稻谷顺流而下输往省城南昌以及浙直,《赣州府志》记载:“赣亡他产,颇饶稻谷,自豫章、吴会咸取给焉,两关转谷之舟日络绎不绝,即俭岁亦橹声相闻。”[②]赣南米谷也有一部分向广东输出。此外,烟草、纸张、漆、葛布、苎布等也是赣南地区所产或经由赣关输出的商品。[③]

四、江西地方财政的构成与改革

明前期江西地方财政的构成

洪武九年六月改设江西承宣布政使司,地方行政制度已趋完善。但直到洪武十四年建立黄册制度,江西地方财政体制才基本定型。此后至嘉靖年间,江西地方财政体制虽有所变革,但其基本规制仍相对稳定。这一时期江西地方财政的来源,主要依赖于“因事编佥”的徭役,因而具有较大的自主性与随意性,其收支规模则日益趋于膨胀。

在中国传统社会中,田赋和徭役是财政收支的主体,而在不同的历史时期,中央财政与地方财政的来源不尽相同。明前期,江西地方财政的主要来源是劳役而不是赋税。

关于地方财政占有的比重,夏税部分,中央收入共折银24494两,江西地方收入共折银24273两,二者基本持平;秋粮部分,则地方存留除府库租钞76两不计外,共收入秋粮米359002石,而中央则收入秋粮米2648104石,地方收入仅为中央收入的13.56%。在江西地方政府的这些赋税收入中,用于供应皇族禄米共156163石,约占总数的39.08%,用于供应社会救济米麦共172557石,约占总数

① 乾隆《赣州府志》卷一八《关榷》。

② 天启《赣州府志》卷三《土产》。

③ 对于赣南特产的种类、生产及在各县的分布情况,可参见本书第三章第二、三节。

的43.2%。仅此两项相加,就已占去总数的约82.3%,剩下17.7%除掉支应三司俸粮、生员廪食米外(此两项约占总数的8%),留给江西地方政府做机动财源的已是廖廖无几。这说明,当时地方政府的赋税收入是绝对无法维持地方政府的正常运转的,更不要说去承担其他必不可少的社会职能。因此,当时江西各级地方财政主要依赖于“因事编佥”的徭役。

《明史·食货志二》曰:“役曰里甲、曰均徭、曰杂泛,凡三等。以户计曰甲役,以丁计曰徭役,上命非时曰杂役,皆有力役,有雇役。”“凡役民,自里甲正办外,如粮长、解户、马船头、馆夫……为常役。后又有斫薪、抬柴、修河……之类,因事编签,岁有增益。”洪武元年,定田一顷丁夫一人,名为均工夫。不久,编制出应天十八府州及江西九江、饶州、南康三府均工夫图册。每年农隙赴京,供役30日遣归。后来编造黄册,以110户为一里,里分十甲。户分上中下三等。一年中的各种差役轮流编派,出人出钱听便,称为均徭。

明初的徭役大致可以分为两大类,即“里甲正役”与“杂役”。里甲正役最初只是负责“催办钱粮,勾摄公事”,其后逐渐扩大及于“出办上供物料”及给应官府“泛杂支费”。杂役的内容更为庞杂,其经常性项目有:为各级衙门服务的皂隶、门子、斗级等;为官吏生活服务的柴夫、膳夫、轿夫等;负责解送钱粮的库子、解户等;负责维持治安的弓兵、机兵、民壮等;负责驿传交通的马夫、水夫、铺兵等;此外,还有各种临时性的差役,如造桥、修路、筑城、挖河等公共工程的劳务支出。明中叶以前,杂役中的经常性项目已分解为“均徭”、“驿传”、“民兵”三大类,从而与“里甲正役”并列为“四差”。在这些名目繁多的徭役中,除了“上供物料”等少数项目与中央财政有关之外,其余绝大多数由各级地方政府支配,属于地方财政的范畴。现据《江西省大志》的有关记载,对江西“四差”的具体用途与数量进行分析,以了解徭役与地方财政的内在关系。①

“里甲”之役,分“额办”与“杂办’两类,共折银约231034两。“额办”主要用于买办“上供物料”,其具体项目有:茶芽、甘蔗、扛解盘缠、药材、弓箭弦条、胖袄裤鞋、神器军器民七料、野味、翎毛、鹿皮、狐狸皮、鱼油、斑竹等。此类项目约折银32852两,属中央财政收入。“杂办”类项目用于各级地方政府的杂项开支,其主要项目有:司府表笺,春秋祭礼,历日,浅船,鞭春,乡饮,门神公宴,修衙,职事桌帷,岁考、科举应试生儒酒席、路费、誊录工食,举人牌亭,水手,岁贡酒

① 万历《江西省大志》卷二《均书》。

礼,上司公费,应朝造册纸张,廒经,由票,答应,卷箱、孤贫冬布,人夫马匹,会差快船,灯笼,火把,轿伞,铺陈,解官路费,义民工食,匠班,修理桥厂沙土夫廪饩,商税,等等。此类项目约折银198182两,完全由各级地方政府支配,属地方财政的范畴。其中除少数用于代纳"匠班"、"商税"等杂税外,其余都用于各级衙门的办公设备及礼仪费用。

"均徭"之役,分"银差"与"力差"两类,共折银约185626两。"银差"是指明中叶以前已陆续折纳代役银的各种徭役,其主要项目有:北京富户,二司表夫,司、府、县应朝抬册夫,府、县学斋、膳夫,各官柴薪、马丁,岁贡盘缠,举人、进士牌坊,生儒卷价,各衙门公费,纸劄,廪给,备补轿伞,铺陈,王府校尉,斋郎,厨役,祭品,浆洗铺陈,商税门摊课程。此类项目约折银99929两,其中除"北京富户"等少数项目非地方财政收入,其余皆服务于本省衙门的公共事务或官吏的日常生活,应纳入地方财政的范畴。"力差"原来是指直接征发力役的徭役,嘉靖时已陆续改征"工食银"。此类项目约折银85697两,其主要役种有书手、门子、皂隶、轿夫、伞夫、库子、仓夫、馆夫、禁子、巡拦、弓兵、铺司兵、桥夫、渡夫、护堤夫、水从夫、水手、义民等。这些劳役大多直接服务于各级地方政府,少数则用于本地公益事业,因而都是必不可少的地方财政项目。

"驿传"之役,包括"本省"与"省外"两部分。本省的"驿传"之役,主要是为各府、县的驿站和急递铺提供车、马、船、人力及草料、铺陈等,共折银约45265两,此类项目是直接为各级地方政府服务的,自然应归入地方财政之一。省外的"驿传"之役,主要是为南、北二京"会同馆"及全国主要交通干线的驿站提供马匹、水夫等,共折银约27859两。此类项目的性质较为复杂,暂且存而不论。

"民兵"之役,包括雇募军官与士兵的费用,共折银约191392两。军官类有练兵千总、哨官、营总、哨总、教师、队长等,其粮饷、工食约折银2022两。民兵类分团操兵、解府募兵、民快、应捕兵、精兵、战快船水手、吹鼓手、寨兵、会昌营兵、解按察司进表兵等,约折银189378两。此类项目主要用于维护社会秩序,也是地方财政中必不可少的项目。

嘉靖年间江西"四差"约折银681194两。其中若扣除"额办"类项目及"北京富户"、省外"驿传"等项收入外,完全归江西地方财政收入的仍有60余万两之谱,约占四差总收入的90%以上。如果与当时江西本地存留的夏税秋粮30余万石(两)相比,来自徭役的收入超过近一倍,约占地方财政总收入的60%。而且,在江西全省存留的税粮中,皇族禄米约占39.08%,这部分税粮实际上并不能算地方财政收入。

可见,明前期江西的各类徭役,主要是为各级地方政府提供人力与物资,以维持各项行政职能的正常实施。因此,在明前期江西地方财政的构成中,徭役占有绝对的支配地位。可以说,如果不是借助于徭役制度,明代各级地方政府就会完全陷于瘫痪,更不必说有效发挥各种必不可少的行政职能了。

由于徭役是明前期江西地方财政收入的主要来源,而明初的徭役既无定项,亦无定额,各级地方政府皆可相当随意地征发民力,这就必然导致地方财政规模的日益膨胀。弘治、嘉靖时人何瑭曾说:“国朝使民之法,除里甲正办外,如粮长、解户、马头、船头、馆夫、水夫、马夫、祗候、弓兵、皂隶、门(子)禁(子)、厨(役)、斗(级)之类,无所不役,固已多矣。……近年以来,则常役之外,杂派夫役,纷纷而出,如砍柴夫、修河夫、修仓夫、运料夫、接递夫、站夫、铺夫、闸夫、浅夫之类,因事编佥,盖有不可胜数者矣。”[①]也就是说,明前期江西的徭役征派具有相当明显的自主性与随意性,因而也就导致了徭役名目的不断增加,地方财政的总体规模日益扩大。当时的江西士绅对此大为不满,纷纷指责地方官滥用民力。成化二年状元、江西永丰人罗伦致书府县主官:“吾邑之民,田于苛敛,其患甚矣。……古之征者三,君子用其一缓其二。今日有秋粮之征,有夏税之征,有上中户之征,用其五用其六矣。欲民之不流离而去为盗也难矣。为民父母,行政何忍于此也?诸征姑勿论,以上中户言之,吾幼时犹未有也,祖宗之时未有此法也,各布政司未有此例也,作俑者何人手?始者一里或一二名,今一里有十数名者,一家有两三名者,一都有百十名者。闻诸人云,全县二千六百名,掾则曰一千四百八十名。吁,何其多也!”[②]王宗沐嘉靖时任江西提学副使,了解赋税、差役为害甚广的实情,故在编纂《江西省大志》时详记赋、役节目,希图后之当政者能有所借鉴:“余次均书,未尝不卷书而起,复废而叹也。嗟乎!古治不可复见矣。……江西现无干戈馈运之扰,而官患不给,民患不供,仅仅卒岁,若不能为国。自有司而上,与夫夫役,驿兵之屑碎,无丝毫不取诸民,而犹以为不办,何也?”[③]

① 何瑭:《民财空虚之弊疏》,《明经世文编》卷一四四。

② 罗伦:《与府县言上中户书》,《明经世文编》卷八四。

③ 万历《江西省大志》卷二《均书》。

由于地方财政规模的日益膨胀,使人民负担日益加重,进而导致了人口逃亡、里甲败坏等现象的出现。如峡江县,据明人钱琦《恤新县疏》记载:"里或止二、三甲,甲或止一二户,甚至里无一甲、甲无一户者有之。藩司每年总派杂输,例照旧额,一里常兼数里之差,一户常兼数户之役,征求烦而财力绌。"在兴国,嘉靖年间知县海瑞也颇有同感,:"(兴国)嘉靖三十年以前,犹四十四里,今止三十四里。卑职到任后,极力招徕,今亦得四十里,其间半里、一分、二三分里尚多,通十排年计之,该五百七十七人,今止有四百三十二人,其间有里长而全无甲首者,有甲首而止存一、二户,户止一、二人者。"①

为了减轻人民负担,缓和社会矛盾,明前期有不少地方官试图去除冗役冗吏,控制地方财政规模的恶性膨胀。成化六年,夏时正以大理寺卿巡视江西灾情时,除无名税十余万石,汰诸司冗役数万,奏罢不职吏二百余人。②正德年间,清江知县王泰以旧里甲值日科取无度,除十之七。③

明中叶江西"四差"的演变与地方财政体制的改革④

在明代赋役史上,每项政策的改革和推行,江西几乎都是率先执行或试行的省区之一,而后才在他处推广。明中叶江西地方财政体制的改革,始自于正统年间推行的"均徭法",至隆庆年间全面实施"一条鞭法"时基本完成。在这历时100多年的改革过程中,各种主要徭役的征派逐渐趋于定额化,而各级地方政府的财政收支也逐渐实行分项定额包干,从而形成了以定额管理、分级包干为特征的地方财政体制。里甲、均徭、驿传、民兵等"四差"的演变为其基本线索。

早在景泰年间,江西巡抚韩雍为了解决里甲负担不均的问题,开始对原来由里甲承办的祭祀、乡饮等费用实行定额,由官府统一征银办理,称"里甲均平银",亦称"公费银"或"板榜月办",规定"每里出银六两,非全里者杀其半"。但这一改革未能考虑到各里之间的贫富差别,对"里甲均平银"的定额也未能严格限制,故不久便滞而不行。据明人记述:"(均平银)后渐增至十二三两,里甲逃亡,递年拖欠。"到正德年间,巡抚俞谏对"里甲均平银"的征派办法再次实行

① 海瑞:《兴国八议》,《明经世文编》卷三〇九。

② 光绪《江西通志》卷一二七《宦绩录》。

③ 雍正《江西通志》卷六一《名宦》。

④ 按:本节及下节参考邓智华《明中叶江西地方财政体制的改革》,《中国社会经济史研究》2001年第1期。

改革,其法是“依丁粮均派,一县通融,每里不过九两之数”[①]。此次改革的重点,仍是对“里甲均平银”实行定额包干,并使里甲正役的编审范围突破了原有里甲的界限,具有“摊丁入地”的意义,为后来一条鞭法的出台开辟了道路。

地方官们接连在改革征收办法上做文章。起初,右布政使蒋曙提出,酌民粮多寡以为额,视地肥瘠以为征,大约粮一石输银七钱五分。嘉靖十七年巡抚胡岳、布政使夏邦谟、参议王昺进而划分七则,力图使赋税负担与肥瘠程度更相称。七则的划分,虽区分了各县的情况,但是各县的田还有旱涝肥瘠不同,处于同一科则之中,仍然很不均平。而且“里甲”、“岁派”、“杂办”的征派,“多民间不尽知,且不与粮偕征,则奸民纳其急者,而遗其缓,终不输官司。而有司于派时不能尽勾考,吏缘为奸”。诸种奸弊,导致农民破产。

嘉靖初,盛应期对江西“里甲均平银”的征收和支应办法实行改革,“奉勘合改议,将一府丁粮分作十年,(吉安府)每年每石派银三钱五分,名曰‘里甲均平’”[②]。此次改革把十年内各府的“里甲均平银”均分于全府的丁粮之上,其前提无疑是对每府十年内的里甲正役实行了定额包干。不过,由于当时地方政府对徭役征派仍有较大的自主权,“里甲均平银”的定额往往被突破,这就难免导致逋欠,难以长期维持。嘉靖年间乐安绅士陈振在《虚税策》中一针见血地指出,乐安钱粮“逋欠”的根本原因之一,在于“均平加派逾常”[③]。隆庆年间在江西推行“一条鞭法”的巡抚刘光济,认为里甲之役的症结在于地方官可以随意征发民力,因而使人民负担日益加重。因此,他主张彻底革除里甲之役,对地方政府的经费实行严格的定额包干。[④]刘光济的改革方案,反映了“一条鞭法”的基本立法精神,即借助于定额包干体制,限制地方财政收支的规模,减轻民间的赋役负担。明代江西里甲之役的改革,至此才趋于定型。

明初杂役的编佥,是根据黄册上登载的各里甲人户的户等,临时量户点差,依照户等不同排定级别,上户派重差,下户派轻差。然而,由于点差之权握于里长之手,常有里长贪污受贿、“放富差贫”的现象发生,致使户等与差役负担并不相符。为纠正这一弊端,正统年间的江西按察司佥事夏时首行“均徭法”[①],把原“杂泛”中的一些经常性差役,如各级衙门及儒学、仓库中额设库子、

① 嘉靖《东乡县志》上卷《户口、土产、贡赋、力役》。

② 聂豹:《双江聂先生文集》,卷八《答东郭邹司成四首》。

③ 同治《乐安县志》卷一〇《艺文》。

④ 刘光济:《差役疏》,雍正《江西通志》卷一一七《艺文》。

斗级、皂隶等,分出别列为一类,统称“均徭”,与其他临时性的杂役相区别。同时,还把这些“均徭”之役分成上、中、下三差,“查勘实在丁粮多寡,编排上、中、下户,量计杂泛重轻等第,佥定挨次轮当”[②]。此法行之不久,即遭参政朱得等人反对,一度中止。景泰二年,韩雍以右佥都御史巡抚江西时,才又恢复此法,史称其“编册轮役,一劳九逸”[③]。

明中叶江西的“均徭法”改革,主要集中于革除派役过程中的流弊,使不同里甲与户等之间的徭役负担相对均等。例如,正统十一年四月,“江西巡抚孙隧定均徭则例,革下里概征之弊,定人户九等之则,而又专责牧守丞判派征额数,一洗吏胥之弊,痛惩包揽之徒”[④]。这一改革旨在减轻“下里”与贫民的均徭负担,强化官方对派役过程的控制和管理,但由于仍是以里甲和户等为派役标准,实际上很难“一洗吏胥之弊”。嘉靖三十六年,江西巡抚马森实行“十段册法”,造“十段册”,对均徭之役的征派办法再次进行改革。“十段册法”的具体实施为:“(将)实在丁粮分为十段,如一甲有余割之以遗二甲,不足取二甲补之”,并且“每年据以审编”。[⑤]这一改革打破了派役过程中的里甲界限,把原来按里甲编派改为按实际丁粮编派,这对于调整里甲之间的负担不均来说是一大进步。然而,此项改革并没有改变“十年一编”、“一劳九逸”的派役原则,民众在轮役之年往往不堪重负,因而迫切要求废除“十年一编”的轮役制,推行逐年均摊的“一条鞭法”。

嘉靖四十年至四十五年间,江西学政王宗沐与巡抚周如斗等曾先后倡行“一条鞭法”,但都未能付诸实施。直到刘光济于隆庆年间在江西全省推行“一条鞭法”,才最终废除了“十年一编”的轮役制,“尽革徭编,据实在丁粮征银入官,雇直岁以为常”[⑥]。刘光济对均徭之役的改革重点,并不在于派役办法,而是在于定额包干。他认为,当时无论是“银差”还是“力差”,都有层层加派之弊,“弊多而法疏,则民害滋甚”。因此,他主张对各种均徭之役全部征收代役银,并实行严格的定额包干,以杜绝层层加派之弊。在他后来推行的“一条鞭法”中,

---

① 按:均徭法由江西地方官柯暹首创,再由夏时推广到全省。据《明史》卷一六一《夏时传》载:“(夏时)其为(江西)佥事时,进知州柯暹所撰《教民条约》及《均徭文册》式,刊为令。人皆便之。”

② 嘉靖《海宁县志》卷二《田赋志》。

③ 《明史》卷一七八《韩雍传》。

④ 徐学聚:《国朝典汇》,卷九〇《户部》。

⑤ 万历《新修南昌府志》卷八《差役》。

⑥ 万历《新修南昌府志》卷八《差役》。

这一改革方案得到了全面的实施。

驿传是明代有名的重役，服役者不仅要无偿提供劳务，而且要提供车、船、马等交通工具及沿途各种费用。洪武二十七年，江西乐平县民方处渐建议，驿传之役负担过重，应按里甲十年一轮。户部集议之后提出："天下水马驿递运所夫，其役至重，虽蠲税粮而久不得代，困乏之故，皆由于此。今后不须免粮，但于各布政司所属境内，计水马驿、递运所船、马、车、牛之数，以所隶民户，照依旧佥粮额，加倍均派，不分民匠，依次轮充，周而复始。"朱元璋批示："若依旧例数止加一倍，恐不足以苏民力，命增至五倍，余如所议。"[①]这样，驿传之役就从少数人的永充之役演变为社会性的轮充之役。明中叶以前，江西的驿传之役一般是按甲轮充，十年派役一次，至嘉靖初年，始改为"照粮科银，以银编差"。此次改革的重点，是把原来按甲轮充的驿传之役，直接向现有田粮摊派，以避免派役时"苦乐不均，弊端繁滋"。值得注意的是，在此项改革之前，驿传之役可能已由力差演变为银差，而且已经开始实行定额包干，因而才有可能"照依各差所费银数，挨图积算编佥"。

嘉靖年间，江西又多次对驿政实行整顿，从而使驿传之役的定额包干体制更为完善。大致说来，在刘光济实行"一条鞭法"之前，江西驿政中的定额包干体制已基本形成，因而驿传也就作为"四差"之一，直接纳入"一条鞭法"下的地方财政包干体制。

明初在全国建立卫所制度，兵员则取自世袭的军户，此外并无"民兵"之类的地方武装。明中叶前后，各地军户大量逃亡，卫所制度趋于解体，无力维护社会秩序，因而始有"民兵"之役。江西的民兵之役，据说是正德年间为镇压瑞州府华林寨的农民军而征派的。万历《新修南昌府志》记载："传闻父老云，江西原无民兵，设兵自华林之役始。盖戎伍虚耗，乃籍民兵，而赡兵之费取办丁粮。各州县大率十年更编，例除优免、沙逃应豁者，均计实编之数以满其额。丁粮多者为籍首，诸小户附益之；每兵给一由票，听其自充或募人，而征银于编户。"[②]可见，早期的民兵之役是按丁粮征派的，民间以若干丁粮供应一兵，可"自充或募人"，而不服役者则纳银代役。到嘉靖年间，民兵之役开始改征"工食银"与"戎装银"，用于各级官府的募兵、练兵费用，从而逐渐形成了定额包干体

---

① 《明太祖实录》卷二九，洪武二十七年正月丁亥。

② 万历《新修南昌府志》卷八《差役》。

制。万历《新修南昌府志》记：

> 嘉靖二十二年，分上、下班，始定工食银叁两陆钱，戎装银壹钱。明年罢更番之令，增工食银壹两贰钱。又明年增银陆钱，戎装银倍给。至嘉靖三十五年，抚院蔡（克廉）以兵冗费繁，简练无法，而内储适告乏，于是视额数过三百名者十裁其一，其存者十选其二，号为精兵，余为常操兵；卫所军余亦十选其一，并练于各府，增工食银柒两贰钱。裁兵全征输部饷，存兵俱扣银二两，贮府库以充精兵，按月给赏示优异。抚院马（森）又以省城兵寡，募兵三百名，另裁各县额兵银解给。抚院何（迁）参酌前规，以会册续减之额为据，大率每兵百名选二十名为精兵，裁十兵征解部银，裁一兵征解募兵银，常操兵仍叩（扣）银存库，精兵则尽给为工食。隆庆二年，抚院刘（光济）改入一条鞭征银，当官雇直（值），精、常兵工食如故。①

这说明在刘光济实行一条鞭法之前，江西的民兵之役也已形成定额管理与分级包干体制，而刘光济对此亦未作改易，只是直接把民兵费用“改入一条鞭征银”，并实行“当官雇直”，维持了原有的定额包干体制。

隆庆及万历前期一条鞭法在江西的推行

明中叶江西“里甲”、“均徭”、“驿传”、“民兵”等“四差”的演变，既为“一条鞭法”的出台准备了条件，同时提出了新的要求。刘光济受命推行“一条鞭法”的主要目的，是为了整顿“役法”。他认为，当时江西“赋役繁重，贵在均平，民力困绌，要当节省”，因此，整顿“役法”必须从控制地方财政规模入手。他在《差役疏》中自述：

> 臣待罪江右，窃见土地瘠薄，民鲜盖藏，横征厚敛，科派无纪，生民之困，莫大于此。随行布政司会同各司、道官，将里甲差徭逐一查议，又选委练达政体有司官，稽诸成法，参以时宜。凡岁征岁用咸为剂量，冗役冗费尽为汰革。税粮则定为征解之法，徭役则定为编派之规……臣又虑公私费用苦节则不可久，力役工食过损则不乐从，勉强一时，终难善后。又经复行会议，随事损益，颇协人情。凡征收、起解、给散、支销等项，皆有规则。诚为一

① 万历《新修南昌府志》卷八《差役》。

> 时补偏救弊之术,于地方似为相宜。[①]

在实施“一条鞭法”的过程中,先对各级地方政府的财政费用作了全面的清理,“凡岁征岁用咸为剂量,冗役冗费尽为汰革”,然后才根据实际需要,制定新的赋役制度与财政法规。因此,这一改革经历了长期的筹划与实验过程,而非一蹴而就。刘光济入江西后,“召抚州府同知包大焕、南昌府司理张守约、吉安府司理郑恭、饶州府司理孙济远、新建令王以修、庐陵令俞一贯、临川令蒋梦龙,锁棘院而校计之。时胡少保从子文学胡缇,善计虑,习赋役法,并召之从包等谋议。议上,刘悉悬诸署壁,旦日仰观俯思,三月乃定南(昌)、新(建)二邑条鞭法,明年始遍七十余邑”[②]。隆庆二年刘光济再次上疏奏请,于四年正式得朝廷批准,“以此法行之江西,其后阁臣高新郑(拱)、张江陵(居正)会户部议通行之。海内到今遵守”[③]。

所谓“一条鞭法”,《明史》的记载是:“总括一州县之赋役,量地计丁,丁粮毕转于官。一负之役,官为佥派。力差则计其工食之费,量为增减,粮差则计其交纳费,加以(增)耗。凡额办、派办、京库岁需与存留,供亿诸费,以及土贡方物,悉并为一条,皆计亩征银拆办于官司。”[④]关于江西“一条鞭法”改革的具体内容,万历《明会典》有如下记述:

> (隆庆)四年(户部)题准:江西布政司所属府州县各项差役,逐一较量轻重。系力差者,则计其代当工食之费,量为增减;系银差者,则计其扛解交纳之费,加以增耗。通计一岁共用银若干,依照丁粮编派。开载各户由帖,立限征收。其往年编某为某役,某为头户、贴户者,尽行查革。如有丁无粮者编为下户,仍纳户银;有丁有粮者,编为中户及粮多丁少与丁粮俱多者编为上户,俱照丁粮并纳,编为定例。[⑤]

上述记载是以“役法”改革为中心的。可以看出,此次改革的关键是对“各

① 刘光济:《差役疏》,雍正《江西通志》卷一一七《艺文》。

② 雍正《江西通志》卷二三《田赋一》。

③ 万历《明会典》卷二〇《户口·赋役》。

④ 《明史》卷七八《赋役二》。

⑤ 万历《明会典》卷二〇《户口·赋役》。

项差役”实行全面的定额管理，并统一折征货币，这样才有可能“通计一岁共用银若干，依照丁粮编派”。因此，在“一条鞭法”改革中，必然形成以定额管理为基础的财政包干体制。由于当时各级地方财政的主要来源是“四差”，因而这种财政包干体制也主要表现为对“四差”的定额管理与分级包干。从隆庆至万历初年，江西“一条鞭法”得到了较为严格的执行，各级地方财政的定额包干体制也不断趋于完善。隆庆六年，江西布政使司刊行了《四差凡例》共39条；万历十四年，又刊行了《新定四差凡例》共17条。①在这两件早期的“一条鞭法”文献中，都有关于各级地方财政定额包干的详细规定。从规定可知，万历年间全面推行的“一条鞭法”，其实可归纳为以定额管理和分级包干为特征的地方财政体制。在“一条鞭法”的实施过程中，中央曾要求各级地方财政的收支与管理尽可能地规范化与制度化，而当时江西的抚、按及诸司衙门也曾有过相同的愿望。但任何好的制度的实施和好的愿望的实现都需要有良好的社会风气和相对廉洁的官场风气，而明后期所缺乏的恰恰是这种风气，更何况内忧外患的叠起，国家各种用度急剧增加，“一条鞭法”在全国和江西的命运就无法乐观了。

全国性财政危机的发生和江西地方财政体制的败坏②

隆庆初年试行的江西“一条鞭法”，至万历初年已基本定型。据史料记载：“隆庆二年，抚院刘（光济）尽革徭编，据实在丁粮征银入官，雇直〔值〕岁以为常，抚院顾力成之。隆庆四年，抚院徐稍加润色。万历十四年，抚院陈、抚院孙协议，酌定诸役凡例，稍增损焉，其法大备。”③当时中央及地方各级官吏皆对江西“一条鞭法”颇为赞赏，视之为全国“一条鞭法”改革的楷模。在推行“一条鞭法”的过程中，江西省府州县官员及家居朝官中的有识之士，大都表现出极大的热忱，使得江西“一条鞭法”的推行，在全国不仅历时最久，亦最为稳定深入。其政绩显著者，在嘉靖、隆庆间有南昌知府丁应壁、瑞州知府邓之屏、九江知府张应治、抚州府同知包大耀、南昌府推官张守约、广信府推官孙济远、新建知县王以修、庐陵知县余一贯、临川知县蒋梦龙、南昌知县胡提、进贤知县汤聘尹、德化知县余汝为、新淦知县李乐、金溪知县唐本尧、安仁知县谢汝韶、南康知县余世康，南昌家居兵部侍郎万恭、南昌家居工部侍郎刘伯耀、进贤家居刑部侍郎曾

① 万历《新修南昌府志》卷八《差役》。

② 参考邓智华：《明后期江西地方财政体制的败坏》，《江西师范大学学报》2003年第5期。

③ 万历《新修南昌府志》卷八《差役》。

钧等。万历以后又有巡抚徐拭、凌云翼、杨成、潘季驯、陈有年,吉安知府汪可受,南昌知县顾冲吾、新城知县章宗礼等。[①]

江西"一条鞭法"试行之初,"每年通计丁粮、琐条诸费,相提衡论,而视所出颇裕计焉"[②]。可见,当时各级地方财政预算留有余地,相对宽裕。顾炎武论曰:"夫议法始乎宽,则其将毕也不弊,盖始事亦当从宽议矣"[③]。刘光济在筹划改革方案时,虽然是以"节省"为己任,但也明确指出:"公私费用苦节则不可久,力役工食过损则不乐从,勉强一时,终难善后。"因此,其立法原则是:"一州一县咸有经常之用,既不失之苦节废礼而妨事,而坊里轮年应役,可无额外诛求之累矣"[④]。

然而,在万历初年的张居正执政时期,这一适当从宽的立法原则被放弃,各类财政预算受到了大规模的压缩,直接破坏了原定的地方财政包干体制。万历十四年,张栋在《琐拾民情乞赐采纳以隆治安疏》中指出:"裁减无实利。……即如条鞭一事,其初议也,未始不因地方之繁简而定公费之盈缩也。一岁所用,取足于一岁所输,民未见其为病也。有司者欲投时好、博名高,则取于原定之数,而日请缩焉,然不能缩于用也,遂令所入无以支所出矣,而包赔加派之弊滋矣。"万历《吉安府志》也有类似记载:"夫议法者始乎宽,则其将毕也。……后乃一二沽名者减其数以悦上,上之人从而悦之,于是数敷而用不舒。"[⑤]

由于裁减地方财政经费必然导致"包赔加派"之弊,"一条鞭法"也因此日益败坏。万历《新修南昌府志》记载:"万历初,奉例裁革(驿站)冒滥,自元年至三年已支剩银十分之三,三年以至五年又支剩银十分之五。节省既多,该前抚院潘准驿传道王条议,即以余剩银抵充。六年分驿传支费,免派于民,又定各驿递经费并各役工食,刊载站册,历历可考,至今因之。"又如江西各地的民兵经费,"(万历)六年抚院徐更定之,各州县每兵一名,正编银七两六钱,削除一两三钱免编,其各兵工食悉仍旧例。各州县额兵量增损之,南昌等一十一府,除南、赣二府不计外,通共每年减银二万六千余两,至今遵行"。此外,各级地方政府的其他额定经费也时有裁减,如《新定四差凡例》规定:"府州县新官到任,祭

① 参阅梁方仲:《明代一条鞭法的论战》,《梁方仲经济史论文集》,中华书局 1989 年版。

② 万历《新修南昌府志》卷八《差役》。

③ 顾炎武:《天下郡国利病书》,卷八〇《江西二》。

④ 刘光济:《差役疏》,雍正《江西通志》卷一一七《艺文》。

⑤ 万历《吉安府志》卷一三《户赋志》。

祀、公宴、修衙、家火等项,已各照品级派有定数。但见今方行,久任未必年年到任,若每年全征,不无浮冗。合查照南昌县事例,每年减半派征,收候新任支用,不许朦胧全派。"[①]

到万历中期以后,明神宗大肆搜刮民财,对地方财政也造成了严重的冲击。如万历二十七年,"以诸皇子婚,诏昭取太仓银二千四百万两,户部告匮,命严核天下积储者"[②],这是对地方财政的公然掠夺。而臭名昭著的矿监税使,不仅破坏了正常的社会经济秩序,也加重了地方财政的压力。万历二十九年景德镇爆发驱逐税监潘相的民变,就是因其肆意搜括民财而起。此时,江西地方财政已陷入困境,各种法外加征接踵而起,"一条鞭法"破绽百出,各级地方财政的定额包干体制也难以维持了。

前人论及明末"一条鞭法"的败坏,大多归因于官吏的贪污腐败。但平心而论,当时即使是廉洁自律的地方官员,也难以完全避免法外加征。万历年间浮梁知县论云:"旧差以鞭银用里长领办,民以为苦。今一切官办,民享安逸无事之福,而官有肆应掣肘之烦。驿站一项,原额银千余两,累裁不及十分之一,遇差不减,无米之炊,每苦攒眉。"[③]故浮梁县不得不突破原有定额,加派夫、马差银。

天启及崇祯年间,江西地方财政因"三饷加派"而进一步恶化。据明末毕自严《度支奏议·江西司》记述,天启七年江西欠饷达17万余两,崇祯元年饷额33万两竟"分毫不解"。崇祯五年,解学龙巡抚江西,"疏言所部州县七十八,出逋赋者降罚至九十人"[④]。当时江西地方财力之虚竭,可见一斑。崇祯时曾派太仆寺卿朱大启到江西催饷,奏复:"江右贫瘠,正额且不支,乞免额外搜括。"[⑤]实际上,明末江西已无稳定的地方财政来源,地方许多必不可少的经费都依赖于临时派役,已无法维持原有的赋役定额,因而也不可能实行地方财政的包干体制。

自万历中期以降,明朝的财政状况日益恶化,陷入普遍的财政危机,各种加派接踵而至,各级地方政府的财政包干体制受到了严重破坏,"一条鞭法"名存实亡。其中原因,不仅和官吏的日益腐败有关,也受到当时险恶的内外形势的影响。

---

① 万历《新修南昌府志》卷八《差役》。

② 《明史》卷二一《本纪·神宗二》。

③ 康熙《浮梁县志》卷四《赋役志》。

④ 《明史》卷二七五《解学龙传》。

⑤ 雍正《江西通志》卷五九《名宦三》。

第二章
明代江西人口的流动与地方社会的治乱

第一节
“江西填湖广”及西南地区的江西移民

一、江西及湖广的人口土地状况

明代以前江西与湖广经济地位的变化

在秦始皇统一中国之前，江西的部分地区是楚国的属地，而北部的部分地区又曾经是吴国的属地。汉初根据山川地理的形势，以南昌为中心，在今日江西范围内设置豫章郡，使得江西成为一个独立的行政区，同时也加强了这一地区内部的政治经济联系。但从经济文化发展的进程来看，“吴头楚尾”的江西中心地区不仅落后于原属吴越的苏南和浙江，也仍然落后于原楚国的中心地带江汉地区。

明人王士性的《广志绎》，有一段专门讨论长江流域地理形胜的文字：

古今谭形胜者，皆云关中为上，荆、襄为次，建康为下。以今形胜，则襄阳似与建康对峙者。建康东、南皆山，西、北皆水，襄阳西、南皆山，东、北皆水。以势则襄阳据险而建康无险，以胜则江水逆来而汉水顺去。故论荆、襄,则襄不及荆,其规模大而要害揽也。[①]

这种讨论从纯军事观点出发而且以秦灭六国的既成事实为依据。尽管从地理形势上说,黄河上游的关中比黄河下游的齐鲁,长江中游的荆襄比长江下游的吴越或许更具有军事意义,但华北平原及东南地区农业、手工业的发展及沿海地区的食盐供给,却非关中及荆襄可比。东汉定都洛阳,以及后来三国时的吴国将都城定于建邺,东晋及宋、齐、梁、陈均定都南京,已经开始了中国传统社会政治中心的东移。而长江流域的政治中心,也不可挽回地东移至南京一带。地处两湖平原的荆州、襄阳、武昌也就失去了大区域政治中心的地位。从一定意义上说,荆楚曾经通过军事力量征服了吴越,吴越却以经济力量战胜了荆楚。

江西在经济文化上赶超湖广的步子,正是在这一过程中开始的。

南京作为长江流域政治中心地位的确立,使得江西较湖广处于更为有利的地位。两晋之际北方移民南下,以南京为中心,在东起镇江、西至武昌的长江沿岸建立了一批移民点,并经这些移民点将北方的人口及其文化和生产技术传输到包括鄱阳湖平原和赣中丘陵在内的各地区,对这些地区经济文化的发展起了重要的推动作用。相对于江西,湖南、湖北即明代的湖广地区则受惠较小。

而另一方面,湖广特别是湖北江汉地区号称"九省通衢",这本来对经济发展极为有利,但也因此多次受到战争的摧残。其影响甚大者如宋元之际,元宪宗蒙哥、世祖忽必烈数次南下攻宋,均以襄阳为用兵之地。从蒙哥汗四年(1254年)十一月蒙古军在光化筑城开始,至世祖忽必烈至元十三年(1276)元军攻克潭州止,宋元双方在湖广地区的争夺战前后延续达20多年,襄阳、荆州一带备受罹难。[②]时隔70年,元末农民起义爆发,随后是朱元璋、陈友谅两大势力的角逐,战火连续燃烧了十多年,湖北武昌、蕲州一带为重要战场,社会残破、人口逃亡。在征服陈友谅集团之后,明太祖又对荆襄一带实行经济封锁:"命邓愈以

---

① 王士性:《广志绎》,卷四《江南诸省·湖广》。

② 《元史》卷五九《地理志二·河南江北等处行中书省》载:武当县,"兵乱迁治无常";郧县,"兵后侨治无常";广济,"宋嘉熙兵乱,徙治大江中洲";黄梅,"嘉熙兵乱,侨治中州";罗田,"兵乱县废";黄陂,"兵乱侨治鄂州青山矶";麻城,"兵乱徙治什子山";监利,"宋末兵乱民散";夷陵,"宋末随州(按:指峡州)迁治不常";京山,"兵乱移治汉滨";景陵,"兵乱徙治无常"。

大兵剿除之，空其地，禁流民不得入。”[③]而江西除了鄱阳湖一带在元末经受短时战事之外，其余地区自秦汉以来均无大的战乱。正如明人王世懋所说：“江西东南大都滨江带湖，四要之地。自三代以还，其战争之略尽于此矣。此乏则彼乘，民安则盗戢，乘除机宜，可指诸掌者。入我朝，正德以后，则渐入于多事，盖不复可以雅驯优游理矣。”[②]即使有战乱，也只局限在鄱阳湖一带，而未深入腹地，只是在明正德时，才为多事之秋。

彼消此长，江西的经济发展在长时期的积累之后，逐渐超越湖广而直逼两浙。经济的发展，也使江西逐渐取得了更为重要的政治地位。虽然汉初设立了豫章郡，初步确立了今日江西的范围，但在汉武帝时分13州、西晋初期分19州时，江西地区仍属扬州或分属扬州和荆州。晋惠帝元康元年(291)，以“荆、扬二州疆土广远，统理尤难”，割扬州之豫章、鄱阳、庐陵、临川、南康、建安、晋安，荆州之武昌、桂阳、安成，共十郡，“因江水之名而置江州”[③]。州治初在豫章，后迁武昌，东晋时迁寻阳，南朝仍迁豫章。江州的设置，使江西的中心地带同时也成为今日湘鄂赣交界地区的中心，江西的核心地区也不再隶属他州，与郢州所管辖的今湖北一带、湘州所管辖的今湖南一带处于同等地位。唐设江南西道，采访使驻南昌，理事范围为宣、歙、池、洪、江、鄂、岳、饶、虔、吉、袁、信、抚、潭、衡、永、道、郴、邵等19州，相当于今江西全省及安徽的江南地区、湖北的东部地区、湖南的东部和南部地区。元设江西等处行中书省、湖广等处行中书省，江西与两湖处于同等的政治地位。这种情况的出现，直接原因便是江西和湖广地区经济地位的变化。

人口的多寡历来是中国古代社会衡量地区间经济发展状况的主要参照系。据《汉书·地理志》，两汉时期，湘鄂赣人口最密集的地区是荆州的所在地南郡，即以江陵为中心的江汉平原，这里曾是楚文化的核心地区，三国时期则是魏、蜀、吴三国特别是吴、蜀二国的必争之地。其次是长沙国，即以长沙为中心的洞庭湖平原。而从所设郡县来看，两湖也比江西更为稠密。这也体现出地区间经济发展的不平衡，江西落后于两湖特别是湖北。

《新唐书》卷四一《地理志》各州户口数据则显示：唐中期，江西设县已接近两湖特别是湖南，而户口数则分别超过了两湖。就江西而言，户口最为稠密的

---

① 谷应泰：《明史纪事本末》，卷三八《平郧阳盗》。

② 王世懋：《实书》，《明经世文编》卷三四五。

③ 《晋书》卷一五《地理志下》。

是饶州、洪州和吉州,即鄱阳湖平原和吉泰盆地。就两湖而言,户口最为稠密的则是汉水流经并靠近政治中心的襄州,以及与经济、文化较为发达的淮南接壤的蕲州。由于设县较少,所以无论是每县平均的户数还是口数,江西几乎都是两湖的两倍。

南唐、两宋是江西经济文化的大发展时期,其结果如《宋史》卷八八《地理志四》所载,江西设县超过了两湖,户、口总数则分别超过两湖的总和。但是,江西户、口最多及最稠密的地区已不是地处鄱阳湖平原的饶州、南昌,而是地处赣中丘陵、吉泰盆地的吉安。吉安无论是户、口总数还是县平均户、口数,都在江西居首位。这一情况的发生,与这里在这一时期既相对接近政治中心、又没有战乱的威胁有直接关系。

根据《元史》卷六二、六三《地理志》五、六统计,元代江西的户、口比为1:5.14,与通常的比例大致相当,但其中吉安、袁州、临江、抚州四府口数恰恰是户数的五倍,说明统计有问题,只是简单地以一户五口计算。湖北的户、口比为1:4.41,湖南为1:3.14,是湖南仍然是以丁数、半丁数代替人口数。但从户的多寡仍可以看出两湖与江西的差距。在中国古代的户口统计中,户的统计往往比口的统计更为确切。如果均以每户5.14计,则湖北为2767283口、湖南为10403788口。湖南人口为江西的2/3湖北为1/5,两省合计仍不及江西。江西诸路,饶州路在元代人口竟达400多万,与吉安、南昌、抚州同为江西的户口众多的地区,临江虽然户口总数不多,但由于面积远远小于以上诸路,所以人口稠密。相比之下,湖南除潭州、常德、澧州之外,其余户口都较少。而饱经战乱的湖北,更是人口稀少。

如以汉平帝时的户、口数为基数,则江西在唐、宋、元时户、口分别为3.68倍、4.76倍,29.75倍、12.66倍,41倍、40倍;湖北分别为1.28倍、1.39倍,3.13倍、1.18倍,2.95倍、2.53倍;湖南分别为1.51倍、1.27倍,8.6倍、3.46.倍,14.34倍、7.97倍。可以看出:江西户口增长最快,湖南其次,湖北最慢。

明代湖广的幅员及耕地

一方面是江西的户口数远远高于湖广,另一方面则是湖广的幅员远远大于江西。

明朝的湖广北起上津、光化,与陕西、河南交界;南至九疑山,与两广接壤;西起施州、沅州,与四川、贵州相邻;东至罗田、黄梅,与安徽、江西相连;东西最宽处约600千米、南北最长处约1000千米,面积约40万平方千米,是当时全国数一数二的大省。

时人包汝楫既惊湖广面积之大，又叹湖广旷土之多：

> 楚魏间滨河处淤田，往往弥望无际，其开垦成畦者，动辄千亿，真天地间未辟之利也。……襄江道炽，沿堤上下，芦荡不知几千顷，土色青黄相错，地形亦不洼，此吾乡腴田也。不识何故，弃不树艺，竟作樵汤沐邑。海内旷土，总不如湖广之多，湖广真广哉。①

王士性则在感叹湖广之大的同时，提出将其部分割给贵州和广西，以使全国十三省大小均匀：

> 湖广在春秋、战国间称六千里大楚，跨淮、汝而北之，将及河。本朝分省亦惟楚为大，其辖至十五郡，如郧之房、竹山，荆之归、巴东，与施、永、偏桥、清浪等卫所，动数千里，入省逾月，文移之往复，夷情之缓急，皆所不便。而辰、永督学，屡合屡分，郧、沅开府，或罢或兴。黎平生儒，此考彼试，种种非一。况贵竹、粤西两省，杂以瑶僮夷苗，主以卫所，间以土酋，咸不成省，院司以官至者，人我咸鄙夷之。谓当以辰州、沅州、靖州分属贵阳，永州、宝庆、郴州分属粤西，则十三省大小适均，民夷事体俱便。②

直到明后期，湖广的许多地区特别是西部地区仍是人烟稀少：

> 施州、保靖、永顺正当海内山川之中，反为盘瓠盘踞。施州东抵巴东五百里，西抵酉阳九百里，南抵安定硐、北抵石柱司各七百里，依稀闽、浙全省地。而永顺东、南、西、北咸径六百里。保靖东西亦五百里，南北半之。③

如果说王士性、包汝楫等人只是从直觉上感受到湖广地域的辽阔和旷土的众多，那么史籍所载明代耕地面积，则用具体的数字证实了他们的感觉。下

① 包汝楫：《南中纪闻》，《丛书集成初编》本。

② 王士性：《广志绎》，卷四《江南诸省·湖广》。

③ 王士性：《广志绎》，卷四《江南诸省·湖广》。

面是万历《明会典》所载洪武、弘治、万历时期各省的田亩数。

表2–1 明代各省田亩表[②]

直隶及布政司名	洪武二十六年田亩数	弘治十五年田亩数	万历六年田亩数
北直隶	58 249 951	26 971 393	49 256 844
南直隶	126 927 452	81 018 040	77 394 672
浙江	51 705 151	47 234 272	46 696 982
江西	43 118 601	40 235 247	40 115 127
湖广	220 217 575	223 612 847	221 619 940
福建	14 625 969	13 516 618	13 422 501
山东	72 403 562	54 292 938	61 749 900
山西	41 864 248	39 080 934	36 803 927
河南	144 946 982	41 609 969	74 157 952
陕西	31 525 175	26 066 282	29 292 385
四川	11 203 256	10 786 963	13 482 767
广东	23 734 056	7 232 446	25 686 514
广西	10 240 390	10 784 802	9 402 075
云南	–	363 135	1 799 359
贵州	–	–	516 686
总计	850 762 368	622 805 881	701 397 628

据表中所列万历《明会典》的数据，湖广的田亩数在明代的前、中、后期均居各省之首。但正如人们所指出的那样，湖广的田亩数字显然存在许多问题。一是史籍记载的不一致。如正德《明会典》记载，弘治十五年湖广田亩数仅有236128顷，比万历《明会典》所记竟少200万顷。二是它在全国所占的比重过大。湖广当时的面积（约362232平方千米）占明朝有效管辖面积（约3298462平方千米）的10.98%，但田亩数，洪武二十六年占总数的25.88%、弘治十五年为35.90%、万历十年为31.60%。

早在明世宗嘉靖八年，户部尚书霍韬就对这一情况提出过怀疑：

窃见洪武初年，天下田土八百四十九万六千顷有奇；弘治十五年，存

① 万历《明会典》卷一七《户部四·田土》。

额四百二十二万八千顷有奇,失额四百二十六万八千顷有奇。是宇内额田存者半、失者半也。……若湖广额田二百二十万,今存额二十三万,失额一百九十六万;河南额田一百四十四万,今存额四十一万,失额一百零三万。失额极多者也。不知何故致此。非拨给于藩府,则欺隐于猾民,或册文之讹误也。不然何故致此也?①

霍韬认为,造成湖广、河南两省洪武二十六年和弘治十五年地亩数的巨大差距,有三种可能性:一为藩府所占,二为猾民所侵,三为册文记载有误。

万历十年二月,湖广巡抚陈省的一个奏本,对于我们了解明代湖广的税田面积有很好的帮助:

清丈过所属武、郴等府、州官民田地、山荡、湖共八十三万八千五百二十五顷四十六亩零,除补足失额九千五百六十七顷二十亩外,尚多五十二万六百八顷六亩零,通融减派起存官民夏税麦一十三万二千有奇,鱼课银七百一十二两有奇。武左等卫屯田、地、山、塘堰七万七千七百五十六顷二十一亩零,除补足原额屯粮三十九万六千一百二十石有奇,尚多地一万一千二百九十五顷四十八亩零,应科屯粮五万一千八石有奇。②

这里所说的“武”指武昌,“郴”则指郴州。所谓“武、郴等府州官民田地”,应该理解为武昌等府、郴州等州即湖广全省官民田地。万历十年清丈出来的田地、山荡、湖共83852546亩,除去“失额”及“尚多”的部分,原额为30835020亩即308350顷。这里所说的“武左等卫”,应指武昌左卫等湖广全省屯军,万历十年清丈出来的屯军田地等,共7775621亩,除去“多地”部分,原额为6646073亩即66460顷。两项相加,则湖广军民田地“原额”为37481093亩即374810顷;万历时的“实在”田地为91628167亩即916281顷。但这个“实在”的田亩数并没有为万历《会典》所采用,原因不外有二:一、万历《会典》所用的是万历六年以前的老数字,而没有用万历十年的最新资料,这不仅在当时是十分正常的事情,即使在今天也不足为怪。二、明朝对于土地的统计有两套系统。以湖广而言,国家

① 霍韬:《渭崖文集》,卷三《修书疏》。另见《明史》卷七七《食货志一》。

② 《明神宗实录》卷一二九,万历十年二月癸丑。顾诚、张德信、龚胜生等学者也对明代湖广的田亩数进行了推测,其中龚胜生的推测与丈量的结果最为接近。

关注的是赋田，这在陈省的奏本中已有很好的说明，过去的额田是30多万顷，万历时增加到了八九十万顷。至于过去当地上报及国家在册的200多万顷是无关紧要的，因此也无需予以纠正以引起不必要的争议。湖广面积之大为朝野所共知，湖广旷土之多也是朝野的共识，200多万顷的可耕地也被认为是合理的。

明万历时湖广军民田地总共91万多顷，与清代后期两湖田亩数相近，应该说是比较符合实际的，虽然尚不及万历《会典》所载200多万顷的一半，却是后来的学者所推测的20多万顷的四倍。明人所说的“原额”一般是指洪武时所定的税田数，因此又可知明初湖广的税田应是37万余顷，比江西尚少3万余顷，比浙江更少10万顷。而湖广的面积却是江西的2.5倍、浙江的4倍。而从洪武至万历，其税田数增加了54万顷。由此也可见其旷土的面积或者说可容纳劳动人口的潜力是非常之大的。根据郭松义教授的统计，清初的更名田数（除山场园地）共175126.99顷，其中湖北66939.91顷，位居各省之首，加上湖南的3991.56顷，湖广共70931.47顷①，占全国更名田的40.50%，远远超过它的在册田亩数在全国的比重。明政府所以在湖广设如此多的王府，拨如此多的田地，主要原因也是认为湖广田多人少，有大量的闲置土地。

一方面是江西田少人多，一方面是湖广田多人少，即使没有任何政治因素，元末明初及整个明代江西人口的向两湖流动也是十分自然的事情。但在元末明初所发生的令世人瞩目的“江西填湖广”，仍有其时代的特征和时代的原因。

二、“江西填湖广”

移徙、附籍与“江西填湖广”

《明史·食货志一》将明代的人口流动分成四种类型：“其人户避徭役者曰‘逃户’，年饥或避兵他徙者曰‘流民’，有故而出侨于外者曰‘附籍’，朝廷所移民曰‘移徙’。”

江西人口向湖广的大规模流动主要发生在元末明初，并延续到整个明代和清前期。如果说江西人口众多、耕地不足而湖广面积辽阔、人口稀少，是江西填湖广的基本原因，那么，政府的强制与提倡以及江西的赋繁役重则是造成这一现象的直接原因。

① 郭松义：《明初的更名田》，《清史论丛》第八辑，中华书局 1991 年版。

政府的强制与提倡造就了明政府所说的“移徙”和“附籍”者,即“朝廷所移民”与“有故而出侨于外者”。政府的强制主要在元末明初人口迁徙上发生作用,而政府的提倡则是整个明代江西人口流向的加速器。

明太祖是中国历史上特别注重以国家权力干预社会经济活动的君主之一。他希望朱明皇朝千秋万代,自然就希望社会处于稳定的状态之中。而给民众以最低的生存条件、使各地区及各阶层民众在生活和生产条件方面保持相对的平衡,则是农业社会稳定的首要因素。明初大规模的军事屯田及频繁的强制性移民,明太祖的这种统治思想无疑在发生作用。

明代的军事屯田早在立国之前就已进行,甚至成为朱元璋集团在与群雄角逐过程中逐渐居于优势地位的重要因素。而洪武八年,则是在全国性军事行为结束之后,军队全面实行屯田的开始。《明太祖实录》载:这年正月,“遣卫国公邓愈、河南侯陆聚往陕西,中山侯汤和、平章李伯升往彰德、真定,指挥冯俊、孙通、赖镇往汝宁,李溢、耿孝、黄宁、李青、陈方庸、武兴往北平、永平,董兵屯田,开卫戍守。翼日,上至龙江祭告江淮之神,遣行”[①]。实质上是从江南人口众多的地区向北方人口稀少地区实行军事移民。洪武十九年九月,西平侯沐英奏:“云南土地甚广而荒芜居多,宜置屯,令军士开耕以备储偫。”明太祖对此大加赞赏:“屯田之政可以纾民力、足兵食,边防之计莫善于此。赵充国始屯金城而储蓄充实,汉享其利。后之有天下者亦莫能废。英之是谋,可谓尽心,有志古人,宜如所言。然边地久荒,榛莽蔽翳,用力实难,宜缓其岁输之粟,使彼乐于耕作,数年之后征之可也。”[②]第二年,令湖广常德、辰州二府民三丁以上者出一丁往屯云南。并命延安侯唐胜宗等往云南训练军士。[③]数年之后,到洪武二十三年六月,云南已有平溪、清浪、镇远、偏桥、兴隆、清平、新添、隆里、威清、平坝、安庄、安南、平夷13卫。[④]如按明军编制,每卫有军士5600人,则十三卫连同家属当不下20万人。

这种以抽丁入伍方式进行的军事移民,是明初移民的重要方式。虽然尚未发现从江西抽丁往陕西、云南等地的记载,但邓愈、陆聚、唐胜宗等人曾在江西长期驻守,其兵源可能多来自江西。至于与江西毗邻的湖广,其屯田的兵源更

① 《明太祖实录》卷九六,洪武八年正月辛巳。

② 《明太祖实录》卷一七九,洪武十九年九月。

③ 《明太祖实录》卷一八六,洪武二十年十月戊午。

④ 《明太祖实录》卷二〇二,洪武二十三年六月。

多来自江西。湘潭《石浦王氏六修族谱·良远公家传》载：

公讳国善，字良远，曾祖石城公始居长沙之湘潭，遂占籍为湘潭人。初，石城公昆弟四人至湘潭时，在明洪武初。太祖命郡县判服不常者，皆屠戮。湘潭于元至正时已归附，士民安堵如故。后指挥饶广叛，协民以从己。太祖命营阳侯杨璟讨诛之，遂屠湘潭，无遗育。存者唯七姓，姓各一人，亦逃匿，仅而后免。太祖命招四方之人实其地，得任土世业。亦令勋臣居其地，勋高者授指挥，下者授千户、百户。石城公数从太祖征伐有功。洪武改元，授都指挥使。饶广既叛，代广屯湘潭，领兵镇其地，世领其职。越四年，太祖以都指挥虽领属于兵部，而秩与之齐，当遴才铨选、克当其任，始充之。故石城公任职未及世袭，子孙仅降授千户。长子禄孙勤学业，不乐就武职，次子福孙以恩荫补千户，亦未就。王氏世职遂绝。石城公昆仲至县，分屯膏腴之地，而石城公爱凿石浦山水之秀，入谷行二里许，弥觉幽胜，遂定居之。今傩坛坪，犹初至奉安傩神之遗迹也。石城公讳琼，生煌荣公，讳禄孙；煌荣公生念祖公，讳义仲；念祖公实生公(按：指传主良远)。自煌荣公至公，三世皆无兄弟。公于湘潭虽非旧族，而支族之散处者多踞胜地，遂为县中甲姓。公……有子三人，祖礼、祖智、祖寅，其后胄裔遂蕃三子，各启一房，是为木本、新业、长阀之祖。①

这段记载反映了如下情况：一、明政府在湖广地区招徕流民及进行军事屯田自洪武初已经进行；二、湘潭经过一场叛乱之后，土著几无孑遗，实其土者或为军队，或为移民，而且多来自江西；三、原籍在江西吉水的王氏兄弟正是作为军事屯田而移居湖广湘潭的，且“分屯膏腴之地”；四、由于有军官的身份，家族势力雄厚、繁衍迅速，所以吉水王氏在湘潭成为“甲姓”。

洪武三十年二月，常德府武陵县县民上书：“武陵等十县，自丙申(元顺帝至正十六年，1356年)兵兴，人民逃散，虽或复业，而土旷人稀，耕种者少，荒芜者多，邻近江西州县，多有无田失业之人，乞敕江西量迁贫民开种，庶农尽其力，地尽其利。”明太祖“悦其言，命户部遣官于江西，分丁多人民及无产业者于

① 光绪十八年湘潭《石浦王氏六修族谱》第二册《良远公家传》。

其地耕种"①。

虽然这是见于正史的唯一一条有关明初从江西向湖广强制性移民的材料,但这类事情显然不是个别的,也决不会直到洪武末年才出现。从材料本身来看,是当地居民的看法影响了统治者;而且,明初朝廷强制性从江西向湖广移民,很大程度也是受着这一地区经济格局的影响。同样需要注意的是,这种来自下层的要求既可影响上层的决策,也往往为上层的决策提供借口。因为正如上文所说,早在明政权建立前后,就已经在推行这种强制移民政策。民国二十五年《喻氏宗谱》卷一载:"徐寿辉之乱,楚地榛莽千里,虚无人迹。洪武初,诏豫章各大姓从黄占籍。"民国三十五年《黄氏族谱》卷首说:"明初,湖北户口凋伤殆尽,洪武二年徙江西居民实之。"②民国二十二年湘乡《龙田彭氏族谱》详细记载了江西泰和县一个家族移居湖广湘乡的过程:

(乐翁)公世居江西太和县十九都八甲,当明定鼎初,诏徙江西民实楚南。公于洪武二年己酉卜徙湘乡。父子兄弟叔侄男女共二十二人,择十月初六日起程。同江湾一队,共七十九人。初九日至临江府,初十日在皇叔署领票,就曹家埠登舟,十二日至袁州府,十四日至彤关,十六日至长沙府小西门舍舟就陆。息韩、刘两店一日。十九日宿湘潭后街,二十日宿云湖桥,二十一日至湘乡县南门,息单、葛两家一日。二十三日分一队共二十六人循河边上瀫水去。公等过洙津渡,宿虞塘。二十四日过甲头塘,宿青石塘。二十五日在梓门桥,分一队共二十五人往青蓝去。公等由铜梁塘,本日到六十六都约冲,卜栖焉。计自初起程,凡二十余日,所至皆挂号,夜则老者投店,少者皆露处也。公既至约冲,遂于二十八日起工造室。十一月初六日入宅安居。明年庚戌,华三、华六、华八、华九及周珍保,又离约冲外去矣。公以暮年跋涉,体渐不安,至是年四月初一日气喘沉重,自分难延,遂集家中老少嘱托后事。命三男宗海写记云:自我太祖以来,五代未分,我等在江西,人民广众,谷米贵如珍珠。今离江西半载,到此插得地方,未曾清楚。曰叔曰弟,我子即汝子,同心协力,立清界抵,报上登籍,安家立业,不枉前程,方可落心。……至初十日申时去世。春秋八十有三。……源裕公讳宗

① 《明太祖实录》卷二五〇,洪武三十年二月丁酉。

② 引自张国雄:《明清时期的两湖移民》,本章所引用的家谱资料,未经注明者均引自该书。

海，乐翁公第三子也。乐翁公没后二年，公兄弟复自约冲迁龙田打脑陂，及江埠、烟竹坪等处家焉。[①]

与吉水王氏家族通过军事屯田的方式迁往湖广不同，泰和彭氏家族则是通过强制性移民迁往湖广，但时间都在洪武初。而彭氏家族的迁徙，又与黄氏家族一样，都是洪武二年。可见，明政府从江西强制移民湖广应从此时开始。《彭氏族谱》的记载还透露出这样的信息：

一、洪武二年前后从江西强制移民湖广是一次普遍性的移民，喻氏、黄氏皆是在此时强制迁往湖广的，而彭氏家族始迁时与“江湾一队”不期而遇，更可说明当时移民规模之大。

二、当时的移民是家族性的行为，彭氏一家父子兄弟叔侄男女共22口，举族而迁；王氏家族也是“昆仲”、“支族”皆移居湖广；“江湾一队”更有57人。

三、在迁移的过程中，沿途须验明身份，“所至皆挂号”，到湖广落脚后，也须“立清界限，报上登籍”，即自始至终都在官府的控制之下。

四、迁出时须举族而行，在湖广落籍则有相对的自由，所以作为叔伯兄弟，“华三、华六、华八、华九”等可自行择地而居；而“乐翁公”死后，其子“源裕公”也可以自约冲迁往龙田等地。

此外，这段记载也在无意中描述了从江西吉安府泰和县至湖南长沙府湘乡县的一般行程：从泰和顺赣江而下，至临江府城；逆袁水而上，至袁州府城；而后经渌水、湘江至长沙府城；再经湘潭至湘乡，全部行程用了20天。

强制移民的同时，明政府也用“免徭役三年”乃至“即为己业”、“永不起科”等优惠政策，鼓励人多田少处的民户迁往人少田多处。洪武元年八月“大赦天下诏”称：“州郡人民，因兵乱逃避他方，田产已归于有力之家，其耕垦成熟者，听为己业；若还乡复业者，有司于旁近荒田内如数给与耕种。其余荒田，亦许民垦辟为己业，免徭役三年。”[②]顾炎武《日知录》也说：“明初承元末大乱之后，山东、河南多是无人之地。洪武中，诏有能开垦者，即为己业，永不起科。”明初的垦荒政策是带有普遍性的，不只是山东、河南，湖广也是如此，民间有开垦荒地者，即为己业，“永不起科”[③]。万历《湖广总志》说：“自元季兵燹相仍，土著几尽，

① 民国二十二年湘乡《龙田彭氏族谱》卷二二《始祖乐翁公迁湘记事》。

② 《明太祖实录》卷三〇，洪武元年八月己卯。

③ 顾炎武：《日知录》，卷一〇《开垦荒地》。

五方招徕，民屯杂置，江右、徽、黄胥来附会。"[①]可见当时的招徕政策也是不分籍贯的。但由于江西与湖广在地理和历史方面的联系，江西又是当时的人口大省，所以在这一政策驱使下来湖广的，又多是江西人。

民国三十六年《李氏宗谱》记载：

> (李)系周(原籍江西南昌府新建县朱石巷)适以明进士出守湖广安陆郡，(李)晓拨(原籍山西大同府大同县小五村)由侍卫任湖广武昌协，(李)宪受(原籍江西吉安府吉水县谷存里)、(李)治宇(原籍江西饶州府鄱阳县顺埠坡)，一为湖广黄州太守，一为湖广长沙佐。天作之合，同宦楚疆。一日，四公官廨宴饮，私相议论，见楚土阔人稀，并有落籍三楚之意。晓拨公曰："吾与诸兄弟流离之余，复获聚首，楚沃壤千里，现在诏民开垦，吾欲留家矣，未审诸兄弟以为何如？"三公鼓掌大笑曰："英雄所见略同，吾四人本骨肉之亲，即择地而蹈，亦当井里相望，庶不失式好之谊。"洪武二十年丁卯秋，四公挈室而迁于沔南之茅埠镇，比屋而居，自成一村。

这四位李姓官员，三位来自江西，都是文官，一位来自山西，为军官。仕途将他们送到了湖广，遂在此落户，共建一个村子。用《明史·食货志》的分类，他们在湖广落户属"附籍"。这篇文字透露出的另一个信息是：洪武二十年之前，明政府已在湖广用优惠政策"诏民开垦"。民国《桃源县志·氏族志》则说："元末兵乱，桃源故有人口不及五万，以面积一万方里计，其密度每一方里不满五人，其土旷人稀明矣。而赣省吉水、丰城、南昌等县人，遂于洪武、永乐时纷纷移至，立标垦荒。洪武十八年，下诏许其永业。"

这种优惠政策的结果，便是明代在湖广（自然也包括其他人少地多的地区）出现了许多免税地或低税地。试举《明实录》中记载的几个例子：

> 正统二年十一月，以湖广襄阳府所属襄阳各县无税田地三百九十六顷、山二所给赐襄王瞻墡。[②]
>
> 景泰三年十一月，给襄王瞻墡湖广襄阳等五县无粮空闲山地一百顷。[③]

---

① 万历《湖广总志》卷三五《风俗》。

② 《明英宗实录》卷三六，正统二年十一月丙申。

③ 《明英宗实录》卷二二三卷，景泰三年十一月乙丑。

成化五年九月，户部会同各部、都察院、漕运总兵等官议行各处巡抚及漕运官所奏事宜："……南阳、襄阳、荆州、德安四府，沔阳、安陆二州，地大物众，虽硗瘠污莱之地，亦渐为居人及流民垦种成田，但无征科定额，多致纷争。"①

弘治十三年二月，上赐兴王祐杬近湖淤地一千三百五十二顷。户部尚书周经等执奏："前项地土，其住种之人一千七百五十余户，世代为业，虽未起科，然借此以贴办税役，若归王府，必生怨尤。"②

正德四年三月，司礼监太监阎宣、户部侍郎韩福等会勘荣王所乞湖广常德、辰州府属县无粮田地一千五百九十五顷有奇，山场周围八百二里，房屋铺面一千五十八间，宜给本府。③

这些所谓"无税田地"、"无粮空闲山地"、"无征科定额"的土地、"世代为业"却"未起科"的田地、"无粮田地"等，大多是这种优惠政策的体现。如此辽阔的田地，又有如此优惠的政策，即使政府不行强制，也足以使江西平原及丘陵地带的农民义无反顾地奔向湖广。

逃户、流民与"江西填湖广"

田赋徭役的繁重尤其是"产去税存"的压迫，造就了明政府的"逃户"，即"避徭役者"。

江西是朱元璋集团最先占领并建立地方一级行政机关的省份。自从元至正二十二年设置江西行省，江西便开始成为明政权物资和兵员的主要供给地。洪武四年，免江西秋粮。为此，明太祖有一个诏谕：

朕起布衣……念尔江西之民，未归附时，豪强割据，狼驱蚕食，资财空匮，及归附之后，供亿更繁，今已九年，其为困苦。朕甚悯焉。今年秋粮尽行蠲免，以济民艰，於戏，四海苍生，皆我赤子，爱念之意，旦暮不忘，缘事有缓急，故恩有先后，咨尔人民，其体朕怀。④

明太祖自己也承认，江西在未受其统治之前是"资财空匮"，受其统治之后

① 《明宪宗实录》卷七一，成化五年九月乙酉。

② 《明孝宗实录》卷一五九，弘治十三年二月辛丑。

③ 《明武宗实录》卷四八，正德四年三月甲辰。

④ 《明太祖实录》卷六五，洪武四年五月己卯。

则是"供亿更繁"。明成祖通过"靖难"夺取皇位后,仍没有忘记江西在明朝建立前后所承受的负担:"昔我太祖高皇帝开基创业,首得江西,资其供给以定天下。三十余年,屡加恩泽。"①

"资其供给以定天下",可印证江西在明政权建立过程中的重要作用。虽说免了一年的秋粮,或者说在整个洪武时期"屡加恩泽",但在整个明代,江西的税粮在十三布政司中也是最重的之一。下面是明朝前、中、后期各省税粮实征表:

表2-2 明代各省税粮数②

直省名称	洪武十二六年		弘治十五年		万历十年	
	夏税(石)	秋粮(石)	夏税(石)	秋粮(石)	夏税(石)	秋粮(石)
南直隶	990 441	6 244 379	942 303	4 999 952	943 707	5 068 154
北直隶	353 280	817 240	179 524	422 107	178 642	419 986
浙　江	85 520	2 667 207	152 773	2 357 527	152 864	2 369 764
江　西	79 050	2 585 256	87 636	2 528 270	88 072	2 528 270
湖　广	138 766	2 323 670	131 400	2 036 102	131 976	2 030 208
福　建	665	977 420	707	850 448	707	850 448
山　东	773 297	1 805 620	855 246	1 995 881	856 172	1 995 765
山　西	707 367	2 093 570	578 890	1 695 133	591 951	1 722 851
河　南	556 059	1 642 850	618 645	1 769 132	617 323	1 763 437
陕　西	676 986	1 236 178	725 797	1 203 261	690 747	1 044 943
四　川	325 550	741 278	309 594	717 078	309 892	718 653
广　东	5 320	1 044 078	5 978	1 010 786	6 123	993 825
广　西	1 869	492 355	3 391	426 636	2 495	369 203
云　南	18 730	58 349	33 708	106 913	35 567	107 123
贵　州	—	—	—	47 442	—	—

从上表可以看出,在南北二直隶及十三布政司中,明政府的夏税小麦主要来自北方山东、山西、河南、陕西诸省及北直隶,其中以山东最多。秋粮稻米主要来自南方的浙江、江西、湖广及南直隶,其中南直隶高居首位,其次便是江西。南直隶税粮之重的主要原因是"苏松重赋",这两个府洪武二十六年夏税

① 《明太宗实录》卷一一,洪武三十五年八月。

② 万历《明会典》卷一九《户部·户口总数》。

17.1万余石、秋粮385.9万余石，如将这两府除去，则今江苏、安徽二省的税粮尚不及江西或浙江一省。

其实，仅从国家的统计数字是看不出农民真实负担的。洪武二十六年，江西夏税秋粮额共计266.43万石，当时江西全省额田43.1万顷，平均每顷6.18石，每亩6.18升。按《明史·食货志二》："两税，洪武时，夏税曰米麦，曰钱钞，曰绢。秋粮曰米，曰钱钞，曰绢。……凡官田亩税五升三合五勺，民田减二升，重租田八升五合五勺，没官田一斗二升。"江西平均田赋约当于明初所定的"官田"田税。而事实上，江西的田地多为民田。从这一点来说，田赋已超过法定标准。如以江西当时平均每亩产量约谷三石折合米一石半计，为十五税一，与历代相比，虽然说不上过重，但也不能说是轻税。

况且，农户的实际负担远不止此。上表所列《会典》记载的万历十年江西夏税秋粮共计261.6万余石，当时的额田为40.1万余顷，平均每顷6.52石，每亩6.52升，与洪武时相差无几。但据万历《江西赋役全书》，吉安府万历时两税定额为麦米44.9万余石；但另有绵布、苎布米1.3万石，四差额银、四司米银、户口食盐钞银、农桑绢银共近9万两，按时价折合米麦约17万石，合计18.3万余石，约为正赋的一半。加上正赋共计63.2万余石。当时吉安府的额田为4.9万顷，平均每顷12.91石、每亩12.91升[①]。这样，全府税粮额已相当于明初所定的没官田田税。至于"重赋"地南昌、袁州、瑞州各府，农户的负担比吉安更为沉重[②]。

以上为税粮，即田主向国家交纳的田税，而佃户向田主交纳的田租，则远远超过这个数字。陈道《江西新城田租说》云：

> 明制丈田册，藏之藩库，暨各州县卫，副本散布乡都里甲，便民稽考，时或有所侵隐，故为藏匿，犹得追寻官册而纠正之。……而新城尤无一留遗。问亩分步算、上下科则，虽故老茫无以对。俗但以石斗名田。田供租一石，税粮三升。而斛大小不一，南乡石视官斛大六七升，田且腴；西北多硗田，石小官斛五六升。税皆同科。稍清晰者，则有老牙桶，粮二升七合，小牙桶，粮二升五合之别。……余闻南昌、新建佃田者，上则亩止租二石，中或

① 万历《江西赋役全书·吉安府总》，台湾学生书局1970年影印本。

② 《清世宗实录》卷一九，雍正元年闰四月辛卯。以江西巡抚裴率度之请，豁免江西南昌府属宁州、南昌等七州县浮额银七万五千五百四十两有奇。南昌府上述州县的"浮粮"，是从明初时就有的。而且，有"浮粮"的还不止是南昌一府。

一石五六斗，下则亩率一石。新邑志载每十五亩，五分六厘有奇，合科粮一石，以俗例三升粮额通较，每亩合租谷二石一斗余。视他处上则且溢。[①]

南昌府南昌、新建等县上田每亩纳租二石、中田一石五六斗、下田一石，这个数字为收获量的一半以上，即佃主、佃户为五五乃至六四、七三分成。建昌府新城县每亩田租达二石一斗，比南昌的上田还高。

江西赋税的繁重既为事实，也为各级统治者所承认，但除了偶尔的"开恩"豁免外，却始终不予减免。嘉靖时江西巡抚胡琏、南赣巡抚陶谐均力言江西"田少人多、粮繁差重"，请求户部行文减免田粮[②]。但明政府非但不予减免，还添设江西管粮参议、户部江西司主事各一员，专督税粮；并于吉安等赋重之府增设同知一员，催征钱粮[③]。

田赋既多，运粮及其他方面的差役也就自然繁重。这一状况，由明及清，未曾中断。清人郑日奎《漕议》专论此事：

江西地瘠，无他贵产，况在佥造领运追比，积久之余，岂有暇力措办及此。夫以至艰极钜之任，责之伶仃无告之民，既无丝毫之利，复有多端之害，又安能禁其不生不肖之心乎。然地方官方以丁穷欠多、无从监追，竟断之以赔粮，或以有漕无丁，无可佥补，竟断之以顶运。平民值此如遭汤火，百计贿求，千方营解。名或未除，家已立破，不堪苦累，亦惟有逃亡一法。无军渐且无民，无民因而无赋。长此不返，为患非轻，岂独误漕而已。[④]

又按明朝制度，凡官学在籍学生，包括国子监监生，府、州、县学的廪膳生、增广生，均可免其家二丁的杂泛徭役。江西是明代的科举大省，国家定额的举人录取名额以省为单位居全国首位，在校生员也多于他省。由于科举中式者多，走上仕途的也多，官员退休回原籍，家中的徭役也予以免除。于是，他们以及他们家庭中的徭役，便落在了一般农户的身上。而且，虽说只免杂泛徭役，在实行过程中往往连正办徭役也逃避。吕坤曾对此予以评述：

---

① 陈道：《江西新城田租说》，《清经世文编》卷三一。

② 《明世宗实录》卷一三六，嘉靖十五年十月乙未；卷二五六，嘉靖二十年十二月庚辰。

③ 《明宪宗实录》卷四五，成化三年八月丙申。

④ 郑日奎：《漕议》，《清经世文编》卷四七。

优免差役之法，免杂泛不免正办。十排轮转，空年谓之催科里甲，见年谓之正办里甲，养十年之财，供一岁之用，役称苦累，地须均多。曾见累朝有优免正办里甲之旨乎？①

粮繁差重，必然导致民户逃避赋役。而明代的赋役编排制度，又为大户逃避、转嫁赋役提供了便利。因而，丁少差重、田少粮重，甚至产去税存、户逃役留的情形在江西成了十分普遍的现象，人民逃亡也在情理之中。民国二十年《董氏家谱·卷首》说："荆襄上游自元末为流寇巢穴。明祖定鼎，以兵空之。厥后，流民麕集。……适逢当时江西催科甚急，逃赋者或窜入荆襄一带。"正德时唐龙巡按江西，对此有更深刻的认识：

江西巨室置买田产，遇造册，贿里书，有飞洒见在人户者，名为活洒；有暗藏逃绝户内者，名为死寄；有花分子户不落户眼者，名为畸零带管；有留在卖户全不过割者，有过割一二，名为包纳者；有全过割不归本户者；有有推无收，有总无撒，名为悬持掏回者；有暗袭京官、方面、进士、举人脚色，捏作寄庄者；有册不过纸上之霜，在户尤皆空中之影，以致图之虚以数十计，都之虚以数百计，县之虚以数万计，递年派粮差无所归者，俱令小民赔偿。小户逃绝令里长，里长逃绝令粮长，粮长负累之久，亦皆归于逃且绝而已。②

桂萼是嘉靖时江西九江籍大学士，他在对江西的地理形势及民生状况作了分析之后认为，江西人口的流失在于"民疲供亿"：

江西古扬州地，当吴楚闽粤之交，险阻既分，形势自弱，安危轻重，常视四方。若保境安民，则九江独据上流，牵制沿江州郡，且密迩南康，滨临巨湖，盗舟四出，不可无备。南、赣之间，则汀漳雄韶诸山会焉。连州跨境，林谷茂密，盗贼之兴，斯为渊薮。故设巡抚重职，提师以临之。袁州地逼长沙，逋民客户，颇难讥察，而南昌、建昌、饶州，宗室固在，民疲供亿，视临、

① 吕坤：《去伪斋集》，卷五《答通学诸友论优免》。

② 徐学聚：《国朝典汇》卷九〇《户部四·赋役》。

吉、瑞、信、抚诸郡殆有加焉。故凡江西之民，朴质俭苦，有忧勤之思。弘治以来，赋役渐繁，土著之民，少壮者多不务穑事，出营四方，至弃妻子不顾，而礼俗日坏，恶少间出矣。①

唐龙、桂萼说的是江西全省，海瑞则专论兴国一县：

即兴国一县论，逃绝户极多。问其故，则虚粮不能赔，重役不能供也。而其去无还心，则拖欠之粮数未除，重役之差银在，追徵如故。数年并之还之，尤不可也。是以招徕为难。次则富豪之债轴老帖存焉。又其次则先年词讼，或被人诬扯，或自己细小错误，案牍存焉。分数多少不同，要皆小民致逃故也。卑职到任而来，查得五十七里，半里并不可为里甚多。间行乡落，人烟寥寂，村里萧条。耳闻目击，为心恻久矣。②

政府在江西的强制性移民发生在明初洪武时，为逃避赋役的逃亡性人口流动则贯穿着整个明代，而土地与人口的关系，则影响着整个明清时期的湘鄂赣人口流动。

《明史·食货志》将因天灾逃亡的人口与因战乱逃亡的人口并称为“流民”，但与河南、陕西、山东等北方省份乃至湖广等南方省份不同，江西因天灾而流亡的民户并不太多。当然，人口流动是一种复杂的社会现象，导致人口流动往往是多种因素的综合，而未必是出于某个单一的原因。

明成化时，丘濬在其《江右民迁荆湖议》中，专论江西人口的向湖广流动：

臣按普天之下，莫非王土，率土之滨，莫非王臣。自荆湖之人观之，则荆湖之民异于江右；自江右之人观之，则江右之民殊于荆湖；自朝廷而观，无分于荆湖、江右，皆王民也。夫自天地开辟以来，山川限隔，时势变迁，地势有广狭，风气有厚薄，时运有盛衰，故人之生也，不无多寡之异焉。以今日言之，荆湖之地，田多人少，江右之地，田少人多。江右之人，大半侨寓于

① 桂萼：《江西图序》，《明经世文编》卷一八二。

② 海瑞：《兴国八议》，《明经世文编》卷三〇九。

荆湖。盖江右之地力所出不足以给其人,必资荆湖之粟以为养也。江右之人群于荆湖,既不供江右公家之役,而荆湖之官府,亦不得以役之焉,是并失之也。①

海瑞《兴国八议》也论江西人口向湖广的流动:

昔人谓江右有可耕之民而无可耕之地, 荆湖有可耕之地而无可耕之人,盖为荆湖惜其地,为江右惜其民。……今吉、抚、昌、广数府之民,虽亦佃田南、赣,然佃田南、赣者十之一,游食他省者十之九。盖远去则声不相闻,追关势不相及。一佃南、赣之田,南、赣人多强之入南、赣之籍,原籍之追捕不能逃,新附之差徭不可减,一身而三处之役加焉。民之所以乐于舍近不惮就远,有由然矣。②

他们的观点是如此的一致:江西民众流向湖广,既因为湖广有他们所需要的土地,也因为可以逃避在原籍难以承受的繁役重赋。

此外,战乱在特定的时期也是促使江西人口向湖广流动的重要原因。这个原因造就了明政府所说的"流民"。当然,导致江西人口向湖广流动的,既有在江西境内发生的战乱,也有在湖广境内发生的战乱。前者对于人口流动是一种推力,它产生于战乱之时;后者对于人口流动则是一种拉力,它产生于战乱之后。明清时期江西的战乱主要发生在元末明初和明中叶,湖广的战乱则主要发生在元末明初和明末清初。

民国二年《胡氏族谱》说:"洎乎元明革命,赣省兵燹迭见,人民不惶宁处,其由江右而播迁荆楚者,几如江出西陵,其流奔放肆大。"民国三十五年《鄂氏宗谱》卷首则说:"吾乡氏族迁自江右者,多原于晚明流寇之祸。"这是江西遭受战乱之时所产生的推力所致。

民国《醴陵县志·氏族志》:"历代兵燹,元为最惨。……元明之际,土著仅存十八户。湘赣接壤,故是迁入者,以赣西、赣南一带之人为多。明末清初,重罹浩劫,土旷人稀,播迁来者则什九为闽粤两省汀江、东江流域之人。"汉阳《王氏族

① 丘濬:《江右民迁荆湖议》,《明经世文编》卷七二。

② 海瑞:《兴国八议》,《明经世文编》卷三〇九。

谱·序》也说:“相传懿惠公以元末诸生,值兵燹大乱,楚地土旷人稀,明初由江西清江县迁居湖北汉阳西门外十里之地,而王家畈之名由此焉。”这是湖广遭受战乱之后所产生的拉力所致。

江西人口在湖广的主要流向及总量

江西人口进入湖广,首先是流向曾经遭受战争打击、人口稀少而又生产条件较为优越的江汉平原和洞庭湖平原。

民国《松滋县志》说:“松滋氏族,问其故籍,皆自江右而来。其谱乘所载,始迁祖或宋元,或明初,即僦居于此。故老相传,有‘江西填湖广、湖广填四川’之说。康熙志云:松滋自流民侨置以来,多五方杂处,明季徙豫章民来实兹土,江右籍居多。康熙去明末不远,故旧志所载,证以故老传闻,其言似可信。”[①]民国《蒲圻乡土志》称:“元末明初,江右民族,多自进贤县、瓦子街移居蒲圻,近月(日)盈千累万之盛族,皆此种类也。”[②]

至成化五年,户部根据各方面的通报,作出了如下判断:“……南阳、襄阳、荆州、德安四府,沔阳、安陆二州,地大物众,虽硗瘠污莱之地,亦渐为居人及流民垦种成田。”[③]嘉靖《常德府志》则说:“(常德)版籍每十年一更,制也。吾郡屡更屡诎者,何哉?土民日弊,而客户日盛矣。客户江右为多,膏腴之田,湖泽之利,皆为彼所抿。”[④]而至万历时,王士性遂记载:“江湖社伯到处有祀萧公、晏公者,其神皆生于江右。”[⑤]江汉及洞庭湖平原处处祭祀江西籍的神灵,可见江西移民在两湖平原落户之多。

前文曾经提及,根据万历十年十月湖广巡抚陈省的题本,200年间,湖广的税田增加了53.19万余顷,比原额增加138.52%。如果人口相应增长,则湖广万历时应该是180万至190万余户之间,人口为1000万左右。如果仍以南方各省每户平均占田40亩计,则应为225万至230万户之间;每户五口计,为1100万口左右,都远远超过《明会典》所记载万历六年的54万户、440余万口。如果不考虑人口的自然增长率,其间的差距或者即为江西流向湖广的人口。

曹树基教授依据两湖地区的家谱及地方志中的氏族志对明代江西流向湖

① 民国《松滋县志》卷八《氏族志》。

② 民国《蒲圻乡土志》第十八章《种族》。

③ 《明宪宗实录》卷七一,成化五年九月乙酉。

④ 嘉靖《常德府志》卷六《食货志·户口》。

⑤ 王士性:《广志绎》,卷四《江南诸省·湖广》。

广的人口作了较为详尽的考订和推测，认为："元末明初对湖南的移民属补充式移民，占全部人口的26.2%；以氏族计，78.5%来自江西，且多为民籍；其中，来自吉安府的占一半以上；湘南以吉安移民为最，湘中也以吉安移民为多，但南昌移民也不少，湘西由吉安、南昌移民平分秋色；湘北则南昌移民一统天下。"同时对湖北的江西籍移民进行了逐府的分析，认为：元末明初湖北地区总人口173.8万；土著75.5万，民籍移民79.4万，军籍移民18.9万。在这98万移民中，江西籍移民约为69万，其中来自南昌和饶州二府的移民各19万，吉安府移民8万，九江移民3万。[①]这些数字，对我们认识明代"江西填湖广"这一社会现象无疑有重要的帮助，而且在很大程度上推进了对这一问题的数字化研究。当然，要在几百年后的今天凭借极为有限而且并不齐备的遗存资料统计或推测出精确的流入湖广的江西人口，几乎没有可能。

除了江西之外，明代距湖广较近的人口稠密区还有两浙地区，但这里星罗棋布的手工业或商业市镇容纳了大量的劳动人口，所以流向湖广从事农业或手工业的人口并不多。而江西除了上述的各种因素之外，也因为本地城镇对劳动人手需求量的有限，除了景德镇的制瓷业、铅山的造纸业等之外，并没有形成真正有规模的产业性城镇，因而大量的劳动力如丘濬、海瑞所说，仍得向外省寻求出路。

三、西南地区的江西移民

明清时期有"江西填湖广"、"湖广填四川"之说，首先"填"的都是平原及丘陵区。江西人并非填满了湖广后才往四川，他们有的在湖广停下了脚步并永久性留在湖广，有的则是一路向前，继续向四川、贵州、云南以及其他地区进发。湖广人口在战乱之际，也并非等待着乱兵的杀戮，而是向各处主要是未遭战乱之处流动。在元末明初，在明末清初，他们的首选地便是四川。当两湖平原开始人满为患时，他们同样也向各处特别是人少田多处流动，而首选地区同样也是四川。当时主要是沿长江、嘉陵江流向川东地区及成都平原。所以，"湖广填四川"几乎是与"江西填湖广"同时发生的。

江西人口的流动，各地区启动的时间其实并不一致。如南昌、吉安、饶州，在明初即有大规模的人口流动；抚州大规模的人口流动，则是从明中期开始

① 曹树基：《中国移民史》第五卷，福建人民出版社1997年版，第125—127页，第147—148页。

的。这种情况的发生，与这些地区经济发展特别是人口的变化直接相关。

前文曾经论及，从元世祖至元二十七年至明太祖洪武二十四年的100年间，江西在册户口分别减少121万户、615万口。又，洪武二十二、二十三年赈济的在两湖平原的流民达100多万。但从官方记载看，元世祖至元二十七年湖南在册户口为181万余户、571万余口，湖北在册户口为53万余户、237万余口，两湖总计235万户、808万口。而至洪武二十四年，湖广总共只有74万户、409万口。江西的户口减少是因为填湖广，但湖广的户口也减少，原因有三：其一、元末湖北为主要战场，户口流失严重；其二、江西流入人口未入户籍(见丘濬、海瑞所说)；其三、湖广填四川。又按：元世祖至元二十七年，四川在册户口为98538户、615772口，这虽然只是四川行省中的成都、广元、顺庆、重庆、夔州五路和绍庆府的户口数，但这些地区却是当时四川人口最稠密的地区；而未予统计的嘉定、永宁、叙州、马湖四路及潼川、怀德府人口却相对稀少，如果将这四路二府的户口数以上述五路一府总数的一半计，则为49269户、307886口，合计约14万户、92万口。而到洪武十四年，四川户口已是21万余户、146万余口，洪武二十四年为23万余户、156万余口，较元至元时增加了10万户、62万口。此后，四川及云南、贵州人口的增长更为迅速。下面是江西、湖广、四川、贵州、云南五省明代户口的变化情况。

表 2-3　明代江西等五省户口变化表[①]

年　代	江　西	湖　广	四　川	贵　州	云　南
洪武二十五年	1 553 923[②] 8 982 481	775 851 4 702 660	215 719 1 466 778	——	59 576 259 270
弘治十五年	1 363 629 6 549 800	504 870 3 781 714	253 803 2 598 460	43 367 258 693	15 950 125 955
万历六年	1 341 005 5 859 026	541 310 4 398 785	262 694 3 102 073	43 405 290 972	135 560 1 476 692

上表显示：在政府的统计数字中，明代江西的户、口数一直在减少，湖广的最低数字是在弘治十五年，虽然万历六年的统计有所上升，却仍然没有达到洪武二十六年的户、口数。与此相反，四川的户口数则持续上升，弘治十五年比洪

① 据万历《明会典》卷一九《户口一·户口总数》、《清朝文献通考》卷一九《户口一》及梁方仲《中国历代户口、田地、田赋统计》甲表 78、82、85。

② 按：明代各省数字，上行为户数，下行为口数。

武二十六年增加1131682口,110年间增加幅度为77.15%;万历六年比弘治十五年增加503613口,75年间的增加幅度为19.38%。再看云南和贵州。在二省没有分离的洪武二十六年,在册仅为259270口,而至弘治十五年,二省合计384648口,比洪武二十六年增加了125378口,增长幅度为48.36%;万历六年二省合计1767664口,这个数字比弘治十五年增加了1383016口,增加幅度为359.55%。

比较这些数字是很有意思的。如果不考虑人口的自然增长率和户口统计中的遗漏,从洪武二十六年至万历六年的近200年里,江西减少了3123455口、湖广减少了303875口,两省合计减少3427330口。而在同一时间里,四川增加了1635295口,贵州、云南二省增加了1508394口,三省合计增加3143689口。也就是说,从洪武二十六年到万历六年间,云、贵、川三省所增加的人口数字,几乎就是江西在同一时间内减少的数字。可以作这样的推测:说是"湖广填四川",在很大程度上又是江西填四川。或者说,江西人口在往湖广流动的同时,又与湖广人口一道,流向四川、流向西南。江西和湖广在册户、口的减少,是因为当地政府只统计了流失的户口,却没有上报增加的户口。

不仅仅是四川,云南、贵州同样也是江西、湖广人口填充的地区。可以认为,明代中后期,江汉平原和洞庭湖平原已容纳不下多少人口,所以后续的江西流动人口特别是抚州人口才往四川及云、贵行进。

明朝万历年间任云南澜沧兵备副使的王士性曾往各地巡视,几乎随时随地都能看到江西人,而抚州人尤多。其《广志绎》记:

> 作客莫如江右,而江右又莫如抚州。余备兵澜沧,视云南全省,抚人居什之五六,初犹以为商贩止城市也。既而察之,土府、土州,凡峯猡不能自致于有司者,乡村间征输里役,无非抚人为之矣。然犹以为内地也。及遣人抚缅,取其途经酋长姓名回,自永昌以至缅莽,地经万里、行阅两月,虽异域怪族,但有一聚落,其酋长头目无非抚人为之矣。[①]

又说:"滇云地旷人稀,非江右商贾侨居之则不成其地。"而这些"江右商贾",又多属"抚州客"即抚州商人。[②]抚州籍学者艾南英则说,其乡"富商大贾,

① 王士性:《广志绎》,卷四《江南诸省·江西》。
② 王士性:《广志绎》,卷五《西南诸省》。

皆在滇云"[1]。据《皇明条法事类纂》,明成化时,仅云南姚安府(今云南楚雄彝族自治州西部)就有江西安福县、浙江龙游县军民商人三五万人;临安府(今云南红河哈尼族族自治州及通海、华宁、新平、峨山等县)也有许多江西商贾。[2]云南金沙江外的蛮莫等处，是江西人的徙居集中地。弘治十二年云南巡按谢朝宣奏:"臣闻蛮莫等处,乃水陆会通之地,蛮方器用咸自此出,江西、云南大理逋逃之民多赴之。"[3]在云贵的江西"逋逃之民"随地都能见到,有的经商,有的居住山寨,甚至成了少数部族的首领。云南临安府土官名声的妻子万氏,"本江西寄籍女"[4],此即江西人与云南各部族的关系非常密切的例证之一。贵州的苗族山寨中,"弘治中……有清平苗曰阿溪者,江西人也,漂荡至其地,桀骜多智,久之遂为砦主"[5]。清代道光初年任贵州布政使的罗绕典在《黔南职方纪略》中说:"(贵阳)明初即设为省治,迄今五百余年矣。盖自元设元帅府以来,征调各省戍兵,留实斯土。明因之,改设卫所,分授田土,作为屯军,并设都指挥使以统率之。于是江、广、楚、蜀贸易客民,毂击肩摩,籴贱贩贵,相因坌集,置产成家者,今日皆成土著。"[6]又云:"湖南之永绥、凤凰,四川秀山各邻省客民,以及江西、湖广各省会馆,向苗人当买之产亦复不少。"[7]明宪宗成化十年,刑部因大批江西商人携带绢布、火药等物涌入四川少数民族地区交易铜铁、聚众开矿,要求明令禁止。[8]由此可以看出,流徙于西南诸省的江西人数量众多,时间甚久,已经扎根当地。

明代江西移民到西南地区,数代之后,不仅已经成为土著,而且成为少数民族的首领,至清代成为改土归流的对象,被安插回江西本籍。乾隆七年,江西巡抚陈宏谋疏称:"江省现有高若璠、刁光焕、杨大业、李绳,系滇黔等省改土为流之土司,获罪迁发来江安插,入籍为民,迄今十有余年,俱各安分执业,诵诗读书,有志向上。实与俊秀无殊。请准其与本籍生童,一体应试。再,改土为流之彭肇槐,已回江西本籍吉水县,所有子弟,亦应一体考校。"[9]这条材料至少说

① 艾南英:《天佣子集》,卷九《白城寺僧之滇黔募建观音阁疏》。

② 《皇明条法事类纂》卷一二《云南按察司查究江西等处客人朶住地方生事例》。

③ 《明史》卷三一五《云南土司三·孟养》。

④ 《明史》卷三一五《云南土司一·临安》。

⑤ 罗曰褧:《咸宾录》,卷八《贵南诸夷》。

⑥ 罗绕典:《黔南职方纪略》,卷一《贵阳府》。

⑦ 罗绕典:《黔南职方纪略》,卷六《松桃直隶厅》。

⑧ 《皇明条法事类纂》卷二九《江西人不许往四川地方闪结夷人、讦告私债例》。

⑨ 《清高宗实录》卷一七〇,乾隆七月壬戌。

明:一、清政府在江西安插了一批西南土司,二、在这些土司之中,有不少本来是江西人。

第二节 江西山区的人口变迁与赣南客家的形成①

一、省内平原与丘陵地区人口向山区的迁徙

明代江西的人口流动,不仅仅是"江西填湖广"、"湖广填四川",也应该包括闽粤及鄱阳湖平原特别是赣中丘陵之民填补江西山区。

元代江西人口稠密地区主要是在赣北鄱阳湖平原和赣中丘陵地区的南昌、饶州、吉安、临江、抚州等府,而地处赣南、赣东北、赣西北及东、西边境的山区,大部分地区仍是人烟稀少。战乱之后赣北九江、南康地区也有类似情况。《明太宗实录》载:

> 永乐三年十一月乙巳,抚安江西给事中朱肇言:"先因九江、南康二府多荒闲田,令有司招致各府县有丁无田及丁多田少之民任便开垦。今南昌等府民开垦者三千七百八十七户,实垦田千二百九十七顷三十七亩。"上曰:"此未可遽信,或肇虚增其数,以希进用耳,久当验之。"盖肇为人轻妄刻薄,其为此举也,威迫郡县,欺绐百姓以从之,其实不过二千人,岁余逃亡几半,皆如上所料云。②

虽说"不过二千人",但南康荒地甚多却是事实。这一带在元末明初也是战争多发地。九江府的瑞昌、德安、湖口、彭泽在洪武、永乐间是一个大移民区,移民多来自南昌和吉安,特别是吉安。同时,这条材料也透露出一个信息:在当时

① 相关成果参考:曹树基《中国移民史》第五卷(明时期)第九章第四节及第六卷(清时期)第五章第一节、第三节,福建人民出版社 1997 年版;饶伟新《明代赣南的移民运动与及其分布特征》,《中国社会经济史研究》2000 年第 3 期;唐立宗《在"盗区"与"政区"之间——明代闽粤赣湘交界的秩序变动与地方行政演化》,台湾大学出版委员会 2002 年版;黄志繁《"贼""民"之间:12—18 世纪赣南地域社会》第三章第三节,三联书店 2006 年版。

② 《明太宗实录》卷四八,永乐三年十一月乙巳。

的土地占有情况下，个体农户的占田规模一般在30至40亩。以下是明代弘治至万历间江西以府为单位的人口状况。

表2-4 明弘治—万历间江西各府在册人口及密度①

府　名	面积(平方千米)	人口数（口）	人口密度（口）
南昌府	17 100	1 126 119	65.85
瑞州府	4 500	396 380	88.08
九江府	5 100	68 315	13.40
南康府	4 800	285 371	59.45
饶州府	12 600	879 216	69.78
广信府	12 000	355 392	29.62
建昌府	8 100	302 066	37.29
抚州府	10 800	790 491	73.19
吉安府	13 800	402 833	29.19
临江府	3 900	660 423	169.33
袁州府	8 700	389 688	44.79
赣州府	29 700	154 046	5.19
南安府	7 500	44 715	5.96
合　计	153 900	6 549 800	42.56

从上表可以看出：在明代中期，江西人口密度最大的是位于赣江中游的临江府，这是南昌府和吉安府的连结点。在明代有“大马头”之称的药都樟树镇，便在临江府所在地的清江县。处于赣中偏北的瑞州府也是人口密度相当大的地区。明前期江西的主要人口输出地南昌、饶州、抚州，特别是吉安，在明中后期人口的压力已得到一定缓解。明中期江西人口密度最小的仍是地处南部的

① 江西布政司人口据《明史》卷四三《地理志四》，为弘治四年的人口数；南昌府据万历《南昌府志》卷七《户口》，为弘治五年的人口数；瑞州府据正德《瑞州府志》卷三《财赋志·户口》，为弘治十五年的人口数；九江府据嘉靖《九江府志》卷四《食货志·户口》，为弘治五年的人口数；南康府据正德《南康府志》卷五《户口》，为正德七年的人口数；饶州府据正德《饶州府志》卷一《户口》，为弘治十五年的人口数；广信府据嘉靖《广信府志》卷五《食货志.户口》，为弘治五年的人口数；建昌府据正德《建昌府志》卷三《图籍》，为弘治十五年的人口数；抚州府据弘治《抚州府志》卷一二《版册一·户口》，为弘治五年的人口数；吉安府据清顺治《吉安府志》卷一三《户赋》，为万历十年的人口数；临江府据隆庆《临江府志》卷七《赋役·户口》，为弘治五年的人口数；袁州府据正德《袁州府志》卷二《户口》，为弘治十五年的人口数；赣州府据嘉靖《赣州府志》卷四《食货·户口》，为弘治十五年的人口数；南安府据嘉靖《南安府志》卷二十《食货志·户口》，为嘉靖十一年的人口数。因此，除吉安府外，其他府的密度大抵均有可比性。

赣州、南安二府，事实证明，这里在明代中后期和清代成为闽粤流民的主要接纳地。其次是赣北的九江、赣东北的广信、赣中西部的吉安、赣西北的袁州等府。这些府的部分地区如九江的宁州(清为义宁州)、广信的玉山、吉安的龙泉、袁州的万载等地，也是闽粤流民的重要接纳地。上述各府的累积人口数为5855055口，少于弘治四年的国家统计数而与万历六年的5859026口大抵相当。当然，吉安府的人口数是值得怀疑的，这里曾是江西人口基数最大的地区之一，也是“江西填湖广”、丘陵填山地的主要人口输出地，以该府八县之地，人口竟少于只有四县的临江府。导致在册人口减少的原因，既因人口的大量流动，也因造册时的欺隐，这种情况在江西特别是吉安这类士宦乡绅众多的地区是十分普遍的。

明代以前，赣南地区经历了一个缓慢而曲折的开发过程，尤其是两宋时期，赣南社会逐步进入稳定发展时期，赣县、于都、宁都、兴国、南康等县开发渐趋成熟，其他县治也逐步建置起来，大体奠定了日后赣南地区的县域格局。但历元入明初，由于战乱和大规模的传染病流行，人口骤减，赣南再度沦于地僻人稀的边陲状态。明初赣南地区地旷人稀，曾任石城训导的杨士奇曾有如下描述：“赣为郡，居江右上流，所治十邑皆僻远，民少而散处山溪间，或数十里不见民居。里胥持公牒征召，或行数日不底其舍。而岩壑深邃，瘴烟毒雾，不习而冒之辄病，而死者常什七八。”①各地的里甲户口相当有限，有不少县户不上千，口不上万。正是在这样一种土著人口稀少、土地荒僻的社会生态背景下，明初以来，赣南地区吸纳了大批移民。在众多的外来移民中，就有很大一部分来自赣中。

早在成化年间，赣中籍移民就开始以投佃、招佃或流寓、寄庄的方式流迁赣南。官府明文宣称：“南、赣二府地方地广山深，居民颇少，有等定豪大户不守本分，吞并小民田地，四散置为庄所，邻境小民畏避差徭，携家逃来投为佃户，或收充家人。”②这里说的“收充家人”，就是逼迫逃来的农民为“佃仆”。正德年间，时任南赣巡抚的王守仁，在征剿上犹“畲巢”时指出：“有吉安府龙泉、万安、泰和三县，并南安府所属大庾等三县居民无籍者，往往携带妻女，入畲为盗。”又说：“且潜引万安、龙泉等县避役逃民并百工技艺游食之人杂出于内，分群聚党，动以万计。”③

① 杨士奇：《东里文集》，卷六《送张玉鸣序》。

② 《皇明条法事类纂》补遗《禁约江西大户逼迫故纵佃仆为盗、其窝盗三名以上充军例》。

③ 王守仁：《王阳明全集》，卷一〇《奏疏二·立崇义县治疏》。

嘉靖年间,江西北部和中部的人地矛盾日益紧张,人口压力越来越大,加上赋役繁重,迫使大量人口外出谋生。由于当时赣南人口稀少,仍有大量未开垦荒地,有不少赣中甚至赣北人口流入赣南谋生。嘉靖初年任南赣巡抚的周用述及:“南赣地方,田地山场坐落开旷,禾稻竹木生殖颇蕃,利之所共趋。吉安等府各县人民,年常前来谋求生理,结党成群,日新月盛。其般(搬)运谷石、斫伐竹木及种靛、栽杉、烧炭、锯板等项,所在有之。”[①]而据海瑞估计,吉安、抚州、南昌、广信诸府的农民,都有逃徙到南安、赣州府佃种的人,不过数量不如逃往外省的多,“即今吉抚昌广数府之民,虽亦佃田南赣,然佃田南赣者十之一,游食他省者十之九”。为什么舍近而趋远?海瑞分析说:“盖远去则声不相闻,追关势不相及。”在南赣佃种,多土豪勒为“佃仆”,而且离家乡近,“原籍之追捕不能逃,新附之差徭不可减,一身而三处之役加焉”[②]。

事实上,江西中部及北部平原地区的过剩人口,不仅大量流向荆湖等地从事工商业活动,而且有相当部分(主要是赣中诸府、县之民)流寓至赣南,或置产寄庄,或经营工商业,或农贾兼业。万历年间的太常博士、信丰人黄大节,在论及吉安府之民流寓信丰时指出:“敝邑四封大不过如股掌,其再(在)赣最称凋瘠之乡。往者民不谋生,安坐而食,故田土财赋蚕食于吉之万(安)、泰(和)者七八,即今比屋列廛而市,多属异乡之人,几于中分信邑矣。……蕞尔信邑,名肃于虔,而实入于吉矣。”[③]其实,早在万历之前,此类现象已相当突出。隆庆二年任赣州府通判的廖宪,就曾警示:“余署篆信丰,览观风俗,考求利弊最病者,田归异郡,役累土著。其为乡人所有者,殆四分之一耳。于稽其故,咸以异郡蚕食吾民。其植根也深,而流蔓也远。”[④]在赣县、于都等县,赣中人流寓、寄庄的现象也颇为普遍。如于都县,“正德以后,凋敝益甚,或产去粮存,或户存人绝,产之归于吉安之寄庄户者已十之二三矣”[⑤]。在赣县,“万安沿江小民,以渔舟为家,至长子孙。其中富者……客籍赣土,田连阡陌,稍有卓郑之风”[⑥]。甚至还有人沿赣江支流——桃江渗透到南部偏远的龙南县。万历十年,龙南知县张先登

① 周用:《周恭肃公集》,卷一五《乞专官分守地方疏》,《四库存目丛书》集部第55册。

② 海瑞:《兴国八议》,《明经世文编》卷三〇九。

③ 黄大节:《为阻冒籍通杨太守书》,乾隆《信丰县志》卷一四《艺文志》。

④ 廖宪:《警俗论》,同治《赣州府志》卷六八《艺文志》。

⑤ 康熙《雩都县志》卷四《食货志·户口》。

⑥ 顺治《吉安府志》卷一一《风土志》。

在清丈田亩以均赋役的过程中，就选用了许多附籍龙南的、善于田土丈量的泰和县人。他自述其经历："及奉令，即率父老、子弟躬履阡，以上所颁约法，令试为之，数日殊不解。即闻吉郡属泰和行均田法至再，其民皆熟谙。泰民附籍龙(南)者最多，以类招致，得二十人，分置各乡，递相效仿，百弓并举。"①大致说来，明代迁入赣南地区的赣中籍移民，主要分布在开发较早的农耕区，如兴国、于都、赣县等中北部盆地或河谷平原地带，以及南部信丰县的河谷地带。

赣中籍移民流寓寄庄于赣南盆地或河谷地带的移民方式和分布特点，主要与他们原乡——吉泰平原的生产方式和生活经验密切相关。自两宋以来，赣中吉泰平原一直是江西发达的农耕区。明中叶前后，随着人口压力越来越大，大量农业过剩人口转向工商业，使他们又具备了善于营居的谋生本领。如天启《赣州府志》中所云："邻郡寄居于赣者实繁有徒，非藏于市廛，则役于公家。彼其人多智，善营居，亡几时即化瘠为腴，求田问舍，称寄庄矣。"②明乎此，我们就不难理解赣中籍移民的上述移民方式和分布特点。此外，赣南中北部地区邻近赣中诸府，尤其是赣江水道连接赣中地区与赣南各河谷地带，便利于赣中移民向赣南迁移。

二、赣南的闽粤籍移民与"客家"的形成③

明代赣南另外两个主要移民来源——闽、粤籍移民，一般是沿着山岭而流入赣南山区的。赣南东、南、西三面皆为高山峻岭，但沿边诸县与闽西、粤东、粤北、湘东南各县之间，民间历来都有往来的通道，将赣南与闽西、粤东、粤北及湘东南连成一片。在闽粤流民流迁赣南的过程中，这些通道具有极为重要的作用。如会昌羊角水，扼闽广之冲，为南赣咽喉重地。顾炎武曾论及："羊角水者，接壤广东之惠、潮，福建之汀、漳，诸寨洞贼欲过江西，必由此入。从此而西，则经长沙营以犯南、赣；从此而北，则经会昌以犯吉、抚诸郡县，譬诸户限，往来所必由也。"④又如李世熊在回顾明中后期的"寇变"时说："惠、潮之间有铜鼓障、九连山，其中延袤数百里，小径穿插数十条，可以透吾汀之武平、上杭，可以透

① 张先登：《均田书》，光绪《龙南县志》卷八《艺文志》。

② 天启《赣州府志》卷五《营建志·学宫》。

③ 按：赣西北宁州(今修水、铜鼓)、新昌(今宜丰)、奉新、靖安、万载、宜春、萍乡等地也有数量较多的闽粤籍及赣南籍移民进入，此处从略。参考曹树基《中国移民史》第六卷(清时期)第五章第一节。

④ 顾炎武：《天下郡国利病书》，原编第十三册《江西》。

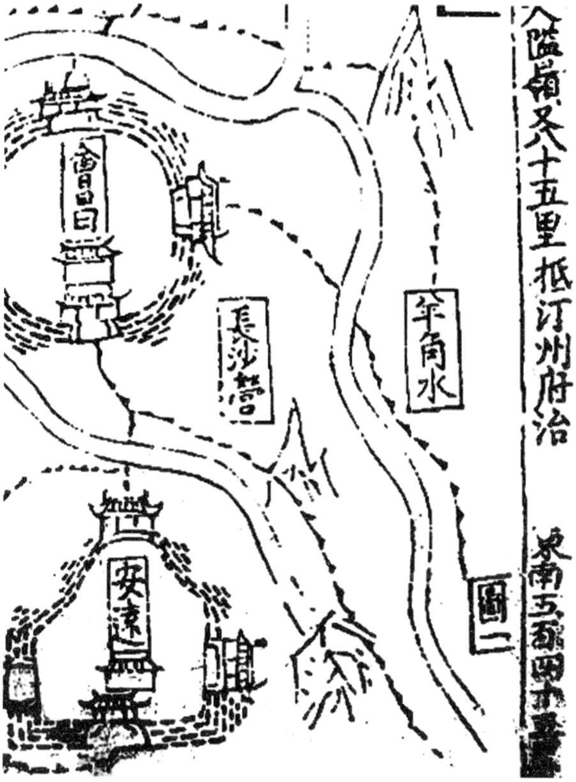

图 2-1 赣闽粤的重要通道——羊角水，嘉靖《赣州府志》特意标示出其位置。

江西之赣州、南安，可以达吉安及湖广之郴、衡。”①

作为明代赣南外来移民的主体，闽粤移民又是以何种方式移入赣南的呢？一般认为，明代的移民可以分为官方主持的移民和民间自发的移民，其中官方主持的移民最具特色和最为显著，如洪武时期的京师移民和军籍移民。②至于民间自发的移民，何炳棣认为应有相当大的规模，且可能比官方主持的移民对农业开发区的扩展作出了更大的贡献，但却在官方史书中几乎未见记载。③实际上，在明代的里甲户籍制度之下，民间自发移民多数是非法的，属于脱离甲户籍的“无籍之徒”，因而表现为一种特殊的移民形式，即“流民”或“流寇”，而

① 李世熊：《寇变记》，载中国社会科学院历史所研究室编《清史资料》（第一辑），中华书局 1980 年版，第 31 页。

② 曹树基：《中国移民史》第五卷，福建人民出版社 1997 年版，第 21—31 页。

③ 何炳棣著、葛剑雄译：《1368—1953 年中国人口研究》，上海古籍出版社 1989 年版，第 138—139 页。

这在官方史书上是有大量记载的。明代赣南地区的闽粤籍移民,即主要表现为脱离原有里甲户籍的"流民"与"流寇"。在方志以及明人文集中,有大量关于闽粤流民、流寇"进扰"、流聚赣南的记载,他们往往被斥为"广贼"、"广寇"、"岭寇"、"闽贼"、"闽广流寇"、"汀漳盗"、"程乡贼"等。

应当强调,明代赣南地区的闽粤"流民"、"流寇",并非都是那类流窜不定、劫掠为生的无家口之徒。从闽粤流民、流寇在流移地占耕田地,及至后来被官府招抚和就地安插的情况可以看出,他们基本上是以耕作为生的农民。例如,弘治年间被南赣巡抚安插于上犹横水、桶冈一带的广东流民,最初"不过砍山耕活",后因"生齿日繁"而下山占种当地里甲税田。[①]即便在王守仁进剿之时,他们仍想方设法下山种垦以维生。据王守仁的部属报告:"自本年(正德十二年)正月蒙本院抚临以来,募兵练卒。各贼探知消息,将家属妇女什物各寄屯山寨林木茂密之处,其各精壮之贼徒,昼则下山耕作,夜则各遁山寨。"[②]同年底,王守仁剿抚该区之后,俘"贼属"2300多口,夺获牛、马、骡600余匹,"赃仗"2000多件。[③]可见,这些广东流民属于携带家口甚至农具流离原乡的移民。赣南其他地区的情况也大体类似。正德十三年,王守仁征剿赣粤交界处的浰头"贼"时,俘获"贼属"近900多口,夺获牛、马120多匹,器械、"赃仗"2800多件。[④]嘉靖后期,浰头"贼"余党"复叛"于广东和平县岑冈、赣南龙南县下历、高砂,合为"三巢"。嘉靖四十五年,南赣巡抚吴百朋剿平下历后,俘获"贼属"男妇共350多口,夺获牛、马400多匹、器械170多件[⑤];隆庆元年,招抚高砂、岑冈"贼"数人就地安插为"新民"[⑥]。在东南部安远县黄乡堡一带,广东程乡"贼"叶芳等在正德六年被安插于此,此后不受官府约束,频繁作"乱",直到万历三年才由南赣巡抚江一麟剿平,俘获的"贼属"被重新安插治理。[⑦]明代赣南各地的闽粤流寇,正是藉着官方的招抚、安插等特殊的移民入籍途径,最终定居于赣南。总之,明代赣南地区的闽粤籍移民表现为一种特殊的形态,即流民、流寇;或者说,流民、流寇只是迁移过程中的一个阶段性表现形态而已,他们最终都定居下来,融入赣南

① 王守仁:《王阳明全集》,卷一〇《奏疏二·立崇义县治疏》。

② 王守仁:《王阳明全集》,卷一〇《奏疏二·南赣擒斩功次疏》。

③ 王守仁:《王阳明全集》,卷一〇《奏疏二·横水桶冈捷音疏》。

④ 王守仁:《王阳明全集》,卷一〇《奏疏二·浰头捷音疏》。

⑤ 吴百朋:《平下历疏》,同治《赣州府志》卷六七《艺文志》。

⑥ 道光《定南厅志》卷六《兵寇》。

⑦ 江一麟:《平黄乡疏》,同治《赣州府志》卷六九《艺文志》。

地方社会,从而构成“客家”先民的主流。

明代赣南地区的闽粤“流民”“流寇”这一特殊的移民运动,经历了复杂的演变过程,具有明显的阶段性特征。宣德至弘治年间,闽粤流民不断向赣南流聚、“进扰”,但尚未演变为大规模的流寇运动。正德年间闽粤流民发展为大规模的流寇运动,结果遭到官府的残酷镇压。嘉靖年间,在东南沿海倭寇之乱的影响下,闽粤赣山区的流民、流寇运动再次高涨,直至万历初年才缓和下来。万历至天启年间,尽管经常性的流民运动并未中止,但已经大为缓和。在崇祯年间新一轮大规模的闽粤移民潮再次爆发之前,赣南地方社会一度保持相对稳定。

明代江西的闽粤移民主要流聚在赣南西部的上犹、南康、大庾、崇义,南部和东南部的龙南、信丰、安远、会昌、定南、长宁,以及东部的瑞金、石城、宁都等县,其中又以西部南部和东南部诸县为流聚中心。明中叶赣南西部的崇义、南部的定南、东南部的长宁三县的添建,正是闽粤流民移落居这些地区的结果。在赣南的不同地区,福建和广东流民、流寇的分布规模也不尽相同。大致来看,紧邻广东的赣南西部诸县,以粤籍移民为主;紧连闽西的赣南东部诸县,以闽籍移民为主;而南部诸县,粤籍移民则相对平衡。可见,明代赣南地区闽粤移民群体的流向和分布,与地理环境密切相关,表现出一定的地缘特征。

毫无疑问, 这一时期的移民运动势必对赣南地方社会文化产生重要的历史影响。作为今天客家“大本营”的赣南地区,其地方社会文化存在明显的内部差异性、多元性和复杂性,这与赣南早期不同来源的移民及其分布密切相关。例如,根据各地方言的差异,罗香林把赣南17个县划分为纯客县与非纯客县,其中纯客县包括寻乌、安远、定南、龙南、虔南(即全南)、信丰、南康、大庾、崇义、上犹等10县,非纯客县包括兴国、于都、会昌、宁都、石城、瑞金等7县。罗香林认定的纯客县,正是明代闽粤移民集中分布的赣南西部、南部和东部诸县,且其规模超过或相当于清代的规模;而非纯客县,则正是赣中移民集中分布的中北部诸县。①

① 参考饶伟新:《明代赣南的移民运动与及其分布特征》,《中国社会经济史研究》2000 年第3期。

第三节 人口流动与江西地方社会的治乱

一、明初的户籍制度及其变化

明太祖曾命中书省，凡行郊祀礼，均将天下户口簿籍陈列台下，祭毕再收入内库保存。[①]可见对户籍的重视。明宣宗说得好："户口盛衰，足见国家治忽。"[②]

明初户籍管理沿用元朝旧制，它包括两个基本原则：其一、人户以职业定籍。军、民、匠、医、灶、阴阳诸色人户各以原报户籍为定，不得混淆、不许自行变动，以保证人口职业的稳定性。其二、人户以居地定籍。民归省、府、州、县，军归都司、卫、所，各有所统；各处漏口脱户必须赴所在官府登记入籍，以保证人口居地的稳定性并防止人口的流失。在此基础上，于洪武三年推行新的户籍户帖制。洪武十四年，建立了更为严密的黄册制度。《明史·食货志》说：

> 凡户三等：曰民，曰军，曰匠。民有儒，有医，有阴阳。军有校尉，有力士、弓铺兵。匠有厨役、裁缝、马船之类。濒海有盐灶。寺有僧，观有道士。皆以其业著籍。人户以籍为断，禁数姓合户附籍。漏口、脱户，许自实。里设老人，选年高为众所服者，导民善，平乡里争讼。其人户避徭役者曰逃户。年饥或避兵他徙者曰流民。有故而出侨于外者曰附籍。朝廷所移民曰移徙。[③]

这段文字概括了明初户籍制度的主要内容。而所谓"人户以籍为断"、"以其业著籍"，正是上文所说的明代户籍管理的两大原则。要保证这两大原则的实施，则需要相应的法律强制。

《大明律》定：凡军、民、驿、灶、医、卜、工、乐诸色人户，若有变乱职业、隐瞒丁口，以图在国家赋税徭役上诈冒脱免、避重就轻者，杖八十；有司官吏如妄准其变乱职业、隐瞒丁口者同罪。凡一户全不附籍，有赋役者其家长杖一百，无赋

① 万历《明会典》卷二〇《户部二·黄册》。

② 《明史》卷七七《食货志一·户口》。

③ 《明史》卷七七《食货志一·户口》。

役者杖八十。其他隐瞒已成丁人口或增减年龄以避夫役,以及隐瞒他人丁口者,均笞杖有差。若里长失于查勘致使本里有脱户漏口或改变职业种类者,处以一百以下杖刑或五十以下笞刑。本县主管官员及经手吏员对上述现象知情不究或查勘不力者,处以八十以下杖刑或四十以下笞刑。①

《大明律》又定:凡人丁外出,必须携带官府的文凭路引。凡离开居住地百里以外者,如无文引,军以逃军、民以私度关津论,杖八十;如过关不由门、越水不由渡者,杖九十;如属边关,杖一百、徒三年;出境者处以绞刑。凡天下要冲去处,均设立巡检司,专一盘诘往来奸细及贩卖私盐犯人、逃军、逃囚。虽有文引,却属冒名者,杖八十;家人冒名者,罪其家长。把守关津边塞者,知而故纵同罪,失于盘查减等。有司官吏不应给文引而给、巡检司越分给文引者,均与犯者同罪。②

对于躲避原籍徭役的逃户,洪武二十三年要求各县移文,由其亲邻里甲往逃亡各处起取回原籍;各里甲若有外地人口,也必须即时送官,押赴原籍。并派出国子监生专门督理此事。对于元末躲避战乱的流民,以及政府组织的移民,则采取了较为优惠的政策,如"免徭役三年"、"即为己业"等。但同时要求,不管是流民还是移民,必须在当地州县入籍,免征年限一到,照例起科,应役纳税。且一旦入籍,则不许继续流动,否则以逃户论处。③

可见,明代制定的户籍制度及相关法律,都是为了固定人口的居住地及所从事的职业,并希望通过这些手段来达到社会秩序的永久不变。但明代江西地区人口的流动却恰恰在这两个方面,即在居住地和所从事的职业两个方面对国家的户籍制度构成挑战。

正统时期在明代历史上是值得关注的。一方面,经过大半个世纪的酝酿、发展,各种社会矛盾在这一时期都凸现出来;另一方面,太祖、太宗的英雄故事已成过去,一个缺乏政治权威的政府多半只能顺应社会经济潮流而无法对其进行抗拒。对于日益严重的流民、逃户问题,政府只能在坚持祖宗法度与顺应民众意志之间进行妥协。《明史·食货志》对正统时期这方面的改制给予了高度重视并作了如下叙述:

> 凡逃户,明初督令还本籍复业,赐复一年。老弱不能归者,令所在著

① 《大明律》卷四《户律一·脱漏户口、人户以籍为定》。

② 《大明律》卷一五《兵律三·私越冒度关津》。

③ 万历《明会典》卷一九《户口一·户口总数》。

> 籍，授田输赋。正统时，造逃户周知册，核其丁粮。凡流民，英宗令勘籍，编甲互保，属所在里长管辖之。设抚民佐贰官。归本者，劳徕安辑，给牛、种、口粮。又从河南、山西巡抚于谦言，免流民复业者税。……凡附籍者，正统时，老疾致仕事故官家属，离本籍千里者许收附，不及千里者发还。[①]

当然，一纸《逃户周知册》是不可能解决人口逃亡问题的。一方面，政府对政策的修订往往是带有被动性、往往是在社会问题与固有政策发生剧烈冲突并产生恶果之后进行的；在推行过程中，又会遇到来自各方面的阻力，有关人员更多行敲诈勒索之事。另一方面，逃户既然为了躲避原籍赋役而离乡背井，自然也不愿套上新的枷锁，他们千方百计地脱逃户籍。当然，《逃户周知册》虽说是针对逃户而言，但它所覆盖的范围却既包括逃户，也包括流民。其实，对于“逃户”和“流民”，除在元末明初这一特定历史时代具有意义之外，其他时期一般是没有区别的，无论流民、逃户，统可以“流民”称之。

丘濬是明中期著名学者，也是在成化、弘治时期有重要政治影响的人物。他对于江西人口向湖广流动的认识及应对如下：

> 以今日言之，荆湖之地，田多人少，江右之地，田少人多。江右之人，大半侨寓于荆湖。盖江右之地力所出不足以给其人，必资荆湖之粟以为养也。江右之人群于荆湖，既不供江右公家之役，而荆湖之官府，亦不得以役之焉，是并失之也。臣请立为通融之法：凡江右之民寓于荆湖，多历年，所置成产业者，则名以税户之目；其为人耕佃者，则曰承佃户；专于贩易佣作者，则曰营生户。随其所在，拘之于官。询其所由，彼情愿不归其故乡也(不愿者勿强)，则俾其供词，具其邑里，定为板册。见有某人主户(本贯无人者不许)，见当某处军匠(遇阙依次勾角)，明白详悉，必实毋隐。然后遣官赍册，亲诣所居，供报既同，即与开豁所在郡邑，收为见户，俾与主户错居共役。有产者出财，无产者出力，如此通融，两得其便。江右无怨女，荆湖无旷夫，则户口日以增矣。江右有羸田，荆湖无旷野，而田野日以辟矣。此亦蕃民生、宽力役，一视同仁之道也。[②]

---

① 《明史》卷七七《食货志一·户口》。

② 丘濬:《江右民迁荆湖议》,《明经世文编》卷七二。

一方面，从民生的角度考虑，田少人多的江西向田多人少的湖广输出人口，乃是无可厚非之事。“江右之地力所出不足以给其人，必资荆湖之粟以为养也。”另一方面，从国计的角度考虑，江西人口流入湖广后，在原籍的赋税徭役解除了，就必须在新居地纳粮当差，“有产者出财，无产者出力，如此通融，两得其便”。以便最终达到“江右无怨女，荆湖无旷夫”、“江右有羸田，荆湖无旷野”、户口日以增、田野日以辟的目的。

虽然丘濬对于人口流动的认识已有很大的进步，但仍停留在被动的消极阶段，而嘉靖时的海瑞则主张采用积极而主动的方式，即以优惠政策鼓励或引导鄱阳湖平原及赣中丘陵区的人口向赣南山区流动：

> 今日若张主有人，凡愿籍南、赣者，与之除豁原籍，而又与之批照以固其心，给之无主山地荒田，使不尽佃仆于富户，民争趋之矣。民争趋之，则来者附籍不归，未来者仰慕，不数年间，南、赣无余地，村居联络，可以挟制诸巢之寇。吉安等府无余民，衣食不窘，可无为逃流为盗贼之忧。一举而合省之民均有利焉。[①]

丘濬、海瑞的上述认识，反映了明代上层社会对人口流动问题在观念上的变化。当然，正如海瑞所说，其终极目的仍然是：使“南、赣无余地”、“吉安等府无余民”，从而既“挟制（南赣）诸巢之寇”，又使吉安等府人民“无为逃流为盗贼”。也就是说，都是为了社会秩序的稳定。

二、明中后期江西的流民问题与政府的应对

流民问题与正德、万历间崇义、峡江、长宁等九县的设置[②]

江西在明代领十三府、一州、七十七县，其中有九县属明代新置：南康府的安义县为正德十三年二月析建昌县安义等五乡所置；饶州府的万年县为正德七年以余干县的万春乡所置，并析鄱阳、乐平及贵溪三县地益之；广信府的兴安县为嘉靖三十九年八月以弋阳县的横峰寨所置，并析上饶、贵溪二县地益

---

① 海瑞：《兴国八议》，《明经世文编》卷三〇九。

② 参考唐立宗：《在“盗区”与“政区”之间——明代闽粤赣湘交界的秩序变动与地方行政演化》，台湾大学出版委员会2002年版；黄志繁：《“贼”“民”之间：12—18世纪赣南地域社会》第三章第三节，三联书店2006年版。

之;建昌府的泸溪县本为南城县泸溪巡检司,万历六年十二月改为县;抚州府的东乡县为正德七年八月以临川县的孝冈所置,并析金溪、进贤、余干、安仁四县地益之;临江府的峡江县本新淦县之峡江巡检司,嘉靖五年四月改为县,并析新淦县六乡地益之;赣州府的定南县为隆庆三年三月以龙南县之莲莆镇所置,并析安远、信丰二县地益之;赣州府的长宁县则为万历四年三月以安远县之马蹄冈所置,并析会昌县地益之;南安府的崇义县则为正德十四年三月以上犹县之崇义里所置,并析大庾、南康二县地益之。另外,南昌府的宁州本为宁县,弘治十六年由县升州。①

从时间上看,上述新置的九县,崇义、东乡、万年、安义四县为正德时所置,兴安、峡江二县为嘉靖时所置,长宁、定南、泸溪三县为隆庆及万历初所置。唯一的一个州——宁州则为弘治时由县升州。从空间上看,位于赣南山区的有崇义、长宁、定南三县,位于赣东北山区的有万年、兴安、泸溪三县,位于赣中丘陵的有东乡、安义、峡江三县,宁州则位于江西的西北山区。

除了个别之外,上述新设县都与人口的流动特别是流民与政府的斗争密切相关。②兹以正德时所设万年、东乡、安义、崇义四县为例说明江西整体的情况。

明武宗正德三年,聚集在饶州府鄱阳、余干、乐平及广信府贵溪、安仁一带的流民因不堪忍受官府的欺压,以姚源山为中心,推举王浩八为首领,揭竿而起,聚众数万人,转战江西、浙江、南直三省边界,与官兵周旋达五六年之久。他们活捉了乐平知县、攻破了安仁县城,杀死、杀伤官兵上万人。③正德七年,明政府在姚源洞附近,以余干县万春乡为中心,建立万年县,用以管辖这一带的流民。这个新设置的县级衙门,不久也被流民攻陷。

正德六年,聚集在抚州府临川县的流民,以王珏五等人为首,与官府对抗,被官兵、狼兵所杀的有11000余人,为官兵所破的聚落点有265处。④正德七年八月,

① 《明史》卷四三《地理志四·江西》。

② 参见方志远:《旷世大儒——王阳明传》第五章,河北人民出版社2000年版。另见黄志繁所整理的"明代赣南地方动乱年表",载《"贼""民"之间:12—18世纪赣南地域社会》,第117—127页;饶伟新亦整理过"明代赣南地区流民、流寇年表",载所著《明代赣南族群关系与社会秩序的演变:以移民和流寇为中心》附表6,厦门大学1999年硕士论文。

③ 《明史》卷一八七《陈金传》。

④ 《明武宗实录》卷八七,正德七年闰五月甲寅。

明政府以流民闹事的发起地、临川县的东乡为中心，设置了东乡县。

正德五年，瑞州府高安县的流民集结在华林寨，以罗光权为首，聚众万人，连破瑞州府城及新余、分宜、上高、奉新、靖安、建昌等县城，声势浩大。[1]而在建昌县安义乡一带，则活跃着以徐九龄为首的流民组织，他们出没江湖几十年，黄州、德安、九江、安庆、池州、太平"咸被其害"。[2]正德十三年，明政府采纳了南康府知府陈霖的建议，以建昌县安义乡为中心，设置安义县。

而南安府崇义县的设置，更是流民与政府斗争的产物。

天顺、成化时，江西南安府大庾、上犹、南康等县的横水、桶岗、左溪、长流等处，以及赣州府的安远、信丰、会昌，福建汀州府的清流、上杭，漳州府的南靖、龙岩，广东惠州府的龙川、长乐以及湖南郴州等四省毗邻山区，聚集着大量来自江西吉安等府及广东、福建的流民。流民们成百上千，各为聚落，同时也因山场、田地的归属等问题与当地土著居民发生纠纷。地方官府在这些争执中自然是维护土著居民的利益，流民只能通过自己的力量来保护自己。加上流民中多杂有流氓无赖之徒，往往挑起事端，抢劫杀掠也就难以避免。官府出面干预，流民辄行抵抗，遂酿成武装冲突。时间一长，流民结成了无数股武装势力。其中势力最大的，有江西上犹县横水的谢志珊、桶岗的蓝天凤，广东龙川县浰头的池仲容，福建南靖县的詹师富等。这在赣南地区表现尤为突出而持久。

明政府为了加强对闽、粤、湘、赣边界流民聚集地区的管理，于成化七年正月以福建汀州府清流县之明溪镇置归化县，并析将乐、沙县、宁化三县地益之；以上杭县溪南里之田心地置永定县，并析胜运等四里益之。成化六年，以漳州府龙岩县九龙乡置漳平县，并析居仁等五里地益之。弘治七年，明政府更批准了江西镇守太监、巡按江西监察御史及三司的请求，设巡抚南赣汀漳都御史，开府赣州，遇有紧急军情，闽、粤、湘、赣四省三司，皆听节制。但这里的"奸氓"、"不逞之徒"并没有因为南赣汀漳巡抚的设置而平息，相反，气势却越来越大，而且不少已建号称王。官军屡次围剿，不是无功而返，便是大败而归。直到正德十二三年间，经王守仁的苦心经营，才将其逐个铲平。在平定了福建南靖詹师富后，王守仁于正德十四年六月奏准以南靖县之河头大洋陂置平和县，并以漳浦县地益之。平定龙川浰头池仲容后，王守仁于正德十三年八月以龙川县之和

---

① 《明武宗实录》卷九三，正德七年九月乙酉。

② 《明史》卷一八七《俞谏传》。

平司置和平县，并析河源县地益之。正德十二年，在上犹横水谢志珊被平灭后，当地乡绅联名上书：

> 上犹等县横水、左溪、长流、桶冈、关田、难湖等处，贼巢共计八十余处，界乎三县之中，东西南北相去三百余里，号令不及，人迹罕到。其初峯贼，原系广东流来。先年，奉巡抚都御史金泽行令安插于此，不过砍山耕活。年深日久，生长日蕃，羽翼渐多，居民受其杀戮，田地被其占据。又且潜引万安、龙泉等县避役逃民并百工技艺游食之人杂处于内，分群聚党，动以万计。始渐虏掠乡村，后乃攻劫郡县。近年肆无忌惮，遂立总兵，僭拟王号，罪恶贯盈，神人共怒。今幸奏闻征剿，蒙本院亲率诸军，捣其巢穴，擒其首恶，妖氛为之扫荡，地方为之底宁。三县之民欢欣鼓舞，如获更生。访得各县流来之贼，自闻夹攻消息，陆续逃出颇众，但恐大兵撤后，未免复聚为患。合无三县适中运算，建立县治，实为久安长治之策。①

于是，王守仁以这份或为自愿或经授意而写成的“上书”为由，奏准于上犹县崇义里设置崇义县，修筑县城，管辖原上犹县崇义等三里、大庾县义安等三里及南康县的至坪里，认为这是“变盗贼强梁之区为礼义冠裳之地，久安长治无出于此”的最好办法。同时在县西南的铅厂、东南的长龙及西北的上保三处分设巡检司，又命千户孟俊在茶寮伐木立隘，以扼要害。这样，南安府的“山贼”便无处躲身了。②

嘉靖五年所设的峡江县，其所在地虽然没有发生大的流民起事，却也骚乱不断。钱琦《设县事宜》记峡江县设县的由来：

> 照得本府所属县治地方，惟新淦最广，难于控驭。考之前代，有石阳、巴丘、新淦三县，至元改新淦为州。我朝寻复为县。今之新淦，实为一州二县之地也。东与乐安、丰城接界，南连吉水、庐陵、永丰。贼盗生发，吉水诸县彼此为巢，难以力捕。夫立县则亦吉水诸县之便也。凡钱粮之催徵，公事之勾摄，民之弱者闭门上山，强者集众拒抗，甚至中途哄夺府县。添人拘

① 王守仁:《王阳明全集》，卷一〇《立崇义县治疏》。

② 王守仁:《王阳明全集》，卷一一《再议崇义县治疏》。

捕，则假称激变，以挟制官府。……再照新淦原额五百七十里，今归并止五百二十里。开国以来，户口日增，何新淦民日减哉？化不行也。归并之地，必皆顽民所居也。归并日多犹无害也，顽民日多为可虑也。……盖峡江之地，离官僻远，又多深山阻谷，小民被狡黠者霸占田地而不收粮，或卖以与人而收粮不尽。间有诉告，又因依山负固，官府不能一一拘理，甚至物料夫差，百端催迫，至不能存，而窜徙于他乡，或商贩于别省，或投入势要，为家奴佃仆。民之逃亡，此其故也。民虽逃亡，田粮如故，一遇徵期，官府只将里长催并。里长几何，能堪而出官哉？中间固有被积年歇家包克者，然而顽者不肯出官，弱者不敢出官，亦自不能无矣。民与里长既逃亡而不出官，则不特秋粮之拖欠也。一应坐派军需物料，里长委之，人户逃亡；官府委之，里长不出。逐年拖欠，又积而至无算矣。由此言之，钱粮逋负，由于里长之不出；里长不出，由于小民之逃亡；小民逃亡，由于田粮之不明。其根源所自，断断无疑也。[①]

可见，峡江县的设置，也是因为人口的流动。一方面，由于“田粮之不明”，致使本地居民不断逃亡，户口减少；另一方面，由于“离官僻远”、“深山阻谷”，致使外地流入的“顽民日多”，政府却无法进行管理或控制，钱粮无法征收。

隆庆三年设置的定南县、万历四年设置的长宁县，同样是为着解决流民问题。吴百朋《分建长宁县疏》说：

安远县黄乡、双桥等堡地方，离县三百余里，与广东平远、和平、龙川等处接壤，实为江、广两省上游，层峦叠嶂，不逞之徒，向来啸聚其中，历稽往牒，如邝子安、黎仲瑞、王霁壤、高安、陈良玉、张士锦等相继猖獗，积久而后勘定。正德五年，该县贡生林大纶等具呈，乞于地名李福湾、三省巢峒之冲，建立州治以控制之，竟因会议迁延，遂使三百余里土地人民，尽没于叶楷之手。迄今八十余年，横极而祸烈矣。近赖朝廷威武神灵，逆楷伏诛。然特一时之利，未为永久之规。须趁此时会，开设县治，控制要冲，敷声教而化导之，如先臣平桶冈而建崇义，平浰头而建和平，平高砂、下历而建定南，皆杜遗孽潜滋之萌，贻生灵久安之休。不然，堤防疏阔，万一有复如楷

① 钱琦：《设县事宜》，《明经世文编》卷二二六。

> 者，诚不知其终也。为今经久之图，孰有逾于建县者哉。[①]

赣州府安远县地处闽粤赣交界地区，早在明成化、弘治、正德时，就是流民的聚集处，南、赣、汀、漳一带流民起事时，这里是中心地区之一。王守仁平定流民后，分别在福建、广东、江西设立了平和、和平、崇义三县进行管理，当时或出于平衡关系的考虑，没有在安远分设他县，但此后骚乱不息，明政府最终不得不另立长宁县以行镇压。

巡抚南赣都御史

明中期为解决流民问题而进行的行政机构的改革不仅仅限于增设几个县，更为重大的举措是在江西增设了一个准省级机关：巡抚南赣都御史。

南赣巡抚的正式设置在弘治八年。《明孝宗实录》载：

> 弘治八年四月辛巳，升广东左布政使金泽为都察院右副都御史，巡抚江西南赣等处。先是镇守江西太监邓原奏：南、赣二府，界福建、广东、湖广之交，流贼出没，事无统一，难于追捕，以致盗贼猖獗、地方不宁。宜增设巡抚都御史一员，专以赣州为治所，兼理南安、赣州、建昌三府及广东之潮、惠、南雄，福建之汀州，湖广之郴州等处捕盗事。其南赣兵备副使暂为裁革。兵部覆奏，诏从其议。巡抚官命吏部会推，故有是命。赐之敕曰："江西、福建、广东、湖广各布政司地方交界去处，山高岭峻，树林蒙密，累有盗贼生发，流劫县治、杀虏人民，东追则西窜，南捕则北奔，且因地连各境，事无统属，彼此推调回护，以致盗贼横行肆暴，略无畏惧。先年尝准镇守等官奏请，添设都御史一员在彼巡抚总督。后因地方宁息革去。今镇守江西太监邓原又以为言，事下兵部，复奏宜允其请。特升尔前职，巡抚江西南安、赣州、建昌，福建汀州，广东潮州、惠州、南雄各府，湖广郴州地方，会同各该镇守官，严督兵备、守备、分巡、分守军卫有司，剿捕盗贼，抚安军民。凡事干各该府州地方贼情军马钱粮，各该都、布、按三司官员俱听节制调度。平时民情事务，不须干预。尔常在赣州住札，不时往来于原拟各府州巡视。但有远近盗贼生发，即调官军、民快，设法剿捕。如长河梅花等洞、大盘等山，

① 吴百朋：《分建长宁县疏》，同治《赣州府志》卷六七《艺文志》。亦可参见江一麟：《平黄乡疏》，同治《赣州府志》卷六九《艺文志》。

先年尝有贼发去处，亦须预加防遏。尤须选委廉能属官，密切体访，及佥所在大户被害之家有智力人丁，设法追袭，量加粮赏；或募知因之人，阴为乡导；或购贼徒，自相斩捕；或听胁从并亡命窝主人等自首免罪。仍各严加戒约应捕人员，务得真正贼犯，不许妄执顶数，及容贼挟雠攀引，因而吓取财物、扰害良善。每月奏报已未获数，用凭稽考。凡遇饥荒，设法赈济；城池或有圮塞，即行筑浚；军器或有损坏，量宜修备。司、卫、府、县官员中廉能公勤、政务修举者，量加奖劝。其有隐匿贼情、退缩不捕及贪酷不才者，除文职五品以上及军职具奏区处，六品以下尔即径自究治。凡事有便于军民地方者，悉听尔便宜处置具奏。事有当与镇守、巡按、三司计议者，亦须公同计处，务在公当，俾民安盗息、地方无虞，斯副简任。尔其钦承之，毋怠毋忽。故谕。"①

这是有关南赣巡抚设置的最为详尽也最为可靠的记载。从这段记载特别是明廷给首任巡抚金泽的敕谕中，可以清楚地看出南赣巡抚设置的缘由、步骤、管辖范围及实际权限：

一、南赣巡抚的设置专为江西、福建、广东、湖广边境的流民问题。

二、其设置其实分为三步：第一步是委任一个巡抚江西右佥都御史（详下），专门清剿闹事的流民（主要是南赣地区的流民）；第二步是增设南赣兵备副使；第三步则是设置南赣巡抚。

三、弘治八年初置南赣巡抚时，其管辖范围为：江西的南安、赣州、建昌三府，福建的汀州府，广东的潮州、惠州、南雄三府，湖广的郴州，凡四省毗邻地区的七府一州。

四、专司"剿捕盗贼，抚安军民"，而各相关省府州文职军职官员均受其节制，但不得干预"民情事务"。

在明廷给首任巡抚金泽的敕谕中，有一句话是不准确的："先年尝准镇守等官奏请，添设都御史一员在彼巡抚总督。后因地方宁息革去。"此事发生在成化二十一年三月，由于南赣及江西各地频频发生流民闹事，明廷"升"广东按察使闵珪为都察院右佥都御史，巡抚江西，主持剿捕事宜。②虽然主要是为着剿捕南赣"盗贼"，但并非专巡抚"南赣"，而是巡抚"江西"。由于这个江西巡抚主要

① 《明孝宗实录》卷九九，弘治八年四月辛巳。

② 《明宪宗实录》卷二六三，成化二十一年三月己酉。

是为着四省边境流民问题而设,所以仍然可以视为南赣巡抚设置的第一步。

第二年二月,明廷根据江西巡抚闵珪的建议,在赣州设兵备道,专理四省边境地区的"捕盗"事务。《明宪宗实录》载:"成化二十二年二月癸卯,敕广西按察司佥事李辙专居赣州,提督捕盗。巡抚江西右佥都御史闵珪等言:赣州与福建、广东、湖广境,流贼攻劫,分巡等官责任不专,事多牵掣,乞专委按察司官一人,专居赣州,分巡岭北道,提督捕盗。事下兵部,言宜如珪议。敕分巡佥事李辙专任其事,并行三省附近卫所有司,俱听调遣。"①但南赣流民仍无法剿灭。于是在成化二十三年十二月,继任江西巡抚李昂建议,在赣州府的会昌县设江西行都指挥使司,以提高剿捕流民的力度。兵部部分地采纳了李昂的建议,但认为"江西地狭兵寡",不具备设行都司的条件,主张依照梧州"中制两广"的模式,在会昌设分守参将、兵备副使各一员,统领福建、江西五个千户所,并训练民快六七千人,"分屯操守"。②这样,在赣州出现了分巡、分守、兵备副使三套机构,犹如一省之有三司,互不相属。这就是明廷在设置南赣巡抚敕谕中提到的"南赣兵备副使"。这可以说是南赣巡抚设置的第二步。

由于流民闹事愈演愈烈,分巡、分守、兵备副使三套机构不仅事权不统一,且品级和权威都不足以主持捕剿事务,明朝政府不得已而走出了第三步:直接设置巡抚南赣都御史以取代南赣兵备副使。所以说,正是流民问题的升级而导致了南赣巡抚的产生。

类似的情况此前不久也发生在湖广的西北部。为了解决荆襄流民问题,明政府在成化十五年设"抚治"郧阳都御史,辖湖广之郧阳、襄阳二府,河南南阳府之邓、唐等州县,陕西西安府之商州、汉中府之兴安等州县。③但南赣巡抚的辖地更大,且巡抚的规格也高于"抚治"。不仅如此,由于镇压流民的战争规模越来越大,南赣巡抚的级别也逐步越高,由佥都御史(正四品)而副都御史(正三品)。南赣巡抚的权限也逐渐扩大,由巡抚而兼提督军务:"一应军马钱粮事宜,俱听便宜区画,以足军饷。但有盗贼生发,即便设法调兵剿杀,不许踵袭旧弊,招抚蒙蔽,重为民患。其管领兵快人等官员,不问文职武职,若在军前违期并逗遛退缩者,俱听军法从事。生擒盗贼,鞫问明白,亦听就行斩首示

① 《明宪宗实录》卷二七五,成化二十二年二月癸卯。

② 《明孝宗实录》卷八,成化二十三年十二月癸酉。

③ 原杰:《开设荆襄职官疏》,《明经世文编》卷九三;《明宪宗实录》卷一九〇。另见方志远:《明代的巡抚制度》,《中国史研究》1988年第3期;《明清湘鄂赣地区的人口流动与城乡商品经济》第三章。

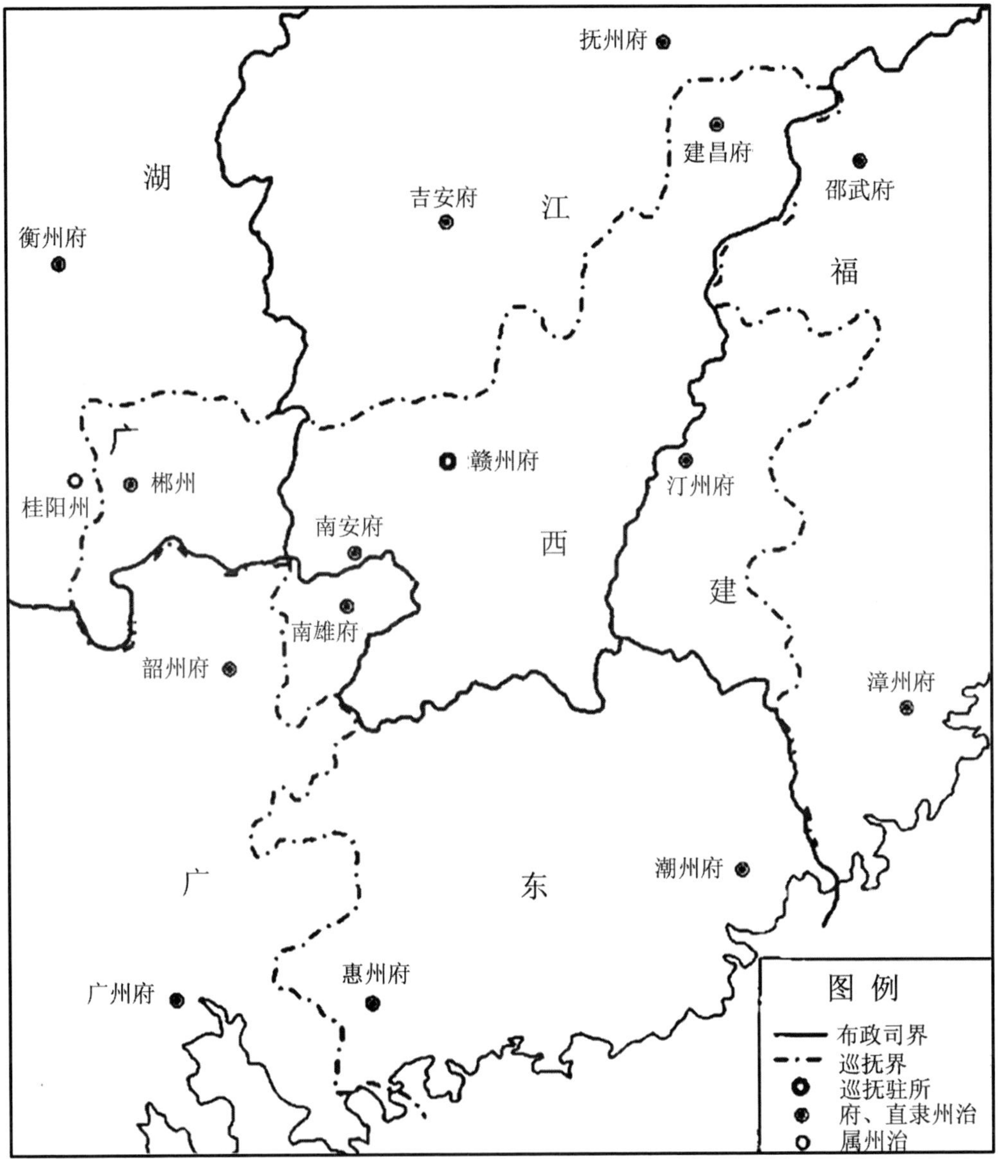

图 2-2　弘治八年(1495 年)南赣巡抚辖区图

本图参考唐立宗:《明代南赣巡抚辖区新探》(见《历史地理》第十九辑)文中地图及郭红、靳润成:《中国行政区划通史·明代卷》,复旦大学出版社 2007 年版,第 794 页,图 47。

众。”[①]南赣巡抚衙门的规制也水涨船高，成化、弘治间，历宦南、北二京及福建、湖广、山西、四川等地并出任山西巡抚的何乔新对南赣巡抚衙门作了如下记叙：

> 前后堂各五间，穿堂两廊，大门、仪门廊庑各若干间，堂左建后乐堂，东则建赏功所。大门之外，立抚安、镇静二坊牌。屏墙之南，又立三司厅，以为巡守、兵备会议白事之所。……穹堂峻宇，高闳崇墉，规制壮丽，他镇所未有也。凡公政令之布，赏罚之施，皆在此。诸帅出兵、受律、献馘，亦在此。郡县百司政有弛张，亦必至此白之，而后敢罢行焉。[②]

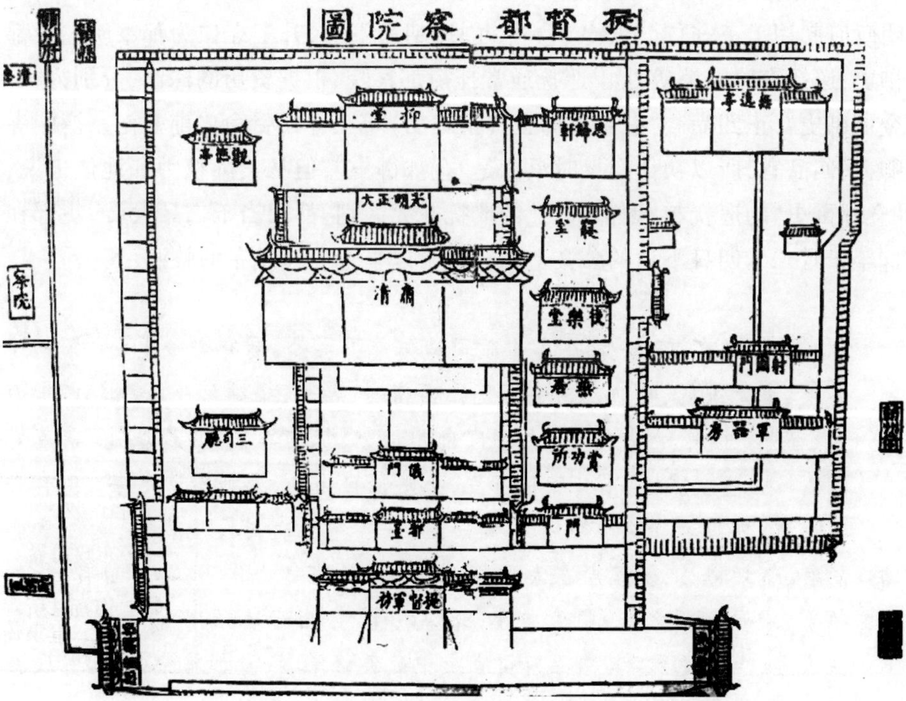

图 2-3　南赣巡抚衙门图，嘉靖《赣州府志》图十二。

① 王守仁：《王阳明全集》，卷一〇《换敕谢恩疏》。

② 何乔新：《新建巡抚院记》，嘉靖《赣州府志》卷一一《艺文》。

三、王守仁在南赣的经营

王守仁的"临危受命"

正德朝是明代的多事之秋,武宗皇帝一即位,就信用宦官刘瑾等人,使得内、外廷官僚集团的矛盾迅速激化,也导致了宦官势力的急剧膨胀,宦官势力由中央扩展到地方,从而又加剧了社会矛盾的发展。

从正德三年开始,四川先后爆发了以刘烈、蓝廷瑞、鄢本恕、廖惠、曹甫、方四、骆松祥、范藻等人领导的农民起义,直到正德九年才被最后镇压。而正德五年到正德七年间的以刘六、刘七兄弟及赵遂、杨虎、刘惠、齐彦名等人领导的河北农民起义军,更席卷南北直隶及山东、河南、湖北,为明朝中期影响最大的农民起义。

如前所述,此时的江西尤其是南赣地区也是乱无宁日。正是在这种情况下,明政府起用了王守仁。正德十一年九月,朝命下达,升王守仁为都察院左佥都御史,巡抚南赣汀漳等处。[①]巡抚通常挂衔都察院,根据资历的深浅,分别为"右佥都御史"(正四品)、"右副都御史"(正三品)。[②]王守仁受命之前是南京鸿胪寺卿,正四品官,所以初任巡抚时只能是"佥都御史",但从实际权力和地位来说,"佥都御史"的巡抚与"副都御史"的巡抚并无区别,都相当于二品大员。吏部在这年十月二十四日下达的公文上面转述了以皇帝名义发布的敕谕:

> 江西、福建、广东、湖广各布政司地方交界去处,屡有盗贼生发。因地连各境,事无统属,特命尔前去巡抚江西南安、赣州,福建汀州、漳州,广东南雄、韶州、惠州、潮州各府,及湖广郴州地方,抚安军民,修理城池,禁革奸弊。一应地方贼情,军马钱粮事宜,小则径自区画,大则奏请定夺。但有盗贼生发,即便严督各该兵备守御守巡,并各军卫有司设法剿捕,选委廉能属官,密切体访;及签所在大户,并被害之家,有智力人丁,多方追袭,量加犒赏;或募知因之人,阴为向导,或购贼徒,自相斩捕,或听协从并亡命窝主人等,自首免罪。其军卫有司官员中政务修举者,量加旌奖;其有贪残畏缩误事者,径自拿问发落。[③]

① 《明武宗实录》卷一四〇,正德十一年八月戊辰。

② 关于明代巡抚的问题,参见方志远:《明代的巡抚制度》,《中国史研究》1988年第3期。

③ 王守仁:《王阳明全集》,卷一六《巡抚南赣钦奉敕谕通行各属》。

朝廷所给的权力，不能说不大。而兵部的公文则特别提到都御史文森因迁延误事而被处置，内节录皇帝的敕谕，要求王守仁“着上紧去，不许辞避迟误”，责任也十分重大。

正德十二年正月十六日，王守仁来到了南赣汀漳巡抚衙门的所在地赣州。自成化以来，赣、闽、粤、湘接壤山区治安状况极为混乱，经常发生山民聚众抢劫过往商人的事件。当地官府派兵搜捕，山民或凭借地形潜逃，或对人数较少的官兵发起袭击。时间一长，酿成动乱。为了加强对这一地区的控制，明政府采纳了江西地方政府的提议，设立巡抚，管辖江西南安、赣州，福建汀州、漳州，广东潮州、惠州、南雄，以及湖广的郴州，共七府一州，组成了一个“特别行政区”。

这一地区远离各省统治中心，经济文化落后，向来就是没有王法的地方。土著居民和客居侨民之间、家族与家族之间，因为山林、田地及其他事情引起纠纷，里老管不了，也不提起诉讼，而是动辄械斗。地方官员则多由内地贬谪而来，除了搜刮百姓，大多饱食终日，无所用心。明朝建国之初虽然也在这一地区设立了里甲制度，但数十年后，早已名存实亡。巡抚设置之后，形势并无好转。从弘治十年开始，到正德十一年，近20年间，巡抚换了几任，山民聚结守险，抢劫商人，抗拒官兵，而且越闹规模越大，有不可收拾之势。

“破山中贼”

王守仁平灭“山贼”的第一步是到任后在各府州县发布名为《十家牌法告谕各府父老子弟》的告示，推行十家牌法，即首先切断城乡居民与“山贼”的联系。在给各按察司分巡道的指令中，王守仁说明了推行“十家牌法”的真正用意：

> 照得本院巡抚地方，盗贼充斥。因念御外之策，必以治内为先。顾莅事未久，尚昧土俗，永惟抚辑之宜，懵然未有所措。访得所属军民之家，多有规图小利，寄住来历不明之人，同为狡伪欺窃之事。甚者私通峯贼，而与之传递消息；窝藏奸宄，而为之盘据由缘。盗贼不靖，职此其由。①

由于居民多通“山贼”，所以才行十家牌法，其实是行十家连坐法，一家“窝藏”或者暗通“山贼”，十家连坐。通过这种办法，使得居民不敢和“山贼”接触，

① 王守仁：《王阳明全集》，卷一六《案行各分巡道督编十家牌》。

断其内应和粮食补充。王守仁要求各分巡道将他的指令立即下达给所属府、县，由掌印官亲自负责，依照样式制作“十家牌”，沿街沿巷、逐乡逐村，挨次编排，必须在一个月之内完成。各道要严加督察，到时检查，将所造名册缴巡抚衙门，以备查考。依违拖沓、过期未办者，罚；急公忘私、编排及时者，奖。王守仁再接再厉，在十家牌法的基础上，又推出了保长法，与十家牌法一道，构成了保甲法。

接下来是选练民兵。王守仁要求四省各分巡道的兵备副使，在所属各县的弩手、打手、机兵、捕快之中，挑选“骁勇绝群、胆力出众之士”，每县多则十几人，少则八九人；如数量不够，则悬赏召募，重赏之下，必有应募者。江西、福建两兵备道，各召五六百人，广东、湖广两兵备道，各召四五百人。从中再选出勇力、胆识尤其出众者，用为将官。又从卫所军官中挑选武艺出众、有实战经验者，对民兵进行正规训练，使其熟悉金鼓号令、进退步法，以及攻防之术。编练民兵是兵备道的责任，巡抚衙门则时加督察，偶尔进行调遣，检验其机动能力。[①]王守仁对这支新编的民兵寄予了很高的期望，称之为“精兵”。而实际上，在以后对四省山区义军及惯匪的战斗中，这支民兵也真起了核心和骨干作用。

同时，通过疏通盐法、提留商税自行筹措兵饷。王守仁认准了这两个财源，连续给朝廷上疏，要求：第一，不仅南安、赣州继续行广盐，而且将广盐的行销范围扩大到吉安、临江、袁州；如商人在南安、赣州二府卖盐，需按十抽一的原例纳税，如在吉安等三府卖盐，因利润更大，应按十抽二的比例交税。第二，整顿南安折梅亭、赣州龟角尾两个税关，统一在龟角尾收税，这样，来往商人不觉繁复，但也无法偷税漏税，更为重要的是，可以革除奸吏贪污及因为收受贿赂而少收或不收商税的积弊。第三，在当地的民乱没有平定之前，这些商税留作南赣巡抚平乱的军费。[②]经过反复的陈述和交涉，朝廷同意了王守仁的要求，加上对贪官污吏赃银的追索，编练民兵的军费问题基本解决了。

与以上准备工作同时进行的是毫不留情的军事打击。

比较而言，势力最大、最难破灭的“山贼”是在江西和广东交界的横水、桶岗、浰头。他决定先易后难，继续对福建漳南山区用兵，首先平灭以詹师富为首的“山贼”，解除后顾之忧，然后再进剿横水等地的“山贼”。

平灭漳南山区的战事从正德十二年正月开始，到三月底结束，前后持续了

① 王守仁：《王阳明全集》，卷一六《选拣民兵》。

② 王守仁：《王阳明全集》，卷九《疏通盐法疏》、卷一〇《议南赣商税疏》、卷一一《再请疏通盐法疏》。

近三个月。“山贼”被杀2700余人,俘虏1500余人,落入山涧深谷丧生者不计其数,至少有3000多间房屋被官军烧毁。另有4000多名“山贼”被招抚,安插复业。十年来令福建、广东、江西三省官府昼夜不安的漳南山区“贼首”詹师富也在可塘洞被俘。

这是南赣汀漳巡抚设置以来从未有过的大胜仗,而且是在朝廷没有发一兵一卒、没有拨一文钱一粒米的情况下反败为胜的。故王守仁在给朝廷的报捷疏中不无得意地说:

> 闽广贼首詹师富、温火烧等恃险从逆已将十年,党恶聚徒,动以万计。鼠狐得肆跳梁,蛇豕渐无纪极;劫剽焚驱,数郡遭其荼毒;转输征调,三省为之骚然。臣等奉行诛剿,三月之内,遂克歼取渠魁。扫荡巢穴,百姓解倒悬之苦,列郡获再生之安。①

漳南鏖战初战告捷,王守仁开始在军中建立起了威望。也就在平定漳南“山贼”的战斗中,王守仁进一步发现了官军缺乏纪律、机动性差的弱点。因此,战事一结束,便利用自己刚刚树立起来的威望,进行军队改革。他以这次参加征讨南漳的部队为试点,对原有军事编制加以调整:每25人编为一“伍”,每伍设一“小甲”即伍长;两个“伍”即50人为一“队”,每队设一“总甲”即队长;四队即200人为一“哨”,每哨设一“哨长”;两哨即400人为一“营”,每营设一“营官”及两个“参谋”;三个营即1200人为一阵,每阵设有“偏将”;二阵即2400人为一军,每军设有副将。偏将、副将的设员根据需要而定。同时规定,副将可以罚偏将、偏将可以罚营官、营官可以罚哨长、哨长可以罚总甲、总甲可以罚小甲、小甲可以罚伍众。这样便可以“上下相维、大小相承,如身之使臂、臂之使指,举动如一,治众如寡”。而这个“身”,自然是全军统帅王守仁自己。

为了使各部队间相互熟悉,每“伍”还发有五块木牌或竹牌,每5人一块,牌上写着同伍25人的姓名,以便联络,这牌叫做“伍符”。每一队造两对牌,编立字号,称“队符”,一块由总甲保管,一块藏于巡抚衙门。哨、营也分别设有“哨符”、“营符”。这些“营符”、“哨符”、“队符”,实际上起着兵符的作用,既便于调动军队,又可以防止奸伪。遇有征调,巡抚衙门发出符牌,各队、哨、营合符之后,立

① 王守仁:《王阳明全集》,卷九《闽广捷音疏》。

即执行。

有了初战告捷的本钱，王守仁也开始向朝廷要求更大的权力。他向朝廷报告说，南漳之“贼”既平，接下来就要进攻比南漳之“贼”势力更大、更不易对付的横水、桶岗、浰头之“贼”。而平定这些“山贼”，实际上有两种办法。一种是传统兵法所说的“十围五攻”的办法，即眼下有两万名“山贼”，朝廷可调集10万人马，包括边军和“狼兵”，进行围剿。不过这样每天得耗费军饷上千两，还要用70万民夫运送给养，从调集部队到发起进攻，要费一年时间，“狼兵”和边军所过之地，百姓得承受骚扰和掠夺之苦，至于“山贼”能否真正平灭，尚在两可之间。另一种办法，是“假臣等以赏罚重权，使得便宜行事，期于成功，不限以时”。只要朝廷给我充分的自主权和赏罚权，不要急于求成，不要动辄掣肘，这样，我可以根据时机的成熟与否，剿抚结合、相机而动，朝廷没有兴师动众、糜兵费饷之累，百姓也没有运粮运草、横遭劫难之苦。[①]两种办法孰优孰劣，自然不言而喻。

由于在这一问题上内阁和兵部的意见一致，所以在王守仁上疏之后的三个月，朝廷新的委任书就下到了赣州。兵部的委任书照录了皇帝的“御批”：“王守仁著领提督南、赣、汀、漳等处军务，换敕与他。钦此。”话很简单，却很关键。明朝中期以后的巡抚虽说是一省的最高军政长官，但只有明确了“提督军务”，才能真正调动军队。由内阁起草的敕谕对这一新委任作了具体说明：

> 江西南安、赣州地方，与福建汀、漳二府，广东南（雄）、韶（州）、潮（州）、惠（州）四府，及湖广郴州桂阳县，壤地相接，山岭相连，其间盗贼不时生发，东追则西窜，南捕则北奔。盖因地分各省，事无统属，彼此推调，难为处置。先年尝设有都御史一员，巡抚前项地方，就令督剿盗贼。但责任不专，类多因循苟且，不能申明赏罚以励人心，致令盗贼滋多，地方受祸。今因所奏及该部覆奏事理，特改命尔提督军务，抚安军民，修理城池，禁革奸弊。一应军马钱粮事宜，俱便宜区画，以足军饷。但有盗贼生发，即便设法调兵剿杀，不许踵袭旧弊，招抚蒙蔽，重为民患。其管领兵快人等官员，不问文职武职，若在军前违期并逗留退缩者，俱听军法从事。生擒盗贼，鞫问明白，亦听就行斩首示众。[①]

① 王守仁：《王阳明全集》，卷九《攻治盗贼二策疏》。

根据原来南赣汀漳巡抚的委任，军马钱粮事宜，小则自行区画，大则奏请定夺；遇有“贼”情，“严督”各官剿捕；犒赏惩罚，只能“量加”进行。如今一兼提督军务，则军马钱粮事宜，无论大小，“俱便宜区画”；遇有“贼”情，则可“调兵剿杀”；特别是无论文官武将，有不听号令者，“俱听军法从事”。兵部还发下了八副旗牌，以壮其军威。

在向朝廷讨价还价的同时，王守仁加紧了对盘踞在南赣地区“山贼”的用兵部署。

南赣“山贼”，主要有三大股：横水、桶岗、浰头。横水、桶岗位于江西西南部上犹、南康、大余之间的大山之中，流民结成了近百股武装势力。其中势力最大的是横水谢志珊和桶岗蓝天凤，都已建号称王。浰头有上、中、下之分，又称“三浰”，位于广东龙川、河源二县北部与江西龙南县的交界地区，也是广东本省及江西流民的集聚地。和横水、桶岗情况相似，浰头的流民也先是占耕田地，继而武装集结，与官府为敌。从弘治末开始，20年来，浰头成为广东、江西、福建三省动乱的渊薮。浰头流民中最著名的首领池仲容自称为王，至于自称为元帅、总兵、都督、将军者不计其数。官府认为，在江西、广东、福建三省的“山贼”中，浰头“山贼”是最难对付的。

王守仁仔细分析了当时的形势，采取了明令攻桶岗，暗中取横水的进兵计划。正德十二年十月，王守仁秘密调动部队，向横水进兵。横水一破，左溪也随之瓦解。谢志珊等人借着地形熟悉，向桶岗逃窜。官军乘胜追击，摧毁了50多处流民居住点，杀死和俘虏“山贼”及家属共4000多人。接着桶岗被官军攻破。先后有30多个流民居住点被摧毁，3400多流民被杀、被俘。蓝天凤、谢志珊等流民首领也尽被俘虏。

横水、桶岗荡平之后，剩下的就是浰头“山贼”了。正德十二年岁末，首领池仲容在王守仁的震慑利诱和部众的劝说下，与93位首领一齐来到赣州城。王守仁于正德十三年正月初三乘夜在祥符宫中对池仲容等人进行暗杀处置。正月初七日，王守仁亲自指挥早已在龙南等地集结的官军直扑上、中、下三浰。虽然主要首领几乎全部遇难，但浰头的流民仍然进行了拼死抗击。到正德十三年四月，随着浰头“山贼”的被平灭，整个南、赣、汀、漳、潮、惠、韶地区大抵上平静了。

① 王守仁：《王阳明全集》，卷一〇《换敕谢恩疏》。

从官军的缴获当中，王守仁也看到了这些所谓“山贼”的真实生活状况。平漳南后，虽然福建方面的战报说“夺获牛马赃仗无算”，却并无具体的数字；而有“战利品”数字的广东方面的战报，在“擒斩贼犯”1258名、“俘获贼属”922名的同时，仅夺得水牛、黄牛及马139头(匹)、衣布等物2157件匹、葛蕉纱96.1斤、“赃银”32.48两、铜钱142文。①

面对这些赤贫如洗的“山贼”，王守仁应也有怜悯之心。但作为朝廷命官，特别是负有“抚治”地方治安职责的巡抚都御史，他又得对他们大开杀戒。同时他也明白，只要官军认真去“剿灭”，“山贼”是不难对付的。问题是旋灭旋生，因此，善后倒是更为重要的事情。

闽、粤、湘、赣四省交界地区的“山贼”，主要由两种人员构成。一是当地的豪强或外地逃窜而来的惯犯，他们因各种原因与官府不合，铤而走险，这是“山贼”中的核心及骨干力量。二是流民，他们或来自福建、广东的沿海及丘陵地区，或来自江西鄱阳湖及吉泰盆地，他们在人数上占“山贼”的绝大部分，因为不堪忍受原籍的赋税徭役而“从贼”。另外，也有少量的本地土著居民。

在平灭南赣汀漳的“山贼”之后，王守仁根据“山贼”的不同情况作了区别对待。对于那些一心与官府为敌的“惯犯”，如詹师富、温火烧、谢志珊、蓝天凤、池仲容等，请示朝廷，予以处决，乃至先杀而后奏。对于当地的土著居民，允许回原籍仍习旧业，并免除实际上已经无法征收的欠赋。对于外地流民，称之为“新民”，允许就地入籍。这种具有针对性的政策，对于从内部瓦解“山贼”的斗志、安抚“从贼”人员，起了重要作用。但要使这一地区长时期得以安定，还必须强化管理。措施就是中国历代统治者常用的办法，即平“贼”之后在该地设县立府以行控制。②

福建平和、江西崇义、广东和平三县的设置，加强了明政府对赣、闽、粤、湘接壤地区的统治。此后隆庆三年设定南县，万历四年设长宁县，实际上沿袭的都是这种化“盗区”为“政区”的思路和方法，使这一地区的无政府状态得到一定的改变。③

---

① 王守仁：《王阳明全集》卷九《闽广捷音疏》。

② 详见本书第二章第三节。

③ 参考唐立宗：《在“盗区”与“政区”之间——明代闽粤赣湘交界的秩序变动与地方行政演化》，台湾大学出版委员会2002年版，黄志繁：《“贼”“民”之间：12—18世纪赣南地域社会》第三章第三节，三联书店2006年版。

"破心中贼"

从正德十二年正月至十三年六月，王守仁到南赣仅一年半的时间，便翦灭了为患几十年的"巨寇"，他也因此由正四品都察院佥都御史升为正三品右副都御史。

早在正德十三年正月之前，王守仁就提出了"破山中贼易，破心中贼难"的观点。在袭击浰头之前，他给弟子的信中曾写道："即日已抵龙南，明日入巢，四路兵皆已如期并进，贼有必破之势。某向在横水，尝寄书仕德(即杨骥)云：'破山中贼易，破心中贼难。'区区剪除鼠窃，何足为异。若诸贤扫荡心腹之寇，以收廓清之功，此诚大丈夫不世之伟绩。"[2]在王守仁看来，破"山中贼"不过是举手之劳，而破"心中贼"、扫荡人们心中的私欲恶念，那才是大丈夫的不世伟业。如今"山中贼"已破，王守仁开始着手破"心中贼"了。

王守仁一直认为，南赣地区的"山贼"为患，根本原因在于民风不善，在于民众缺乏应有的礼制约束，法制观念淡薄。因此，要彻底清除山中的"贼"，就必须清除心中的"贼"。主要措施是戒奢靡、立乡约、兴社学、行教化。

正德十三年四月，王守仁刚从浰头回到赣州，便开始了他的"教化"工作。在这方面，王守仁做庐陵知县时已积累了不少经验。他亲自草就了一份告谕，发到南安、赣州等府，让各府衙门照式翻印，要求各县根据十家牌，发放到城乡，即使是穷山僻壤，也务必要家喻户晓。告谕不用雕饰，开门见山便说："告谕百姓，风俗不美，乱所由兴。今民穷苦已甚，而又竞为淫侈，岂不重自困乏？夫民习染既久，亦难一旦尽变，吾姑就其易改者，渐次诲尔。"王守仁认为，风俗的不善，是祸乱的开端。百姓久为"山贼"所扰，本已穷困，却又有奢侈浪费的恶习。多年积蓄的钱财，往往做一次喜事或丧事就全部耗尽，甚至负债累累。丰年也难以度日，一旦遇上天灾人祸，只有流离失所，或者上山为"贼"。但移恶习犹如治重病，必须先易后难，循序渐进。王守仁开列了他认为容易革除的一些恶习，要求管辖范围之内的百姓必须共同遵守：

第一，家中有丧事，不许用鼓乐，不许请和尚道士做道场，不许大肆请客。子女应在父母在世时多行孝道，不应在死后空费钱财。

第二，婚姻嫁娶，不得计较财礼嫁妆，不得大会宾客。

第三，亲戚邻里之间，平日当诚心相待，不得徒事虚文，以过年过节及办喜

---

① 王守仁：《王阳明全集》，卷四《与杨仕德薛尚谦书》。

庆丧事等名义，请客送礼，相互攀比。

第四，家中若有病人，应及时求医问药，不得听信邪术，专事巫祷。

第五，城镇乡村的迎神赛会，参加者动辄成百上千，既浪费钱财，又易引起宗族间的械斗，必须停止。

五项规定的核心在于禁止浪费、提倡节俭。

王守仁仍然是借助他的十家牌法来进行强制。他在“告谕”中警告说：以前本地有奢侈浪费的恶习，不能全怪百姓，各级官员也有教导不明的责任。如今政府大力提倡节俭，再有不听政府劝导而违反上述禁约者，责任就在百姓自己了。他要求“十家牌邻互相纠察，容隐不举正者，十家均罪”[①]。

在倡导节俭的基础上，王守仁进行全面的社会改革，即推行著名的《南赣乡约》[②]。《南赣乡约》一共有十五条，主要内容是：

一、以一村或一族为一“约”。每约推举年高有道德、为众人所敬服者一人为约长、二人为约副，推举公直果断者四人为约正，通达明察者四人为约史，精健廉干者四人为知约，熟悉礼仪者二人为约赞。又设文簿三册，一册书写同约居民的姓名及其每天的起居作习情况，另外二册分别记录善行和劣迹。

二、每约选择当地较为宽大的一所寺观为立约所，每月十五日，本约百姓应在立约所聚会一次。聚会日，先由约长带领人们读乡约，要求孝敬父母、尊重兄长、教训子弟、和睦乡里、死丧相助、患难相恤、善相劝勉、恶相告戒、息讼罢争、讲究信誉，“务为良善之民，共成仁厚之俗”。然后由约史宣告当月为善为恶者的事迹，为善者褒奖，为恶者劝戒，如屡有过恶而不改者，则执送官府，处之以法。

三、本约如有人陷于危难，约长当会同本约之人帮助排危解难；如有人逃役逃税，约长也应劝说如期服役、纳税；乡邻之间因财产或其他事情发生争执，不得斗殴，应听从约长秉公处置；如有勾结“山贼”者，约长应与本约之人进行劝告，使其改恶从善，如不听劝告，即行执送到官，或报官府拘捕。

四、土著居民和“新民”即外来流民之间，不得再因过去的恩怨而相互寻仇，约长有责任时常晓谕，防患于未然；本地大户及过境商人放债收息，必须依照常规，不得用高利贷坑害乡民，如有贫苦不能偿债者，约长应劝其放宽时日，

---

① 王守仁：《王阳明全集》，卷一六《告谕》、《仰南安、赣州印行告谕牌》。

② 王守仁：《王阳明全集》，卷一七《南赣乡约》。

不得过于逼迫，致使贫民为盗。

五、办理父母的丧葬，应量力而行，不得大肆铺张；如有不听劝告而挥霍浪费者，即在本约纠过簿内记以“不孝”。婚姻嫁娶，都应及时，约长应时时查视，不得因财礼或嫁妆不足而延期。

六、凡有府州县吏员及义民、总甲、里老、百长、弓兵、机快人等下乡骚扰百姓、索求财物者，约长可率本约之民将其械送官府追究。

《南赣乡约》是王守仁在原十家牌法的基础上推行的又一社会改革措施。如果说十家牌法是通过民众之间的相互监督进行管理，那么乡约则是通过民众的自治，以达到社会的稳定。这种办法其实与明初推行的申明、旌善亭与乡饮酒礼十分相似，也可以说是这几个措施的结合和改造。

但是，无论是十家牌法还是南赣乡约，都带有一定的强制性，它可以在一定程度上起到移风易俗的作用，但不能从根本上树立起道德观念。要使人们从内心自觉地接受礼制的规范，仍得依靠兴办学校，进行有系统的传统道德教育。因此，王守仁又在南安、赣州大力倡导和督促恢复社学，并兴建书院，希望通过教化的作用在南赣建立起新的秩序。

四、明后期江西的农民与奴仆起义

经过正德时期大规模的流民动荡之后，虽然仍有小规模的民变发生[①]，但江西社会从整体上说，进入到一个相对稳定时期。到崇祯时期，受李自成、张献忠起义的影响，江西也陆续发生了多起情况各异的民变。

崇祯十年，都昌、萍乡发生了小股农民起义。十一年，铅山张普微倡“无为教”，聚众起义，攻弋阳、贵溪，计划经上清入建昌，未果。崇祯十六年，张献忠军进攻萍乡，明朝知县弃城而逃，“萍乡士民牛酒远迎”[②]。此后分宜、万载、袁州相继为棚民军队攻下。袁州士民在大门上贴“顺天救民”字样，表示欢庆。十月，另一支大西军从长沙攻入吉安，明军溃散，文武官僚逃走，庐陵、吉水、永新、安福、泰和诸县同日发报，改吉安府为新安府、庐陵县为顺民县。峡江县民闻讯，

---

① 如万历二年(1574 年)，江西宁州李大銮、杨青山据守大幽山、金鸡桥等处。万历五年，巡抚江西都御史潘季驯遣把总邓子龙等五路官兵剿杀，李大銮等被擒。明政府遂于铜鼓石营驻兵，立守备等官司，镇压地方(雍正《江西通志》卷四《山川一》)。

② 光绪《江西通志》卷九六《武功二》。

先自拘捕知县，准备迎接大西农民军。[①]

赣西山区是棚民集聚地，崇祯十六年，福建"棚长"丘仰寰、朱益吾及本地卢南阳等人聚众数千，结寨于万载、宁州交界的天井窝，攻打县城，队伍发展到万余人，并配合大西军攻下袁州。不久，明将左良玉遣副总兵吴学礼率兵夺袁州。城破后，丘仰寰等2400人被杀。左良玉的官军所到之处，淫杀俘掠，袁州、临江、吉安三府人民遭受极大灾难，纷纷藏进山谷，"所在屯结，以拒官军"[②]。据《袁州府志》记载，官军在宜春县搜杀百姓，有"一兵而索贯数十人头者，入某居任其炮烙淫杀"。且"左兵淫杀，百倍于寇。宜春化北乡林田石洞，深邃广阔，居民避入洞内，兵以火薰之，死者八百余人"[③]。

同年十二月，大西军攻占建昌府、抚州府及南丰县。不久，张献忠挥师入川，湖南、江西恢复明朝统治秩序，大西政权官员和起义农民又再遭杀戮。庐陵县吴侯，是大西政权任命的龙泉知县，他本是一个"性狂不羁，能诗、古文"的文人，在明政权下"肮脏自怜"，未得任用。张献忠开科取士，吴侯考中进士，列三甲，授知县。在龙泉任上不到半月，被居家御史郭维经等乡绅捕获，受审时"从容慷慨，颜色不变，所书供状千余言，皆四六骈语，琅琅可诵"[④]。

全国性的农民大起义也激发了处在社会底层的佃农和奴仆求得人身自由的愿望。

定南杨细徕是明末较早利用宗教形式发动民众的奴仆。杨细徕本为"定南何氏家奴"，因不堪压迫而在外流亡数载。崇祯十六年，他回到定南，自称"遇师指引，今当弥勒下界"，预言将要"天翻地覆"，有"铜风铁雨"落下，只有加入密教才能免遭劫难。据地方志记载："(细徕)因是煽惑男妇以千万计，立教堂于定南县樟田，密约从教者俱于本年六月初一日齐赴龙华会。一时愚民哄动，有弃其父母妻子产业而不顾者。至晚，细徕密谕腹徒，各选精丁，授以兵具，诡云：至下历司，踏胜地举刃疾呼，其城自崩。至(下历)司试其术，不验。营兵发炮，伤数人，众悉奔溃。"结果杨细徕被俘杀。[⑤]杨细徕所为，是僻远山区的"家奴"借明王

① 计六奇：《明季北略》卷十九，《吕大器复江西郡县条》。

② 谈迁：《国榷》，卷九九；光绪《江西通志》卷九六《武功二》。

③ 康熙《袁州府志》卷二十《遗事》。

④ 民国《吉安县志》卷四八《丛志·逸事下》。

⑤ 康熙《龙南县志》卷一一《纪事》。

朝即将覆灭的风云，反抗奴主压迫的体现。

隆武元年（即顺治二年，1645）九月，石城佃农吴万乾领导佃农，组织“田兵”，提出废“桶面”[①]。斗争发动起来之后，进一步提出减少租额，一石止纳七八斗；又提出永佃权的要求，即佃种权利长期归佃农。石城佃农的斗争，和宁都、瑞金以及福建宁化县农民的斗争互相联络，组织成“集贤会”，并六次攻打石城县城。顺治三年，清兵攻占了石城；四年，田兵在几千名清兵进攻下失败，吴万乾退往汀州，被擒杀[②]。

瑞金县佃农在河志源、沈士昌、范文贞等人领导下，效法吴万乾：“倡立田兵，旗帜号色皆书‘八乡均佃’。均之云者，欲三分田主之田，而以一分为佃人耕田之本；其所耕之田，田主有易姓而佃夫无易人，永为世业。”[③]如此具体明白的永佃权内容，是佃户反抗地主所有制的生动反映。田兵们涌进县城，“逼县官印均田帖以数万计”，南明的官员不得不责令粮户（田主）与佃户立盟，“捐额租，除年节等项旧例，粮户不敢出一言，唯唯而已”[④]。并且“竖碑县门，勒以为例”。顺治四年，清朝知县徐珩请兵于省、府，“破其山寨，戮五六千人[⑤]。”

在明朝地方统治已经瓦解的时期，吉安地区的佃仆再次举起“铲平”的旗帜，向豪绅地主发起进攻。同治《永新县志》记载：“初，甲申（1644）、乙酉（1645）间，吉州一大变也。苍头蜂起，佃甲、斯役群不逞者从之。封牛屠家聚会，睢盱跳梁。每材千百人，各有渠魁，裂裳为旗，销锄为刃，皆僭号铲平王，谓铲主仆、贵财、贫富而平之也。诸佃各袭主人衣冠，入高门，分据其宅，发仓廪散之。缚其主于柱，加鞭笞焉。每群饮，则命主跪而酌酒，批其颊数之曰：‘均人也，奈何以奴呼我？今而后得反之也。’此风滥觞于安福、庐陵，其后乃浸淫及永新。”[⑥]吉安府既是“文人贤士固多”之地，又是经济文化相对发达但人口对土地压力也十分严重的地区，因而也是阶级矛盾异常尖锐的地区，一有风吹草动，佃农家奴也就蜂起反抗。

① 按：石城“旧例，每租一石，收耗一斗，名为桶面。”顺治《石城县志》卷八《纪事》。

② 道光《宁都州志》卷一四《武事志》。

③ 乾隆《瑞金县志》卷七《上督府田贼始末》。

④ 乾隆《瑞金县志》卷七《上督府田贼始末》。

⑤ 道光《宁都州志》卷十四《武事志》。

⑥ 同治《永新县志》卷十五《武事志》。

第三章

明代江西的农田水利与多种经营

第一节 明代江西的农田水利与农业劳动力

一、湖区圩田与山区梯田

江西全境除鄱阳湖区外，均为丘陵和山区。湖区的圩田和丘陵山区的梯田成为江西农民耕作的重要土地资源。

包世臣说："江右产谷，全仗圩田。"[①]这当然是就鄱阳湖区而言。农业生产在很大程度上是靠天吃饭，首要的任务是治水。圩堤是江西主要是鄱阳湖区防水、垦辟、保护田地的常见形式。在临江带湖地区，"田以堤为命"。为保护农田不被水淹，江西在明代修复了诸多旧圩堤，又修建了大量新圩堤。圩堤上建有沟渠、湖塘等设施，兼有防水、排水、蓄水、灌溉等多种功能。圩堤内所围、所护之田则称为圩田(围田)。宋代以来，鄱阳湖区即是江西最重要的农业生产区特别是稻作生产区。这里的耕作程度历来高于山区，至元明时期，肥田沃土早已开耕栽种，加以人口密度增大，人均耕地减少，所以农民与水争地、筑圩围田的努力超过前代。围湖垦田的湖滨，主要是赣江、修水、饶河、信江、抚河等五河下

① 包世臣：《安吴四种》，《齐民四术》卷二七《留致江西新抚部陈玉生书》。

游入湖地区，又以南昌、新建、鄱阳、余干、进贤等县居多。

南昌县，弘治年间南昌知府祝瀚督修圩堤64所，到万历十四年增筑至138所。规模大的如弘治十二年修筑的大有圩、富有圩，前后连接约长30里；修筑稍晚的义修圩，南北径20里，周回约40里。[①]万恭《牛尾闸碑》记弘治时南昌知府督修大有圩："西始石亭庄，东抵牛尾零，延袤四十里，北联大浸入鄱湖，而南垦平田数千亩。"[②]齐誉《谯堤记》则记嘉靖年间知府谯孟龙在南昌府城西南修筑的谯堤："障民居五千余家，田数万亩。"[③]堤成第二年秋获得了大丰收，"秋禾乃大稔甲于诸方"[④]。南昌北面有余家塘、黄泥岭、双坑圩、万家塘、王甫巷等五圩，"成田以数十万，跨南、新二邑属之粮以万计"；且"下联四十八圩"，"五圩成(则)四十八圩皆壤也，五圩败(则)四十八圩皆鱼也"。嘉靖初年被洪水冲决其中的两圩，官民合力化了三年时间才修好。万历十四年再发大水，于是南昌知县以"黄河卷埽法"，募"水民田夫"修筑而成。[⑤]因十四、十五两年连遭水灾，知府范涞与南昌知县呈请两院司道，共发给银4500余两赈济饥荒并修筑堤圩桥闸。[⑥]

新建县，圩堤集中在濒临鄱阳湖的下新建，许多工程与南昌县合作。弘治十二年南昌府借赈饥之便，募民增筑利顺圩等49所；万历十四年水灾过后，重修与新筑圩堤174所；万历三十五年再遭大水，又重修圩堤116所，据称全长约20万丈。[⑦]

进贤县，北依鄱阳湖，南接抚河，地势低下，农田皆藉圩堤而成。成化二年和余干县合筑郭坪圩，弘治间筑梓溪圩、丰乐圩，工程巨大，绵长百余里。万历十五、十六年，增筑圩堤6条。万历三十六年大水冲毁旧堤，重新筑圩8条，共长1.4万余丈，加建石枧11处。[⑧]

鄱阳县，西部滨湖，东部和南部则有乐安江、昌江和信江来汇，水道众多，涝灾严重，是以自古重视修筑陂堤。在明代修筑的陂堤中，年代比较清楚的有成化年间的濠湖圩，弘治年间的北湖圩、汤湾湖圩、郭溪圩；嘉靖年间维修加固的圩堤有南湖圩、道汊湖圩、北湖圩、濠湖圩、西朗圩、郭溪圩、樟潭圩、湘岭湖

① 光绪《南昌县志》卷六《水利》。

② 万恭：《牛尾闸碑》，乾隆《南昌府志》卷六〇。

③ 同治《南昌县志》卷五《水利》。

④ 齐誉：《谯堤记》，万历《新修南昌府志》卷二九《艺文》。

⑤ 万恭：《筑五圩碑记》，万历《新修南昌府志》卷二九《艺文》。

⑥ 万历《新修南昌府志》卷六《水利》。

⑦ 道光《新建县志》卷一二《水利》。

⑧ 同治《进贤县志》卷五《建置》。

圩、画湖圩、汤湾湖圩、清泥圩、孔目圩等12处。[①]

余干县，滨信江而接鄱阳湖，万历以前修筑的圩堤有24条，“绵亘二百余里，以除水患”[②]。

此外，丰城、建昌、德安、德化、星子、都昌、湖口等县都建有大小长短不一的圩堤。

修筑圩堤，首先在于防洪卫田，保护生命财产安全，使原有的农田收益稳定。其次，围垦湖滩草洲，扩大了耕田面积。防洪与扩耕的功效并举。鄱阳县明朝所修的濠湖圩、北湖圩、汤湾湖圩、郭溪圩合计围田19700余亩。这些资料表明圩堤增加农田的功能不容忽视。南昌县的余家塘等五圩所围的田地，交纳赋粮食以万计，占万历三十六年全县赋粮11万余石的1/10。值得一提的是，南昌、九江、进贤、新建、丰城等濒临鄱阳湖的城邑，还修建了许多保护城区的水利设施，如南昌府城的万公堤、周公堤，丰城县城的环邑石堤，玉山县治南面的新安堤等。

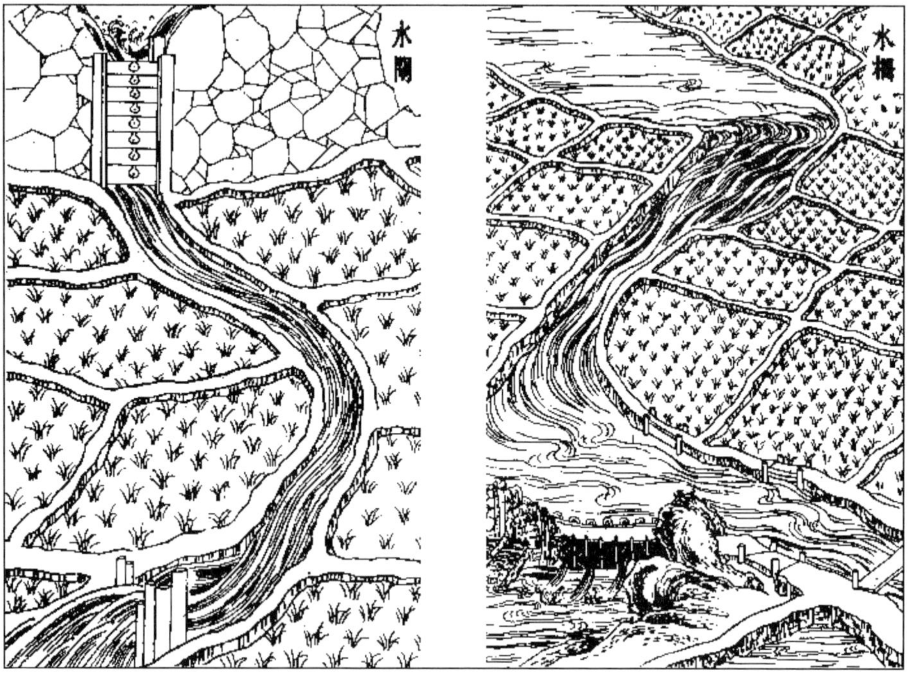

图3-1 水闸、水栅图，《天工开物》卷上《乃粒》插图。

① 同治《鄱阳县志》卷四《水利》。

② 道光《余干县》卷一九《直指田公捐金筑堤碑记》。

鄱阳湖的水文特点，为围湖造田提供了良好的环境。湖区高水位时湖面积约为3000平方千米，枯水位时仅有300—400平方千米，二者之差的面积便形成大片的草洲、泥滩和沙滩，它们主要分布在五河入湖的三角洲地区，草洲显露的时间在250—327天之间，是筑圩围垦的首要对象。据现今的勘测，这些湖滩草洲发育的历史大约有1000年，余干县境内的湖滩草洲发育史仅800年。也就是说，大约从宋代开始，赣江等五河夹带的泥沙已逐渐在湖中淤积成沙滩草洲了。而宋代正值江西开垦梯田的高潮，到处是"大田耕尽却耕山"的场面，势必导致植被减少，水土流失。从宋代到明代，持续300余年的流失和淤积，形成了湖区的大片草洲，为围垦提供了自然基础；另一方面则是河床提高，湖面缩小，容水量减少，水灾趋于严重。这两种后果的共同要求，都反映到圩堤工程上来。所以，"江西两宋多梯田，到明清则多圩田。"①从某种意义上说，梯田成了圩田的前提和先导。这大大小小星罗棋布的围田，成为鄱阳湖平原地区的独特景观，沮洳水乡变成了肥沃农田，耕地面积大大增加，对江西农业经济的发展产生了重大影响。

同时，梯田也仍旧在农业尤其是丘陵山区农业中发挥较为重要的作用。所谓梯田，是指在丘陵山区的坡地上筑坝平土，修成许多高低不等、形状不规则的半月形田块，上下相接，形如阶梯，故名。赣西宜春山区农业开发较早，"梯田"一词即首见于南宋范成大的《骖鸾录》，作者在笔记中记述了他游历袁州仰山所见"岭阪上皆禾田，层层而上至顶"的景象。明中后期鄱阳湖平原、赣中丘陵地区以及闽、粤人口向江西南部、西部山区流动，为解决生计问题，大量的山区洼地及丘陵盆地被开垦成为旱田、水田。在今天的客家移民地区井冈山还唱着这样的山歌："大雾茫茫绕山尖，疑是山顶划破天。扬鞭使牛雾扎走，我耕梯田上了天。"②

二、旱涝灾害与水利设施

从总体上看，江西水灾多于旱灾，且有明显的季节性。就全国范围而言，江西并不是灾害多发地区。一般而言，鄱阳湖区及赣江沿岸南昌、九江、南康、临江等府县水患更多，赣东北饶州，赣西袁州、瑞州、吉安及赣南多丘陵山区府县则旱灾较多(参见下表)。

① 参见许怀林：《明清鄱阳湖区的圩堤围垦事业》，《农业考古》1990年第1期。

② 许春华、许文峰：《湘赣边界的土籍与客籍》，载刘劲峰、耿艳鹏主编：《吉安市的宗族、经济与文化》下(客家传统社会丛书22)，国际客家学会、海外华人资料研究中心、法国远东学院2005年出版，第681页。

表 3-1 《明实录》所见明代江西水涝灾害情况

时间	灾害及处理情况	资料来源
洪武元年六月	永新州大风雨，蛟出，江水暴溢入城，深八尺，民居荡析，男女多溺死者。事闻，上遣使赈之。	《明太祖实录》卷三二
洪武九年十一月	以饶州府旱灾，诏免今年田租。	《明太祖实录卷》一一〇
洪武二十五年四月	吉安府龙泉县耆民王均德言："去岁旱蝗严霜伤稼，田无所收，人民饥馁，无力耕种，请以预备粮储贷给。"诏许之。	《明太祖实录》卷二一七
永乐元年十月	饶州府余干县民言："今夏淫雨洪水横流县境，龙窟坝塘等处堤岸颓圮坏民庐舍，伤害稼穑，乞因农隙修筑。"从之。	《明太宗实录》卷二四
永乐十年五月	宁县大雨，山水泛涨，漂没民舍。皇太子令户部遣人抚恤。	《明太宗实录》卷一二八
永乐十四年五月	南昌等府自四月至五月淫雨江水泛涨，坏庐舍没田稼。上遣人抚视。	《明太宗实录》卷一七六
宣德元年九月	巡按江西监察御史许胜奏："五月六月久旱无雨，陂塘多涸，瑞州等府田稼俱已焦槁。"上命行在户部验亩蠲租。	《明宣宗实录》卷二一
宣德二年正月	建昌府南丰、广昌二县奏去年霖雨水涝伤稼，人民饥困，已借官仓粮赈济，期秋成如数偿官各上所借粮数。	《明宣宗实录》卷二四
宣德二年三月	九江府彭泽、德化二县奏去年水旱，民皆缺食，已借官仓粮给济，秋成偿官，具以其数闻。	《明宣宗实录》卷二六
宣德八年七月	巡抚侍郎赵新奏江西自六月初旬以来天雨不止，江水泛涨，南昌南康饶州广信九江吉安建昌临江等府濒江之处漂流居民，渰没稻田，蠲其租。	《明宣宗实录》卷一〇三
宣德八年闰八月	广信府奏今年七月十四日大雨连日，洪水怒溢，坏本府及永丰等县坛场廨宇军民庐舍，漂溺男女亡筭低田苗稼渰没，命行在户部遣人抚恤。	《明宣宗实录》卷一〇五
宣德九年四月	巡按江西监察御史尹鐙奏南昌临江广信诸属县去年雨潦，田禾不收，人民缺食，多有逃窜，存者无种粮耕种，采拾度日，不能自存甚至擅取大户所积谷，因而聚集不散，已遣官分投劝借赈济，并请停止工部坐派诸色颜料竹木铸钱等项。上命速罢之。	《明宣宗实录》卷一一〇
宣德九年冬十月	南昌府奉新丰城二县临江府清江县各奏去年雨水渰没禾稼，今年亢旱，赤地无收，税粮难办，命行在户部蠲之。	《明宣宗实录》卷一一三
宣德九年十一月	吉安府奏所属九县岁旱民饥，已借预备仓谷给尽，乞再于府县大有等仓粮储内量借赈济，俟明年秋成还官。上命行在户部即如所言给之。	《明宣宗实录》卷一一四
宣德九年十一月	临江吉安瑞州袁州抚州南昌南康赣州八府各奏，属自四月至八月不雨，田稼尽枯，命行在户部遣人覆视宽恤。	《明宣宗实录》卷一一四
宣德十年七月	巡抚江西行在吏部右侍郎赵新奏南昌府所属连年水旱，人民饥困，已蒙赈济，其买办诸色物料亦应蠲免。上命所司暂停之。	《明英宗实录》卷七
正统三年十月	巡按江西监察御史张善奏江西所属九江等府彭泽等县并南昌前等卫地方六月以来不雨无收，秋粮子粒输纳不敷。上命行在户部勘实以闻。	《明英宗实录》卷四七
正统五年八月	南昌饶州九江南康诸府自五月至七月淫雨，江河泛涨，伤民稼穑。事闻。上命行在户部遣官覆视。	《明英宗实录》卷七〇

续表：

时间	灾害及处理情况	资料来源
正统五年十一月	江西布政司奏南昌等府卫所属地方自正月以来雨水渰没早禾，六月以后亢旱，晚禾枯死，税粮子粒，无从输办。上命行在户部勘实以闻。	《明英宗实录》卷七三
正统七年秋七月	南昌吉安袁州诸府各奏久旱不雨，上命户部遣官覆视以闻。	《明英宗实录》卷九四
正统七年冬十月	吉安袁州二府岁旱薄收，存留粮折银布。	《明英宗实录》卷九七
正统八年四月	巡按江西监察御史李匡奏："江西十一府五十六县三卫九千户所田亩旱伤，请应征秋粮子粒薄收者，折纳银两，无收者蠲免。"上命户部勘实以闻。	《明英宗实录》卷一〇三
正统十二年正月	江西布政司奏："所辖赣州等七府十六县去春淫雨，江涨田禾渰没，其应输南京税粮乞折银运赴京库。"从之。	《明英宗实录》卷一四九
正统十二年五月	吉安府所属今夏骤雨连绵，江水泛溢，渰没田苗。	《明英宗实录》卷一五四
正统十二年六月	巡按江西监察御史陈克昌奏："赣州临江、吉安三府自今春以来天雨连绵，山水泛涨，田苗浸没，居民房屋，悉被冲塌，人口畜产漂流损伤甚多。"事下户部行有司分投赈济。	《明英宗实录》卷一五五
正统十二年十一月	巡按江西监察御史芮釗奏："赣州瑞金县六月淫雨，县市水深丈余，仓库钱粮俱被漂烂，居民溺死者二百余人，并南昌吉安临江广信九江饶州抚州七府属县亦被水灾，人民乏食。"上命户部遣官覆实赈济之。	《明英宗实录》卷一六〇
正统十三年四月	免浙江、江西南昌等府属县去年灾伤无征秋粮六十万五千余石，马草二万八千余包。	《明英宗实录》卷一六五
正统十三年四月	江西布政司奏："所属新昌高安上高三县去年旱蝗灾伤，人民缺食，乞将本处起运南京淮安二处粮米折银。"户部覆奏每米一石折银二钱五分。从之。	《明英宗实录》卷一六五
正统十三年九月	宁都县大雨，水坏城垣，其公廨庙宇民舍荡然皆空，军民男女漂流伤没者甚多，巡按监察御史韩雍以闻。上诏雍督有司修其所，先济其所可恤者。	《明英宗实录》卷一七〇
正统十四年六月	巡抚江西刑部右侍郎杨宁奏："吉安南昌临江三府四月以来骤雨水泛，祀典坛庙官民廨舍俱被冲塌，麦苗淹没，人畜垫溺，已发预备仓粮赈贷。"从之。	《明英宗实录》卷一七九
景泰元年七月	吉安府庐陵等四县被水灾伤田地一千二百七十余顷，夏税米四千三百二十八石无从办纳，巡抚侍郎杨宁覆实以闻，诏户部蠲之。	《明英宗实录》卷一九四
景泰三年七月	吉安等府旱，永新县珠坑材地陷十七处，约计五亩，巡抚右佥都御史韩雍以闻，诏雍加意赈恤小民，勿令失所，仍勘实灾伤地，数除豁租税。	《明英宗实录》卷二一八
景泰三年十一月	巡抚江西右佥都御史韩雍等奏："江西所属今岁多被旱伤，臣等奉旨勘实，吉安袁州府庐陵宜春等十三县并瑞州府上高县旱甚，税粮宜全免，临江、瑞州府清江高安等五县薄旱，宜免十分之二，已令所司依拟减收。"户部覆奏，请改全免者今免五分，免五分者今免三分，免三分者今免二分，免二分者今免一分，从之。	《明英宗实录》卷二二三
景泰四年二月	免江西吉安等府属县去年旱灾秋粮二十七万八千余石。	《明英宗实录》卷二二六

续表：

时间	灾害及处理情况	资料来源
景泰五年八月	巡抚江西右佥都御史韩雍奏吉安府所属旱伤禾稼无收，上命雍善加抚恤。	《明英宗实录》卷二四四
景泰五年十月	免江西吉安府所属州县被灾无征税粮麦七万六千余石，米四万四千余石，绢一千八百余疋。	《明英宗实录》卷二四六
景泰六年五月	巡抚江西右佥都御史韩雍等奏吉安府安福县雷雨大作，境内白泉陂羊塘池陷二处，一处东西十二丈，南北十四丈，深可三丈，一处东西一丈，南北一丈五尺，深可六尺。帝命其善加抚恤军民。	《明英宗实录》卷二五三
景泰六年闰六月	九江南康府奏淫雨，水泛伤民稼穑，租税无征。事下户部命所司覆视以闻。	《明英宗实录》卷二五五
景泰七年七月	饶州南昌府奏自五月六月以来久雨水溢，田禾渰没无存，税粮无从征纳，命户部勘实以闻。	《明英宗实录》卷二六八
景泰七年七月	南昌瑞州临江吉安袁州广信抚州七府四月多雨，自五月至是月亢旱，伤禾稼。	《明英宗实录》卷二六八
景泰七年九月	巡按江西监察御史郑时言江西地方自景泰四年以来水旱灾伤，民多贫穷，其文职官吏犯大小罪者，俱依旧例差人械京发落，所差之人艰于路费。	《明英宗实录》卷二七〇
景泰七年十二月	巡抚江西右佥都御史韩雍同江西布按二司官奏："瑞州临江吉安南昌广信抚州南康袁州饶州九江等府属县今年自夏及秋不雨，旱伤禾稼，秋粮米二百三十二万余石无从征办，乞赐豁除，事下户部覆实。"从之。	《明英宗实录》卷二七三
景泰八年正月	除豁江西瑞州等十一府旱伤租税。	《明英宗实录》卷二七三
天顺二年五月	是月，江西霪雨连旬，南昌等府县大水，冲决民居渰损禾稼。	《明英宗实录》卷二九一
天顺三年十月	吉安广信饶州瑞州四府奏今年五月至七月不雨，田苗旱伤。	《明英宗实录》卷三〇八
天顺四年九月	蠲江西吉安瑞州广信饶州南昌等府所属县分并吉安永新安福广信信丰赣州等守御千户所，去年被灾地亩秋粮子粒四十一万五千一百九十七石有奇。	《明英宗实录》卷三一九
天顺四年十月	巡按江西监察御史奏："瑞州南昌南康等府四月以来江水泛溢，二麦渰死颗粒无收，星子县山崖崩裂，民居漂流死者四十余口。"上命户部勘之。	《明英宗实录》卷三二〇
天顺四年闰十一月	江西饶州九江南康三府，直隶苏州府各奏："今年六月七月天雨连绵，溪湖泛溢，田禾多被渰没。"下户部覆视之。	《明英宗实录》卷三二二
天顺五年五月	免南康饶州九江南昌四府并南昌等卫所去年被灾秋粮子粒五万一千三百六十余石。	《明英宗实录》卷三二八
天顺七年九月	巡按江西监察御史陆平奏："九江府德化彭泽二县今年六月以来天雨连绵，江水泛溢，边江民田，渰没无收，欲催秋粮恐逼民逃窜，乞量为优免。"上命户部理之。	《明英宗实录》卷三五七
成化元年八月	江西所属郡县水患，诏户部勘实以闻。	《明宪宗实录》卷二〇
成化三年九月	户部奏江西南昌等十三府、九江等五卫今岁四月至六月不雨，田禾尽枯，而二处岁征税粮起运绵布皆系供给京储，今京通二仓所储有限，而费用无穷，若概蠲免，恐误国用，请令各布按二司官重为审验。	《明宪宗实录》卷四六

续表：

时间	灾害及处理情况	资料来源
成化三年九月	上以湖广江西旱，仓廪空虚，民食不给，特勅二处巡抚巡按官督令布按二司分投赈恤，凡不急之务，悉令停止，文武官吏量减本色俸粮，以济民急。	《明宪宗实录》卷四六
成化三年九月	命停征江西湖广有灾税粮，从工部侍郎兼翰林院学士刘定之言也。	《明宪宗实录》卷四六
成化三年九月	户科给事中彭序言："湖广江西水旱相仍，岁泒诸色物料及抄造纸价买办闸办诸物料，请暂停止，事下工部议宜令各布按司勘实，灾重郡县暂止之，灾轻处否。"诏可。	《明宪宗实录》卷四六
成化三年十二月	巡按江西监察御史赵敔言近往南昌九江南康等属县巡历乡村场圃，寸草无积，所至百姓成群拦拥，诉告备说今岁旱伤特甚，米价高贵，幸荷朝廷宽悯，今冬可保无虞，来春必难度日，必须多积粮储。	《明宪宗实录》卷四九
成化四年二月	巡抚湖广右副都御史罗奏湖广水旱，民饥粮少，请令江西九江府所收船钞改纳米运往被灾地方赈济。已而巡按江西监察御史赵敔奏九江之旱尤甚他方，宜存本处赈济，如例加息还官，秋成停止。从之。	《明宪宗实录》卷五一
成化四年六月	以旱灾免南昌等府卫官民田并山塘屯田秋粮子粒凡二百八十八万六千三百余石。	《明宪宗实录》卷五五
成化十年七月	免南昌等府秋粮八十六万四千一百七十余石，九江等卫子粒二万一千七百八十余石，以旱伤故也。	《明宪宗实录》卷一三一
成化十三年七月	免江西各府卫成化十二年分秋粮四十三万二千余石，子粒七千余石，以水旱灾故也。	《明宪宗实录》卷一六八
成化十五年正月	巡视江西南京刑部右侍郎金绅言江西救荒事宜："九江南康二府并九江卫水灾尤甚，而储蓄有限，请以九江钞关暂如临清淮扬事例委官盐管，折收米谷银钱以供赈济。"户部议宜如所奏，惟九江钞关例给京库，难准淮扬之例。	《明宪宗实录》卷一八六
成化十五年三月	免江西秋粮子粒一百三十二万三千九百石有奇，以去年水灾也。	《明宪宗实录》卷一八八
成化十五年九月	户部奏："江西府县卫所地方累岁水旱灾伤，人民饥窘，盗贼窃发，宜为之计。"上命镇守巡视等官其加意区画赈济，毋令失所。	《明宪宗实录》卷一九四
成化十五年十二月	以江西旱灾，免饶州等十三卫鄱阳等六十九县南昌前等五卫饶州等九所税粮子粒一百八十万八千九百九十余石，仍留兑运粮三十万石，每石止征银六钱以平米价下户部议也。	《明宪宗实录》卷一九八
成化二十年三月	新建丰城高安三县大风雨雹，坏民舍宇千余间，民多压死者。	《明宪宗实录》卷二五〇
成化二十二年十二月	以旱灾免吉安等三府并赣州等七卫所秋粮子粒共三十一万九千四十余石。	《明宪宗实录》卷二八五
弘治六年二月	武宁县藿溪源等处多被水灾，其田有冲成河洲不可复耕者千七百余亩，有沙壅成田可垦为业者二千四十余亩，有人口渰没见年无收者二千三百七十余亩。守臣具奏：不可耕者请令永远纳银，可垦者令纳银三年，无收者令纳银一年，以后仍旧，其人口渰死房舍漂流者，请发仓赈恤。户部覆奏，从之。	《明孝宗实录》卷七二

续表：

时间	灾害及处理情况	资料来源
弘治七年二月	巡按监察御史韩明奏，江西南昌九江等府自去年夏秋霪雨水潦交冬风雪连绵，沿江田地尽被渰没，军民房屋城垣圩荡亦多浸坏，菜麦牛羊冻死殆尽，十二月中大雪，树木结成冰，小者根株尽倒，大者枝柯压折屋瓦，十室九破，道路阻塞，薪米腾贵，小民大困，命所司知之。	《明孝宗实录》卷八五
弘治八年三月	以水灾免江西南昌等府县及南昌前等卫所弘治七年秋粮子粒有差。	《明孝宗实录》卷九八
弘治八年十二月	南昌府大雷电，雨雪雹，大木折。	《明孝宗实录》卷一〇七
弘治九年六月	以旱灾免南昌等九府三十四县、南昌左等三卫、广信铅山二守御所弘治八年分税粮五十万八千有奇。	《明孝宗实录》卷一一四
弘治九年六月	命丰城等六县弘治七年起运南京各仓粮每石折银四钱，以旱灾故也。	《明孝宗实录》卷一一四
弘治十年二月	新城县雨冰雹，伤草木禽兽，民有冻死者。	《明孝宗实录》卷一二二
弘治十年十月	以旱灾免江西九江卫弘治八年屯种万五千一百五十余石。	《明孝宗实录》卷一三〇
弘治十二年四月	以旱灾免南赣瑞吉建广六府及赣州卫及建昌广信等八千户所弘治十一年税粮子粒有差。	《明孝宗实录》卷一四九
弘治十三年六月	以水旱灾免吉安等五府弘治十二年秋粮六十万一千五百一十五石有奇。	《明孝宗实录》卷一六三
弘治十三年八月	南安府被水患，命赈恤之。赣州吉安临安南昌南康秋田之被灾者核实以闻。	《明孝宗实录》卷一六五
弘治十四年三月	以水旱免南昌等七府弘治十三年税粮有差。	《明孝宗实录》卷一七二
弘治十六年二月	以水灾免南昌等处四府及直隶九江卫弘治十五年税粮子粒有差。	《明孝宗实录》卷一九六
弘治十六年三月	新昌县雨水雹谷麦及稻苗。	《明孝宗实录》卷一九七
弘治十七年六月	江西庐山鸣如雷，次日大风雨平地水丈余，溺死星子德安二县人口及漂没民居甚众。	《明孝宗实录》卷二一三
弘治十八年冬十月	南安府大庾南康上犹及赣州府兴国瑞金雩都信丰诸县，自夏六月至是月瘴疠大作，官民多死亡者。建昌府广昌县大雨雾凡两月，民病且死者相继。	《明武宗实录》卷六
正德八年十二月	江西自夏徂冬不雨，省城内外并各府县火灾屡发，延毁民居不可胜计。加以瘟疫流行，虎狼为害，小民困苦实不聊生。命蠲粮税并赈济江西地方。	《明武宗实录》卷一〇七
正德十年六月	以南昌等十一府灾令税粮每岁带徵二分，从布政使陈恪请也。	《明武宗实录》卷一二六
正德十三年十一月	以水灾免南昌九江南康饶州临江袁瑞七府属县夏税有差。	《明武宗实录》卷一六八
正德十五年八月	以水灾免江西十三府税粮有差。	《明武宗实录》卷一八九
嘉靖元年八月	以江西水灾再免起运米二十万石。	《明世宗实录》卷一七
嘉靖二年六月	吉安袁州广信等府州县旱。	《明世宗实录》卷二八
嘉靖三年二月	以灾免江西吉安等府税粮有差。	《明世宗实录》卷三六
嘉靖四年九月	以灾伤免南昌新建进贤丰城余干五县秋粮有差。	《明世宗实录》卷五五
嘉靖五年八月	以江西灾伤准折兑运米二十七万石。	《明世宗实录》卷六七
嘉靖六年九月	以江西水灾减免田租有差。	《明世宗实录》卷八〇

续表：

时间	灾害及处理情况	资料来源
嘉靖八年十月	以灾免江西南昌等十府各属州县税粮如例仍听折兑军粮一十六万石。	《明世宗实录》卷一〇六
嘉靖八年十一月	以江西南昌等府水灾诏以叚疋弓张等项暂行停免。	《明世宗实录》卷一〇七
嘉靖九年八月	以水灾减免江西南昌等府及九江等卫粮税有差。	《明世宗实录》卷一一六
嘉靖十一年十一月	以灾免江西吉安等府庐陵等四十六县袁州等八卫所存留税粮，仍令改兑军米十五万石兑米八万石。	《明世宗实录》卷一四四
嘉靖十二年十月	以江西瑞州等府旱灾蠲免存留钱粮有差。	《明世宗实录》卷一五五
嘉靖十四年七月	以江西吉安等府水灾诏蠲税议赈仍听存留缺官银赈济。	《明世宗实录》卷一七七
嘉靖十五年十月	以灾伤免江西吉安等府田粮有差。	《明世宗实录》卷一九二
嘉靖十六年九月	以水灾免江西进贤等处税粮有差。	《明世宗实录》卷二〇四
嘉靖十八年十一月	以水灾免江西南昌瑞州临江吉安抚州饶州南康九江等府所属各县及九江卫税粮如例。	《明世宗实录》卷二三一
嘉靖十九年三月	以水灾诏留江西南昌等府县九江永新等卫所折银籴以恤之。	《明世宗实录》卷二三五
嘉靖十九年七月	以水灾诏江西南昌等府新建等县兑运正米内量改折色十一万石并留派剩南粮四万石以备赈济。	《明世宗实录》卷二三九
嘉靖二十四年九月	以旱灾诏南直隶浙江江西湖广河南所属州县及诸卫所田粮改徵折色有差。	《明世宗实录》卷三〇三
嘉靖二十五年九月	江西旱灾，石城王府辅国将军宸灉宜春王府辅国将军宸凉各捐禄赈饥。	《明世宗实录》卷三一五
嘉靖二十六年九月	以灾伤免江西抚州吉安瑞州袁州临江各府属州县税粮有差。	《明世宗实录》卷三二七
嘉靖三十年九月	以灾伤免江西九江饶州等府各州县卫所田粮有差。	《明世宗实录》卷三七七
嘉靖三十一年十月	以旱灾减免江西南昌瑞州袁州临江吉安抚州赣州南安八府所属州县并南安信丰等所税粮。	《明世宗实录》卷三九〇
嘉靖三十五年九月	以水灾免江西南赣等府福建汀州等府税粮有差。	《明世宗实录》卷四三九
嘉靖三十五年十二月	以江西南昌瑞州袁州临江吉安抚州饶州南康九江南安赣州各属县并南安会昌信丰等千户所水灾免存留税粮有差。	《明世宗实录》卷四四二
嘉靖四十一年十月	以水灾免江西南昌瑞州临江袁州吉安抚州建昌饶州南康九江赣州等府所属州县秋粮有差。	《明世宗实录》卷五一四
嘉靖四十三年闰二月	以水灾免江西南昌瑞州九江三府各属州县税粮有差。	《明世宗实录》卷五三一
万历十四年八月	勘过江西赣州府属等地方灾伤，分别重轻蠲赈有差。	《明神宗实录》卷一七七
万历二十一年十一月	户部题覆江西抚按所奏，建昌府属新城南城泸溪并上饶铅山等县水旱灾伤轻重不等，酌量改折蠲赈。从之。	《明神宗实录》卷二六六
万历三十六年八月	江西巡抚卫承芳查勘过南昌等府所属南昌等县各被水旱大灾，欲将漕南二粮分别改折并求宽宿逋停烧造，允之。	《明神宗实录》卷四四九
万历三十七年二月	以江西水旱灾伤，准将鱼课银两自三十六年以后一并豁免。	《明神宗实录》卷四五五
万历三十七年五月	江西南昌等八府同日水灾。	《明神宗实录》卷四五八
万历四十五年三月	以江西水灾准留二监额税银二万两赈济，从巡按御史陈于庭请也。	《明神宗实录》卷五五五
万历四十六年十月	江西巡抚包见捷奏，八月间奉新等州县蛟灾四出，洪水横流漂荡城郭庐舍人民无数，因陈宗禄日广，宜裁丝绢弓箭胖袄等项，宜折湖税，宜罢遗佚数事。	《明神宗实录》卷五七五

图3-2 陂塘图,《天工开物》卷上《乃粒》插图。

为保护农业生产和居民的安全,官府和民间都修建了大量的水利设施,除前文论及的圩堤之外,常见的还有陂、塘、堰、闸等。

明初,明太祖诏谕天下吏民修治水利,并遣国子监生及“人材”分赴各郡县监督,“集吏民乘农隙相度其宜,凡陂塘湖堰可潴蓄以备旱熯、宣泄以防霖潦者,皆宜因其地势修治之”[①]。吉安府泰和县最大的农田水利工程——槎滩陂,即在此背景下进行了重修。与槎滩陂有密切关系的《周氏族谱》记载:“洪武二十七年,太祖高皇帝诏谕天下修筑陂塘,钦差监生范亲临期会鞭石,修砌坚固,自此赡用减费。”[②]许多大型的、古老的水利工程都得到了修复,重新焕发出生

① 《明太祖实录》卷二三四,洪武二十七年八月乙亥。

② 《泰和南冈周氏漆田学士派三次续修谱》(1996年铅印本)第10册,《杂录·槎滩碉石陂事实记》。

机。如宜春李渠，明代先后进行过五次疏浚，其中弘治十三年知府朱华在修渠时还“砌仰山石路，浚袁城五井”，正德年间知府徐琏再次疏浚，“居民饮食涤濯咸取给焉”，并建亭纪念。①再如崇仁梓陂，唐初抚州刺史周法猛所修，圳长四十余里，灌田六万余亩，年久岁湮，永乐间本县庠生王椽“请于当事，凡上下五六里，水道不通之处，请以己田易，乃由石背凿石闸渠，沿金湖达山泉旧址至临川境，名曰‘石背新陂’”。其他如位于临川县的千金陂、宜黄县的永丰陂等大型水利工程，也都基本得到修复，而且灌溉规模较前扩大。

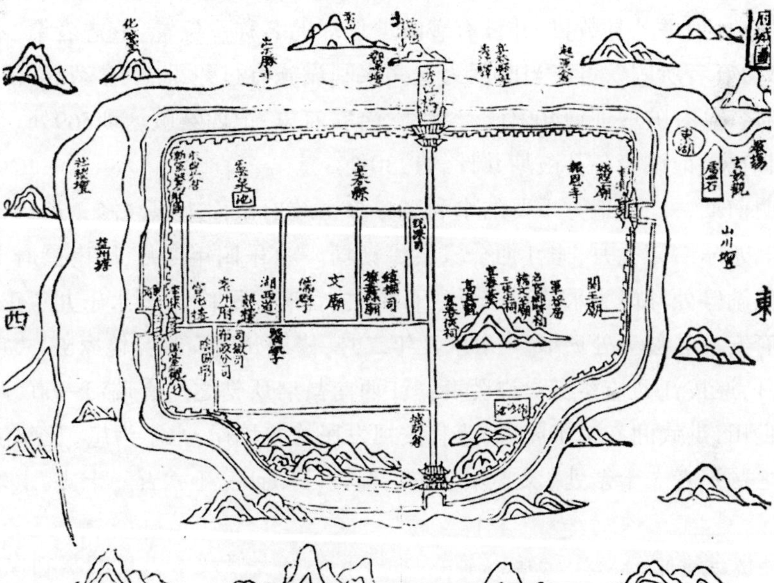

图3-3　袁州府城及所示李渠图，见于嘉靖《袁州府志·府城图》。

明代江西的各种水利设施数量众多，并且呈不断增加的趋势。

南昌府：“豫章为八郡水之所会，地最卑下，故田以堤为命。孜孜修筑，然随筑随溃，犹仅仅举十之三四焉，亦困甚矣。至陂塘潴水，又御旱至计也。”万历时南昌府各州县现存的堤、圩、陂、塘、堰等数量达3000余处。②

① 徐琏：《浚渠亭记》，正德《袁州府志》卷一四《艺文四》。

② 万历《新修南昌府志》卷六《水利》。

袁州府:“袁山溪之介水湍悍易泄溃,非勤堰注即川涧涸竭。”嘉靖时四县陂堰圳塘达1700余处。[①]

临江府:“田径夹山溪间,厥土多沙善泄溃,一雨辄盈,止则涸。里谚曰‘三夜月明齐告旱,一声雷响便撑船’。是故田之岁莫重乎陂塘。”所属清江、新喻、新淦、峡江嘉靖时四县陂塘达1455处[②],隆庆时四县陂塘圩岸增加至1709所[③]。清江一县在明末有塘、陂、湖、圳等各类水利设施共736所。[④]

此外,弘治《抚州府志》记该府五县陂塘湖堰1762处。[⑤]嘉靖《九江府志》只记各县较大的塘堰,五县共计77处。[⑥]正德《饶州府志》记一府陂塘圩堰总数共3524所,再列举各县数目,并没有载陂塘圩堰的名称及位置。修志者谓“不详开者,恐为奸者所罔”,可能当时因为这些水利设施有过纠纷。[⑦]嘉靖《广信府志》记该府各县有陂堰圳塘400处。[⑧]嘉靖《南安府志》记四县陂塘圳569处。[⑨]嘉靖《赣州府志》记该府各县陂塘共计约1230处。[⑩]

明前期,江西地方重要的水利事务多由政府出面组织兴修,进行直接管理。如,永乐二年七月,修江西分宜县漳湖塘。[⑪]永乐四年二月,因南昌府丰城县境内穆湖等处圩岸为水荡决三千三百余丈,官府发民修筑。[⑫]永乐九年正月,修吉安府安福县陂等处塘堰。[⑬]永乐九年二月,修饶州府安仁县饶家陂。[⑭]宣德三年四月,巡按江西监察御史许胜奏:“江西南昌府所辖之地有瑞河一道,两岸低洼多良田,洪武间有言于朝者,遣官按视发民修筑堤岸,水不为患。比年洪水泛溢岸之颓圮者二十余处。又丰城县安沙绳湾圩岸计三千六百一十丈,永乐间因

---

① 嘉靖《袁州府志》卷五《渠塘志》。
② 嘉靖《临江府志》卷二《郡域志第一之二》。
③ 隆庆《临江府志》卷六《农政》。
④ 崇祯《清江县志》卷三《水利》。
⑤ 弘治《抚州府志》卷五《水利一》。
⑥ 嘉靖《九江府志》卷四《食货志》。
⑦ 正德《饶州府志》卷一《水利附》。
⑧ 嘉靖《广信府志》卷六《食货志·水利》。
⑨ 嘉靖《南安府志》卷二一《利泽志》。
⑩ 嘉靖《赣州府志》卷三《陂泽》。
⑪ 《明太宗实录》卷三三,永乐二年七月乙巳。
⑫ 《明太宗实录》卷五一,永乐四年二月丙戌。
⑬ 《明太宗实录》卷一一二,永乐九年正月己巳。
⑭ 《明太宗实录》卷一一三,永乐九年二月壬寅。

水冲决改修一百三十余丈，于民甚便，比因久雨江涨堤坏，其受利之民虽并力修筑，恐不能集事，乞敕所辖上司委官于农隙之时，发民协力修理。"从之。[①]宣德六年九月，丰城县临长江，其西北旧有石砌堤岸，高约二丈有奇，长约二百四十余丈及西南七圩垱，俱有堤防水，堤内民田岁输粮三万余石，比岁俱为水冲决田禾无收，令本县俟农隙之时，量发民丁工匠修筑。[②]正统元年十月，吉安府知府陈本深以府城外缘江堤岸损坏，修筑以备水患。[③]正统五年九月，饶州守御千户所奏本所城边湖港比因久雨水，泛颓六百余丈，请于附近有司倩民夫同军余相兼修筑，从之。[④]正统六年五月，修吉安府城南近江陧。[⑤]正统六年七月，因丰城县沙月等湖陧单薄易决，官府填筑以便民。[⑥]九江府城以边大江，被江水冲坏二百余丈，陧决倍之。正统七年九月，江西巡按御史命九江卫率军工修筑。[⑦]正统八年十二月，吏部听选官胡秉贤提请地方官主持水利："臣原籍江西弋阳县，有官陂二所，民田三万余亩，藉其灌溉，近年被沿陂豪强之人私创碓磨，走泄水利，稍有旱暵，民皆失望。乞勅巡按御史督官吏毁其碓磨，修其堋决，选民间稍持公正者一人掌。"[⑧]景泰三年九月，因泰和县原有信丰陂近年被水冲决，不能灌田，以致厚种薄收，逋负征税，政府于是进行修筑。[⑨]

明中期以后，由于地方财政日益困乏，政府相继放弃了许多原来的行政职能，尤其是把包括水利在内的各种地方公共事务的权力下移给地方士绅及宗族、乡族势力，地方政府只参与一些较大的水利工程，其他则授权给士绅，由他们组织乡民筹措经费并自行修筑、管理。如龙泉县规模较大的水利工程大丰陂及猫儿关陂的修筑，宋淳熙二年主簿黄斗摄县事时修，至洪武二年县令何万选重修。景泰间毁于水灾，正德十一年，知县陈允谐劝义民李盘植、王文、郭显辅、项万等数十人，各捐己资修复。万历时大丰陂又被水冲，河道迁徙。天启中"善士"郭尚朋等因大丰陂废而难复，遂就关下小溪另筑一陂，名为"猫儿关陂"，买

① 《明宣宗实录》卷四一，宣德三年夏四月壬申。

② 《明宣宗实录》卷八三，宣德六年九月戊寅。

③ 《明英宗实录》卷二三，正统元年冬月十月甲戌。

④ 《明英宗实录》卷七一，正统五年九月甲子。

⑤ 《明英宗实录》卷七九，正统六年五月乙卯。

⑥ 《明英宗实录》卷八一，正统六年秋七月庚子。

⑦ 《明英宗实录》卷九六，正统七年九月辛酉。

⑧ 《明英宗实录》卷一一一，正统八年十二月戊戌。

⑨ 《明英宗实录》卷二二〇，景泰三年九月庚寅。

田开圳。崇祯间淤塞，郭尚朋复垦辟之，“用数百工”，俱其一人捐囊办理。[①]再如铅山县新政乡的火田圳，旧有圳长四十余里，灌溉田可达数万亩，但浮沙淤塞，以致水利不敷。成化初“耆老”陈瑄如沿圳新修六百余丈，种柳成荫，保养水土，并于坝口造石桥一座，以防洪水拥塞。又买田数亩，改作圳五百余丈，凿石桥两所，长七尺有奇，桥下开坪分水，圳下复分九处，“以均灌荫之利”，泽被乡人，费宏作诗加以颂扬。[②]此类地方人士参与及主导地方水利的记录大量见于各府县地方志和族谱当中。

三、垦田、税田的增减与农业劳动力的流失

荒田的开垦是农业生产力发展的重要标志，历代统治者对此极为重视。洪武元年八月大赦天下，诏曰：“州郡人民因兵乱逃避他方，田产已归于有力之家，其耕垦成熟者听为己业；若还乡复业者，有司于旁近荒田内如数给与耕种。其余荒田亦许民垦辟为己业，免徭役三年。”[③]在明初鼓励垦荒的政策下，江西的垦田数量有较大幅度增加。洪武三年，江西与山东、河南的府州县垦田2135顷[④]，而洪武二年，天下州郡县垦田的总额不过898顷[⑤]。洪武八年，江西与直隶宁国诸府、山西、陕西、浙江各省道垦地62308顷28亩[⑥]，至洪武二十六年，江西的田土总额已达431186顷[⑦]，这个数字已接近北宋元丰年间整个江南西路的官民田总数——452231顷[⑧]。自洪武二十六年核天下土田数后，新垦田地停徵其税，其后江西实际的垦田数仍继续增加。

但是，从明初洪武年间至万历年间，官方统计的耕地数量却在下降，即国家控制的税田(赋田)数字在减少。同样，人口数字的变化也显示了实际数量的增长与统计数字减少之间的矛盾(参见表3-2)。

① 郭继琼：《猫儿陂记》，同治《龙泉县志》卷一五《艺文》。

② 嘉靖《广信府志》卷六《食货志·水利》。

③ 《明太祖实录》卷三四，洪武元年八月己卯。

④ 《明太祖实录》卷五九，洪武三年十二月甲申。

⑤ 《明太祖实录》卷四九，洪武二年十一月庚寅。

⑥ 《明太祖实录》卷一〇二，洪武八年十一月乙卯。

⑦ 万历《明会典》卷一七《户部四》。

⑧ 北宋时期，江、饶、信三州及南康军沿属江南东路，不包括在江南西路内。

表3-2 洪武、弘治、万历三朝江西的官方统计户口及耕地数

时间	田地(顷)	户数	口数	资料来源
洪武二十六年(1393)	431186	1553923	8982482	户口数据《明史》卷四三《地理志》,田地数据《万历会典》卷一七《户部四》。
弘治四年(1491)	402352	1363629	6549800	
万历六年(1578)	401151	1341005	5859026	

人口的多寡也历来是中国古代社会衡量生产力发展状况的主要参数。人口即是劳动力,在一定的历史时期,人口的增长既是生产力进一步发展的条件,又是生产力发展的结果。明前期江西鄱阳湖区农业人口的变化说明了这一点。湖区人口这一阶段出现向上发展的趋势,自洪武年间到弘治年间,户口数保持原有水平并有增加。据《鄱阳湖区自然和社会经济历史资料》(江西科学技术出版社1985年版)中的有关部分统计,南昌、新建、德安、鄱阳、进贤等县人口,自洪武至永乐时期都有较大增长,其他县除德化外,也都稍有增加。弘治以后,江西及全国的人口数字呈下降趋势。从弘治至万历年间,鄱阳湖区人口数从130多万急剧下降为74万余,和全省人口的大势趋于一致(参见表3-3)。

表3-3 明代洪武、弘治、万历三朝间鄱阳湖区诸县的官方统计人口

县名 \ 时间	洪武廿四年(1391)	弘治年间(1488—1505)	万历年间(1572—1620)	备注
南昌县	338787	440194	134722	(1)弘治、万历年间各县人口数的年份不一,故统称弘治间、万历间,个别县为天启数字。(2)全省合计数字根据《明史》卷四三《地理志四》,年份分别为洪武二十六年、弘治四年、万历六年。
新建县	134325	117610	52218	
建昌县	99454	15319	7452	
德安县	6390	15319	12151	
星子县	13577	13443	11178	
德化县	16280	12167	20995	
湖口县	12343	15140	8942	
都昌县	97509	96555	58870	
鄱阳县	211150	287931	307530	
余干县	162094	176211	71303	
进贤县	142300	142300	61554	
湖区合计	1234300	1332189	746915	
全省总计	8982481	6549800	5859026	
湖区占全省(%)	13.7	20.3	12.7	

建昌府广昌县，原有82里，按明代里甲制，110户为一里，共9020户；正统末年减为24里，减少6380户。知县江浩召见里老询问缘故，“皆对曰：田归豪右，赋在贫下，故逋者众耳”[①]。据县志载：

洪武二十四年(1391年)户10961口37990
永乐十年(1412年)户6016口16005
弘治十五年(1502年)户2713口8956
嘉靖十一年(1532年)户2308口8342[②]

弘治、嘉靖时的在籍户口数尚不及洪武时的1/4。这是一个户口减少的实例。

尽管明代官方的人口数据显示人口停滞，但我们根据影响人口增长的物质和政治条件等因素综合分析，完全有理由相信，从洪武初期至万历中期江西的人口是不断增加的。

那么，是什么原因造成官方的税田、人口数字与事实之间存在如此巨大的差距呢？

户口、田地统计数递减，是明代全国性的现象，但江西表现得更突出。一方面是户口数下降明显，万历人口数仅仅是洪武人口数的65.2%，比全国总数多下降30.75个百分点。[③]另一方面，江西的税田数减少并不太多，万历数是洪武数的93%，与人口形势不一致。这种差别的形成，是官绅地主兼并土地、逃避转嫁赋役所致，农民“产去税存”，因而征赋面积基本照旧。农民要交纳无田之赋，粮繁差重，必然导致民户逃避赋役，人民破产与逃亡也在情理之中，故人口统计数下降幅度甚大。

明代江西的赋税繁重，运粮及其他方面的差役也就自然繁重。洪武二十一年，吉水解缙基于家乡的见闻，上书指出税多役重之弊。他说：“贫下之家……或卖产以供税，产去而税存；或赔办以当役，役重而民困。土田之高下不均，起科之轻重无别，膏腴而税反轻，瘠卤而税反重。”[④]成化时罗伦在给永丰县知县

① 何乔新：《两浙都转运使前建昌府太守江侯生祠记》，同治《广昌县志》卷八《艺文》。

② 同治《广昌县志》卷二《赋役志·户口》。

③ 按官方数字，洪武二十六年全国口数为4786万余，万历六年则为4592万余，万历为洪武的95.95%。

④ 《明史》卷一四七《解缙传》。

的信中就指出："凡有科差，吏胥舞文、里老受托，以上而为下，以下而为上。田连阡陌者诸科不与，室如悬磬者无差不至。"[①]成化初，朝中即已有如此对吉安的议论与看法："文人贤士固多，而强宗豪右亦不少，或互相争斗，或彼此侵渔，嚣讼大兴，刁风益肆。"[②]

《皇明条法事类纂》记载江西农民遭受豪绅大户的盘剥与欺压：

> 江西地方小民，多被势要土豪大户占种田地，侵占坟山，谋骗产业，殴伤人命，状投里老，畏惧富豪，受私偏判，反告到县；平日富豪人情稔熟，反将小民监禁，少则半年，多则一二年以上，……民之受苦，莫是之甚。[③]

又记此类命苦的农民逃往别处，"才出狼窝，又入虎穴"：

> 南、赣二府地方地广山深，居民颇少，有等富豪大户不守本分，吞并小民田地，四散置为庄所，邻境小民畏避差徭，揭家逃来投为佃户，或收充家人。种伊田土，则不论荒熟，一概逼取租谷；借伊钱债，则不论有无，一概累算利息。少拂其意，或横加棰楚，或强准孳蓄，或逼卖子女。……此事不独南、赣二府为然，甚至官族不亦或有之，不独大户为然。[④]

明代江西农民除负担官府的繁重赋役及豪绅富室的肆意盘剥外，还要负担三大藩王世家的岁禄支银(详见第一章第三节)。

因而，丁少差重、田少粮重，甚至产去税存、户逃役留的情形在江西成了十分普遍现象，"田归豪右，赋在贫下，故逋者众耳"[⑤]。正如本书第二章所述，明政府在江西的强制性移民发生在洪武时期，江西农民为逃避赋役的人口逃亡则贯穿着整个明代。

---

① 光绪《吉安府志》卷一五《户口》。

② 《明宪宗实录》卷五六，成化四年七月癸未。

③ 《皇明条法事类纂》卷四八《断罪不当》。

④ 《皇明条法事类纂》补遗《禁约江西大户逼迫故纵佃仆为盗、其窝盗三名以上充军例》。

⑤ 何乔新：《两浙都转运使前建昌府太守江侯生祠记》，同治《广昌县志》卷八《艺文》。

第二节 明代江西粮食的生产与外销

一、水稻的品种与产量

从现有资料看，明清时期江西地区的粮食种植有着明显的阶段性变化。明前期，赣北鄱阳湖平原、赣中丘陵盆地，一般都以种植水稻为主，间种大豆、山药、水旱芋等杂粮及油菜、棉、麻等作物，山区及近山丘陵地带，则种植大麦、小麦、小米、旱芋等，有条件处也种植水稻。明中期以后，随着本地区平原、丘陵地区以及闽粤地区的人口大量进入赣南、赣东北、赣西北山区，为了解决日益增加的粮食需求，山区和丘陵地带，凡是有条件的地区，都在开山造田，种植水稻，因为水稻的产量远远高于麦、粟等杂粮。明末清初尤其是清中期以后，随着玉米、番薯、土豆等高产杂粮作物的引进，江西的山区、丘陵乃至部分平原地区，也种起了玉米、番薯、土豆，山坡地、缺水地无法种植水稻，更以高产杂粮为主要粮食作物。明清时期江西地区粮食种植的这种变化，既满足了人口增长的需要，也使这一地区在商品粮生产基地的地位得以保持，每年都有大量的粮食主要是大米行销全国各地特别是江南地区。

两宋以来，江西一直是最重要的水稻生产基地之一，是主要的稻米输出省份。从洪武、弘治、万历三朝的夏秋赋粮征收数量中可以清楚地看到这一点（见表3–4）。

表3–4　洪武、弘治、万历三朝夏秋赋粮征收数量

		洪武二十六年(1393)	弘治十五年(1502)	万历六年(1578)	资料来源
全国	夏税麦	4712900	462559	4605243	《万历会典》卷二四．二五，《户部·税粮》。
	秋粮米	24729450	22166666	22033171	
	麦米合计	29442350	26792260	26638414	
	米所占比例(%)	83.99	82.73	82.71	
江西	夏税麦	79050	87636	88072	
	秋粮米	2585256	252870	2528270	
	麦米合计	2664306	2615906	2616342	
	米所占比例(%)	97.03	96.67	96.63	

就表3–4中江西输纳的麦米数量分析，麦不足全国总数的2%，米则在1/10以上，按时间依次为10.45%、11.41%、11.47%，在各省名次中分别占第2位、第1位、第1位。洪武间居第2位时，比浙江少8万石，弘治、万历时则分别比浙江多17万石、16万石。当然，依据现存的资料，我们无法得知明代江西全省水稻产量的确切数字，但从江西向中央上交的秋粮数量及其在全国所占的比例来看，江西水稻的总产量无疑是很高的。

明代江西水稻不仅总产量高，而且品种丰富，既多且杂，充分依水土之宜，广泛吸收不同品种的长处，求得更好的耕作收益。据正德《南康府志》、正德《袁州府志》、正德《建昌府志》、嘉靖《赣州府志》、嘉靖《九江府志》、隆庆《临江府志》及嘉靖《东乡县志》、嘉靖《瑞金县志》、嘉靖《永丰县志》、隆庆《瑞昌县志》等方志及《天工开物》记载，当时江西农民栽培的水稻品种，计有早稻28个、中稻26个、糯稻28个、晚稻5个、旱谷3个，合计90个。其中有的品种名称有明确的地名标记，揭示出其"原籍"，如云南早、湖广糯、陕西糯、池州占、淮禾、赣州早、饶

图3–4　耕田图，《天工开物》卷上《乃粒》插图。

占等。云南、陕西的稻种到江西“落户”,池州(今安徽贵池)占传到建昌府(治今南城县),湖广糯传到瑞金县,路途遥远。这些水稻的传播应是明代人口流动的结果。

众多稻种的出现,一方面是为了获得较高的产量,另一方面则是为了满足不同人群的需要,折射出社会阶层的分野。早谷中的“救公饥”,生长期短,能解决春夏粮荒,对贫苦农民的生计关系很大,因而江西各地都有栽种。正德《袁州府志》记:“五十日占,俗名救工饥,熟最早,然不广种,少莳以接粮。”[①]隆庆《临江府志》载:“稻,名目不一,有一种最早熟者名‘救公饥’,色白味香。”[②]嘉靖《东乡县志》也说:“救公饥……农家种以续食。”[③]正德《建昌府志·物产》于“谷之属”首列“救公饥”,并载“三月种,五月熟,他种青黄不接而此种先可食”。可见农民为了度过青黄不接的粮荒,选育并栽种成熟早但可能产量较低的“救公饥”。

优质稻种也有不少。如建昌府的八月白,又称“银珠米”。正德《建昌府志》记:“八月白,晚稻极早熟者,香白,尤可贵,又名银珠米。韩驹诗‘起炊晓甑八月白’是也。”[④]韩驹为陵阳仙井(今四川井研)人,南宋初年任江州知州,晚年寓居抚州。由此可知,色白味香的银珠米至迟在宋朝已受到推崇,到明代依然享有盛誉。明末谈迁《枣林杂俎》也记:“江西建昌府产银珠米,宋时太守沈造尝献”[⑤],至明代仍然为进贡朝廷的特优名产。再如东乡县“白沙占”,“立秋后乃熟,宜为粉线,宋时崇仁人善制,经进名曰米米览。”又有“早糯”:“米白而多,以酿酒,酒清而多。”[⑥]袁州有一种“晚糯”:“粒大而坚,用此造经冬酒。”[⑦]这些各具特点的水稻品种,适宜加工成别具风味的食品,从而丰富了人们的饮食生活。

上述六府四县的资料,虽然只是江西十三府中的一部分,但因这些府县的位置分布在江西的东南西北各部,因而还是能够大体上反映出江西水稻品种以及水稻生产的概貌。

---

① 正德《袁州府志》卷二《土产》。

② 隆庆《临江府志》卷六《土产》。

③ 嘉靖《东乡县志》卷上《土产》。

④ 正德《建昌府志》卷三《物产》。

⑤ 《欧阳修集》卷八六《内制集五·赐知建昌军沈造敕书》:“省所进奉银珠稻米一十石计一百黄绢袋事,具悉。”

⑥ 嘉靖《东乡县志》卷上《土产》。

⑦ 正德《袁州府志》卷二《土产》。

二、玉米、红薯等高产粮食作物的引进

但是,已见成效的水稻生产,在山区却失去了优势。河谷地带固然可以栽种水稻,山坡、荒岗却难以平整土地、实施灌溉。即使是河谷地带,也因为气温、日照等原因,无法推广双季稻,从而限制了地力的充分利用。而山区人口的不断增加,又造成了当地粮食供应的紧张。于是,明中后期首先传入我国福建、广东一带的耐旱耐瘠高产杂粮玉米、甘薯、土豆等,便随着闽粤人口的进入而在江西山区落户,支撑起山区粮食供应的半壁江山,而麦、粟、芋、豆等传统杂粮的种植,在技术上也有新的进步。

由于江西特别是赣南山区地邻闽粤,这里成了闽粤流民内迁的第一站。玉米、番薯、土豆等高产杂粮品种,也随着闽粤流民的内迁来到江西尤其是赣南、赣东北、赣西北山区。

《赣县志》载:"赣之所产以粟米为多,以山田多旱故也。"①这里所说的"粟",实为玉米,当地居民称之为"苞粟",故同治《赣州府志》说:当地农民"朝夕果腹多苞粟、薯芋,或终岁不米炊"②。将玉米称为"苞粟"在江西十分普遍,而且多种于山田瘠土,成为当地居民的辅助食粮乃至主食。《建昌县志》说:"苞粟,……云山顶上,山田不宜稻,村人广莳之,蒸瓮充饥,亦农家一特品也。"③《万载县志》也说:"苞粟,……土人舂之以代饭。"④《义宁州志》则记载得更为详细:"苞芦粟,苞数重,长数寸,苞上有鬣,嫩时色白,老渐赤,实大如豆,种宜于瘠土,故山乡多种之。一干(杆)可得二三苞,褪其莩成米,蒸食,颇与稻米相埒。亦可酿酒。"⑤又有将其称为"苞芦"、"宝珠粟"等名称者。《瑞金县志》说,粟中"穗粗粒圆大者曰宝珠粟,可蒸食,亦可舂粉为糍饵"⑥。《鄱阳县志》说:"苞芦,即俗呼玉米者,江南人在山乡佃山,种以为食。"⑦南昌则称其为"御米"、"金豆",由福建流民众多的宁州传来:"御米(玉米),俗呼金豆,茎叶颇类粟,附茎着包,包裹米,米

① 乾隆《赣县志》卷二《物产》。
② 同治《赣州府志》卷二〇《风俗》。
③ 光绪《建昌县志》卷一一《物产》。
④ 道光《万载县志》卷一二《土产》。
⑤ 同治《义宁州志》卷八《物产》。
⑥ 光绪《瑞金县志》卷二《物产》。
⑦ 同治《鄱阳县志》卷六《物产》。

如石榴子,有红黄白三种,可煮食,宁州最多,近南昌亦有之。”[1]

比起玉米,种植技术更为简易、单位面积产量更高、食用更加方便而且味道更好的番薯在江西的种植更为普遍。[2]民国《大庾县志》记当地番薯的来源及其食用方法:

> 番薯……万历间福建巡抚金学曾传自外国,故名番薯。闽兴(化)、泉(州)、漳(州)人种之,每亩地可收三四千斤,用代谷食。余者于冬至前后,切片晒干藏之,作次年粮。剉为粉,比豆蕨为佳。食之甚益人。货通江、浙、楚、粤,至今大被其利。庾邑近亦有种者,但未得其法,故不能多生。今墟市中见有比前略大者,然犹未得如闽之获利多。[3]

宁州徐元扆盛赞番薯有“十二胜”:产量多、味道美、补身体、易繁殖、不怕风、可当粮、可酿酒、用地少、劳力省、可充边储、可作甜食、生熟可食。[4]由于有如此多的优点,所以番薯一经引进,便被迅速推广。

番薯在江西的种植当在明末清初,无论山区平原,几乎是无处不种薯。

在赣南,《石城县志》说:“番薯原出交趾,……皮肉俱白,味甘,蒸煮皆宜,生食更脆。石邑向不多有,近下乡种山者繁殖,以备二黼不足,虽多食不伤人,亦救荒一善物也。”[5]在赣东北,《广信府志》说:本地“有昔无而今盛者,番薯出西洋,闽粤人来此耕山者,携其泛海所得苗种之,日渐繁多,色黄味甘,食之疗饥,可以备荒。历今三十余年矣”[6]。《玉山县志》说:“番薯出西洋,闽粤人来此耕山者,携其泛海所得之苗种之,日渐繁衍,色黄,味甘,食之疗饥,可备荒,历今

---

① 同治《南昌府志》卷八《土产》。

② 按:虽然几乎所有的清代记载都说番薯自明万历年间由“闽人”从吕宋引入,但龚溥庆《师竹斋笔记》却有自己的看法,“《甘薯录》载:闽人陈经纶自吕宋移归,(甘薯的带入)殆即是人欤! 可谓有心兴利者矣。后闽抚金公学曾劝民树艺,闽人德之,号曰‘金薯’。而长乐谢肇淛、黄州李时珍、新城王象晋各有论述,俱不及陈、谢二人,或中国素有是种,失之,而陈复自吕宋传归,未可知也。”(卷七《甘薯》),转引自中国社会科学院历史研究所清史研究室《清史资料》第七辑,中华书局 1989 年版。

③ 民国《大庾县志》卷二《物产》。

④ 同治《义宁州志》卷八《物产》。

⑤ 乾隆《石城县志》卷一《物产》。

⑥ 同治《广信府志》卷二《物产》。

百有余年矣。”[①]在赣西北,《盐乘县志》说:“番薯,种来自南夷,僻乡荒田多种之,惟种于山者皮紫而肉黄,味甘更胜。”[②]《宜春县志》说:“薯,即番薯,种自南夷,故名。有脚板薯,分红白二种,可当菜食。今又有六十薯及本地薯之别。六十薯皮紫而肌白(一称云南薯),本地薯皮白而肌红,蒸食味更佳。尚有安南薯,皮白心红。”[③]南昌、九江、吉安等地,也有大量种植番薯的记载。《南昌府志》载:“番薯,种自南夷,近处处有之,皮紫肌白,生熟皆可食。”[④]《建昌县志》载:“薯,诸书收入菜部,云山下三源诸区,不种稻种薯,以当米谷,实蔬中长年粮也。……云山下家家种之。”[⑤]九江所属各县,“芋之收倍于稻,薯之收倍于芋”[⑥]。吉安各处山区则是“贫者半资以为粮”[⑦]。

事实上,当高产杂粮显示出它在经济上的价值时,它的种植就不仅仅是限于山区,丘陵及平原地区也在广泛种植,并取得比山区种植的更好效益。高产杂粮的广泛种植,不但解决了山区及少田地区居民的日常需要,也使更多的谷米节省下来充当商品粮出售[⑧],而其本身也可制作成干粮出售。江西在人口持续增长的清代中后期仍有大量的粮食外运,与高产杂粮的种植有着密切的关系。

三、江西粮食的外运与“湖广熟天下足”

宋元时期流行着“苏常熟天下足”或“苏湖熟天下足”的民谚。长江三角洲或者说太湖流域以其优越的自然条件和先进的生产技术,在两宋时期成为全国经济最为发达的地区,粮食的单位面积产量也居全国前列。自明中期以后,随着该地区的经济转型,取代苏常或苏湖在粮食供给上地位的,则是面积远为广袤的湖广地区。明代中后期和清前期,在人口流动的作用下,两湖平原及丘陵地区得到迅速的开发,个体农民受商品大潮的推动,在交纳国家赋税或田主

① 同治《玉山县志》卷一《物产》。

② 民国《盐乘(新昌)县志》卷五《物产》。

③ 民国《宜春县志》卷三《物产》。

④ 同治《南昌府志》卷八《土产》。

⑤ 同治《建昌县志》卷一一《物产》。

⑥ 同治《九江府志》卷九《物产》。

⑦ 同治《万安县志》卷四《土产》。

⑧ 民国《大庾县志·物产》说:“(番薯)每亩地可收三四千斤,用代谷食,余者于冬至前后,切片晒干藏之,作次年粮。剉为粉,比豆蕨为佳,食之甚益人,货通江、浙、楚、粤,至今大被其利。”

地租、满足家庭消费的同时,每年向外省提供大量的商品粮,“湖广熟、天下足”由人们的期望和预言成为公认的事实。但是,在所谓“湖广熟、天下足”的民谚之下,却往往使人们忽略了一个基本事实,即与湖广一道使“天下足”的,还有江西。是江西与湖南、湖北共同构成了当时中国最大的商品粮供应地。

江西在交纳巨额税粮之外,每年供应周围省份的粮食,虽然具体数量缺乏记载,但是从当时人记述的事例中,仍能看出其重要的地位。

江西等地输出的商品粮首先是满足江南地区即南京和苏、松、杭、嘉、湖等经济发达地区,特别是这些地区的城市需求。顾起元《客座赘语》云:

> 金陵百年来,谷价虽翔贵至二两,或一两五六钱,然不逾数时,米价辄渐平。从未有若西北之斗米数百钱,而饥馑连岁,至啮木皮草根砂石以为粮者。则以仓庾之积贮犹富,而舟楫之搬运犹易也。惟仓庾不发,而湖广、江西亦荒,米客不时至,则谷价骤踊,而人情嗷嗷矣。[①]

顾起元为万历二十六年进士,嘉靖四十四年生于南京,崇祯元年卒于南京,其《客座赘语》专记南京故实,所言可信,说明在明中后期,南京的粮价,很大程度上决定于湖广、江西的粮食收成及粮商的贩运。江南地区为明中后期中国经济作物和手工业最发达的地区,常患粮食不足,须由湖北、江西运入。安徽南部的徽州一带,是茶叶、木材和纸、墨产区,其土地贫瘠,粮食不足。这个地区范围虽小,购买力却较高,在明后期,“大半取给于江西、湖广之稻以足食者也,商贾从数千里转输”[②]。对此,当地人有更切身的体会。地方志云:“郡处万山,百货皆仰于外……一日饶河闭籴,则徽民仰屋;越舟不至,六邑无衣。”[③]地方士绅汪伟在请求官府奏疏中写道,徽州介万山之中,地狭人稠,“即丰年亦仰食江楚,十居六七,勿论饥岁也”。粮食仰赖邻近饶州鄱阳、浮梁,“一日米船不至,民有饥色,三日不至有饿莩,五日不至有昼夺”[④]。徽州与饶州壤地相接,这种粮食供求关系由来已久,决非康熙时才如此。可见,江南地区的粮食供应,除当地生产之外,主要依赖的是湖广及江西。造成这一事实的不仅是因为湘鄂赣商品粮

① 顾起元:《客座赘语》,卷二《议籴》。

② 吴应箕:《楼山堂集》,卷一二《江南平物价议》。

③ 康熙《徽州府志》卷八《蠲赈》。

④ 道光《徽州府志》卷四之二《营建志》。

比较充足,还因为湘鄂赣地区与江南地区的民众饮食习惯相似,且运输方便。

江西地区粮食供应的又一重要地区是京师北京。京师缺米,统治者首先想到的也是从江西、湖广调拨或采买。但与江南不同的是,除了江西、湖广外,由于东北正在成为新的商品粮生产地,京师的粮食供应并不全靠南方的漕粮及在江西、湖广的采买。另外,京师的饮食习惯与山东更为接近,所以也可由山东等处接济。

广东、福建的粮食供应在相当长的时间里也部分地依赖江西、湖广。相对江南,广东、福建与湘鄂赣主要产粮区距离稍远,特别是运输更为困难,无论是湘米还是赣米南运广东,都是逆水而上,且道路曲折。赣米东运福建,主要由建昌府新城县五福一路。北方各省发生自然灾害,用于赈灾的粮食也多来自江西、湖广。此外,江西、湖广的部分粮食还被商贩运往海外。

由此可见,"湖广熟、天下足"是有事实根据的。同时也可以看出,江西在粮食的输出方面,和湖广一样具有重要的地位。所谓"湖广熟、天下足"之"湖广",也应包含江西在内。

不过,中国古代地方粮食外运表象的背后,往往意味着国家对该地方某种超经济的强制与掠夺,具有明显的政治目的。赣南地区一向被认为是明清时期粮食(大米)的重要生产地和输出地,但实际上这并不是以本地粮食供给的有余为基础,而是以牺牲本地粮食的供给为代价。明后期赣南的粮食生产虽然勉强有余,但实际储备并不足,应付灾荒的能力较为脆弱。这个问题在当时已经显露出来,如天启《赣州府志》所论:

> 赣亡他产,颇饶稻谷,自豫章吴会,咸取给焉。两关转谷之舟,日络绎不绝,即俭岁亦檣声相闻。盖齐民不善治生,所恃赡一切费者,终岁之入耳,故日食之余,则尽以出粜,鲜有盖藏者。且田土强半邻壤占籍,土著无几,公庾之积又未能陈陈相因足支二三年,如南昌、临、吉诸郡告急,时时输两关,粟济之下流固甚便。假令赣人饥,谁其输之粟耶?越岭则路为艰,溯河则水为逆。往戊子、己丑(指万历十六、十七年)之间,道殣相望,其故可知已。闭粜之禁,它郡率藉为口实,然空所有以饱人腹而坐困以待毙,是自尽之术也。乡邻同室之斗,救之宁无分缓急乎?①

① 天启《赣州府志》卷三《舆地志·土产》。

赣南地方绅士在赖以为生的粮食问题上,自然先要顾及和维护本地利益,对其他地区所指责的"闭粜"颇不以为然。

第三节 明代江西经济作物的种植加工与渔业生产

一、茶、苎、棉等作物的种植与加工

高产杂粮的种植不仅为粮食的输出创造了条件，也为经济作物的发展提供了空间。而真正给明代江西地区特别是山区商品经济带来活力的,主要就是经济作物。

江西地区获利较厚、影响较大的经济作物,主要有茶叶、苎麻、棉花、蓝靛、烟草、甘蔗等。而这些作物的种植或技术上的改进,与人口的流动有密切关系。明前期,江西南部的赣州、南安二府人口稀少,"农力惟早晚二物,虽圃亦少治,其山童,不务种木,而麻麦与桑之类亦稀"[①]。自从闽粤及本省吉安、南昌等府流民来到之后,"各属山僻州县,深崖穷谷之中,多有棚民,率以种靛、采耳、伐木、烧炭为生计"。"其人多属闽、粤等省无籍贫民。"[②]赣西北袁州府也是如此,"昔多旷土,嗣生齿渐繁,……止耕平地。自(万历年间)闽广人至,男妇并耕,高冈峭壁,视土所宜,添麻姜芋之利,日益滋饶。土人效其力作,颇多树艺"[③]。

茶的种植与加工

明朝废除了宋元时期的茶叶官局制度,官茶、贡茶、商茶并行,故于各地的茶叶产量已无确切记载。从现有资料看,江西茶业在唐宋时期那样明显的领先地位已逐渐消失,但仍不失为主要的产茶及茶叶输出省。《明史·食货志》载当时的主要产茶地:南直隶的常州、庐州、池州、徽州四府,浙江的湖州、严州、衢州、绍兴四府,江西的南昌、饶州、南康、九江、吉安五府,湖广的武昌、荆州、长沙、宝庆四府,四川的成都、重庆、嘉定、夔州、泸州五府[④]。

① 袁淳:《风土略论》,乾隆《赣州府志》卷二《物产》。

② 光绪《江西通志》卷四八《风俗》。

③ 乾隆《袁州府志》卷一二《风俗》。

④ 《明史》卷八〇《食货志四·茶法》。按:这里遗漏了一个最大的产区即福建的建宁。

《明会典》记载了各地岁贡茶芽的数量，从中可见优质茶的分布情况：南直隶500斤、浙江500斤、江西450斤、湖广200斤、福建2350斤。江西具体的分配是：南昌府75斤、南康府25斤、赣州府11斤、袁州府18斤、临江府47斤、九江府120斤、瑞州府30斤、建昌府23斤、抚州府24斤、吉安府18斤、广信府22斤、饶州府27斤、南安府10斤。[①]由此可知，优质茶主要分布在南直、浙江、江西、湖广、福建，又以福建为最。国内的主要产茶地也正是在这些地区。明政府为垄断茶利，维持边境的茶马互市贸易，不允许茶叶自由买卖，由政府发放"茶引"。商人需纳钱买引，照引买茶，出境发卖，卖毕，赴官缴纳原引查验。山园茶户不准收茶卖与无引客商。明前期，在应天府、常州宜兴县、杭州府设批验茶引所，后来杨士奇认为这三个批验所太少，不方便商人买引与批验，奏请改在各个产茶府州分别进行。他点出的产茶府州共22个，包括南直隶及浙江、江西、湖广、四川四省；江西是南昌府、饶州府、南康府、九江府、吉安府。[②]杨士奇说这22个府州"俱系产茶地方"似应理解为产茶与茶叶集散中心点，因为江西不仅南昌等五处产茶，全国更是不只22处，而福建根本未提及。

江西著名的茶叶生产区主要有两个，一是赣东北广信府的铅山等县，所产称"河红"，二是赣西北南昌府的修水等县，所产称"宁红"。这两个茶区的兴起大约在明中后期。至迟到嘉靖初年，广信府六县都出产茶叶，而以上饶、铅山、弋阳产者更佳。[③]铅山县，自宋代以来即盛产茶叶，明代万历间费元禄《清明节》诗云："走狗斗鸡寒食后，山歌又见采山茶。"《广信府志》说："(铅山)桐木山出者，叶细而味甜，然终不如武夷味清苦而隽永。今建安之茶，多取道铅山之河口镇，而铅实无佳茗，弋阳茶品甚劣，其他邑所产直不过十许文。"[④]"茶，七邑俱产，然土人多不善制。"[⑤]可见，以铅山为中心的茶区是在福建武夷茶的影响下形成的。实际上，这一带本身就属武夷山区，不同的是它处于武夷山的北侧，福建产茶名区崇安、建安等县则在武夷山的南侧，故在气候上有一定的差异。铅山桐木山所产之茶不如"武夷"，原因主要就在这里。不过其特点在于河口成为福建茶的集散地，因有"河红"之名。赣西北茶区包括南昌府的义宁州及武宁

① 万历《明会典》卷一一三《礼部·岁进》。
② 张萱：《西园闻见录》，卷七二《兵部二十一·茶法》。
③ 嘉靖《广信府志》卷六《食货志》。
④ 乾隆《广信府志》卷二《物产》。
⑤ 《古今图书集成·方舆汇编·职方典》卷八五六《广信府·物产考》。

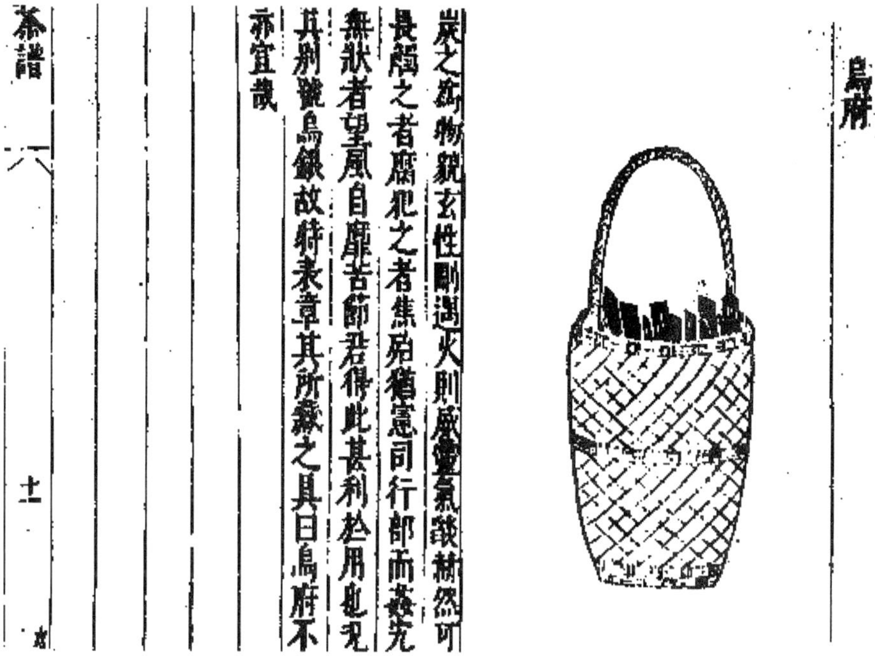

烏府

炭之為物貌玄性剛遇火則威靈氣殺赫然可畏觸之者腐犯之者焦殆猶憲司行部而奸宄無狀者望風自靡苦節君得此甚利於用也况其別號烏銀故特表章其所藏之具曰烏府不亦宜哉

茶譜

图3-5　明代茶具——“乌府”图，见于顾元庆《茶谱》，《续修四库全书》本。

县，茶业的兴起主要是由于两大因素的作用，一是棚民的迁入，二是红茶制作技术的传入。万历《新修南昌府志》记载：“有茶，能清头目，令人少睡，新建洪崖、白露、鹤岭，武宁严阳，宁州双井者佳。”①

除了上述茶区之外，江西的其他地区也有大量生产茶叶的记载。建昌府位于武夷山西侧，也是武夷茶的生产地。本地茶香味不佳，明中后期“新城得闽种，曰白毛茶，差可耳”②。南丰县民“自耕种外，惟向闽山采茶”③；“山多产茶，香味略减于闽，必运入闽茶聚处售之”④。南城、泸溪县民亦多往“闽山摘茶”⑤，抚州府是商品经济发达的地区，一直有种植茶叶的历史，东乡县更“以

① 万历《新修南昌府志》卷三《舆地类·土产》。

② 正德《建昌府志》卷三《物产》。

③ 鲁琪光：《南丰风俗物产志》，《小方壶斋舆地丛钞》第六帙。

④ 同治《南丰县志》卷九《物产》。

⑤ 《古今图书集成·职方典》卷八八二《建昌府·物产考》。

茶为利,东北皆产之,而润陂独多,黄石独佳。肩贩者携赴他处,加选制,往往得善价"[①]。袁州府宋代已有茶叶作为贡品,嘉靖《袁州府志》引前志载:"茶谱云袁界桥,其名甚著,今惟称仰山、稠平、木平者为佳,稠平尤号绝品。"[②]所属万载县"茶用大叶,皆崇乡及宜春产。崇乡味较佳。……大桥、改江等处多有茶叶,香味亦佳"[③]。瑞州府各县"清明采摘(茶叶),山中处处有之"[④]。九江府"五邑俱产(茶),惟庐山者味香可啜"[⑤]。《江州竹枝词》之七咏庐山云雾茶:"匡庐山上采茶归,云雾迷空尽湿衣,学得北源新焙法,江南嫩甲雨前肥。"南康府各县之茶,以"出云居山者佳"[⑥]。赣州府属各县,"山阜园地皆产,惟山高而土黄,得清虚之气多者为贵。赣之储茶,出自储山,曰大园储茶,香味最佳,昔尝入贡,所产无多,人不易致。各乡亦有艺茶为业者"[⑦]。但这些地区所产茶叶,主要供本地居民消费,其剩余产品才进入市场,而不像铅山、浮梁、义宁州茶区那样,不仅形成规模的商品茶生产,而且有较大的市场占有份额。

苎麻的种植与加工

麻本来也是全国各地都有的物产,且品种多样。如江西,就有火麻(亦名大麻,分枲麻、苴麻两种)、苘麻(亦名白麻、檾麻)、黄麻、络麻、糙麻等,都可以用来纺绳、织布,但质地粗糙,基本上都是满足当地农民自身的需要,而缺乏市场意义。真正给江西带来经济效益的,是苎麻及其织品夏布。

早在春秋时期,江西就已种植苎麻;到唐代,万载的夏布被列为贡品;北宋时,虔、袁、筠三州及南安军均有夏布上贡的定额。明孝宗弘治十五年和神宗万历六年的夏税中,夏布征收额为1341匹,皆在江西。可见江西夏布在当时颇著盛名。[⑧]而使江西的苎麻及夏布生产在明代达到鼎盛,与高产杂粮的种植一样,很大程度上是人口流动特别是吉安、抚州及闽粤流民进入山区带来的结果。

江西苎麻及夏布的主要生产区有三处:以宜春、万载为中心的赣西北地

① 同治《东乡县志》卷八《土产》。
② 嘉靖《袁州府志》卷五《物产》。
③ 民国《万载县志》卷一之三《风俗》。
④ 《古今图书集成·方舆汇编·职方典》卷九〇九《瑞州府·物产考》。
⑤ 嘉靖《九江府志》卷四《物产》。
⑥ 康熙《南康府志》卷一《物产》。
⑦ 同治《赣县志》卷九《物产》。
⑧ 万历《明会典》卷二五《户部》。

区,以石城、宁都为中心的赣南地区,以宜黄、临川为中心的赣东地区,这些地区大都是闽粤流民特别是福建流民聚居之处。

康熙中期袁州土著立《驱除棚寇功德碑》,概述了袁州府棚民的来源及数量。碑记:

> 袁州接壤于南,为吴楚咽喉重地。百年以前,居民因土旷人稀,招入闽省诸不逞之徒,赁山种麻,蔓延至数十余万,盘踞深谷,即在太平无事之秋,阴行劫掠,一遇变生,辄为乱首。崇祯壬午,天井盗起,则邱仰寰入据郡城。①

康熙中期上溯百年,则是明代中后期。这一时期大量福建移民进入赣西北山区租赁土著的山岭种麻。康熙《宜春县志》亦载:"明嘉靖年间,闽人避倭之乱入赣,于宜春县北三关九图之地凿地种麻。……迨后粤东之人亦至,蔓延至数十万,……结棚而住。"②早在明代嘉靖年间,福建流民便在赣西北种植苎麻,而且质量甚优。随之而来的是广东流民。所谓"蔓延至数十万",应该也包括江西本省抚州等地的流民,他们被称为"麻棚"。《万载县志》载:"万邑棚籍一项,其始原系闽、广等处失业穷民,荷锄而来,垦山种麻,搭棚栖止,深山之中,或数家为一处,或数十家为一处。"③又载,明末清初,"闽人、(本省抚州)乐安人相率开山,插蓝种苎"④。可见明后期的袁州属县,苎麻生产已进入高潮。

《江西之特产》对著名的"袁州麻"的一般情况作了如下介绍:

> 宜春在袁水中枢,旧属袁州府,所以宜春麻便以袁州麻著称。麻因收割季节关系,普通只分头麻、二麻、三麻,但俗称都是春麻、月麻、嫩麻。同时因为品质不同,须分别花色,普通分有头麻、提麻、三茶、脚花(或脚货)、白麻、线麻、麻把等。……麻的好坏,通常决定在纤维的长短,通常的长度是在二十四吋至四十吋以上。四十吋以上的麻,又分为上中下三等。三十吋以下的麻,就被称为脚货。二十吋至三十吋的麻,叫做粗麻。⑤

① 同治《袁州府志》卷五《武备·武事》。
② 康熙《宜春县志》卷一二《风俗》。
③ 民国《万载县志》卷一之三《风俗》。
④ 雍正《万载县志》卷三《风俗》。
⑤ 《江西之特产·袁州苎麻》,民国三十八年四月版。

同属“袁州麻”的自然也包括万载麻、分宜麻[①]，著名的万载夏布，便是以这三县所产苎麻为原料。

邻近福建的宁都、石城、瑞金、兴国等地，早已是福建移民的乐土，“粤闽流寓种蓝栽苎，亦多获利”[②]。风俗所至，“不论贫富，无不缉麻之妇女”[③]。同样邻近福建的上饶、铅山、玉山等地，康熙以前便“多流民居山谷中，艺麻为业”，而以“上饶居多”，他们大多来自“闽建”即福建建宁等地[④]。抚州一带的苎麻种植，其种来自两个渠道：或从福建各属及本省石城、宁都、万载、宜春等处购买苎麻兜，随买随种，或由本地培植，夏至前分栽。每年四月、六月、九月三次剥取，每亩可栽一千五百株左右，每季可剥麻百斤[⑤]。处于江西政治中心、以传统稻作农业为主的南昌等地，苎麻的种植比上述地区要晚得多。

苎麻可用以织绳乃至食用[⑥]，但主要还是缉麻织布，即制作苎布，亦称夏布。江西和湖南苎麻的广泛种植，为苎布或夏布的制作提供充足的原料，从另一方面说，也正是夏布业的发展对苎麻需求的扩大，才促进了苎麻的种植及其品质的改善。一般来说，凡是苎麻种植的地区，都有夏布生产，但由于技术的高低和市场的大小，产量和质量便有极大的差距。

经过长期的技术积累和市场整合，在境内相应形成了以宁都直隶州为中心的赣南、以万载为中心的赣西北等夏布生产和销售区域。

赣南区以宁都、石城为中心，这里的农家妇女“无蚕桑之职，惟事绩纫”[⑦]，皆以苎麻制作夏布，而宁都所制者尤佳。《宁都直隶州志》载：“州俗无不缉麻之家，缉成名为绩。敏者一日可得绩三四两，钝者亦可得一两以上。四五两织成一丈布为最细，次而六七两，次而八九两者，粗矣。”而且形成了专业墟市，“夏布

---

① 道光《分宜县志》载：“邑北山地多种苎，其产甚广，每年三收，五月后，苎商云集各墟市，桑林一墟尤甚。”

② 康熙《兴国县志》卷一《物产》。

③ 道光《宁都直隶州志》卷一二《土产》。

④ 光绪《江西通志》卷四九《物产》、道光《玉山县志》卷一二《土产》。

⑤ 宣统二年《江西物产总会说明书》（临川县）。

⑥ 同治《南昌府志》卷八《土产》：“苎，茎可布可绳，叶可和米以作食。”道光《万载县志》卷一二《土产》：“取苎根和米粉为饼，可御饥。”

⑦ 乾隆《石城县志》卷一《物产》。

墟则安福乡之会同集、仁义乡之固厚集、怀德乡之璜溪集，在城则军山集。”[①]《石城县志》则说：“宁都、石城以苎麻为夏布。宁都制者尤佳。石布虽不及宁(都)细密，近数十年来，城乡编织，岁出数十万疋。……外贸遍吴越亳州间，子母相权，女红之利普矣。”[②]可见这里是一个具有相当规模的夏布生产和销售中心。赣南的其他地区，也多种麻织布。龙南县妇女“多织绵苎为布，贫户恒取其息，以自给养”[③]。南康县横石井“专织苎，所产夏布绩织倍于他方”[④]。会昌、雩都、定南、安远、信丰、瑞金等县，也都有关于种麻织布的记载。

赣西北为明末清代江西境内最著名的夏布出产和销售区，量大而质优。万载夏布为万载、宜春两县夏布之统称。万载产麻不多，夏布原料多从宜春输入；宜春产麻甚丰，且质地优良，但织布之法不及万载，故宜春夏布多在万载制造。万载夏布是以上文所说的袁州苎麻为原料，有充足而优质的原料供应，同时，也有较为先进的制作技术。

以上产区之外，广信府所属上饶、铅山、玉山、贵溪等县，南昌府所属武宁、进贤等县，饶州府所属鄱阳、余干、万年等县，九江府所属德化、瑞昌等县，也都有大量缉麻织布的记载（参见表3-5）。明代江西在夏税中交纳的苎布为1341匹，秋税交纳到北京、南京的苎布折米合计8.4万石，折合苎布12万匹，分别由袁州四县、广信府上饶、玉山、永丰、铅山、弋阳及饶州府万年等县承担。苎布的征收与苎麻、苎布的产地相适应。

棉花的种植与加工

元朝以后，棉花种植在江西更为广泛，棉布的产量相应增多。明初曾以政府干预的方式推广棉花的种植，故棉花种植遍及江西各地，但基本上属男耕女织式的自给生产，不具备商品的意义。而且，任何一种作物都有其特殊的环境要求。如茶叶，需要一定的海拔高度、适当的雨量、适宜的气温等，棉花亦然。如康熙《瑞金县志》即认为该处不宜种棉：“瑞金旧无棉花，皆买诸商贾。隆庆三年，知县吕若愚募人买花于邻郡，教乡民种之。但土性不相宜，虽种不生，今亡。”[⑤]《安

① 道光《宁都直隶州志》卷一二《土产》。

② 乾隆《石城县志》卷一《物产》。

③ 道光《龙南县志》卷二《风俗》。

④ 同治《南康县志》卷一《风俗》。

⑤ 康熙《瑞金县志》卷四《物产》。光绪《瑞金县志》卷二《物产》对此事也有感叹：“夫瑞邑既无蚕桑之利，又不获纺织之助，民间妇女皆坐而仰食于其夫，家道安得而不替乎。”

福县志》根据本县的种植情况，得出这样的认识："福邑木棉，惟大河两岸居多，冈阜处亦间有之。其种植也，地宜沙土相兼，宜肥瘦得宜，地太高燥不生，太卑湿亦不生，太肥则脆而易萎，太瘦则矮而不盛。河地有沙有土，不燥不湿，粪之适宜，得利甚多，较之冈阜，不啻十倍。"[①]经过实践，江西的北部、中部地区形成了一定的棉花种植规模，并投向市场。大致上说，苎麻与棉花各擅胜场，苎麻多者棉花少，棉花多者则苎麻少，这也是气候水土使然。

地处赣北的九江府，是江西的产棉中心。嘉靖《九江府志》说，由于"以木棉价值，收成胜于他产"，所以本府所属五县，县县种棉。府治所在地德化县"封郭、桑落二洲者核小而绒多"[②]，质量上乘。德化棉以质量著称，彭泽棉则以数量闻名。该县棉田广阔，收获时节，"木棉如雪满江乡"，"木棉可抵稻黍之半"。九江府所产棉花，部分供本地纺织之用，如德安的棉布，"麄曰土布，细曰腰机"；湖口的棉布，"中乡出者密厚，下乡出者白净而轻"[③]。而大量的棉花，则是销往

图3-6　弹棉和赶棉图，《天工开物》卷上《乃服》插图

① 道光《安福县志》卷一《物产》。
② 嘉靖《九江府志》卷四《食货志》。
③ 同治《九江府志》卷九《物产》。

苏、松等棉纺发达地区。

九江之外，南康、饶州、南昌、临江、抚州、吉安等府，也有一定规模的棉花和棉布生产。据嘉靖《江西通志》卷三二载，南康府的“物产”中有棉花。饶州府：“帛类，布、棉、麻苎数色，各县出。货类，棉花。”[1]抚州府：“木棉布，纺木棉花为之，聚万石塘，出东乡。”[2]弋阳县：“棉布，粗者名蛮布，稍细者名腰机。”[3]吉安府安福县“地少蚕桑，多种棉花，出东南者绒更厚”[4]。府治所在地庐陵县民的“资生常货，用广而利厚者，无过蓝青白布，岁数百万金，有专治粤庄者。大率北门人所织，因称其布曰‘北门’，女红恃以为生。或昧爽就机，及暮即成。其积勤如此，故又谓之鸡鸣布”[5]。但毕竟“所产不甚广”，难以形成像九江那样的商品生产规模。

正德《明会典》卷二四载弘治十五年各省“起运数目”，即各地对中央的输送物资数额，其中江西丝绢折绢8029匹，农桑丝折绢3486匹，阔白苎布50000匹，准米350000石。据正德《明会典》、嘉靖《江西通志》、章潢《图书编》及《江西赋役全书》、《名臣经济录》等文献，将洪武、弘治、嘉靖、万历各时期江西两税中的丝、麻、棉及其织物情况列举如下：

洪武二十六年绢15477匹。

弘治十五年丝8203斤，绢11516匹，苎布1341匹。

嘉靖初农桑丝4264斤，折绢3411匹。

万历六年夏税丝绵折绢8025匹，农桑丝折绢3486匹，本色丝8209匹，苎布1341匹。

万历三十九年京库丝绵折绢7919匹，京库农桑折绢884匹，南京库苎布1328匹，存留本司(布政使司)库荒丝6747斤，皆折银。

依据目前所见的明代史料，同时参考王曾瑜《中国古代的丝麻棉续编》(载《文史》2006年第3辑，总第76辑)，制成表3-5，以期对当时江西的丝、棉、麻及其织物的生产情况有个大致的了解。虽然无法得知明代江西棉、麻及其织物产量的确切数字，但从棉、麻等物产在各府县的广泛分布及其在两税中的数量来看，总产量是很高的。

---

① 正德《饶州府志》卷八《物产》。

② 嘉靖《抚州府志》卷八《物产》。

③ 万历《弋阳县志》卷六《物产》。

④ 同治《安福县志》卷四《物产》。

⑤ 民国《庐陵县志》卷四《物产》。

表3-5 明代江西丝、棉、麻及其织物的产地与税额

府州县	年代	物产	两税、土贡	资料来源
南昌府	嘉靖	葛布	农桑丝422斤，折绢337匹。	嘉靖《江西通志》卷四
	万历	苎、麻、火麻、木绵、绵布、绵紬	农桑丝612斤，折绢490匹。	万历《南昌府志》卷七
	万历三十九年		农桑绢49匹，南京棉布折色米，该布8933匹，带派农桑丝440匹，皆折银。	《江西赋役全书·南昌府总》
宁州	嘉靖	棉布、葛布、绢、紬、丝、苎布	农桑岁征丝66斤	嘉靖《宁州志》卷六、卷一三
丰城县	嘉靖	苎布、棉布、葛布、丝紬	夏税京库农桑折绢196匹，秋粮南京库棉布米4548石。	嘉靖《丰乘》卷四
武宁县	嘉靖	葛、苎、布、绢、棉花	南京棉布米1194石。杂赋农桑科四60斤，折织绢48匹。	嘉靖《武宁县志》卷一、卷四
建昌府	正德七年		农桑丝折绢196匹	万历《建昌府志》卷四
	嘉靖初	葛布、土段、金丝布、绢	农桑丝246斤，折绢196匹	嘉靖《江西通志》卷一六
	万历	紬、绢、苎布、葛布、土段（若北方土绫）、绵布		万历《建昌府志》卷三
新城县	正德	苎布、棉布、丝（桑叶薄，织绢帛，皆资吴、杭）、绵、紬	农桑科丝11斤，折绢9匹（非土产）	正德《新城县志》卷三、卷四
临江府	隆庆	蚕、棉花、木棉布、苎布	桑丝73斤，折绢59匹，征银。	隆庆《临江府志》
	嘉靖	苎布、葛布	农桑丝73斤，折绢59匹	嘉靖《江西通志》卷二二
	万历三十九年		南京棉布折米，该布7013匹，带征农桑丝绢59匹，皆折银。	《江西赋役全书·临江府总》
清江县	崇祯	惟南京本色绵布独为土物，盖居人种花，半贸半织。麻、苎、土葛，亦间有之。惟无紬、绢。	生丝9斤，折绢7匹，又分本色、折色。	崇祯《清江县志》卷三
九江府	嘉靖	葛、苎布、葛布、绵布、丝、棉、苎麻、白麻、檾麻	农桑丝489斤，折绢385匹	嘉靖《江西通志》卷一四，嘉靖《九江府志》卷四
	万历三十九年		起运农桑绢389匹，折银	《江西赋役全书·九江府总》
瑞昌县	隆庆	丝、苎、木绵、葛	农桑丝75斤	隆庆《瑞昌县志》卷一、卷三

续表:

府州县	年代	物产	两税、土贡	资料来源
饶州府	嘉靖		农桑丝251斤,折绢200匹。	嘉靖《江西通志》卷八
	正德	桑、柘、蚕、绵花、火麻、苎麻	官民田农桑科丝251斤,织造绢200匹。	正德《饶州府志》卷一
	万历三十九年		农桑绢103匹,南京绵布折色米,该布8347匹,京库丝绵折绢106匹,农桑折绢95匹,带派南京苎布1297匹,皆折银。	《江西赋役全书·饶州府总》
广信府	嘉靖	丝、绵、苎布、绵布、兼丝(以丝杂苎)、北布(以木绵杂苎)、葛布、从丝紬、绵紬、假紬(以绵丝杂木绵线)、紬、绢、隔织(纹眼纱)、鹅眼绫	丝绵18002斤,布1320匹,农桑丝190斤,折绢152匹。	嘉靖《江西通志》卷一〇,嘉靖《广信府志志》卷五、卷六
	万历三十九年		起运京库丝绵折绢7919匹,农桑绢152匹,南京库苎布1328匹,存留本库荒丝8104斤,南京棉布米,该布5507匹,皆折银。	《江西赋役全书·广信府总》
铅山县	嘉靖	紬、绢、苎布、鹅眼绫、绵布、腰机、兼丝、纺纱紬、假紬、棕布、丝紬	夏税丝995斤,绵222斤,布251匹。	嘉靖《铅山三县志》卷二、卷四
永丰县	嘉靖	从丝、绵紬、假紬(以丝杂木绵线成者)	农桑丝5斤,苎布139匹。	嘉靖《永丰县志》卷三
抚州府	弘治	桑、柘	临川县丝31斤,岁织绢24匹。 崇仁县丝3斤,岁织绢2丈。 宜黄县丝31斤。 金溪县丝25斤,岁织绢20匹。 乐安县丝14斤,岁织绢11匹。	弘治《抚州府志》卷一二
	嘉靖初	葛	农桑丝115斤,折绢92匹。	嘉靖《江西通志》卷一八
东乡县	嘉靖	紬(俗不治蚕,然闲民亦有市茧抽丝,以织紬者)、棉布、夏布、苎麻、棉花	农桑春丝10斤。	嘉靖《东乡县志》卷上
瑞州府	正德	桑、柘、苎麻、苎布、棉花、棉布、葛皮、葛布	丝351斤,折造绢281匹。	正德《瑞州府志》卷三
	嘉靖初		农桑丝351斤,折绢281匹。	嘉靖《江西通志》卷三〇
	万历三十九年		南京棉布折色米,该布9111匹,带征农桑绢281匹,皆折银。	《江西赋役全书·瑞州府总》

续表：

府州县	年代	物产	两税、土贡	资料来源
袁州府	弘治、正德间	棉布、苎布、葛布、绢、紬、土绫	桑丝519斤，折绢415匹。	嘉靖《江西通志》卷三二，正德《袁州府志》卷二，嘉靖《袁州府志》卷五
	嘉靖	多棉布，有苎布、葛布、绢、紬、土绫	农桑丝519斤，折绢410匹。	
	万历三十九年		农桑绢318匹，京库苎布米，该布50000匹，南京棉布折色米，该布12805匹，南京苎布米，该布61399匹，带征农桑折绢97匹，皆折银。	《江西赋役全书·袁州府总》
吉安府	弘治十五年		农桑丝1085斤，织造成净绢872匹。	嘉靖《吉安府志》卷五
	嘉靖初	葛布、棉布、苎布	农桑丝1085斤，折绢872匹。	嘉靖《江西通志》卷二四
	万历三十九年		农桑绢221匹，外农桑绢115匹，南京绵布折色米，该布10890匹，农桑绢537匹，南京库苎布米，该布3899匹，旧依派剩折解苎布米，该布1473匹，皆折银。	《江西赋役全书·吉安府总》
赣州府	嘉靖	葛布、苎布、苎、麻、丝紬、麻布	农桑丝172斤，折绢137匹。	嘉靖《江西通志》卷三四、嘉靖《赣州府志》卷四
	万历三十九年		起运农桑绢23匹，南京库棉布米，该布4174匹，带派农桑绢117匹，皆折银。	《江西赋役全书·赣州府总》
	万历末至天启	葛、苎间一为之，其精者犹当中品。	农桑丝155斤。	天启《赣州府志》卷三、卷七
瑞金县	嘉靖	葛布、苎布、土绸	农桑丝19斤。	嘉靖《瑞金县志》卷一
南康府	正德、嘉靖	桑、柘、葛布、绵花、苎麻	农桑丝170斤，折绢136匹。	正德《南康府志》卷五，嘉靖《江西通志》卷一二
南安府	嘉靖、万历	绢、焦布、苎布、葛布、绵布	夏税桑丝75斤，折绢60匹	嘉靖《江西通志》卷三六，嘉靖《南安府志》卷二〇，万历《南安府志》卷一三
南康县	嘉靖	绢、绸、苎布、葛布	夏税桑丝75斤，折绢60匹	嘉靖《南康府志》卷二

二、靛、烟等作物的种植与加工

蓝靛的种植与加工

蓝靛是蓝草的加工物。蓝草为可染色植物，经过加工泡制后，成为可用作染布的"淀"，即水性颜料。由于这种颜料多为青色，于是名为"靛"，或称蓝靛。随着棉、麻纺织业的发展，对染料的需求也迅速增加，以往并未引起人们太多重视的蓝草，遂成为许多地区重要的经济作物，种蓝制靛也成为这些地区农户的重要生计来源。

江西本地也有蓝草资源，但新的优良品种及种植方法，却来自福建及广东。这不能不说又是人口流动的作用。弘治《泰和县志》记载:“本县土产蓝草，长尺四、五寸,故其为靛,色虽淡而价甚高。由于土人少种故也。成化末,有自福汀贩买蓝子至者,于是洲居之民,皆得而种之,不数年,蓝靛之出与汀州无异,商贩亦皆集焉。”[①]是成化末福建汀州的良种引进之前,江西也有蓝草,但品种不佳、产量又少,所以“色虽淡而价甚高”。国内最大棉织业中心松江一带的蓝靛,也是由福建引进。成化时江西泰和所种福靛,尚属引进品种。稍后,建昌府也引进了福建蓝靛品种,但所种植的效果则不如泰和。正德《建昌府志》卷三《物产》记载“蓝靛”时说:“近自汀得种种之,然终不似汀之宜染也。”明末宋应星《天工开物》亦载:“近来出产,闽人种山皆茶蓝,其数倍于诸蓝。”[②]福建、广东流民进入江西山区之后,则连人力带技术转入江西。《明史·张翀传》载:

> 隆庆二年春,(张翀)以右佥都御史巡抚南、赣。所部万羊山跨湖广、福建、广东境,故盗薮。四方商民种蓝其间。至是,盗出劫,翀遣守备董龙剿之。龙声言搜山,诸蓝户大恐。盗因煽之,啸聚千余人。兵部令二镇抚臣协议抚剿之宜,久乃定。南雄剧盗黄朝祖流劫诸县,转掠湖广,势甚炽。翀讨擒之。[③]

万羊山在今罗霄山脉中段,地连江西吉安府龙泉县(今遂川)、南安府上犹县,以及湖南衡州府酃县、郴州桂东县,周围千里荒无人烟。明朝正统、成化间,江西吉安等府及福建、广东二省流民陆续来到这里,砍山烧炭、垦荒种地。其中不少“种蓝其间”,成了“蓝户”。《明穆宗实录》载:“江西万洋山跨连湖广、福建、广东之地,旧称盗薮,而各省商民亦常流聚其间,皆以种蓝为业。”[④]正德以前,万洋山区正是农民军山寨众多的所在,因此被称作“盗薮”,大概是官军捣毁山寨、镇压了农民起义之后,又有“各省商民”进入其间,以种蓝靛为业。而“南雄剧盗”黄朝祖在此流劫,说明这里的蓝户有来自广东者。明周用《乞专官分守地

---

① 光绪《泰和县志》卷二《物产引》。

② 宋应星:《天工开物》,卷上《彰施》。

③ 《明史》卷二一〇《张翀传》。

④ 《明穆宗实录》卷二六,隆庆二年十一月乙卯。

方疏》云：

南赣地方，田地山场坐落开旷，禾稻竹木生殖颇蕃。利之所在，人所共趋，吉安等府各县人民，年常前来谋求生理，结党成群，日新月盛，其搬运谷石，砍伐竹木，及种靛栽杉，烧炭锯板等项，所在有之。①

在南赣，吉安等府县人民也多“种靛栽杉”。至明后期，赣南的蓝靛向外地输出，如天启《赣州府志》卷三《舆地志·土产》记载，西北商人每年前来赣州府收购城郊农民种植加工的蓝靛，而且交易相当可观：“（赣州）城南人种蓝作靛，西北大贾岁一至，汎舟而下，州人颇食其利。”

在江西，哪里有夏布或棉布生产，哪里就有蓝靛的种植。赣南无疑是江西蓝靛生产的主要地区，兴国、宁都、安远、龙南、赣县等地都有大量种植蓝靛的记载，而“赣邑尤多”②。赣西北蓝靛的生产与福建移民有密切联系。天井埚在万载县北，与铜鼓营抵界，“环埚数十里皆山，天启末年福建栽杉种蓝客萃焉，附近苦加亩畏刑比者多弃产赴其处，埚遂称逋逃薮。前此米价最贱，及是价日长，闽客邱仰寰素雄其党，见群不逞之徒蚁附，渐萌异志”。③《清史稿·裴率度传》则说，在明末清初的几十年间，“福建、广东流民入江西，就山结棚以居，蓺靛叶、烟草，谓之‘棚民’，往往出为盗。万载温上贵、宁州刘允公等，皆以棚民为乱”④。这是福建、广东棚民在江西西北山区种植蓝靛和烟草的记载。

烟草的种植和加工

烟草又称蔫、菸，是明代后期从日本、菲律宾传入我国的重要经济作物。全祖望《淡巴菰赋·序》云：“今淡巴菰之行遍天下，而莫能考其自出。以其兴之勃也，则亦无故实可稽。姚旅以为来自吕宋。按淡巴者，原属吕宋旁近小国名。王圻言其明初曾入贡，有城郭宫室市易，君臣有礼。但淡巴之种入上国，其始事者莫知为谁。黎士宏曰：始于日本，传于漳州之石马。然亦不能得其详。”⑤清人曹斯栋《稗贩》说：“烟草，万历间始自日本，传于漳州之石马，细切如缕，灼以管而

① 周用：《乞专官分守地方疏》，《西江志》卷一四六《艺文》。

② 民国《赣县志》卷九《物产》。

③ 黄鼎彝：《敖阳三事始末》，道光八年（1828年）刻本。

④ 《清史稿》卷二九二《裴率度传》。

⑤ 全祖望：《鲒崎亭集》卷八《淡巴菰赋·序》。

吸之。吕宋人食法用纸卷如笔管状,名‘几世留’,然火吸而食之。……明熹庙时童谣云‘天下兵起,遍地皆烟’。未几闽人有此种,名曰‘烟酒’。崇祯朝悬为厉禁,而贪墨吏借此名以破人家者不少。”[①]明末清初时所修《漳州府志》说:“烟草种出东洋,近多莳之者。”[②]同治《安远县志》说:“王阮亭(士禛)云:姚旅《露书》,烟草,吕宋本名淡巴菰是也。张尚瑗(介宾)则谓种出自日本,明天、崇间,始入中国,初传于漳浦,称石马名烟。传于建宁,称金丝建烟。”[③]关于烟草的传入问题,学者多有论及者。从上述记载,大致可以认为,烟草原产于吕宋,万历时由日本商人或沿海福建商人带入,始种于福建漳州的石马及建宁,并从这里迅速扩散到整个福建及全国各地[④]。同治《祁阳县志》对“烟”的名称作了解释:“明启、祯时始有此,种山埠间,摘其叶晒干,切为丝,以管然之,吸入口中吐出烟起,故谓之烟。”[⑤]

江西种植烟草,始于明末天启、崇祯时。境内与福建相邻的赣州府属石城、瑞金二县,广信府属广丰、玉山二县,建昌府新城、广昌二县,是福建流民较早落脚的地方,也是省内最早和大面积种植烟草之处。乾隆《石城县志》引康熙初年的说法:“烟草,明末自海外流传闽漳,故漳烟名最远播。石与闽接壤,三十年来始得其种并制作法,以黄丝为上品。”[⑥]石城开始种植烟草,始于明清易代的崇祯、顺治之际。而至清中期,这里所产之烟便“不让闽漳也”[⑦]。但石城所产烟又不如瑞金之多[⑧]。康熙《瑞金县志》说:“自闽人流于瑞,以莳烟为生。”在福建流民的影响下,土著居民也多改稻田为烟田,致使“膏腴之亩,半为烟土,半为稻场”[⑨]。

广丰、玉山是江西的又一烟草产区,且形成广丰种烟、玉山制烟的格局。

---

① 曹斯栋:《稗贩》,卷八。

② 《古今图书集成·方舆汇编·职方典》卷一一〇四《漳州府物产考》。

③ 同治《安远县志》卷一《物产》。

④ 江西、湖北、湖南等南方省份自不必言,即山西,光绪续修《曲沃县志》也引旧志记载说:“烟,旧无此种。乡民张时英自闽中携种植之。明季,兵燹踵至,民穷则尽,赖此颇有起色。今则邑民大食其利矣。”是山西许多地方的烟种也由福建传来。

⑤ 同治《祁阳县志》卷八《物产》。

⑥ 乾隆《石城县志》卷一《物产》。

⑦ 乾隆《石城县志》卷一《物产》。

⑧ 道光《宁都直隶州志》卷一二《土产》说:“烟,种出日本,明季天、崇间始入内地,今遂无地不种。州治及石城所出尚不如瑞金之多。”

⑨ 康熙《瑞金县志》卷四《物产》。

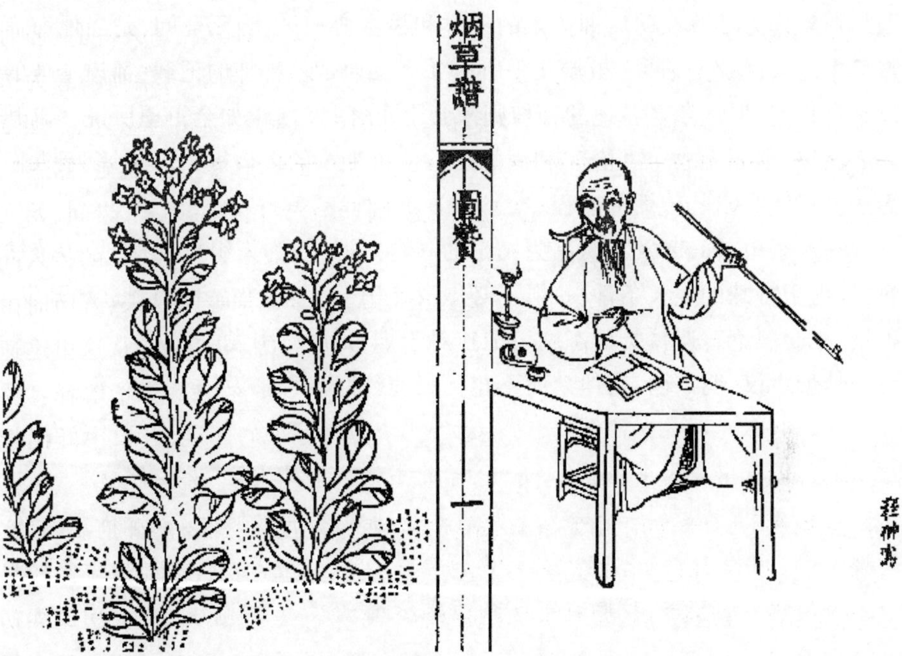

图3-7 清代陈琮所著《烟草谱》书影，《续修四库全书》本。

《玉山县志》说："淡巴菰之名，著于永丰，其制之精妙，则色香味莫与玉比。日佣数千人以治其事，而声价驰大江南北。"[①]"闽人之来玉者，率业此以起其家。"[②]建昌府新城县是江西中部入闽的必经之地，也是赣粮入闽、闽盐入赣的主要通道，因此，商业繁荣。受经济利益的驱使，遍种烟草。其他重要的产烟区还有：整个赣州府，因"与闽接壤，故种者亦多"[③]。"属邑遍植之，甚者改良田为烟畲，致辞妨谷收，以获厚利。"[④]雩都县，"烟草……启、祯间自闽入，今到处有之。"[⑤]信丰县后来居上，兴国县也"烟甚广，以县北五里亭所产为最。秋后，吉郡商贩踵至，利视稼圃反厚"。[⑥]

① 道光《玉山县志》卷一二《土产》。
② 同治《玉山县志》卷一《物产》。
③ 民国《赣县志》卷九《物产》。
④ 乾隆《赣州府志》卷二《物产》。
⑤ 同治《雩都县志》卷五《土产》。
⑥ 同治《兴国县志》卷一二《土产》。

福建作为烟草在明后期传入的最早和最主要地区，当无疑问，是当地海商与日本商人互贸的结果。虽然几乎所有关于江西烟草种植的记载，都说本地的烟来自福建，但烟草在各地的种植则未必全由“闽人”。正如全祖望所说，“以其兴之勃也，则亦无故实可稽”。利润的巨大使得烟草的传播极其迅猛，以至人们无法真正考究出其传播的过程。

高产杂粮，棉、麻及其织品为民生的衣食之源，靛为染织需要，茶是传统饮料，且由于特殊的生长条件，一般不必侵占良田。对于这些品种的引进和开发、种植，社会舆论普遍持赞扬态度。惟独对于烟，则屡屡引发争议。

禁烟之议，明末已有，但禁而不止。王逋《蚓庵琐语》说：

> 烟叶出自闽中，边上人寒疾，非此不治。关外人至，以匹马易烟一斤。崇祯癸未（即崇祯十六年），下禁烟之令：民间私种者问徒。法轻利重，民不奉诏。寻令犯者斩。然不久因边军病寒无治，遂停是禁。予儿时尚不识烟为何物。崇祯末，我地遍处栽种，虽二尺童子莫不食烟，风俗顿改。

王逋没有说明明末禁烟的理由，却道出弛禁的原因：一是吸烟可御寒，二是由于吸食者屡禁不止，导致种烟有巨大的利润。江西、湖广地区作为国内最大的商品粮生产地，由于国家的粮食调配政策和对价格的限制，农民从中得到的利润十分有限。湖北的棉花及棉布、江西的苎麻及夏布、湖南的茶叶等，固然也是十分重要的经济作物，且给本地及农户带来十分可观的经济效益，但比起种烟，却又颇有不足。乾隆《安远县志》记载：“田一百把，除牛税谷及所赚之外，纳租十二桶。种烟，每百把，可栽一千本，摘晒可三百斤。价钱每百斤四千文，价贵六千文不等。新稻出，每桶三四百文不等。将（烟）一百斤以还租，仍获二百斤之利。”按，当地所谓“把”，本为稻草的单位，但又作为田亩的计算单位，每百把约当3-4亩，兹以3亩计。桶则是量器单位，每两桶约合一石。是每田3亩，纳租12桶或6石，约合钱4000-5000文。当时当地每亩田平均产谷约3石，3亩即百把，产谷9-10石即20桶，约合钱7000文左右。这样，租田3亩，如种稻，除了交租，连同成本在内，剩余3000-4000文；如种烟，收成有300斤，用100斤或4000-6000文交租，连同成本，尚余200斤或8000-12000文。是种烟的收入，为种稻的3倍。清代中期安远县这个比较数据，实际上乃是明清时期赣南以至整个江西地区种稻与种烟收入的大致情形。

烟草传入中国后，所以能够迅速传播和大量种植，正是由于需求旺盛、获利丰厚的刺激。有旺盛的市场需求，有高额利润或为民众主要生计的作物，是不可能禁止得了的。除非有新的高额利润的商品去取代它，或者人们真正认识到它的危害而唾弃它。

茶叶、烟草、苎麻及其制品夏布、棉花及其制品棉布，以及染织业所需的蓝靛等之外，明代江西的重要经济作物，还有甘蔗、薄荷、莲子、百合、蔺草、灯芯等，以及经济林木油茶、油桐、柑桔、漆、杉、松等。

甘蔗是一种获利较大的经济作物，本产广东，由广东移民带来江西。江西的赣南、赣东及赣东北等地种植较为普遍。赣县、雩都、信丰是产蔗大县。《齐民要术》中记雩都甘蔗品种好，宋代乐平已出产"蔗糖沙"，权邦彦《乐平道中》云："稻米流脂姜紫芽，芋魁肥白蔗糖沙。"甘蔗与长生果(花生)是南康的两大特产，"行远而利溥"，故南康县"较他邑为殷富"。江西的漆种也来自福建，所以

图3-8　轧蔗取浆图，《天工开物》卷上《甘嗜》插图。

图3-9 南方榨及制油图,《天工开物》卷中《膏液》插图。

《赣县志》说:“浙、徽、闽、广皆产,赣所产漆,即闽种也。土人垦荒种之,品居广漆之上,与浙、徽相埒。”[①]赣西北各县油茶种植历史较长,正德《袁州府志·土产》即记“茶子树,冬花,子可作油”。油桐用于榨油,其作用,一是直接施于木器,使其经久耐用;二是用于调漆,调漆必须用桐油。江西、湖南是在明清时期少数几个能够提供大量木材而又交通较为便利的省份,故而又是造船大省。造船需要大量桐油,所以这里的山区也就多种油桐。其他如薄荷在吉安、吉水,莲子在广昌、广丰,柑桔在南丰等地,皆为重要的商品。

三、渔业的生产与管理[②]

渔业生产与贸易

明代江西鄱阳湖地区湖泊众多,广袤的鄱阳湖为一狭长形湖泊,依不同的

① 民国《赣县志》卷九《物产》。

② 参考尹玲玲:《明代江西鄱阳(湖)地区的渔业经济》,《中国社会经济史研究》2000年第2期。

地域又有宫亭、杨澜、彭蠡之称，跨九江、南昌、南康、饶州四府，延袤数百里[①]；其它中小湖泊如甘棠、鹤问、芳兰、小池、沙池、杜家、白水、赤湖、官湖、江矶、柘港、青山、横矶、郭家、钱家、药湖、莲花湖和铜湖等，其中药湖周回四十余里，铜湖绵亘五十里[②]。这些大大小小的湖泊散布在广阔的鄱阳湖平原上，构成江西渔业经济的主要载体。

湖泊水体的特性如深度、温度、营养度、水源等，决定了是否有利于鱼类的生长。适宜鱼类生长的湖泊极大多数是中小型浅水湖，且多为富营养型，鱼类天然饵料丰富，具有养鱼的优越条件。鄱阳湖地区的中小湖泊多为河流改道后的废弃河床所形成的河间洼地湖，河流截弯取直后形成的牛轭湖，或较深的岗边湖、郾塞湖接受大量泥沙沉积后所形成的浅成湖，水深一般均较浅，且多为富营养型，故适宜鱼类生长，渔业经济较为发达。例如，九江德化县官湖“临大江，春夏交江水泛涨，茭苇合生，不容舟楫，其湖产鱼，设河泊所于旁，因名”；小池湖“在封郭州，有河泊所”。湖口县禁江河段“上通九江，下接小孤，值冬水涸成池，乃鱼虾所聚之处”[③]；明人诗文描述道：“雨过人家收鸭早，日高网户晒鱼腥。”[④]

据明代方志记载[⑤]，鄱阳湖地区所产鱼类品种众多，有完全在淡水中生活和繁殖的鱼类，也有溯河降海性生殖洄游鱼类。淡水鱼类：鲩(青、草鱼)、鲢、鳙、鲤、鲫、鲇、鱤、鳢、鳜、鲭、白、鳊(鲂)、鳑、鳍、鯮、鮰、鲨、鲄、鳅、鳝等。青、草、鲢、鳙为“四大家鱼”，是中国主要淡水养殖鱼类；鲤、鲫、鲇、鳊等也是长江水系十分常见的淡水经济鱼类；鳢、鳜、鮰、白鱼、银鱼等是较珍贵而美味的食用淡水鱼类。溯河降海性洄游鱼类：鲔(即鲟鱼)、鳟、鲥、麦鱼、鳗鲡。对于溯河降海性洄游鱼类出现的时间和地点，时人有明确的记载，如鳟鱼、鲥鱼“仲夏始出，鱼之极美者，多出彭泽”；麦鱼“麦熟时出，形小味佳，产瑞河口”；鲥即刀鲚，“杨花飞始出，故俗呼为‘杨花’，亦谓之‘时鱼’”。

---

① 正德《饶州府志》卷一《建置》，正德《南康府志》卷二《疆域》。

② 嘉靖《九江府志》卷二《方舆志》，正德《南康府志》卷二《疆域》，万历《新修南昌府志》卷三《舆地类》。

③ 嘉靖《九江府志》卷二《方舆志·山川》。

④ 刘嵩：《槎翁诗集》，卷六《过湖口县》。

⑤ 万历《新修南昌府志》卷三《舆地·土产》，嘉靖《九江府志》卷四《食货志·物产》，正德《饶州府志》卷一《土产》，正德《南康府志》卷五《物产》。

人们对该地所产鱼类的各种性状十分了解,如关于医疗药用:青鱼“胆可疗目疾”,鳝鱼“食之补五脏”、“可治瘵”,白鱼“开胃助脾”,鳜鱼“食之可益气力”,鳢鱼“胆甘可食”,鲫鱼“性温、可理脾”,鳗鲡“能杀虫”、其骨熏烟可辟毒,河豚“补中益气”;关于毒性:鲤鱼“不可与犬肉同食”,鲇鱼“须目赤者杀人”,鲩鱼“有疮者不可食”,鳟鱼、鲥鱼“能发痼疾”,河豚“子有毒”。

明代江西的渔业不完全是江河湖泊中的捕捞业,民间养鱼也构成渔业经济的重要组成部分。江西自古为鱼苗孵化之地,鱼苗培育和贩运业较为发达。九江湖口一带,由于处于江湖交汇之地,是良好的天然鱼类繁殖产卵场地,鱼苗捕捞生产规模非常大,有专门以捕捞鱼苗为生的渔民群体。明代陆深《俨山外集》对此有详细记载:

> 今人家池塘所蓄鱼,其种皆出九江,谓之鱼苗,或曰鱼秧。南至闽广,北越淮泗,东至于海,无别种也。盖江湖交会之间,气蕴所钟。每岁于三月初旬,挹取于水。其细如发,养之舟中,渐次长成。亦有盈缩,其利颇广。九江设厂以课之,洪武十四年,钦差总旗王道儿等至府编签渔人,谓之“涝户”。①

据此可知,九江一带有一独特的渔民群体,他们专门以捕捞采集并培育鱼苗为生。明洪武十四年,朝廷官府专门派饮差总旗王道儿等人前往九江府编定签发这一渔民群体,并把他们称为涝户,意为专门于江湖中以捞取鱼苗为生的人户。每年三月上旬,涝户们于江湖交汇之水流捕捞鱼苗。鱼秧刚上水时,细如发丝,涝户们即于舟中培育等长到一定规格大小即卖于各地鱼苗贩运商。

同治《九江府志》卷七《地理志·古迹》记载,元代至大年间(1308–1311年)即在德安县南三进四十步设有鱼苗仓,后毁于兵火,仅存址基。明代江西九江府,在德化县湓浦门外龙开河渡口设有专门机构——鱼苗厂以孕育鱼苗。在嘉靖《九江府志》卷九《职官志·公署》中,鱼苗厂作为公署与各河泊所并列。鱼苗厂西有大量居民聚居成鱼苗厂巷,又称鱼苗街,路通湓浦港,估计大多以鱼苗孵化及贸易为业②。明人刘嵩有诗云:“闻君凿池种鱼子,远注浔阳一泓水。春风

① 陆深:《俨山外集》,卷二〇《豫章漫抄》。

② 嘉靖《九江府志》卷二《方舆志·坊乡》。

昨夜化灵苗,中有十万横波尾。”[①]可见鱼苗孵化规模之大、数量之多。

在江西地区,有些河泊所的公署就设在水滨的市场旁边,就近对渔船征收渔税,故明代王直有“公庭依水市,官税在渔船”[②]之句。这里的“水市”,当是以鱼类贸易为主的鱼市。湖口县之风俗,“乡务农业,市熟操舟”[③],从事商业的人员都能熟练地操纵舟船,说明市场也以依托水滨的居多。又如九江府小江市,“一名官牌夹,去府治西五里许,有河汇于大江,水涨通龙坑、赤湖等处。舟楫上下皆泊于此,又陆通德安、瑞昌……商贾贸易、四时如一,亦要会也”;杨家穴市“一名断腰,在江北岸,去府治三十五里,临宫亭湖,与大孤山相对。一港委曲,可泊舟楫,又陆通府城,四时贸易无异”[④]。小江、杨家穴、女儿港三市均为天然良港,故发展为大型的江滨水市,四时贸易十分发达。在这些水市上,鱼市贸易占有十分重要的地位。

渔业税收与管理

渔民的鱼苗捕捞与售卖获利颇丰, 因此官府特设有税收机构向其征收课税。渔业税收并非自明代始,我国很早就有渔业课税的征收,唐宋时期常有变化。元代创设“河泊所”,征收“河泊课”,属于“额外课”之一。但在全国范围内系统地设置渔业税收机构——河泊所, 并配备相应的渔税征收和渔业管理官员——河泊官,制定细密的渔业税收政策,在全国范围内征收渔税,则自明代始。

《明史·食货志》载:“官司有河泊所”,“河泊,取鱼课”,“所收税课,有本色,有折色”[⑤]。河泊所的主要功能包括两大方面,即对渔业课税的征解与籍定、编审渔业人户两大事务的管理,如景泰六年巡按湖广监察御史叶峦所说:“河泊所之设,盖以民间多有置造海溪等舡捕鱼罔利,故将有舡编成业户、定立课米。”[⑥]明代河泊所的征课对象几乎涉及所有的湖泊池潭、江河港汊,甚至浅水、高塘等可以养鱼的水体,官府对江潭湖泊陂塘等不同水体的鱼课征收规则也有所不同。明代的渔税征收包括户部项下的鱼课钞及工部项下的鱼油、

① 刘嵩:《槎翁诗集》,卷四《戏为友人千鱼苗》。

② 王直:《过江西河泊所》,同治《南昌府志》卷六《地理志·市镇》。

③ 嘉靖《九江府志》卷一《方舆志·风俗》。

④ 嘉靖《九江府志》卷二《方舆志·坊乡》。

⑤ 《明史》卷八一《食货志五·商税》。

⑥ 《明英宗实录》卷二五〇,景泰六年二月辛卯。

鱼鳔、翎毛等实物以及折征黄麻、白麻、生铁、熟铁、生铜、熟铜、鱼线胶等物。“河泊所旧制,设官管征麻、铁、鱼油、翎、鳔等料,以为造船之用。原解本色,如遇丁字库收贮数多,间改折色”;嘉靖四十二年,广东、广西、福建、四川四省因解送途远,全部改征折色,其余司库则仍征本色;万历三年,因“丁字库黄麻、熟铁、络麻、翎毛收贮数多”,又将浙江、江西、湖广三省并南直隶十四府州改征折色。①

鄱阳湖及赣江等河湖水域的鱼类资源丰足,官府在渔民集中的地区设河泊所征收课税,进行管理。明初江西共设16个河泊所,主要分布在九江、南昌二府,其中九江府多达9所,南昌5所,南康、饶州二府各一所。②由此可见,明初鄱阳湖地区的渔业主要分布在九江、南昌二府。

明初在九江府设的9个河泊所,以德化县所设河泊所数量最多,共5所;彭泽县居次,共两所;瑞昌、湖口县各一所。嘉靖年间九江府的鱼课征收以德化县最高,占总数的一半有余,瑞昌、彭泽、湖口三县则分占10%~20%之间。③这一比例与各县河泊所的多少基本吻合,大致代表了九江府各县的渔民人口及渔业分布。嘉靖《九江府志》卷四载该府所属各色课程钞共36577锭,而其鱼课钞即达17533锭,占总课程的48%,可见其渔业经济在总体经济结构中所占的重要地位。隆庆《瑞昌县志》专列“鱼课”一项,与田赋并列,亦可见其渔业经济在整体经济结构中所占的重要地位。④

自成化以后,鄱阳湖地区的水灾渐趋频繁,沿江一带彭泽县小孤山、湖口县上石钟山、德化县封郭洲罗公池连续发生岸崩。崩塌之物严重阻塞江流,造成江面壅水、被迫展宽。九江府紧邻长江以南,湖泊接受泥沙淤积当其冲,故最先淤浅、淤废。鱼利因湖泊的淤浅、淤废而大为减少,故河泊所前后裁革最剧,从前期的9所降为后期的3所,其中4所于成化以前已裁革,成化以后至万历以前较为稳定,一直未有裁革现象,万历年间又裁革两所,裁革比例达2/3。⑤

明初南昌府共设五个河泊所,即港口(南昌南乡48都)、赵家围(南昌钟陵乡14都)、昌邑(新建昌邑乡52都)、樵舍(本府德胜门外)、邬子(南昌乾封乡24

① 万历《明会典》卷二〇〇《河泊麻铁等课》。

② 嘉靖《九江府志》卷一《方舆志》、卷九《职官志》,万历《明会典》卷三六《课程五·鱼课》。

③ 嘉靖《九江府志》卷四《食货志》。

④ 隆庆《瑞昌县志》卷三《赋役》。

⑤ 嘉靖《九江府志》卷九、万历《明会典》卷三六《课程五·鱼课》。

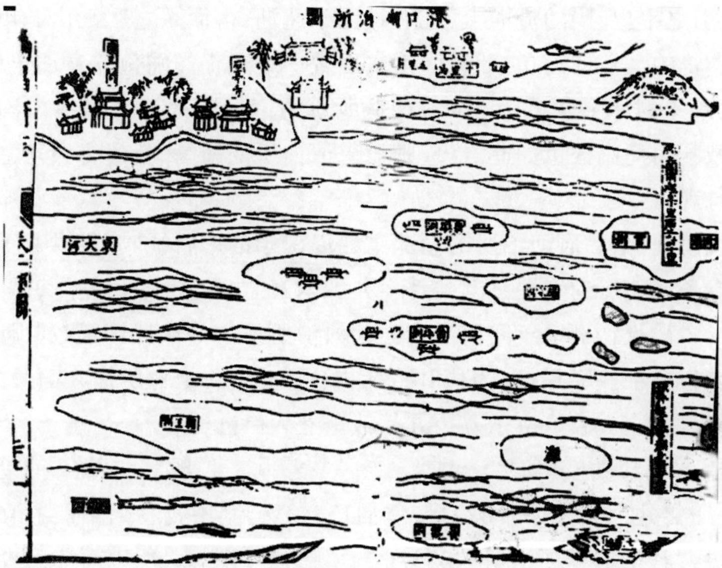

图3–10　港口河泊所图，万历《新修南昌府志》卷一《郡图》。

都）。①除樵舍河泊所后于万历九年裁革并入昌邑所外，其余4所明后期仍存。境内湖泊泥沙淤积相对缓慢，故河泊所的设置较为稳定而少有裁革。河泊所对于地方的安全和生计是如此重要，以致政府特意清丈立界并绘图。明代地方志即指出："江湖水利所关郡城，水注东、西湖，近湖之四周日削，每夏涝不免淹溺之虞，长江深潭若秋冬并浅水，禁之则凡资网业以活生纳课者兹重困之矣。万历十六年本府各清丈立界以杜其害云。"②

南昌府的渔业经济颇为发达，从一些地名即可看出其渔业生产的痕迹。如"李岐渔门，在县东北一百四十里，其水东北流一百三十里迳杨家滩过赵家围，又东流二十里至渔门口，又分流三里入鄱湖"。由此可知，李岐渔门正处在河流下游入湖口附近，富含有机质，鱼类天然饵料十分丰富，鱼类资源相当可

① 万历《新修南昌府志》卷九《典制类·渔课》、万历《明会典》卷三六《课程五·鱼课》。

② 万历《新修南昌府志》卷一《舆地类·郡图》。

观,因而称为“渔门”。又如“鲟洲,在县东北,周广一里……昔有渔于彭蠡者钓得大鱼,引之不出,因随流而上,凡五日困于此洲,得而杀之”[①]。由此可以推断该渔人钓得的大鱼即鲟鱼,此洲附近水面曾产或现仍产鲟鱼。又如丰城县“生齿甚繁,承平时水种至六万户”[②],这里所说的“水种”或许就是专事渔业的渔户。丰城县的渔民数量如此之多,则设有河泊所的南昌、新建等县之渔民数量当更为可观。

明代前期,南昌府河泊所的渔课主要以课米的形式征收,如洪武十年南昌府所辖五个河泊所的渔课总额共计岁办课米26526石3斗。后期则改为主要以钞银的形式征收,嘉靖年间南昌府五处河泊所征收的渔课钞银数共计531两,其中以港口所征收额最高,为168两,所占比重近1/3;樵舍所征收额最低,为74两,所占比重最小,故该所于万历九年裁革并入昌邑所。[③]

此外,如南康府设杨林河泊所,专门掌管水产税收。正德年间,星子、都昌、建昌三县共征收鱼课米620石;鱼油19240斤,其中杨林河泊所占16978斤;鱼鳔401斤,其中杨林河泊所占353斤。湖滩上珍禽群栖,所以每年还要交纳瓴毛258465根,杨林河泊所占226686根;活天鹅15只。[④]饶州府明初设柴棚河泊所一处,隶属于府,公署先在柴棚,后迁于府城月波门外。鄱阳湖属饶州府境只有东面一隅,故在其东岸设河泊所。洪武二十四年饶州府征收的鱼课钞全为柴棚河泊所办纳,其数量只稍低于商税门摊契税钞,远高于其它房赁、窑冶等各类课钞总和,占总课税的37%[⑤],可见鱼课税收在总课税中占有重要地位。

由此可知,明中期江西鄱阳湖地区的渔业分布以南昌、九江二府最多,南康、饶州二府居其次,这与前述官府河泊所的设置也基本吻合。各府所征鱼课在课税总额中均占相当比重,至少在30%~50%之间,可见其渔业经济在总体经济结构中占有重要地位。

除以上所述九江、南昌、南康、饶州等地区外,在注入鄱阳湖的赣、抚、信、修四大支流沿岸地区也有一定数量的渔业经济,有一些专门从事渔业捕捞的

① 万历《新修南昌府志》卷三《舆地·山川》。

② 万历《新修南昌府志》卷三《舆地·风土》。

③ 万历《新修南昌府志》卷九《典制类·渔课》。

④ 正德《南康府志》卷五《课程》。

⑤ 正德《饶州府志》卷一《税课》。

渔民人口。如袁州府的萍乡、宜春二县明初均曾设有河泊所，但相对于以上四个地区来说，其渔业经济的规模远远不及。可能由于该二河泊所鱼课课额过低，已没有必要设立，于英宗正统年间相继裁革[①]。

正统七年，明廷颁布了河泊所的存废标准："各处鱼胶不及百斤、课钞不及百贯、米不及十石者听于本处上司或附近河泊所类解。"[②]但在实际执行的过程中，往往多有例外。有的河泊所所管湖池陂塘岁久湮塞淤废，但未及时奏而未革，机构仍存，渔课额仍旧。由于渔利的下降及日趋沉重的课税负担，渔民流绝逃亡的现象极为严重。湖口县逆沙夹河泊所，明初洪武年间额定渔户有184家，后仅存50余家，消耗几达2/3。[③]朝廷诏令"各处鱼课有湖池湮塞坍塌、无从采捕、累民包纳者，所在官司申按察司及巡按御史踏勘分豁"[④]，则恰恰说明这种情况不在少数。

明初，政府在全国各地水域对专门从事渔业生产的渔民进行定籍，成立了专门的渔户户籍。渔户户籍与军户、匠户等户籍一样，属于世袭性质，且相对于其它户来说属于贱民。[⑤]渔户的管理也有同民户里甲相似的一套制度，设有网首、小甲等。渔民以船为家，四时放棹于烟波风浪之中，在沉重的课税负担下最易于迁徙逃亡；据湖为盗、劫掠行旅，甚至抗拒官府的现象也时有发生，不利于官府税收及管理。明代中叶，南康府安义县发生过宁王驱协九姓渔户助其造反之案。[⑥]有鉴于此，官府对渔户进行严格而周密的牌甲编审制度。如王守仁《行江西按察司编审九姓渔户牌》记载：

---

① 《明英宗实录》卷九〇载革"袁州府萍乡县河泊所"、卷一七〇载革"袁州府宜春县河泊所"。

② 万历《明会典》卷三六《课程五·鱼课》。

③ 嘉庆《湖口县志》卷五《食货志·盐课》。

④ 万历《明会典》卷三六《课程五·鱼课》。

⑤ 渔户有"九姓渔户"和普通"渔户"之分。王守仁《行江西按察司编审九姓渔户牌》说："数内杨子桥等九姓渔户，又该知县王轼引赴军门投首，各执称被胁，情有可矜，当该本院量行责治，仍发本官带回安抚外。今访得前项渔户，尚有隐匿未报，及已服官而乘势为非者，况查沿江湖港等，亦有渔户以打鱼为由，因而劫杀人财，虽尝缉捕禁约，而官吏因循，禁防废弛，合就通行查处。为此仰抄案回司，即便选委能干官员，会同安义等县掌印、捕盗等官，拘集杨子桥等九姓渔户到官，从公查审。"由此可知明中期时江西境内分布着九姓渔户。除了他们之外，也有其他"渔户"从事抢劫、杀人等违法活动。则明代江西的渔民由"九姓渔户"和"渔户"组成，渔户当指普通汉人渔民，九姓渔户则指一支来源与普通（汉人）渔户有异的渔民群体。

⑥ 王守仁：《王阳明全集》，卷一七《告谕安义等县渔户》。

> 拘集(安义县)杨子桥等九姓渔户到官,从公审查,要见户记若干、丁计若干,已报在官若干、未报在官若干,各驾大小渔船若干,原在某处地方打鱼生理。著定年貌、籍贯,编成牌甲;每十旬为一牌,内佥众年畏服一名为小甲;地方多寡,每五牌或六牌为一甲,内佥众年信服一名为总甲。责令不时管束戒谕,仍地原驾船梢粉饰方尺,官为开写姓名年甲籍贯住址及注定打鱼所在,用铁打字号火烙印记开造印信手册在官……仍即通行南昌等一十三府及各州县一体查处编立牌甲,严加禁约施行、造册缴报查考。[①]

由上可知,其编审内容极为详细,过程非常严密。统计项目有渔户户数、渔丁人口、渔船大小及数量,从事渔业生产的水域。登记渔民人口的年龄、籍贯、相貌,然后将所登记的渔民编成牌甲。与里甲编审基本相同,每十名渔丁编为一牌,从中选出一名大家都信服的人为该牌的小甲。每五牌或六牌编为一甲,根据各个地方渔户数量的多少而定;从中选出一名众人都信任并服从其管理的为总甲。责令各小甲及总甲约束管理好辖下的渔户,在各自原驾驶的渔船船尾粉刷出一尺见方,其上注明户主的姓名、年龄、籍贯、属何牌甲、渔船住泊处及在何处水域打鱼,并用专门的铁铸模件在上面烙出特定的记号。另外再根据以上各项开具详细的印证凭信,编成手册,作为官府稽查的凭据。从调查统计到登记注册到编审管理的一系列程序都十分严密,可见其编审制度之严谨。基于此,通令江西全省包括南昌等十三个府及其各个州县都按照这一编审制度编立牌甲,严令各级组织加以很好的施行,造成册籍级级上报,以便随时查考。

虽然如此,渔户逃徙流亡的现象仍十分严重,南昌府五河泊所所辖渔户从明代初年到万历年间"虽渔户册籍如故,而岁久便逃绝影射,莫可胜言",政府税收因此大量减少。为了杜绝或减少这一现象的发生,以做到渔课不失旧额,河泊所的征课对象有一个从籍定渔户→画潭定界、从税人→税湖的演变过程:"莫若以业求人、画潭定界,庶渔油料钞不失其额课云"[②]。可见,明代后期南昌府河泊所的渔税征收制度由人而转为湖。这一变化有利于渔课的征收。原因在

① 王守仁:《王阳明全集》,卷三一《行江西按察司编审九姓渔户牌》。

② 万历《新修南昌府志》卷九《典制类·渔课》。

于,渔户可以迁徙他处,可以投寄豪强大户,而陂湖池潭等则是固定之地,将课税额按水面面积分摊到该地周围所居之民头上,则渔课不易逃避而易于完缴。这一变化暗含着"摊丁入亩"的实质。

明代后期江西地区的渔业经济仍较为发达,在全国占有一定地位。如明万历年间全国各省岁收鱼课银共46000余两,其中江西一省有3400余两,约占全国总数的7.4%。当然,相对于湖广、南直隶及沿海的福建来说,其课额要少得多,所占比重也低得多。①明代湖广辖境有今湖北江汉平原及湖南洞庭湖平原水域,南直隶辖境则有今安徽沿江各河湖水域及今江苏太湖流域水域,而福建沿海的海洋渔业经济历来颇为发达,故这三个区域的鱼课课额及其比重要较江西为高。

① 据万历《明会典》卷三六《鱼课》所载户部项下课银及卷二〇〇《河泊麻铁等课》所载工部下课银折算统计。

第四章

明代江西的商品、商人与市场

第一节 手工业的商品化生产与商品的丰盛

一、制瓷业

江西是传统的手工业大省。张瀚《松窗梦语》说:"今天下财货聚于京师,而半产于东南,故百工技艺之人亦多出于东南,江右为夥,浙、直次之,闽粤又次之。"①在北京的百工技艺之人,多来自东南,而以江西为多,浙江、江南、福建、广东尚有不及。这一现象的发生,又是以江西民众习技成风为基础的:"乡之民力田而外,籍资生理,工其一焉,或陶于饶,或楮于铅,或效技于本邑他郡。"②

明代江西手工业门类增多,产品交流更趋活跃。从现有记载及流传至今的传统工艺看,明代江西地区能够为社会提供大量商品的重要手工业,除了前文所说的棉、麻、烟、茶等经济作物的加工业外,主要还有制瓷业、造纸业、制药业、刻书业、矿冶业和铸钱业以及造船业、竹木制品业、锡箔业、鞭炮制作业等。在门类众多的手工业中,制瓷业与造纸业的发展尤具有全国性的意义。

---

① 张瀚:《松窗梦语》,卷四《百工纪》。

② 道光《贵溪县志》卷一一《风俗》。

中国古代手工业生产的基础固然在民间，但欲在质量上有所突破和提高，与政府的投资是分不开的。大凡著名的手工业品，几乎都和贡品有不解之缘。尽管在唐初，浮梁县昌南镇的瓷器就有“假玉器”之称，但江西制瓷业的真正发展还是从宋真宗景德年间遣官设镇开始的。宋末元初，随着吉州窑窑工的大量迁入和高岭土的开发利用，使景德镇瓷业在工艺技术上得到更为迅速的发展。青花瓷烧造的成功，更使景德镇瓷器抛开了其他名窑而在全国独占鳌头。到明代，景德镇已成为我国制瓷业的中心。宋应星评论：“凡白土曰垩土，为陶家精美器用，中国出惟五、六处，……合并数郡，不敌江西饶郡产。……若夫中华四裔驰名猎取者，皆饶郡浮梁景德镇之产也。”[①]王士性《广志绎》则说：

浮梁景德镇雄村十里，皆火山发焰，故其下当有陶埴，应之本朝，以宣(德)、成(化)二窑为佳，宣窑以青花胜，成窑以五彩。宣窑之青，真苏孛泥青也。成窑时皆用尽，故成不及宣。宣窑五彩堆垛深厚，而成窑用色浅淡，颇成画意，故宣不及成。然二窑皆当时殿中画院人遗画也，世庙经醮坛亦为世珍。近则多造滥恶之物，惟以制度更变，新诡动人，大抵轻巧最长，古朴尽失，然此花、白二瓷，他窑无是。遍国中以至海外夷方，凡舟车所到，无非饶器也。[②]

可见景德镇产瓷，不仅有官方的投资、技艺的先进，还有其得天独厚的资源条件。

《明史·食货志·烧造》一节，几乎专记明政府在景德镇烧造瓷器之事：

正统元年，浮梁民进瓷器五万余，偿以钞。禁私造黄、紫、红、绿、青、蓝、白地青花诸瓷器，违者罪死。官殿告成，命造九龙九凤膳案诸器，既又造青龙白地花缸。王振以为有璺，遣锦衣指挥杖提督官，敕中官往督更造。成化间，遣中官之浮梁景德镇，烧造御用瓷器，最多且久，费不赀。孝宗初，撤回中官，寻复遣。弘治十五年复撤。正德末复遣。自弘治以来，烧造未完者三十余万器。嘉靖初，遣中官督之。给事中陈皋谟言其大为民害，请罢

① 宋应星：《天工开物》，中卷《陶埏》。

② 王士性：《广志绎》，卷五《江南诸省·江西》。

> 之。帝不听。十六年新作七陵祭器。三十七年遣官之江西,造内殿醮坛瓷器三万,后添设饶州通判,专管御器厂烧造。是时营建最繁,近京及苏州皆有砖厂。隆庆时,诏江西烧造瓷器十余万。万历十九年命造十五万九千,既而复增八万,至三十八年未毕工。自后役亦渐寝。[①]

虽然《明史》省略了永乐、宣德时明政府在景德镇督造瓷器的情况,但从上面这段文字仍然可以看出,景德镇的瓷器官督烧造实与明朝相始终。王世懋在万历时为九江分守道,对有明一代景德镇的官造瓷器有更深的感受:

> 宋时窑器以汝州为第一,而京师自置官次之。我朝则专设于浮梁县之景德镇。永乐、宣德间内府烧造,迄今为贵。其时以棕眼甜白为常,以苏麻离青为饰,以鲜红为宝。至成化间所烧,尚五色炫烂,然而回青未有也。回青者出外国,正德间大珰镇云南得之,以炼石为伪宝,其价初倍黄金。已知其可烧窑器,用之,果佳。嗣是阖镇用之,内府亦有输积,而青价稍稍贱矣。嘉靖间回青虽盛,鲜红土断绝,烧法大不同前,而上忽命烧大钢围,至六七尺,所用土料青料既多,比入火,十无二三完好者。坐是为虚费甚巨,而人莫敢言。穆宗登极,诏发宣德间鲜红样命造,抚臣徐式力言此土已绝,止可采矾红。上姑允之,而加造方器如匣笥类者甚多。大钢之费既在,而方器之苦复增。盖窑器圆者,镟之立就,倏忽若神。独方物,即至小亦手捻而成,最难完整,供御大率十不能一二,余皆置之无用,殊可惜也。今上时犹踵二宗之令,且添造棋局矣,棋局如片板,尤难就而苦不中用,不知何取而为之。余为九江分守,曾督运二钢亲至其地,故得详颠末云。[②]

上述记载至少提供了这样几个方面的信息:一、明政府在景德镇设官窑制御瓷至迟在永乐时已经开始。二、内府对瓷器的需求,有日常用瓷和特殊用瓷两类,日常用瓷由地方政府负责,嘉靖时专设饶州府通判管理;特殊用瓷一般特遣宦官督造,而官窑所造精品瓷器,几乎都是在宦官的督造下完成的,文官集团则将其视为奢侈和浪费。三、向内府提供瓷器的并非只是官窑,也包含民

① 《明史》卷八二《食货志六·烧造》。

② 王世懋:《窥天外乘》,《丛书集成初编》本。

窑。四、为了烧造美器,政府不惜工本,而景德镇制瓷技艺的精进,正与此密切相关。

虽然明政府在景德镇设官窑制御用瓷器，但大量的日用瓷和艺术瓷仍然是经商人贩卖,进入市场成为商品。嘉靖《江西省大志》说:“(景德镇瓷器)利厚计工,市者不惮价,而作者为奇钓之。则至有数盂而直一金者。他诸花草、人物、禽兽、山水、屏瓶、盆盎之观,不可胜计,而费亦辄数金……相竞以逞。所被自燕云而北,南交阯,东际海,西被蜀,无所不至,皆取于景德镇。而商贾往往以是牟大利,无所复禁。”[①]虽然明初实行禁海政策,但不少江西商人及徽州商人仍通过各种途径携瓷出海。永乐时,有“饶州人”程复以琉球国(今日本冲绳)中山王

图4–1　明代景德镇为西亚烧制的青花执壶　图4–2　明代景德镇为葡萄牙烧制的徽章瓷碗

以上二图均引自《南方文物》2005年第3期。

长史的身份与明朝使者接触。程复是明初经商到该地定居的,很可能就是景德镇瓷商。[②]成化十四年,浮梁商人方敏,“凑银六百两,买得青白花白碗、碟、盆、盏等项瓷器,共二千八个”,船运到广东海外,卖给“番舶”[③]。嘉靖时,命“浮梁

① 嘉靖《江西省大志》卷七《陶书》。

② 《明太宗实录》卷一一五,永乐九年四月癸巳。

③ 《皇明条法事类纂》卷二〇《接买番货》。

客”汪宏等随外商船只出海采买香料。这汪宏应是经常出海的瓷商或茶商。[1]崇祯时，给事中傅元初请开海禁，认为海禁一开，浙江和南直的丝客、江西的瓷商，必然趋之若鹜，政府也可从中得利。[2]明中期以后，葡萄牙、荷兰等国商人陆续东来，景德镇瓷器是其重要的购买物。万历四十四年，荷兰东印度公司职员给公司的董事们写信说：“在这里我要向您报告，这些瓷器都是在中国内地很远的地方制造的，卖给我们各种成套的瓷器都是定制，预先付款。因为这类瓷器在中国是不用的，中国人只有拿它来出口，而且不论损失多少，也是要卖掉的。”[3]这些“定制”的瓷器，应该是西餐餐具、咖啡具等。

景德镇之外，明代江西较为有名的瓷器产地还有广信府横峰窑。横峰窑始于元末明初，为浙江处州流民来此定居开创。[4]横峰的制瓷业就此逐渐发展起来，形成横峰窑，嘉靖中遂在此立兴安县(今横峰县)。横峰距浙江较近，因此横峰窑器物风格明显受浙江龙泉窑的影响。

二、造纸业

江西自然条件优越，山林覆盖面积大，又是产粮大省，竹木、稻草等造纸原料十分丰富。加以江西又是传统的文化大省，教育盛行、科举发达，纸的需求量大，故江西造纸业在全国处领先地位。明代江西造纸作坊遍及各地，纸张品种也多，适应各种类型的需求。

项元汴在《蕉窗九录·纸录》列举了明代前中期的主要纸张产地，均在江西、浙江、南直。连七、观音纸，为江西南昌西山官局所造；奏本纸，由江西铅山纸槽所造；小笺红，由江西临川纸槽所造。另外有榜纸，造于浙江及南直；大笺纸，造于浙江上虞；笺纸，由南直徽州府所造。[5]

宋应星《天工开物》、谢肇淛《五杂俎》则记载了明代后期的各类纸张：

一为竹纸，以毛竹为原料，皆产于南方各省。有意思的是，在同一时代，江西人宋应星说“闽省独专其盛”，浙江人谢肇淛却说江西竹纸“遍于天下”。宋应星《天工开物》为明代手工业的专书，谢肇淛则以见多识广闻名于世，他们的说

---

① 陈洪谟：《继世余闻》，卷三。

② 顾炎武：《天下郡国利病书》原编第十六册《福建》。

③ 中国硅酸盐学会：《中国陶瓷史》，文物出版社 1982 年版，第 410 页。

④ 唐秉钧：《文房肆考》，卷三。

⑤ 项元汴：《蕉窗九录》，《四库全书存目丛书》本。

法应该都有依据。竹纸主要用于印刷及日常书写,故需求量甚大。①

二为火纸,以稻草为原料,盛产稻谷的江西、湖广所产最多,大半用于冥烧,小半用于日用。"荆楚近俗,有一焚侈至千斤者。"

三为包裹纸,以竹、麻粗料加宿田晚稻藁为原料,也产于江西、湖广,既粗且厚,故专用于包裹物品。

四为柬纸,这是优质纸,"全用细竹料厚质荡成,以射重价"。主要产于江西铅山、玉山等县。上等柬纸名"官柬","富贵之家,通刺用之,其纸敦厚而无筋膜,染红为吉柬,则先以白矾水染过,后上红花汁云"。

五为皮纸,又名绵纸,以楮树皮或桑树皮入嫩竹、麻为原料,产于江西、浙江等地。《天工开物》说:

> 凡皮纸,楮皮六十斤,仍入绝嫩竹麻四十斤,同塘漂浸,同用石灰浆涂,入釜煮糜。近法省啬者,皮竹十七而外,或入宿田稻藁十三,用药得方,仍成洁白。凡皮料坚固纸,其纵文扯断如绵丝,故曰绵纸。……其最上一等,供用大内糊窗格者,曰棂纱纸。此纸自广信郡造,长过七尺,阔过四尺。……其次曰连四纸。连四中最白者,曰红上纸。皮名而竹与稻藁参合而成料者,曰揭帖呈文纸。芙蓉等皮造者统曰小皮纸,在江西则曰中夹纸。河南所造,未详何草木为质,北供帝京,产亦甚广。又桑皮造者曰桑穰纸,极其敦厚,东浙所产,三吴收蚕种者必用之。凡糊雨伞与油扇,皆用小皮纸。②

项元汴《蕉窗九录》说:"永乐中,江西西山置官局造纸。"陈宏绪《寒夜录》则说:"国初贡纸岁造于吾郡(南昌)西山,董以中贵,即翠岩寺遗址以为楮厂。其应圣宫西皮库,盖旧以贮楮皮也。今改其署于信州,而厂与寺俱废。"③在江西设置官局,本身就说明江西有着造纸传统及丰富的造纸原料,同时也对江西的

---

① 谢肇淛《五杂俎》卷一二《物部》说:"今时,有刚连、连七、毛边之目,尤极腐烂,入手即碎。而人喜用之者,价直轻尔。毛边之用,上自奏牍,下至柬帖短札,遍于天下,稍湿即腐,稍藏即蠹,纸中第一劣品,而世用之不改者,光滑便于书也。"又说:"印书纸有太史、老连之目,薄而不蛀。然皆竹料也。若印好板书,须用绵料白纸无灰者,闽浙皆有之。而楚蜀滇中,绵纸莹薄,尤宜于收藏也。"

② 宋应星:《天工天物》,卷中《杀青》。另见陈宏绪《寒夜录》卷下《楮厂》、方以智《物理小识》卷四。

③ 陈宏绪:《寒夜录》,卷下《楮厂》。

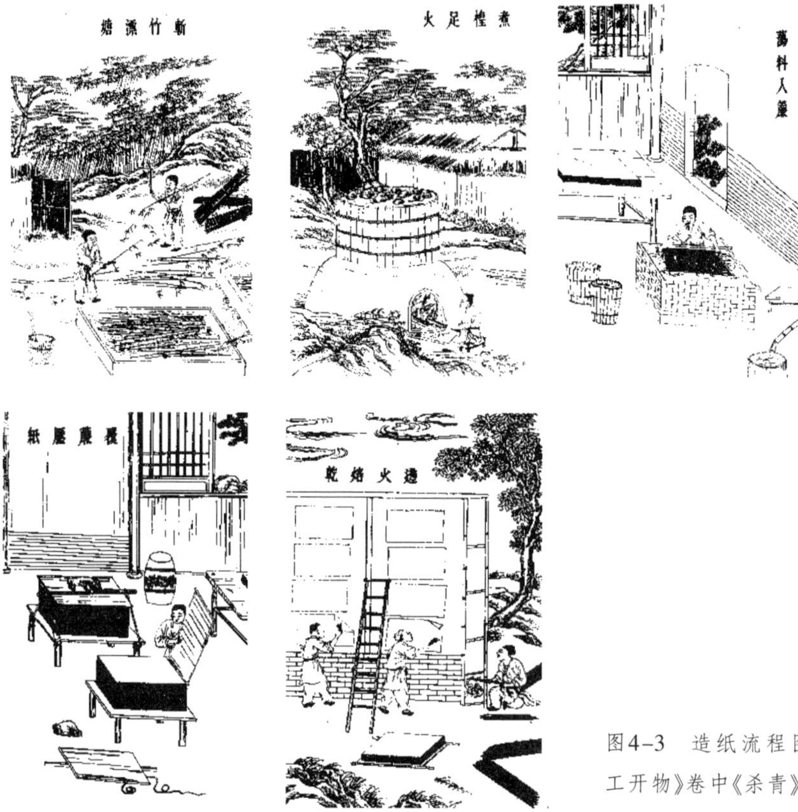

图4-3　造纸流程图,《天工开物》卷中《杀青》插图。

造纸业起着推动作用。造纸局先设于南昌西山,再移至广信府[①],也说明了江西造纸业中心的转移。实际上,在整个明代,江西造纸仍以民间为主。

广信府是明代江西造纸业的中心。嘉靖时广信府出产楮皮纸、白鹿纸、高帘纸等品种,其中楮皮纸原料来自湖广,玉山、永丰造;白鹿纸铅山、贵溪造,而产铅山者更佳;高帘纸俗称篷纸,铅山造。[②]明中后期广信府的玉山、铅山、上饶、永丰(今广丰)诸县的造纸槽房正处于鼎盛时期。嘉靖《江西省大志》对此作

① 造纸局移广信府时间待考。光绪《江西通志》卷八六:"孙遇……(正统间)尝罢西山纸厂,以更生民累,人尤德之。"据此则造纸局应是正统之后迁广信府。

② 嘉靖《广信府志》卷六《食货志》。

了详细记载,节录如下:

> 国朝自洪武年间创于玉山一县,至嘉靖以来,始有永丰、铅山、上饶三县续告官司,亦各起立槽房。玉山槽坐峡口等处,永丰槽坐柘杨等处,铅山槽坐石塘、石垅等处,上饶槽坐黄坑、周村、高洲、铁山等处,皆水土宜槽。……槽户自备其槽房,工匠亦多募工成造,每槽动以千计。每人日给工食银三分,而工师匠人各种不一。要皆各献能呈技,不能殚述。此皆槽户自备,并未仰给公家。……玉山县槽房不啻五百余座,永、铅、上三县不啻百余座,皆系民间自备竹木砖瓦材料,构结房厂,可容百数十人。择其水源清洁、澄潭急湍,便于漂洗地方,而后槽所立焉。……楮之所用为构皮,为竹丝,为帘,为百结皮。其构皮出自湖广,竹丝产于福建,帘产于徽州、浙江,自昔皆吉安、徽州二府商贩装运本府地方货卖。其百结皮玉山土产。[①]

槽户多、规模大、民间经营、雇工生产,是明中期广信府纸生产的基本特点。当时造纸的中心在玉山。到明后期,铅山县成了江西乃至全国最重要的纸张生产基地,其主要纸槽在石塘和陈坊,而河口镇则是纸张的主要集散地。《铅书》记载:"铅山唯纸利,天下之所取足,故四山皆煮竹为生。"[②]铅山的造纸业,与景德镇的制瓷业、苏杭的丝织业、松江的棉织业、芜湖的浆染业,并称为明代五大手工业中心。

此外,吉安府毛边纸,也是纸张中的名品。虽然谢肇淛说毛边纸"稍湿即腐,稍藏即蠹,纸中第一劣品",但仍然不得不承认它"上自奏牍,下至柬帖短札,遍于天下"。其实,以竹为原料的毛边纸和以其它物品为原料的纸种一样,都有优劣之分。以粗竹滥制的毛边纸固然为"劣品",而以嫩竹为原料,易着墨、印刷清晰、经久耐用的毛边纸却是上等好纸。万历年间,南直常熟人毛晋汲古阁刻十三经、十七史等典籍,特派人来江西选纸,吉安府泰和等县出产的竹纸中选,遂名"毛边纸",至今犹沿用。

袁州府各县也多出产竹纸,以万载所产为佳。[③]瑞州府的宜丰、南昌府的靖

---

① 嘉靖《江西省大志》卷八《楮书》。

② 万历《铅书》卷一《食货》。

③ 正德《袁州府志》卷二《土产》。

安等县也有出产。正德《瑞州府志》记载:“竹纸,即古之陟里,有老大、中大、罗端、晒纸等名;火纸,人多货为纸币,故名。俱出新昌。”[①]

民国时的《经济旬刊》载文叙及清末民初江西造纸业的情况:

> 考吾国历来产纸最盛之区,推闽、浙、赣。较以质与量,更以江西所产为最优最巨。明永乐中曾有西山官纸局之设,专事督造,江西之纸,于是蜚声全国,迄民初犹未衰。据前农商部调查,江西纸产,民四至民七,四年间之平均产额,价值在八百万元以上,同年间全国纸产额约四千万元,占全国五分之一,为中国产纸之首区。……万载、宜春以造表芯纸、粗纸为主。铅山产连史、关山等细纸,为各县之冠,销行最广;石城、永丰、吉安、龙泉、泰和、河口产毛边纸,以泰和产为最佳,销行于长江下游一带,称为泰和毛边;石塘镇之观星岭、产官堆,亦甚著名。奉新、靖安以产火纸著,行销华北一带为最广。……江西纸之种类,……有二百种以上,但总别之,可分为粗纸、细纸二种。细纸以毛边、连史、白关、关山、贡川等为主,粗纸以表心、火纸及其他草纸为主。[②]

这段记载,虽然出自民国,却基本上反映了明初以来江西造纸业的基本状况及其在全国的地位。

三、商品的丰盛

明代粮食作物与经济作物的种植,手工业的发展,商人的活跃及市场的扩大,都推动了江西本地商品经济渐趋繁荣。江西商品经济的繁荣,多依托本地丰盛的农副产品及土特产品。江西的大宗商品除瓷器和纸张外,还有粮食、麻、烟、茶、布、药材、木材等,由此形成了一些重要的商业行业。

粮食业。江西地区既为全国重要的商品粮生产地之一,粮食业自然也成为商人的主要行业。明人顾起元《客座赘语》卷二《议籴》说:“金陵百年来,谷价虽翔贵至二两,或一两五六钱,然不逾数时,米价辄渐平。从未有若西北之斗米数百钱,而饥馑连岁,至啮木皮草根砂石以为粮者。则以仓庾之积贮犹富,而舟楫

---

① 正德《瑞州府志》卷三《财赋志》。

② 《江西纸产之危机》,1936年《经济旬刊》。

之搬运犹易也。惟仓庾不发，而湖广、江西亦荒，米客不时至，则谷价骤踊，而人情嗷嗷矣。”吴应箕也说，他的家乡南直贵池等地的粮食大部分来自江西和湖广。[①]王士性则说，浙江常山等地如果没有江西玉山等地的粮食接济，“则终岁饥馑者十家而七矣”[②]。可见在明后期，南京及其周边地区的粮食已离不开江西、湖广的供给。到清朝，“湖广熟、天下足”已是公认的事实。每年除近100万石(湖广26万石、江西67万石)漕粮、200万石仓储、100万石调剂之外，剩余的粮食大抵都由商人贩运。因而粮食业是这一地区规模最大、资金最为雄厚的行业之一。

布业。明前期，江西布商主要经营的是夏布，中期以后，则夏布、棉布兼营。万载、乐安、宁都、石城等地夏布，清江、南昌等县棉布，“衣被楚、黔、闽、粤”，是江西商人致富的重要货物。吉安布商多走蜀、广，有专号“粤庄”、“蜀庄”者。贵州水银产地回龙场和双流泉，汞商多是江西人，而这些江西商人实际上又是布商。他们将本省夏布、棉布(部分购自松江一带)运到贵州、四川等地销售，然后就地收购水银，转售湖广、广东、浙江、江苏，然后在江苏或本省收购布匹，再运往川、贵、云南。

茶业。明代江西茶业虽已逐渐丧失在唐宋时期那样明显的领先地位，但仍不失为主要的茶叶输出省。明人张瀚《松窗梦语》卷四《商贾纪》说：“盐茶之利尤巨，非巨商大贾不能任。”其所见主要是腰缠万贯的两淮盐商和边贸茶商，却忽略了还有千千万万肩挑背扛的个体盐商和茶商。而重量轻、价格高的茶叶，恰恰便于以小本经营为特点的江西商人，当然，其中也有从小生意做到大买卖的。

药业。江西的药材商人多出临江府清江县，药铺则集中在清江县的樟树镇。明中叶，樟树发展为全国的药材加工和集散地。王士性《广志绎》说：“樟树镇在丰城、清江间，烟火数万家，江、广百货往来，与南北药材所聚，是称雄镇。”[③]但樟树本地的药材并不丰富，崇祯《清江县志》说，樟树的药材大多来自两广、四川、湖广，以及南直隶的庐阳等地。药材多取于各地，但加工则全在樟树，所以，樟树“遂有药码头之号，实非土产”。[④]因此，樟树药商的足迹也遍及川、黔、滇、

① 吴应箕：《楼山堂集》，卷一二《江南平物价议》。
② 王士性：《广志绎》，卷四《江南诸省·浙江》。
③ 王士性：《广志绎》，卷四《江南诸省·江西》。
④ 崇祯《清江县志》卷三《土产》。

鄂、粤、桂诸省，甚者远涉青藏、东北乃至海外马来西亚、爪哇、马尼拉等地。重庆、汉口、湘潭、梧州，为樟树药商在国内的四大据点，分别是川陕、鄂西、湘黔、滇桂药材的集散地，樟树药商在此开铺立号，广收药材。

木材业。江西为明代重要的木材生产基地之一，明成祖营建北京时，采林木于四川、湖广、江西、浙江、山西。各府均产木材，又以南安、赣州二府为最。前引《王阳明全书》说，南、赣地方，山场开旷，盛产杉木，吉安等府县的流民常年来此，谋求生理，结帮成伙，砍伐竹木，裁林木锯板，然后将木料或板材扎成木排，顺流而下，以此致富。此外，吉安、南昌、抚州各府也是木材的重要生产地。江西商人一般以吴城为木材集散地。来自赣江、修水、抚河上游的木材，均在此重扎大筏，然后出湖口、入长江，运销苏、松、南京及武昌等地。

书业。自两宋以来，江西人文发达，科甲鼎盛，加上造纸业和印刷业的发展，出现了一批专门从事书肆经营的商人。对于弃学经商者，书肆经营既可赢利，又是一种精神寄托，因而更具有吸引力。在江西书商中，以抚州商人，特别是抚州东乡、临川、金溪商人为多。吴嵩梁《东乡风土记》说：东乡之民，“谋生之方不一，书肆遍天下。”

渔业。江西境内江河纵横，水域面积宽广，加之气候温暖，适宜各种淡水鱼类生长，因而渔业有得天独厚的条件。前引陆深《俨山外集》卷二〇《豫章漫抄》说：“今人家池塘所蓄鱼，其种皆出九江，谓之鱼苗，或曰鱼秧。南至闽广，北越淮泗，东至于海，无别种也。盖江湖交会之间，气蕴所钟。每岁于三月初旬，挹取于水，其细如发，养之舟中，渐次长成，亦有盈缩，其利颇广。”经营渔业的，多为江西本地渔商，正如《古今图书集成》所说：“江湖渔利，亦惟江右人有。”[①]

其他如食盐、烟草、蓝靛、莲实、糖等商业活动，也都形成一定的规模。从事这些活动，多为本地商人，也有大量的外地商人，如徽商、闽商、粤商、晋商等。这种情况的发生，正是商品经济发展、全国市场联系密切的重要表现。

① 《古今图书集成·方舆汇编·职方典》卷一二二三《岳州府部·风俗考》。

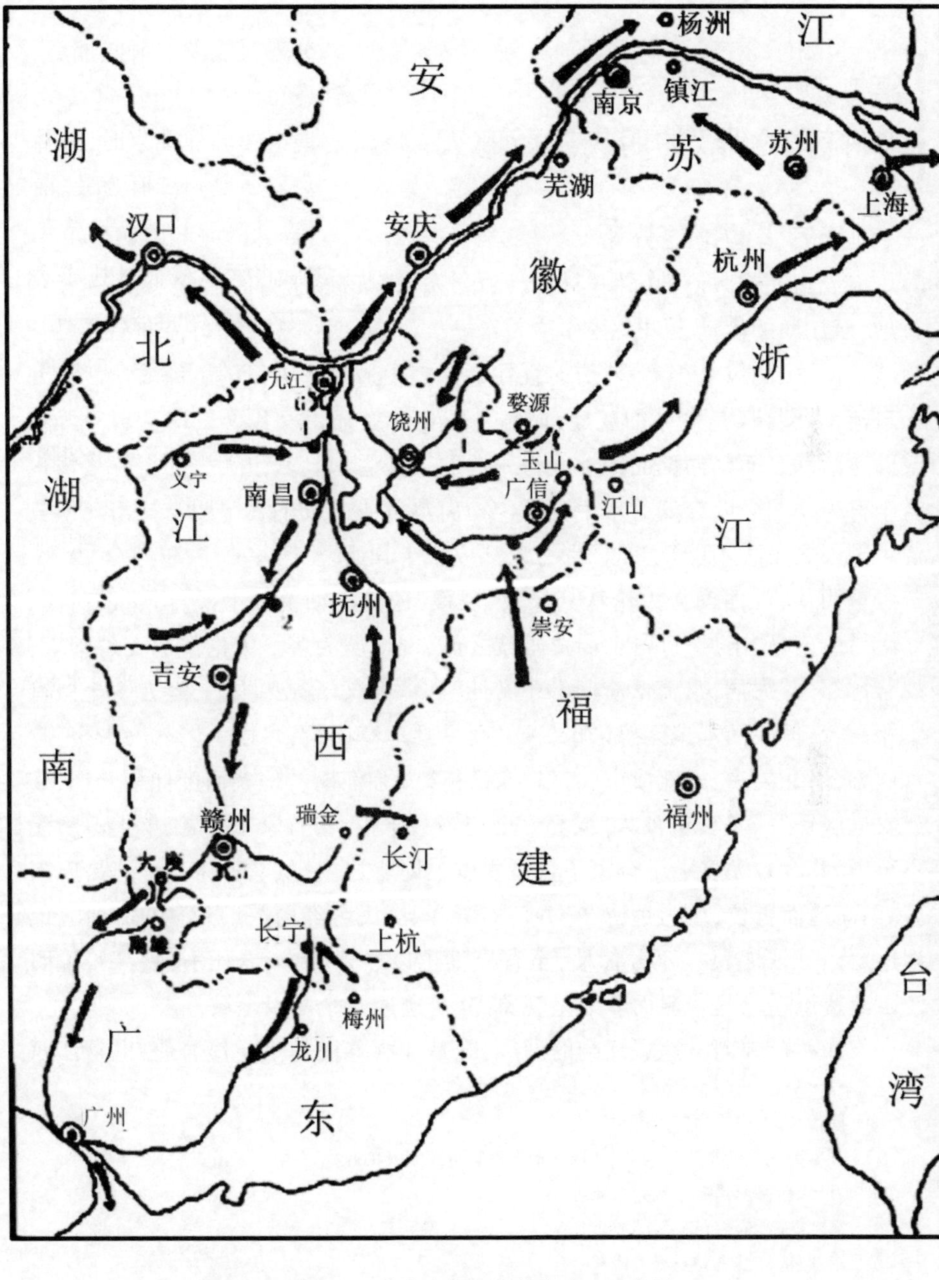

图 4–4　明清时期江西物产出口示意图

说明：1 景德镇　2 樟树镇　3 河口镇　4 吴城镇　5 赣关　6 九江钞关

第二节 “如随阳之雁”的明代江西商人

一、江西商人的地域分布

经元末明初政府的强制与提倡，加上人口对田地压力的加重、赋税徭役的日增，而江西的流动人口又往往挟一技之长，从而使得江西人口流向湖广乃至川、黔、滇、豫的风气更为盛行，而且在他们当中造就了大量的工商人口。江西人口流动不仅仅是地域的变迁，而且是职业的变迁，是“作客”，即从事手工业或商业活动。而江西商品经济较为发达的吉安、抚州，其士大夫的得意之情也溢于言表。明中叶吉安彭华说：“(吾乡)商贾负贩遍天下。”①明末抚州艾南英说：“随阳之雁犹不能至，而吾乡之人都成聚于其所。”②

至明代，江西商人无论从其人数、规模，还是活动范围来说，均超过前代。如南昌府南昌、丰城、进贤：“商贾工技之流，视他邑为多。无论秦蜀齐楚闽粤，视若比邻。浮海居夷，流落忘归者十常四五。故其父子兄弟夫妇，有自少至白首不相面者，恒散而不聚无怨语也。”又南昌县地窄民稠，多以手艺教书为生，趁食四方，南北要途，居辄成市，名曰“南昌街”③。临江府，“地狭而庶仰食旁郡，或弃农远服贾”④。清江县商人“或弃妻子徒步数千里，甚有家于外者，粤吴滇黔无不至焉，其客楚尤多……穷家子自十岁以上即驱之出，虽老不休”。⑤建昌府南城“民尚通而善贾，乐为远游”⑥。九江府彭泽县“民习经商”⑦。嘉靖中郑晓作《地理述》称：江西之民，“不务稼穑，至有弃妻子以经营四方、老死不归者”⑧，说明江西商贾懋迁已是普遍而非零星现象，其足迹遍及全国以至域外。

与江西毗邻而又地域辽阔的湖广，既是江西移民的主要移居地，也是江西

① 同治《吉安府志》卷二《风俗》。

② 艾南英：《天佣子集》，卷九《白城寺僧之滇黔募建观音阁疏》。

③ 万历《新修南昌府志》卷三《风土》。

④ 嘉靖《临江府志》卷一《郡域志》。

⑤ 崇祯《清江县志》卷一《风俗》。

⑥ 正德《建昌府志》卷三《风俗》。

⑦ 嘉靖《九江府志》卷一《方舆志·风俗》。

⑧ 光绪《江西通志》卷四八《舆地略》引。

商人的主要活动地区。《古今图书集成》叙述了武昌、汉口、汉阳的繁华："五方杂处、商贾辐辏，俱以贸易为业，不事耕种。"[①]往来贸易者趾接踵、肩相摩，正是江西商人的聚集之处。徐世溥《榆溪集选·楚游诗序》说，江西商人到武汉，犹如跨门过庭。盐、当、米、木材、药材、花布，在汉口称六大行业，皆有江西商号，尤其是药材业，几乎被江西清江商人垄断。濒临洞庭湖的岳州府，民户多以渔业为生，而"江湖渔利，亦惟江右人有"[②]。地处南北冲要的长沙、衡阳，商贾汇集，也"以江西人尤多"[③]。明代兴起的竟陵(今湖北天门县)皂角市，居住着大约3000人口，本地人仅为十之一，均从事耕作，而十之七来自江西，绝大部分是商贾之家。[④]地处湘黔边境的会同、洪江，鄂西的郧阳、钟祥，也有大量江西商人。[⑤]故明代以来湖广地区流行着"无江西人不成市场"[⑥]的民谚。

地处西南人口稀少的云南、贵州、四川，是江西商人活动的又一主要地区。王士性在万历时为云南腾冲兵备道，耳目所及，在云南居住的人口，多是江西人，特别是江西抚州人。开始以为他们只是在城市从事商业活动，后来发现，只要是有村落的地方，不管是汉人居住区，还是少数民族区，都有江西商人。因而有这样的结论："滇云地旷人稀，非江右商贾侨居之，则不成其地。"[⑦]抚州艾南英则说，其乡"富商大贾，皆在滇云"[⑧]。据《皇明条法事类纂》，明成化时，仅云南姚安军民府(今云南楚雄族自治州西部)就有江西安福县、浙江龙游县商人三、五万人；临安府也有许多江西商贾。[⑨]在贵州的江西商人也接踵于道、同贾于市。《黔南职方纪略》说贵阳的商人多为江西籍。镇远府、松桃厅等地，江西商人也甚多。[⑩]由荆湖溯江而上，四川的夔州、重庆、叙州诸府，乃至岷江上游的松潘，涪江上游的梓潼，均有江西商人活动的记载。在有文字记载的四川省101州

---

① 《古今图书集成·职方典》卷一一三〇《汉阳府部·风俗考》。

② 《古今图书集成·职方典》卷一二二三《岳州府部·风俗考》。

③ 《古今图书集成·职方典》卷一二一〇《长沙府部·风俗考》、卷一一四九《衡州府部·风俗考》。

④ 李维桢：《大泌山房集》卷八七《刘处士墓志铭》。

⑤ 《古今图书集成·职方典》卷一一六〇《郧阳府部·风俗考》。

⑥ 白眉初：《中华民国省区大全·湖南省志》，转引自傅衣凌《明代江西的工商业人口及其移动》，载《明清社会经济史论文集》人民出版社 1982 年版。

⑦ 王士性：《广志绎》，卷五《西南诸省》。

⑧ 艾南英：《天佣子集》，卷九《白城寺僧之滇黔募建观音阁疏》。

⑨ 《皇明条法事类纂》卷一二《云南按察司查究江西等处客人朵住地方生事例》。

⑩ 罗绕典：《黔南职方纪略》，卷六《铜仁府》。

县及成都、重庆二府的外省商人会馆,江西会馆多达200余处。既有以“万寿宫”、“真君宫”、“许真君宫”、“轩辕宫”为名的全省会馆,也有以“文公祠”、“五侯祠”(以上吉安府)、“洪都祠”、“豫章公馆”(以上南昌府)、“晏公庙”、“萧公庙”、“仁寿宫”、“临江公所”(以上临江府)、“昭武公所”(抚州府)为名的各府会馆。还有各县的商人会馆,如安福会馆、泰和会馆(观音阁)等。[①]明宪宗成化十年,刑部因大批江西商人携带绢布、火药等物涌入四川少数民族地区交易铜铁、聚众开矿,要求明令禁止。[②]

福建、两广,也遍布江西商人的足迹。明代学者王世懋发现,福建建阳、邵武、长汀等地居民的口音与江西口音相似,一经询问,原来这里有大量江西商人的活动与入籍。[③]以盛产武夷茶著称的建宁府为例,茶农茶商几乎都是江西人,每年早春二月,总有数十万江西人来到这里,“筐盈于山,担接于道”。[④]广东潮、惠等地棉纺业所需棉花,有一半左右靠江西商人从饶州、南昌等府运来,吉安布商有在广州、佛山等地设立“粤庄”者。[⑤]连州、高州等地则有不少关于江西商人施放子母钱的记载。[⑥]广西桂林、柳州、浔州、太平、镇安等处,江西盐商、木材商、药材商活动频繁。尤其是梧州,居左、右江汇合之要津,百货往来,帆樯林立,江西商人在这里所开商号有百十家。[⑦]

地处中原的河南及北方各省,同样遍布江西商人的足迹。早在明宣德十年,河南南阳知县李桓圭上书明廷,说该地有许多江西商人,放贷生息,累起词讼,要求申明禁约。[⑧]正统十四年,河南布政使年富甚至要求尽驱当地的江西移民,尤其是江西商人。[⑨]河间府的瓷商、漆商,宣化、登州等地的书商、巾帽商等,也“皆自江西来”[⑩]。陕南山区,历来是流民汇集之处,江西流民多从事工商业活

---

① 何柄棣:《中国会馆史》,第五章《会馆的地理分布》。

② 《皇明条法事类纂》卷二九《江西人不许往四川地方勾结夷人、讦告私债例》。

③ 王世懋:《闽部疏》(不分卷),《明清史料汇编初集》,台北文海出版社 1973 年版。

④ 何刚德:《抚郡农产考》卷下。

⑤ 冼宝干等:《佛山忠义乡志》。

⑥ 《古今图书集成·职方典》卷一三五七《高州府部·风俗考》。

⑦ 《古今图书集成·职方典》卷一四三三《梧州府部·风俗考》。

⑧ 《明英宗实录》卷五,宣德十年五月丙申。

⑨ 《明英宗实录》卷一八四,正统十四年十月辛亥。

⑩ 《古今图书集成·职方典》卷一一五《宣化府部》、卷二七八《登州府部》。

动。[①]

北京是明代全国的政治经济中心，张瀚《松窗梦语》说："今天下财货聚于京师，而半产于东南，故百工技艺之人亦多出于东南，江右为夥，浙(江)、(南)直次之，闽粤又次之。"[②]据统计，明代各地在北京的会馆见于文献者有41所，其中江西有14所，占34%，居各省之首。[③]从现有记载看，明代江西在北京的会馆最晚在永乐时已经出现。乾隆《浮梁县志》说："(本县)京师会馆二所。(其一)在北京正阳门外东河沿街，背南向北；其一在右，明永乐间邑人吏员金宗舜鼎建，曰'浮梁会馆'。"[④]其他如最迟始建于嘉靖中期的南城会馆，创建于嘉靖中期的广信府永丰县(清雍正时改广丰县)会馆等。这些会馆，有相当数量为商人所建或士商合资共建。

南直、浙江，是明代商品经济最为发达的地区，徽商在这里有相当大的势力，但江西商人也十分活跃。扬州为江淮百货的集散地，商贾接踵摩肩，据万历《扬州府志》，在扬州的各地商人，以徽商最盛，其次则是陕商、晋商和江右商。[⑤]江北的盱眙、泗州，江南的南京、苏州、松江及浙江的杭、衢、婺、处诸府，也均有江西商人列铺坐卖，或辗转贩运。冯梦龙《醒世恒言》说江西进贤人张权在苏州开木作[⑥]，张应俞《杜骗新书》开篇也说"江西有陈姓庆名者，常贩马往南京承恩寺前三山街卖"，虽属小说家言，却反映出江西在苏州、南京从事工商业者大有其人。《松窗梦语》卷二载，安徽庐阳"尤多药物，江南、江右商贾咸集聚焉"。盛产药材的山区，成为江西清江药商的重要采购点。浙江山区多产蓝靛、苎麻、纸张，江西商人亦深入山区采购。[⑦]

极边如辽东、甘肃、西藏乃至徼外异域，江西商人也携货往返，乃至娶妻生子、至死不归。景德镇瓷商往往远涉重洋，出海贸易。永乐时，有"饶州人"程复以琉球国中山王长史的身份与明朝使者接触。据史料记载，程复是明初经商至

① 严如熤：《三省边防备览》，卷一一《策略》。

② 张瀚：《松窗梦语》，卷四《百工纪》。

③ 吕作燮：《试论明清时期会馆的性质和作用》，载南京大学历史系编《中国资本主义萌芽问题论文集》，江苏人民出版社1983年版。

④ 乾隆《浮梁县志》卷七《建置志》。

⑤ 万历《扬州府志》卷一《风俗》。

⑥ 冯梦龙：《醒世恒言》，卷二〇《张廷秀逃生救父》。

⑦ 《古今图书集成·职方典》卷一〇一三《衢州府部·风俗考》。

该地定居的,很可能是景德镇瓷商。[①]嘉靖时,明廷命"浮梁客"汪宏等人随外商船只出海采买香料,这汪宏等人也应该是经常出海贸易的茶商或瓷商。南城、万安等处商人萧明举等经商至满剌加(今马来西亚马六甲州),到武宗正德时,以该国通事的身份到北京公干,但不改旧习:"伴送进贡番夷,道杀其数人而私(购)货财,为逻者所得。"[②]王士性在万历时曾派人巡视缅甸,使者行程近万里,历时两个月,回报说只要有居民点,其头目往往就是江西抚州人,这些"抚人"又多为经商至此而定居的。[③]

二、江西商人的社会构成与资金来源

江西商人的社会构成

谢肇淛《五杂俎》说:"天下推纤啬者,必推新安与江右。然新安多富,而江右多贫者,其地瘠也。新安人近雅而稍轻薄,江右人近俗而多意气。"又说:"仕宦谚云:'命运低,得三西。'谓山西、江西、陕西也。此皆论地之肥硗,为饱囊橐计耳。江右虽贫瘠,而多义气,其勇可鼓也。"[④]张瀚说:"(江西)地产窄而生齿繁,人无积聚,质勤苦而多贫,多设智巧,挟技艺以经营四方。"[⑤]王士性说:"江右俗力本务啬,其性习勤俭而安简朴,盖为齿繁土瘠,其人皆有愁苦之思焉。"[⑥]

他们都说到江西人的一个特点:"贫"。陈循在论及江西科举之盛的原因时,也将其归为"盖因地狭人多,为农则无田,为商则无资"。由此也可以看出明代江西商人构成的基本特征:贫者。具体地说,大致有以下种类型。

其一、弃农经商者。在有关资料中所见到的明代江西商人中,有60%以上是家境贫寒的农家子弟,他们因为生计的拮据而弃农经商。

在这类商人中,有的是因父母早殁、家贫无以为生而负贩经营的。如广丰周维新,"三岁失怙,母又他适,显贫无依,遂寄食于姊婿家",成年后,独自外出经商,致"薄有赀财"[⑦]。有的则是因为家贫而自觉承担起养家活口责任的。如崇

① 《明太宗实录》卷一一五,永乐九年四月癸巳。
② 陈洪谟:《继世纪闻》,卷三。
③ 王士性:《广志绎》,卷四《江南诸省》。
④ 谢肇淛:《五杂俎》,卷四《地部二》。
⑤ 张瀚:《松窗梦语》,卷四《商贾纪》。
⑥ 王士性:《广志绎》,卷四《江南诸省》。
⑦ 同治《广丰县志》卷八《孝友》。

仁聂瓘,父母俱盲,家无蓄储,于是“负煤炭鬻市,资为养度”[①]。还有的则是在父母或妻妾的劝说下弃农经商的。如丰城徐文豹,“父早殁,以家无恒产,母命贩湘楚”[②]。清江县的穷家子弟,“十岁以上即驱之出,虽老不休”[③]。

这些贫家子弟,都是从小就参加各种劳动,故稍长即能独谋生计。如丰城熊登轨,幼孤家贫,始与兄“卖薪养母”,长则“负贩入蜀”[④]。其始之卖薪,实为稍长之远涉负贩作了准备。

其二、弃儒经商者。在有关资料中所见到的明代江西商人中,约有20%的属弃学经商者,他们又可分成以下几种情况:

一是因为家贫无力业儒,改而从商。与弃农经商者相同,他们有的是自己主动弃学经商,承担起养家活口的责任,有的则因家人劝说,不得已而为之。如泰和萧朝赏,“始尝戮力举子业,既脱颖,足进取,寻以家累弃之”,出而治生。[⑤]赣县蓝玉田,“幼明敏好学,年十八,失怙,以母老家贫,弃儒业贾”[⑥]。更为典型的例子是吉水人周松冈。松冈“总角失怙,与兄业儒,弟才数岁,母寡居,力不给”,乃“自计曰:‘使予而儒,母氏劬劬;使予而商,身劬母康,吾何择哉!’遂弃儒,独力走楚之汉川,贷人子母钱,居奇化滞。久之,诸用渐舒,兄、弟卒业儒,弟、妹婚嫁咸有倚。”[⑦]“使予而儒,母氏劬劬;使予而商,身劬母康。”这句由著名学者罗洪先总结出来的金玉良言,为千百万寒士指出了一条谋生之路。

二是世代业儒,苦于久无中式显露者,家道日落,祖、父辈又拘于“耻为末”、“讳言利”的信条,放不下业儒的架子,或者无从事生计的能力,于是让子孙辈弃儒经商。如安福刘礼教,“家故贫,父以显、兄礼端,守一经饔飧不给。礼教年十三,为佣以资薪水,后服贾于楚”[⑧]。再如新城陈以汧,“困诸生三十年,贫甚”,终命其子世爵习贾,“贸迁于吴楚闽越燕齐赵魏间”,积赀巨万。[⑨]同邑邓洪

① 光绪《抚州府志》卷六三《孝友》。
② 道光《丰城县志》卷一四《孝友》。
③ 崇祯《清江县志》卷一《风俗》。
④ 同治《丰城县志》卷十四《孝友》。
⑤ 胡直:《衡庐精舍藏稿》,卷二六《萧小峰处士墓志铭》。
⑥ 同治《赣县志》卷三九《善士》。
⑦ 罗洪先:《念庵集》,卷一六《董岭周君松冈墓志铭》。
⑧ 同治《吉安府志》卷三五《孝友》。
⑨ 同治《新城县志》卷一〇《善士》。

道亦困于诸生，家事清贫，遂命子世侃外出，“以服贾起家”[1]。

三是科场偃蹇，遂主动弃而为商。如清江杨之陵，“幼习举子业，惜数奇而屡踬，爰迹湖海，仿陶朱公谋略，自是而家有起色”。[2]贵溪项林皋，“中年废学，以服贾游吴越荆襄间”。[3]新城孔昭文，“少读父书，长游太学，耻囿乡曲也，往往挟赀走燕、楚、吴、越之疆”。[4]又丰城李钟喆，继承家学，一心要金榜题名，但文运不佳，家境又日渐衰落。经过反复衡量，钟喆自己仍放不下士人的身份，便让两个儿子去汉口经商，家道中兴，于是捐赀让孙子鹍化进了国子监。鹍化不负众望，中了进士，钟喆也因此被赠予“文林郎”的虚衔。这一家可说是“曲线”业儒、以商养士的典型。[5]

一方面，科名难求、仕途艰进使人们视科举为畏途；另一方面，商品经济的冲击和诱惑却使千百士子获得了“耻囿乡曲”的最佳途径。因而，当他们“不得志于时”，则“往往从事贸易以自适”[6]。成化、弘治以后的江西特别是江西的科举大府吉安、南昌等地进士数量的锐减，与当时江西的人口流动及由此而导致的普遍性弃学经商之风是有直接关系的。

其三、继承父、兄产业者。他们大多自幼即随父兄习商，积累了一定的从商经验，至自持筹，亦多能张大祖业。如临川邓理幼年随父行商川中，父殁，克承父业，家益饶。[7]会昌何绪，“善治生产，于其父业赢数十倍”[8]。新城邓兆馨，“(父)以服贾勤瘁起家，馨继父业，扩旧产数十倍”[9]。这些都是较为成功的例子。当然，也有子侄不善经理而致家业败耗者。如丰城郭锦，“父尝行贾吴越间，致饶裕，以赀授君(锦)，使习贾”。但郭锦“雅不喜贾，又不善权子母低昂”，致使乃翁苦心经营所获赀货耗羡殆尽。[10]

---

① 同治《新城县志》卷一〇《孝友》。
② 光绪《清江杨氏五修族谱》下卷《杨公伟明先生暨元配徐孺人墓表》。
③ 同治《广信府志》卷九之五《孝友》。
④ 魏礼:《魏季子文集》，卷七《孔昭文五十序》。
⑤ 道光《丰城县志》卷一〇《孝友》。
⑥ 光绪《清江香田聂氏重修族谱》上卷《太学生聂安斋先生传》。
⑦ 同治《临川县志》卷四六《善士》。
⑧ 归有光:《何长者传》，同治《会昌县志》卷三一《艺文》。
⑨ 同治《新城县志》卷一〇《善士》。
⑩ 严嵩:《钤山堂文集》，卷三一《明故封翰林院检讨郭君墓志铭》。

江西商人的资金来源

从江西商人的社会构成中可以看出，无论是弃农经商还是弃学经商者，大都为家境贫寒所迫，因此，借贷也成为江西商人最主要的资本来源。清人鲁仕骥即说，新城"为商贾者多假贷为生"[①]。实际上，靠"假贷为生"的远不止是新城商人，而是十分普遍的现象。前文所说的会昌曾文茂、吉水周松冈，都是靠借贷才得以经营的。再如临川戴衎，有亲戚假其重赀，往广东经商。数年后本息合计达六千余金。[②]这是所见到的江西商人中数额较大的一次借贷。又如，东乡王曙斗，有"戚某负其父千金不能偿，曙斗还以券"[③]。丰城熊作宾弃儒而贾，"累橐金盈亿，客次好扶植同侣。有刘某贷金千，折阅。复予之，刘卒获三倍利"[④]。崇仁谢廷思服贾蜀、楚、闽、广间，二十年中，资累钜万，"捐赀四千缗以贷商。约三岁，息千缗"[⑤]。

以上所列举均为本息逾千的大数额的借贷，但更多的则是数额在百十两间的借贷。如新城饶大俊因贾致富，曾贷给某布行"金数百"[⑥]。同邑邓兆龄贷给同乡黄某三百缗，"越岁，信杳。他日，遇之途，稔知为舟覆资倾状。复予以金。不数月，(黄)获利息而归"[⑦]。南昌万维佐"少贫读书，无以资馆谷。乃弃去，入市肆，从人假百金贸易"。[⑧]赣县郭廷佐向亲戚借得白银五十两，购货贸易。[⑨]这种规模的借贷在江西商人中仍属可观。更有甚者，如奉新岳正光，父母双亡，家贫，"至不能举火，乃弃举业，向笔肆贷笔十管，售钱数十文"，从此开始了他的经商生涯。[⑩]

明代江西商人借贷的一般情况是：

借贷主要在同乡、邻里特别是亲友间进行。个别的还有以地方官府为借贷对象的。如德化郑报谷弃儒业贾后，"独力借公款钱三百缗"，开通县城西市

---

① 鲁仕骥：《山木居士外集》，卷一《中田保甲图说》。

② 同治《临川县志》卷四六《善士》。

③ 同治《抚州府志》卷六七《善士》。

④ 道光《丰城县志》卷一七《善士》。

⑤ 同治《抚州府志》卷六八《善士》。

⑥ 同治《建昌府志》卷八《善士》。

⑦ 同治《新城县志》卷一〇《善士》。

⑧ 同治《南昌府志》卷四八《孝友》。

⑨ 同治《赣州府志》卷五六《善行》。

⑩ 同治《南昌府志》卷四八《孝友》。

集。[1]

借贷双方，一般立有文契，讲求贷还信誉。还贷结息时，须交验双方文契。如有逾期违契拖欠者，则可告官追缴。如万安戴承霖，“自蜀扶父榇归，过武昌，闻故友杨越芳负商银数百两，官追严急，即倾父遗财代还”[2]。关于江西商人借贷活动的法律保护问题，《皇明条法事类纂》有一则材料颇为典型：

> 天顺二年，刑部奏准：今后江西客人在湖广等处买卖生理，有因负久钱债等情应许告理者，止于所在官司陈告，即与准理。若不候归结，辄便赴上司及来京诉告者，一体依律问罪。重则照依见行所告词讼，不问虚实，俱各立案不行。……若有倚势刁泼，添捏重情，并不干己事，募越赴京奏告，一体依律问罪，断发原籍当差。所告情词，不问虚实，俱各照立案不行。[3]

这则材料一方面说明了借贷违契者可能被原主告官追究，另一方面也说明，江西商人的借贷活动缺乏足够的法律保护。但是，从上述材料中我们仍然可以看出借贷活动的普遍性和法律化的事实。

除高利贷外，借贷年息一般不超过10%，贷息较轻。如前述崇仁谢廷思贷某商银4000缗，三年后，计息千缗，利率还不足9%。

除借贷外，江西商人的资本来源还有以下几条途径：

一是佣工于大户富室，积累资金。一些开始也是困于家计、不得不佣工于富家大户的农民，稍获微赀，即转而自谋生理。如金溪邱绍庭家素贫，佣力富家，后竟得以“开炭店于浙之常山”[4]。乐安龚滨七，初“佣工郡城茶肆”，积有余财，即“鬻府营生”，后更往来抚郡贸易。[5]金溪李先诚，幼佣工于同邑周进士家伴读，稍长辞去，贾于陕西汉中、西安等地。[6]同邑黄应龙，“书券佣身于富室”，弟应凤乃得远客滇黔。[7]

① 同治《德化县志》卷三九《善士》。

② 同治《万安县志》卷一四《善行》。

③ 《皇明条法事类纂》卷三八《江西客人各处买卖奏告情词立案不行》。

④ 同治《抚州府志》卷六八《善友》。

⑤ 同治《抚州府志》卷六八《善士》。

⑥ 同治《抚州府志》卷六八《孝友》。

⑦ 同治《抚州府志》卷六八《孝友》。

二是力田致富，将农业利润转化为商业资本。能够通过这种途径获得资金而从事商业活动者，既有经营性地主，也有善于经营的个体农民。有的获“千金、数百金之产，辄张一肆以逐什一之利”[①]，有的则稍有积累，即从事商业。如会昌萧敏纪种植，稍得余赀，即贸易蜀中，“自是资渐饶”[②]。瑞昌陈秀元初力田，“一切家事，经纪有方，日渐丰厚”，由是贸易陕西，“腰缠万贯”[③]。清江杨余盛弃举业后，与兄泰臣、弟体臣业农，经营日用，并“勤苦市廛，稍得赢余”，乃从事长途贩运，于是“家道渐隆起”[④]。

三是将教书授徒所得，转化为商业资本。如南城单章，“少读书，设教乡里，家给耗繁，计非寸管所克支，遂以上舍生涉贾……累金万镒”[⑤]。新建夏德润，“孤而佣书……将所积馆谷金遥寄堂叔之在豫省”者，作为经商的本钱。[⑥]湖口蔡潮，不屑俗事，专意授徒，却以所入助其兄经纪，贩卖致富。[⑦]金溪李应科在家设教授徒，弟贾于外，“数亏负，岁寄馆谷资之”[⑧]。夏德润等人虽然不是自己经商，但他们授徒所得转化为商业资本却是没有疑问的。

四是“小买卖而至大开张”。这是江西商人资金的又一个重要来源，实质上，又是其原始积累的过程。明代江西地区的商业活动，很大程度上是以当地物产为依托，主要表现为农产品的商品化。不少江西商人正是通过这种小贩小卖积累资金，转而“大开张”的。如瑞昌董伯益，“以渔樵为业”，积累了一定的资金，乃远商吴楚间，家至万金。[⑨]玉山王允聪，“弱冠，负贩营生。及壮，与兄商开宏盛烟作，贸易姑苏……累赀巨万”[⑩]。丰城吕仕麟，起初是“负贩自给，既丰于财”，乃作远行计。[⑪]类似之例，不胜枚举。

五是继承家庭、家族的资产。凡出身于商人家庭者，其资金大多来源于家

① 鲁仕骥：《山木居士外集》，卷三《送邑侯李任庭先生序》。
② 王骥：《萧理行翁行述》，同治《会昌县志》卷三一《艺文》。
③ 同治《九江府志》卷三八《孝友》。
④ 光绪《清江杨氏五修族谱》下卷《敬庵公墓志铭》。
⑤ 同治《南城县志》卷八之五《义善》
⑥ 同治《南昌府志》卷四八《孝友》
⑦ 同治《九江府志》卷三八《孝友》
⑧ 光绪《抚州府志》卷六三《孝友》。
⑨ 同治《九江府志》卷三九《善士》。
⑩ 同治《玉山县志》卷八《善士》。
⑪ 道光《丰城县志》卷一七《善士》。

产。如金溪王嵩一,祖旧贾贵阳,嵩一承家业,以例贡生服贾,"居滇十余载,积数千金",旋复贾汉口。[1]王嵩一的资金来源,在江西商人中无疑也具有一定的代表性。如前文提到的临川邓理、南丰赵宜馔、新城邓兆馨、邓兆龄、会昌何绪、新干刁源雄、丰城郭锦等,均属于这一类型。

六是集资。新城陈世爵自言:"吾昔贾吴城归,舟覆,没其资,念皆受人所付托,归无以见人。……归与与金者约曰:'吾不幸罹此,必悉家所有以偿。不足,以佣终之。'皆曰:'君岂欺人者?'复假以数千金。"[2]陈世爵的这番自述,清楚地表明,其资金既非贷于大户、亲友,也非继承家业,而是"与金者"们凑集而来,即来自于集资。

以上借贷、佣工、力田、授徒、小本积累、继承家产、集资,是明代江西商人资金的基本来源,也是一般商人获取资金的通常途径。

三、江西商人的经营行业与经营方式

经营行业

如前所述,明代江西商人的经商活动,一般都是以本地农副产品及土特产品为起点,所谓"以小买卖而致大开张",因此,主要的商业行业也多以本地物产为依托,同时,也从外地贩运本地所需商品。前文所列举的所有行业,江西商人都有经营。此外,还应提及的是,明代江西商人中数量众多的杂货商以及江西商人在云南矿业中的重要地位。

一方面是商人的行业分工日趋明显, 另一方面则是许多江西地区的中小商人仍挟小本,收微货,走州过府,随收随卖,操业甚杂,只要有微利可图之物,都可成为他们经销的商品。如乐平小贩将当地所产的煤炭、石灰、青靛、甘蔗、烧酒等,"车载人拉","往来吴楚市场"。浮梁县民项鉴书,更是"在镇而陶,在村而渔,入山而贩木,傍水而业竹"[3]。于是有了杂货商。徐珂《清稗类钞·农商类》说:"有设肆陈列百物以待售者,饮食服用之所需,无论贫富皆所宜,曰杂货店,亦曰一料店,大抵以僻左之村镇为多。"这个行业具有投资少、资金流动快、城乡居民不可或缺等优势,正适应江西商人小本经营的特点。李维桢《赠胡翁序》说明代江西商人胡某,在湖广承天府竟陵县经商,实为资金较为雄厚、经营范

① 同治《抚州府志》卷六八《善士》。

② 同治《新城县志》卷一〇《善士》。

③ 同治《饶州府志》卷三《风俗》、卷二三《善士》。

围较广的杂货商:"豫章人众而地迫隘,即名家名田,不能逾百亩。翁乃西游楚,至竟陵,乐其土风,而卜筑焉。舟车之所转输,厘肆之所居积,耒耜之所耕植,机杼之所织衽,钱刀果布,辐辏其门,而翁遂与千户封君比入矣。"①

明初行钞法,其后钱钞并行而以钱为主,至中叶,由于铸钱用铜的紧缺及商品经济的发展,白银成为主要的流通手段。明政府出于对货币控制的需要,一方面对金、银、铜诸矿的私人开采有严厉的禁令,另一方面则不断加大政府开采的规模。江西银矿匮乏,开采的矿产,主要是铜、铁、铅等有色金属及煤炭。明初铜场,仅江西德兴、铅山二处,其后,四川梁山,山西五台,陕西宁羌、略阳,特别是云南楚雄、大理、永昌、曲靖、姚安等地,发现了较富的铜矿,铜矿的开采中心,遂转向云南。②

需要指出的是,虽说明代银、铜、铅、水银等矿业的主要开采地在云南,但在云南从事开矿、冶炼的,却多是江西商人。在某种意义上说,正是江西工商人口的向西南流动,才逐渐发现云南丰富的矿产资源;也正是因为以江西商人为主体的商人投资,才使云南成为当时全国的矿冶中心。

明成化、弘治时编撰的《皇明条法事类纂》记:

成化十年八月初九日,刑部题为地方夷民被害事。该四川等处承宣布政使司乌蒙军民府土官知府实丹等奏, ……江西人民将带绢尺火药等件, 指以课命,前来易卖铜铁,在彼娶妻生子,费用尽绝,纠合西川粮大、云南逃军,潜入生坳西番帖帖山投番,聚集八百余人,称呼"天哥",擅立官听,编造木牌,煎销银矿,偷盗牛马宰杀,惟恐致生边患。……通行江西都、布、按三司,各行所属府卫所,今后军民人等告给文引出外生理,务要明白问写,将带是何货物,前去某某处地面买卖,定限回缴,不许填写边夷地方。又四川并云南、贵州、广东、广西都、布、按三司转属府县卫所及把隘关津等处衙门,一体遵守。遇有江西客人经过,或来生理,盘验是实,听从依限回还。若故违半年之上,并夹带违禁物货,似此生事扰人者,拿送所在官司究问如律,违禁物货入官,独坐递解原籍官司收查发落,不许知情故纵。如有告讦夷人私债等项词讼,各衙门不许受理。③

① 李维桢:《大泌山房集》,卷四八《赠胡翁序》。

② 《明史》卷八一《食货志五·坑冶》。

③ 《皇明条法事类纂》卷二九《江西人不许往四川地方勾结夷人、讦告私债例》。

沈德符《万历野获编》说：

今开矿遍天下，生民罹其毒。说者以始祸归罪张新建相公(位)。因考永乐十三年……时胡文穆(广)当国，江西之吉水人。成化十年……时彭文宪(时)当国。彭亦江西之安福人。[①]

《明史·食货志》也说：

万历十二年，奸民屡以矿利中上心。诸臣力陈其弊。帝虽从之，意怏怏。二十四年，张位秉政，前卫千户仲春请开矿，位不能止。开采之端启，废弁白望献矿峒者日至，于是无地不开、中使四出。[②]

上述记载从两个方面论及江西商人与明代矿冶业的关系：一、明代在云南、四川、贵州及湘西经营矿业者，大多为江西商人。二、江西籍在朝官员特别是当政者，也不断为同乡商人提供政策上的方便。[③]

成化年间，御用监太监钱能镇守云南时，云南永昌生产出了一种"料丝灯"，以紫石英、赭石等矿物质为原料，主要是江西商人在这里进行开发和经营。清檀萃《滇海虞衡志》说："料丝灯出永昌，言取药料煎熬，抽丝织之为灯，故曰料丝。其药料则紫石英、钝磁、赭石之属，不一类也。始出于钱能，以此进上，不使外人烧造。能去，始习为之；顾更精，长大几二三倍，价其昂。烧造者死，其子传其法，人竞烧之。江西人以贩于京师，料丝灯遂多。……宦游者罔不取之。"[④]从中可以看出江西商人在云南矿业中的地位。

钱能镇守云南的成化时期，王恕以佥都御史的身份巡抚云南。《明史·王恕传》载："(王)恕居云南九月，威行徼外，黔国以下咸惕息奉令。疏凡二十上，直声动天下。当是时，安南纳江西叛人王姓者为谋主，潜遣谍入临安，又于蒙自市

---

① 沈德符：《万历野获编》，卷二《列朝·矿场》。

② 《明史》卷八一《食货志五·坑冶》。

③ 从某种意义上说，胡广、彭时、张四维是在维护江西商人的利益。但其片面性也是不言而喻的，开矿乃社会需求，政府禁采也自有盗者。而且，说永乐十三年至十五年是胡广当国，更属无稽。从中可见当时士大夫对江西人的看法，也可印证江西人对开矿的热情。

④ 檀萃：《滇海虞衡志》，卷五《料丝灯》。

铜铸兵器,将伺间袭云南。恕请增设副使二员,以饬边备,谋遂沮。"这里所说的"江西叛人"王某,很有可能就是在云南蒙自的江西抚州籍矿商。他在蒙自"市铜铸兵器",说明蒙自产铜之盛。而江西商人在蒙自的经营,一直延续到了清朝后期。

经营方式

个体家庭的经营。在中国古代社会的经济结构中,自然经济和商品经济具有明显的同一性和互补性,商品经济与自然经济之间,商业经营方式与家庭、家族内部的分工之间,有着必然而广泛的联系。同时,商人的经营方式又决定于商品的种类、商业资金的多寡及经营规模的大小。由于明代江西商人大多是因家境所迫的弃农经商或弃学经商者,他们携一介土产,小本经营,负贩往来,以求养家活口;有的更是亦农亦工、亦农亦商,在农闲之际,或收获之时,从事商品生产与商品交换。所以,江西商人最常见、最大量、最普遍的经营方式,乃是个体经营。而整个家庭,则是以农为本,以商补农。于是,男子外出经商、妻子持家务农,或父兄外出、子弟持家,就成为江西商人家庭的基本分工。

江西地方志记载了大量丈夫常年在外经商,妻子居家侍舅姑、抚孤幼的事例,王士性说江西"大荒无饥民,游子无内顾",就是因为有这些妇女在支撑着家庭。

也有父亲经商儿子持家的。如东乡王某,"商于金陵,以家事付(子)曙斗"[①]。崇仁黄二严,"父客外三十余年,严事母孝,教幼弟皆成立"[②]。广昌毛普圣,父亲在外地经商,二十年无音讯,普圣奉母为生,后尊母命寻父,遍历九江、长沙、武昌、宝庆、岳州,"卒得父于旅舍"[③]。

又有兄(或弟)经商,弟(或兄)持家者。如南昌刘元成,兄客湖南衡阳,元成"以馆谷养父母"[④]。金溪李应科,"父殁时,三弟皆幼,提挈之,至于成人。弟贾于外,数亏负。(应科)岁寄馆谷资之。又独力支全家十余口,不贻弟内顾忧"。乐安陈遵鲁,兄外出经商,遵鲁持家,"事寡母以孝闻"[⑤]。

还有的家庭则是父子、兄弟分头外出,各自经营。如吉水周西岫经商江南,

① 光绪《抚州府志》卷六七《善士》。
② 光绪《抚州府志》卷六三《孝友》。
③ 同治《建昌府志》卷八《孝友》。
④ 同治《南昌府志》卷四八《孝友》。
⑤ 光绪《抚州府志》卷六五《孝友》。

死于异地，其子亦服贾远游，竟不知乃父的死讯。[①]南丰王仁行商吴楚，其弟则坐贾广西。[②]南昌刘善萃“服贾汉口”，其兄则“羁旅滇南，久无音耗”[③]。这类现象，多半发生在一些劳动力较为充裕的家庭。

而另一些家庭，则往往是父子、兄弟共同外出经商，其经营的规模自然更大，活动范围也更广。如瑞昌陈秀元，“随父贸陕西，腰缠万贯”[④]。临川张世远、张世达兄弟，“家贫，贷赀买纸，互往汉口贸易。”兄弟二人作了分工：一人在家乡收购纸张，兼顾家小，另一人则远售汉口；如此交替进行，形成了简单的购销分工。玉山王允聪，兄弟三人，父母早逝，家境贫寒。兄弟三人借贷做起小本生意。常常是一人在家经营农田，二人在外经商，后来开起了宏盛烟作，往苏州等地销售烟草，“累资巨万”[⑤]。王允聪兄弟实际上已经形成了生产、销售一条龙的经营体制。这些都是父子、兄弟共同经商的例子。

此外，一些劳动力充裕、家产较富的大家庭，如果家长有心计、有权威，则往往在家庭内部实行较为合理的职业分工，以农副业支持商业，以商业扩大产业。如会昌欧阳振銮，父亡之后主持家政，诸弟“或士或商，各安其业，无敢舍生以嬉者”[⑥]。金溪周氏为邑中大族，周坤主家时，“家范严肃，耕读商艺，各职一业。食指赢千，无敢喧嚣。”[⑦]这些都是家庭中有计划分工的典型例子。其特点是“耕读商艺”，各操一业，互相补充、互相促进。

独自经商——父子、兄弟共同经商——家庭、家族的内部分工，“商、贾、农、艺”，各职一业，构成江西商人个体家庭经营方式的三个层次。无论是哪一个层次，都是以家庭内部其他成员无条件的资助和自我牺牲为前提和代价的。因此，对于大多数商人来说，首先要承担的必然是对家庭的义务。这就部分决定了商业利润的流向和出路。关于这方面的情况，将在下节进行讨论。

结帮经营。徐珂《清稗类钞·农商类》说：“客商之携货远行者，咸以同乡或同业之关系，结成团体，俗称客帮。”这种情况在明代各地域商人中都比较普遍，而以徽商和江西商人特别突出。明末清初著名学者顾炎武说：“(徽商)遇乡

---

① 光绪《吉安府志》卷三五《孝友》。

② 同治《建昌府志》卷八《善士》。

③ 同治《南昌府志》卷四八《孝友》。

④ 同治《九江府志》卷三八《孝友》。

⑤ 同治《玉山县志》卷八《善士》。

⑥ 王骥：《欧阳臻和先生善传》，同治《会昌县志》卷三一《艺文》。

⑦ 光绪《抚州府志》卷六四《孝友》。

里之讼,不啻身尝之,醵金出死力,则又以众帮众,无非亦为己身地也。近江右(西)出外,亦多效之。"[①]如徐珂所说,"客帮"实有两种情况:一以同乡为帮,称"乡帮",为松散的个体商贩的临时结合体,也可视作临时性的互助团体;二以同业为帮,称"行帮",多为某一城镇中既是同乡又是同行的商人团体,由于经济利益的原因,具有相当的稳定性和顽强性。

作为个体商贩的临时性结合体,商帮是一种同乡商人的互助形式,人数多寡不定。其中,有同帮同本与同帮不同本的区别。

同帮而不同本者,其特点是,同帮商贩均有各自的资金、货物,经营上完全独立。但如有人亏折或发生意外,则众人共同帮助。例如德化商人黄学宏,"运漕北上,适同帮乔氏兄弟亏粮,宏倾囊赔补"[②]。在江西商人中,有的家庭饶有田产,每年均有额派米谷漕运北上。在漕运税粮的同时,挟带私货贸易,这不但已成惯例,而且也为政府所允许。黄学宏与乔氏兄弟伙同漕运,各自经营,同"帮"而不同"本"。所以乔氏亏损,与黄学宏没有直接的利益关系。黄学宏的义务是作为同帮商人,对乔氏兄弟给予帮助。又如彭泽张宠遇挟赀贾于苏北盐城,"有同县某贾六人因事坐系,为狱卒所苦,势将瘐毙。(宠遇)百计营谋不得出,乃倾囊走百里,因同乡官以巨金贿当路,卒免六人于难。"其中一人病死,宠遇又为其具棺木,扶柩归葬[③]。下狱的六人为同帮商人是可以肯定的,或许也是同本,而张宠遇则只是同乡或同帮。再如南昌胡哲启,"服贾宝应,货值千金,行户窃售,不偿价。客伴怂恿控官,不听,垂囊而归"[④]。这里的"客伴",也是同帮而不同本的商人,否则毋须"怂恿",自行告官即可。《瑞州府志》记载的高安梁懋竹一例,更能说明客帮内部商人之间的关系:懋竹"尝偕二友贸易,舟洞庭。夜半,盗挟利刃,索财甚急。(懋竹)倾囊与之。盗复向二友,竹绐之曰:'此吾兄弟耳。'盗遂去"[⑤]。梁懋竹与二友的关系也是同帮而不同本。

同帮同本者,其特点是,同帮商贩的资金和货物是共有的,他们共同经营,获利则按出资或出力的大小进行分配,也可说是"合伙"经营。这种经营方式可以是暂时性的,一单生意结束便自行散伙;也可以是相对长期的,结成比较密

① 顾炎武《肇域志》第三册。
② 同治《九江府志》卷三九《善士》。
③ 同治《九江府志》卷三八《孝友》。
④ 同治《南昌府志》卷四八《孝友》。
⑤ 同治《瑞州府志》卷一五《懿行》。

切的共同经营关系。“同本”或“合伙”与股份有些相似,但还远没有发展到股份经营的程度。如南昌雷可权,“尝与黄文魁同本贸易。甫二年,而文魁病故。可权经理医药埋葬,每岁必赡其孤,且延师教之。比长,仍给二百银助其生息”[①]。大庾刘永庆,“崇祯时与同邑易明宇往来贸易吴越间,颇相友善。岁壬午(1642年),明宇病笃,以妻子相付托。永庆曰:‘是吾分也。微子言,吾将恝然耶?’”不久明宇死,值丙午(康熙五年,1666)兵变,其家产亦焚毁殆尽,永庆遂“为其赡妻子”,“己丑(康熙四十八年,1709)易妻死,殡葬之。其子若女婚嫁……皆竭力毕之。复分己产并僮仆给与,为终身计”[②]。由此可见,同本贸易虽然也多发生在亲友、同乡之间,但相互一般要承担经济上和道义上的责任。同时也可以看出,在这种形式下,“同本”或“同伙”的双方或数方主要是靠道德、友情的力量进行维系,而缺乏比较严密的契约关系。因此,虽然可以列举出上述较为融洽的例子,却未见采用这种方式取得较大成功的典型。

主伙经营。明人沈思孝《晋录》说:“其合伙而商者,名曰‘伙计’。一人出本,众伙共而商之。”这种主伙贸易即主人出资、雇佣伙计进行经营的方式,在明代山西商人中比较常见,在江西商人中也有表现,它是在个体经营、家庭分工协作经营,特别是结帮及同本经营的基础上发展起来的,也是商品经济特别是商业资本一定发展阶段的必然产物。但在明代江西商人中,主伙关系的实质往往被亲友关系、同乡关系、同宗关系所掩盖。在主伙经营中,一般有两种形式。

一是主人雇佣伙计,共同经营。这本身就是商业雇工。这种伙计与临时性的挑夫脚夫不同,他们有相对的稳定性,实则是主人在经营上的帮手乃至主管。王骥为会昌商人萧敏纪作“行状”:敏纪家贫,十四五岁就和兄维三为大户做雇工。有舅父某经商至四川,在该处成家定居。因经营规模扩大,需要帮手,便写信给敏纪的父母,请他们让一个儿子到四川帮忙。结果萧维三去了四川,帮助舅父经营。[③]又崇仁吴禹,父亲早亡,由母亲抚养成人。叔父开了一个杂货店,需要帮手,这时吴禹才七八岁,成了叔父的小伙计:“叔日给米半斤,禹食其半,私归其半以养母。”[④]吴禹与其叔、萧维三与其舅,均为伙东关系。萧维三是成人为伙,吴禹是幼童为伙,所以报酬也不同,吴禹每日只有半斤米,萧维三做

① 同治《南昌府志》卷四八《孝友》。

② 同治《南安府志补正》卷五《质行》。

③ 王骥:《萧理行翁行状》,同治《会昌县志》卷三一《艺文》。

④ 光绪《抚州府志》卷六四《孝友》。

了几年伙计回家探亲时，已小有积蓄。在这里，东家对伙计的劳资关系是以舅父、叔父对甥侄的照顾方式表现出来的。

二是主人出资、伙计独立经营。这是更高层次上的主伙经营。在名分上，伙计仍是雇工，与主人之间是主、伙关系。但在实际经营上，伙计已是主人在某个部门或某个地区的代理人，或者说，是"经理"的方式。金溪李先诚幼年丧父，随其母为周姓进士家做佣工。周进士未发迹时，开了个书铺。又常教先诚读书。入仕之后，书铺无人经营。李先诚为报其恩，在周进士的委托下，"经理店业"，积赀日丰。[①]李先诚与周进士之间，最初为主仆关系，后来则为委托经理式的主伙关系。新城涂肇新，年轻时负贩两湖川滇，积有家资，晚年回到故乡，不再外出奔波，将本钱托付"伙某"，让其代往苏、杭等地贸易。没想到"伙某"将本钱花光，并买了两个女人回家。有人劝肇新械送此人赴官问理。肇新笑着说："彼不义，但取我之财，而致彼败名丧命，何忍乎？"遂不问。[②]从上述二例看，两个伙计都是受东家或主人之托，单独经营，但一个为报恩，帮主人挣了钱，一个行"不义"，侵没东家资本。从涂肇新的事例也可以看出明代伙东之间的法律关系：伙计侵没主东的本钱，主东不得自选惩治，而须告官公理；一旦告官，伙计轻则"败名"，重则"丧身"。因此，伙计之于主东，既是雇佣关系，但也带有主仆关系。

明代江西商人中的主伙经营方式主要表现为第一种情况。因为只要经营达到一定的规模，请伙计乃是不可少的事情。所以这种形式十分普遍。而第二种情况的普遍化，必须要有严格的法律和健全的机制，以及人与人之间的信誉为保证。而二者特别是后者在江西地区却不具备。这也是江西商人在经营规模上难以与晋商、徽商抗衡的非常重要的原因。涂肇新们的乡情邻谊和好好先生态度，必然助长伙计的为非作歹；而江西地区又恰恰是以民风"好讼"、"刁民"众多而闻名于世的，信誉的概念比较淡薄。而这种方式在晋商、徽商中比较普遍，既得益于民风的淳朴，讲究信誉，也依靠了严厉的惩治措施。

政府的"召商"与商人的官商化。明代中后期，用傅衣凌先生的话说，是一个"自由奔放"的时代，政府对商业活动的干预相对减弱，因而，包括江西商人在内的各地商人的活动自由性也较大。反映在商人的经营上，主要有两个方面：一是以"召商"的方式调剂地区间物产的不平衡；二是积极寻找代理人，促

① 光绪《抚州府志》卷六五《孝友》。

② 同治《新城县志》卷一〇《善士》。

使部分商人的官商化。

召商经营主要出现在与国计民生关系密切的行业，最大量的是食盐和粮食，此外，如前文所说，在矿业中也多有表现。政府召商经营食盐，经营的自然是官盐，在江西，主要是淮盐。这也是国家、当权者及势力最雄厚的商人集团的利益所在。明代江西的建昌、吉安二府和宁都直隶州，既是私盐侵食官盐地盘的重要突破口，也是淮盐抵制闽粤私盐的前哨阵地。政府召商，主要是在这些地方进行。前文第一章第四节对此多有论述，可供参考。粮食贸易中的召商则主要发生在灾荒年份，政府在江西召商运米，以救燃眉。这种措施对于加强各地区间的物资调剂、稳定粮食价格、打击投机商人是有利的，也体现了国家权力在参与经济活动、解决民生问题中的积极作用。但由于带有很大的强制性，所以也必然产生了一些消极后果。而明代江西商人的官商化主要发生在盐商之中，主要途径有二，一是受官府笼络而为官商，一是由自行捐纳而为官商。如果说前者意味着商人进入国家管理体系以适应商品经济发展的需要，那么，后者则是商人通过向政治权力投资并进而通过政治权力以获取更大经济利润的手段。

四、江西商人的经营观念与利润投向

江西商人的经营观念

明中期开始，商品经济已广泛深入到社会生活的各个领域和角落，并由此引发了人们思想观念及社会价值观念的一系列变化，一个突出表现就是重商思潮开始彰显。不仅是富商大贾，即使是“贱尔小民”，也能从波涛汹涌的商品经济大潮中意识到“富贵不必诗书，而蓄资可致”[①]，反映出人们价值观念上的新变化，科举已非“天下第一生业”。由于各地经济发展水平不一，观念的变化情况也各异。

明代社会风尚的转变在成化、弘治时就已经显现，至正德、嘉靖以后则更显奢华。正德《建昌府志》以服饰饮食为例，描述了该府从正统到弘治数十年间社会风尚的变化：

天顺、景泰以前，男子窄檐高帽，衣腰中裾幅周身，袖曲肱而已。妇女

① 康熙《华州志》卷二《风俗》。

平髻,衫制古朴,婚会以长衣。成化间,男饰或莲子帽、桃尖帽、平顶帽,宽衣大袖,或腰及于膝,或近于胸,咸非中制。近时稍稍复古,而侈妇服饰僭拟妃嫔娼优。隶卒之妇,亦有黄金横带者,俗之敝也,斯为甚。先时宴会,果肴用大器,多不过五品,谓之聚盘。后用小盘,至数十品,谓之簇盘。近时仿京师,杂陈奇品,亦即汰矣。①

服饰饮食的变化,反映了人们消费观念的变化。而这一变化却是由社会财富的积累和商品经济的发展所决定的,同时又直接影响到工商业者的经营观念并推动商品经济的发展。

成化、弘治时的著名学者罗玘给我们留下了一段饶有趣味的文字:江西建昌府属的南丰、新城、广昌三县之民,成化、弘治以前,为"不出封疆、向食其土之人,以傲乎南城之逐末于外者。虽然,南城之商亦傲之曰:'吾缠数镪,倾囷倒禀无后已。'"②

罗玘出身于新城县杂货商人家庭,自己也是商人,后入赀为北京国子监"俊秀子弟"。成化二十二年,年过不惑的罗玘力挫群英,在人才济济的顺天乡试中高中解元,并在第二年中了进士,选庶吉士、入翰林院读书。其策论"理既明畅,词亦奇古",文名震海内,学者称"圭峰先生"。有过这段经历,罗玘对自己的商人出身有一种他人难以体会的自豪感。所以他在记载南城商人与南丰、新城、广丰的相互傲视时,有着明显的倾向性:"吾缠数镪,倾囷倒禀无后已。"重商主义倾向溢于言表。而到正德时期,南丰、新城、广昌各县也是"行商渐多,不复重离乡井如昔时矣"③。至万历时,更是"长幼竞乐刀锥"④,可见商品经济对落后地区人们观念的巨大影响力以及社会对这一现象的认同。

这种影响所及,使得越来越多的家庭、家族将"行商作贾"列为子弟及族人"食力资身"的常业之一,认为从事商业与读书、务农一样,均为"本业",均可有所成就。清江黄氏宗族祠规规定,族人"谋生各有其道,习艺俱无害理,除读书力学务农外,凡一切技艺之事,何莫非治生之法,安而行之可也"⑤。会昌萧敏

① 正德《建昌府志》卷三《风俗》。
② 正德《建昌府志》卷三《风俗》。
③ 正德《新城县志》卷一《风俗》。
④ 康熙《新城县志》卷一《风俗》。
⑤ 道光《清江东里黄氏族谱》卷首《祠规》。

纪,治家"尤严庭训,谓人患不立志,士农商贾皆可有成"[①]。不惟如此,不少文人、士大夫的著作言论中也明显表现出崇商、护商的倾向。明末南丰籍著名学者梁份认为:

> (商贾)劳心力以殖货财,其候时转物,致远穷深,经日月出入地,所经营日不暇给,而处心应事有大过人者。乃以经术经世律之,不亦过乎?世之名儒,守一经以求荣一命,其深沉得丧,咸委之命,况乎其它!吾不知学之负人、人之负学也,可慨也。[②]

梁份的这段议论,对抱残守缺、轻利重名的迂腐观念给予了辛辣的抨击。作为江右王学的代表人物,吉水罗洪先更从"古今异势"的理论高度对成化、弘治以来江西发生的"舍本逐末"现象进行了分析:

> 先王田里树畜之教详,斯民得以厚生而寡外慕。当是时,有弗若于刑者,刑之所必归也;其安于俗者,则福之所毕集也。后世养民之意微而利欲之阱遍于天下,非捭阖不可饰情,非累黍不可尽积。于是恂恂者多龃龉而卒底苦厄。[③]

由于时代和个性的不同,罗洪先的言论没有梁份激烈,但态度却是鲜明的,其批评的对象,也是那些死守"经术经世"陈条的"恂恂者",从而成为江右商的代言人。这实际上也是江西商人价值观念的反映。正是由于这一价值观念的推动,使得江西地区的社会风气有了较大的转变,从而也使得江西商人的活动经久不衰。

江西商人这些重商主张及经营理念的提出,是以当时江西商品经济的发展为基础的,同时又对当地的商品经济起着推动作用。但是,这些主张或思想与传统道德观和价值观念相比,仍然显得十分单薄。当然,我们也没有任何理由来指责这些思想或主张的单薄,因为当时商品经济的发展尚远没有对传统的自然经济构成革命性的挑战,恰恰相反,它在很大程度上是作为自然经济的

① 王骥:《萧翁理亭行述》,同治《会昌县志》卷三一《艺文》。

② 梁份:《怀葛堂集》,卷五《王文佐传》。

③ 罗洪先:《念庵集》,卷一五《明故泉口彦山府君墓志铭》。

补充而发生的,至少在明代的江西大部分地区是这样。因此,我们看到十分矛盾的现象,一方面是弃农经商风气的盛行和重商主义思想的抬头,另一方面,则是商人在经营观念上,仍然跳不出传统道德的局限。其表现主要有:

一、"知足常乐"。如前文所说,江西商人大多是因家境贫寒而弃学经商或弃农经商者,他们从事商业活动的第一目的并不是发财,而是脱贫。因此,当经营稍有赢余、家境稍显富裕时,便往往不再谋求拓展经营规模、获取更大利润,而是做起田舍翁。如南昌刘善萃在汉口经商,"家计饶裕",于是回到家乡,买田置产,"不复出门"[①]。金溪徐廷辉17岁时开始,就往返于家乡与云南之间,不辞艰辛,长途贩运,但积赀"稍裕","遂绝意远贾"[②]。抚州商人赵雪涛经商云南,遂在昆明定居。雪涛兴趣广泛,"多技能",是个儒商。放弃举业从商之后,仍然不忘诗书,"计所谋足一日之费,即闭门赋诗书"[③]。

二、"能聚能散"。所谓"能聚",即善操经营之道,牟取商业利润,做一个成功的商人,既以自养,也可养家。所谓"能散",即不以聚财为唯一目的,不作"守财奴",应"以无用之钱作有用之物",扶危济困、周恤乡里,这就是"积为有为而积,散为有为而散"[④]。明代万载商人彭颙说得十分豪气:"天生财必有用,无则取于人,有则与人,乌用作守钱佣为!"[⑤]如果说"知足常乐"是出于人生的态度或对风险的逃避,"能聚能散"则是出于对社会动荡和人生安全的恐惧。居安思危,居富思贫,将钱财视作负担,惟恐"非理以散之"。瑞昌商人董伯益便是在危难之后悟出这一道理的。伯益因商致富,家累万金。时值宁王朱宸濠起兵,知伯益家富,遂将其子朝翰掳去,费千金乃得赎回。看着九死一生的儿子,伯益拊其背曰:"千金活汝,亦几杀汝。"乃尽散家财周济穷困,自己则"仍为贫人捕鱼泽中"[⑥]。伯益赎子的"千金",正是"非理以散之"者,所以他从消极的方面接受教训,散尽家财。

三、"息事宁人"。有不少江西商人在外做生意,为求"和气生财",当自己的经济利益受到别人的损害时,不会去诉诸官府,而是采取息事宁人的态度。如

① 同治《南昌府志》卷四八《孝友》。
② 光绪《抚州府志》卷六四《孝友》。
③ 民国新纂《云南通志》卷二五七《寓贤一》。
④ 王猷定:《四照堂集》,卷五《大宾郭维洽传》。
⑤ 民国《万载县志》卷一〇之一《列传》。
⑥ 同治《九江府志》卷三九《善士》。

新城商人邓兆龄,“尝置产,某绅居间,为所给,空费千金。或劝之讼。辞曰:‘吾但破钞而已,讼即累某绅名也’。”同邑商人涂肇新晚年家居,将业务付给合作者经营,“尝付巨金与伙某往吴营贩。某荡其资,买二妾回。或嗾肇新械某送官。肇新笑曰:‘彼虽不义,但取我之财,而臻彼败名丧命,何忍乎?’竟置不理”。“有闽商逋负巨万,诸索者邀新”,作为债主之一的涂肇新则居间为闽商排解调停。[①]这些都是宁愿自己破财,也不诉讼官府,以求息事宁人的例子。此外,还有不少借贷予人而自毁借约者。余干胡钟,有乡人向其借贷而无法偿还,只得将房契抵债、迁往他乡。胡钟得知后,连忙派人将其追回,将房契退还,并烧毁借据。[②]金溪刘光昌自少外出经商,晚年回到家乡,仍做典当质押生意。每当青黄不接时,就有不少乡民用衣被典贷粮食。这年因歉收,无法还贷。眼看天气渐寒,光昌将经贷乡民召集,让其将衣被全部取回,所贷粮食不用再还。有人不解,光昌解释道:“天气凛冽,族邻号寒,吾忍厚绵独拥乎?”又将共计数千两白银的债券尽行烧毁[③]。临川李春华在贵州经商几十年,晚年返回家乡,行前,召集当地负欠者,将万余两银子的债券全部烧毁。[④]

商人们的这些行为,自然受到舆论的好评,但内心或另有苦衷。金溪傅金良说得好:这样做的目的,无非是“无为后人留争端也”。由此也可见在当时的形势下,乡里之情、宗族之亲在借贷中发生的作用,同时也可以看出,严格意义上的契约观念及法律观念在人们心目中仍然是十分淡薄,严格意义上的市场规则也远没有形成。

当然,这只是事情的一个方面,而另一方面,明代江西恰恰又是以“好讼”闻名于世的地区,江西商人在各地的诉讼也成为朝野关注的社会现象。关于这一点,将在后文阐述。

四、“父母在,不远游”。在江西商人中,虽然有大量长年累月在外经商,甚至“老死不归”,但也有不少惮于远行,活动范围十分狭窄。如德化县商人“经营惟在本土,不习散出四方”。[⑤]德兴县“远商不至,其列售于市者,惟寻常日用之

---

① 同治《新城县志》卷一〇《善士》。

② 同治《饶州府志》卷二三《孝友》。

③ 光绪《抚州府志》卷六四《孝友》。

④ 同治《临川县志》卷四六《善士》。

⑤ 嘉靖《九江府志》卷一《风俗》。

物而已。如竹木茶茗之属,间以运贩于外云"①。安仁县商人"俗多土著,恋乡井,商鲜流寓,坐贾者亦无奇货厚积,视重利轻别离者殊异"②。南丰县"远贾出不经年,近贾居不历世"③。宜黄县"商贾囊橐稍裕,不贪利离乡,必归故土"④。赣州府的一些地区也是如此,"郡邑列肆而居者土人,业微利微,利以役手足、供口腹而已。若行货,惟杉木一种,尚有能运至他省者,余则寥寥。异乡作客,赣人绝少"⑤。当然,此处所说的"赣人"只是指赣州人而非江西人。

造成江西商人"不远游"的原因是多方面的。其中,固然有害怕担当风险及其他种种因素,而"父母在、不远游"观念的束缚不能不说是重要原因。玉山王长发服贾数年,略有余赀,便"念母老,不复出,朝夕视膳,母子甚慰"⑥。武宁柯性刚精于医术,又兼营药材,人们劝其走川下广,可致大富,性刚则说:"若舍母,吾早以技致富矣。"终不出。⑦广丰吕以坩,负贩养家,人劝其长途贩运,以求大利,以坩笑曰:"母心所乐,不在厚利也。"⑧不仅如此,即使在外经商,亦或"每岁杪,必束装归养",或"每岁必归一省"。一旦闻父母病丧音讯,必定立即返家,而置亏损于不顾。吉水刘某在汉口、九江间经商,"闻母丧,弃赀而奔",致使家业益贫。⑨

江西商人的这一特点,在明末小说中也有反映。冯梦龙《喻世明言·陈仰义巧勘金钿钗》说:"一个卖布的商人,……口内打江西乡谈,说是南昌府人,在此(赣州府石城县)贩布买卖。闻得家中老子身故,星夜要赶回,存下几百匹布不曾发脱,急切要投个主儿,情愿让些钱。众人中有要买一匹的,有要两匹、三匹的,客人却不肯,道:'凭他零星卖时,再几时还不得动身。那个财主家一总脱去,便多让他些也罢。'"如此急于脱货,亏折自是难免。所谓"弃赀而奔"者,多属这种情况。

形成上述观念,大致有以下几个方面的原因。

① 同治《德兴县志》卷一《风俗》。
② 同治《安仁县志》卷之八《风俗》。
③ 同治《建昌府志》卷一《风俗》。
④ 乾隆《宜黄县志》卷八《风俗》。
⑤ 乾隆《赣州府志》卷二〇《风俗》。
⑥ 同治《玉山县志》卷八《善士》。
⑦ 同治《南昌府志》卷四八《孝友》。
⑧ 同治《广丰县志》卷八《孝友》。
⑨ 罗洪先:《念庵集》,卷一六《明故刘孝子墓志铭》。

一是因为江西商人,多为贫寒农民转化而来,大量的还是亦农亦商,个体农业社会所固有的、极力寻求相对安定生活即安土重迁的习性,仍然根深蒂固,一旦摆脱了贫困之后,便不再愿冒风险。

二是因为江西是“文章节义”之邦,虽然在这里产生了大批异端思想家,也有一批学者在为商人及其商业活动正名,但由于基本生产方式没有改变,在传统生产方式中形成的道德观念自然也无法从根本上发生变化。即使是前文提到的赞成出外经商的思想家罗洪先,也明确表示过反对商人弃家不顾。[①]道德认同和利益驱动之间的矛盾,始终是江西商人难以冲破的罗网。

三是因为国家法律和社会舆论对商人仍然存在各种歧视,商人特别是小商人的活动和利益缺乏法律的保护。传统人情世故及由此产生的中庸、和为贵的思想,造成人们法律观念的淡薄,习惯于以道德、仁义服人,而不愿因经济利益的纠纷而诉诸法庭、对簿公堂,使得一些商人不愿意通过法律去争取自身的利益,反倒认为破财可以消灾。

四是因为各级官员对商人的巧取豪夺,社会及家族、家庭内部的平均主义观念,使得商人怕露富,怕因富而惹祸。前文提到的瑞昌商人董伯益之子被掳一事即被时人看作过于富有会招致横祸的典型事例。

由于上述观念的存在和束缚,使得江西商人所固有的地理、资源优势逐渐丧失不复存在,本来就分散而微弱的商人资本也难以积累和扩大。与晋商、徽商及闽粤等地商人相比,江右商人的经营规模就难免相形见绌,商业资本的积累也显得极为有限。因此,尽管江西商人因人数众多、操业甚广、经营灵活而渗透力极强,却往往在剧烈的竞争中逐渐处于劣势甚而最终丧失市场。

更加严重的是,在当时的社会条件下,江西商人的上述观念却是受到官方和社会舆论推崇的,它为江西商人博得了不少的赞誉,并赢得社会各阶层的尊重,商人们自己也因而能在各类志书中具名立传,风示来者。这既代表着当时社会的主流意识,又起着巨大的导向作用,对于商人的经营实践,尤其是对其商业利润的投向,产生了严重影响。

江西商人的利润投向

生活性投资。这类投资包括置办田产、赡养家人、资助亲友等。

由于江西商人多为生计所迫的弃农经商及弃学经商者,而他们的经商,又

---

① 罗洪先:《念庵集》,卷一五《明故白竹山徙柘乡族叔兆轩墓志铭》。

是以家庭成员无条件的支持和牺牲为前提的，这就使商人从经商的第一天起，就开始背上了沉重的“感情债”。因此，一旦稍有赢余，首先考虑的应该不是扩大经营规模，而是向家庭无条件地流归，以解决家人的最低生活要求。再有赢余，则进一步被分割：“数十年所积，悉以分弟。”“少有所获，必均分之，不以一钱自私。”外出经商—稍有赢余—家庭耗费—析产均分，构成商业资本最基本的积累和消耗模式。

对于那些稍有余资的商人来说，他们所面临的选择无非是两种：要么尽可能地摆脱与家庭、家族的联系，独立谋求发展；要么变商业利润为消费资金，最终导致商业利润消耗殆尽。郑晓《地理述》、王士性《广志绎》、张瀚《松窗梦语》都说江西人有弃妻子而经营四方、老死不归者。明末抚州学者艾南英记载了这样一件事：东乡县重修白城寺观音阁，因该县“富商大贾，皆在滇云”，于是一位名叫正演的白城寺僧背着干粮前往云南筹集捐款。“经历寒暑，凡三载，所至缅甸、腾川、姚家、临(安)、丽(江)，足迹遍七千里”，仅得到百余两银子的资助。[①]可见力图摆脱家庭、家庭乃至家乡羁绊的大有人在。但是，他们又必须受到良心和舆论的双重谴责。罗洪先曾以吉安为例发表了一番颇具代表性的议论：

> 吉郡地虽广，然生齿甚繁，不足以食众。其人往往业四方，岁久不一归，或即流落，不识家世何在。而长沙与吉郡接畛，其产故饶，其留滞又为特甚。吾尝治谱，见客游而葬其地者，心窃悲之。……窃恨处异域而忘故乡，使父母盼盼然、无以待老，诚不知其何心也？[②]

罗洪先并不反对外出经商，相反，他认为这是解决“生齿甚繁，不足以食众”的唯一办法，但他反对弃家不归，反对逃避养老抚幼的家庭责任和社会义务的做法。

经商的风险、前景之叵测，也使得商人们不能不为自己留下重返故土的后路。而要留下后路，便不能和家庭、家族断绝联系。金溪商人吴皋的经历是具有启示意义的。吴皋自幼随父服贾贵州，与本族失去联系，其父年事渐高，“挈家归，族人睨视之，屡生衅侮”。幸亏“皋恭信而惠，又达于事”，千方百计进行感情

① 艾南英：《天佣子集》卷九《白城寺僧之滇黔募建观音阁疏》。

② 罗洪先：《念庵文集》卷一五《明故白竹山徙柘乡族叔兆轩墓志铭》。

和物质上的投入,历时两年,才得以平静。[①]如果吴氏父子不是获利而归而是折阅而归,则可能在家乡无立锥之地。富有时接济家人、族人,困厄时才可能得到家人、族人的帮助。

江西商人大量进行生活性投资，也受当时的生产方式和价值规律制约。“以末致富，以本守之”，这种观念和信条是在现实生活中产生并证明是可靠的。明代地租率一般都在50%左右,而且国家对私有土地一般持保护政策。所以,财产的土地形式具有相对稳定和较高利润的优势。这就刺激商人对土地的投资。而且,资本越雄厚的商人,投资于土地的积极性也就越高。在江西商人中,不少人生活节俭,但在置办田产上却是不遗余力。如清江聂如高服贾萍乡,以药材起家,“性好节俭,一腐二餐,性恶奢华,粗衣饰体”,但在“置田畴”、“创栋宇”上,却从不吝啬。[②]前文提到的不少江西商人,经营致富后无不竞相营田谋产,为子孙久远计。

社会性投资。其项目更为广泛,包括建祠修谱、捐粮助饷、办学助读、修桥铺路、平争息讼、赈灾救荒等。

明代是江西家族制度的发展时期，家族作为社会基层组织的作用十分明显。建祠修谱以维系家族血统、联络家族力量,设置族产以帮助本族贫困成员,开设族学以培养家族人才,都是增强家族凝聚力的重要方式,是每个家族成员特别是家族中有财力者必须承担的义务。这种义务承担得越多,在家族中的地位也就越高,同时也就在地方享有崇高的声誉。所以,商人在这方面的投资就带有双重意义:一方面是承担在家族中的义务,另一方面则是加强在家族中乃至在当地的社会地位。

从抚州、南昌、吉安、临江、建昌、饶州等家族势力发达地区的情况看,如果没有商人的投资,家族中的所有活动资金便成问题甚至根本无法着落。反之,如果一个家庭经商致富者多,而且他们又愿意或家族有办法让其进行投资,则修谱更加频繁,祠堂、族学建得更加气派,族产更为雄厚。明代江西科举的鼎盛,与商人对地方学校的投资是分不开的。

随着商品经济的发展,各种社会公益事业诸如救灾赈荒、修桥筑路等均得借助社会集资。商人首当其冲,成为征集的对象。社会公益投资,在一些富裕的

① 光绪《抚州府志》卷六五《孝友》。

② 《清江香田聂氏重修族谱》上卷《大饮宾之宾伯父老大人传》。

江西商人的总投资中占有很大的比重。当然,其中也有自愿和被迫之别。

在有关商人的史料记载中,我们常常会发现这样一个矛盾现象:国史、正史及文人著作中,但凡言及商人,总是贬多于褒,甚至冠以“奸”字,说是“无商不奸”。但在地方史志、谱牒家传及文人所作行状、墓志中的商人,却多是行善孝友者。这种矛盾的发生,原因是多方面的。官府及舆论谓之“奸”,既受传统义利观及抑商政策的影响,也因一些商人的唯利是图、坑骗顾客、偷税漏税所致。地方之谓“善”,则是因为当地公益事业多赖商人的资助。而且,商人逐利多在他方,“行善”则多在家乡,这也导致国史暴其恶而家传扬其善。

产业性投资。商业利润流向产业,转化为产业资本,这是明代商业资本流向的新趋势。商人也同时向工场主、作坊主、农场主转化。如果说明清时期中国商人有向近代商人转化的趋势,那么这种趋势就体现在这一部分商人身上。商业资本向产业资本转化的形式多种多样。从江西商人的有关资料来看,商业资本转化为产业资本主要表现为两种方式,一是直接投资于矿冶业,从事铜、铁等的冶炼和经营;二是收买农户或手工业者的原料或半成品,自行设场加工,生产商品。

关于矿冶业的经营,江西本省铁矿主要产于兴国、长宁、上犹三县,本地商人多投资开采。前引《皇明条法事类纂》载:“江西人民将带绢尺、火药等件,指以课命,前来易卖铜铁,在彼取妻生子。费用尽绝,纠合西川粮大、云南逃军,潜入生拗西番帖帖山投番,取集八百余人,称呼“天哥”,擅立官听、编造木牌,煎销银矿,偷盗牛马宰杀。”[①]再近人丁文江为《天工开物》作者、江西奉新人宋应星作传时所说的一段话:“先生生于豫章,广信之铜,景德之瓷,悉在户庭。滇南、黔、湘冶金采矿之业,又皆操于先生乡人之手。《天工开物》之作,非偶然也。”[②]丁文江的分析令人耳目一新。若非对广信府的铜业、景德镇的瓷业有深刻的了解,若非与“冶金采矿”的商人、工匠们有广泛的接触,是不可能完成《天工开物》的。而其作者产生于江西,正是因为江西有这些有利条件。金溪商人陈文楷曾贾四川,后“由巴入黔,开场冶铁于桐梓、綦江间”,积赀颇厚。[③]又如新城饶大俊贾福建,大富,于沙县设场开矿冶铁。[④]而云南个旧的江西会馆,更为江

① 《皇明条法事类纂》卷二九《江西人不许往四川地方勾结夷人、讦告私债例》。

② 丁文江:《奉新宋长庚先生传》,载武进陶氏编《天工开物》。

③ 同治《抚州府志》卷六八《善士》。

④ 同治《建昌府志》卷八《善士》。

西矿商投资的实证。

至于第二种形式,则主要是随着作为手工业原料的经济作物的扩大种植而出现。明中后期,江西各地经济作物如烟、茶、麻、苎、蔗等种植面积不断扩大,其高利润刺激着商人或租佃山场,或购买土地,建筑场房、购买原料或半成品,雇佣工人直接从事经济作物的加工生产。例如,在盛产烟叶的瑞金县,从城镇到乡村,远近商人"麇至骈集,开设烟厂",其数"不下数百处,每厂五六十人"①。玉山烟叶尤负盛名,从事烟草制造生产的工人"日佣数千人"②。宁都、石城的苎麻、夏布素负盛名,吴其浚《植物名实图考》记载:"宁都州俗无不缉麻之家","请织匠成布,一机长者十余丈,短者亦一丈以上"。由于麻纺织手工业的发展,出现了繁荣的夏布交易市场:"夏布墟则安福乡之会同集、仁义乡之固厚集、怀德乡之璜溪集,在城则军山集。每月集期,士人商贾杂遝如云。计城乡所产,岁鬻数十万缗,女红之利普矣"③。从一定程度上反映了麻纺织行业中手工工场状况。再以茶叶为例,江西商人不仅在本省浮梁、赣南等地设立制茶手工工场,而且还涉足邻近省区,租占山地丘陵,垄断茶叶的生产和经营。如福建西北部的武夷山区,即"多租于江西人开垦种茶,其价甚廉,其产殖颇肥"④。

捐纳投资。除了扩大再生产,以及生活性投资、社会性投资、产业性投资外,江西商人及全国各地商人的另一项投资也值得重视,那就是"捐纳",即商人为自己或为子弟捐资入国子监读书或直接捐官。

明朝国子监的学生就其身份来说有四大类:举监、贡监、荫监、例监。"举监"指会试落第、入监读书的举人,"贡监"指地方府、州、县学定期向国子监输送的生员,"荫监"指因祖、父有功于朝廷而入国子监读书的品官子弟,"例监"则是通过捐纳而入国子监的"俊秀"即富家子弟,其中相当多是商人及其子弟。

明朝的"例监"始于景泰时。时值土木之变后,边事吃紧,军饷筹措甚难。景泰元年,遂定输纳之例,舍人、军民纳粟、纳马者,"悉赐冠带,以荣其身"⑤。景泰

① 乾隆《瑞金县志》卷二《物产》、同治《瑞金县志》卷十一《禁烟议》。

② 道光《玉山县志》卷一二《风俗》。

③ 吴其浚:《植物名实图考》卷九《苎略》。

④ 陈盛韶:《问俗录》,卷一《建阳县》。

⑤ 《明英宗实录》卷一八七,景泰元年正月壬寅。

四年,为赈济山东灾民,明政府告示全国:各布政司及南北直隶府、州、县学的生员,凡有能运米八百石于临清、东昌、徐州三处赈灾者,均可入国子监读书①。于是,国子监内多了一类监生,由于是"援例",所以称作"例监"。但这时只允许官学"生员"纳粟入监,到成化时,"白身"即非在学生员也可加倍输纳入监,称"俊秀子弟"。而且,所纳米粟数也由八百石减为五百石,马匹减为七匹。这些"俊秀子弟"多为商人或商人子弟,由于完全是以钱米换取入学资格,一度被士子视为"异类",国子监也被戏称有"铜臭"味。②

但是,改弦易辙的商人及其子弟入监之后,却以自身的努力令士子们刮目相看。成化二十二年,北京国子监的"俊秀子弟"、江西南城县人罗玘在顺天乡试中名列第一,又在第二年中了进士,遂使"援例之士增价"③。从此,纳米入监的"俊秀子弟"成为南、北国子监监生中的重要成份。

中国是一个官本位根深蒂固的国家。通过科举进入仕途,固然是所有读书人的愿望,而在商品经济深入到社会的每个环节时,进入仕途的目的早已不是"治国平天下",而是体面脱贫、进而求富。但是,并非所有个人和家庭都能经得起"十年寒窗苦",即使经得起"十年寒窗苦",也并非所有的人都有"金榜题名时"。因此,以商业利润来换取功名进而获得更大的利禄,却有可能是达到致富的更好途径。在买监买官的交易中,日后产出越大的职位,先期投入也越大。

士人因家境所迫,不得已而弃学经商;商人有了钱,捐赀为官或取得"冠带",或让子弟入国子监并最终进入仕途。二者实为异曲同工,都是为了脱贫,为了改变家庭境况,为了获得更大的利润。当然,这里并不排除在传统社会观念的影响下,有着科举传统的江西、浙江、南直,人们仍以读书入仕为最高的人生追求,而经商则为谋生的手段。前引李维桢《赠胡翁序》还记载了"胡翁"的人生志向及对诸子的安排,可为鲜活的例子:

> 翁豫章人也,族强大而蕃庶,中叶稍旷潦。翁奋然曰:"夫迈种亢宗不阶尺土者,非人也耶。"豫章家礼乐而户诗书,公卿相踵于朝。翁少治经生

① 《明英宗实录》卷二二八,景泰四年四月己酉。

② 沈德符:《万历野获编》,卷一五《科场·纳粟民生高弟》。

③ 何良俊:《四友斋丛说》,卷一〇《史六》。

家,言富贵利达可拾取也。委而去之。……(入楚经商,既富,有三子)各因其材而授之业,曰:“吾践儒之实而不居儒之名,吾将使吾子循儒之名而责儒之实。”于是命伯子、叔子为诸生,使后之人信韦氏之一经胜齐鲁之黄金满籯也。“处乎官与民之间,资其力可以祸福人,行其德可以利益人,莫如掾。”于是命仲子为郡掾,使后之人信东海之高门繇于公郡决曹始也。伯子为胡氏大宗,使居豫章;仲子、叔子为胡氏小宗,使居竟陵。三子率循翁之教,为诸生者文有名,为郡曹者文无害。子复有孙,孙复有子,弦诵答响,缨緌交错。①

第三节 江西的城乡市场及其特点

一、集市

一般来说,市场有狭义和广义之分。狭义的市场为有形市场,即交易或买卖场所。在中国古代,这种市场包括摊点、商店,包括由摊点、商店构成的集市、集镇、城市商业区等综合市场,包括同样由摊点和商店构成的粮食市场、木材市场、布料市场、药材市场、副食品市场等专门市场。广义的市场为无形市场,即交易或买卖的过程和关系,但也可以物化为商品,以及由商品联系起来的有关的人和事、时间和空间,包括生产者、贩运者、销售者、购买者、管理者等,也包括商品在生产、流通、交换过程中发生的各种现象,如商品的价格及其在不同时间、不同地区的变化,又如由商品流通所造成的区域市场、国内市场乃至国际市场等。

明代江西地区的有形市场,或者说,明代江西地区的商品交易场所及区域,按层次划分,可分为集市、城镇、都市三级,由这三级市场构成整个区域市场,并构成国内市场的重要组成部分。

集市作为初级市场,是明代国内,也是江西地区初级商品交换的最经常、最大量的方式,是农村商品生产者之间以及他们和商品消费者、商品经营者

① 李维桢:《大泌山房集》,卷四八《赠胡翁序》。

"聚会"的主要场所。

城镇作为中级市场,情况则相对复杂。在城镇中,既有作为府、州、县行政机构所在地的府城、州城、县城,也有完全是由于交换的原因而发展起来的商业市镇,前者更多政治色彩,后者则更多经济色彩,但他们在区域性市场中的地位和作用却十分相似。

城镇与集市的最大不同,主要并不在于商品交换的数额,而在于是否有常住人口以及人口的多寡,在于是否有形成规模的商业街区,在于是否设有政府机关。集市的基本构成是摊点,基本特征是市场的聚散性。城镇的基本构成是店铺和街区,基本特征是市场的固定性。当然,集市可以有少量的店铺和小街区,也具有某种固定性;城镇可以有隔三隔五的墟期,也有某种聚散性。

城与镇的区别,则在于所设置的政府机关的级别。府城为府级衙门的所在地、县城为县级衙门的所在地,而镇则一般只有巡检司或驿站,或者有府、州、县衙门的派出官员,如府通判、州同知、县丞或主簿等。明代江西地区的农村集市,大多称"墟",也称"市"和"集",也有少数地方称"亥"①。广信府玉山县有寨头墟、镇头墟②,抚州府临川县有黄塘墟、三山墟等9墟,崇仁县有黄墟、陈墟,金溪县有沙冈墟、青田墟等8墟③,南昌府丰城县有桥东墟、唐家墟等12墟④;瑞州府高安县有阴岗墟、上泉墟,上高县有山址墟、界埠墟⑤;临江府称墟之市场有7个,其中清江县1,新淦县1,新喻县5⑥。《龙南县志》说:"商贾货物辐辏之处,古谓之务,今谓之集,又谓之墟,墟亦市也。"⑦《大庾县志》也说该地"俗称赶墟,犹沿岭南风至今云。"⑧嘉靖《九江府志》记载了德化县的三个市:小江市,"一名官

① 王士性《广志绎》卷四《江南诸省·江西》:武宁有所谓"常亥"者,初不知何谓,问之,乃市名。古人日中为市,今吴、越中皆称市,犹古语也。河南谓市曰集,以众所聚也。岭南又谓市曰虚,以不常会多虚日也。西蜀又谓市曰痎,如虐疾间而复作也。江南恶以疾名,止称亥,又可捧腹。谢肇淛《五杂俎》卷四《地部一》:岭南之市,谓之虚,言满时少虚时多也。西蜀谓之亥。亥者痎也,痎者虐也,言间日一作也。山东人谓之集。每集则百货俱陈,四远竞凑。大至骡马牛羊奴婢妻小,小至斗粟尺布,必于其日聚焉,谓之赶集。岭南谓之趁虚,而岭南多妇人为市,又一奇也。

② 嘉靖《广信府志》卷三《地舆志·坊乡》。

③ 弘治《抚州府志》卷二《封域二·墟市》。

④ 道光《丰城县志》卷一《地理志·都图》。

⑤ 正德《瑞州府志》卷二《地里志·坊市》。

⑥ 隆庆《临江府志》卷三《疆域·市镇》。

⑦ 光绪《龙南县志》卷二《坊乡》。

⑧ 同治《大庾县志》卷三《集市》。

簰夹,去府治五里许";杨家穴市,"一名断腰,在江北岸,去府治二十里许";女儿港市,"在仁贵乡,去府治三十五里"①。"亥"主要是江西西北地区的说法。王士性《广志绎》卷四《江南诸省·江西》:武宁有所谓"常亥"者,初不知何谓,问之,乃市名。谢肇淛《五杂俎》卷四《地部一》:岭南之市,谓之虚,言满时少虚时多也。西蜀谓之亥。亥者痎也,痎者虐也,言间日一作也。②陆深说:"南昌武宁县地名常州亥,盖市井之区。谓之亥者,不知何所取义,岂方言耶?""岂用亥日为市,故谓之亥云。"③嘉靖《宁州志》也说:宁州有市名"常洲亥","在州治东一百步,本武宁县市名。"④此外,还有称之为"埠"、"店"者,这在不少县志中都有记载。

作为初级市场的集市,一般坐落在城市与乡村的结合部、村落与村落的结合部,或者就在城郊、村边,它主要属于农村市场。但位于城乡结合部特别是城郊者,则对市民的生活起着重要的影响,成为市民日常生活中获得农产品、手工业品的重要场所。

江西地区的集市尽管发展不平衡,但只要是以"墟"、"市"、"集"、"埠"、"店"为名者,一般都已是定期集市,有固定的墟期,有的还有固定住户。⑤前文所述广信府玉山县寨头墟、镇头墟,均以一、六日为集期。吉安府吉水县自洪武以来兴起的金牛脊墟、神冈墟,分别以一、四、七日和三、六、九日为墟期⑥。《长宁县志》说,当地"村市,俗谓之墟,皆三日一集。"⑦《鄱阳县志》则说,本县的集市,"俱有民居,以鱼盐粟帛相贸易"⑧。

笔者就明清江西各府、州、县地方志中有关集市的记载作过一个统计,虽然受所见方志数量的局限及各地修志时间的不同,这个统计并不十分完整,但从中仍然可以看出集市的发展状况(参见表4-1)。

---

① 嘉靖《九江府志》卷二《坊乡》。

② 按:四川的一些地区称墟市为"亥"或"痎",或受江西移民的影响。

③ 陆深:《俨山外集》,卷二〇《豫章漫抄录》。

④ 嘉靖《宁州志》卷八《区市》。

⑤ 同治《大庾县志》卷三《集市》。

⑥ 道光《吉水县志》卷四《市墟》。

⑦ 光绪《长宁县志》卷二《风俗》。

⑧ 康熙《鄱阳县志》卷二《风俗》。

第四章

明代江西的商品、商人与市场

表4-1　明中期至清前期江西农村集市数量变化统计①

府、县名称		弘治、正德年间	嘉靖年间	隆庆、万历年间	康熙年间
南昌府	南昌县				7/100%
	新建县				7/100%
	丰城县		5/100%		10/200%
	进贤县		6/100%	17/283%	4/66%
	奉新县				3/100%
	靖安县				
	武宁县		8/100%	12/150%	7/87%
	宁　州		15/100%		14/93%
	合　计		34	29	52/100%
瑞州府	高安县	5/100%			
	上高县	3/100%	10/333%		
	新昌县	16/100%			
	合　计	24/100%			
九江府	德化县				3/100%
	德安县				
	瑞昌县		7		
	湖口县		2/100%	4/200%	
	彭泽县				
	合　计				
南康府	星子县		7/100% 25/357%		
	都昌县		5/100% 20/400%		
	建昌县		17		
	安义县		4/100% 11/275%		
	合　计	33/100% 73/221%			

①　嘉靖《江西省大志》、万历《南昌府志》、嘉靖《丰乘》、嘉靖《进贤县志》、嘉靖《武宁县志》、嘉靖《宁州志》、嘉靖《九江府志》、正德《饶州府志》、正德《建昌府志》、万历《南丰县志》、弘治《抚州府志》、嘉靖《临江府志》、隆庆《临江府志》、正德《瑞州府志》、嘉靖《上高县志》、正德《袁州府志》、嘉靖《袁州府志》、嘉靖《赣州府志》、万历《宁都县志》、嘉靖《瑞金县志》、嘉靖《南安府志》。康熙《西江志》、顺治《石城县志》、康熙《进贤县志》、康熙《武宁县志》、康熙《饶州府志》、康熙《鄱阳县志》、康熙(十五年)《南康府志》、康熙(六十年)《南康府志》、康熙《都昌县志》、康熙《建昌县志》、康熙《湖口县志》、康熙《南城县志》、康熙《南丰县志》、康熙《新城县志》、康熙《广昌县志》、康熙《宜黄县志》、康熙《金溪县志》、康熙《乐安县志》、康熙《东乡县志》、康熙《玉山县志》、乾隆《广丰县志》、康熙《铅山县志》、康熙《永丰县志》、康熙《高安县志》、康熙《上高县志》、康熙《新昌县志》、康熙《临江府志》、康熙《新淦县志》、康熙《新喻县志》、康熙《万载县志》、康熙《萍乡县志》、康熙《兴国县志》、康熙《会昌县志》、康熙《龙南县志》、康熙《瑞金县志》。

续表：

府、县名称		弘治、正德年间	嘉靖年间	隆庆、万历年间	康熙年间
饶州府	鄱阳县	6/100%		11/183%	
	余干县	7/100%		8/114%	
	乐平县	5/100%		17/340%	
	浮梁县	2/100%		9/450%	
	德兴县	2/100%		2/100%	
	安仁县	4/100%		9/225%	
	万年县			4/100%	
	合　计	26/100%		60/231%	
广信府	上饶县				
	玉山县			2/100%	
	弋阳县				
	贵溪县				
	铅山县			7/100%	
	广丰县				
	兴安县				
	合　计				
建昌府	南城县	17/100%		15/88%	
	南丰县	9/100%		9/100%	11/122%
	新城县	2/100%		7/350%	
	广昌县	5/100%		12/240%	
	泸溪县				8/100%
	合　计	33/100%		43/139%	
抚州府	临川县	42/100%			
	崇仁县	12/100%			
	金溪县	10/100%		17/170%	
	宜黄县	18/100%		8/44%	
	乐安县	14/100%		17/121%	
	东乡县			11/100%	
	合　计	96/100%			
吉安府	庐陵县				
	泰和县				
	吉水县				
	永丰县			18/100%	
	安福县				
	龙泉县				
	万安县				
	永新县				
	永宁县				
	合　计				

续表：

府、县名称		弘治、正德年间	嘉靖年间	隆庆、万历年间	康熙年间
临江府	清江县	8/100%	9/113%	9/113%	
	新淦县	4/100%	22/550%	7/175%	
	新喻县	10/100%	20/200%	13/130%	
	峡江县	4/100%	8/200%	8/200%	
	合　计	26/100%	59/223%	37/142%	
袁州府	宜春县	6/100%	5/83%	6/100%	
	分宜县		3/100%		
	萍乡县	6/100%	6/100%	9/150%	
	万载县	6/100%	5/83%	11/183%	
	合　计	18/100%	19/106%	26/144%	
赣州府	赣　县		23/100%		22/96%
	雩都县		29/100%	28/97%	27/93%
	信丰县		44/100%		41/93%
	兴国县		21/100%	8/38%	21/100%
	会昌县		11/100%		11/100%
	安远县				
	宁都县		41/100%		6/15%
	瑞金县		11/100%		6/55%
	龙南县		12/100%	11/92%	12/100%
	石城县			3/100%	
	定南县				1/100%
	长宁县				4/100%
	合　计		192/100%	50/26%	151/79%
南安府	大庾县				
	南康县				
	上犹县				
	崇义县				
	合　计				
全省合计					

在上表中，有以下几点需要说明：

一、各地府志和县志在对某一地区的集市进行记载时，府志所载的数量常少于县志，原因是当时志书的修撰为政府行为，府、县志的修撰往往在同一时期进行，府志所依据的便多是过去的县志，而没有采用最新的统计数字。在这种情况下，一般以县志所载为准。

二、有的县前后几十年乃至上百年，集市的数量并无任何变化。这种情况多半是因为修志者的敷衍所致。但在未发现更确切的资料之前，只能保持原状而存疑。

三、表中的百分比，各县以最早的一次记载为100%，此后皆以这一次为基数。如赣州府雩都县，明嘉靖时有集市29个，为100%；万历时27个，为93%；清康熙时28个，为97%。由此可以看出各个不同时期的变化情况。

从上表可以看出，在明代大多数地区的农村集市数量是呈上升趋势的。以记载较为完整的建昌、临江、袁州等府为例，建昌府明正德时有墟市31个，清康熙时为40个；临江府嘉靖时有墟市26个，康熙时37个；袁州府正德时有墟市18个，嘉靖19个，康熙时26个。

弘治、正德间关于袁州、瑞州、建昌、抚州、饶州五府关于集市数量的记载：袁州府的宜春、萍乡、万载3县，均为6墟，可见这一地区市场发育比较均衡。建昌府的南城、南丰、新城、广昌四县，共31墟，平均每县近8墟，多于袁州。集市最多的是南城，17墟，南丰7墟、会昌5墟，而新城仅2墟，说明这一地区经济特别是商品经济发展的不平衡，也印证了南城籍学者罗玘所描绘的那幅景象：南丰、新城、广昌三县之民，成化、弘治以前“不出封疆”，对“南城之逐末于外者”十分看不惯。而南城县的商人也傲然而视：“吾缠数镪，倾囷倒廪无后已。”[①]瑞州府的情况与建昌府相似，3县24墟，平均每县8墟，略多于建昌府。但也是各县多寡不一：高安5墟、上高3墟、新昌16墟。抚州府的临川、崇仁、金溪、宜黄、乐安5县，最多的是临川，42墟，这也是当时江西全省有集市记载的数量最多的县，它超过上列另外四府全府的数量；最少的是金溪，10墟；平均每县近20墟。抚州是江西经济文化的传统发达地区，从集市的数量也可以看出这一点。饶州府当时领6县，共有集市26处，平均每县4墟，不但低于商品经济起步较早的抚州，也比不上建昌、瑞州和袁州。这与明初这一地区曾经经受了战争的蹂躏，以及大量人口的流出有重要关系。但在本府范围内，传统的发达地区鄱阳、余干仍是集市最多的县。

嘉靖时期集市记载较为完整的是袁州、临江、赣州3府。袁州4县，此时的集市有19处，其中宜春、万载均比弘治、正德时少1处，萍乡未变，分宜3处。也就是说，如果考虑前一时期缺分宜的记载，则袁州府的集市较前一时期减少了二至

① 正德《建昌府志》卷三《风俗》。

三处。临江这一时期有集市26处：清江8处、新喻10处、新淦和峡江各4处。而峡江县所在地本为新淦县之峡江巡检司，嘉靖五年四月以该县六乡之地设峡江县。因此，如按正德时的行政区划，新淦县也有8墟。临江府在嘉靖时是江西人口最稠密、经济最繁荣的地区之一，但集市的数量不仅比不上弘治、正德时的抚州，甚至比不上嘉靖时的赣州。赣州在嘉靖时领10县，有集市记载的为8县，共192墟，平均每县24墟，这个数字在整个明代江西各府中也是最高的。特别是信丰和宁都，分别有44墟和41墟，在明代分别居全省的第一位和第三位。

隆庆、万历时期的临江、赣州、南昌三府。临江的集市数量较前一时期有较大增长：清江9墟，增1处；新淦7墟，增3处；新喻13墟，增3处；峡江8处，增4处。4县共37处，为前一时期的142%，即增长了约一半。赣州的集市数量却减少了不少。这是以龙南县的莲莆镇及安远、信丰二县之地，设了定南县；以安远县的马蹄冈及会昌之地，设了长宁县。所以此时的赣州府有12县，有集市记载的为10县，但范围大抵仍在嘉靖时的8县内，共151墟，为上一时期的79%，减少了42处。但这一情况主要发生在宁都县，从41墟减少到6墟，仅为前一时期的14.63%。其次是瑞金，由11墟减少到6墟。这两县共减少40处。南昌府是江西省府，七县一州在隆、万时有52墟（缺靖安），平均每县（州）6.5墟，略高于弘治、正德时的饶州府和嘉靖时的临江府。

由于明末清初的战乱，人口流失，城市及集市均遭受很大的破坏，所以在顺治及康熙前期，集市的数量一般都少于明代中后期。如建昌府南丰县，明万历时有11个集市，康熙前期仅9个。临江府清江、新淦、峡江3县，康熙后期的集市数堪与万历时持平。赣州府雩都县万历时为27个集市，康熙六十年时才28个；龙南县万历时为12个，康熙中期才11个；兴国县万历时有集市21个，康熙时竟减少到8个。即使有的地区这一时期超过明代，一般也是在康熙后期。

某一地区集市数量的增减，固然可以在一定程度上反映出该地区商品交易活动的变化，但要衡量这一个地区商品交易活动的真正活跃程度，更主要应该看其对空间和人口的覆盖率，以及它的交易量。

从各地区的情况看，明代八府，每个集市覆盖的空间范围和交换活动半径的大小依次是：饶州（613.35平方千米、13.98千米）、袁州（452.58平方千米、12.01千米）、南昌（426.33平方千米、11.65千米）、瑞州（357.69平方千米、10.67千米）、建昌（245.45平方千米、8.84千米）、赣州（160.96平方千米、7.16千米）、临江（151.30平方千米、6.94千米）、抚州（110.61平方千米、5.93千米）。集市的分布以赣中最为稠密,其次是南部地区,而包括省府南昌在内的赣北地区集市分布则较为稀疏。集市覆盖空间最小即分布密度最大的是地处抚河中游的抚州府和赣江中游的临江府,以及地处赣江上游的赣州,其交换活动半径分别为5.39千米、6.94千米和7.16千米,当地居民的交换活动应该说是比较方便的。集市覆盖空间最大即分布密度最小的是位于赣东北的饶州府和赣西北的袁州府,其交换活动半径为抚州和临江的两倍, 可以想像有许多山民从事交换活动是十分辛苦或艰难的。这种格局在明代后期特别是清代中后期发生了较大的变化。就集市的分布密度而言,最接近全省平均数(250平方千米左右)的,为地处赣中东部地区的建昌府。人口相对稀少的赣州、南安二府,集市的空间分布密度却都超出全省的平均数。

如以县为单位,明代集市分布密度大于全省平均数的有(无记载者不论):安仁县(234.25平方千米),属饶州府,占本府六县的16.67%;南城县(99.88平方千米)、南丰县(212.11平方千米),属建昌府,占本府四县的50.00%;临川县(50.50平方千米)、崇仁县(126.67平方千米)、金溪县(135.80平方千米)、宜黄县(108.00平方千米)、乐安县(172.36平方千米),属抚州府,占本府五县的100.00%;清江县(143.00平方千米)、新淦县(178.29平方千米)、新喻县(136.62平方千米)、峡江县(160.88平方千米),属临江府,占本府四县的100.00%;万载县(142.83平方千米),属袁州府,占本府四县的25.00%;赣县(150.96平方千米)、雩都县(99.76平方千米)、信丰县(65.40平方千米)、兴国县(153.05平方千米)、宁都县(98.85平方千米)、瑞金县(222.55平方千米)、龙南县(136.75平方千米),属赣州府,占本府八县的87.50%。抚州、临江二府所有的县集市分布密度均超过全省平均数,赣州府有近百分之九十的县超过平均数,饶州、袁州二府仅有一个县超过平均数,而南昌、瑞州二府则没有一个县集市的分布超过平均密度。这种状况,造成了饶州、袁州、南昌、瑞州等府集市密度在全省居后,而抚州、临江、赣州等府的集市密度则居全省的前列。

以集市所覆盖的人口数量而论,明代八府依次是:饶州(33841口)、瑞昌(29290口)、袁州(20455口)、临江(12550口)、南昌(11157口)、建昌(9431口)、抚州(7950口)、赣州(833口),每个集市平均人口覆盖率约为8500人,多于平均数的有饶州、瑞昌、袁州、临江、南昌、建昌六府,少于平均数的有抚州、赣州二府。由于赣州的人口密度远远低于其他各府,所以也就将集市的覆盖率降了下来。如果排除这一因素,明代江西全省的集市覆盖率平均应在一万人左右。最接近这个数字的是临江、南昌、建昌、抚州四府，这几个府明代的集市密度都较大。大大高于这一数字的饶州、瑞昌、袁州三府，是因为当地集市的数量过少，密度也小；而远远少于这一数字的赣州，则是因为当地集市密度较大而人口稀少。从这个意义来说，集市密度越大，其所覆盖的人口可以越少；集市密度越小，其所覆盖的人口可以越多。但事实上恰恰相反，由于活动半径小，高密度地区的集市，其接纳的人口或许越多、市场越繁荣；而低密度的地区，由于交换活动半径大，其接纳的人口或许越少、市场可能更萧条。

二、城镇

至明代，市镇已经是分布比较广泛的商品生产及交换市场。除了少数土府、土州、土县，包括江西在内的全国所有地区，几乎所有的县城都设在市镇，府治与该府首县同城，省治则与该省首府同城。所以，从经济意义来说，县城与市镇并无太大的差异。与一般市镇不同的是，县城除街铺、居民之外，还有一个县级衙门，在通常情况下，还有为了保卫这个衙门而修筑的城墙。同样的道理，府城的规模大于县城、省城的规模大于府城，也是容易理解的，因为层次越高，它所需要容纳的行政机关及相应的服务人员也就越多；省城更有两个"附廓"县城及一个府城的全部机关，也就至少有两个县城或一个府城的规模。如江西省府南昌，有南昌、新建二县"附廓"。这种格局其实早在《周礼》中已有规定，并成为历代王朝恪守的制度，城市的规格一定和它的政治级别一致。尽管江南地区的大市镇就人口数量及繁荣程度来说，远远超过中西部县城、府城乃至省城，但在同一省份，省城的规模必定超过府城；在同一府，府城的规模则必定超过县城。但市镇情况则有所不同，有的市镇繁荣程度远远超过县城乃至府城，如景德镇之于浮梁县城、饶州府城，樟树镇之于清江县城、临江府城，河口镇之于铅山县城、广信府城等。而一旦发生这种情况，政府便通过派出机关来加强对它的管理，其实也是通过这种方式来提高该市镇的行政级别。如景德镇驻有饶州府通判即是，衙门规格超过了县城。

正是从经济角度出发，我们将明代江西地区的市镇与州城、县城及大多数府城一道，视为本地区的中级市场。当然，这只是市镇的一个方面。正如许多县城的规模比不上市镇，许多市镇的规模也未必比得上大的墟市。政府在行政机关的派出时，显然也考虑了这一现象，所以，市镇未必均有府、县级派出机关，而大的墟市却有县级派出机关。当然，这些墟市其实已经具备了市镇的地位，并已被视作市镇。

笔者根据《明会典》、《明史·地理志》、《清一统志》、《清史稿·地理志》的记载，并参考其他史料，作明万历时期江西地区城镇及巡检司、驿站设置表如下。

表4-2 明万历年间江西城、镇、司、驿设置

府州县	巡检司	驿	镇
南昌府	18	11	0
南昌县	市汊司	南浦、市汊、武阳、石头四驿	
新建县	赵家园、乌山、吴城、昌邑四司	吴城、新兴、樵舍三驿	
丰城县	沛源、江浒口、河湖*、港口*四司	剑江驿	
进贤县	润陂、邬子寨、龙山、花园四司	邬子驿	
奉新县	罗坊、白沙*二司		
靖安县			
武宁县			
宁　州	杉市、定江*、八叠岭*三司	双溪、仁和二驿	
瑞州府	6	0	0
高安县	阴冈岭*、洪城*二司		
上高县	离娄桥、麻塘二司		
新昌县	大姑岭、黄冈洞二司		
九江府	7	4	7
德化县	城子镇、南湖觜、龙开河三司	浔阳、通运二驿	城子镇
德安县			
瑞昌县			
湖口县	湖口镇、菱石矶镇二司	彭蠡驿	湖口、菱石矶二镇
彭泽县	马当镇、峰山矶镇二司	龙城驿	马当、峰山矶二镇
南康府	4	2	2
星子县	长岭司	匡庐驿	渚溪、青山二镇
都昌县	左蠡、柴棚二司	团山驿	
建昌县	芦潭司		
安义县			
饶州府	12	4	7
府州县	巡检司	驿	镇
鄱阳县	棠阴、石门镇二司	芝山、大阳二驿	石门镇
余干县	康山司	龙津水驿	瑞虹镇
乐平县	八涧镇、仙鹤镇二司		八涧、仙鹤二镇

续表：

府州县	巡检司	驿	镇
浮梁县	桃树镇司		桃树、景德(宣德时设御窑厂)二镇
德兴县	白沙、永泰*二司		
安仁县	白塔*、田南*二司	紫云水驿	
万年县	荷溪镇*石头街*二司		荷溪镇
广信府	10	9	2
上饶县	八坊场、郑家坊二司	葛阳马驿	
玉山县	柳都寨司	怀玉水马驿、辉山水驿、草平驿	
弋阳县		葛溪驿	七公镇
贵溪县	管界寨、神前街二司	芗溪驿	
铅山县	石佛寨(后迁湖坊街)、驻泊*二司	车盘、鹅湖二驿	汭口镇
永丰县	柘阳寨、杉溪寨*二司	封乾驿	
兴安县	丫岩寨*司		
建昌府	11	1	1
南城县	蓝田、伏牛、曾潭*、岳口*四司	盱江驿	
南丰县	龙池、太平*、仙居*三司		
新城县	极高、同安二司		
广昌县	秀岭、泉镇二司		泉镇
泸溪县			
抚州府	14	3	0
临川县	温家圳、青泥、清远、白竿*四司	孔家渡、清远*二驿	
崇仁县	周坊、丁坊*河亭*三司		
金溪县		石门驿	
宜黄县	止马寺、上胜*二司		
乐安县	龙义、望仙、南平*三司		
东乡县	横山、古□*二司		
吉安府	25	9	3
庐陵县	富田、井冈、敖城三司	螺川、县潭、桐山三驿	
泰和县	早禾市、茶石潭、三顾山三司	白下、浩溪*、陶金*三驿	鹤朝镇
吉水县	白沙司	白沙驿	白沙镇
永丰县	层山、沙溪、表湖、视田*四司		

续表：

府州县	巡检司	驿	镇
安福县	黄茆、罗塘二司		时砻镇
龙泉县	北乡、禾源、秀洲三司		
万安县	造口、滩头、西平山＊三司	皁口、五云二驿	
永新县	上坪寨、栗传寨、禾山寨、新安寨四司		
永宁县	升乡寨、砻头寨＊二司		
临江府	4	4	1
清江县	太平市＊司	萧滩驿	樟树镇
新淦县	枉山(曾迁蓝桥)司	金川驿	
新喻县	水北墟司	罗溪驿	
峡江县	峡江＊司	玉峡驿	
袁州府	7	2	3
宜春县	黄圃、涧富岭二司	秀江驿	
分宜县		安仁驿＊	
萍乡县	安乐镇、大安里、草市(后迁插岭关)三司		安乐、卢溪二镇
万载县	铁山界、高村镇＊二司		高村镇
赣州府	28	3	4
赣　县	桂源(后迁攸镇)、磨刀寨(后迁石院铺)、长洛(后迁黄金镇)三司	水西、攸镇、上馆＊三驿	攸、黄金二镇
雩都县	平头寨、印山＊、青塘＊三司		
信丰县	新田、桃枝墟＊、黄田＊、覃塘＊、新设＊五司		
兴国县	衣锦乡、回龙寨二司		
会昌县	湘乡寨、承乡镇、河口＊三司		承乡镇
安远县	板口(石)司		
宁都县	青塘寨＊、印山寨＊、下河寨三司		
瑞金县	瑞林、湖陂二司		古城镇
龙南县	下历司(定南迁入)		
石城县	捉杀寨司(后迁赤江市)		
定南县	下历司(后迁龙南)		

续表：

府州县	巡检司	驿	镇
长宁县	黄乡、新坪、双桥、丹竹楼＊四司		
虔南厅			
南安府	8	5	3
大庾县	郁林镇、赤石岭二司（均多次迁治）	小溪、横浦二水马驿	郁林镇
南康县	潭口镇、相安镇二司	南埜水马驿、九牛水驿＊、潭口驿	潭口、相安二镇
上犹县	浮龙（后迁太傅村）司		
崇义县	上保、铅厂、长龙三司（均迁治）		
全省总计	154	57	33

按：加“＊”号者置而后废。

明代江西每个市镇的平均覆盖面积，约4848平方千米。如果加上州、县城，江西在明代78州、县城，则城镇数共111个，每个城镇的覆盖面积约为1441平方千米，城镇的覆盖半径为21.42千米。

在一定时期，景德镇、樟树镇、河口镇、吴城镇的繁荣程度甚至超过南昌，但由于政治上的原因，同时也因为其经济上的地位，南昌仍不失为本省的都市。与此同时，景德镇、樟树镇、河口镇、吴城镇，在特定的时间里，也可与南昌、九江、赣州、吉安、临江一起，视为本区域的都市。

三、主要工商市镇

景德镇[①]

景德镇，以瓷器生产、贸易为特色。明代的景德镇已是我国制瓷业的中心。王世懋的记载，使我们至今犹可想见景德镇当年繁盛的面貌：“江西饶州府浮梁县，离二十里许为景德镇，官窑设焉，天下窑器所聚，其民繁富，甲于一省。余尝以分守督运至其地，万杵之声殷地，火光烛天，夜使人不能寐，戏之曰‘四时雷电镇’。”[②]

① 参考梁淼泰：《明清景德镇城市经济研究》（增订版），江西人民出版社2004年版。

② 王世懋：《二西委谭摘录》，《丛书集成初编》本。

政府大张旗鼓的投资和倡导，对于景德镇的制瓷业来说，提高了其工艺、扩大了其影响、培养了其技工、扩散了其产品。

明朝为确保皇室与朝廷的瓷器供应，在景德镇珠山之南设立御器厂，泛称官窑。官窑在督陶官的严厉监督下，征调技艺最娴熟的工匠，以最好的原料，不计工本，烧制各种至精至美的高档瓷器。其制品皆冠以帝王年号，各朝瓷器有不同的风格，水平不一，以宣德窑的成就最高，成化、永乐、嘉靖诸窑次之。宣德时期官窑中的窑场由20座增至58座，御器烧造量猛增，制品“无物不佳，小巧尤妙，此明窑极盛时也”[①]。以青花瓷最为精致，胎用麻仓土，洁白细腻；釉料用国外进口的苏渤泥青，色泽明亮，青翠艳丽，浓则浑然庄重，淡则鲜浅雅致。“祭红”是宣窑器的又一绝品。成化窑器的五彩瓷高于宣窑，画工的技法高超，五彩用料精纯，制品推为明代釉上彩瓷之首。此外，永乐、嘉靖诸窑也有佳作，如永乐窑的甜白薄胎瓷，薄如“卵幕”；嘉靖窑注重装饰艺术，五彩瓷有内外夹花、锦地、两面彩图案，采用以花捧字、捧八宝的彩饰手法，形成富丽繁缛的风格。

图4–5　宣德青花三果纹执壶

图4–6　宣德青花海水白龙纹扁瓶

① 蓝浦著、郑廷桂补辑：《景德镇陶录》，卷五《景德镇历代窑考·宣窑》。

图4-7　宣德青花夔龙纹罐

图4-8　宣德青花人物纹高足杯

图4-9　宣德鲜红釉菱花式洗

图4-10　宣德鲜红釉描金云龙纹碗

图4-11　成化斗彩婴戏图杯

图4-12　成化斗彩鸡缸杯

明朝在景德镇烧造的瓷器数额巨大，规制严格。成化间烧造御用瓷器“最多且久，费不赀”[①]。万历十九年命造15.9万件，不久加8万件，烧造至三十八年仍未毕工。为了烧造御器，一方面向江西人民加派银两、征劳力，嘉靖二十五年全省随粮带征银12万两，“专备烧造”。嘉靖三十三年，“又加派银二万两，亦烧造支尽。”[②]另一方面，禁止民间烧白地瓷器于各处货卖，馈送官员，违者正犯处死，全家谪戍口外。[③]官窑烧制出大量精美的瓷器，同时也给江西人民造成巨大的负担，从而制约了景德镇制瓷业发展的水平和速度。

真正确立景德镇在全国制瓷业中心地位的则是民窑的发展。明中期以后，景德镇瓷业发展的突出表征是“官民(窑)竞争”。景德镇的民窑在承受官窑的欺压的同时(官窑的物质资料和技术力量是征发民窑)，产量和质量都有了较大的提高，从业人数也激剧增加。根据官窑对民窑议编民匠、三窑出一的摊派所作的推断[④]，明后期约计有民窑900座，每窑烧小器千余件。[⑤]按年烧40万计，总计民窑年产瓷器3600万件，按时价折银约为1800万两。[⑥]其从业人数，嘉靖十九年“浮梁景德镇，民以陶为业，聚佣至万余人”[⑦]。全镇民窑的工匠有许多来自外地，所谓“四方远近，挟其技能以食力者，莫不趋之如鹜。”如贵溪农民“力田而外”，“或陶于饶”[⑧]；东乡农民“造瓷器于饶州”[⑨]；都昌、乐平、鄱阳、余干、德兴、安仁、万年及南昌等县也有不少人在此做工，“杂聚窑业，佣工为生”。制瓷工匠挟技竞争，刺激了制瓷业的发展，使民窑的竞争能力增强。官窑中的青窑，每座容烧小器300余件，而民间的青窑，每座容烧小器达1000余件。二者所耗木柴相近，都是八、九十杠左右。因官窑的生产效率不如民窑，故官府不得不改变官窑垄断性的经营方式，采取“官搭民烧”的办法：“今遇烧造，官窑户辄布置民窑”。[⑩]同时，官窑的匠役制度也进行了改革。除征派工匠轮班服役外，还雇募部

---

① 《明史》卷八一《食货六·烧造》。

② 嘉靖《江西省大志》卷七《陶书》。

③ 《明英宗实录》卷四九，正统三年十二月丙寅。

④ 万历《江西省大志》卷七《陶政》。

⑤ 朱琰：《陶说》，卷三。

⑥ 叶梦珠：《阅世编》，卷七。

⑦ 《明世宗实录》卷二四〇，嘉靖十九年八月戊子。

⑧ 道光《贵溪县志》卷一二《风俗》。

⑨ 吴崇梁：《东乡风土记》，道光《香苏山馆全集》本。

⑩ 《明世宗实录》卷二四〇，嘉靖十九年八月戊子。

分工匠，从事烧窑、敲青、弹花、裱褙、绘画等工序的劳作，每人“日给工食银三分五厘”。景德镇制瓷业的生产关系由此发生某些新的变化。

生产的发展带来销售的兴盛，徽商、江右商、闽浙商多因此致富，一时景德镇商贾云集。大批行商坐贾的到来，使景德镇成为全国最大的瓷器交易市场。与此同时，一些达官贵人也选择景德镇定居，景德镇的正街即是达官贵人和富户巨商们集中居住的地方，“斗富弄”便因其挥金如土而得名。

明代直至清初，景德镇“土著者十之一二，余皆商旅客寓”①，即其城市居民绝大多数是工商业流动人口，土著数量极少。至清乾隆时，镇区范围扩大自观

图4–13 目前所见最早绘制的景德镇图，康熙十二年(1673年)《浮梁县志》卷首《境图》。

① 康熙《浮梁县志》卷四《赋役》。

音阁、雄坊,延至小港咀,前后街市13里,人口达25万[①],赢得了“千猪万米”码头、“山里江城”、“小秦淮”等美称[②]。也正因如此,使得景德镇不仅在省内雄居明清江西四大镇之首,而且与佛山镇、汉口镇及朱仙镇并称为全国四大名镇,为中华之“瓷都”。

河口镇

明中叶以后,随着信江流域农村商品经济的发展和社会分工的扩大,随着全国性商品市场的形成和区域间经济联系的加强,随着赣江水运和横贯江西的萍乡——铅山——常山的商道兴盛,地当闽、浙、赣交通要冲的铅山,其经济、交通地位迅速提高,位于铅山河与信江交汇处的河口镇遂应运而生。万历时邑人费元禄对河口的崛起曾作过描述:“河口,余家始行居时,仅二三家,今阅世七十余年,而百而千,当成邑成都矣。山川风气清明盛丽,居之可乐。……盖其舟车四出,货镪所兴,铅之重镇也。”[③]可见河口在嘉靖初年还只是一个小小的集市,到万历时期已是商业巨镇,为“往来商贾聚货交易之所”。万历《铅书》还记载:“顾河口水奥商贾骈毕藏奸之薮,迩有县佐分驻之议。”由于工商业的发达,其行政地位也随之提高。

水陆交通的便利,又使河口成为繁盛的物资集散地,故万历《铅书·食货》谓河口“以其通于江、达于河也,故凡天下之货又集焉”。当地人在叙述镇上贩运贸易的货物时,具体提到了福建延平的铁、大田的生布、崇安的笋、福州的黑白砂糖、建宁的扇、漳州的荔枝、龙眼、海外的胡椒、松木,广东的锡、红铜、漆器、铜器,浙江的湖丝、绫绸、嘉兴的西塘布、苏州青、梭江青、南京青等,南直隶松江的大梭布、小中梭布,湖广的孝感布、临江布、信阳布、定陶布等,还有各种棉纱、丝、绢、绸、缎等,“此皆商船往来货物之重者”[④]。来自福建、广东、湖广、江浙、河南等地的百余种较大批量的货物,甚至连笨重的铁、铜、锡也分别自闽广运至河口进行交易。显然,明代后期的河口,已经不是一个地方性的商品集散地,而是具有全局性意义的重要商镇。于是有“买不完的汉口,装不尽的河口”

① 《清续文献通考》卷三一四《镇市》。

② 曹国庆、肖放:《景德镇考察记》,《中国社会经济史研究》1988年第2期。

③ 费元禄:《晁采馆清课》,《四库全书存目丛书》子部第118册。

④ 万历《铅书》卷一《物产》。

之谣，河口为明清江西四大名镇之一。

樟树镇

临江府清江县清江镇在县城东北三十里，“俗又呼樟树镇”[①]，“临郡一都会也”，亦为明清江西四大镇之一。樟树镇的兴盛与发展，得利于其得天独厚的交通条件。樟树居赣江主流的中点，南北货物运输，东西客商往来，均以此为集散地。

洪武年间，明政府在樟树设巡检司，置税课局征收商税。宣德四年，户部所颁全国33个因“商贾所集之处”而加增商税的城镇，樟树名列其中。明中期，樟树镇因政治上的原因加快了发展。宁王朱宸濠起事之前，鱼肉商民，不少人纷纷逃离南昌至樟树镇。隆庆《临江府志》卷三《樟树关桥议》记载：“宁庶人横时，白昼攫会城贾货，贾噤不得施，乃谋趣市樟镇，居人行子，蜂乘蚁聚，朝暮常满，而樟镇之名遂起。”樟树镇是赣江流域最重要的商货流通中心，有“江广百货”往来贸易。万历间，王士性记载樟树“在丰城、清江之间，烟火数万家，江广百货往来与南北药材所聚，足称雄镇”[②]。万历《江西省大志》称樟树镇“临大江之滨”，为“天下客货丛聚之处”[③]。明代吏部左侍郎、邑人熊化《樟树镇记》则称其为“八省通衢之要冲，赣中工商之闹市”。当时樟树镇内，“列肆多食货，若杉材、药物、被服、器械，诸为民用者，百里环至，肩摩于途，皂矾、赤原、綦巾、大布，走东南诸郡”。在百货当中，最具特色的是药材。

樟树经营药材，早在唐朝，药市即初具规模。北宋熙宁间，这里加工制作的药材列为“贡品”。南宋以后，发展步伐加快，药市更趋繁荣。宝祐六年(1258年)建“药师院”，每逢九月，举行药市，自此成为南北药材集散中心和药材制作基地，药材加工与贸易同步发展起来。明中期，改药师院为药师寺，竖起“药墟”石碑，每年九月的药市更为热闹。本地生产的枳壳、枳实、陈皮、黄栀子以及彭、刘、喻、杜、丘五姓煎熬的青矾、红矾，行销省内外。万历二十七年，明朝派太监至樟树采购药材供皇室使用。官府在此征收的税银，因药市和航运的贸易兴旺而大幅增加，明初每年仅为170两，万历初则增至1720两[④]，中期加至2000余两[⑤]。

---

① 崇祯《清江县志》卷一《市镇》。隆庆《临江府志》卷三《市镇》记清江县“三十里，清江镇”。

② 王士性：《广志绎》卷四《江南诸省·江西》。

③ 万历《江西省大志》卷六《险书》。

④ 《明神宗实录》卷五一，万历四年六月辛卯。

⑤ 崇祯《清江县志》卷一《市镇》。

樟树以药材加工和集散享誉全国，其药材绝大部分来自外地，在樟树加工炮制后转销各地。樟树的中药材，“自粤蜀来者，集于樟镇，遂有‘药码头’之号，实非土产”[①]。本省南昌、新建、丰城、吉水、永丰、乐安、宜春、宜黄、永修、鄱阳、星子、吉安等地均为樟树药材原料产地，而樟树药材商人的足迹，则遍布全国各地乃至东南亚，县志称之为“恒徒步数千里，吴粤滇黔楚蜀无不至焉”[②]，形成了著名的樟树（清江）药帮。樟树药商制药，有完整的加工炮炙技术体系，以精于选料、严于制作闻名。为求地道的上等原料，他们陆续深入粤、吴、滇、黔、楚等地采购，形成“前店后坊”的经营特色，以及药品齐备、成药疗效显著的优势。

至明后期，樟树的药业更加兴旺，店铺、商号、居民增多，镇区格局已基本

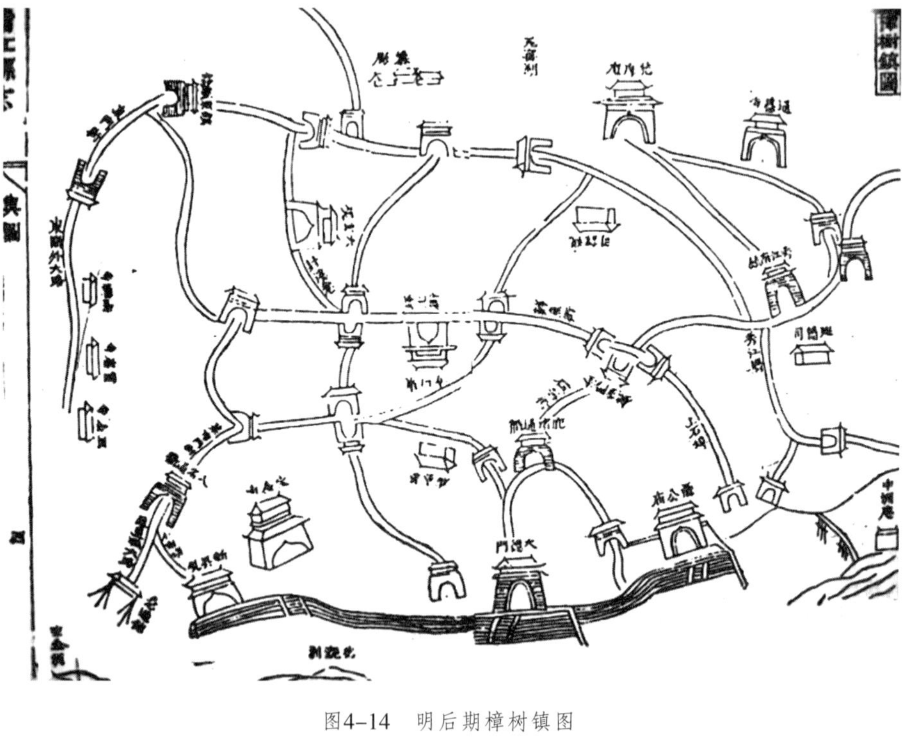

图4-14　明后期樟树镇图

目前所见最早绘制的樟树镇图，见于崇祯《清江县志·舆图》。

① 崇祯《清江县志》卷三《土产》。

② 同治《清江县志》卷二《风俗》。

确定。此时樟树镇有4门，镇区周围约10里，有7坊11巷，内开药铺约200余家。药行的经营方式专为四方客商及药材生产者代购、代销、代存、代运、代垫运杂费，并接待客商住宿。当时如湖北英山、罗田的茯苓，浙江龙游、兰溪的蜂蜜，义乌、巍山的玄参、玄胡、白术，福建浦城的厚朴，建瓯的泽泻，安徽桐城的桔梗、秋石，歙县的枣皮、桔花等药材，都大量运达樟树销售。晚明奇书《杜骗新书》卷三记：云南河西县商人于定志在四川卖栀子，获利甚多，“得银八十余两，复买当归、川芎，往江西樟树卖”。本来每担药材本、脚银只二两六钱，抵运樟树后拟由牙人代发，时价当归十两一担，川芎六两一担，但于定志不肯。一个多月后，价落货贱，于定志只好“转发到福建建宁府，止卖三两七钱乙担，比樟树价又减，更废船脚又多”。而樟树商人也在各地建立自己的庄号，自营贩运及购销业务，如专营洋广货的“广浙号”，专售西北、西南、东北各省出产药材的“西北号”。各地遍设分庄，湘潭、汉口、重庆等大商埠普设专店，连接樟树形成市场网络。樟树是这个药材交易市场的中心，成为名副其实的南国“药都”。“药不到樟树不齐，药不过樟树不灵”的美誉，遂四处传颂。

浒湾镇

赣东俗谚“临川才子金溪书”，透露了临川才子与书之间的密切关系：临川出才子，而金溪出书。这里所说的金溪，实际上指的是浒湾镇，即赞浒湾出书、刻书之盛。金溪县刻印书籍的作坊并不在县城，而在县城至临川途中的浒湾镇。

浒湾镇位于抚州府金溪县西部，紧傍抚河北岸。明初浒湾还未成市，后因河流改道，抚河经流浒湾，“舟楫辐辏，市遂集于此”[①]。官府于此设府幕一员，“算商征税”，商贾不胜其扰，纷纷离去，市肆萧条。万历年间，知县呈请上司撤去专官，“按肆量派税，有定额”，商集如故。天启年间，浒湾已是“商贾舟车所聚”而又“奸宄丛生”，以致知县余鹍翔设计捕盗解决治安问题。[②]本地及邻近的东乡、宜黄、资溪的农副产品由此外运，外地商品也由此运往邻县，浒湾遂为繁荣的商品集散地。崇祯时樟树镇商税征收过重，商贾愈加集于浒湾，“扬帆上下者皆以扬子洲、市汉、浒湾等处为渊丛”。

浒湾的刻书业始于宋代，盛于明清，是当时我国最大的刻版印刷“基地”之一，北京、南京、南昌、长沙、合肥等地的书商都在浒湾设立分号书店。万历年

① 同治《金溪县志》卷三《地理志》。

② 康熙《金溪县志》卷三《名宦》。

间，出版传奇剧本最多的要算赫赫有名的南京唐氏书坊。南京唐氏书坊主要有四家，即富春堂[①]、世德堂、广庆堂、文林阁，书坊的主人都是江西金溪人。浒湾镇中有两条并列的横街，名为前书铺街和后书铺街，街口石拱门楼上刻有“籍著中华”四个大字，可见其气魄之宏伟。经理书籍业务的铺栈多集中于此，如两仪、大文、世德、文奎等堂号，书板层列，满架充栋。至于刻板、印刷、装订等工人，则分布于全镇与附近村庄。明代金溪做书纸生意的商人逐渐增多，与福建建阳的印业作坊常有生意联系，销路几遍全国重要城市。北京有新、旧金溪会馆，南京有金东书寓，金溪书商出力颇多。

值得一提的是，与浒湾书坊有密切关系的南京唐氏书坊所刻的传奇剧本，即便是享名书坛的毛晋汲古阁，也无法与之匹敌。所刻剧本中，多数是弋阳诸腔的剧本。每年七月二十三日，是浒湾镇迎财神爷的日子，实际上也是浒湾书商贸易交流盛会。一时文人书商会集，民间戏班与昆曲大班亦接踵而至。汤显祖的作品多在此刊刻。万历七年，汤显祖游览疏山寺，将诗集《问棘邮草》在浒湾交付印刷，并请谢廷谅作序。不知汤显祖年轻时曾经多少次到过浒湾镇，但一首《许湾春泛至北津》足见其对浒湾的无限深情。

浒湾出产书籍的木刻板，其材料大多数采用梨树兼用樟树和荷树，字体普遍采用宋体，特殊的才用隶、篆、行、草等体。普通印刷用毛八纸（本县黄通与峡山生产），特等的用连四纸（福建出产），低级的用京丹纸（资溪出产），谱牒则用谱纸（铅山陈坊生产）。墨汁用乡村砍烧松树所熏成的烟渣。每板一块刻两面，如加朱批与圈点另刻套板，对于谱牒等类，另刻活字检用。

“临川才子金溪书”，这是历史文化积累过程的客观反映。造纸、制笔（当时同隶抚州的文港镇号为“笔都”）和印书业的发达，加上厚重的文化积淀，给临川才子群体性的崛起奠定了基础，浓厚的读书风气又反作用于这些手工作坊式的印刷业，两者互相依存。

吴城镇

吴城为新建县所辖（今属永修县），地处江西北部、鄱阳湖西岸，当赣江和修河二水入湖之处，“两水夹流一山特立”，实为一小高地，同时也是航运大码头，进而发展为“洪都之锁钥，而江右之巨镇”。明代初期，吴城居民鲜少，“南自

---

① 据戏曲史家吴梅教授说：“富春（堂）刻传奇，共有百种，分甲、乙、丙、丁字样，每集十种，藏家目录，罕有书此者。余前家居，坊友江君，持富春杂剧五十余种求售，有《牧羊》、《绨袍》等古曲。余杖头乏钱，还之。至今犹耿耿也。”吴梅：《吴梅戏曲论文集》，中国戏剧出版社 1983 年版，第 435 页。

黄土墈，北抵小白冈，蜿蜒三里许，前后河街，店屋百十数耳”[①]。从弘治朝开始，官府还在吴城设置兑粮水次，有专仓屯运宁州、武宁、奉新、靖安四县的漕粮[②]，加强了吴城与这些地区的经济联系。又出于稽私和兵防的需要，还在吴城设置了巡检司和驿站，有弓兵24名，船2只，水手4名，并拨水师营驻防。[③]正德年间，宁王朱宸濠起兵破九江后，“遣宸澅、熊永受领兵往吴城各处截虏运粮”[④]，给吴城造成较大的破坏，时“列焰蔽空，血腥江渚，湖水几赤矣……市民多亡匿，此湖几为盗薮”[⑤]。《吴城叶氏忠义节烈祠碑》记，吴城大姓叶氏宗族300余人伏击朱宸濠军队，结果被杀近40人，其妻女多自尽。万历初，又遭连年大旱和流行传

图4–15　吴城镇图，同治《新建县志》卷首《绘图》。

① 叶一栋：《重修望湖亭记》，同治《新建县志》卷七九《艺文·记》。
② 张坦麟：《请查吴城水次废基疏》，同治《新建县志》卷七二《艺文·表疏》。
③ 康熙《新建县志》卷一六《兵防》。
④ 万历《新修南昌府志》卷二四《纪事》。
⑤ 康熙《新建县志》卷七《楼台》。

染病,“村市疫死无算”。到万历十年后,吴城逐渐恢复繁荣,邹元标《望湖亭记》说“亭下惟一市,市不下五、七百烟”,其后更是“贾舶官舰,络绎不绝”。出入鄱阳湖者,“酹赛鳞集,商贾辐辏”,各种商铺馆店增多,“市廛萦迭,几无隙地”①。据梁份《怀葛堂集》卷四记载,明后期这里“四方商旅所凑集,往来舟楫所停滞不前泊,……般舻十里,烟火万家”。赣江流域、修水流域的农副产品与手工制品多由吴城进出,码头聚散的货物,以茶叶、木材、食盐、纸张、苎麻为大宗,俗谚云:“茶商木客盐贩子,纸栈麻庄堆如山。”由于航运和商业的繁盛,明后期开始吴城已经确立重要商运口岸的地位。至清初,吴城已被称为“西江巨镇”②。

四、江西城乡市场的分布及其特点

市场的分布状况及其特点

明代的江西以下列地区的城镇分布相对稠密。

南昌府的南昌、新建、丰城3县,九江府的德化、湖口、彭泽3县,南康府的星子、都昌、建昌3县,饶州府的鄱阳、余干、乐平、浮梁4县,广信府的弋阳、贵溪、铅山、广丰4县,建昌府的南城、南丰、新城、广昌4县,吉安府的庐陵、龙泉2县,袁州府的宜春、萍乡2县,赣州府的赣县、会昌2县,南安府的大庾、南康、崇义3县。其中,江西的南康、建昌、南安3府及新建、丰城、德化、湖口、都昌、余干、贵溪、铅山、南城、南丰、新城、庐陵、龙泉、萍乡、赣县、会昌、大庾等县,城镇更密集。

上述江西城镇密集区分布在三个主要区域:

第一个密集区在北鄱阳湖区和赣江下游区,即从长江经湖口入鄱阳湖、赣江至丰城、清江,以南昌为中心的这段航线上。这里地处鄱阳湖平原,又是江西的政治中心,且有设置在九江(辖湖口)的钞关。南北水上大通道穿过九江府的德化、湖口2县,南康府的星子、都昌2县,南昌府的新建、南昌、丰城3县,至临江府清江县的樟树镇,进入江西腹部地区。这里从北到南排列着1座省城(南昌)和4座府城(九江、南康、南昌、临江),德化、湖口、星子、都昌、新建、南昌、丰城、清江八座县城,以及城子、南湖嘴、龙开河、流撕桥、湖口、柘矶、菱石矶、青山、渚溪、周溪、柴棚、左蠡、张家岭、芦潭、吴城、樵舍、生米、竿韶、三江口、松湖、港

① 叶一栋:《重修望湖亭记》,同治《新建县志》卷七九《艺文》。

② 康熙《新建县志》卷十五《水利》,同治《新建县志》卷七九《艺文》。另,参考梁洪生:《吴城商镇与早期商会》,《中国经济史研究》1995年第1期。

口、曲江、樟树等23个市镇。

第二个密集区在与福建交界的建昌府和广信府的信河流域。建昌府的南城县是商品经济发展较早的地区，明中期，南城杂货商的足迹就已遍及西南；南丰、新城县的农民此后也加入了弃农经商的行列，新城是产烟大县。特别是这里为江西、福建的交通枢纽区，地邻福建盐区，为闽盐入赣的必经之地；江西、湖广的米谷从陆路入闽，由新城县蓝田镇、石峡镇或五福镇过杉关，便是福建邵武府光泽县，经武溪入闽江，遂为通途。在这三县弹丸之地，分布着1座府城（建昌）、3座县城（南城、南丰、新城），以及蓝田、曾潭、岳口、洲牛、硝石、盘州、黄沙、白舍、龙池、仙居、石峡、熊村、中溪、龙安、五福等15个市镇，为江西城镇分布最密集的地区。另外，由广信府铅山县的柴溪镇或贵溪县的江浒山镇经桐木关，翻越武夷山，进入建溪，下游便是福建建阳府的崇安县、建阳县。这里既是武夷茶的生产地，又是明清时期规模最大的通俗读物刻印中心。铅山县河口镇既是武夷茶的加工地，又是建阳刻书业的纸张供应地。信河经铅山、弋阳、贵溪，经饶州府余干县的瑞洪镇及鄱阳县入鄱阳湖。这里既是江西、浙江之间的通道，也是福建与中原商品流通的便捷之路。

第三个密集区在赣江的东源头章水及其与贡水交汇处的南安府和赣州府的赣县。这里是中原与岭南乃至南洋各国物资往来的通道。海外舶来品及岭南特产经北江翻越大庾岭进入大庾县，由章水经南康县至赣县，顺赣江而下，入鄱阳湖，进长江、运河，至全国各地。内地百货则逆赣江而上，经赣县、南康、大庾，翻越大庾岭进入广东，并顺流而下，销向岭南市场或海外。正因为这里是当时最繁忙的运输线路之一，所以明朝政府都在赣县和大庾县设有税关，向过往船只及货物收税。

可见水陆交通对于市场形成及分布的重要作用。

作为各地的初级市场，集市的分布也有其规律性，它们既有一定间隔性，又一般分布在水陆交通便利之处。

如抚州府临川县。该县弘治、正德时便有集市42处，几乎所有水道要津的人口聚集点，都有集市，如航步市、战坪市、刘坊市、上墩市、清远市等。这些集市不仅都在临川通往各地的水陆交通线上，而且是随水道的走势而分布的。临川县北部山岭密布，人口稀少，所以也几乎没有集市。而东北、西北通往省城及本府他县的水路上，却是集市相连。所以《江西全省舆图》说："县中出北门，即系大河环绕，过河皆系沮洳，僻径不通，道路凡往北境者，仍须由东门过文昌桥迤北行，即为进省之路。而东北一路与进贤、东乡交界者，亦即以北路唱凯墟及向家墟为准云。”[①]

再如临江府。隆庆年间临江府有集市36个，以水陆通道相连，并有较为均匀的间隔距离，呈对外辐射状，分布于县城的四面八方：清江县“南十里姜璜市，十五里渚塘市；东十五里永泰市，五十里黄土市；西南三十里太平市，五十里黎家墟，三十五里上塘市；东北十里蛟湖市，三十里清江镇。”新淦县“东二十里石口市，三十里新市，六十里七擒市；对江界埠市，十五里河埠市，二十五滩头市，自界埠西十里廖家墟。”新喻县“东五里通济桥市，三十里安和市，三十五里中和市，四十五里罗坊市，五十里万全市，六十里万安市、高湖墟，七十里泗溪墟；北六十里水北墟，七十里钱家墟；南五里杨津市，十里鹏湖墟；西四十里盘古市。”峡江县“南三里楼市，三十五里仁和上市、中市、下市；东四十里漳口市，东三都馆头市，七都马埠市，一都巷口市”[②]。

饶州府的集市也是如此。正德《饶州府志》所记集市，皆以“某路通达”字样相标识，如：“鄱阳县，太阳埠市，东路通达；石镇，南路通达。”“余干县，古步市，东路通达，黄丘步镇，东南通达；梅港市，南路通达；娄步市，南路通达；龙窟市，南路通达；棠梨市，北路通达……”“乐平县，沙源市，东路通达；众步市，南路通达……”浮梁县、德兴县、安仁县集市的分布亦然。[③]

省府南昌府附廓的南昌县，有相当部分的集市和市镇处于主要交通线上[④]。不仅如此，该县几个最繁荣的市、镇更无一例外濒临航道。位于抚河东岸的荏港市，“地临大河，上通抚建，下达省会，地密人稠，一、四、七日百货辏集，远近皆至。系南北往来通衢。”位于锦江和赣江交汇处的市汊镇，“濒河为市，西南通瑞河，东南通两广，下通省会以达于湖，对河为丰城，稍西即新建，商贾辏集，帆樯如织，为本邑一大镇。设有巡检把总。”而位于赣江与抚河交汇处的三江口镇，“地界三县，东北属进贤，南属丰城，过河而东南为临川，三六九依市为集，薰莸杂处，设有主簿稽查。河滨有官房二十一间。”赣江西岸的河泊所，本为对竹木贸易抽税的机构，但其所在地明前期就已发展为一大水市，正统时泰和人

① 《江西全省舆图》卷二《抚州府属·临川县舆地图》。

② 隆庆《临江府志》卷三《市镇》。

③ 正德《饶州府志》卷一《乡镇》。

④ 《江西全省舆图》卷一《南昌府属·南昌县舆地图》。

王直有诗曰:“河泊虽卑微,身闲似列仙。公庭依水市,官税在渔船。”①

同为南昌府的附廓县,新建县地控赣江至鄱阳湖的入口处,水网密布,“县东至康山,东北至吴城,又北至星子之渚溪,皆以水路为通衢,即有陆路,亦必冬晴水涸,沿岸行走。”可见水路交通在本县的地位。该县的大部分集市和市镇位于航道上。生米、樵舍、吴城三大镇,更从南到北,沿着赣江排列。从县城过赣江至南康府建昌县的涂家铺,是南北官道,也排列着大量的集市:“北陆大路自章江门过渡至沙井,北行迤西十里至石头口,(或由冷井)又十里至茭桥,又十里至芦坑,又十里至乐化,又十里至华岩铺,又十里至新兴铺,又十里至慈姑铺,又十里至丰安汛。自省至此共八十里,与南康府建昌县交界。”②80里官道上,从南到北,有冷井、茭桥、芦坑、乐化、华岩铺、新兴铺、慈姑铺共7个集市,大约每10里即有1个。

从以上的分析可以看出,城镇及集市的密集之处多在具备这些条件的地区:交通便利且为枢纽地带、商品经济比较发达且为货物的集散地、与邻省接壤且有较多的经济联系。

决定市场规模的诸因素

作为交易场所的市场,其形成与发展,以及发展的规模,是由多种因素决定的。

一些集市的实际规模已相当或超过县城,而一些市镇则不仅已达到或超过县城、府城,甚至达到或超过省城的繁荣。王士性记明代的樟树镇:“樟树镇在丰城、清江之间,烟火数万家,江、广百货往来与南北药材所聚,足称雄镇。”③叶权《贤博编》历数了明代全国的“大马头”,即最繁忙的商业中心,它们是:湖广荆州,江西樟树,南直芜湖、上新河、枫桥、南濠、瓜州、正阳,浙江湖州市,山东临清。虽然南昌也在赣江之滨,但叶权却毫不含糊地点出樟树而不提南昌。

傅春官《江西商务说略》则说景德镇、樟树镇、吴城镇的繁荣程度,超过省城南昌:

> (江西)各处市镇,除景德镇外,以临江府之樟树镇、南昌府之吴城镇为最盛。……故货之由广东来江者,至樟树而会集,由吴城而出口;货之由

① 同治《南昌府志》卷六《地理志·市镇》。

② 《江西全省舆图》卷一《南昌府属·新建县舆地图说》。

③ 王士性:《广志绎》,卷五《江南诸省·江西》。

> 湘、鄂、皖、吴入江者,至吴城而趸存,至樟树而销。四省通衢,两埠为之枢纽。迨道光二十五年,五口通商,洋货输入。彼时江轮未兴,江西之贩卖洋货者固仰给广东,若河南、襄阳、湖北、汉口、荆州,凡江汉之间需用洋货者,均无不仰给广东,其输出输入之道,多取径江西。故内销之货,以樟树为中心点。外销之货,以吴城为极点。加以漕折未改,岁运江米出江,每值粮船起运,樟树、吴城帆樯蔽江,人货辐辏,几于日夜不绝。故咸丰以前,江西商务可谓极盛时代。唯彼时省会,转视两埠弗若焉。[①]

樟树镇的繁荣,是由于三个原因:一、地处南北、东西水陆交通枢纽地带;二、为全国最大的药材专业市场;三、为岭南及中原百货的集散地。而吴城镇的繁荣,原因则是两个,一是地处水路交通枢纽,二是百货集散地。景德镇则因其发达的制瓷业及规模宏大的专业市场,其繁荣不下樟树、吴城。

九江地处江西北大门,地理位置的优势使其成为东西水运的重要港口,明朝在此地设九江钞关,向进出鄱阳湖的船只征收关税。嘉靖年间王汝宾作《新迁九江钞关记》说:"(九江关)昉于景泰初年,以国用不敷,榷舟税以充之。四方商贾骈集其地,而关之地实当合流会洽之冲。"[②]可见经过九江钞关的商船之多,运输货物量之大。

作为省会的南昌以及作为府城的吉安、九江等地,能够成为江西地区的都市,固然很大程度上是因为它们是省级或府级政治中心,但更因为这些城市无一不是交通便利、经济发展,而景德镇、樟树镇、吴城镇等城市的繁荣,则完全是由于经济上的原因。这种现象的发生,也说明在明代,江西地区市场的形成和发展,比较少的受制于政治干预,比较多的决定于经济规律。

既然经济因素特别是交通条件的优越性对市场的形成及发展具有如此重要的作用,那么,经济因素及交通条件的变化,自然也要对市场产生影响。号称明清江西"四大镇"之一的河口镇,其繁荣决定于造纸业和制茶业的兴盛,以及交通上的便利。随着竹木资源的匮乏,河口镇的造纸业走向衰落;由于茶叶销售受到挫折,制茶业也随之衰落,特别是20世纪初浙赣铁路的开通,更使河口失去了交通枢纽的地位,曾经繁盛过两三百年的河口镇,顿失昔日风貌。再如

① 傅春官:《江西商务说略》,1906年《江西官报》第27期。

② 王汝宾:《新迁九江钞关记》,嘉靖《九江府志》卷一六《诗文志》。

吴城镇、樟树镇、赣县、大庾县、湖口县也随着交通格局的变化,到20世纪中期,纷纷失去原有的地位。

如此看来,一个市场,无论是省城、府城、县城、市镇、集市,其繁荣程度及覆盖面或辐射面的大小,决定于以下几个因素或条件:一、交通状况,即交通是否方便,是否处于水陆交通枢纽地带。在当时的情况下,是否处于水路枢纽地带而且是否有良好的停泊码头更为重要。二、本地及周围地区所能提供的商品量及其价值,即物产的是否丰富、是否形成专业市场,以及专业市场的种类、规模,商品附加值的大小。三、本地居民(含外地侨居居民)的富裕程度或消费能力的大小,以及消费观念的状况。四、全国(沿海地区则应考虑国际贸易的因素)总体经济格局的状况,以及是否为区域政治文化中心或者毗邻区域政治文化中心。

如果一个市场的某一个条件比较充分,则可能成为一定规模的市场;条件满足得越多、越充分,则市场的规模越大,对周边地区的影响也就越大。抚州府金溪县的浒湾镇,交通虽说不上便利,却形成了具有相当规模的书肆专业市场,在全国有一定的知名度,所以其繁荣程度超过金溪县城。南昌府新建县吴城镇,地处赣江与鄱阳湖交汇处,为南北水路交通要道,不仅是江西木材及粮食集散地,“货之由广东来江者……由湘、鄂、皖、吴入江者”,皆在吴城发运或趸存。由于当时的这条水路具有全国性乃至国际性意义,所以吴城镇的繁荣乃超过省城。而饶州府浮梁县的景德镇,地处昌江及其支流东河、西河的交汇处,又是举世闻名的瓷都,为全国最大的瓷器专业市场;临江府清江县的樟树镇,地处赣江中游,为南北水陆交通枢纽,又为全国最大的药材集散地;所以景德镇、樟树镇的繁荣和辐射面又超过吴城镇。但所有这些城镇的繁荣程度又比不上有“九省通衢”之称的湖北汉阳府汉口镇。汉口不仅交通便利,而且形成几个大的专业市场,其繁荣程度远非景德镇、樟树镇可比,为全国“四大镇”之首。而与虽然交通条件颇有不如,但物产丰富、区域经济发达、文化积淀深厚、居民消费水平高的苏州相比,汉口的繁荣又不免逊色。

第五章

江西士大夫与明代政治

第一节
“家孔孟而人阳明”

一、明代江西的官学与私学

明代官学、私学与办学原则

在科举制盛行的时代，学校教育大抵为科举的附庸。如《明史·选举志》所说：“科目为盛，卿相皆由此出，学校则储才以应科目者。”明代学校有两种性质，一是官学，由政府出资兴办、派员管理，包括中央的国学即国子监和地方的府、州、县学以及宗学、武学、内书堂等。府、州、县学诸生入国学者，乃可得官，不入者不能得。入国子监者，谓之监生。其中，举人出身者曰举监，生员曰贡监，品官子弟曰荫监，捐赀曰例监。同一贡监，有岁贡、选贡、恩贡、纳贡之分。同为荫监，也有官生与恩生两种。二是私学，由政府提倡、民间集资兴办，或全由民间筹办，包括社学、义学、家塾及书院等。

明代地方官学的兴办，始于至正十八年初。时朱元璋攻下婺州（今浙江金华），恢复金华府学。至洪武二年，各地大规模战事基本结束，已经是“洪武皇帝”的朱元璋谕令中书省：“朕惟治国以教化为先，教化以学校为本。京师虽有太学，而天下学校未兴。宜令郡县皆立学校，延师儒，授生徒，讲论圣道，使人日渐月化，以复先王之旧。"[①]于是全国府州县大建学校，府学设教授1员、训导4员，州设学正1员、训导3员，县设教谕1员、训导2员。宣德十年，命天下卫所皆立儒学。一时间各地教官达4200余人，均官给月俸食粮。《明史·选举志》称："盖无地而不设之学，无人而不纳之教。庠声序音，重规叠矩，无间于下邑荒徼，山陬海涯。此明代学校之盛，唐、宋以来所不及也。"

府州县学学员通称生员或诸生，俗称秀才，有三类，即廪膳生员、增广生员和附学生员。但学校初设时并无上述区别，各级学校的生员虽然一开始就有定数，但不久即命增广，且不拘额数。宣德中，定增广之额：除应天府学60名外，府学40名，州学30名，县学20名。增广既多，于是属于原额内由政府提供食宿的生员叫"廪膳生员"，此后增额者谓之"增广生员"。随着国家承平日久，要求入学读书者日多，又于额外增取，附于诸生之末，谓之"附学生员"。于是，凡初入学者，都谓之附学，而廪膳、增广，以岁科两试等第高者补充。要选入国子监读书即要想成为"岁贡"监生，必须是老资格的"廪膳"生员。无论年龄多大，只要没有入官学，又未通过规定的考试为"儒士"者，则均谓之"童生"。

在明代地方儒学教育中，有几件事值得注意：

一是洪武十五年，颁禁令十二条，命各学校镌刻在石碑上，作为全国地方儒学办学的指导方针，这就是所谓的《卧碑》。《卧碑》其实是当时专制主义中央集权政治在地方教育上的反映，如其中规定：在学学生不准讨论"军民一切利病"；但如果地方上有犯上作乱、意图颠覆政权的，则允许各色人等潜往京师面奏。

二是设立提督风宪官。明初地方学校的教育，通常由地方官府直接管理。同时，作为中央统一的教育部署，地方学校也通过监察御史（管理京城所在地的儒学）或按察司（管理在外各州县的儒学）接受中央的督察。明英宗正统元年，令各布政司专设按察司副使或佥事一人、南北直隶专设监察御史一人，专门管理地方学政（学校、民俗等），这就是通常所讲的提学官（景泰元年罢，天顺六年重设）。提学官的设置，从理论上讲，对保证地方学校的有序发展是有作用的。

三是把"兴学校"列入地方官的政绩考核中。洪武五年十二月，明太祖下令今后对地方官进行政绩考核，必须包括"农桑、学校"方面的业绩，不遵此令者，

① 《明史》卷六九《选举一》。

黜退为民。这一措施对地方学校的发展应该说有一定的保障作用。

四是加强地方儒学的教学管理。按明制:提学官在任三年内,对所在地的儒学学生进行两次考试,称为岁考,分六等区分学生成绩并予以相应赏罚。名列一等前列者,如果学校中的廪膳生名额不足,则依次补为廪膳生;二等则补增广生。一、二等都给予奖赏。三等照旧,四等挞责,五等则廪膳生降为增广生,增广生降为附学生,附学生降为青衣(打杂),六等黜放回家。

据《明史·地理志》,全国有府140,州193,县1138(羁縻府州县未记入),那么廪膳生和增广生的员额当各为34000余人,加上附学生员,在校生不下10万人。①依照这个比例计算,明代江西的在校生当不下6300人,而实际远高于这个数字。

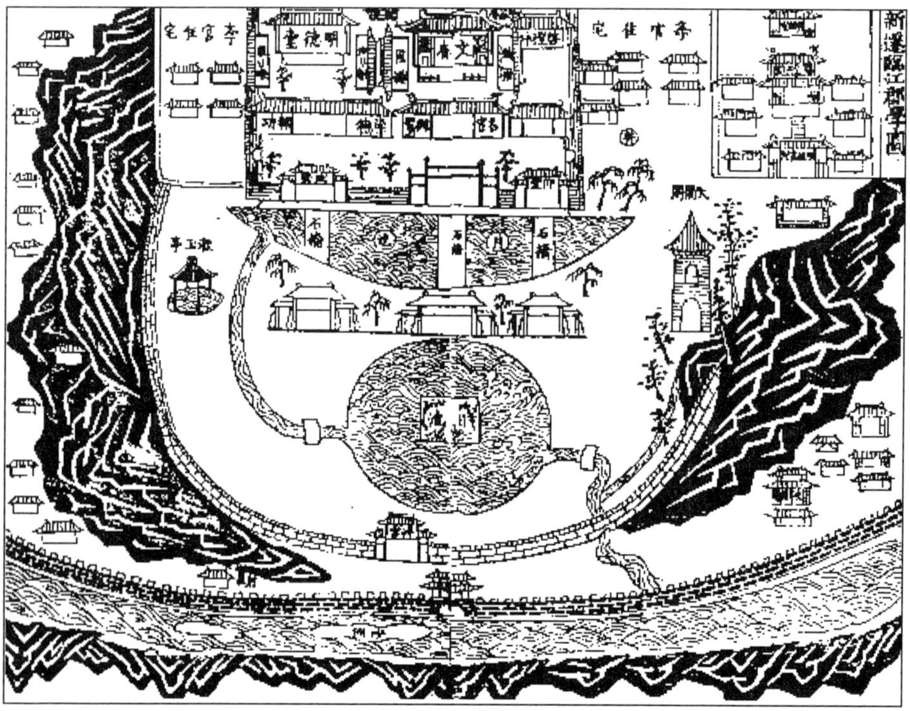

图5-1　临江郡学图,隆庆《临江府志》卷一《舆图》。

① 按:据顾炎武估计,明末生员约有50万。见《顾亭林诗文集》卷一《生员论上》。

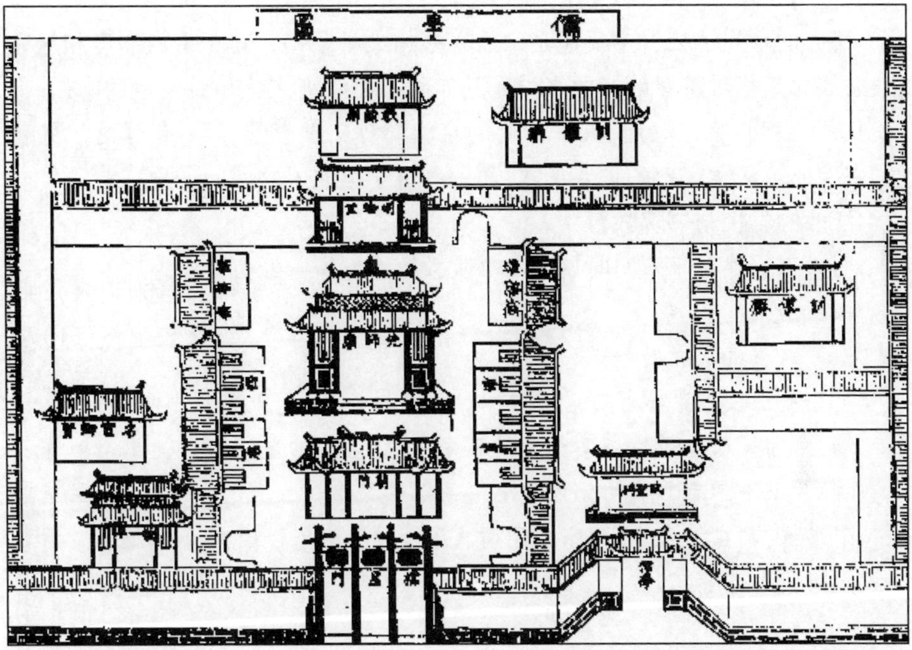

图5-2　瑞金县儒学图，嘉靖《瑞金县志》。

明朝除政府出资兴办学校外，也提倡民间办学。洪武八年令天下设置社学：各府州县设立社学，每50家设一所，并把师生的名单上报礼部。但这样严重脱离实际理想化的“计划”性办学显然是行不通的，故数年之后，即令停办，只让民间德行高尚的人，不限地点，不限学生人数，设立学校，每年十月初开学，腊月终止。洪武十六年，又命民间自行设立社学，地方官不得干预。正统、天顺年间设立提学官，再令地方官创修社学。此后直至崇祯，各朝都有关于兴建社学的命令颁布。但终明一代，社学基本上游离于国家整体教育部署之外，并且除部分社学由当地政府拨给一些经费外，学校的经费没有保障，都是通过捐赠、出租学校产业等方式获得。其性质可以说是“官督民办”。明中期以后，社学已名存实亡。值得提到的是，王守仁任南赣巡抚时，对当时的社学作出了一定的贡献。他不仅督促地方官民建立社学、聘请教师，并且自己制定社学条规。[①]影响所及，瑞金县于隆庆四年迁原有养济院而改建社学。[②]

① 见王守仁：《王阳明全集》，卷二《训蒙大意示教读刘伯颂等》、《教约》，卷一七《兴举社学碑》，卷三一《行雩都县建立社学碑》等。

② 康熙《瑞金县志》卷三《建设》。

民办的乡间学校，主要还是宗族兴办的义学家塾，对于宗族制度相对完善、宗族力量相对雄厚的江西来说尤其如此。而经济文化相对发达的南昌、吉安、抚州、袁州、临江诸府，几乎所有的家族都有义学家塾，随着讲学之风的普遍，书院成了义学家塾的重要形式，而一些官学也取了书院的名称。

江西的学校与书院教育

明人王士性对于宋明时期江西书院教育的发展曾经有一段追述：

> 江右讲学之盛始于朱、陆二先生，鹅湖、白鹿，兴起斯文。本朝则康斋吴先生与弼、敬斋胡先生居仁、东白张先生元祯、一峰罗先生伦，各立门墙，龙翔凤起。最后阳明先生发良知之说，左朱右陆。而先生勋名盛在江右，古今儒者有体有用无能过之。故江右又翕然一以良知为宗，弁髦诸前辈讲解，其在于今，可谓家孔孟而人阳明矣。第鱼目鼠璞，何地无之。后之为阳明之学者，江右以吉水、安福、盱江为盛。①

王士性将江西"讲学"或者说普及教育的兴盛定在两宋之际，并与书院紧密联系在一起，是有道理的。而白鹿洞书院和鹅湖书院的名扬天下，实有着广泛的普及教育为基础。北宋抚州籍学者吴孝宗《余干县学记》云：

> 古者江南不能与中土等，宋受天命，然后七闽、二浙与江之西东，冠带《诗》、《书》，翕然大肆。人才之盛，遂甲于天下。江南既为天下甲，而饶(州)人喜事，又甲于江南。盖饶之为州，壤土肥而养生之物多。其民家富而户羡，蓄百金者不在富人之列。又当宽平无事之际，而天性好善，为父兄者，以其子与弟不文为咎；为母妻者，以其子与夫不学为辱。②

说的虽然是饶州府，但"为父兄者以其子与弟不文为咎"、"为母妻者以其子与夫不学为辱"，却反映了两宋时期江西经济文化发达地区的普遍情况。至明代，教育普及之所致，遂使"家孔孟而人阳明"。

书院与一般官学的最大区别，在于不以"举业"为限，便于士大夫阐发修心

① 王士性：《广志绎》，卷四《江南诸省·江西》。

② 洪迈：《容斋随笔·五笔》，卷四《饶州风俗》。

养性安身立命的学问，而这种学问和学风恰恰在明初受到排斥。在明初兴建地方学校和社学的浪潮中，宋元以来留存的书院很多被改建。而因元末战乱毁坏的书院，也无人修整。其中如白鹿洞书院，在元末被焚后一片萧条，直到明英宗正统元年才进行了初步修复。成化、弘治以后，书院才逐渐兴复。兴复的标志，即是成化元年白鹿洞的全面修葺，招收学生入内读书，并在后来聘请当时著名的学者胡居仁掌管。[①]随着贵溪象山书院以及扬州资政书院、长沙岳麓书院的相继被修复，各地书院进入了发展兴旺时期，明代的思想界也进入活跃时期，以王守仁为代表的"心学"，便在这一时期流行于天下，而其中心地区，便是江西。

书院的自由讲学，不免与政府的意志相左，因此，在嘉靖十七年以及万历、天启年间时，先后发生了三次大规模的禁毁书院的事件。但是，随毁随建，书院成了明后期士大夫乃至农工商贾吸收新思想、阐述新观点的场所。当然，由于受科举的影响，书院也不免要成为科举的附庸，出现书院官学化趋势，一些著名书院的学生还获得了与府州县学生员同样参加科举的资格。如白鹿洞书院，天启时有10个参加乡试的名额，而吉安白鹭洲书院则多达42名。

明代江西新建书院共164所，其中有具体年代的148所，从创办的时间来看，成化以前的97年中仅17所，成化至正德的57年中为14所，而嘉靖一朝的45年中为44所。从地域分布的情况来看，大体是：南昌2、新建10、丰城3、进贤3、奉新2、武宁1、义宁州1、高安6、上高3、新昌3、宜春5、萍乡1、万载3、清江5、新淦2、新喻2、峡江2、庐陵2、泰和4、吉水8、永丰6、安福5、龙泉1、万安1、永新3、永宁1、南丰2、广昌3、上饶3、弋阳2、贵溪2、乐安4、南城8、新城1、南丰2、广昌3、上饶3、弋阳2、贵溪1、铅山1、兴安2、鄱阳7、余干1、乐平1、浮梁1、德兴3、安仁3、星子2、都昌1、建昌2、德化3、德安1、瑞昌1、湖口3、大余1、南康1、赣县1、于都2、信丰1、兴国2、会昌3、安远2、长宁1、瑞金1、石城1、上犹1。[②]也就是说，从现有的记载来看，除了分宜、东乡、资溪、玉山、广丰、万年、安义、彭泽、崇义、龙南、宁都州外，其余各县在宋元时期的基础上，都兴办了书院。但即使是分宜、东乡等县，也应该是记载的缺失或作者的疏忽而并非没有书院的出现。

明代江西书院的一个重要特征是：在书院严重官学化的情况下，书院仍多由私人创办，进行自由讲学。有记载的明代江西私家书院(包括民间公建书院)

---

① 毛德琦：《白鹿书院志》，卷三，《续修四库全书》本。

② 光绪《江西通志》卷七〇《学校》。

为103所,其中南昌府18所,瑞州府10所,吉安府23所,九江府、临江府各2所,建昌府13所,广信府、袁州府、饶州府、抚州府各7所,南康府3所,赣州府4所。除了宋代创办的白鹿洞、鹅湖、白鹭洲、莲溪、华林、濂山、濂溪、宗濂、兴鲁书院和元代创办的文昌、浮云、青田等书院外,在明代新创办的书院中,以复古、云兴、云邱、明德、雯峰等书院最为著名,它们在全国也有一定的影响。

复古书院在安福县城南门外,江右王门弟子邹守益、刘邦采、刘阳等与知县程文德于嘉靖十五年创办,为讲会式书院。四十一年,尹一仁、刘阳修书院志;隆庆六年知县李忱建尊经阁,并祀王守仁、程文德、邹守益三先生;万历七年,张居正毁天下书院,复古书院易名三贤祠;十二年,知府余知桢、知县闵世翔建二贤祠于对茂堂左,祀刘文敏、刘肇衮,又建过化祠于尊经阁东,徙建二贤祠于尊经阁西,改名同德堂;三十一年,知县潘睿重修,增置田亩;三十三年续修书院志,邹德泳序;天启五年,魏忠贤再毁书院,改为勋贤祠,明末毁于兵。[①]

云兴书院在万安县北门外,嘉靖二十七年钱德洪倡,朱衡、刘道等王门后学建。明德书院在南城,是罗汝芳讲学之地。罗源书院在南昌,罗洪先题额,嘉靖间万廷言建,与邓以赞、李材、章潢、王时槐、邓元锡等讲学。云邱书院在永丰三都,为聂豹讲学之所。雯峰书院位于广昌县甘竹镇,明代史学家、教育家饶秉鉴[②]于成化六年所建;罗伦经常寓居于此,授课讲学,并撰《雯峰书院记》。

上述各类学校引来四方学者学子,培养了大量政治与理学方面的人才。

二、明代江西的科举之风

生存环境与江西的科举之风

江西与科举考试有特别的因缘。在科举考试推行之前,江西在全国无甚影响,著名人物也寥寥无几。丁文江对二十四史辟有列传的历史人物按籍贯统计[③],江西在西汉只有一人入传,东汉也仅有两人入传,属全国倒数几名。江西人才兴盛始于唐代,既与全国经济重心的南移有关,也与科举制度的形成与发展达成了某种契合。唐代江西有64人中进士,新、旧《唐书》中入传人物在全国的比重

---

① 同治《安福县志》卷五《学校志·书院》。

② 饶秉鉴(1413—1486),字宪章,号雯峰,正统九年(1444)举人,景泰三年(1452)为肇庆同知,成化元年(1465年)被任为廉州(今广西合浦)知府。因得罪朝中权贵,遭诬陷去职。罢官回乡后,创办雯峰书院。授业之余,著有《春秋提要》一卷和《春秋会传》十五卷,均收入《四库全书》。

③ 丁文江:《历史人物与地理的关系》,《科学》第八卷,1922年。

开始升至中游水平。自唐代袁州卢肇中状元之后,江西逐步成为中国的科举大省和强省,入宋,江西人文勃兴,科甲连绵。据光绪《江西通志》记载,宋代江西共有5442名进士(按:包括州进士),居于全国前列。至明代,科举更是兴盛发达,成为令人注目并引发争议的社会现象。

张瀚《松窗梦语》说:

(江西)东西南三面距山,背沿汉、江,实为吴、楚、闽、越之交,古南昌为都会。地产窄而生齿繁,人无积聚,质勤苦而多贫,多设智巧,挟技艺以经营四方,至老死不归,故其人内啬而外侈。……九江据上流,人趋市利。南、饶、广信,阜裕胜于建、袁,以多行贾。而瑞、临、吉安,尤称富足。南、赣谷林深邃,实商贾入粤之要区也。①

在这里,张瀚提出了他对江西的生存环境的认识:"地产窄而生齿繁。"由此而产生了江西人的两大特点:贫苦勤俭、弃农经商。王士性《广志绎》卷四《江南诸省·江西》也说到同样的看法:

江右俗力本务啬,其性习勤俭而安简朴。盖为齿繁土瘠,其人皆有愁苦之思焉。又其俗善积蓄,技业人归,计妻孥几口之家,岁用谷粟几多,解橐中装籴入之,必取足费,家无囷廪,则床头瓶罂无非菽粟者,余则以治缝浣、了徵输,绝不作鲜衣怒马、燕宴戏剧之用。即囊无资斧者,且暂逋亲邻,计足糊家人口,则十余日,而男子又告行矣。以故大荒无饥民,游子无内顾。

由于田少人多,致使勤劳简朴成为风尚;为了养家活口、改变贫困处境,所以外出经商,以末补本;而且"大荒无饥民、游子无内顾"。但勤劳简朴、弃农经商两大特点尚不能全面反映明清时期江西的情况。明景泰时,陈循提出了江西因人多田少而产生的第三个特点:为了改变生存条件,并且有唐、宋以来的传统,所以习经史、应科举成为风气。他说:

江西及浙江、福建等处,自昔四民之中,其为士者有人,而臣江西颇多。江

① 张瀚:《松窗梦语》,卷四《商贾纪》。

> 西各府,而臣吉安府又独盛。盖因地狭人众,为农则无田,为商则无赀,为工则耻卑其门地,是以世代务习经史,父子叔侄兄弟族姻自相为师友,十常二三。[1]

因此,对于许多江西家庭来说,他们"为农则无田,为商则无赀,为工则耻卑其门第","万般皆下品,唯有读书高"只是反映了事情的表象,而实际上科举首先是一种生存之道,是一种体面的脱贫致富之路。

同时,科举制度作为古代选拔人才的一种重要手段,明朝统治者对此十分重视。明制,科目为盛,卿相皆由此出。早在洪武三年朱元璋即颁发诏令:"自今年八月始,特设科举,务取明经行修、博通古今、名实相称者,朕将亲策于廷,第其高下而任之以官。使中外文臣皆由科举而进,非科举者毋得与官。"[2]此后科举虽一度停开,但到洪武十五年又下令复设,十七年定科举之式,命礼部颁行各省,每三年举行一次,遂以为永制。荐举盛于国初,永乐以后,专用科目,群趋甲科,进士成为"国家取人才第一路"。读书→科举→入仕→特权,"书中自有黄金屋,书中自有颜如玉","学而优则仕"带来的种种特权、利益与地位,无疑是明代江西乃至全国士子热衷科举的动力。

由于江西地区社会经济和文化教育的发展,加之地狭人众的社会环境问题日益突出,在统治者的提倡下,明代江西的科第在唐宋的基础上又有了长足的进步。科考的魅力和影响,不仅仅在于取士选官本身,而且遍及社会的各个层面,也渗透到了民风士习之中。这种状况使得江西的文化普及程度较其他地区要高得多,并且造成了几个文化中心。一在吉安。吉安在宋代已有"文章节义之邦"的美称,入明之后,文风仍盛。二在抚州。抚州自北宋产生晏殊、晏几道父子及王安石以来,便称"才子之乡",明代既有汤显祖领袖曲界,又有艾南英、罗万藻、陈际泰、章世纯等人激扬文字。三在南昌。南昌既是省城,又有宁王朱权徙封于此,戏曲文章,相互唱和,也算是人文荟萃。[3]

习经史、应科举的业儒之风

据各府、县志《风俗》卷记载,明代南昌府"市井多儒雅之风",吉安府"环吉水百里之疆多业儒",广信府"下逮田野小民生理裁足,皆知以课子孙读书为事",抚州府"贫者勤力作、习工艺,而所重者为习儒。审其所重,其知科目所由

① 《明英宗实录》卷二六八,景泰七年七月丙申。

② 《明史》卷七〇《选举二》。

③ 参见方志远:《明代城市与市民文学》,中华书局2004年版,第73—75页。

盛之故乎”，等等。业儒之风具体表现为励学苦读、督课劝学及褒奖旌扬等。

激烈残酷的科场竞争，需要士子为此付出汗水、心血甚至生命。这些士人寒窗苦读，出入科场，虽头白身衰仍矢志不渝。如《明史》记载，泰和刘崧，“家贫力学，寒无炉火，手皲裂，而抄录不辍”；安福李时勉，“冬寒时以衾裹足纳桶中，诵读不已”[①]。南昌刘奇，“（读书）尝夜分不寐，隆冬以桶注草灰温其足，故学颇赅博，善属文”[②]。泰和陈孟京自小嗜学，“旦暮自任，负以养其祖与其母，手一卷未尝释也。遇明儒硕师，辄挟所业往请益。弱冠稍出，教授愈自刻砺，口诵手录，穷昼夜不废，一时同侪强记多识者不能及也”[③]。吉水望族邹氏邹宜升，“其居书田者数世矣，至宜升兄弟始徙居历山，筑室买田，家益饶裕，尤嗜学不怠。尝辟一轩，而名之曰鸡曙，所以示学勤励以警懈惰也”[④]。这些都是经过勤学苦读而功成名就的事例，事实上，明代江西还有不少甚至更多的是虽勤学苦习却一无所成者。他们屡试屡败，屡败屡试，仍旧初衷不改，甚至有终身不售，竟以死践之者。如鄱阳陈一湛，“持躬和厚，文名籍甚，后累试不售，赍志以死”[⑤]。

不仅士子本人对科举寒窗苦读、锲而不舍，其家人族人也督课劝学。泰和杨士奇在朝为官，仍念念不忘家族教化。他在写给侄儿的八条家训中，第一条便是：“须访求有德有学之人为师，以教子侄，择其资质颖悟者教之以治经，次者教之读书讲解习诗文杂学，必皆教之正心修身事亲处人之道为本。”[⑥]在给家人的书信中他还多次提到“须勤力教子，习儒业不可失坠”。“教子侄务读书，以承世业，是一切要事。”[⑦]“各房皆教子孙读书为儒者，然后可以撑门户，不失祖业。此是第一件事，勉之勉之。”[⑧]有父教子读者，如分宜严嵩五岁即入私塾，其父严淮“惟教此子，他不足计也”，乃至“躬自督课，不辍寒暑，延经师属生徒，隆礼而优饩之，异书厚直购之，至倾其资弗计”。严淮还告诫严嵩：“世人务殖田以遗子孙，吾惟一经。”[⑨]有母教子读者，如吉水周述，其父周子正早逝，其母朱氏

① 《明史》卷一三七《刘崧传》；卷一六三《李时勉传》。
② 万历《新修南昌府志》卷十九《人物传》。
③ 杨士奇：《东里续集》，卷三八《陈孟京墓志铭》。
④ 金幼孜：《金文靖集》，卷八《鸡曙轩记》。
⑤ 同治《饶州府志》卷三二《轶事》。
⑥ 杨士奇：《东里续集》，卷五三《训旅鹩艮稷》。
⑦ 杨士奇：《东里续集》，卷五一《示鹩侄书》。
⑧ 杨士奇：《东里续集》，卷五三《与东城诸侄侄孙》。
⑨ 同治《分宜县志》卷九《艺文》。

"居孀有礼,抚育诸子皆勉之问学而悉力以资之。"永乐二年,周述高中一甲二名赐榜眼,授翰林编修,"乡人荣之,而皆曰:'非此母,安有此子?'"[①]贵溪刘子钦之母曾氏自丈夫刘秉道去世后,"以教其子不坠其夫为务,尝取秉所遗书示诸子曰:'是尔父所用起家者,奈何不勉?'诸子就外傅,归,辄案其所诵习。稍不习,即怒曰:'是将坠其先人者矣'。诸子惧不敢怠,及长皆明,为乡塾师。子钦选永乐九年江西乡试第一,三年廷试,赐进士出身,授翰林庶吉士"[②]。有妻劝夫读者,如监察御史、高安朱实昌妻姚氏,"尤能相勉以勤于学,夜读宿膏火进饮啜有常度"。后朱实昌进士及第,先后任旌德、海盐知县、山东道御史、苏松巡按等职。[③]又如南昌胡承烈妻杨氏,当"公下第,辄相慰藉",开导说,"士患不学,不患无名……人定当胜天耳",鼓励丈夫不要灰心丧气,只要持之以恒,必能金榜题名。[④]有兄助弟学者,如吉水人周宪"总角失怙,与兄业儒。弟才数岁,母寡居不给",在这种母穷弟幼、家境困苦的情况下,周宪作出自我牺牲,弃儒从商,"独力走楚之汉川,贷人子母钱,居奇化滞。久之,诸困渐舒,弟得率儒业"[⑤]。

明代江西社会对参加科举考试的士子和及第者有褒奖旌扬的风气,这在家族中体现得尤为明显。家族对参加科举考试的族人予以经济资助,对"学成名就"者更是奖赏丰厚,不仅有物质上的奖励,而且还有精神上的旌表颂扬。明代的"揭竿"习俗(用以揭竿树旗的石头,称"旗杆石")便是此风气影响下的产物。官府及民间还为科举中式者建竖旌匾楼坊,以示鼓励与褒扬。如南昌县立于明代的仅"进士坊"就有7座,其他还有"解元坊"、"兄弟翰林坊"、"一门科甲坊"等。至今江西许多古村落,如有"千古一村"之称的乐安县流坑村,还保留着如状元楼、五桂坊、文武魁元坊、步蟾坊、旗杆石等各种纪念性建筑。

既然科举可以改变一个人、一个家庭、一个家族的命运,而且是进入官场的唯一途径,那么,科举自然成为读书人的奔竞目标,也就自然有人以帮助他人应试为职业。江西在明代既以科举大省享誉海内,所以,科举时文及其作者大量产生于江西也就不足为怪了。

---

① 杨士奇:《东里续集》,卷四〇《周母朱孺人墓志铭》。

② 杨士奇:《东里续集》,卷四〇《刘母曾孺人墓志铭》。

③ 陈柏泉:《江西出土墓志选编》,江西教育出版社 1991 年版,第 332 页。

④ 陈柏泉:《江西出土墓志选编》,第 332、444 页。

⑤ 罗洪先:《念庵集》,一十六《董岑周君松冈墓志铭》。

《明史·选举二》："科目者，沿唐、宋之旧，而稍变其试士之法，专取四子书及《易》、《书》、《诗》、《春秋》、《礼记》五经命题试士，盖太祖与刘基所定。其文略仿宋经义，然代古人语气为之，体用排偶，谓之八股，通谓之制义。"由于八股文成为官方所规定的科举应试文体，一般文士如果想通过科举，跻身仕宦的行列，势必要对这种应试程文苦苦研习。这就造成了明代八股文的流行。明清"八股文"的名称最为繁多，如八比、时文、时艺、时义、制艺、经义、制义、四书文等。清乾隆元年官方所编科举教科书《钦定四书文》共收录明永乐以后的作者151人、文章486篇。可以确定籍贯的作者有132人，收录作品455篇，按人数多少排列，各省的次序是：南直（56人、220篇）、浙江（24人、63篇）、江西（21人、128篇）、湖广（12人、20篇）、福建（9人、10篇）、北直（3人、6篇）、广东（3人、3篇）、山西（2人、3篇）、陕西（2人、2篇）。[①]南直、浙江、江西三省排列在前，与当地深厚的科举基础直接相关。在俞长城《可仪堂一百二十名家制义》中，宋代七家，江西占其五。明代九十三家，江西有罗伦、邹守益、罗洪先、汤显祖、陈际泰、罗万藻、章世纯、艾南英等十余家，他们才高名大，

图5-3　江西乐安县流坑村状元楼（右下为状元楼前廊）

始建于南宋年间，为纪念该村也是乐安县唯一一位状元董德元而建，后代历有修葺。现存建筑为晚清重修之物，但平面布局仍依旧制。

① 据《钦定四书文》，《四库全书总目》卷一九〇。

在科场享有盛誉。

科举心理与风俗信仰

科举考试给士子带来希望、光明和幸福的同时,也给他们带来了无尽的烦恼、苦闷和痛苦。在激烈的科场竞争和这种矛盾心理的作用下,人们容易相信有某种神秘的、超人的力量在左右科举与命运,于是种种风俗信仰如梦兆、风水、命相、因果报应等便与科举制度相伴而生,构成了科举文化中独特的一面。

"日有所思,夜有所梦",科举梦正是士子们的强烈愿望和迫切心情的一种表达和暗示。科举梦不仅梦例数量多,而且构梦方式五花八门。有的梦昭示科考成功、仕途顺畅,此类梦最普遍。如泰和人曾迥:"当大比之秋,梦抱一小儿,忽见此人右边又生一耳。少顷,见此儿无两手,以为不祥,语其兄进。进曰:'又添一耳,耳边添又,是取字。小儿无两手,是了字,考官必取了,余中之兆也。'已而,果然。"[①]这是临考前士子的一种心理作用,其希冀成功、渴望中举的急切心情跃然于纸上。而许多科举梦的主人公并不是如曾迥之类临考士子,而是始入府县学校的生徒。如金溪徐琼刚入县学读书,该县教官就梦见邑人、前礼部尚书王英抵达县学。第二天,教官郑重其事地对徐琼说:"子勉之,西王(王英)先生事迹将于子乎在。"后来徐琼果入翰林,亦官至礼部尚书且声望等高,教官之梦果符。[②]

有的梦鬼神显灵,托言相告,以助其科考成功。较典型的是徐芳《悬榻编》记载的赣州司言贯的故事,其记载详尽,叙述生动,人物刻划逼真,兹录其文如下:

> 万历中,赣州孝廉司言贯者元日梦亡祖告曰:"冥曹考校文,行当及子矣,然有轧之者,入省宜以厚币馈臬司某胥,嘱其填榜时闻唱八十三名司某姓名,即振颖疾书,勿滞呼吸。"孝廉异而识之。比秋入省,询臬,书中果有某生。饰篚往拜,且以梦告。胥笑曰:"谬矣,旧例填榜是藩胥为政"。生曰:"虽然,姑识之。"委币而去。无何,佥写榜吏。时按察司性卞倨,与藩司忤,争于监临御史,于两司中各取数人,胥入选。至期,闻唱八十三名司言贯,即振笔一挥。主司遽曰:"止。"胥曰:"书矣,姓名皆讫。"主司曰:"数

① 尹直:《謇斋琐缀录》,卷七。

② 尹直:《謇斋琐缀录》,卷七。

也。"盖时有副卷颇佳,欲更之。拆视卷姓周似,但书一司则可改而为周,今书名,无及矣。生往谢,胥具言闱中事。然而名次前定矣,写榜吏亦前定矣。①

又如地方志记载的传闻:正统丁卯春,贵溪儒林坊土地祠连续三个晚上传出喊声:"刘洙中解元。"当年江西乡试,刘洙果然高列榜首。于是人们都说土地神的预言应验。②

还有的梦认为名字即命运,好的名字会有好的命运。如瑞州府新昌人邹维连出生前,其祖父祖母一同梦见乡贤显达邬连至其家。梦醒不久,邹维连便呱呱坠地,因而取名为"维连"。"维连","继连"之意也,即成为邬连的第二,日后能象邬连一样当大官。后来,邹维连"为名宦,官至侍郎,梦果验"③。

科举梦数量多而且内容丰富,它的出现很早就引起了人们的注意。明朝初年, 大学士宋濂对此有过记述并做出过解释。他记载了明朝开科后第一位状元、江西金溪人吴伯宗所说的一个故事:"庚戌之夏五月二十二日,临川通判王黻梦城中作乐迎状元,黻甚讶之。二十五日,忽闻使者来颁科举之诏。某年秋,伯宗滥充江西乡试第一,众已谓与梦叶。至廷对日,复擢置榜首,乡里至今以为美谈。"宋濂原本对此类梦寐只是"甚而异之",并不相信,"今闻吴君(伯宗)之言,其有不可信者乎?姑书之,以见人囿气化中诚有一定之命,不可以智求,不可以计免也,自修之外,一听于天命而已"④。宋濂对梦兆科举成功之事由不信到半信半疑,最后发展到深信不疑。这一态度的转变,恰恰说明了当时科举梦兆现象之普遍,人们见怪不怪,习以为常,并且深受影响。

明代江西民间信卜,也有不少人善卜。明代大学士、泰和尹直曾因卜测其弟乡试应考情况而亲自参与过占卜,并详细记载了这次占卜活动的全过程:

成化甲午秋八月二十六日戊申,予计江西乡试当以是日揭晓,第未审嘉言弟中否,因命卜者占之。初,内卦得离九三,白虎发。窃意五爻坐青龙,

① 同治《赣县志》卷五四《轶事》。

② 同治《贵溪县志》卷一四《轶事》。

③ 同治《瑞州府志》卷二四《轶事》。按:邹维连因"抗魏阉,拒逆党"而"坐谪戍",见于《明史》卷二三五《邹维连传》。

④ 焦竑:《玉堂丛语》,卷六。

若再发，则是龙虎榜动，有中之兆。至是，爻果发。盖外卦得坤，明夷卦也。二爻发者，皆兄弟。《海底眼》云："兄弟雷同难上榜。"卜者嗫嚅不敢决。予曰："予意已卜之。"盖予以兄问弟，弟发者，弟当动而来，况在龙虎爻，龙虎榜动也，一中何疑？予即批卦揭诸壁以俟。九月晦，小录至京，嘉言果有名矣。然而占书岂可泥哉！《书》曰："朕志先定，昆命元龟"。但今之卜非古法，而以后天甲子为断例。然在人之志意，固自有定，兆而能审于推测者，亦几何哉！①

虽然尹直本人对占卜半信半疑，但他却还是采用占卜这种方术来卜测科考结果。这种认识与行为的自相矛盾可以说是科举时代的普遍现象。

"善有善报，恶有恶报。"做好事、积善者及第，这是明代江西民间社会科举与因果报应观念表现之一。据张岱《快园道古》记载，天顺八年，吉水彭教赴京会试，旅途投宿某店，楼上倒水，一枚金钏随水落下，被彭教的书童拾得，并未声张。走了十多天，盘缠将尽，书童献出金钏，说明原委，想以此抵充川资。彭教大惊，命书童立即返回把金钏交还失主。书童为难，说往返费时，耽误考试。彭教说考试事小，人命事大。金钏乃女子之物，失去它必引起他人疑心，将闹出人命，金钏不可不还。书童只得从命。果然，失主是一女子，金钏丢失受辱正要自尽，金钏送到，救了她一命，彭教却因此延误了考期。然而，"塞翁失马，焉知祸福"，这年会试贡院发生大火，彭教因误考而幸免于难。于是延期复试，彭教考中，及至廷试，竟状元及第。②

无独有偶，江西永丰罗伦行善亦得善报。据吕相燮《科场异闻》载，成化二年，罗伦赴京会试途中，仆人在旅店拾到一枚金钏。走了一些日子，他们的盘缠快用完了，罗伦正在发愁，仆人拿出拾到的金钏，罗伦非常吃惊，坚持要亲自送还。仆人提醒他不要因此误了考期，罗伦耐心地说，掉金钏的人可能是个丫环，主人发现后肯定要拷问，弄不好要闹出人命。宁愿误考，也不能误人性命。他们返回旅店，找到了失主。这户人家的主妇正在责打丫环，丈夫则问罪主妇，主妇急得想上吊。罗伦送来金钏，真相大白，避免了一场悲剧。等罗伦急匆匆赶到京城，离会试仅剩几天的时间了。考试结果一公布，罗伦高中状元。

---

① 焦竑：《玉堂丛语》，卷七。

② 张岱：《快园道古》，卷一《盛德部》。

比较这两则故事,不难发现其中的异曲同工之妙,或有民间传闻相互抄袭之嫌,其所述人物相似、内容情节雷同。然而,不管故事本身真实与否,它反映了明代江西及当时整个社会对这种因果报应观念的普遍认同。

"善有善报,恶有恶报,不是不报,时候未到。"即使行善者自己没有得到报答,必补偿给子孙,恩泽后代。如吉水举人刘龙山任平乐县知县,夜梦有神告诉他:"此时正好行善。"时平乐县正闹饥荒,饥民们聚众哄抢官粮。官府认为这是谋反,参与抢粮的几百人都应处死。刘龙山坚决反对:"民饥,犯死以求生,官弗赈民,何尤焉?"于是仅惩处其首恶数人,其余人皆无罪释免。后又遇一狱,牵连数十人,已定死罪,龙山宥之,谓:"杀固可得显官,不则罢职,宁罢去。"刘龙山的行为得到妻子的赞同,于是罢官而归。舟行水次,梦神赠玉笥三枚,后其孙应秋先后中解元、探花,应秋之子同升中状元,"竟与梦符"[①]。

三、江西的举人与进士

两宋元明时期,特别是明代前期,江西的科举令天下士人眼热心跳。

洪武十七年,经过十来年的酝酿,明太祖公布"科举成式",决定从十八年开始,重开科举。永乐以后,专重科目,而科举中又尤重甲科进士。科举每三年举行一次,分乡试、会试、殿试三级进行。[②]乡试又称大比,以诸生试之各省省城,定在子、卯、午、酉年秋八月进行,故又称"秋闱",中式者为举人,第一为解元。次年即丑、辰、未、戌年春二月,以举人试之京师,曰会试,又称"春闱"。考场设在礼部,也称"贡院"。参加会试者均为乡试录取的举人,中式者称贡士,第一为会元。由于会试的录取名额和殿试等额,故贡士实际上已是进士,所差的只是"钦赐"而已。[③]关于会试的录取名额,《明会典》有如下记述:"会试中式无定额。大约国初以百名为率,间有增损,多者如洪武十八年、永乐三年,俱四百七十二名,永乐十三年三百五十名,少者如洪武二十四年三十一名,三十年五十二名。成化以后,以三百名为率,多者如正德九年、嘉靖二年、三十二年、四十四年、隆庆二年、五年,俱四百名,少者如成化五年、八年,俱二百五十名。各科三

① 顺治《吉安府志》卷五三《杂记》。按:刘应秋,万历十一年(1583)癸未科一甲第三名,赐探花;刘同升,崇祯十年(1637)丁丑科一甲第一名,赐状元。

② 万历《明会典》卷七七《礼部·科举》,《明史》卷七十《选举二》。

③ 一个例外是洪武二十一年策试进士即斥落三人,见《明太祖实录》卷一八九。

百名之外,或增二十名,或五十名,俱临时钦定。”①会试出榜后的两三天,即三月初一日,为殿试日,从成化八年开始,殿试推迟到三月十五日举行。②会试中试的贡士均参加殿试,天子亲策于廷,曰廷试,亦曰殿试,所有贡士都是天子门生。取录结果分一、二、三甲,一甲三人,曰状元、榜眼、探花,赐进士及第;二甲若干人,赐进士出身;三甲若干人,赐同进士出身。

江西的举人及其在全国的地位

各省乡试录取名额是由中央统一规定的。整个明代,举人的名额作过几次较大的调整,总的趋势是逐渐增加,并根据各省的具体情况有所变动。表5-1是明政府所定的各省乡试举人名额变化的情况。

表5-1 明代乡试名额分省变化表③

年代 直省	洪武三年	洪熙元年	宣德四年	宣德七年	正统五年	景泰四年	成化三年	成化十年	弘治七年	嘉靖十四年	嘉靖十九年	嘉靖二十五年	万历元年
南直	100	80	80	80	100	135	135	135	135	135	135	135	135
北直	40	50	50	80	100	135	135	135	135	135	135	135	135
浙江	40	45	45	45	60	90	90	90	90	90	90	90	90
江西	40	50	50	50	65	95	95	95	95	95	95	95	95
福建	40	45	45	45	60	90	90	90	90	90	85	85	85
湖广	40	40	40	40	55	85	85	85	85	85	85	85	85
山东	40	30	30	30	45	75	75	75	75	75	75	75	75
山西	40	30	30	30	40	65	65	65	65	65	65	65	65
河南	40	35	35	35	50	80	80	80	80	80	80	80	80
广东	25	40	40	40	50	75	75	75	75	75	75	75	75
广西	25	20	20	20	30	55	55	55	55	55	55	55	55
陕西	40	30	30	30	40	65	65	65	70	70	70	70	70
四川		35	35	35	45	70	70	70	70	70	70	70	70
云南		10	15	15	20	30	40	45	50	40	40	40	45
贵州										25	25	30	30
交阯		10											
合计	510	550	545	575	740	1145	1155	1160	1165	1180	1175	1180	1185

① 万历《明会典》卷七七《礼部·科举》。

② 朱国桢:《涌幢小品》,卷七《殿试改期》。

③ 万历《明会典》卷七七《礼部·科举》。按:北直隶洪武时为北平,云南嘉靖十一年以前含贵州。

这种变化与差异，固然是明廷为了适应统治的需要，也是社会经济和文化发展的必然结果。从明前期开始，江西的乙科举人数量就处于全国前茅。洪武时，江西的乡试举人员额与北直隶（时为北平布政司）、浙江、福建、湖广、山东、山西、河南、陕西一样，都是40名。永乐年间在内阁解缙、胡广（均为吉安府吉水县人）及杨士奇等人的作用下，江西的科举考试出现了极盛的势头。至洪熙，形成了由杨士奇、杨荣、金幼孜组成并以杨士奇为首的较为稳定的内阁。三人中，杨士奇是江西吉安府泰和县人，金幼孜是江西临江府新淦县人，杨荣是福建建宁府建安县人。因此，在洪熙元年重定乡试员额时，鉴于洪武、建文、永乐三朝各地举子的多寡和成绩的优劣，提高南、北直隶地位的同时，出现了有利于南方士人特别是江西士人的变化：浙江、福建各增加了5名，为45名；广东增加15名，与湖广同为40名；河南减少了5名，山东、山西、陕西各减少10名，分别为35名和30名；江西和已是京师所在地的北直一样，都增加了10名，为50名，由此确立了江西的乡试员额位居十三布政司首位的格局。江、浙、闽三省均为科举大省，但浙江名额此后一直比江西少5名，福建在嘉靖十九年之后，更少10名。正统时定："南北直隶以百名，江西六十五名，他省又自五而杀，至云南廿名为最少。"[①]景泰时各省举人名额都有大幅度增加，此后江西钦定的举人录取名额稳居全国第三，仅次于南北直隶。而参与南直隶应天府乡试的，不仅仅有今江苏、安徽二省的读书人，还有南京国子监的监生；参与北直隶顺天府乡试的，也包含着今北京、天津、河北的读书人和北京国子监的监生。而不少江西士子则是以南、北二国子监监生身份参与南、北二直隶乡试的，也就是说，江西士子中的一些人并不占江西的举人名额，而是在南、北二直隶的乡试中争取名额。

据光绪《江西通志·选举表》的统计，有明一代276年间，江西共考中举人10466名，其中南昌府2294名，瑞州府352名，袁州府207名，临江府578名，吉安府3182名，抚州府995名，建昌府505名，广信府734名，饶州府875名，南康府217名，九江府225名，南安府84名，赣州府198名（含清代为直隶州的宁都州），而以吉安、南昌二府最多，二府合计的举人占全省的52.42%。若与全国总额相比，江西占十分之一强。这是一个了不起的数字，因为从行政区划上来看，江西不过是全国（两个直隶和十三布政使司）的十五分之一，而吉安更是全国400多个府的一个。

① 《明史》卷七〇《选举二》。

明代的江西进士及其分布与特点

举人多即有资格参加会试的人数多,进士自然也就多。明代江西的甲科进士,不仅在数量上,而且在名次上也长期居于全国前列,并创造了科举史与政治史上的奇迹。

据《明清进士题名碑录》(台湾华文书局1969年版)统计[①],自洪武四年到崇祯十六年的273年间,明朝共举行过89次科举考试[②],共录取进士24898人,其中江西产生2728人,占10.96%。但从各个时代来看,明代江西进士在全国的比例是盛极而衰,逐渐下降。大致可以分为以下三个阶段:

1.从洪武四年到成化二年(1371–1466)为第一阶段。这一阶段全国共进行科举29科,取录进士5406人,江西为1054人,占全国19.50%,其中有13科超过20%,其余的也均在10%以上。这是江西进士在全国比例最高的一个阶段。期间进士的录取历经了激烈的南、北之争,而明廷又刻意保护"北人"[③],但江西举人仍然凭借经济文化上的优势,取得了令人瞩目的成绩。中式人数较多的是永乐十九年辛丑科,江西籍进士72人,占全国的35.8%。永乐二年甲申科更达111人。

2.从成化五年到隆庆五年(1469–1571)为第二阶段。这一阶段的35科,全国取录进士11421人,江西1060人,占全国9.28%,最高的是正德三年戊辰科,中式41人,占全国的11.7%;最低的为嘉靖二十九年庚戌科,占6%。

3.从万历二年到崇祯十六年(1574–1643)为第三阶段。这一阶段全国的25科取录进士8071人,江西为698人,占全国8.65%,最高的是崇祯十五年壬午科,占14.8%;最低的为崇祯元年戊辰科,占5.38%。这是明代江西进士在全国所占百分比最低的一个时期。

虽然从明中期开始,江西进士的取录人数出现下滑,但就总量与所占全国的比例来说,明代江西进士仍然保持较高的比例,仍然在全国处于前茅,一直与南直隶、浙江相埒,遥遥领先于他省。就科举名次而言,明代江西一省得状元

---

① 关于明代进士数字,需要作如下说明:1、洪武十八年(1385)乙丑科因榜眼练子宁和探花黄子澄在永乐时被削籍,明成祖下令将本科题名碑仆毁,因此《碑录》中有很多进士阙名,但总数仍以 472 名计;2、洪武三十年(1397)丁丑科有春榜和夏榜之分,总数为两榜书相加;3、嘉靖二十三年(1544)甲辰科三甲《碑录》计为 226 名,实际仅有 217 名,但总数仍以前者计;4、崇祯十六年(1643)癸未科三甲《碑录》误作 314 名,实为 316 名,总数为 408 名;5、在京及各省卫所军籍进士未记入。

② 因洪武三十年有春榜("南榜")和夏榜("北榜")之分,故又有明代开科 90 次之说。

③ 参见杜婉言、方志远:《中国政治通史》第九卷(明代),人民出版社 1996 年版,第 414 页;方志远:《明代城市与市民文学》,中华书局 2004 年版,第 49—51 页。

17人、榜眼16人、探花22人,各占全国总数的19%、18%和24%,其中吉安一府有状元12名、榜眼9名、探花12名。金溪吴伯宗是明朝开科后的第一个状元。建文二年,一甲进士均为江西吉安府人:状元胡广,吉水人;榜眼王艮,吉水人;探花李贯,庐陵人。永乐二年甚至前7名进士亦俱为吉安人:状元曾棨,永丰人;榜眼周述、探花周孟简、第五名王环,吉水人;第四名杨相、第七名王直,泰和人;第六名王训,庐陵人。王世贞《弇山堂别集》记明代江西尤其是吉安府科举盛事:

> 建文庚辰状元胡靖(按:即胡广),第二名王艮,吉水人;第三名李贯,庐陵人,俱吉安府。而二甲第一名吴溥、第三名朱莒,皆江西,溥又会元也。永乐甲申状元曾棨,永丰人;第二名周述、第三名周孟简,俱吉水人。二甲第一名杨相、第四名王真,俱泰和人;第二名宋子环,吉水人;第三名王训,庐陵人。相又会元也。七人皆吉安府。而内阁学士读卷五人:解缙、胡广、杨士奇、胡俨、金幼孜皆江西,中三人皆吉安府,可谓极盛。①

连续两科的三鼎甲均被吉安一府的举子夺得,这不仅是江西也是全国科举史上绝无仅有的盛事。而永乐甲申科选二十九人为庶吉士,其中十八人为江西人,吉安府又占一半。②

但是,江西省内各府、县进士的分布又极不平衡,参见下列二表。

表5-2显示的是明代江西各府进士数量及在本省所占的比重,表5-3则是

表5-2 明代江西各府进士数量及在本省所占的比例(%)

府名	全省	南昌	瑞州	袁州	临江	南康	吉安	抚州	建昌	九江	广信	饶州	南安	赣州
人数	2728	643	93	41	175	47	837	252	115	59	181	238	15	32
比例	100	23.6	3.41	1.49	6.42	1.71	30.7	9.24	4.22	2.16	6.63	8.72	0.54	1.16

① 王世贞:《弇山堂别集》,卷三《一郡三及第》。

② 庶吉士制度是明代创立并长期实行的选拔与培养朝廷后备高级和重要官员的制度。《明史》卷七〇《选举二》:"庶吉士始进之时,已群目为储相。"庶吉士的人选,自洪武乙丑择进士为之,不专属于翰林。永乐二年,既授一甲三人曾棨、周述、周孟简等官,复命于第二甲择文学优等杨相等五十人,及善书者汤流等十人,俱为翰林院庶吉士,庶吉士遂专属翰林矣。(明年)复命解缙等选才资英敏者,就学文渊阁。于是解缙等选修撰曾棨,编修周述、周孟简,庶吉士杨相等共二十八人,以应二十八宿之数。庶吉士周忱自陈少年愿学。帝喜而俞之,增忱为二十九人……是年所选王英、王直、段民、周忱、陈敬宗、李时勉等,名传后世者,不下十余人。

表5–3 明代江西进士分县统计

府	县	人数	府	县	人数	府	县	人数
南昌	南昌	232	吉安	庐陵	103	赣州	赣县	5
	新建	74		泰和	178		雩都	4
	丰城	195		吉水	165		信丰	7
	进贤	98		永丰	60		兴国	2
	奉新	21		安福	211		会昌	0
	靖安	10		龙泉	12		安远	0
	武宁	2		万安	52		龙南	1
	宁州	11		永宁	2		长宁	0
	小计	643		新	54		定南	0
				小计	837		宁都	11
							瑞金	2
							石城	0
							小计	32
饶州	鄱阳	53	抚州	临川	121	广信	上饶	31
	余干	27		崇仁	19		玉山	17
	乐平	49		金溪	65		弋阳	21
	浮梁	60		宜黄	5		贵溪	70
	德兴	30		东乡	10		铅山	14
	安仁	18		乐安	32		永丰	28
	万年	1		小计	252		兴安	0
	小计	238					小计	181
建昌	南城	49	九江	德化	17	南安	大庾	10
	新城	21		德安	5		南康	4
	南丰	24		瑞昌	3		上犹	1
	广昌	20		湖口	20		崇义	0
	泸溪	1		彭泽	14		小计	15
	小计	115		小计	59			
临江	清江	49	袁州	宜春	18	瑞州	高安	45
	新淦	60		分宜	13		上高	17
	新喻	60		萍乡	3		新昌	31
	峡江	6		万载	7		小计	93
	小计	175		小计	41			
南康	星子	9				全省总计		2728
	都昌	13						
	建昌	22						
	安义	3						
	小计	47						

进士的分县统计。综合二表可知,明代江西各府进士按数量的多寡排列,依次为吉安、南昌、抚州、饶州、广信、临江、建昌、瑞州、九江、南康、袁州、赣州、南安。按进士的人数,排在前十名的县依次为:南昌、安福、丰城、泰和、吉水、临川、庐陵、进贤、新建和贵溪,这十个县共有进士1447人,占江西进士总数的53.04%。而这十县中,属吉安府和南昌府的各有四个县。明代特别是明前期江西的进士取录人数在全国居于前茅,主要是因为吉安、南昌两府的进士特别多。明代江西进士集中在少数府县,反映了各地区间经济文化发展的极不平衡。产生大批进士的府县主要集中在江西中部地区,这也是当时经济文化的发达地区。如明代吉安府多达837人,在全国居第2位(仅次于南直隶苏州府),几占江西全省总数的三分之一,而南安府才15人。南昌府南昌县232人,在全国居第5位,而同府武宁县只有2人;吉安府安福县211人,居全国第8位①,同府永宁县只有2人。而广袤的南部地区,赣州、南安二府相加才47人,其中有6个县明代无一人中式。

明代江西科举考试除具有上述地区性集中的特点外,还具有家族性集中的特点。这和明代江西存在强大的宗族势力密切相关,殷实大族在科考中表现出极强的竞争能力。一些地区的世家大族,如南昌熊氏、涂氏、龚氏,丰城雷氏、丁氏,泰和萧氏、邹氏、曾氏,吉水周氏,铅山费氏,安福彭氏、刘氏,吉水罗氏,庐陵曾氏、欧阳氏等家族,在科考中探杏折桂代有闻人。其中有祖孙进士,如泰和曾鹤鸣与其孙曾追;有父子进士,如铅山费宏与其子懋贤、懋中、懋良一门四进士;有兄弟进士,如安福彭时与弟彭华、彭礼。吉安府遂有"一门三进士、隔河两都堂、五里三状元、十里九布政、九子十知州"的民谣流传。据《明清进士题名碑录索引》(上海古籍出版社1980年版)统计,熊姓进士全国共有212人,其中江西籍109人,占51%;彭姓进士全国共有298人,江西有104人,占35%;涂姓进士全国有71人,江西为48人,占三分之二;欧姓进士全国有123人,江西为57人;罗姓进士全国有315人,江西为85人;曾姓进士全国有280人,江西为82人,都占相当高的比例。进士(也包括举人)这种相对高度集中在少数府县及家族的现象,既是明代江西科举发展不平衡的反映与表征,又是江西科举空前繁荣的重要原因。

---

① 据《明清进士题名碑录》统计,前7名各县依次为:福建莆田、浙江余姚、浙江鄞县、南直华亭、江西南昌、南直武进、浙江慈溪。

江西举子科第上的成功,为他们进入仕途参与朝政铺垫了通途。《明史》入传的江西籍人物408人,其中宰辅18人,部院大臣50余人,这些人绝大多数由科举出身。据明代庶吉士分省数量统计,江西籍庶吉士总数居第二,仅位于浙江之后。而从分期上看,江西籍庶吉士数量在洪武至宣德各朝名列第一,此后至嘉靖各朝虽有所下降,但一直与南直、浙江等不相上下。[①]在相当长的时期内,江西籍官员在政治舞台上扮演着重要的角色,从而对明代的社会、经济、文化生活产生了重要的影响。

第二节 江西士大夫与明代中央政治

"学而优则仕",虽然科举出仕从本质上说只是一种生存方式,但江西士人却在明代的政治舞台上上演了轰轰烈烈的活剧,当然,其中既有酣畅淋漓的喜剧,也有凄凉惨烈的悲剧。以解缙、杨士奇、李孜省、严嵩、张位五位士人为线索,可以比较清晰地看出江西士人在明朝宦海中的进退轨迹,以及他们对明代政局的阶段性影响。江西士大夫与明朝统治者的合作,及其在明代政局所处的地位和影响,这是一个不断发展和变化的过程。它既与整个明代政坛的风云变幻密切相关,又同江西士大夫的个人素质及个性紧密相连。

一、解缙与永乐初政

元末群雄割据,江西多属陈友谅辖境。及朱元璋崛起,江西是第一个平定的行省,在鄱阳湖大战和以后的南攻北伐中,江西一直是朱元璋军事集团强有力的后方基地,不仅承担了大批的军资、军饷负担,还有不少江西各色人等加入了他的队伍之中。如助攻鄱阳湖的周癫和张中、劝降陈理的罗复仁、前元旧臣危素等,对朱元璋的行动给予了积极的支持和配合,故而朱元璋在南京即位后,在中央的各个部门,任用了大量江西人,如弘文馆六学士中,罗复仁、危素居其二;在左右丞名单中,出现了王溥(安仁人)、吴宏(余干人);四辅官里有龚

① 参考郭培贵:《明代各科庶吉士数量、姓名、甲第、地理分布及其特点考述》,《文史》2007年第1辑(总第78辑),中华书局2007年版。

敦(铅山人);在中书省下的六部尚书里,吏部有陈修(上饶人)、周时中(龙泉人)、刘崧(泰和人),户部有周肃(吉水人)、费震(鄱阳人)、徐铎(丰城人),礼部有朱梦炎(进贤人),刑部有周湞(鄱阳人)。当然,由于当时"省府台一品,总摄天下机务,而皆南直隶江北人"①,追随明太祖起兵的淮右勋旧集团和最先进入朱明势力范围的浙东的士人构成了明初的最高统治集团的基本力量,江西士人只能是外围力量。

洪武中叶以后,伴随着胡惟庸案、蓝玉案的发生,明太祖为了巩固专制主义中央集权,大杀功臣宿将,致使淮右、浙东集团的众多成员被株连,其朝中势力一落千丈。江西籍官员虽基本上没有被卷入,但由于江西是国家重要的财赋之地,明太祖对江西籍官员也是心有戒虑。洪武二十六年明文规定江西、浙江及南直隶苏松人不得官户部,终明之世,此制一直沿续下来。②

直到建文帝继位后,江西士人才开始进入中央决策圈。代表人物是黄子澄和练子宁。但严格说来,大批江西士子在明朝的政治舞台上亮相,并公演出"翰林多吉水,朝士半江西"③的大戏,是在解缙出场之后。

解缙(1369—1415),字大绅,吉水人,自小颖悟过人,有才子之称。洪武二十年,十八岁的解缙参加江西乡试,一举成名,中了解元。第二年,解缙与长兄解纶、妹夫黄金华赴京参加会试,同榜登第,震动京师。

明太祖虽然对江西士人有戒心,但对吉水人却有些偏爱。从陈友谅处投奔过来的吉水人罗复仁,为人质直朴实,坚持原则,敢说真话,又操着一口乡音,明太祖喜欢他的憨厚坦诚,见面便直呼他为"老实罗"。洪武三年设置弘文馆,朱元璋任命罗复仁为学士④,并爱屋及乌,对吉水人也产生了好感。

解缙中进士后,授中书庶吉士,供事宫中。明太祖很喜欢这个来自"老实罗"家乡的少年进士,想亲自考考他的学问见识,让他直抒己见,发表对朝政的看法。解缙年少才高,又有大多数江西读书人那股认理不认人的倔劲,当天就

① 王世贞:《弇山堂别集》,卷三《三省长官同乡》。

② 《明史》卷七二《职官一》。参见方志远:《明代苏松江浙人"毋得任户部"考》,《历史研究》2004年第4期。

③ 徐咸:《西园杂记》,卷下。又,张宏道、张凝道《皇明三元考》卷四载:"国初文运惟江西独盛,故时有'翰林多吉水,朝内半江西'之谣。"再,赵吉士《寄园寄所寄》卷六《胜国遗闻》追记明初馆阁莫盛于江西,故有"翰林多吉水,朝士半江西"之句。

④ 《明史》卷一三七《罗复仁传》。

上了一份封事，洋洋万言，对明太祖好观杂书奇文的习惯、任喜怒为生杀的作风，以及崇尚佛道等进行了直言不讳的批评，甚至声称：“国初至今，将二十载，无几时不变之法，无一日无过之人。”措词激烈，切中要害。这就是著名的《大庖西封事》。[①]明太祖见到这道封事，对解缙的文采和见识大加赞赏，但对于解缙所提出的主张却不置可否，其实是有所看法。

解缙毕竟年轻，又生性疎狂，从皇帝的嘉许中得到了鼓励，却没有察觉所说的话已经有些过头。他先是将自己的一些施政想法整理成《太平十策》，希望得到皇帝的进一步重视；接着替工部郎中王国用起草奏疏，为已故韩国公李善长鸣冤叫屈，又为御史夏长文草疏，弹劾都御史袁泰。解缙自以为在展示才智，却不知犯了大忌。几年前，明太祖就指责江西民间有代人陈诉的陋习[②]，如今解缙竟把它带到京师，到处代人草疏，惹是生非。

明太祖的心情也是矛盾的，此子才高，却不知厉害，出于保护人才，他让解缙随父还乡，说是“益令进学，后十年来，大用未晚也”。明太祖的本意，未必真是让解缙回家去读十年书，以长学问，而是要磨磨他的性子和棱角。但解缙却是天生的名士坯子，在他身上，大量的是文人的豪爽气度和无所顾忌，却很少有政客的圆通和机变。离开南京后，他的学问见识固然更有长进，禀性脾气却没有多大改变。但靖难之变后的形势，恰恰需要解缙的禀性脾气，解缙也才能得以发挥其政治作用。

明成祖朱棣以藩王夺皇位，急于在政治上寻求支持者，但建文旧臣们却多持不合作态度。继承皇位得下登极诏书，成祖先是找来名儒方孝孺，方孝孺不仅不草诏，反而“且泣且骂”。又找来御史高翔和右补阙胡闰，这二人身穿孝服，进殿之后便放声痛哭，“语不逊甚”[③]。成祖虽然可以杀方孝孺，杀高翔、胡闰，并诛其九族，但其尴尬之情也自不待言。这时有人推荐了解缙。

解缙在明太祖去世后赴南京凭吊，被弹劾为违旨，贬到河州卫（今甘肃临

---

① 因明太祖是在宫中大庖西室让解缙陈述己见的，解缙的上书又是实封直达御前，故称《大庖西封事》。

② 《明太祖实录》卷一五〇，洪武十五年十一月丁卯：“为吾民者当知其分，田赋、力役出以供上者，乃其分也。能安其分，则保父母妻子，家昌身裕，斯为忠孝仁义之民，刑罚何由而及哉。近来两浙、江西之民，多好争讼，不遵法度，有田而不输租，有丁而不应役，累其身以及有司，其愚亦甚矣。……特谕尔等，宜速改过从善，为吾良民，苟或不悛，不但国法不容，天道亦不容矣。”

③ 查继佐：《罪惟录·帝纪》，卷二《惠宗帝纪》。

夏县)为吏,虽经反复陈词,召回南京,但朝廷只给了他一个九品翰林院待诏的闲职。因此,解缙和方孝孺、高翔、胡闰等人不同,大可不必为建文帝殉葬。他按照成祖的授意,发挥当年上《大庖西封事》的才华,写了一篇甚合时宜的登极诏。有了这个开端,一时间"凡大制作",皆出解缙之手。[①]可以说,解缙以他的个性和才华,帮助成祖摆脱了革除之际的窘迫,同时也向新君表明了自己的政治立场。一个月后,成祖给了解缙以回报,超擢他为翰林院侍读,正六品。在此后的两年中,解缙经由侍读学士进而为翰林学士兼右春坊大学士,既是翰林院的一把手,又是皇太子的首席教官。

既是为了应付建文、永乐之际复杂而动荡的政治形势,也是为了解决中书省废除后政治体制上的严重缺陷,成祖在建文四年七、八月简选了七位资历较浅但办事干练的低品文官入直文渊阁,专典密务,第一位便是敢说敢为的解缙。在此后的几年里,解缙和他的同事们出入禁中,参与机密,帮助成祖处理各种庶务,对时局的稳定,同时也对内阁制度的形成起了重要的作用。内阁后来成了明朝的政治中枢,解缙也以内阁第一人载入史册。

既然是参与机密,又无所顾忌,解缙便不可避免地卷入到永乐初皇储之争的漩涡之中。

成祖有三子。长子高炽体态肥胖,行动不便,喜和文人相交,养成了一种宽厚随和的作风,不得成祖之意,但却是太祖立的燕世子,法定继承人。次子高煦孔武多力,勇猛善战,在"靖难"中屡立战功,且多次解成祖之困,故而以唐初秦王李世民自诩,成祖也曾以此相激励。靖难成功后,皇储问题便提到议事日程上来。

以淇国公丘福为首的靖难武臣是高煦的有力支持者,而兵部尚书金忠却首倡立嫡以长。解缙既遵循立嫡以长的传统,更希望未来的主子好文礼士而不斗狠恃武,因而支持金忠的意见。以解缙的个性、名气以及在内阁的地位,他的态度具有相当大的影响力。《明史》记载了解缙和成祖的一段对话:

> 先是,储位未定,淇国公丘福言汉王有功,宜立。帝密问(解)缙。缙称:"皇长子仁孝,天下归心。"帝不应。缙又顿首曰:"好圣孙。"谓宣宗也。帝颔之,太子遂定。

---

① 杨士奇:《东里集·文集》,卷一七《前朝列大夫交阯布政司右参议解公墓碣铭》。

明前期施政方针的转变，尤其是重文轻武格局的形成及内阁地位的加强，都是在仁宣时期发生的。因而，解缙力劝成祖立高炽为太子，对以后的政局变化有着重要影响，对于以科举为进身之阶的江西士大夫，更具有重要意义。

奖掖同乡是中国古代政治的一大特色，解缙在这一点上表现得特别突出。永乐初最先参与机务的翰林官，即首批内阁成员是解缙和来自浙江永嘉的黄淮，接着是杨士奇、胡广、金幼孜、杨荣、胡俨。这后五位除杨荣是福建建安人，其余均来自江西，胡广为吉水人，杨士奇泰和、金幼孜新淦、胡俨南昌，均与解缙稔熟，他们直文渊阁参与机务，不能说与解缙无关。这样一来，就造成了内阁中江西人势力的强大，致使黄淮总是觉得人单势孤，并最终对解缙落井下石。

既然以科举取士，解缙便在科举上关照同乡。永乐二年，解缙第一次主考会试，接着与杨荣、杨士奇、胡俨、金幼孜同为廷试读卷官，于是奇迹就出现了。这届的鼎甲进士，状元曾棨是永丰人，与解缙有旧，榜眼周述、探花周孟简是吉水人，既是曾棨的弟子又是解缙的同乡；二甲进士的第一名杨相是泰和人、第二名宋子环是吉水人、第三名王训是庐陵人、第四名王直是泰和人。也就是说，本科前七名进士全是江西吉安府人。这在中国历史上是空前绝后的。有人发表议论："国朝吉安人当路，曾棨等三人及第，皆出吉安。"有人甚至怀疑解缙向吉安举子泄露了试题，还有传闻说解缙在考前就私下许愿让曾棨夺魁。[①]这些说法虽然没有真凭实据，但也不能不令人产生狐疑，只是解缙本人全不在意。

在这期间，解缙秉承成祖之意，既干过篡改历史的勾当——主持重修《太祖实录》，也干过功垂后世的伟业——主持编撰《永乐大典》。永乐初年有关文治的风光盛事，全让他占去了。

但是，就在解缙无所顾忌、直前任事之时，危机也已酿成。这种危机是由两方面构成的，一是政敌的构陷和同僚的嫉妒，二是和最高统治者发生政见分歧。

解缙促使成祖立高炽为皇太子，不仅得罪了高炽的对手高煦，也得罪了高煦的支持者、以丘福为首的"靖难"军人集团。这些人都是随成祖夺天下的，极

① 李贤：《古穰杂录摘抄》，《纪录汇编》卷二三。

有权势。解缙奖掖乡人,又使同在内阁的黄淮、杨荣感到难以接受。杨荣虽然没有和黄淮那样暗中使绊子，但对阁中的江西头面人物解缙以及杨士奇是抱有成见的。而解缙知人论事的洞达和口无遮拦的言词,更使他得罪了一大批掌权者。《明史》记载了一段解缙与成祖、仁宗评论大臣的往事:

> 帝(成祖)尝书廷臣名,命(解)缙各疏其短长。缙言:“蹇义天资厚重,中无定见。夏原吉有德量,不远小人。刘俊有才干,不知顾义。郑赐可谓君子,颇短于才。李至刚诞而附势,虽才不端。黄福秉心易直,确有执守。陈瑛刻于用法,尚能持廉。宋礼戆直而苛,人怨不恤。陈洽疏通警敏,亦不失正。方宾簿书之才,驵侩之心。”帝以付太子,太子因问尹昌隆、王汝玉。缙对曰:“昌隆君子而量不弘,汝玉文翰不易得,惜有市心耳。”

这些评价如果出自成祖、仁宗之口,自是钦定,无人敢有异议,但出自解缙之口,却不免犯了众怒。经解缙点评的人物,蹇义为吏部尚书,夏原吉为户部尚书,刘俊为兵部尚书,郑赐为刑部尚书,李至刚为礼部尚书,黄福、宋礼为工部尚书,陈瑛为都御史,陈洽为吏部侍郎,方宾为兵部侍郎,均是当权派。解缙的这番言论一经传出,夏原吉、黄福、陈瑛、宋礼、陈洽自然得意,蹇义、郑赐厚道,不会介意,但李至刚、刘俊、方宾众人岂能放过他。

如果只是得罪同僚,解缙未必就会倒霉,糟糕的是他的个性必然驱使他与成祖本人发生冲撞。成祖是通过“靖难”起家的,以他为首的战争机器刚刚启动,战事便结束了。国内战事结束,业已启动的战争机器却凭着惯性仍得运行,对外用兵便不可避免。永乐三年郑和率领水师下西洋,永乐四年朱能领兵征讨安南,永乐七年丘福出征蒙古,乃至成祖本人五次北伐,很大程度上都是受这种惯性的驱使。

但是,文官集团对这一系列用兵大体上持反对态度,只是终永乐一朝,敢于公开站出来反对的只有两个人,前是解缙,后是夏原吉,而这两人均有江西人的执拗[①]。虽然后来的事实证明,出兵安南并非明智,但解缙却正是因劝阻发兵而得罪成祖。各种反对势力无事尚可生非,何况是有隙可趁,于是流言蜚语纷至沓来,任解缙有浑身解数,也挡不住众人的倒墙之力。

---

① 按《明史·夏原吉传》,夏原吉祖籍江西德兴,父亲夏时敏为湖广湘阴教谕,遂家焉。

永乐五年，解缙被赶出内阁、赶出京师，出任广西布政司参议，还在途中，李至刚一个提醒，便改任新设的交阯布政司。其后一个小小的不注意，被汉王高煦抓住把柄，致解缙于死地，妻子宗族强徙辽东。一位显赫一时的绝代才子，匆匆结束了一生的历程，但他所提供的教训，却使后来者有所警戒。

二、杨士奇与“仁宣之治”

继解缙之后对明代政局产生重要影响的江西人物是杨士奇。这恐怕也是一种历史的安排。

杨士奇（1366–1444年），名寓，号东里，以字行，泰和人。[①]幼年丧父及家境的贫寒使杨士奇不可能有解缙的狂放，而成年以后游历湖湘、授徒自给的阅历，又使他比解缙更加洞达人情世故。永乐初同入内阁的七人，杨士奇年龄仅次于胡俨，却和较早离开内阁的胡俨一样不引人注目。《明史·杨士奇传》对他那一段时间的表现是这样评述的：“士奇奉职甚谨，私居不言公事，虽至亲厚不得闻。在帝前，举止恭慎，善应对，言事辄中。人有小过，尝为揜复之。”这是一种和解缙完全不同的性格和作风，杨士奇具备君主专制时代完美政治家的一切特点，谨慎而不乏胆略，宽容而中有定见，沉稳而不失机智，恭敬而善于应对。

但是，在永乐一朝22年的时间里，杨士奇的光彩并未真正显示出来。永乐时代严格说来还是军人时代，文化人施展的机会太少、空间过于狭窄。永乐时期，杨士奇只是全心全意地干一件事，那就是维护皇太子高炽的地位。说来也有意思，解缙和杨士奇这两位个性风格迥异的江西吉安人，自觉与不自觉地进行了一场保护朱高炽的接力。解缙以其果敢和明辨，为高炽争得了皇太子的法定地位，杨士奇则以其沉毅和善辩维护高炽的皇储地位，并巧妙地打击汉王高煦的气焰，替解缙报了一箭之仇。能够有这两位江西人帮忙，朱高炽也算是幸运。可以说，无解缙则高炽立储渺茫，无杨士奇则高炽继位艰难。

成祖的去世和仁宗的继位，标志着一个新时代的到来，该是杨士奇施展才学的时候了。

仁宗不忘旧情，刚即位便将杨士奇由翰林院学士、左春坊大学士超擢为礼部尚书兼华盖殿大学士，半年内又晋少保兵部尚书兼华盖殿大学士，成为新一代内阁的第一人，官从一品。此后更为少师兼太子太师。这是有明一代直到张

① 本节未注明出处者均依《明史·杨士奇传》。

居正才突破的文官最高品级。在杨士奇主持内阁的20年里(永乐二十二年八月至正统九年三月,即1424—1444年),明朝的政局发生了一系列深刻的变化。

首先是内阁本身由初创阶段进入制度化阶段。在仁宗继位后的半年里,不仅是杨士奇,同在内阁的杨荣、黄淮、金幼孜也都加三孤、官尚书,兼殿阁大学士,其品秩已相当于或高于六部和都察院长官,取得了与七卿并列的公开地位。杨士奇及其同僚不仅以顾问身份与皇帝"同计天下事",而且在皇帝的授意下,以大学士的身份直接干预部院事务。《明史》对此作了这样的评述:"(宣宗)内柄无大小,悉下大学士杨士奇等参可否,虽吏部蹇义、户部夏原吉时召见,得预各部事,然稀阔不敌士奇等亲。自是内阁权日重,即有一二吏、兵之长与执持是非,辄以败。"①英宗九岁即位,以杨士奇为首的内阁主持朝政,内阁遂成为明朝中枢决策机关,文渊阁成为内阁官署,票拟、批红成为内阁的基本办事方式。

其次是明朝的施政方针由外向型转变为内向型。明太祖统一全国后,迅速将政府机能转向恢复经济、发展生产,对外则采取人不犯我我不犯人、与周边国家和睦相处、不轻易发兵的政策。他在《皇明祖训》中列出了十六个"不征国",包括朝鲜、日本、琉球、安南、真腊、暹罗、占城、爪哇等等,并告诫子孙:

> 四方诸夷皆限山隔海,僻在一隅,得其地不足以供给,得其民不足以使令。若其不自揣量,来挠我边,则彼为不祥。彼既不为中国患,而我兴兵轻犯,亦不祥也。吾恐后世子孙倚中国富强,贪一时战功,无故兴兵,杀伤人命,切记不可。但胡戎与中国边境密迩,累世战争,必选将练兵,时谨备之。②

这一政策是基于当时中国国情的实际状况制定的。中国是个农业大国,明朝又是以汉人为主体的国家,这就决定了它的经济结构不求向外发展,而是内部自给;汉民族向外开拓疆土的激情也已随着汉、唐盛世的过去而淡泊;在太平洋西岸由黄河、长江、珠江水系构成的这块土地,大体可以满足当时人口所需的生存空间。解缙、夏原吉在永乐时正是根据国内条件并以明太祖的祖训为依据反对成祖出兵安南、深入蒙古的。而杨士奇则帮助仁宗和宣宗对永乐时期

① 《明史》卷七二《职官志序》。

② 朱元璋:《御制皇明祖训·箴戒章》,《洪武全书》本。

的政策进行了大刀阔斧却又不动声色的修正。郑和的船队已基本停止远航，驻扎在安南的部队尽数撤回国内，对蒙古也由战略进攻转为战略防御。这些举措在今天看来，似乎过于保守，但在当时对于稳定局势、恢复经济却是十分必要的。

其三，在实现政策的转移后，明政府加强了地方吏治的整顿，从而出现了所谓“仁宣之治”的局面。这个局面的形成，杨士奇起了重要作用。在古代中国，有头脑的政治家都看重人治，注意官员的选拔，因为祖宗法度一般是不能改变的，关键在于官员如何运用。正是根据这一思路，杨士奇在宣德时极力促成大臣保举法。尽管后来有人认为杨士奇此举旨在侵夺吏部的用人权，但宣德时经杨士奇推荐的人才却是极一时之选。于谦以监察御史的身份、周忱以越府长史的身份分别超擢兵部、工部右侍郎，巡抚河南山西及南直隶，况钟以吏员出身为苏州知府，都成为有明一代名臣。

比起解缙，杨士奇的最大优势是善于处理各种矛盾、协调各种关系。解缙号为知人，但知人中带有挑剔。杨士奇也以知人著称，但他更为宽厚，更顾全大局。有几件事颇能体现杨士奇的这一特点。

永乐时，广东布政使徐奇朝觐时带了许多岭南土产进京，馈赠在京群臣。此事为锦衣卫校尉察知，将徐奇的礼单直送御前。徐奇的这种行为有行贿嫌疑，成祖非常重视，一看名单，内阁诸臣中唯缺杨士奇。成祖为此事专门召见杨士奇。杨士奇的意见则使成祖改变了看法：“（徐）奇赴广时，群臣作诗文赠行，臣适病弗预，以故独不及。今受否未可知，且物微，当无他意。”一场眼看就要发生的冤狱，在三言两语中得到化解。

宣宗即位以后，汉王谋反。实际上这次“谋反”和中国历史上的多次叛乱一样，是被逼反的。最高统治者总是把强大的地方势力看成是不安定因素，但又一时找不到铲除的借口，于是不断地施加压力，使其活不下去，自己跳出来，然后找一个口实加以剿灭。平定汉王的谋反以后，有人提出赵王与汉王是串通一气的，大学士杨荣提出乘着兵势把赵王也灭了。杨士奇坚决反对：皇上只有两个叔父，一个汉王，一个赵王。如今汉王已经成阶下囚，如果又牵连到赵王，皇上以后如何面对祖父和父亲？他认为，赵王并没有任何“谋反”的迹象，不如写一封书信派人送去，让其善自珍重，做好一个王。宣宗听从了杨士奇的建议，书信一到，赵王亲自来京城请罪。又一场可能发生的冤案平静地过去了。

在永乐入阁的七人中，杨荣年纪最轻，但机敏过人。成祖北伐时，军中大事有议而不决者,往往是杨荣一言而定,因而倍受宠信,地位一直在杨士奇之上。仁宗继位后,二杨的位置发生了变化,杨荣很不服气,言语之间颇有表露。杨士奇则淡然处之,且以德报怨。《明史》记载了他和宣宗的一段对话:

> (杨)荣疏闿果毅,遇事敢为。数从成祖北征,能知边将贤否、阨塞险易远近、敌情顺逆。然颇通馈遗,边将岁时致良马。帝颇知之,以问士奇。士奇力言:"荣晓畅边务,臣等不及,不宜以小眚介意。"帝笑曰:"荣尝短卿及(夏)原吉,卿乃为之地耶?"士奇曰:"愿陛下以曲容臣者容荣。"帝意乃解。

这段对话经过内监传到杨荣耳中,杨荣甚感惭愧,从此以后,与杨士奇"相得甚欢"。

从上面几个例子可以看出,杨士奇善于处理各种关系,左右逢源,上下通达,却又不失某种原则性,这恰恰符合中国古代的治国之道。宣德后期及正统初"三杨"(指杨士奇、杨荣、杨溥)执政,开创了明代内阁的第一个全盛时期。而三杨的核心人物便是杨士奇。

作为江西籍官员,杨士奇比解缙显得更为大器,并不只将眼光盯住江西。在他执政期间入阁的马愉和曹鼐,一为山东临朐人,一为北直隶宁晋人。但是,他也在看似不经意间将两位杰出的泰和老乡安插在要害部门。一位是王直,永乐二年二甲第四名进士,正统八年即杨士奇去世的前一年被安排为吏部尚书;另一位是陈循,永乐十三年的状元,正统元年为侍讲学士兼经筵官,晋翰林院学士,取得入内阁的资格,到正统九年杨士奇去世后补入内阁。景泰时,决策军国大计主要是五巨头:司礼监太监兴安、兵部尚书于谦、礼部尚书胡濙,以及吏部尚书王直和内阁首席大学士陈循。[①]杨士奇两次为会试主考官,为同乡的录取提供了便利,还在不动声色中为江西士大夫的出仕拓宽了道路。洪武三年初定各省乡试解额即举人名额,江西和浙江、福建、湖广、山东、山西、河南、陕西均为40人。但在洪熙元年重定名额时,江西改为50人,浙江、福建各45人,湖广、广东仍为40人,河南、陕西则分别减为35人和30人,江西在十三布政司中名列首位。[②]正德时曾为解额发生争端,有人便宣称:"乡试解额,南方太多,北方太

① 参见方志远:《成化皇帝大传》第一章,辽宁教育出版社1994年版。

② 参见杜婉言、方志远:《中国政治制度通史·明代卷》第十章,人民出版社1996年版。

少，乃昔杨士奇私其乡里。”[1]以此鼓动刘谨、焦芳等“北人”与江西人为难。但江西解额居各省之首的局面终明之世也没有改变，从而使大批江西士人能够通过科举进入官场并对明代政局产生影响。杨士奇自己就不禁豪言大发：“天下之大，士之出于学校者，莫盛于江西、两浙，吉安又江西之盛者。”“四方出仕者之众，莫盛大于江西。”[2]陈循在奏章中亦称：

> 江西及浙江、福建等处，自昔四民之中，其为士者有人，而臣江西颇多，江西诸府，而臣吉安府又独盛。……且以臣原籍泰和县观之，杨士奇初以儒士保任庐陵县学训导，吏部试用，卒至为今名臣；又如儒士曾鹤龄，举进士第一，官至侍讲学士而卒；今文渊阁供事，通有五人，而臣泰和县又预二人，萧镃与臣是也；此外，官翰林者又数倍，以臣本府县如此之众。[3]

三、李孜省与“另类”江西士人

由解缙、杨士奇等人开创的江西士人主持朝政的局面一直延续到整个景泰时期。天顺时，虽然英宗重用“北人”，但仍有陈文、彭时、刘定之等江西籍士人入阁，陈、彭二人在成化时且一度主持内阁，并对政策的延续性和稳定性起了重要作用。

与此同时，由于最高统治者宪宗成化帝崇信方术，又使得一批江西士人在科举之外另辟蹊径。其代表人物是南昌人李孜省。

李孜省本为江西布政司的吏员。按当时的制度，吏员充役九年叫“考满”，考满给出身后，则有望“听选”出职，即由吏听选为官。李孜省考满后赴京听选，但他在江西的贪赃之事却被揭露出来，出职无望，于是另寻出路。江西是天师道（明朝改称正一嗣教）的所在地，民间以占卜、堪舆、相术、巫术谋生者甚多。[4]李孜省耳闻目睹，对江湖法术也略知一二，特别潜心“五雷法”，几年下来，颇有应验。又通过买通宦官梁芳、钱义，向皇帝献呈了自己的符箓。李孜省这次所上

① 陈洪谟：《继世纪闻》卷二。

② 杨士奇：《东里续集》卷一〇《送徐崇威佥宪致仕还乡序》。

③ 《明英宗实录》卷二六八，景泰七年七月丙申。

④ 王士性：《广志绎》卷四《江南诸省》专论江西：“士商工贾，谭天悬河，又人人辩足以济之。又其出也，能不事子母本，徒张空拳，以笼百务，虚往实归，职堪舆、星相、医卜、轮舆、梓匠，非有盐商木店，筐丝聚宝之业也。”

的符箓有何妙用，因史无明载，不得而知，但效果却是肯定的，所以当即被授为太常寺丞，正六品，成了在京衙门的堂上官。其后累迁左右通政、通政使、礼部侍郎。

太常寺是明朝主掌与上天对话的衙门。凡祭祀天神、地祇、人鬼，册立、册封、冠婚、营缮、征讨、大丧等典礼，均由太常寺负责。通政司则是内外臣工与皇帝联系的要害衙门，凡有奏本题本，都经通政司誊录并直达御前。宪宗不但让李孜省在这两个衙门供职，还特赐金冠、法剑及印章，许密封言事，可见对他的倚重。

说来也甚是凑巧。成化十三、四年间，京中、宫中经常出怪事，不是半夜有黑兽伤人，就是大白天殿内响起兵甲声，不得安宁。于是有汪直立西厂、屡兴大狱之事，朝野惶惶。但自从成化十五年李孜省出入宫闱后，这些怪事便不再发生了。加上李孜省不断有"淫邪"其实是房中术的新花样献进去，所以日益受宠，干预政事，"搢播进退，多出其口"[①]。大学士万安、刘吉、彭华也看李孜省的眼色行事。

文官集团是反对皇帝信僧道、崇方术的，不仅仅因为国家正常的统治秩序和传统的道德规范受到冲击，还因为正统儒学及凭借儒学立身的文官们的价值发生贬值，但他们对皇帝只能规谏，而将李孜省等人视为罪魁祸首。于是，整个成化朝后期的政治一定程度上成了以言官为代表的文官集团对以李孜省为代表的传奉官的声讨，以及李孜省借助皇帝对言官及其他反对派的打击。[②]

但是，这场斗争的阵线却非常微妙。其一，在抨击李孜省的言官队伍中，几乎没有江西人；其二，文官中的上层人物持观望态度，有的还和李孜省关系十分密切。所以发生这种情况，既是因为经过一百年的演变，士大夫的道德观念发生了很大的变化，也是因为地缘观念及李孜省政治手腕的影响。

由于李孜省的法术多涉"淫邪"，为了顾全皇帝的面子，史料中少有揭露。但他演示的一套"扶鸾术"，却在许多材料中都有记载。李孜省竟能在众目睽睽之下，在平整的沙盘上演示出"江西人赤心报国"几个大字。法术的高下深浅且毋一论，但这种公然以地区划势力的做法在明朝却是第一次。经过他的斡旋，已经致仕的江西官员，如副都御史刘敷、礼部郎中黄景、南京兵部侍郎尹直、工

① 《明史》卷三〇七《佞倖传》。

② 关于"传奉官"的问题，参见方志远：《"传奉官"与明成化时代》，《历史研究》2007年第1期。

部尚书李裕、礼部侍郎谢一夔等均得复用。尹直还不无得意地声称:"吾江右士夫,素以刚介寡偶,一旦联陟,舆论翕然称快。"[①]但苏州人王世贞在百年之后论及此事时则反唇相讥:"尹(直)之典密务与五公皆自李孜省引之,而所谓舆论翕然称快者,宁实录也!"[②]

与此同时,李孜省也策略性地对一些有时望的非江西籍大臣进行密封推荐,如翰林学士杨守陈、倪岳,少詹事刘建、都御史余子俊、李敏等,从而取得了不少官员的好感。

但是,随着宪宗的去世和孝宗的继位,由对李孜省等术士的打击进而发展到对江西士人的排挤。在弘治、正德二朝的30多年中,江西籍官员只有费宏一人进入内阁,且不到三年便被迫致仕;七卿中只有何乔新和李士实,分别为刑部尚书和都察院都御史,任职时间也甚短,何乔新是三年多,李士实仅一年多就致仕。江西士人整个地由以前的在朝派变为在野派。过去明太祖、成祖、英宗还只是笼统地以北人压南人,而到正德时则专门压江西人。大学士焦芳的儿子焦黄中便通过权阉刘瑾一度减少江西的乡试解额。武宗也公开发表意见:"江西土俗,自来多玩法者。"[③]

政府的压制,使得一些江西士人愤愤不平。他们选择了在南昌就藩的宁王朱宸濠,企图通过武力来重新分配国家权力。宁王朱宸濠的起兵,固然是明朝宗室内部的又一次争夺最高统治权的斗争,但在一定意义上却是代表着部分江西在野派士人的利益和愿望。严格说来,朱宸濠本人也属在野的江西士人,所不同的只是有宗室身份而已。从这一点来说,与当年成祖靖难代表着北方军人集团的利益极其相似。但是,正如本书第一章论及宁王起兵事所说的那样,江西自古以来就没有形成过独立的政治力量,秦汉一统以后,江西是最稳定的省区之一。大多数江西士人宁愿按正常途径进入仕途,而不愿意铤而走险以求无妄之福。他们宁愿在王守仁的带领下,同仇敌忾地消灭宁王,以示对朝廷的忠诚不二。这一选择在一定程度也造成了嘉靖时期江西士人重新进入中央决策圈。

虽然在这一时期发生了诸如李孜省与宁王等事项,但正如上文所说,天顺、成化、弘治、正德年间,江西士人在明朝中央政坛的势力仍不容忽视。此时,

① 尹直:《工部尚书谢公墓志铭》,《明名臣琬琰续录》卷一四。

② 王世贞:《弇山堂别集》,卷二八《史乘考误九》。

③ 《明武宗实录》卷五九,正德五年正月己卯。

内阁、七卿等重要部门也还有大量的江西籍官员。其中影响较大的有费宏、陈循、王直、彭时、戴珊等人。

费宏字子充，号健斋，又号鹅湖，晚年自号湖东野老，铅山人。成化二十三年状元，授修撰。弘治中，直讲东宫。武宗即位后，擢升太常少卿，兼侍讲读。正德二年为礼部右侍郎，不久转为左侍郎，五年为尚书。正德皇帝沉湎于逸乐，早朝、日讲都已停废，费宏奏请勤政、务学、纳谏。六年十二月，兼文渊阁大学士，参预机务。不久加太子太保、武英殿大学士，进户部尚书。朱宸濠起兵前，费宏坚决拒绝钱宁与朱宸濠的拉拢，并阻止朱宸濠扩充势力，“于是宸濠与宁合，而恚宏”。费宏与堂弟费寀被迫致仕，回江西途中遭钱宁暗算，“焚其舟，资装尽毁。”归家后杜门谢客朱。朱宸濠“复求与通，宏谢绝之，益怒”，遂指使奸人攻打费氏家族并掘其祖坟。正德十四年，朱宸濠在南昌起兵，费宏组织义兵，联络府县官员，会兵进剿。[①]朱宸濠败后，朝中大臣争请召回费宏。世宗即位，即重新起用费宏，加少保，入阁辅政。费宏持重识大体，明习国家故事。与杨廷和、蒋冕、毛纪同心协赞，数劝嘉靖帝革武宗弊政。在“大礼议”风波中支持嘉靖帝，及廷和等去位，为首辅，加少师兼太子太师、吏部尚书、谨身殿大学士。由于与席书、张璁、桂萼等不合，遭其怨恨诋毁，六年二月致仕。至十四年，嘉靖帝追念费宏，再遣行人即家起官如故。费宏待人平易，为政宽和，体恤民情，为官清廉。但刚正鲠直，不畏权奸，不为物役，决断果敢。虽屡遭迫害，一生坎坷，两落三起，却又不损清誉。[②]史赞：“费宏等皆起家文学，致位宰相。宏却钱宁，拒宸濠，忤张、桂，再蹶再起，终亦无损清誉。”费宏居家时，开挖惠济渠，建筑新成坝，讲学含珠山，造福桑梓。又工诗善文，著有《鹅湖摘稿》20卷，以及《湖东集》、《宸章集录》、《遗德录》、《惭愕录》等若干卷。另有徐阶、刘同升编《费文宪集选要》7卷，存于《四库全书》。年68无疾而终，谥文宪。归葬故里铅山横林。

陈循，字德遵，号芳洲，泰和人，永乐十三年状元，授翰林院修撰，正统九年入文渊阁，参预机要，进户部右侍郎。“土木之变”后晋为首辅，与兵部尚书于谦一道领导了北京保卫战，挫败了瓦剌的进攻，在英宗被俘的情况下，辅佐景泰帝，稳定了大局，此后历兼文渊阁、华盖殿大学士。英宗复辟后，充戍铁岭卫。[③]

① 参考曹国庆：《明代江西科第世家的崛起及其在地方上的作用——以铅山费氏为例》，《中国文化研究》1999年第4期(冬之卷)。

② 《明史》卷一九三《费宏传》。

③ 《明史》卷一六八《陈循传》。

王直,字行俭,号抑庵,泰和人,永乐二年进士,在翰林院二十余年,稽古代言编纂纪注之事,多出其手。正统八年任吏部尚书,天顺元年致仕,秉铨政十四年,为一时名臣,累进少傅兼太子太师。景帝在位,“时变起仓卒,朝臣议屡上,皆直为首。而直自以不如于谦,每事推下之,雍容镇率而已”。王直的这种包容心态,也正是景泰时期最高统治集团内部统一意志的重要因素。①

彭时,字纯道,安福人,正统十三年状元,次年入阁参与机务,景泰元年忤旨出阁,历至太常少卿。天顺元年复入阁,成化四年至十一年任首辅,深得英宗父子和朝臣的信任。彭时勇于任事,《明史·彭时传》称:“阁臣自三杨后,进退礼甚轻,为帝所亲擢者,唯彭时与(岳)正二人,而帝方享用李贤,数召贤独对。贤雅重时,退以咨……(帝)选庶吉士,命贤尽用北人,南人必若时者方可,贤以语时。俄中宦牛玉宣旨,时谓玉曰:‘南士出时上者不少,何可抑之’已,选十五人,南六人与焉。……立朝三十年,孜孜奉国,持正存大体……有古大臣之风。”

戴珊,字适珍,浮梁人,天顺八年进士。督南畿学政,正身率教,士皆爱慕之。历浙江按察使、福建布政使,终任不携一土物。弘治时为左都御史,以老疾数求退,辄优诏勉留,造膝宴见,称“主人留客坚,客则强留,珊独不能为朕留耶?且朕以天下事付卿辈,犹家人父子,今太平未兆,何忍言归”。戴珊亦不负所望,考察京宦,廉介不苟合;对朝政,知无不言,言无不尽。②

在此期间曾入阁的江西人还有:陈文,庐陵人,正统元年榜眼,天顺七年以礼部会侍郎、学士入阁,成化二年至四年为首辅;萧镃,泰和人,宣德二年进士,景泰二年至八年在阁;刘定之,永新人,正统元年探花,成化二年至五年在阁;彭华,安福人,景泰五年会元,成化二十一年至二十三年在阁;尹直,泰和人,景泰五年进士,成化二十二年至弘治元年在阁。

在七卿中,还有:何文渊,广昌人,永乐十六年进士,景泰元年至四年任吏部尚书,佐王直理部事;萧维祯,泰和人,宣德五年进士,正统十四年任大理寺卿,景泰四年擢都察院左都御史,理院事。罗通,吉水人,永乐七年进士,景泰初进右副都御史,参军务兼理院事,四年进右都御史,赞军务如故;刘广衡,万安人,永乐二十二年进士,景泰二年任右副都御史,天顺元年进刑部尚书;萧晅,泰和人,宣德二年进士,天顺四年至五年任礼部尚书;刘敷,永新人,景泰二年

① 《明史》卷一六九《王直传》。

② 《明史》卷一八三《戴珊传》。

进士,成化二十二年至二十三年任右都史,掌院事;王概,庐陵人,天顺七年任大理寺卿,成化八年至十年为刑部尚书;李裕,丰城人,景泰五年进士,成化初进右副都御史,总督漕运兼巡抚江北诸府,十九年为右都御史,旋改工部尚书,二十二年至二十三年任吏部尚书;谢一夔,新建人,天顺四年状元,成化二十二年至二十三年任工部尚书;何乔新,广昌人,景泰五年进士,弘治元年至四年为刑部尚书;徐琼,金溪人,天顺元年进士,十年至十三年任礼部尚书;张敷华,安福人,天顺八年进士,弘治十二年任右都御史总督漕运兼巡抚淮、扬诸府,正德元年转左;傅瀚,新喻人,天顺八年进士,弘治十三年至十五年继徐琼为礼部尚书;张升,南城人,成化五年状元,弘治十五年至正德二年继傅瀚为礼部尚书。

四、严嵩事件与江西士大夫淡出中央决策圈

随着武宗的去世和世宗的继位,江西士人重新活跃起来,并在一定程度上左右明代政局的发展方向。

《明史》载:"世宗朝,(张)璁、(桂)萼、(夏)言、(严)嵩相继用事。"四位宰辅中,除张璁是浙江永嘉人外,其余三位皆江西人。桂萼是安仁(今余江县)人,夏言为贵溪人,严嵩是分宜人。桂萼遇事敢争,夏言极有担戴,严嵩则善于因势利导,加上嘉靖朝江西士大夫布列朝班,故而形成极大的政治势力,令人瞩目。在当时,一个中层江西籍官员的意见甚至就被视作为内阁的意图。有这样一个故事:"世宗朝,南给舍陈庆疏上,拟以南兵贰兼操江,其原设操江当革者。旨下南京各堂上官司会议。庆,江西人,执政同乡,一时议者皆谓当革。"[①]有的官员甚至想方设法附籍江西,"会吴中有岛寇,华亭(徐阶)即卜宅豫章,佯为避寇之计,有司为之树坊治第,附籍江右"[②]。尤其是严嵩任首辅时期,"政事一归嵩"[③],而"江右士大夫往往号嵩为父"[④]。

但是,就在江西籍官员的极盛之时,却出现了内部斗争。先是严嵩构陷夏言,夺得内阁首辅之位,后是夏言的同乡、道士蓝道行构陷严嵩。严嵩的倒台,大批江西籍官员受到牵连;随着对严嵩攻击的升级,江西士人大体上退出中央决策圈。

---

① 陆树深:《毫余杂识》。

② 于慎行:《谷山笔麈》卷四。

③ 《明史》卷三〇八《严嵩传》。

④ 于慎行:《谷山笔麈》卷四。

严嵩不仅在明代，在整个中国历史上也具有典型意义。他既有解缙的才气，也有杨士奇的世故，某种意义上还有李孜省睚眦必报的意识。如果他充分发挥自己的才学，明代或许会出现一位划时代的文学大家；如果他处在洪、宣乃至弘治时代，或许会起到杨士奇曾经起到过的政治作用，从而为后人称道。但他恰恰发迹于嘉靖中后期，这是明朝政治走向全面腐败的时期，而严嵩又无杨士奇的宽容和执着，因而对当时的政治滑坡起着推波助澜的作用。首先是政治的腐败诱发了严嵩内在的消极因素，而严嵩的能量和表率又加速了政治的腐败。

严嵩最后是在忧郁中死去的，不仅罢了官，抄了家，儿子也被杀。清代修《明史》，严嵩入了《奸臣传》，成了反面角色的典型。

实际上，严嵩该不该入《奸臣传》，当年明史馆中即存在争议。阮葵生《茶余客话》载：

> 李穆堂绂记闻最博，而持论多偏。在明史馆，谓严嵩不可入奸臣传。纂修诸公争之，李（绂）谈辨云涌，纵横莫当，诸公无以折之。最后，杨农先椿学士从容太息曰："分宜（按：指严嵩）在当日尚可为善，可恨杨继盛无知小生，猖狂妄行，织成五奸十罪之疏传误后人，遂令分宜含冤莫白。吾辈修史，但将杨继盛极力抹倒，诛其饰说诬贤，将五奸十罪，条条剖析，且辨后来议恤议谥之非，则分宜之冤可申。"穆堂闻之，目眙神愕，口不能答一字，自是不复申前说。①

李绂是江西临川人，其为严嵩辩冤，言如云涌、"纵横莫当"，其说自然有理有据。杨椿不从正面反驳，说明李绂所言不虚。但杨椿一提杨继盛，李绂则辞穷，可见另有忌讳。这忌讳便是：杨继盛是清顺治帝和乾隆帝"钦定"的忠臣。而杨继盛之为忠臣，便是因抨击严嵩而被杀，因此，要想为严嵩翻案，先得将杨继盛诉说的严嵩罪状推翻。不然，杨继盛岂不死得不明不白？苏均炜先生在他的《大学士严嵩新论》中曾逐条逐句反驳《明史·奸臣传》所记载有关严嵩的劣迹，并令人信服地分析了严嵩被指为奸臣的过程。他认为，文学作品和戏剧褒扬杨继盛而攻击严嵩，并由此导致酷爱小说、戏剧的清顺治帝和乾隆帝都仰慕杨继

① 阮葵生：《茶余客话》，卷九。

盛是忠臣而谴责严嵩为奸臣，这是《明史》馆诸臣将严嵩选入《奸臣传》的重要原因。①

其实，对于严嵩的定性，在明代就有不同的看法。天启时官至礼部尚书、文渊阁大学士的朱国桢说："分宜之恶，谭者以为古今罕俪。"这是受当时舆论的影响所致。一到江西，朱国桢却疑惑了："乃江右人尚有余思，袁人尤甚。余过袁，问而亲得之。可见舆论乡评，亦自有不同处。"②晚明名士钱谦益也曾指责严嵩"凭借主眷，骄子用事，诛夷忠良，溃败纲纪，遂为近代权奸之首。至今儿童妇人，皆能指其姓名，戟手唾骂。"但和朱国桢一样，钱谦益也在私下怀疑：一个奸臣，怎么能写出《钤山集》中那些清丽婉弱、不乏风流的诗文？一个奸臣，怎么能在待人接物上如此彬彬有礼、平和易与？一个奸臣，又怎能得到家乡父老的永久怀念？带着这种种疑惑，钱谦益在其所编的《列朝诗集》中，将严嵩的诗冠于嘉靖以来将相之首，以使读者"论其世，知其人"，并在严嵩小传中引用了一件当时流传甚广的趣事：

> 世传少师（按：指严嵩）当国时，江西士绅以生辰致贺。少师长身耸立，诸公俯躬趋谒。高新郑（按：指高拱）旁睨而笑。少师问其故。新郑曰："偶思韩昌黎《斗鸡诗》：'大鸡昂然来，小鸡竦而待。'是以失笑耳。"京师市语，谓江西人为鸡。相与哄堂而欢。③

这段故事见于当事人高拱的记载，高拱嘉靖末至万历初为大学士，严嵩为首辅时任职翰林院。钱谦益叙及此事，悠然神往："先辈风流雅谑，政府词林，形迹无间，此亦近世馆中嘉话也。"

严格来说，严嵩之为奸臣，是替明世宗嘉靖皇帝背了恶名。④冤杀杨继盛、

① （美）苏均炜：《大学士严嵩新论》，《明清史国际学术讨论会论文集》，天津人民出版社 1983 年版。

② 朱国桢：《涌幢小品》，卷九《焦严始终》。

③ 钱谦益：《列朝诗集小传》丁集中《严少师嵩》。沈德符在《万历野获编》卷二六《谑语》有类似的记载。对于当时官场的种种以谑取乐之举，作者亦深怀羡慕："此三公者（指严嵩、高拱与张居正）皆非经常宰相，而当时矢口相谑，不以为忤；且科第相去甚悬，在今日则前后辈迥分。词林后辈，屏气磬折，不敢出一语，而胸中所怀，各以刀铤相向，安得复见此风哉！"

④ 方志远：《历史上的奸臣与〈奸臣传〉》，《文史知识》1998 年第 12 期，另见《新华文摘》1999 年第 4 期。

沈炼,是明末文学作品特别是戏剧中严嵩成为家喻户晓的奸臣的主要事件。但决定杀杨继盛、沈炼的却并不是严嵩而是明世宗朱厚熜。严嵩遭贬、严世蕃下狱后,御史林润欲置其于死地,以杀杨、沈继续进行攻击,严世蕃闻讯大喜,以为"狱且解"。政敌徐阶则告诫林润:"杨、沈之狱,(严)嵩巧取上旨。今显及之,是彰上过也。"严世蕃和徐阶都是杨、沈之死的知情人,故所见皆同;林润及其同僚不在政府,不知内情。徐阶的狡猾处,在于不动声色地让严嵩替世宗背黑锅,而且一直背下去,世宗下旨杀杨、沈,却被徐阶轻描淡写成是严嵩搞的鬼。而人们相信徐阶的话,起因却在严世蕃身上。

《罪惟录》有一段并不引人注意的话:

> 上(按:指世宗)在位久,要威福自操,事事出上意。(严)嵩承夏言之后,不敢有可否,间有所左右,直微引其词。至上所必欲杀,无所匡诤而已。(严)世蕃既外引嵩左右者,示德于天下,则上意所欲杀者,天下竞指嵩。[①]

查继佐的分析合情合理,可以帮助人们解开一个疑团:为什么嘉靖朝一出冤案,时人便将账算到严嵩身上?原来儿子在为他招怨。既然官员的升迁是严嵩的恩德,那么,诤臣的冤死,自然也是严嵩做了手脚。

几乎所有关于严嵩的史料都说到他晚年溺信儿子严世蕃。《明史·奸臣传》更说:"(严)嵩虽警敏,能先意揣帝指,然帝所下手诏,语多不可晓,惟世蕃一鉴了然,答语无不中。"是严嵩晚年全靠儿子固宠。尽管严嵩一生谨慎,如履薄冰地伴君,严世蕃却在嬉笑怒骂地结怨。结果必然是在位越久,积怨越深,终至身败名裂。

严嵩之后,新建籍张位成了江西士人入阁的绝唱。万历十九年九月,张位以吏部侍郎、东阁大学士入阁。虽然是明代最后一位江西籍的大学士,张位却是认真在政坛上折腾了几番。当时的首辅是浙江兰溪人赵一皋,但"志皋衰,(张)位精悍敢任,政事多所裁决"。

张居正去世后,明神宗将积压多年的怨气发泄出来,对其进行清算。长期以来受到内阁压制的吏部夺回失去的阵地,"黜陟权尽还吏部,政府不得侵挠",张居正的继承人申时行等人成了"维持内阁"。张位对这一状况深感不满,

---

① 查继佐:《罪惟录·列传》,卷三〇。

处处与吏部作梗。从万历十九年至二十六年，张位在内阁的七年间，陆光祖、孙鑨、陈有年、孙丕扬、蔡国珍等人先后从吏部尚书任上去位，除了陆光祖，其余四人皆因张位的掣肘，“不安其位而去”[①]。特别是孙丕扬，为了抵制张位干预吏部铨选、安排其江西同乡，竟创造出“掣签”法，即用抽签的方式来安排中下级官员职务，成为千古笑柄。沈德符《万历野获编》记：“吏部掣签之法，始自迩年孙富平太宰，古今所未有也。孙以夙望起，与新建张相寻端相攻，虑铨政鼠穴难塞，为张所持，乃建此议。”[②]

其实，沈德符对江西人也是有偏见的。永乐十三年，太监王房等督夫六千人在辽东黑山淘金，十五年，又命内臣在广西南丹州开金矿；成化十年，命内臣在湖广宝庆府开金矿，每年役夫五十五万人；万历时，矿监税使遍天下。不管是否确实，沈德符认定这是江西吉水胡广、安福彭时、新建张位执政时为照顾江西商人所致。[③]虽说是偏见，但至少说明直到沈德符所生活的万历后期，江西士人仍在明代政局中发挥重要影响。

此时的明朝政坛，群臣的结帮拉派已经极为明显。由于张位遇事敢于担当，同时也乐于此道，故不免深陷其中。《明史·张位传》记：“(张)位初官翰林，声望甚重，朝士冀其大用。及入政府，招权示威，素望渐衰。给事中刘道亨劾位奸贪数十事，位愤力辨，遂落道亨三官。吕坤、张养蒙与孙丕扬交好，而沈思孝、徐作、刘应秋、刘楚先、戴士衡、杨廷兰则与位善，各有所左右。”在以张位为代表的内阁与孙丕扬为代表的吏部的权力之争中，对立的双方壁垒分明。张位的反对力量主要是“北人”，而支持者却是“南人”[④]。

不仅如此，还有一位江西临川籍“山人”乐新炉在其中活动。乐新炉积极为同乡势力的扩张而制造政治舆论，这也恰恰是成化时期李孜省的勾当，其结局也和李孜省相似，下诏狱而死。张位表面上是因为“妖书”《忧危竑议》事件，实

---

① 《明史》卷二一九《张位传》。

② 沈德符：《万历野获编》，卷十《吏部·掣签授官》。

③ 沈德符：《万历里获编》，卷二《列朝·矿场》。又按：前引丁文江《奉新宋长庚先生传》也说当日江西人矿业之盛，沈德符的猜疑并非完全没有道理。

④ 按：与张位对立的吕坤为河南宁陵人、张养蒙为山西泽州人、孙丕扬为陕西富平人；而张位的支持者，沈思孝为浙江嘉兴人、刘楚先为湖广江陵人、戴士衡为福建莆田人，徐作、杨廷兰为江西南昌人，刘应秋为江西吉水人。关于明代“南人”与“北人”的矛盾和斗争，参见方志远：《(明)成化皇帝大传》(辽宁教育出版社 1994 年版)、《明代城市与市民文学》(中华书局 2004 年版)、《论明代宦官的知识化问题》(《江西师大学报》1989 年第 3 期)、《明代苏松江浙人“毋得任户部”考》(《历史研究》2004 年第 4 期)。

则是因为派系斗争而被“除名为民”。受其牵连，一批江西籍官员被贬黜，其中包括右都御史南昌徐作、祭酒吉水刘应秋、给事中南昌杨廷兰、主事南昌万建昆，以及侍郎湖广江陵刘楚先。①

这一次清除，既是江西士人在明后期政局中所遭受的重创，在一定程度上又加剧了明代政坛上的帮派斗争。其后，虽然有吉水邹元标等人仍然活跃在政治舞台，但江西士人已被排除在明朝最高权力机关之外。故在万历天启间的党争中，江西士人已经形不成独立的气候。与此同时，江西士人的科举之路也艰难起来，更多的士人另寻其他更为便捷的生存方式——从事工商业（详见本书第四章）。

严嵩、张位之外，在嘉靖、万历时期还有多位江西士大夫在中央政治中发挥着重要作用，其著名的有桂萼、夏言等人。

桂萼，字子实，号古山，安仁人。正德六年进士。嘉靖初由成安知县迁南京刑部主事，以疏请称孝宗皇伯考、兴献帝皇考，受知于世宗，与张璁等为议礼新贵，擢至礼部尚书兼武英殿大学士，入阁预机务。其议事决策，“皆有裨君德时政者”。但生性好猜忌，又好排异己，“故不为物论所容”②。

夏言，字公谨，号桂洲，贵溪人。正德十二年进士。居言路，裁冗员、核庄田，疏劾宦官赵霖、建昌侯张延龄等。嘉靖二年出按皇庄，力主归还侵民之产，禁止勋戚受献庄田，颇得世宗赞许。九年进吏科都给事中，以赞郊礼有功，而所撰清词最合世宗意。“孚敬（张璁）颐指百僚，无敢与抗者。言自以受帝知，独不为下……时士大夫犹恶孚敬，恃言抗之”。累官礼部右侍郎、礼部尚书等。十五年又加少保、少傅、太子少师，以本官兼武英殿大学士入阁预机务。及入阁，“李时为首辅，政多自（夏）言出。顾鼎臣入，恃先达且年长，颇欲有所可否。（夏）言意不悦，鼎臣遂不敢与争。……鼎臣已殁，翟銮再入，恂恂若属吏然，不敢少龃龉。……（夏）言虽在告，阁事多取裁”。世宗指责道：“言官为朝廷耳目，专听（夏）言主使。朕不早朝，（夏）言亦不入阁。军国重事，取裁私家。王言要密，视等戏玩。”所言虽不尽实，但亦决非空穴来风。其为人颇自负，遭忌于严嵩等。嘉靖二十七年，夏言被世宗以启衅河套，交结近侍之名处死。隆庆初，复故官，谥文敏。

嘉靖朝的部院大臣中，江西籍官员的出任情况大体是：吏部尚书5人，侍郎

① 《明史》卷二一九《张位传》。

② 《明史》卷一九六《桂萼传》。

3人；礼部尚书5人，侍郎7人；兵部尚书3人，侍郎6人；刑部尚书3人，侍郎15人；工部尚书4人，侍郎7人；都察院左右都御史4人，副都御史11人；通政使1人，大理卿5人。[①]翰林学士6人，侍讲读学士4人，祭酒6人。[②]其中影响较著者，有罗钦顺（泰和人）、赵璜（安福人）、汪俊（弋阳人）、刘麟（安仁人）、熊浃（南昌人）、周期雍（宁州人）、欧阳必进（泰和人）、费宷（铅山人）、欧阳德（泰和人）、吴山（高安人）、范璁（东乡人）、聂豹（永丰人）、毛伯温（吉水人）、文明（萍乡人）、雷礼（丰城人）、谭纶（宜黄人）、万镗（进贤人）等。他们在处理"南倭北虏"之患、平定安南叛乱、挽救明王朝统治危机等方面，起过一些积极的作用，而谭纶更与戚继光并称"谭戚"。同时，由于统治集团内部存在不同地区、不同阶层的矛盾，江西籍官员也都不同程度地卷入了尖锐激烈的矛盾漩涡之中。

江西籍官员在明代后期的政治中也并非一无所为，如在著名的"东林"与阉党之争中，在籍贯可考的官员中，江西无一阉党[③]，而在"东林党"的主要成员中，江西在数量上仅次于南直、陕西，名列第三[④]。吉水邹元标是"东林党"的重要首领之一，与北直赵南星、南直顾宪成号为"三君"。此外，阁臣吴道南（崇仁人）、刘㷆（南昌人）、蔡国用（金溪人），部院李邦华（吉水人）、李日宣（吉水人）、熊明遇（进贤人）也颇有时誉。

第三节
江西士大夫的政见与政绩

一、江西士大夫的气节与政见

江西士大夫对明代政局的重大影响，不仅仅是因为有处在政局中心的解缙、杨士奇、陈循、夏言、严嵩等人，也包括那些为着自己的理想而克己奉公、兴利除弊乃至舍生取义者。所谓"疾风知劲草，板荡识英雄"，在明代政局的所有动荡之时，总有江西士大夫挺身而出，代表社会舆论与传统道德，张扬正义，鞭挞邪恶。

① 据王世贞《弇山堂别集》卷四五—六一统计。

② 据《明书》卷三三统计。

③ 赵翼：《廿二史札记》，卷三五。

④ 据李棪《东林党籍考》（人民出版社 1957 年版）统计。

江西士大夫群体形象的出现，其实不必等到解缙、杨士奇出现于内阁以后，而是在建文帝“逊国”之时。《明史》卷一四一赞曰：

> 帝王成事，盖由天授。成祖之得天下，非人力所能御也。齐、黄、方、练之俦，抱谋国之忠，而乏制胜之策。然其忠愤激发，视刀锯鼎镬甘之若饴，百世而下凛凛犹有生气。是岂泄然不恤国事而以一死自谢者所可同日道哉！由是观之，固未可以成败之常见论也。

这些“抱谋国之忠而乏制胜之策”、“视刀锯鼎镬甘之若饴、百世而下凛凛犹有生气”者的代表人物中，齐为南直溧水齐泰、方为浙江宁海方孝孺，黄、练则为江西黄子澄和练子宁。

黄子澄名湜，分宜人，洪武十八年进士，授修撰，伴读东宫，累官太常卿。建文帝即位后兼翰林学士，与齐泰同被倚为股肱，共参军国大计。鉴于北方藩王势力日盛，齐、黄二人建议削夺诸藩兵权。以后朱棣发动“靖难”之变，便是以清除黄子澄、齐泰“奸臣”误国为名，而行夺取皇位之实。练子宁名安，新淦人，洪武十八年榜眼，授修撰，累官吏部侍郎，迁左副都御史，以坚决支持削藩而深获信任。朱棣夺位后，拘捕黄子澄、练子宁，“亲诘之，抗辩不屈，磔死。族人无少长皆斩，姻党悉戍边”。练子宁侄大亨，时任嘉定知县，闻变后与妻沉河而死；里人徐子权以进士为刑部主事，闻练子宁死，恸哭赋诗而自杀。①

在“靖难”之役后殉难的江西士大夫，还有王艮等人。王艮字敬止，吉水人。建文二年进士，与同乡胡靖(即胡广)、李贯囊括一甲三名。朱棣兵临城下时，王艮与妻子诀别说：“食人之禄者，死人之事。吾不可复生矣。”解缙、吴溥与王艮、胡靖是邻居，城陷前夜，都聚集在吴溥家商议。解缙陈说大义，胡靖亦奋激慷慨，王艮独流涕不言。三人离开后，吴溥的儿子吴与弼尚年幼，叹曰：“胡叔能死，是大佳事。”吴溥曰：“不然，独王叔死耳。”语未毕，隔墙闻胡靖呼：“外喧甚，谨视豚。”吴溥对吴与弼曰：“一豚尚不能舍，肯舍生乎？”片刻后王艮在家大哭，饮鸩而死。第二天解缙、胡靖、李贯等皆迎附朱棣。后明成祖出示建文时群臣奏疏千余通，令解缙等编阅，其中涉及兵农、钱谷者留之，凡言语干犯者，皆焚毁。朱棣笑问李贯、解缙等人：诸位应该也都有吧？众人未答，李贯独顿首曰：“臣实

① 《明史》卷一四一《黄子澄传》、《练子宁传》。

未尝有也。"成祖遂厉声道:"尔以无为美耶?食其禄,任其事,当国家危急,官近侍独无一言可乎?朕特恶夫诱建文坏祖法乱政者耳。"后李贯坐累,死于狱中,临死之前叹曰:"吾愧王敬止矣。"①

《明史》卷一四三赞曰:

> 靖难之役,朝臣多捐躯殉国。若王艮以下诸人之从容就节,非大义素明者不能也。高巍一介布衣,慷慨上书,请归籓服。其持论甚伟,又能超然远引,晦迹自全,可称奇士。若夫行遯诸贤,虽其姓字杂出于诸家传纪,未足征信,而忠义奇节,人多乐道之者。《传》曰:"与其过而去之,宁过而存之。"亦足以扶植纲常,使懦夫有立志也。

《国榷》记载朱棣进入南京后,第一批因拒绝合作而被杀的京官19人,其中有四人为江西士大夫,黄、练之外,还有礼部侍郎吉安黄魁和大理寺左少卿鄱阳胡闰。第一批自杀殉节者共16人,江西有三人:翰林院修撰吉水王艮、监察御史永丰魏冕、大理寺丞永丰邹瑾。接着,又有衡府纪善周是修自缢家中。《明史》本传说到了周是修的气节,却又故意点出了未能与周是修一同赴难的背信弃义的其他江西人:"是修外和内刚,志操卓荦,非其义,一介不苟得也。尝曰:'忠臣不计得失,故言无不直。烈女不虑死生,故行无不果。'尝辑古今忠节事为《观感录》。其学自经史百家,阴阳医卜,靡不通究。为文援笔立就,而雅赡条达。初与士奇、缙、靖及金幼孜、黄淮、胡俨约同死。临难,惟是修竟行其志云。"可见,在明朝历史的这一重大转折时期,江西士大夫的表现,无论是死难者还是归附者,都受到舆论的普遍关注。在此后的一些重要关节也同样如此。明后期王士性指出:"吉安夙称节义之乡,然至宋而盛。……至本朝靖难,又有周纪善是修、曾御史凤韶、魏御史冕、王编修艮、颜沛县伯玮、王教谕省、邹大理瑾、彭大理与明八人,良非他处所及。"②

建文帝的下落是明史一大谜案,江西上饶地区一直流传着建文帝隐身三清山的传说。三清山上三清宫一处规模恢宏的墓冢,名为"明治山詹碧云藏竹之所"。大殿石柱楹联镌刻的"一统大明祝皇祚于百世千世万世,三元无极存道气

① 《明史》卷一四三《王艮传》。

② 王士性:《广志绎》,卷四《江南诸省》。

图5-5 三清山上形似明孝陵的墓冢(方志远摄)

于玉清上清太清",当地相传为建文帝所题。该墓冢形似明孝陵,暗藏许多玄机。

以下简略介绍一些江西士大夫的言行,以见其气节与政见。

钱习礼,名干,吉水人。永乐九年进士,选庶吉士,授检讨。习礼与练子宁为姻戚,入仕后乡人视之为奸党,故常惴惴不安。杨荣乘机攻之,成祖笑道:"使子宁在,朕犹当用之,况习礼乎?"宣德元年修两朝《实录》,与侍讲陈敬宗同召还,进侍读学士。英宗开经筵,习礼为讲官。《宣宗实录》修成后擢升学士,掌院事。翰林院落成后,诸殿阁大学士皆至,习礼不设杨士奇、杨溥座,曰:"此非三公府也。"正统年间王振当政,官员多登门造访,独习礼以之为耻。①

周叙,字公叙,吉水人。永乐十六年进士,选庶吉士,授编修。历官侍读,为经筵讲官。正统十一年升南京侍讲学士。时郕王朱祁钰监国,周叙上疏道:"君父之仇不共戴天,殿下宜卧薪尝胆,如越之报吴。使智者献谋,勇者效力,务扫北庭,雪国耻。先遣辩士,卑词重币乞还銮舆,暂为君父屈。"后又疏言励刚明、

① 《明史》卷一五二《钱习礼传》。

亲经史、修军政、选贤才、安民心、广言路、谨微渐、修庶政八事，得到景帝的欣赏。景泰二年奏请恢复午朝，每日接见大臣以咨诹治道，于经筵之余，召文学从臣讲论政事，并诏天下臣民直言时政缺失。①

刘子辅，庐陵人。由国子生擢升监察御史，巡按浙江。为官廉洁，性格平和，得到地方人士的称赞。按察使周新不轻易誉人，但唯独称许刘子辅贤德。迁广东按察使，后坐累而左迁谅江知府，善于安抚民众，顺从民意。越南黎利叛反，刘子辅与守将、兵民死守达九个月之久。城陷之日慨然曰："吾义不污贼刃。"遂自缢而死，其一子一妾亦皆死。②

刘球，字廷振，安福人。永乐十九年进士。居家读书讲学十年，追随者众多。授礼部主事。正统六年，英宗听从王振所言，欲大举征麓川，刘球上疏力谏，请"罢大举之议"，并请推选智谋将帅，辅以才识大臣，量调官军，分屯金齿诸要害。"结木邦诸蛮以为援，乘间进攻，因便抚谕，而寇自可服。"刘球特别指出："西北障塞，当敕边臣巡视。浚筑沟垣，增缮城堡，勤训练，严守望，以防不虞，如此则有备无患。"由此王振怀恨在心，下刘球于狱并杀之。刘球死后数年，瓦剌果然大举入寇，结果英宗被俘，王振被杀。景帝念刘球忠烈，赠翰林学士，谥忠愍，立祠于乡以供祭祀。③

陈鉴，字贞明，高安人。宣德二年进士，授行人。正统中，擢御史，出按顺天，上疏指出京师风俗浇漓，原因有五：一，事佛过甚；二，营丧破家；三，服食靡丽；四，优倡为蠹；五，博塞成风。改按贵州。时麓川酋思任发子思机发遁孟养，屡上书求宥罪通贡，朝廷不许。复大举远征，兵祸连年，云贵军民疲敝。苗民乘机煽动，闽、浙间"盗贼"大起。举朝皆知其不可，但惧于刘球以忤王振冤死，不敢言事进谏。独陈鉴抗疏，请息云贵之兵。王振大怒，改陈鉴为云南参议，又借故下其于狱，景帝即位后才获赦免。④

钟同，字世京，吉安永丰人。幼时入吉安忠节祠，见所祀欧阳修、杨邦义等人，遂立志效法乡贤，"死不入此，非夫也"。景泰二年举进士，次年授御史，五年五月，钟同因上疏议论时政时，遂及复储事，力言复立英宗长子沂王朱见深为太子。疏入，景帝不悦。六年八月，大理少卿廖庄也因以言及沂王事被杖。有人

① 《明史》卷一五二《周叙传》。

② 《明史》卷一五四《刘子辅传》。

③ 《明史》卷一六二《刘球传》。

④ 《明史》卷一六二《陈鉴传》。

说此事由钟同倡首,景帝遂命人杖杀钟同。死时年仅三十二。英宗复位后,赠钟同大理左寺丞,谥恭愍,与刘球等人同祀忠节祠。[①]

杨瑄,字廷献,丰城人。景泰五年进士,授御史。天顺初,有民人诉曹吉祥、石亨夺其田。职业责任感和刚直敢言的性格使杨瑄联合言官并列二人怙宠专权状,是所谓的“杨瑄弹劾案”。英宗谓大学士李贤、徐有贞:“真御史也。”本欲擢用,但屈于曹吉祥、石亨的压力,反将其谪戍。宪宗即位,并还故官。先后任浙江按察副使、按察使。成化十三年,杨瑄认为海盐石塘损坏,系叠砌直立激潮所致,因仿王安石在鄞县筑法,改塘为陂陀形。先打木桩护脚,贴桩置横石为枕,然后用竖石斜砌,并堆碎石于内支垫,共筑塘2300丈,为钱塘江海塘改直立式为斜坡式的率先尝试。在任期间,还修建定海(今镇海)后海塘;奏请疏浚杭州西湖及城河,并开涌金水门,引湖水入城河,出清湖闸,灌溉仁和一带农田。未及竣工,人已离世。海盐民众怀念其筑塘功绩,建庙以纪念。[②]

单宇,字时泰,临川人。正统四年进士。任浙江嵊县知县,因治吏甚严而遭吏诬奏,以致下狱。事白调往诸暨。适逢英宗被俘,单宇愤恨宦官监军导致丧师,遂上疏请尽罢宦官,并上书请罢遣僧尼。[③]

何乔新,字廷秀,广昌人。父何文渊,永乐十六年进士,景泰时官至吏部尚书,英宗复辟后畏惧而自缢。何乔新此时已中景泰五年进士。官南京礼部主事,改刑部主事,历广东司郎中。因将袁彬属下锦衣卫绳之以法而声名大起。成化四年迁福建副使,减免地方课税。迁河南按察使,招抚流民六万余户。任湖广布政使时,有鉴于荆州徭役摊派不公,民众不堪其苦,遂下令重新核查人口,并按贫富分成九等,按等级负担徭役租赋,大大减轻百姓的负担。十六年擢右副都御史,巡抚山西。时山西大饥,人相食,宪宗命何乔新主持赈灾,全活饥民三十余万人。二十二年,播州地区杨友、杨爱兄弟因争夺宣慰使一职而发生动乱,朝廷命何乔新前往调查。何乔新到播州后,将事情查明,与巡抚刘璋一同上疏替杨爱辩诬,真相大白。孝宗即位后,因遭万安、刘吉等人忌恨,何乔新被排挤出京师,任南京刑部尚书。因上疏请将沿江芦洲给还军民,得罪了宦官。弘治改元,因王恕推荐,召为刑部尚书。

何乔新廉洁刚介,一再拒礼不受。初中进士在工部试职奉命出使淮西,来

---

① 《明史》卷一六二《钟同传》。

② 《明史》卷一六二《杨瑄传》。

③ 《明史》卷一六四《单宇传》。

到巢县(今属安徽)。县令阎徽曾是何乔新父亲何文渊的学生,特备金币为礼相赠。何乔新坚持不受。阎徽道:“以寿吾师耳。”何乔新听后答道:“子欲寿吾亲,因他人致之则可,因吾致之则不可。”终究不肯收下。在福建担任副使时,掌管福建市舶司太监病故,其家产无人继承,遂由镇守太监安排分送福建三司官员。唯独何乔新严拒不收,后因难以推辞,遂送交国库。何乔新致仕还乡后,播州宣慰使杨爱命人送来礼物,既报当年之恩,又可免结交廷臣之嫌。礼物不仅丰厚,还有上等木料可做寿材。何乔新亦坚辞不受。①

熊浃,字悦之,南昌人。正德九年进士。授礼科给事中。宁王朱宸濠举事前,熊浃与同邑御史熊兰上疏报告,打乱了朱宸濠的部署,致使其仓促起事。在“大礼议”风波中支持世宗,嘉靖初,由右给事中出为河南参议。擢右佥都御史,协理院事,八年二月遂擢升为右都御史,掌管院事。因受京师“张福诉里人张柱”案的牵连,被褫职。家居十年,后召为南京礼部尚书,二十一年召为兵部尚书,掌都察院事。二年后,为吏部尚书。嘉靖皇帝于禁宫内筑乩仙台,熊浃上疏言此荒诞,终被削职为民。熊浃有气节,能自守,虽因议礼发达显贵,但并不结党营私,尤其爱护人才。隆庆初复官,并按规格举行葬礼,谥恭肃。②

周延,字南乔,吉水人。嘉靖二年进士。先任潜江知县,再迁新会知县,擢兵科给事中。由于为王守仁辩护,贬谪太仓州判官。历南京吏部郎中,出为广东参政。出抚安南,征讨“黎寇”,皆参与其事并有功。三迁广东左布政使,以右副都御史巡抚应天。进兵部右侍郎,提督两广军务。召为刑部左侍郎。历南京右都御史,吏、兵二部尚书。嘉靖三十四年召为左都御史。周延不苟言笑,廉洁奉公,未曾有染贿赂。③

吴道南,字会甫,崇仁人。万历十七年进士。授编修,进左中允,直讲东宫。擢礼部右侍郎,署理部事。四十一年九月,进礼部尚书兼东阁大学士,参预机务。任上请追谥建文朝忠臣。京师久旱无雨,吴道南借机上疏言应除弊端,“除此数郁,不崇朝而雨露遍天下”。遇事有操执,以政体为重。出使朝鲜的贡使归来后,奏请开放火药市场,吴道南出于国家安全的考虑,予以驳回。吐鲁番进贡美玉,道南也反对收纳。鄱阳湖以前不征商税,自宦官为税使后,遂在湖口置关

① 《明史》卷一八三《何乔新传》。

② 《明史》卷一九七《熊浃传》。

③ 《明史》卷二〇二《周延传》。

征课,道南主张罢关勿征。在内阁多年,颇有时望。[①]

宋仪望,字望之,吉安永丰人。嘉靖二十六年进士。授吴县知县,禁止火葬,创子游祠,建立书院,政绩甚著。征授御史,陈时务十二策,揭露胡宗宪、阮鹗等人的贪污奸邪行为,由此得罪严嵩,又因督三殿门工时得罪严世蕃,遂贬为夷陵判官。严嵩去位后,擢霸州兵备佥事,进大名兵备副使,后改任福建。与戚继光合兵破倭,列海防善后事宜。隆庆时四迁大理少卿。万历二年,张居正当国,素知宋仪望才能,擢为右佥都御史,巡抚应天诸府。任上奏减江南重赋,与副使王叔果修战备,御倭有功,进右副都御史。后因违忤张居正,被弹劾罢归。[②]宋仪望也是江右王门弟子中较有名的学者。

李材,字孟诚,丰城人。嘉靖四十一年进士,授刑部主事。从邹守益讲学,访唐枢、王畿、钱德洪等。隆庆中还朝。由兵部郎中稍迁广东佥事,因破倭寇有功,进副使。万历初年,张居正当政,李材遂托病辞职而去。张居正死后,起官山东,调辽东开原,不久迁云南洱海参政,进按察使,备兵金腾,击退缅甸的骚扰,维护了边境的安宁。擢右佥都御史,抚治郧阳。李材所到之处,聚徒讲学,学者称见罗先生。后因事下狱,问学者络绎不绝。至戍所后,追随者更多。李材也以此为乐,久之赦还。[③]

萧廪,字可发,万安人。嘉靖末进士,授行人。隆庆三年擢御史。派出核查陕西四镇兵粮,将地方官吏所隐瞒霸占的数万士兵归伍,上奏请将楚府在塞下的牧地献于朝廷。万历元年,巡按浙江。请祀建文朝忠臣十二人,从祀王守仁于文庙。擢太仆少卿,再迁南京太仆卿。九年,由光禄卿改右佥都御史,巡抚陕西。进右副都御史,移抚浙江。迁工部右侍郎,召改刑部。进兵部左侍郎,卒于任上,死后追赠尚书。萧廪亦为江右王门著名学者,问学于欧阳德、邹守益。[④]

李颐,字惟贞,余干人。隆庆二年进士。授中书舍人。博览群书,精通典故,负有才名。万历初,擢御史。清查湖广、广西军队,请免士民远戍。因不附张居正,出为湖州知府。迁苏松兵备副使、湖广按察使。后官复原职,莅官陕西,进河南右布政使。擢右佥都御史,巡抚顺天。进右副都御史,因平定军队动乱而进兵部右侍郎、左侍郎。后进右都御史。此时矿监税使四出,李颐上疏反对宦官扰民

---

① 《明史》卷二一七《吴道南传》。

② 《明史》卷二二七《宋仪望传》。

③ 《明史》卷二二七《李材传》。

④ 《明史》卷二二七《萧廪传》。

干政。在任十年,极有威望。宦官因忌惮李颐廉正,京师百姓得以安宁。二十九年,代工部右侍郎管理河道。主张上筑决口,下疏故道,方为经久之计。两个月后,因劳累卒于任上。追赠兵部尚书。李颐为官清廉,仕宦三十余年,一直布衣蔬食,出行则是破车瘦马。①

萧近高,字抑之,庐陵人。万历二十三年进士。授中书舍人,擢礼科给事中。上任后即疏请罢免矿监税使、释放狱中囚犯,神宗大怒,夺俸一年。屡迁刑科都给事中。辽东税使高淮激起民变,萧近高弹劾其罪,请求将其撤还。又极力陈述言路不通、耳目壅蔽之患,遂外用为浙江右参政,进按察使。以病归家。后起浙江左布政使。所到之处都以操守闻名。泰昌元年召为太仆卿,历工部左、右侍郎。天启二年冬,再次引疾而去。五年冬,起南京兵部左侍郎。虽极力推辞,但未获允许。此时魏忠贤气焰嚣张,萧近高不想与之同流合污,遂再三拖延。给事中薛国观劾其玩忽职守,被撤职。崇祯初年,再复原职。卒于家。②

朱吾弼,字谐卿,高安人。万历十七年进士。授宁国推官,征授南京御史,因得罪大学士赵志皋遭谪戍。奏请建国本、简阁臣、补言官、罢矿税等事,因为沈一贯等所恶,亦因上疏忤旨,被罚停俸一年,遂移疾去。居三年,起南京光禄少卿,召为大理右丞。时齐、楚、浙三党互相攻击,朱吾弼不愿卷入其中,遂复辞引疾而归。熹宗立,召还,屡迁南京太仆寺卿。天启五年劾罢。③朱吾弼《尺牍新钞》有言:"作官,当如将军对敌;做人,当如处子防身。将军失机,则一败涂地;处子失节,则万事瓦崩。慎之哉!"可见当时官场之险恶。

李曰辅,字元卿,南昌人。万历中举于乡,为成都推官。与巡抚朱燮元讨论兵事,偕诸将攻复重庆。崇祯四年,擢南京御史。时矿监税使四出掠夺,危害匪浅,李曰辅上疏加以反对:"臣愚实为寒心。陛下践阼初,尽撤内臣,中外称圣。昔何以撤,今何以遣?天下多故,择将为先。陛下不筑黄金台招颇、牧,乃汲汲内臣是遣,曾何补理乱之数哉!"崇祯帝大怒,贬谪李曰辅为广东布政司照磨。④

二、江西士大夫在各地的政绩

明前期,政绩显著的江西籍地方大吏有熊概、周忱与况钟,主要着力解决

① 《明史》卷二二七《李颐传》。
② 《明史》卷二四二《萧近高传》。
③ 《明史》卷二四二《朱吾弼传》。
④ 《明史》卷二五八《李曰辅传》。

江南地区的社会经济问题。

熊概，字元节，丰城人，永乐九年进士，后任御史及广西按察使，洪熙元年受命与叶春巡抚南畿、浙江地区，处理苏、松一带社会问题。这一地区的富户，一直不满于明王朝对该地区的打击压制政策，而苏、松等处人民的逃亡人数，较之永乐初期不但未见减少，反而日趋增加。熊概抵任后，一改前任“庸懦不事事”的作风，诛杀暴民“聚党八百余人”，“悉捕豪恶数十辈”。熊概运用国家强大的打击力量，实行猛政，用法甚严。“奸民惮之，腾谤书于朝”，甚至称他“视此一方民人，不啻狐鬼焉”。[①]宣德二年，都御史弹劾熊概与叶春“所至作威福，纵兵扰民”。但“帝弗问”，且“阴使御史廉之，无所得”。熊概亦极力恤民，“诸当兴革者皆列以闻。时屡遣部官至江南造纸、市铜铁，概言水涝民饥，乞罢之”。其后熊概调离江南巡抚，任南京都察院右都御史。史称熊概“性刚决，巡视江南，威名甚盛”，“熊概以下诸人，强干者立声威，恺悌者流惠爱，政绩均有可纪。于谦、周忱巡抚最为有名，而勋业尤盛，故别著焉”[②]。

熊概的继任即是周忱。周忱(1381—1453年)，字恂如，吉水人，永乐二年进士。“有经世才，浮沉郎署二十年，人无知者，独夏原吉奇之”。宣德五年九月，由于大学士杨荣推荐，迁工部右侍郎巡抚江南诸府，总督税粮。周忱抵任后，改变了熊概对江南地主偏重打击的做法，与苏州知府况钟着重解决实际问题，采取平缓的政策。在处理赋税问题上，创立平米法，官民分担加耗，限制粮长权限，依民田起科。与僚属、百姓平易相处，“与农夫饷妇相对，从容问所疾苦，为之商略处置”，“虽卑官冗吏，悉开心访纳。遇长吏有能，如况钟……辈，则推心与咨画，务尽其长”。周忱“性机警，钱谷钜万，一屈指无遗算”。当时言理财者，无出周忱之右，其治以爱民为本。史称：“终忱在任，江南数大郡，小民不知凶荒，两税未尝逋负，忱之力也。”景泰二年周忱遭弹劾致仕，后“吴大饥，道殣相望，课逋如故矣。民益思忱不已，即生祠处处祀之”。卒后谥文襄。《明史》赞曰：“周忱治财赋，民不扰而廪有余羡。此无他故，殚公心以体国，而才力足以济之。”[③]

况钟(1383—1442年)，字伯律，号如愚，靖安人。起初为县书吏，吏部尚书吕震奇其才，荐授为礼部仪制司主事。宣德五年，被荐举出任苏州知府，因勇于任事、政绩卓著留任达13年之久，于英宗正统七年卒于任所。况钟知苏州之前，

---

① 谈迁：《国榷》卷二〇。

② 《明史》卷一五九《熊概传》。

③ 《明史》卷一五三《周忱传》。

图5-5 况公像碑拓片(局部)

该像碑为明正统间刻石，青石质地，宽54厘米，长92厘米，厚20厘米。像碑分上、中、下三部分，上为杨士奇所作况钟赞语，中为况钟半身像，下为明代儒学训导题语。现藏苏州碑刻博物馆。

该地赋税繁重，官吏贪刻，号称“难治”之地。况钟到任后，关心民瘼，秉公执法，兴利除害，使苏州吏治为之一新。其主要政绩有：一、整饬吏治。亲自清查、审理较大贪污案件，处死贪赃枉法官吏数人，撤换了一大批平庸无能属官，选拔培养廉正之士分任各级官吏。二、减削田赋，废除苛捐杂税。三、清理军籍，释放无辜平民，缉拿不法卫所官兵，纠劾不法的监察御史。四、兴修太湖一带水利，设济农仓，防备饥荒，修建学校，培养人才。况钟刚正执法，兴利除弊，深受苏州百姓爱戴，称之为“况青天”。宣德六年三月，况钟因“丁忧”离任回原籍，苏州百姓四万余人上书称道其贤能，请求起复，于是朝廷让其“夺情”复任。正统六年冬，况钟任苏州知府九年到期，又有民众二万余人乞请连任。英宗因此下旨命况钟“升按察使正三品职俸，署苏州府事”。这是自明朝建国70余年来所没有的规格

图5-6　谭纶木刻像

和礼遇。苏州府本是富庶之地，经过况钟多年精心治理，更是呈现出吏治清明、物阜民丰的景象。况钟逝世后，苏州吏民聚哭通衢，立况公祠，永为纪念。[①]

明代中后期，在江西籍官员中，产生了一批杰出的经世之才，谭纶、邓子龙、万恭等可为代表。

谭纶（1520—1577年），字子理，号二华，宜黄人。嘉靖二十三年进士。谭纶之名，著于御倭，与戚继光共事齐名，史称"谭戚"[②]。谭纶自幼思维敏锐，智力过人，特别爱读兵书。幼时观察蜘蛛结网、蟋蟀相斗，即将其与用兵打仗联系起来，后来写成《说物寓武》二十篇。谭纶是明代文官中的一个特殊人物，虽进士出身，但由于职务上的需要和个人的爱好，用兵之道竟成了其专长。因"沉毅知兵"，嘉靖二十九年升任台州知府，率军三战三捷，击败倭寇，军威大振。四十二年巡抚福建，率戚继光、俞大猷等平定境内倭寇。四十四年，任两广总督兼广西巡抚。隆庆元年升兵部左侍郎兼都察院右佥都御史，总督蓟、辽、保定军务。与戚继光训练军队，整饬边防，亲自镇守居庸关至山海关一带，修筑边墙2000余里，增筑炮台3000座，造战车700乘、佛朗机5000架。"边备大饬，敌不敢犯"，因功升兵部尚书。谭纶历事三朝，主持兵事垂30年，南歼倭寇，北拒强虏，为解决明朝的"南倭北虏"问题，为巩固明代边防立下了赫赫战功，被朝廷视为"矫矫虎臣，腹心干城"。知人善任，因才授事，发现和培养了像戚继光、俞大猷、刘显、李梁、李超、陈其可、胡守仁等一大批战将，并敢于向朝廷为其伸张正义。戚继光、俞大猷、游震德都曾革职或入狱，谭纶冒险进谏，使他们继续得到重用，赢得了将帅们的衷心拥戴。《明史·戚继光传》赞云："继光用兵，威名震寰宇，然当张居正、谭纶任国事则成，厥后张鼎思、张希皋居言路则废，任将之道，亦可知矣。"万历五年，病卒于北京任上。赠太子太保，谥襄敏。著有《谭襄敏公集》。

① 《明史》卷一六一《况钟传》。

② 《明史》卷二二二《谭纶传》。

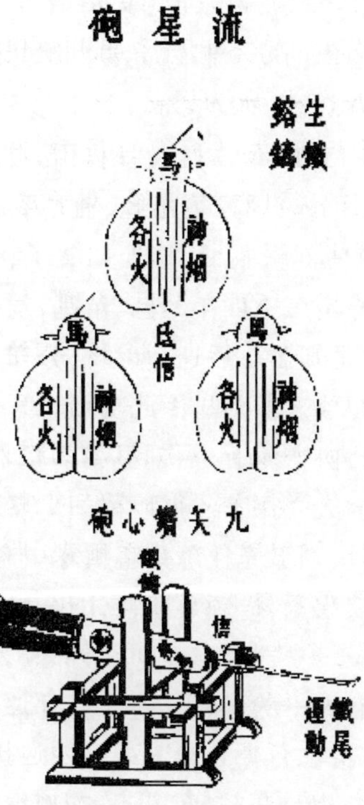

图5–7 流星炮图,《天工开物》卷下《佳兵》。 图5–8 鸟铳图,《天工开物》卷下《佳兵》。

邓子龙(1531–1598),字武桥,号大千,别号虎冠道人,丰城人。“貌魁梧,骁捷绝伦。嘉靖中,江西贼起,掠樟树镇。子龙应有司募,破平之。累功授广东把总。”万历四年,江西巡抚潘季驯派遣邓子龙率兵镇压宁州大沩山农民起义,次年于宁州铜鼓石设铜鼓营,任铜鼓营守备,遂筑垣垒城,是为今铜鼓县城建城之始。万历十一年,缅甸军犯云南,邓子龙率部平定,升副总兵,后戍边云南,二十年遭劾罢归。二十六年,日本大举入侵朝鲜,邓子龙奉命援朝,以副总兵从总兵陈璘,率水师与朝鲜名将李舜臣配合作战。在釜山南部鹭梁海战中,年近古稀的邓子龙奋勇直前,“贼死伤无算。他舟误掷火器入子龙舟,舟中火,贼乘之,子龙战死。舜臣赴救,亦死”。邓子龙遗体归葬丰城。明廷赠都督佥事,朝鲜为

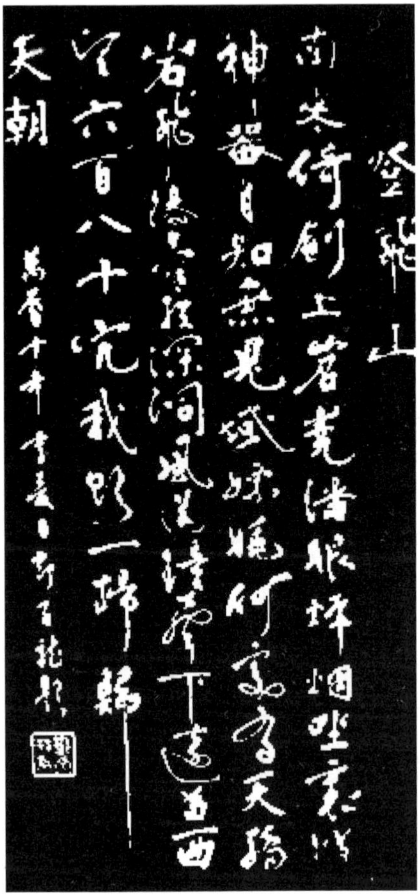
图5-9 邓子龙《登飞山》诗石碑

之立庙,世代祭祀。[①]善诗文书法,著有《横戈集》、《阵法直指》、《风水说》等。

为明代边疆的安全起过重要作用的江西籍名将还有刘显、刘綎父子。

刘显(?—1581年),本姓龚,南昌高田龚村(今属向塘镇)人,因家境落魄,流落到四川,被四川卫使刘岷收留,相处如父子,于是改姓刘。嘉靖三十四年,宜宾苗乱,刘显随军参战,由是知名。后迁为参将,分守苏松, 击退进犯倭寇。刘显因此功而晋升三级,任副总兵,协守江浙。后刘显犯事获罪,因应天巡抚翁大立保荐才得以留任。嘉靖四十一年五月,刘显充任总兵官镇守广东。适逢福建倭寇猖獗,遂领兵前往,配合戚继光痛击倭寇。

刘显具有大将的谋略, 但为官时常不守法度,遭巡按御史弹劾,被革职查办。隆庆时恢复原职,镇守贵州、四川。在四川充分展示了他的军事才能, 平定了当地的叛乱。事后,刘显托病请辞,未果,卒于任上。[②]

刘綎(?—1619年),字省吾,刘显之子勇敢有父风。万历初年,随父征讨九丝蛮,初露锋芒。万历十一年,刘綎率军平定云南叛乱,击败进犯的缅甸军队,因功晋升为副总兵,给予世荫。后因骄贪且纵容部下烧杀抢掠而被革职。万历十三年冬,曲靖属州发生叛乱,巡抚刘世曾大胆启用刘綎。平叛后,刘綎录用为广西参将,移镇四川。二十五年五月,日军侵犯朝鲜,朝鲜请援。刘綎受命为御倭总兵官,率兵前往征讨,因击退倭寇有功,晋升都督同知。随后被调南征,平定播州杨应龙叛乱,升为左都督。万历四十六年,清兵破抚顺,刘綎率军前往抵御。翌年,刘

① 《明史》卷二四七《邓子龙传》。

② 《明史》卷二一二《刘显传》。

綎及养子刘招孙战死沙场。

刘綎自平定九丝蛮立功，至抵御清兵战死，一生身经大小战争数百次，“威名震海内”。刘綎死后，“举朝大悚，边事日难为矣”。所用兵器重120斤，马上轮转如飞，人称“刘大刀”。天启初年，赠少保，立祠曰“表忠”[①]。

明中后期治理黄河的专家队伍有江西人万恭、朱衡等人。

万恭[②](1515—1592年)，字肃卿，南昌人。嘉靖二十三年进士。授南京文选主事，迁光禄少卿，入改大理。四十二年，为兵部右侍郎。第二年兼佥都御史，巡抚山西。在山西西北部沿黄河一带筑边墙四十里，以防“套寇”东掠，并教授当地人民耕作技术和利用水车的方法，发展农业，颇有政绩，后因内艰归里，不复出。隆庆以来，黄河连年决口，洪水横流，运道受阻，总理河道的官员虽频频更换，但成效甚微。从隆庆六年起，万恭与工部尚书朱衡总理河道，治理黄河。万恭改变以往的治河策略，首先提出“束水攻沙”与“以河治河”的新思路。自此，筑堤束水，以水攻沙，淤滩固堤的治河方略形成，并成为此后治黄策略的主流，而将此思想成功地运用到治黄实践中的代表人物则是潘季驯和靳辅。[③]万恭强

① 《明史》卷二四七《刘綎传》。

② 《明史》卷二二三《万恭传》。

③ 治水利史者都知道“筑堤束水，以水攻沙”的治河方针是潘季驯最早提出来的。但这种束狭河床，加大流速，以水力来冲刷泥沙的治河思想，却在万恭《治水筌蹄》里已经出现。当时有个虞城(今河南虞城县北利民集)生员向万恭提出了“以河治河”的理论。他指出：“以人治河，不若以河治河也。夫河性急，借其性而役其力，则可浅可深，治在吾掌耳。法曰：如欲深北，则南其堤，而北自深；如欲深南，则北其堤，而南自深；如欲深中，则南北堤两束之，冲中坚(间)焉，而中自深。此借其性而役其力也，功当万之于人。”(《治水筌蹄》卷下)这里所说的堤，指导流坝、挑水坝以及可以漫水流的滚水堰，与近代河工中顺坝、丁坝极为相似。万恭曾用此法于茶城运口、黄运交会处左岸(东岸)筑导流坝，一以顺黄河之流，使径直南下，不致倒灌运口，一以紧束运河，加猛水力，以冲黄流，取得显著效果。万恭从实践中充分认识到筑堤束水治河的重要性，他认为：“水之为性也，专则急，分则缓，而河之为势也，急则通，缓则淤，若能顺其势之所趋而堤以束之，河安得败？”(《治水筌蹄》卷上)“故欲河不为暴，莫若令河专而深，欲河专而深，莫若束水急而骤。束水急而骤，使由地中，舍堤无别策。”所以他主张“顺其势堤防之、约束之，范我驰驱以于海”，使“淤不得停，则河深，河深则水不溢，亦不舍其下而趋其高，河乃不决。”(《治水筌蹄》卷下)这与潘季驯所谓“水分则势缓，势缓则沙停”，“势猛则沙刷，沙刷则河深”的认识完全一致。万、潘二人是最反对黄河分流的，主张“坚筑堤防，纳水归于一槽。”潘氏总结了前人的治河经验(包括万恭以前)，进而提出“筑堤束水，以水攻沙”的治河方针(潘季驯：《河防一览》卷二《河议辨惑》)，后来治河者均奉为主臬。在这一点上万恭的贡献是不容忽视的。参见邹逸麟：《万恭和〈治水筌蹄〉》，《历史地理》第3辑，上海人民出版社1984年版。

毅敏达，治水三年，一时称才臣。[①]他任职的时间虽短，对黄、运两河的治理却做出了不少贡献，如治理淮南运河，改筑南运口，整治会通河（闸河）减水闸和改建引水工程，修筑黄河堤防，植柳固堤等。所著《治水筌蹄》上、下两卷，为中国古代的水利名著，总结了长期以来治河治运的经验教训及其治河思想、方法、措施等，对后世产生了深远的影响。

朱衡[②]（1512—1584年），字士南，号镇山，万安人。嘉靖十一年进士。历任尤溪、婺源知县，官声很好。迁刑部主事，出为福建提学副使，累官山东布政使。三十九年，进右副都御史巡抚其地。召为工部右侍郎。四十四年，进南京刑部尚书。这年秋天，黄河于沛县决口，淤塞运河百余里。任朱衡工部尚书兼右副都御史，总理河漕。在具体的治理方案上，河道都御史潘季驯与朱衡发生了分歧，潘季驯以为疏浚旧渠更为方便，朱衡则坚持开挖新河。不久，潘季驯以忧去，诏朱衡兼理其事。隆庆元年，加太子少保。黄河水冲决新河，毁坏漕艘数百。朱衡乃用给事中吴时来言，开挖四条支河，泄洪入赤山湖。三年，朱衡上疏请撤闸官夫役，以为修渠费。四年秋，黄河再决口于睢宁，明廷起用潘季驯总理河道兼提督军务。六年正月，诏朱衡兼左副都御史，经理河道。隆庆帝驾崩后，朱衡被委任总督昭陵事务。朱衡刚强耿直，遇事不挠，不为张居正所喜。万历二年，遭弹劾，遂上疏乞求退休。诏加太子太保。所著《巡抚河道奏议》20卷、工部奏议及诗文集若干卷。[③]

然而遗憾的是，这些事功者们大多以罢官辍役而告终。治河的朱衡与潘季驯均为隆庆、万历间名臣，朱衡任官工部尚书，治河之外，“先后在部，禁止工作，裁抑浮费，所节省甚众。”但他因“性强直，遇事不挠，不为张居正所喜”，最后不得不乞休家居。潘季驯则“凡四奉治河命，前后二十七年，习知地形险易。增筑设防，置官建闸，下及木石桩埽，综理纤悉，积劳成病”，因他曾为张居正所荐，后又为居正死后抄家事鸣不平，结果也落职为民。[④]政治的翻覆竟如此无情地左右着事功诸臣的命运。明朝亡后，遗民修史，于事功诸臣之成败大发慨叹，故卷后赞文道：

① 《明史》卷二二三《万恭传》。

② 《明史》卷二二三《朱衡传》。

③ 于慎行：《谷城山馆文集》卷二八《明故荣禄大夫太子太保工部尚书镇山朱公行状》。

④ 《明史》卷二二三《潘季驯传》。

事功之难立也，始则群疑朋兴，继而忌口交铄，此劳臣任事者所为腐心也。盛应期诸人治漕营田，所规画为军国久远大计，其奏效或在数十年后。而当其时浮议滋起，或以辍役，或以罢官，久之乃食其利而思其功。故曰："可与乐成，难与虑始。"信夫！

可与乐成，难与虑始，当算世人常态。而晚明事功诸臣的失败，其实非仅出于世人的难以虑始的短见，而正是那浮议滋起的时代的必然结果。当事功的追求不被容于时代之时，这个时代其实已经走到了它的尽头。

第六章

“王学”的盛行与明代江西的思想、宗教

第一节 江西的讲学之风与异端思潮的兴起

一、朱季友“献书”与明廷的处置

宋明以来，就江西的文化学术精神而论，可分为两种类型，即附庸文化和异端文化。关于江西的附庸文化，可以官学和科举的发达来说明，这也是以往的研究者所关注较多的方面，本书第五章也对这一问题进行了较为详尽的描述。而江西的异端文化，却极少被人们提及，但它却恰恰能够反映出江西的地域文化特征，并且与科举文化或附庸文化一样，对社会产生了深远的影响。

虽然理学在两宋时期已经形成，并在元代取得正统地位，但明代程朱理学的价值标准是在永乐时期由朱棣和他的臣子们确立的。

洪武时期，明太祖以重典治天下，立“寰中士夫不为君用”[①]律，对士人的行为进行严格的控制。但是，明太祖一方面对由元入明的士人非常严厉，以致不少人虽极力敛其锋芒，仍不免遭致摧折。而另一方面，对成长于洪武年间年轻气盛的新一代士人如解缙、练子宁等，却又颇能容忍乃至优待。用明太祖自己

① 《大诰三编·苏州人材第十三》。

的话来说，这叫"作养士气"。明代士大夫气节的形成，不能说与此没有关系。这些洪武时期成长起来的士人到了建文年间与惠帝的关系非常和谐，政治热情也十分高昂。从士人的角度来说，也许这短短的四年才是他们最理想的时代。然而，这昙花一现的局面随着燕王朱棣"靖难"大军的攻入南京而告结束。朱棣给建文政权所定罪名是"变更祖宗成法"，故即位后便以恢复洪武旧制为名，对士人采取政治高压与心理摧残，特别是在学校教育与科考内容等方面加以改革和引导，力图使思想意识归于一统。《四书大全》、《五经大全》及《性理大全》等三部士子必读、科举必考之书，将科举考试内容规定得更为狭窄，希望通过这种方式来控制士子的思想。三部《大全》的宗旨以及对经书的解释均以程朱理学为准则，学校以此施教，士子以此应试，臣民以此修身，而绝不允许对钦定的理学经典随意阐释或持异议。

所以，在这一时期发生的江西饶州府儒士朱季友献书事件才在明初乃至整个明代的政治生活、学术思想中都占据重要的地位。《明太宗实录》记此事曰：

> 饶州鄱阳县民朱季友进书，词理谬妄，谤毁圣贤，礼部尚书李至刚、翰林学士解缙等请寘于法。上曰："愚民若不治之，将邪说有误后学。"即遣行人押还乡里，会布政司、按察司及府县官杖之一百，就其家搜检所着文字悉毁之，仍不许称儒教学。①

曾亲身经历此事的杨士奇详细地记载了朱季友所献著作的大致内容及永乐皇帝和诸臣的反应：

> 永乐二年，饶州府士人朱季友献所著书，专斥濂、洛、关、闽之说，肆其丑诋。上览之，甚怒，曰："此儒之贼也。"时礼部尚书李至刚、翰林学士解缙、侍读胡广、侍讲杨士奇侍侧，上以其书示之。观毕，缙对曰："惑世诬民，莫甚于此。"至刚曰："不罪之，无以示儆。宜杖之，摈之遐裔。"士奇曰："当毁其所著书，庶几不误后人。"广曰："闻其人已七十，毁书示儆足矣。"上曰："谤先贤、毁正道，非常之罪，治之可拘常例耶？"即敕行人押季友遣饶

① 《明成祖实录》卷三三，永乐二年秋七月壬戌。

> 州,会布政司、府、县官及乡之士人,明论其罪,笞以示罚。其搜检其家,所著书会众焚之。又谕诸臣曰:“除恶不可不尽,悉毁所著书最是。”[①]

除上述二书外,记录或评论此事的文献至少还有:《明太宗宝训》、储巏《皇明政要》、焦竑《国朝献征录》、杨士奇《东里文集》、沈德符《万历野获编》、谈迁《国榷》、项笃寿《今献备遗》、黄训《名臣经济录》、廖道南《殿阁词林记》、王直《抑庵文集》、郑晓《吾学编》、陈建《学菩通辨》、袁袠《世纬》、黄佐《翰林记》、陈鼎《东林列传》、余继登《典故纪闻》、《颜元集·存学编》、夏燮《明通鉴》,等等。如此之多的史籍记载朱季友事件,显示了此事影响之大。

其实,朱季友既然敢于将所著书籍直接献给朝廷,不管其动机是出于邀功希宠还是维护儒家道统,朱棣都大可一笑置之,何必如此兴师动众、苦苦地折腾一位已是七十余岁的老儒?朱棣及其大臣们之所以如此重视此事,斥之为异端邪说并大张旗鼓地予以惩戒,无非说明了他们对程朱理学的重视与渴求统一士人思想的决心。他们的努力借助官方的巨大优势和行政打压,基本上取得了成功。在最高统治者及正统派官员看来,此事收到了很好的效果,“正学明而异端息,邪说不至于诬民”[②]。

朱季友献书事件的结局最严重、最深远的历史影响自然是窒息了新鲜活泼的思想,遏制了学术的自由发展。万历时沈德符记录此事后评到:“(朝廷禁毁其书)盖皆以崇正学为主也。然书中亦未必无可采者,概火之置之,士之留心经学者盖寡矣。”[③]明末谈迁在记述该事后感叹说:“先朝守宋儒遗书如矩矱,毋敢逾尺寸,故惩朱季友,而经学至深邃也。句沿字踵,等于苴蜡,于是曲士凿其隅见,稍有所缘饰,而矫异之窦,纷互四出,如近日李贽狱死,纸更为贵,俗尚之觞久矣。彼季友一斥不再振,则当时功令可想见也。”[④]谈氏身处晚明异端思想纷起的时代,深羡先朝能使“季友一斥不再振”的“功令”,足可见该事件巨大的效应。他认识到“曲士凿其隅见”是对“句沿字踵,等于苴蜡”的回应,但却忽视了“句沿字踵,等于苴蜡”又是斥季友、尊程朱的直接结果。由此回顾明前期朝廷对政治的设计与意识形态的建构,实在值得令人回味。依其设想,政治的稳

---

① 杨士奇:《三朝圣谕录》上,永乐一。

② 袁袠:《世纬》,卷下《距伪》。

③ 沈德符:《万历野获编》,卷二五《著述·献书被斥》。

④ 谈迁:《国榷》,卷一三,成祖永乐二年。

定在于选拔出合格的士人群体，而士人的获得在于具有合理的选拔方式，而合理的选拔方式又必须与恰当的取士标准密切结合，于是他们选择八股科举与程朱理学，并且最终得到了实现。但历史证明此后明代政治局面似乎并不能由此而长治久安。张自烈在明亡之际重评朱季友一案，对当时的毁其书尤致不满：“辱示后人妄著书，引朱季友为戒，谓《大全》不可易，学者恪守成说，不宜更有发明。某谓时儒不深观《大全》，或明知诸说未当，不加是正，无他，惩于季友而莫敢发耳。”①

朱季友献书事件表明，早在明初就有江西学者继承陆九渊的学说和精神，敢于对程朱理学进行批评与阐释，开启了明代异端思潮之先河，并被后继者发扬光大。正如后来的著名学者黄佐所看到的：“然成化以后学者多肆其胸臆以为自得，虽馆阁中亦有改易经籍以私于家者，此天下所以风靡也夫。”②

二、吴与弼与“崇仁学派”

学术思想的弘扬和发展，既需要学者的独立思考、静思笃行，而且需要学者之间的反复论辩和诘难。从这个立场上说，讲学之风对于学术的发展具有极为重要的意义。

前引王士性关于宋明时期江西讲学之风盛行的论述：“江右讲学之盛始于朱、陆二先生，鹅湖、白鹿，兴起斯文。本朝则康斋吴先生与弼、敬斋胡先生居仁、东白张先生元祯、一峰罗先生伦，各立门墙，龙翔凤起。”③王士性认为，朱熹与陆九渊的论战其实揭开了宋明时期儒家学说内部不同学术流派公开论战的序幕，也是儒家学说内部的异端公开向正统挑战的开始。同时，王士性已许吴与弼为明朝讲学第一人。黄宗羲在《明儒学案·师说》中也毫不掩饰对吴与弼的赞赏：“余尝僭评一时诸公：薛文清多困于流俗，陈白沙犹激于声名，惟先生醇乎醇云。”并于是篇之后首列《崇仁学案》，实际上也已许吴与弼为明代讲学第一人。④或者说，明代江西的自由讲学之风，实始于江西吴与弼。

吴与弼⑤(1391—1469年)，字子傅，号康斋，崇仁人。父吴溥，建文时为国子

① 张自烈：《艺山文集》，卷六《与友人论四书大全书(一)》。

② 黄佐：《翰林记》，卷一一《禁异说》。

③ 王士性：《广志绎》，卷四《江南诸省·江西》。

④ 黄宗羲：《明儒学案》，卷一《崇仁学案一》。

⑤ 《明史》卷二八二《儒林一》；《明儒学案》卷一《崇仁学案一》。

监司业,永乐中为翰林修撰,即前文所说于建文革除之际预言胡广不死而王艮死者。与弼资禀聪慧,自幼好学,八九岁时已露才华。19岁时觐亲于当时的京师南京,师从洗马杨溥,见朱熹所著关于理学源流的著作《伊洛渊源图》,慨然向慕:“乃知圣贤犹夫人也,孰云不可学而至哉。”遂罢举子业,谢绝各种人事,独处小楼,尽读《四书》、《五经》及洛闽诸书,不下楼者数年。与弼为人低调,往来粗衣敝屣,时人不知为国子监司业之子。

吴与弼中年家境渐贫,遂躬亲耕稼。四方来求学者,与弼教诲不倦,常在雨中被蓑笠、负耒耜,与诸生并耕,谈讨学术。归则解犁,饭粝蔬豆共食。通过讲读耕作,吴与弼对诸弟子也有基本的评价:娄谅踏实,杨杰淳雅,周文勇迈。陈献章自广东前来求学,天微明未及起,吴与弼便手持簸谷,大声喊道:“秀才若为懒惰,即他日何从到伊川门下?又何从到孟子门下?”或许正是因为有这种经历,才有一个完整的吴与弼和崇仁学派。

正统十一年,山西佥事何自学向朝廷推荐吴与弼,请授以文学之职。此后,御史涂谦、抚州知府王宇复荐之,俱不出。尝叹曰:“宦官、释氏不除,而欲天下治平,难矣。”景泰七年,御史陈述又请礼聘与弼,俾侍经筵,或用之成均(按:指国子监)为师。诏江西巡抚韩雍备礼敦遣,竟不至。天顺元年,权臣石亨欲引贤者为己重,谋于大学士李贤,属草疏荐吴与弼。明英宗乃命李贤草敕,并遣行人司官持玺书、赍礼币,征吴与弼赴京。

但由于种种原因,李贤对江西人一直持有偏见,而英宗本人也一直以“北人”自居[①]。虽然从表面上看给了吴与弼极高的礼遇,但君臣二人宁愿给吴与弼地位更高的闲职,也不给其在国子监讲学的机会,而吴与弼也并不愿意改变学者的自由身份。黄宗羲《明儒学案》对吴与弼在京及晚年情况作了如下记载:

> 帝问贤曰:“与弼宜何官?”对曰:“宜以宫僚,侍太子讲学。”遂授左春坊左谕德,与弼疏辞。贤请赐召问,且与馆次供具。于是召见文华殿,顾语曰:“闻处士义高,特行征聘,奚辞职为?”对曰:“臣草茅贱士,本无高行,陛下垂听虚声,又不幸有狗马疾。束帛造门,臣惭被异数,匍匐京师,今年且六十八矣,实不能官也。”帝曰:“官僚优闲,不必辞。”赐文绮酒牢,遣中使

① 关于李贤与江西士大夫的过节,参见方志远:《成化皇帝大传》,辽宁教育出版社 1994 年版;《明代城市与市民文学》,中华书局 2004 年版。

送馆次。顾谓贤曰:"此老非迂阔者,务令就职。"时文达(按:指李贤)首以宾师礼遇之,公卿大夫士承其声名,坐门求见,而流俗多怪,谤议蜂起。中官见先生操古礼屹屹,则群聚而笑之。或以为言者,文达为之解曰:"凡为此者,所以励风俗,使奔竞干求乞哀之徒观之而有愧也。"时帝眷遇良厚,而与弼辞益力。又疏称:"学术荒陋,苟冒昧徇禄,必且旷官。"诏不许。乃请以白衣就邸舍,假读秘阁书。帝曰:"欲观秘书,勉受职耳。"命贤为谕意。与弼留京师二月,以疾笃请。贤请曲从放还,始终恩礼,以光旷举。帝然之,赐敕慰劳,赉银币,复遣行人送还,命有司月给米二石。与弼归,上表谢,陈崇圣志、广圣学等十事。辛巳冬,适楚拜杨文定之墓。壬午春,适闽,问考亭以申愿学之志。成化五年卒,年七十九。①

从上述记载可以看出,虽然吴与弼以68岁的高龄作为推辞在京就职的理由,但其后的十年,却一直游历讲学于江西、湖广、福建等地。因此,导致吴与弼婉拒任职的主要原因,还是他的卓然自立精神和自由讲学作风,这在当时,其实也是一种"异端",是自外于官学的异端,因而也引起了不少著名人物的不满,其中包括吴与弼的一些老乡。《明儒学案》又载,吴与弼至京后,李贤推之上座,"以宾师礼事之",编修尹直(江西泰和人)后至,李贤令坐于与弼之侧。尹直十分不快,"出即谤与弼"。吴与弼回崇仁后,广信府知府张璝因谒见不得,"大恚",募人代其弟投牒讼与弼,遣吏拘之,大加侮慢。但吴与弼对其弟仍然友爱如初。编修张元祯(南昌人)不知其始末,遗书责备,书中有"上告素王,正名讨罪,岂容先生久窃虚名"之语。尹直更将此事写入自己的《琐缀录》,并记载说吴与弼曾为石亨的族谱作跋,自称"门下士"。虽然后来东林领袖顾允成认为这些记载皆"好事者为之",吴与弼仍然受到不少士大夫的批评。其门人胡居仁、陈献章等后来从祀孔子,但吴与弼本人却未能享此殊荣。

吴与弼的理学思想虽然渊源于程朱,但多有发挥。其理学思想大体有三:一是"天人一理"。人世的伦理道德同时也是天理,而天理又是人伦的体现。人之所以有君臣、父子、夫妇、长幼、朋友五伦,是因为这种关系本来就存在,即"以其有此理"。二是"居敬穷理"。体现天理人伦的关键就在于持一"敬"字,只有从"敬"字出发,才能达到"天人一理"。三是崇尚"践行"。"居敬穷理"的"穷"

① 黄宗羲:《明儒学案》,卷一《崇仁学案一》。

其实就是实践,要在实践中,在人的言行举止中,在每一件具体的事情上"存天理、灭人欲"。吴与弼将理学的要义、探讨的途径和应用的方法统为一体,并将"心"提升为核心概念,实为明代"心学"第一人。[①]

《四库全书总目提要》的作者认为,吴与弼并无师承,而是通过自己的刻苦勤奋、笃志力行,兼取朱陆之长。作为明代心性之学的开山人物,吴与弼的"崇仁学派"门下人才济济,并派生白沙、余干等学派。广东陈献章"得其静观涵养,遂开白沙之门",而江西胡居仁、娄谅等"得其笃志力行,遂启余干之学"[②]。

"崇仁学派"的江西籍著名学者主要有胡居仁、娄谅、余佑、夏尚朴等人。

胡居仁[③](1434—1484年),字叔心,余干人,学者称敬斋先生。弱冠时即"奋志圣贤之学",往游吴与弼之门,遂绝意科举。返余干后,胡居仁筑室于梅溪山中,只做两件事:孝敬父母和讲求学术。后游历各地,先往福建,再历浙江,经南京而归。所至之处,访求问学之士。后与乡人娄谅、罗伦、张元祯等汇集于弋阳龟峰及余干应天寺。提学李龄、钟城闻其名,相继请主白鹿书院,诸生又请讲学于贵溪桐源书院。分藩在鄱阳的淮王也请其讲《易》于府中。淮王欲梓其诗文以传世,胡居仁推辞说"尚需稍进"。《明儒学案》载其行为举止俱依于礼:严毅清苦,左绳右矩,每日必立课程,详书得失以自考。虽器物之微,区别精审,没齿不乱。父病,尝粪以验其深浅。兄出则近候于门,有疾则躬调药饮。执亲之丧,水浆不入,柴毁骨立,非杖不能起,三年不入寝室。为里人所阨,不得已讼之,墨衰而入公门,人咸笑之,不以为耻。虽然贫苦,却有自得之色:"以仁义润身,以牙签润屋,足矣。"成化二十年三月十二日卒,年五十一。万历十三年从祀孔庙,追谥文敬。著有《胡文敬公集》、《易象抄》、《居业录》及《居业录续编》等书行世。

胡居仁的学术思想不落窠臼,自成一体。其学以主忠信为先,以求放心为要,强调诚敬、慎独、力行。他认为:"孔子只教人去忠信笃敬上做。"能如此,则"放心自能收,德性自能养"。胡氏对于"主敬"论述尤多,故黄宗羲称其"一生得力于敬",这也恰恰是吴与弼所提倡的。其"敬"包括三层意思:一是在内心上做功夫,要"主一",即心有专注。主一则精明,如二三,则心必昏乱。不主一,便是心无主宰,则静也不是工夫,动也不是工夫。静而无主,不是空了天性,便是昏

① 吴与弼:《康斋集·序》。

② 《四库全书总目提要》卷一七〇《康斋集提要》。

③ 《明史》卷二八二《儒林一》;《明儒学案》卷二《崇仁学案二》。

了天性，于是大本不立。动而无主，不是猖狂妄动，便是逐物徇私，于是大道不行。二是在容貌辞气上做工夫，而“慎独”为其要。容貌辞气上恭敬了，端庄整肃，心中也就肃然自存。这是保持“敬”的基本功夫。三是收敛警醒。能收敛警醒则气清，气清心自明。胡居仁特别强调义理，而反对“真空无物”之“虚”。他还批评了周敦颐等人的主静之说的流弊，谓“学者遂专意静坐，多流于禅”，批评“白沙为禅，一编之中，三致意焉”。

娄谅[①](1422—1491年)，字克贞，别号一斋，上饶人，门人私谥文肃先生。年少时即有志于“圣学”，尝求师于四方，见处处皆是举业，夷然不屑说：“率举子学，非身心学也。”后知吴与弼在崇仁讲学，前往拜访。一番交谈，娄谅心服，遂以为师。吴与弼也大喜道：“老夫聪明性紧，贤也聪明性紧。”吴与弼的门规是“学者须亲细务”，所以无论是耕作抑或扫除，他均亲领众弟子为之。娄谅素豪迈，也必须“亲细务”，性情也因此而收敛，凡事躬自为之，不用僮仆。相处日久，师徒愈相默契，娄谅遂为吴门高徒，而吴与弼有所心得感悟，也与娄谅切磋。吴与弼之被视为“异端”，不仅在于他的自由讲学作风，也因为他的傲气。罗伦未第时往访，吴与弼不出见。娄谅劝道：“此一有志知名之士也，如何不见？”吴与弼笑道：“那得工夫见此小后生耶？”罗伦十分不快，传书四方，说是名教中的怪物。张元祯也从中推波助澜。吴与弼则一概不闻不问。娄谅做起了和事佬，传书罗、张二人：“君子、小人，不容并立。使后世以康斋(按：指吴与弼)为小人，二兄为君子无疑。倘后世以君子处康斋，不知二兄安顿何地？”娄谅的工作显然起了作用，罗、张二人从此息议。不过娄谅其实还是没有能够摆脱世俗的影响，所以在景泰四年即32岁时，仍然参加了江西乡试，并中举人。但是，并没有在第二年参加会试，退而读书十余年。天顺末，选为成都训导。寻告归，闭门著书，著有《日录》、《三礼订讹》、《春秋本意》等传世。

胡九韶[②]，字凤仪，金溪人。自少从学吴与弼，凡吴与弼学有进益，无不相告。故吴与弼赠诗云：“顽钝淬磨还有益，新功频欲故人闻。”诸生来学者，吴与弼令先见胡九韶。吴与弼死后，门人多转而以胡九韶为师。胡九韶家境贫困，过着俭朴耕读的生活。他一面教读书，一面辛勤耕作，仅可以解决衣食温饱。每天黄昏时，即至家门烧香拜天，感谢老天爷赐给一天的清福。妻子挖苦道：

① 《明史》卷二八三《儒林二》；《明儒学案》卷二《崇仁学案二》。

② 《明史》卷二八二《儒林一》；《明儒学案》卷二《崇仁学案二》。

一天三餐只吃一点米饭和一些野菜,怎么谈得上是享清福?胡九韶笑道:庆幸生在太平盛世,没有战争兵祸。全家人都有饭吃,有衣穿,没有挨饿受冻,没有躺着生病的人,也没有家人被关在监狱里。能够这样平安地过日子,难道不是享清福吗?

余佑[①],字子积,别号讱斋,鄱阳人。为胡居仁最得意的弟子。十九岁时即拜胡居仁为师,居仁则将女儿嫁给了他。弘治十二年举进士,为南京刑部员外郎,因事得罪刘瑾而落职。刘瑾诛后,起用为福州知府,后迁山东副使。嘉靖初,历云南布政使,当后来朝廷令其任吏部右侍郎时,已先逝世。然余佑之学,墨守师说,在狱中作《性书》三卷。其言程、朱教人,专以诚敬人。时王守仁作《朱子晚年定论》,余佑加以反驳。

夏尚朴[②](1466—1538年),字敦夫,别号东岩,广信府永丰人。师从娄谅。正德初,赴京参加会试,见刘瑾乱政,慨然叹曰:"时事如此,尚可干进乎!"遂不应试而归。正德六年中进士,授南京礼部主事,再迁惠州知府,遭弹劾归家。嘉靖初,复起山东提学副使。擢南京太仆少卿,与魏校、湛若水等人日相讲习。言官弹劾大学士桂萼,牵涉到夏尚朴,吏部尚书方献夫为其辩护,终引疾而归。所著有《中庸语》、《东岩集》。夏尚朴宣扬和发挥主敬之学,谓"才提起便是天理,才放下便是人欲"[③]。王守仁点出"心即理也"一言,则视为河汉;王守仁赠诗有"铿然舍瑟春风里,点也虽狂得我情"之句,则答曰:"孔门沂水春风景,不出舆廷敬畏情。"鲜明地反映了服从天理与自信良知两者间的差别。主张"读书以求事理,应接事物以求当理",批评陈白沙的静坐方法不仅好高骛远,流于空虚,而且不能去私欲。

潘润[④],字德夫,号玉斋,广信府永丰人。亦师从娄谅。娄谅严毅英迈,慨然以师道自任,尝谓潘润曰:"致礼以治躬,外貌斯须不庄不敬,而慢易之心入之矣。致乐以治心,中心斯须不和不乐,而鄙诈之心入之矣。此礼乐之本,身心之学也。"潘润谨佩其教,终身依此为准绳规矩。居忧期间,江西学政以潘润为人才,致礼欲见之,而潘润以衰服拜于门外,终不肯见。焚香静坐,时以所得者发为吟咏。

---

① 《明史》卷二八二《儒林一》;《明儒学案》卷三《崇仁学案三》。

② 《明史》卷二八三《儒林二》;《明儒学案》卷四《崇仁学案四》。

③ 夏尚朴:《东岩集》卷一《语录》,《四库全书》本。

④ 黄宗羲:《明儒学案》卷四《崇仁学案四》。

同时期著名的学者还有罗伦、张元祯等。

罗伦[1](1430—1478年),字彝正,学者称一峰先生,吉安府永丰人。家贫樵牧,犹挟书诵不辍。及为诸生,立志“圣贤学”,曾说:“举业非能坏人,人自坏之耳。”为成化二年状元,授翰林修撰,因上疏论大学士李贤“夺情”谪福建市舶司副使。后托病辞归,隐居问学,以金牛山人迹不至之处筑室,著书其中,四方从学者甚众。罗伦为人刚正,严于律己,品性为时人推重,称可以“正君善俗”。为学则“守宋人之途辙”,“所见专而所守固”。著有《一峰集》。

张元祯[2](1437—1506),字廷祥,别号东白,南昌人。一生好理学,并“以斯道自任”。为庶吉士期间,研读宋儒著作。因与执政议不合,遂引疾家居,讲求性命之学。“家成二十年,益潜心理学。”张元祯之学不成系统,却时时有闪光点。如云:“人即天理所生之物也,如花木之接,水泉之续,然实皆得是生物之心以为心者也。苟非得是心,则是身无以生矣。是心也,即天理也。天理之在此心,日用之间,本无不流通。”又认为:“寂必有感而遂通者在,不随寂而泯;感必有寂然不动者存,不随感而纷。”黄宗羲谓其“已先发阳明‘心即理’、‘未发时惊天动地,已发时寂天寞地’之蕴”,并称赞张元祯“于此时言学心理为二、动静交致者,别出一头地矣”。

第二节
王学在江西的兴起与王门江右学派

一、王守仁与江西的瓜葛及王学在江西的兴起

王守仁(1472—1528年),字伯安,号阳明子,人称阳明先生,浙江余姚人,后人视其为明代气节、文章、功业第一人。已有的关于王守仁的研究成果,几乎毫无例外都是从其哲学思想切入,研究他的“心即理”说、“知行合一”说、“致良知”说等,即将其定在一个思想家或哲学家的位置上。其实,历史上所有真正有重大影响的思想家或哲学家,首先都是实践家。他们的思想方法和形成的思想体系,均来自于他们的生活经历、社会实践,以及在特定条件下形成的独特个

---

① 《明史》卷一七九《罗伦传》;《明儒学案》卷四五《诸儒学案上三》。

② 《明史》卷一八四《张元祯传》;《明儒学案》卷四五《诸儒学案上三》。

图6-1 王阳明画像，浙江省余姚市文物管理委员会藏。

性。王守仁也不例外。可以说,他的功成名就与江西有至深的因缘。

弘治元年七月，王守仁十七岁,到南昌迎娶江西布政司参议诸养和之女。成婚后的第二年即弘治二年十二月,王守仁携妻子同回浙江,途经广信,拜访了当时的著名学者娄谅。娄谅一番“格物”的言语,使王守仁由以前的想做圣人而领悟到“圣人必可学而至”,故黄宗羲说“姚江之学,先生(娄谅)为发端也”。正德五年三月,三十九岁的王守仁在经过“龙场悟道”后就任吉安府庐陵县知县。虽在庐陵只有六个月(“卧治六月”),然“为政不事威刑,惟以开导人心为本”,开始将其学术思想贯彻于行政实践。正德十一年，升都察院左佥都御史，巡抚南(安)、赣(州)、汀(州)、漳(州)等处。自此至正德十六年六月离开江西的这段时间,是其一生最辉煌的时光,王守仁既以杰出的军事才能达到了其功业的鼎盛,又以卓越的思辨才能获得了其思想的建树,并设学校建书院以广教化,自己讲学授徒,以此来推行其学术。王学在明中后期波及天下,正是奠基于他在江西的这段经历。其后学虽有“浙中”、“江右”、“南中”、“楚中”、“北方”及“粤闽”等派,独“江右”与“浙中”为盛,而“江右”与“浙中”与王学又各有贡献。嘉靖七年十一月,重病中的王守仁从广西返绍兴途经江西,卒于南安府青龙铺。

王学在江西的兴起与传播主要是通过王守仁自己的讲学、其著作的流传,以及嫡传和再传弟子的讲学等方式实现的。

从讲学的角度说,王守仁在赣州任南赣巡抚,比在北京任吏部员外郎、在南京任鸿胪寺卿要方便得多。巡抚是封疆大吏,节制一方,司、道、府、县都是下属,没有掣肘力量,有职有权,扩大讲学场所、调拨钱粮经费均比较容易。特别是这南赣巡抚，远离江西省府，本省的镇守太监、巡按御史等也无法进行干预。故王守仁在巡抚南赣汀漳期间，门人弟子也云集赣州，设在赣州的巡抚衙门成了讲求功夫、切磋学问的书院。

这些弟子中，仅《阳明年谱》上列出了姓名的，就有薛侃、欧阳德、梁焯、何廷仁、黄弘纲、薛俊、杨骥、郭治、周仲、周冲、周魁、郭持平、刘道、袁梦麟、王舜鹏、王学益、余光、黄槐密、黄鎣、吴论、陈稷刘、鲁扶黻、吴鹤、薛侨、薛宗铨、欧阳昱等二十六人。而《年谱》上没有列姓名的还有邹守益、罗洪先、刘阳、陈九川等人。王守仁当年在龙场的弟子冀元亨，曾在王守仁从龙场赴任庐陵知县时追随到吉安，王守仁北上时他返回常德老家，听说王守仁出任南赣巡抚，也赶来赣州相聚。聚集在赣州的王门弟子主要来自江西、广东二省，王门江右学派和粤闽学派的主要人物都开始在赣州亮相了。

由于学生越来越多，巡抚衙门无法容纳，王守仁遂于正德十三年在赣州建立书院。这个书院以宋儒周敦颐的号命名，称"濂溪书院"。[①]而王守仁因教化而兴建的学校书院也成为王学传播的重要场所。

此外，《朱子晚年定论》、《传习录》等著作的编纂与刻印有力促进了王学在江西的迅速传播，也扩大了其在全国的影响。正德十三年，门人刻《朱子晚年定论》于雩都，王守仁自谓："初闻甚不喜，然士夫见之，乃往往遂有开发者。"[②]孔子讲学，有《论语》传世；朱子讲学，有《朱子语类》流行。王守仁从小以"圣人"自诩，弟子们一入王门，便也自认为是入了"圣门"。既然是"圣门"，便应该和孔子、朱子那样，也有师门训示录。在这方面，王守仁的大弟子徐爱作出了表率。他仿照《论语》，用问答的方式将自己向王守仁请教学问及王守仁的解答记录下来，编成《传习录》一卷。在序文中，徐爱说明了自己编《传习录》的目的：

> 爱朝夕炙门下，但见先生之道，即之若易而仰之愈高，见之若粗而探之愈精，就之若近而造之愈益无穷，十余年来竟未能窥其藩篱。世之君子，或与先生仅交一面，或犹未闻其謦咳，或先怀忽易愤激之心，而遽欲于立谈之间，传闻之说，臆断悬度，如之何其可得也？从游之士，闻先生之教，往往得一而遗二，见其牝牡骊黄而弃其所谓千里者。故爱备录平日之所闻，

① 王守仁：《王阳明全集》，卷三三《年谱一》。

② 王守仁：《王阳明全集》，卷四《书一·与安之》。

私以示夫同志，相与考而正之，庶无负先生之教。[①]

与徐爱同时编纂《传习录》的，还有广东潮州籍弟子薛侃和浙江湖州陆澄，并由薛侃出资于正德十三年初刻于赣州，其后有续刻、重刻、增刻。是书的流布对于王学的传播功劳甚大，因读《传习录》而始服膺王学者颇有其人。

从正德十三年四月平浰头回师赣州，到正德十四年六月在吉安起兵讨伐宁王朱宸濠，其间一年多，是王守仁在江西最为悠闲的一段时间。门人弟子云集赣州，王守仁领着他们，或议论于巡抚衙门，或讲学于濂溪书院。“南赣山中风光好”，赣州的诸多名胜尤其是通天岩等处，也留下了王守仁与弟子们的足迹。

图6–2　王守仁与门徒游赣州通天岩图

见于邹守益《王阳明先生图谱》，《珍本年谱丛刊》第43册，北京图书馆出版社1999年。

① 王守仁：《王阳明全集》，卷一《传习录上》。

在王守仁巡抚南赣期间，江西讲学之风盛行，王学也在江西迅速传播并波及天下。故学者谓："先生勋名盛在江右，古今儒者有体有用，无能过之。故江右……弁髦诸前辈讲解，其在于今，可谓家孔孟而人阳明矣。"[①]

二、江右王门学派的主要代表人物及其活动

就思想领域来说，明代最大的异端莫过于王阳明心学，而于其中起重要作用的，多为江西尤其是庐陵籍学者。黄宗羲在《明儒学案》中评道：

> 姚江之学，惟江右为得其传。东廓、念庵、两峰、双江其选也。再传而为塘南、思默，皆能推原阳明未尽之旨。是时越中流弊错出，挟师说以杜学者之口，而江右独能破之。阳明之道赖以不坠。盖阳明一生精神，俱在江右，亦其感应之理宜也。[②]

"东廓"为邹守益，吉安府安福县人；"念庵"为罗洪先，吉安府吉水县人；"两峰"为刘文敏，吉安府万安县人；"双江"为聂豹，吉安府永丰县人。捍卫王学精神的四大学者，均为庐陵籍。邹守益在王学被视为异端时，就是王学的坚定传播者和阐释者。聂豹则在辩难之后信服王学，并成为江右王门的中坚。而罗洪先和刘文敏更在青少年时代就受着王学的影响，并成为王守仁的私淑弟子或入门弟子。黄宗羲在《明儒学案》中为江右王门[③]27位学者立专传，其中有16

① 王士性：《广志绎》，卷四《江南诸省·江西》。

② 黄宗羲：《明儒学案》，卷一六《江右王门学案·序》。

③ 其实，无论是以学者的地域籍贯还是以王学在江西的传播和发展来界定"江右王门"或"江右王学"，黄宗羲的划分都有值得再加思考的地方。如罗汝芳，黄宗羲在《明儒学案》卷首《师说·罗近溪汝芳》谓"其学实本东廓（邹守益）独闻戒惧谨独之旨，则虽谓先生为王门嫡传可也"，然却将其归于《泰州学案》。李材"初学于邹文庄"，则明显源本于王学，而黄宗羲又另辟《止修学案》。他如严钧、梁汝元（何心隐）学皆本于王学，也被黄宗羲归入《泰州学案》。而罗、李、严、梁皆江西人。同样，若以师承关系而论，黄宗羲的划分也有可商榷之处。如邓以赞私淑王畿、张元忭，罗大纮学于徐用检，王、张、徐皆浙中王门，而邓、罗又归入江右王门。从比较严格的意义上说，"江右王门"或"江右王学"应包括所有江西籍的、以传播和发挥王学为其学术旨趣和学术活动的学者。就学术思想史自身的标准来说，《明儒学案》在材料的甄选上相当可靠与精当，在学派的划分上也大体能够客观地反映出有明一代儒家思想的基本面貌，故长期以来它成为治明代思想文化史、学术史尤其是儒学史的基本文献与重要凭据，在很大程度上为我们今天的研究预设了一种结构性的前提。而我们几乎忘记了《明儒学案》本身只是一部清初黄宗羲对于明代儒学整理研究的著作，它反映了黄宗羲个人独到的观点与喜好，其中的许多文字和看法更是"前有所本"。其实，黄宗羲的高足万斯同在《儒林宗派》中对王学的师承关系就与其师有不同的理解。因此，包括《明儒学案》在内的学案、宗传体著述，绝不能视为明代学术史、儒学史的"实录"。从某种意义上说，对王学研究的深入，正有待于对长期以来被视为明代学术史的《明儒学案》的勇敢超越。

位是吉安府人[1],其中不乏在学术上与邹守益、罗洪先等齐名者,如泰和欧阳德、安福刘邦采,也有以气节而名噪海内者,如吉水邹元标、泰和罗大纮。而每一位学者的周围,又都聚集着大批求学者。江右王门之所以影响巨大,正是因为有这样一大批庐陵学者在起作用。因此,与其说阳明一生精神在江右,倒不如说阳明一生精神在庐陵。

按地域来区分王学派别,始出于黄宗羲《明儒学案》。尽管黄宗羲对"江右王门"的划分与归纳存在缺陷和漏洞,但他还是为我们提供了宝贵的信息与依据。在《明儒学案》中,"江右王门"所占篇幅最大(9卷),所列学者也最多(27人),分为九支:

一、文庄邹东廓先生守益
二、文庄欧阳南野先生德
三、贞襄聂双江先生豹 文恭罗念庵先生洪先
四、处士刘两峰先生文敏 同知刘狮泉先生邦采 御史刘三五先生阳 县令刘梅源先生晓 员外刘晴川先生魁 主事黄洛村先生弘纲 主事何善山先生廷仁 郎中陈明水先生九川 太常魏水洲先生良弼 解元魏师伊先生良政 处士魏药湖先生良器
五、太常王塘南先生时槐
六、文洁邓定宇先生以赞 参政陈蒙山先生嘉谟 徵君刘泸潇先生元卿 督学万思默先生廷言
七、宪使胡庐山先生直
八、忠介邹南皋先生元标 给谏罗匡湖先生大紘
九、中丞宋望之先生仪望 徵君邓潜谷先生元锡 徵君章本清先生潢

在此,我们择取一些有影响有特点的重要人物叙述如下。

邹守益[2](1491—1562年),字谦之,号东廓,安福人。父邹贤,弘治九年进士。授南京大理评事。历官福建佥事,擒杀武平"贼渠"黄友胜。居家以孝友称。

---

① 若加上邹守益案后附邹善、邹德涵、邹德溥、邹德泳以及刘阳案后附刘秉监、王钊,则合计33人,其中23人来自吉安府。

② 《明史》卷二八三《儒林二》;黄宗羲:《明儒学案》,卷一六《江右王门学案·序》;王时槐:《东廓先生守益传》,《献徵录》卷七四。

守益正德六年会试第一，以廷对第三授翰林院编修，逾年告归。正德十四年见王守仁于赣州，遂执弟子礼。世宗即位，始赴官。嘉靖三年，在大礼议风波中上疏忤旨，谪广德州判官。其间废淫祠，建复初书院，与学者讲授其间。后迁南京礼部郎中，州人立生祠以祀。闻守仁卒，为位哭，服心丧，日与吕柟、湛若水、钱德洪、王畿、薛侃辈论学。考满入都，即引疾归。久之，以荐起南京吏部郎中，召为司经局洗马。后迁太常少卿兼侍读学士，出掌南京翰林院。寻改南京国子监祭酒。次年因上疏言君臣交儆之义落职，居家二十余年卒。隆庆初，赠南京礼部右侍郎，谥文庄。

邹守益信守师说，为学主敬，提倡"戒慎恐惧所以致良知"，以为"圣门要旨，只在修己以敬。敬也者，良知之精明而不杂以尘俗也。""一有障蔽，使与扫除，雷厉风行，复见本体。"他主张"寂感无二时，体用无二界"，反对破裂心体。在良知问题上，邹守益认为，良知虚灵，昼夜不息，与天同运，与川同流。他以独知为良知，以戒惧慎独为致良知的主要修养方法，并尽力身体力行，是当时江右王学最重要的捍卫者与传人。黄宗羲谓："东廓以独知为良知，以戒惧谨独为致良知之功，此是师门本旨，而学焉者失之，浸流入猖狂一路。惟东廓斤斤以身体之，便将此意做实落工夫，卓然守圣矩，无少畔援。诸所论著，皆不落他人训诂良知窠臼，先生之教卒赖以不敝，可谓有功师门矣。"[①]守益天姿纯粹，王守仁对其大加称赞："有若无，实若虚，犯而不校，谦之近之矣。"居乡日事讲学，在庐陵青原山召开青原大会。青原会规模颇巨，是江右王门学派最为重要的讲会。四方从游者踵至，学者称东廓先生。

守益家学甚严，三代皆中进士，为世家大族。子善，孙德涵、德溥、德泳俱传阳明之学。

欧阳德[②](1496—1554年)，字崇一，别号南野，泰和人。年二十举乡试。赴赣州，从王守仁学，成了王门中最年轻而且有功名的弟子之一，被王守仁称为"小秀才"。二度不应会试，直到王守仁离开江西回浙江后，才参加了嘉靖二年的会试，并中了进士。除知六安州，建龙津书院，聚生徒论学。入为刑部员外郎。嘉靖六年，诏简朝士有学行者为翰林，乃改欧阳德为编修。迁南京国子司业，作讲亭，进诸生与四方学者论道其中。寻改南京尚宝卿。召为太仆少卿。以便养，复

① 黄宗羲：《明儒学案》，卷首《师说·邹东廓守益》。

② 《明史》卷二八三《儒林二》；黄宗羲：《明儒学案》，卷一六《江右王门学案一》。

改南京鸿胪卿。父忧，服阕，留养其母，与邹守益、聂豹、罗洪先日讲学。以荐起故官。累迁吏部左侍郎兼学士，掌詹事府。母忧归，服未阕，即用为礼部尚书。卒后赠太子少保，谥文庄。

欧阳德天资早慧，器宇温粹，学务实践，不尚空虚。当一些学者视王守仁“致良知”说为禅学时，欧阳德奋起护卫，宣称“致良知”说为“正学”。遇事侃侃，裁制诸宗藩尤有执。或当利害，众相顾色战，欧阳德意气自如。一生以讲学为事，门徒广进。嘉靖年间曾主盟京师灵济宫讲会，倡导阳明学说，天下翕然从之，是王学风行于世的有力推动者。当是时，欧阳德与徐阶、聂豹、程文德并以宿学居显位。于是集四方名士于灵济宫，与论良知之学，赴者五千人。都城讲学之会，于斯为盛。《明儒学案》称：“以讲学为事……士咸知诵‘致良知’之说，而称南野门人者半天下。”其学说以良知为世界的本原，由良知产生万事万物。强调良知与知觉、良知与意的区别，认为视听言动皆知觉，不全是善；意有妄意、私意，有害意。知觉和意不可谓之性、理，知觉与良知，名同而实异。在动静关系上，欧阳德主张良知无动无静，认为学贵循其良知而动静两忘，然后为得。对于格物致知，虽认为离事物则无知可致，但主张践形然后可以尽性。

其族人欧阳瑜，字汝重，亦学于守仁。守仁教之曰：“常欲然无自是而已。”瑜终身践之。举于乡，不就会试，曰：“老亲在，三公不与易也。”母死，庐墓侧。虎环庐嗥，不为动。历官四川参议，所至有廉惠声。年近九十而卒。

罗洪先[①](1504—1564年)，字达夫，号念庵，吉水人。父罗循，进士，历兵部武选郎中。刘瑾败后，历知镇江、淮安二府，徐州兵备副使，咸有声誉。

罗洪先幼慕罗伦为人。年十五，读王守仁《传习录》而好之，欲往受业，为其父制止。乃师事同邑李中，传其学。嘉靖四年中举人，嘉靖八年中状元，授翰林院修撰，即请告归。正在京师为太仆寺卿的岳父曾直闻报大喜，贺道：“吾婿建此大事！”罗洪先却不以为然：“丈夫事业更有许大在，此等三年递一人，奚足为大事也。”居二年，诏劾请告逾期者，乃赴官。寻遭父丧，苫块蔬食，不入室者三年。继遭母忧，亦如之。十八年，拜春坊左赞善。第二年冬，因与唐顺之、赵时春上疏请皇太子出御文华殿受群臣朝贺，触怒嘉靖帝，被谪为民。此后不再出仕，益寻求守仁学。甘淡泊，炼寒暑，跃马挽强，考图观史，自天文、地志、礼乐、典章、河渠、边塞、战阵攻守，下逮阴阳、算数，靡不精究。至人才、吏事、

① 《明史》卷二八三《儒林二》；黄宗羲：《明儒学案》，卷一八《江右王门学案三》。

国计、民情,悉加意谘访。吉水田赋多宿弊,请所司均之,所司即以属。洪先精心体察,弊顿除。"流寇"入吉安,主者失措。洪先为画策战守,寇引去。洪先素与顺之友善,顺之应召,欲挽之出,严嵩以同乡故,拟假边才起用,洪先皆力辞。隆庆初卒,赠光禄少卿,谥文庄。

罗洪先提倡以"收摄保聚"为功夫的"主静"说。注重功夫修行,与王畿、王艮等人认良知现成、以自然为宗的学说大异其趣。时王畿谓良知自然,不假纤毫力。洪先驳之曰:"世岂有现成良知者耶?"虽与畿交好,而持论始终不合。居乡达二十多年,门人众多,号召同志讲学并开辟讲所。虽宗良知学,但罗洪先一生没见过王守仁,也未尝入守仁门,而与阳明弟子如邹守益、刘邦采、聂豹、钱德洪、王畿、陈明水等人交往密切并进行讨论。钱德洪主持修《阳明年谱》,王守仁在江西期间的言行请罗洪先主笔,罗洪先在书稿中自称"后学"。钱德洪笑道:你于师门不称门生而称后学,只是因为老师在世时没有行拜师礼而已。你饱读诗书,难道古往今来的所谓门人,其含义只局限在行过拜师礼者?你十四岁时就想投入师门,虽因父母的缘故未能遂愿,却仍然孜孜于师门意旨,三十年不懈。由此看来,你不仅入了师门,而且已经升堂入室。罗洪先这才在《年谱》中改称"门人"。故黄宗羲称:"私淑而有得者,莫如念庵。"

聂豹[①](1487—1563年),字文蔚,号双江,永丰人。正德十二年进士,归省。十五年知华亭。嘉靖四年召拜御史,五年巡抚福建,建养正书院,刻《传习录》以示学者。十年至二十年间丁父忧,居乡讲学。之后以虏犯山西,出任平阳知府。次年升陕西按察副使。二十六年因被诬陷下锦衣狱。聂豹在狱中,勤思苦虑,竟出现了王守仁龙场悟道式的奇迹:"先生之学,狱中闲久静极,忽见此心真体光明莹彻,万物皆备。"[②]聂豹将自己的心得称之为"致虚归寂"之学。三十二年,升兵部尚书,两年后因忤旨罢归。此后乡居故里,直至逝世。

聂豹原本并不是王守仁的弟子,他只是在研究了王阳明的学说,并与之辩难之后,才开始服膺其学说,并在阳明死后四年始称阳明之弟子。[③]其学不墨守师规,对阳明致良知思想多有发挥。以归寂为宗,以静坐为工夫。以为未发之中、廓然大公的本体之说乃是王守仁致良知思想的精髓,故而主张求学要自其

---

① 黄宗羲:《明儒学案》卷一七《江右王门学案二》;徐阶:《太子太保兵部尚书赠少保谥贞襄聂公豹墓志铭》,《献徵录》卷三九。

② 黄宗羲:《明儒学案》卷一七《江右王门学案二》。

③ 王守仁:《王阳明全集》卷三五《年谱三》。

主乎内之寂然者求之，使之寂而常定。以为养本体是动静无心、内外两忘的涵养功夫。聂豹狱中的这一心得，遭到包括王畿、邹守益、黄弘纲在内的王门诸子的责难，称其为"禅悟"。惟独罗洪先称其为"霹雳手段"，是通向良知的"康庄大道"。在江右王门中，最为聂豹引为同道的是罗洪先。黄宗羲在《明儒学案》"欧阳德传"中指出，聂豹与其他王门弟子为学宗旨颇有差异："当时同门之言良知者，虽有浅深详略之不同，而绪山（钱德洪）、龙溪（王畿）、东廓（邹守益）、洛村（黄弘纲）、明水（陈九川）皆守'已发未发非有二候，致和即所以致中'，独聂双江以'归寂为宗，功夫在于致中，而和即应之'。故同门环起难端，双江往复良苦。"在"聂豹传"中，黄宗羲指出聂氏"看释氏尚未透"，而对其致良知之旨则力加辩护："先生亦何背乎师门？乃当时群起而难之哉！"

刘文敏[①]（1490—1572年），字宜充，号两峰，安福人。自幼凝重端确，不妄言笑。年二十三与族弟刘邦采共学。父丧除，绝意科举。后读《传习录》，所论格物致知之旨与宋儒异，辗转研思，恍若有悟。于是决信不疑，躬践默证。唯觉动静未能融贯，乃与刘邦采等九人买舟入越学于阳明，凡三年。归而与刘邦采砥切于家，并与刘邦采等人成立了江右王门学派的第一个讲会——惜阴会。尝曰："学者当循本心之明，时见己过，刮磨砥砺，以融气禀，绝外诱，征诸伦理、事物之实，无一不慊于心，而后为圣门正学，非困勉不可得入也。高谈虚悟，炫末离本，非德之贼乎？"

刘邦采[②]（约1491—1576年），字君亮，号师泉，安福人。少厌科举业，锐然以"圣贤"为志。有族人刘晓曾学于守仁，将阳明学说带回了安福。刘邦采遂于嘉靖三年与从兄刘文敏及弟侄九人入越谒守仁，称弟子。父忧，蔬水庐墓，不复应举。嘉靖七年提学副使赵渊命其赴试，御史储良才许以常服入闱，不解衣检察，乃就试，得中式。后授寿宁教谕，擢嘉兴府同知，不久即弃官归。其后以讲学授徒终。

刘邦采提倡"性命兼修"，强调践履功夫。守仁倡良知，而为学者多承空泛，久益敝，有以揣摩为妙语，纵恣为自然者，邦采每极言排斥。《明史·儒林传》评曰："守仁之学，传山阴、泰州者，流弊靡所底极，惟江西多实践，安福则刘邦采，

① 《明史》卷二八三《儒林二》；黄宗羲：《明儒学案》卷一九《江右王门学案四》。

② 《明史》卷二八三《儒林二》；黄宗羲：《明儒学案》卷一九《江右王门学案四》。

新建则魏良政兄弟,其最著云。”①

何廷仁②(1486—1551年),初名秦,字廷仁,晚以字行,改字性之,号善山,雩都(今于都)人。何廷仁从小就倾慕陈献章的学说,总想投入白沙门下。但他十三岁时,陈献章就去世了。正德十二年,王守仁巡抚南赣,何廷仁自黄弘纲处闻王守仁之学,遂往赣州。正值王守仁驻军南康,组织对桶岗、横水“山贼”的清剿,何廷仁赶到南康,投入王门。后来又追随王守仁回浙江,以阐述、传播王学为己任。虽然嘉靖元年何廷仁已在江西中举,但直到嘉靖二十年才出任新会知县,先祭陈献章祠,而后视事。政尚简易,士民爱之。迁南京工部主事,分司仪真,榷芜湖税,不私一钱。满考后即致仕。

何廷仁在王门的时间长,而且心无旁骛,是在江西期间被王守仁列入“高第”而有资格进行“接引”的弟子之一。其立论尚平实,守仁殁后,遇有为过高之论者,辄曰:“此非吾师言也。”守仁之门,从游者恒数百,浙东、江西尤众,善推演师说者称弘纲、廷仁及钱德洪、王畿。时人语曰:“江有何、黄,浙有钱、王。”

黄弘纲③(1492—1561年),字正之,号洛村,雩都人。其貌令人难于接近,不苟言笑。正德十一年中乡试,次年王守仁巡抚南赣,黄弘纲遂至赣州从学,后亦随阳明归浙江。嘉靖二十三年授福建汀洲府推官,二十七年升刑部云南清吏司主事,三十年致仕归。黄弘纲与何廷仁同为江右王门声名颇著的人物。

胡直④(1517—1585年),字正甫,号庐山,泰和人。嘉靖三十五年进士。初授吏部主事,出为湖广佥事,领湖北道。升四川参政。寻以副使督学政,告归。诏起湖广督学,移广西参政、广东按察使,起福建按察使。胡直少古文词,曾作《格物论》驳阳明格物之说。年二十六,始从欧阳德问学,得“立志”之教,为学方向转向心性修养。年三十,又拜罗洪先为师,罗授之以“主静无欲”之教。不久,又从陈大伦、邓鲁等人论道学禅。

胡直的思想颇具特色,对王学多有所发挥,黄宗羲曾谓其“心造天地万物”之旨,“与释氏所称‘三界惟心,山河大地,为妙明心中物’不远”。胡直将自己学

① 《明史》卷二八二《儒林一》。

② 《明史》卷二八三《儒林二》;黄宗羲:《明儒学案》卷一九《江右王门学案四》。

③ 《明史》卷二八三《儒林二》;黄宗羲:《明儒学案》卷一九《江右王门学案四》。

④ 黄宗羲:《明儒学案》卷二二《江右王门学案七》;胡直:《衡庐精舍藏稿》卷三〇《续问下》。

禅静坐的心理体验,"印诸子思上下察、孟子万物皆备、程明道浑然与物同体、陆子宇宙即是吾心",认为"靡不合旨"。于是提出"理在心,不在天地万物"、"心造天地万物"的观点。这种心学观点,比王守仁走得更远,而与佛教"三界惟心"的观点相一致。胡直自谓将王学"一口说破,直将此学尽头究竟,不敢为先儒顾借门面","于先儒终不能强合","于近儒亦不能尽合"。对程朱学派的疑难,主要在"穷理"问题上,他坚持"理在心而不在物"的观点,反对多闻多见与读书。在为学之序上,提出"物理远而心性近",主张以心性为先。在对待佛、老的态度上,胡直"以为老、佛之言或类吾儒,而吾儒之言亦有类老、佛者","以为圣人能兼夫禅,禅不能兼夫圣,以其间有公私之辨",他不反对使用老、佛之言,认为儒、释之分的关键在于"经世"与"出世",也即"尽心"与"不尽心"。胡直强调,心学与力行不悖,认为心学不应受到指摘,但语心学而不力行则应受到指摘。在知行问题上,他虽恪守王守仁"知行合一"之旨,但宣称真知必须躬行,认为"真知则无不行,真行则无不知"。所著有《胡子衡齐》等,后人辑为《衡庐精舍藏稿》30卷、《续稿》10卷。

邹元标[①](1551—1624年),字尔瞻,别号南皋,吉水人。九岁通《五经》,弱冠从胡直游,即有志为学。万历五年进士,观政刑部。因上疏弹劾张居正夺情,被廷杖八十,谪戍贵州都匀卫。在万山中与土著居,处之怡然。益究心理学,学以大进。张居正死后,召拜吏科给事中,劾罢礼部尚书徐学谟、南京户部尚书张士佩。万历十一年,慈宁宫灾,邹元标上言时事获罪,遂谪南京刑部照磨,历吏、兵二部。元标居南京三年,病归。旋遭母忧,里居讲学,主持吉水仁文书院,并讲学于吉安青原会馆、白鹭洲书院及庐山白鹿洞书院。从游者日众,名高天下。光宗立,召拜大理寺卿。未至,进刑部右侍郎。改吏部左侍郎,未到官,拜左都御史。邹元标与赵南星、顾宪成三人,海内称之东林党"三君"。后与冯从吾建首善书院,集同志讲学,给事中童蒙请禁之,邹元标乃疏辨求去。诏加太子少保。天启四年卒于家。崇祯初,赠太子太保、吏部尚书,谥忠介。著有《愿学集》、《邹南皋语义合编》等。

王时槐[②](1522—1605年),字子植,号塘南,安福人。嘉靖二十六年进士,授

① 《明史》卷二四三《邹元标传》;黄宗羲:《明儒学案》卷二三《江右王门学案八》。

② 《明史》卷二八三《儒林二》;黄宗羲:《明儒学案》卷二〇《江右王门学案五》。

南京兵部主事。历兵部员外郎、礼部郎中、福建佥事。累官太仆少卿，降光禄少卿。隆庆末，出为陕西参政。张居正当权，以京察罢归。万历中，南赣巡抚张岳疏荐之。万历十九年，陆光祖掌铨，起贵州参政，旋擢南京鸿胪卿，进太常，皆不赴。年八十四卒。

王时槐少时师从同县刘文敏，及仕，遍质四方学者，自谓终无所得。年五十，罢官，反身实证。其“透性”、“研几”说颇具特色，且论证缜密，辨析入微，高攀龙谓其“洞彻心境”。其学以“透性”为宗，以“研几”为要，隐含经世、践履精神；其为学路径，仍是从静坐人手，与罗洪先、聂豹等人大体相同；其学术思想内容，主要集中在修养论方面。所谓“透性”，即透彻明了什么是“性”及如何把握“性”。他认为，性为“先天之理”，故不容言说，无法直接用力，只能通过“性之呈露”来把握。而“性之呈露”即“知觉意念”，“知觉意念”皆为“命”，故“修命”为“尽性之功”。“性”与“命”既相联系，又有区别，即“一而二，二而一者也”。以“透性”说为前提，他又提出"研几"说。他强调，“学者终日乾乾，只是默识此心之生理而已”，此即所谓“研几”。“研几”的实践要求是“慎独”。他认为，学贵从收敛入，收敛即为“慎独”。在方法论方面，王时槐深受佛学的影响，而在人生观方面，则持批判态度。他指出：“大抵佛家主于出世，故一悟便了，更不言慎独。吾儒主于经世学问，正在人伦事物中实修，故吃紧在于慎独。”所著有《广仁类编》、《友庆堂合稿》等。

刘元卿[①](1544—1609年)，字调父，初号旋宇，继号泸潇，安福人。游青原山，闻邹守益孙邹德涵等讲学，乃入山与之谈论。归而研读宋儒语录。举隆庆四年乡试，次年会试，对策极陈时弊，语多激愤，主考者不敢录。张居正闻而大怒，令有司加以申饬，且派人秘密刺探其行踪。既归，师同邑王守仁弟子刘阳，倡学乡里。万历二年，会试不第，遂绝意科名，务以求道为事。后至浙谒徐用检、耿定向，与之论学。二十一年召为国子监博士。擢礼部主事，疏请早朝勤政，又请从祀邹守益、王艮于文庙，厘正外蕃朝贡旧仪。寻引疾归，肆力撰述，有《山居草》、《还山续草》、《诸儒学案》、《贤奕编》、《思问编》、《礼律类要》、《大学新编》诸书。

邓元锡[②](1529—1593年)，字汝极，号潜谷，南城人。年十一从黄在川学。十

① 《明史》卷二八三《儒林二》；黄宗羲：《明儒学案》卷二一《江右王门学案六》。

② 《明史》卷二八三《儒林二》；黄宗羲：《明儒学案》卷二四《江右王门学案九》。

五丧父，水浆不入口。十七行社仓法，惠其乡人。年十九入县学。及为诸生，游同邑罗汝芳门，锐然弃举子业。又走吉安，学于诸先达。嘉靖三十四年举于乡，以母年高未参加会试。往吉安谒邹守益、刘邦采、刘阳诸宿儒论学。后不复会试，闭门著述，逾三十年，五经皆有成书，闳深博奥，学者称潜谷先生。休宁范涞为南城知县时，极为器重邓元锡。后范涞任南昌知府，于万历十六年入觐，推荐邓元锡及刘元卿、章潢等人。南京祭酒赵用贤亦请征聘，一如吴与弼、陈献章当年的故事。得旨，有司起送部试，未行。二十一年，巡按御史秦大夔复荐，诏以翰林待诏征之，敦遣上道，甫离家而卒。乡人私谥文统先生。

邓元锡之学，渊源王守仁，但不墨守其说而有所发挥。时心学末流盛行，谓"学惟无觉，一觉即无余蕴，九容、九思、四教、六艺皆桎梏也"。元锡力排之，故生平博极群书，而要归于《六经》。所著《五经绎》、《函史上下编》、《皇明书》，并行于世。

除此之外，江右王门还有一批有名人物，或载《明史》，或入《明儒学案》、《儒林宗派》，或见于各地方志，限于篇幅和体例，兹不再列举。

总而言之，江西王学传人在传承王学方面具有十分突出的贡献，正是由于他们在理论上和实践中维护和发扬王学，王学才赖以不坠。此外，江右王门中还有一值得注意的倾向，即从一开始，便受到禅学的深厚影响，尤其后期学者如王时槐、胡直、邹元标等都深受佛学浸染。他们曾会聚禅宗名山吉安青原山论学，大都精究佛学，并有坐禅体验。

第三节 江西的"异端"思想家与"宋学中坚"罗钦顺

一、颜钧、罗汝芳与王学"异端"

"阳明学派，以龙溪、心斋为得其宗。"[①]同时，王学的异端也莫过于王艮所

① 《明史》卷二八三《儒林二》。

创的泰州学派。[①]《明儒学案》说：

> 阳明先生之学，有泰州、龙溪而风行天下，亦因泰州、龙溪而渐失其传。泰州、龙溪时时不满其师说，益启瞿昙之秘而归之师。盖跻阳明而为禅矣。然龙溪之后，力量无过于龙溪者，又得江右为之救正，故不至十分决裂。泰州之后，其人多能以赤手搏龙蛇。传至颜山农、何心隐一派，遂复非名教之所能羁络矣……诸公掀翻天地，前不见古人、后不见来者也。[②]

其实，泰州学派在历史上的影响，并不在于其宣传和发挥了王阳明心学(在这方面，泰州学派不如王畿一派)，而主要在于其发展了平民教育，提出了背离正宗儒学的“异端”思想，甚至发展成为反抗封建压迫的“异端”运动。其中，“赤手搏龙蛇”、“复非名教之所能羁络”，被黄宗羲称为“掀翻天地，前不见有古人、后不见有来者”的颜山农、何心隐，皆为江西吉安府人。二人加上徐樾、罗汝芳等四人，为泰州学派在江西的代表人物。其学术传承系谱为：

> 王艮→徐樾→颜钧→罗汝芳、梁汝元(何心隐)

泰州学派的学者大都不受传统经典的限制，只凭自我之体悟而对经典进

---

① 在《明儒学案》中，不同的“学案”有以地域，也有以人物来划分，标准并不统一。而在划分单个人物学派归属的问题上，则基本上以师门授受与学术思想的传承为依据。此外，由于明代儒家尤其是王门学者中向不同的学者问学甚至师从多人的情况甚为普遍，因此，若论学脉流衍与学派归属，又必须以最为重要的师门授受与思想传承为标准。这是黄宗羲在《明儒学案》中所奉行的原则。从《明儒学案》的基本结构可见，黄宗羲显然将泰州学派视为阳明的别派而非正传。王艮同样是亲炙阳明，但其开创的学派却没有被黄宗羲列入王门，而是在《浙中王门学案》、《江右王门学案》、《南中王门学案》、《楚中王门学案》、《北方王门学案》以及《粤闽王门学案》这些被冠以“王门”的“学案”之外另立一《泰州学案》。就“浙中”、“江右”、“南中”、“楚中”、“北方”及“粤闽”这六个王门正传学派而言，其主要代表人物大都来自该地区，但《泰州学案》的情况却并非如此。其中，除了王襞传后所附樵夫朱恕、陶匠韩贞和田夫夏廷美之外，正式作为学案的共十八人。可是在这十八人中，只有王艮、王襞、王栋和林春四位是泰州人士，其余人物则分别来自浙江、江苏、江西、广东、湖北、四川、安徽。这显然与以地域为划分人物学派归属的标准不符。并且，不仅地域混杂，整个泰州学派内部的思想也颇不一致。其实，在六个“王门学案”之外别立一《泰州学案》，是黄宗羲的一项特别设计，既是为了划分阳明学正传与别派，又可以使阳明学尽可能免受当时思想界批评其杂禅的强势攻击。

② 黄宗羲：《明儒学案》卷三二《泰州学案·序》。

行发挥诠释,并以此来立身行事,故往往轻视经典,蔑视权威。同时,泰州后学大都是平民学者,他们有急于拯救天下的愿望,并以自我的努力来实现其理想。这在很大程度上破坏了礼教所规定的秩序,所以说“非名教所能羁络”。从人格心态上讲,泰州学派的突出特征是:“赤手搏龙蛇”的狂者精神。其具体表现则是“思出其位”的进取意识与守道自尊的独立人格。

王艮第一位著名的江西籍弟子是徐樾。徐樾[①](?—1551年),字子直,号波石,贵溪人。进士,先后任礼部侍郎、云南布政使。最初服膺阳明之学,曾于嘉靖六年十月在江西余干拜见王守仁,得其点化,领悟而去。嘉靖七年、十年、十八年,三次在王艮门下受业,成为泰州学派的早期弟子之一。王艮谓其内人曰:“彼五子(指王艮的五个儿子)乃尔所生,是儿(指徐)乃我所生”(盖指传道之得人)。王艮在考察徐樾前后达十一年以后,乃于逝世前授徐以“大成之学”(经过改造了的、平民能够接受的孔孟之道)。王艮的次子王襞称徐樾为其父“高第弟子,于父之学,得之最深”。嘉靖二十九年,徐樾任云南布政使时,中土司诈降之计,战死于沅江城下。[②]

颜钧[③](1504—1596年),号山农,永新人。二十五岁得闻阳明之学,闭关悟道。嘉靖十年离家游学,师从安福刘邦采,略无所得。十五年冬至京师,与赵大洲同至徐樾门下受学。颜钧在徐门学习了三年,竟然得出儒、释、道三教“原无分际”的结论,认为它们的特点“俱在口传心受”。其后,颜钧又到泰州安丰场向王艮问学。在徐樾和王艮门下问学四年之后,颜钧返回江西,在南昌同仁祠会讲,作《急救心火榜文》,招来1500多人听讲,盛况空前,其中有多人信从了颜说。泰州学派思想始公开传入江西。

颜钧为人行侠仗义。同门赵大洲因得罪权贵,受廷杖、下锦衣卫狱,又贬谪至广西荔波县为典史,颜钧从北京一直护送其到广西贬所。其师徐樾战死疆场,颜钧又往该地寻其骸骨归葬。由于他有如此侠义心肠,故追随者甚众。在此后的时间里,颜钧往返于北京、沧州、河间、南京、南昌以及南直隶泰州、扬州、仪征和两淮各盐场讲学,听众动辄数百上千人,所讲全都关系百姓温饱、民间疾苦。

颜钧在江西的弟子中,较得意的有南昌陈源。嘉靖二十五年,当颜钧在江

---

① 黄宗羲:《明儒学案》,卷三二《泰州学案一》。

② 《明史》卷三一四《云南土司二》。

③ 颜钧:《颜钧集》,卷三《自传》,中国社会科学出版社 1996 年版。

苏扬州、泰州等地传讲王学时,陈源就投于门下。以后又跟随颜钧游金溪、南城、疏山等地。颜钧讲学,注重因材施教,曾对门徒说:"吾与若辈言从情耳,与惟德(罗汝芳)言从性,与本洁(陈源)言从心。"对罗、陈二人期许颇高。此外,金溪蔡尔学、安福欧愉、新淦朱泗以及吴焕文、龚月溪、曾守约、马逵、蒋广、姜金玉、章瓒等都曾师从颜钧门下。

罗汝芳[①](1515—1588年),字惟德,号近溪,学者称明德先生,南城人。26岁时赴省城南昌乡试落第,于是闭关临田寺,静坐澄心,久之而病心火。其时正值颜钧倡讲急救心火之论,即往访之,一见投机。罗汝芳在颜钧处听讲数十日,闻颜钧"制欲非体仁"说,从此执弟子礼,师事颜钧。颜钧羁狱三年,罗汝芳多方营救,助其出狱。此后随侍愈恭,至死不辍。罗汝芳于嘉靖三十二年中进士,知太湖县,擢刑部主事。出守宁国府,以讲会《乡约》为治,后又补守东昌。迁云南副使,悉修境内水利,转参政。万历五年进表,讲学于广慧寺,朝士多从之。张居正恶其讲学,以潜往京师的罪名勒令致仕。归与弟子在江西、浙江、江苏、福建、广东等地讲学,所到之处弟子满坐,而他自己却未尝以师席自居。其著作今存有《近溪子文集》。

罗汝芳的学问境界是由繁琐而简易、由扰攘而清明、由执著而物我两忘,其思想中最有特色的是"赤子之心"说。清初黄宗羲概述其为学宗旨及思想轮廓时说:"先生之学,以赤子良心、不学不虑为的,以天地万物同体,彻形骸、忘物我为大。此理生生不息,不须把持,不须接续,当下浑沦顺适。工夫难得凑泊,即以不屑凑泊为工夫;胸次茫无畔岸,便以不依畔岸为胸次。解缆放船,顺风张棹,无之非是。"[②]罗汝芳在其著作中屡言"赤子之心"之重要,其学理基础主要在于说明人性本出于自然,一片生机,赤子之心本身就是良知"无时无处而无所不知"的具体表现。而"赤子之心"在视、听、言、动诸形色上见其性、见其良知,这就是赤子之良知的本来面目。

何心隐[③](1517—1579年),原名梁汝元,字柱乾,号夫山,吉安永丰人。心隐为学师事颜山农,是泰州学派的正宗传人。但他既不同于王艮的自幼贫寒而粗识文字,又不同于颜钧的早年木讷而至19岁方忽然聪明开悟,而是"幼时颖异

① 《明儒学案》卷三四《泰州学案三》。
② 《明儒学案》卷三四《泰州学案三》。
③ 《明儒学案》卷三二《泰州学案一》;邹元标:《梁夫山传》,《何心隐集》附录。

拔群,潜心经史,辄以远大自期。凡耳而目之,皆知其为伟器”。并且在嘉靖二十五年中江西省试第一,具有充足的条件在仕途上求得发展。第二年,颜钧自泰州返回江西,在各府县讲学。何心隐从颜钧处“闻王心斋先生良知之学,竟芥视子衿,乃慨然曰:‘道在兹矣’。遂师颜山农”。及门受学之后,何心隐返回家乡,设聚和堂,实践泰州学派主张,化俗乡里。嘉靖三十八年以罪充军,从此开始流亡生涯。

在王门系统中,王艮以对王守仁“良知”说的平民化解释另启泰州学脉,偏离了王学正轨,而其门人在对“良知现成”、“百姓日用即道”的理解上同样发生了歧异。这种分歧在王艮卒后变得愈加明显,形成以泰州王襞、王栋等为首的正统派和与江西徐樾、颜钧、何心隐、罗汝芳为首的狂禅派的对立。江西泰州学派的思想特色表现在如下几方面:

第一,倡导自然人性论。儒家自孔孟以来,一直强调人的道德本性,而往往将人的自然要求忽略不顾,尤其宋明理学家,主张“存天理,灭人欲”,遏制人的自然欲望。即使王阳明致良知之说,也认为私欲是恶,强调在为善去恶上做工夫。泰州学派与程朱理学乃至王学正统的主要区别即在于承认人之欲望的合理性,倡扬自然人性论,这种倾向在江西派泰州后学中表现尤为明显。徐樾将心、性、道、身合一,认为,道即性,性即心,心即身。“夫道也者性也,性也者心也,心也者身也,身也者人也,人也者万物也,万物也者道也。”在这个命题中,“心”、“性”既指人之道德本心(性),又包含了人之自然生理的需求,以性释道,这就等于肯定了人性自然的一面,肯定了人之自然欲求的合理性。以身释道,又将蕴涵了各种欲望的自然之身抬高到与道同尊的地位。这就使得宋儒以来高悬的道德本体开始与人们的日用生活贴近,逐步向自然心性本体转化,开启了颜、何一系标举利欲的“异端”品格。不仅如此,徐樾还提倡顺适人性自然,率性而行。谓“圣贤教来学,率性而已。”又指出率性而行即是诚,即真实无妄,“圣学惟无欺天性,聪明学者,率其性而行之,是不自欺也。”为后来颜、何等人的纯任自然天性和危言危行提供了张本。

颜钧同徐樾一样,也主心、性合一,“心所欲,性也。”这个“心”并非纯道德意义上的本体,而是包含太多感性物欲的因素,因此欲仁是性,欲货利也是性。欲仁是人的道德本性,欲货利是人的自然本性。也就是说,人欲出乎自然。而且,作为道德本体的仁具有生生不已的特征。万化流行,各随己性,这就是仁。从心性自然出发,颜钧提出“制欲非体仁”说和“放心”说。认为理学家所谓存理灭欲、强制不起欲念并非体仁之方，很容易造成“心火”太盛，迷失本真之性。真正体悟“仁”的办法是顺适人的自然本性，“放心”而行。这个放心并非孟子所谓“遗失的本心”，而是“将名利之心，一切放下”。它是道德修养的工夫。顺其自然、“从心所欲不逾矩”，这就是“致良知”之道，就是人之所欲达到的最高境界。制欲非体仁说和放心说是颜钧思想中最具理论色彩的部分，也是他最为正统所诟病之处。

罗汝芳则用“赤子之心”来论证人性自然。他说：“天初生我，只是个赤子。赤子之心，浑然天理，细看其知不必虑，能不必学，果然与莫之为而为，莫之致而至的体段，浑然打得对同过。”赤子之心的根本特点，即是浑然无知，没有受到后天见闻知识的熏染，所以其孩笑、啼哭、食乳、视听等行为皆出于自然本能，是人之自然本性的流露。所以他说：“天之春见于草木之间，而人之性见于视听之际。”他还以欲释仁，认为赤子初生啼哭以恋母怀的自然欲求即是“仁”，“赤子出胎，最初啼叫一声，想其叫时，只是爱恋母亲怀抱，却指着这个爱根而名为仁，推充这个爱根以来做人，合而言之曰‘仁者人也’。”如果由这个自然欲求再进一步推充，则人之感官物欲也是合乎仁道的。

何心隐干脆指出，食、色、利、欲就是人的本性。他说：“性而味，性而色，性而声，性而安逸，性也。”又说：“欲货色，欲也；欲聚合，欲也。”人们对声、色、美味、享乐的向往和追求是出乎自然、正当合理的，应当尊重人们的人性要求。因此他提出“育欲”之说，主张“乘乎其欲”。这是对宋明理学灭欲论的一个直接反动。

第二，言行之迹近于狂禅。狂禅之谓，最早可追溯至王守仁。阳明心学中就掺杂有不少禅学因素。这从阳明“心外无理”、“心外无物”及“四句教”法中即可见一斑。到泰州学派创始人王艮那里，指认良知现成自在，当机指点，便已很有禅宗作用是性的意思。至泰州后学颜、何等人，更是儒、禅合一，在修养工夫上主张顿悟成圣，认为圣凡之别，即在是否明觉良知本然、日用即道；在实践上则率任自然，危言危行，非名教正统所能羁络。将王学之禅发展到狂的境地。

颜钧认为心包万物而无由识之，性无尘染，无须防检。这与禅宗心体明净、不著一物的观念极为相近。禅宗讲即心即佛，即性是佛，颜钧也主张“率性而行，纯任自然”，认为这就是行道。最能表现颜钧狂禅倾向的是，他将这种从心所欲的理念完全转化为一种行动纲领，在与人交往论学时毫无遮掩地表现了出来。比如他与人论学重领悟，“往往于眉睫间得人，玄悟稍迟钝即诟訾”。即令与当时名儒讲会,也毫不规束自己的行为,动辄手舞足蹈。此外,颜钧讲学传道的方式也很类似禅宗棒喝。据说他收徒,常常先要打弟子三拳,以此作为见面礼。以此看来,时人评价说:"钧诡怪猖狂,其学归释氏。"并非无的放矢。而在颜钧看来,儒、佛、道其实并无区别。

罗汝芳师事颜钧多年,故其思想亦深深感染了狂禅习气,一生学问,杂取儒、释、道。王时槐评价说他的思想"于释典玄宗,无不探讨,缁流羽客,延纳弗拒。"从他的"赤子良心"、"浑沦顺适"说,我们就可以看出其中有很强的禅学倾向。罗汝芳认为,人生之初,即有不学而知、不虑而能的本性,即有赤子之心,这就是人的良知。人在后天只要不断推广和扩充这个出乎天成的良心本性,就能成圣成贤。由此证明人人皆有成圣的天性,这与禅宗讲人人具有佛性是一样的。如何推充这个本性?罗汝芳认为,无须象理学家们那样刻意戒惧防检、庄敬持守,只要顺适当下,依自然而行即可。则日用伦常,无不是道,无不在体现和涵养这个本然之心。这一涵养工夫与禅学"担水砍柴,无非妙道"毫无二致。

何心隐少负不羁之才,辄以远大自期。及师事颜钧,得闻其学,愈加狂放,常常恃其知见,狎侮当时名儒。及遭缉捕,逃住京师,还是狂性不减,逢人质难。最为著名的例子是他在见当时炙手可热的张居正时,轻蔑地问张是否知道大学之道,由此招致张之嫉恨。

江西泰州学派诸人的狂禅化还表现在注重口传心授,而不重立言著述,一方面这可能与泰州学者本身辞气不文、不善论证及其学生们大部分出身低微、知识浅陋的因素有关,但另一方面又与禅宗"不立文字"的传统深相契合。

第三,积极有为于世,唱和名教人伦。从表面上看,泰州学者尤其是颜、何等人的言行具有极强烈的狂禅倾向,似乎时时处处与名教正统相背离。但就实际而言,其"危言危行"远不像理学家所描绘的那样具有破坏性,既不是"鱼馁肉烂",也不是"邪说倡道"。恰恰相反,他们都是一些极有救世热忱、积极调和名教伦理、以化俗济众为己任的学者。

泰州学派中有些人一生以讲学为事,无意仕宦。如王艮以讲学闻名被屡次疏荐起用,但都谢绝不任,还教自己的儿子放弃举业,继承讲席。而徐樾和罗汝芳则不如此,他们积极投入仕宦,历官政府各部和地方臬台、州府。徐樾最终在云南左布政史任上为国捐躯。罗汝芳在致仕回乡后,仍聚众讲学,启发市井智愚。他们都是事功派,不但政治上有所作为,在学术上对于泰州学术的推广亦有不没之功。

颜钧处处表现出与名教正统相调和的努力。他不断强调自己的学说是孔孟正传,言行则是翊赞王化。如他在南昌张榜“急救心火”中说,他一生的学问专业是“耕心樵仁”、“承流孔孟”,而“救人心火”的宗旨就在于“以除糜烂,翊赞王化,倡明圣学。”另一方面,他的言论中充满了名教伦常的说教箴劝。比如他作“箴言六章”,专意阐发圣谕六条。这六条是:孝顺父母、尊敬长上、和睦乡里、教训子孙、各安生理、毋作非为。这些说教与当时的名教中人并无二致。事实上,他早年在家乡组织“萃和会”就是将这种教化付诸实行的重要表现。“乡间老壮男妇几近七百余人”,听其讲学耕读孝弟,众皆“各透心性灵窍,信口各自吟哦,为诗为歌,为颂为赞,学所得,虽皆刍荛俚句,实发精神活机……众皆通悟,浩歌散睡,真犹唐虞瑟僩,喧赫震村谷,闾里为仁风也”。[①]黄宗羲说他“常欲有为于世,以寄民胞物与之志。”这种“安身运世”的理想最直接的体现就是他周流讲学、振铎天下的活动。颜钧在南京讲学时,曾联合湛若水等人上书当政者,请广开言路,尊隆学术。他有《寄在朝八老》诗:“经纶急务格君相,察问刍荛先知仁,此亦安身运世策,市臣莫厌莽臣器。”明显地表现出“思出其位”、积极与世的热心。

二、何心隐的“大同”思想与社会实践

何心隐鼓吹“育欲”,言行狂放,在当时即被目为异端,后终死于讲学。这是泰州学派由王艮式狂放走向后学“异端”的典型。

作为颜钧的弟子,何心隐在对师说进行阐释和发展的同时,更身体力行地实践自己的理想。颜钧一生只是求学、访学、讲学,未取任何功名,何心隐则是官学的学生,并且在全省的科考中名列前茅。但为了追随颜钧问学,竟放弃了功名、抛弃了仕途,所以自视甚高。当时的吉安府是文学、理学之邦,庐陵籍官员也多以学问著称,但何心隐却视如无物,时时挖苦、嘲弄。

何心隐继承了泰州学派关于百姓欲望即为天理的思想,公开主张“育欲”,主张满足人们对于味、色、声及安逸等方面的欲望。与同时代其他的学者们不同,何心隐不但宣传自己的学说,而且希望将自己的学说提供给社会,为百姓营造出能够安居乐业、同享太平的乐土。王学对儒家经典首推《大学》,而《大学》要求修身、齐家、治国、平天下。何心隐自认为学术已足修身,遂从齐家开始

① 颜钧:《颜钧集》,卷三《自传》。

实践。但他所“齐”的家并非自己的五口小家，而是全族这个大家。他建造了一个“萃和堂”，也称“聚和堂”，以聚结全族，并用白话语写了《聚和率教谕族俚语》、《聚和率养谕族俚语》、《聚和老老文》三篇文章，从思想教化和生活所需两个方面对全族提出要求，以共同遵守。何心隐自己身理一族之政，全族不分贫富贵贱，丧葬嫁娶，均统一操办，赋税徭役，全族共同负担。全族人过起了有饭同吃、有衣同穿的“大同”生活。今日的学者们喜用“乌托邦”来形容何心隐们的理想，未免不近情理。因为何心隐并非只是停留在构想上，而是亲身实践，据说还“行之有成”。

当然，何心隐领着全族所过的“大同”生活，很大程度上靠的是他个人的智能、学术和人格力量，特别是祖上经商积累起来的家产为后盾。一旦家产不足以支撑，这个“聚和堂”也就难以维持下去了。几年后，永丰知县下令征“皇木银两”。这是额外之赋，何心隐写信进行讥讽，知县大怒，报告上司，定了一个罪名，将其下入狱中，聚和堂的“大同”社会也随之土崩瓦解了。

这是一个看似偶然实则必然的事件。“皇木银两”之类的额外税收无时不有。正德五年，王学的创始人王守仁为庐陵知县时，上任伊始遇上的就是这类事情。当时的镇守中官姚某行文江西布政司，凡生产葛布的县份，必须在葛布上市时抓紧采办上贡，不生产葛布的县份，也要根据原先田赋的多少，摊派买布银两。尽管王守仁将此事顶了回去，但全省、全国的知县中又有几个王守仁？凡上面有差派，理所当然是摊派给农户，只要不中包私囊，或少一些敲诈勒索，已是好官了。可以设想，在何心隐领着全族过大同生活的那段日子，摊派已不在少数。但有两个因素使得何心隐不能不提出异议。一、既然有自己的理想并力图将其变为现实，何心隐就必然要和各种不同的思想和行为进行交锋。而他那自负的个性，则决定他的交锋方式不像罗洪先那样心平气和，而是冷嘲热讽。二、何心隐的聚和堂是以家产及族产为后盾的，但家产及族产毕竟有限，既要对家族内部的贫困成员进行补助，又要应付官府的种种正赋杂税及各种摊派，不免捉襟见肘、坐吃山空。何心隐仅仅为了维系他的聚和堂的经济来源，也必然要和官府发生冲突。更何况，这种全族“大同”的生活方式，不仅与当时个体农户的生产方式不相适应，也与以小农经济、个体经营为基础的中央集权制度格格不入。

但是，牢狱之灾并没有摧毁何心隐实践自己理想的决心，他在好友的帮助下逃出了囹圄，从此踏上了在更广阔的范围内传播和实践“聚和堂”理想的道路。他北上京师，南下道州，西至重庆，东至杭州，大半个中国都留下了他传道足迹,并将湖广武昌、孝感、竟陵作为长期讲学之地。何心隐继承了王学特别是泰州学派关注下层群众疾苦的传统,所到之处,渔夫樵父、句读竖子,有问必答;士农工商、方技杂流,无不交接。他要带着他们去寻找、去建立一个超出血缘、超出地缘,以四海为一家、以天下为方寸的大同世界。以家族为单位的小"聚和堂"已为地方当局所不容,而以四海、以天下为单位的大"聚和堂"当然也就犯了更大的忌讳。

何心隐早年在北京即因学术思想的不同而得罪张居正。[①]万历时,张居正为推行政治改良,提出"尊主权、一号令",并禁止讲学。何心隐则不但在湖广孝感、竟陵等地聚众讲学,更发布长文,号召"必讲必学"。这使张居正更加不安,遂命前后两任湖广巡抚缉捕何心隐。而在此之前,即隆庆元年,颜钧已因"诽谤圣学"、"有伤风化"被捕入狱,其时已63岁。万历七年将何心隐下狱致死的,是湖广巡抚王之垣。一百年后,王之垣的曾孙、清代著名学者王士禛写了如下一段文字:

> 何心隐在万历间,屡变姓名,诡迹江湖间,所胁金帛不赀。尝游吴兴,诱其豪为不轨;又与一富室子善,偕之数百里外,忽曰:"天下惟汝能杀我,我且先杀汝。"绁之湖中,取其家数百金,然后纵之。其党吕光者,力敌百夫,相与为死友。又入蛮峒煽惑,以兵法教其酋长。事闻于朝,先曾祖(王之垣)时为湖广巡抚,捕之,获于岭北,置诸法。罪状昭然。有御史赵崇善者,挟私憾,追劾先公杀心隐媚江陵。……崇善此疏,刻入《万历疏钞》。或未详何、颜颠末者,恐辄信之,聊复述及,以质公论矣。[②]

王士禛此文旨在替曾祖洗刷清议,开脱责任,自然要将何心隐说成十恶不

① 何、张二人初次见面是在嘉靖三十九年,耿定力记述当时会见场面道:"乘会日,偕心隐突入座。心隐、恭简南面,江陵北面,大兴令吴哲与予西隅坐。恭简故令二公更相品评。江陵谓心隐:'时时欲飞,第飞不起耳。'心隐气少平,谓江陵:'居太学,当知《大学》之道云。'心隐退而抚膺高蹈,谓予兄弟曰:'此人必当国,杀我者必此人也。'"(耿定力《胡时中义田记》,《何心隐集》附录)耿定力当时亲自在场,所言当无大误,而且还可证之何氏本人之言。他在《上祁门姚大尹书》中说:"因耿而与今之阁下张公太岳官司业时,讲学于北之显灵宫,即睹此公有显官,有隐毒,凡其所讲者,即唯唯,即不与之辩学是非,而即忧其必有肆毒于今日也。且此公退即对耿言:'元本一飞鸟,为渠以胶滞之。'然元亦即对耿言:'张公必官首相,必首毒讲学,必首毒元。'"(《何心隐集》卷三)

② 王士禛:《池北偶谈》,卷一〇《谈献六·何颜伪道学》。

赦。但即使如此,从这段文字中也可以看出,当时人们对于何心隐的认识便有分歧。东林党领袖顾宪成评价说:“心隐辈坐在利欲胶漆盆中,所以能鼓动得人,只缘他一种聪明,亦自有不可到处。”而黄宗羲则认为:“非其聪明,正其学术也。”“心隐之学,不堕影响,有是理则实有是事,无声无臭,事藏于理,有象有形,理显于事。”[①]黄宗羲可谓知何心隐者。

何心隐的理想和实践虽然最终失败,却在明代社会、在中国思想界点燃起一支火炬,给穷苦民众以希望。从何心隐被捕开始至明政府将其“罪恶”公布在湖广省城时,江夏市民及何心隐押运所过地区的人民却表现出对何心隐极高的崇敬之意。据李贽所言:“方其揭榜通衢,列公罪状,聚而观者咸指其诬,至有嘘呼叱诧不欲观焉者,则当日之人心可知矣。由祁门而江西,又由江西而南安而湖广,沿途三千余里,其不识公之面而知公之心者,三千余里皆然也。非惟得罪于张相者有所憾于张相而云然,虽其深相信以为大有功于社稷者,亦犹然以此举为非是,而咸谓杀公以媚张相者之为非人也。则斯道之在人心,真如日月星辰,不可以盖覆矣。”[②]如果说异端,则何心隐们只是统治者的异端,而视何心隐们为异端的统治者们,才是真正的异端——他们是人民的异端。而明代江西文化中的异端文化,却是真正的民众文化。其实,历史上所有伟大的思想家,其思想在开始时大多都被视为“异端”。因为他们总是要挑战传统,总是因为代表人民的愿望而为统治者所不容。

三、“宋学中坚”罗钦顺及其学术思想

阳明学虽为其时学说思想的中心,但朱学在明代不仅始终处于官学地位,而且作为一种学术潮流亦贯穿始终,同样产生了一批卓有贡献的学者。从某种意义上说,正是由于朱学的存在、流变与激荡,方才有阳明心学的崛起与兴盛。同样,阳明学从产生之日起,其实就一直受到居于正统地位的朱子学的批评。学术思想的生命力恰恰在于交流和交锋。

正德十五年六月,王守仁途经泰和,收到了一封与他论学的书信。[③]作者就是恰好在家的南京吏部右侍郎罗钦顺。罗钦顺与王守仁“道义之交深,文字之

① 《明儒学案》卷三二《泰州学派·序》。

② 《焚书》卷三《何心隐论》。

③ 《王阳明全集》卷三四《年谱二》。

会密",是当时王守仁在江西强有力的思想对手和论敌。

罗钦顺[①](1465—1547年),字元升,号整庵,泰和人。弘治六年进士,官至吏部尚书、礼部尚书。他耻与议礼新贵张璁、桂萼同列,致仕后"里居二十余年,足不入城市,潜心格物致知之学","专力于穷理、存心、知性"。罗钦顺无师无友,不群不党,所学得自独立思索,是一位具有独立精神的思想家,始终保持一个独立思想家的形象。例如,南丰李经纶反对王守仁、湛若水两家心学,作《卫道录》等"念时无知者,闻罗整庵著《困知记》,辨心性之异,以辟王、湛,大喜,上书以质所学。整庵方自贵重,惩两家之聚生徒,各立门户,故少所容接"。[②]其为学经历了三个阶段,早年信佛学,后转而研究宋代理学,最终形成了自己的观点。他把数十年苦心思虑所得一条条记录下来,"少或数十言,多或数百言",最后汇集为《困知记》。《困知记》陆续编成四集共六卷,其中,《困知记》上、下两卷,成于嘉靖七年;《困知记续》亦上、下两卷,分别成于嘉靖十年、十二年;《三续》、《四续》各一卷,最终完成于嘉靖二十五年。又有附录一卷,收入重要书信若干篇。此外,尚有《整庵存稿》,《续稿》,为书信、诗文汇集。年八十三卒,赠太子太保,谥文庄。

《明史·儒林传》说:"钦顺潜心理学,深有得于性命理气之微旨。"其学术建树和贡献主要有以下三个方面:发展了理气论;率先揭批阳明心学的主观唯心倾向;深入批判禅(佛)学的虚无唯灵之误。

罗钦顺是一个持唯物论观点的思想家,其思想集中表现在他的理气论中。黄宗羲说"先生论理气最为精确",罗钦顺自己也对此颇为自负。在理气关系上,罗钦顺确认理为气之理,非气外别有一理,在气的运动过程中便显示出理。他说:"理只是气之理。当于气之转折处视之;往而来,来而往,便是转折处也。夫往而不能不来,来而不能不往,有莫知其所以然而然,若有一物主宰乎其间而使之然者,此理之所以名也。……理须就气上认取,然认气为理便不是,此言殆不可易哉!"[③]理气对应于人便是心性,在天为气在人为心,在天为理在人为性。这是在一定程度上对理气论的程朱理学纠正和改造。

罗钦顺对王守仁宣扬的"良知"论很是忧虑,对其"致良知"之说,也难认同。在《困知记附录·与王阳明书》中,罗钦顺主要针对王守仁的格物致知说提

---

① 《明史》卷二八二《罗钦顺传》。

② 《明儒学案》卷五二《诸儒学案中六》。

③ 《困知记》续卷上,中华书局1990年点校版。

出了自己的反驳意见。他认为王学所谓“心之所发便是意”,“意之所在便是物”有两点不明之处:一、“意”不能代替客观事物;二、事物是否“正”或者说意念是否“正”了,需要有另外检证,而王学一切皆以主观意念为准,便失去了检验的意义。归根到底,王学的“格物致知”说是禅学,因为它是“局于内而遗其外”。应该说,罗钦顺对“致良知”论的批驳是准确抓住了阳明认识论的主观唯心本质的,他所强调的“格物”的实践性和过程性,也秉承了其本体论上的唯物立场。罗、王二人有过多次论辩,在嘉靖七年王守仁逝世后,这种交锋未能继续深入下去。“书未及达,守仁已殁”,罗钦顺曾于《困知记》三续中叹道:“于王(守仁)盖尝相与论文而未细读,忽焉长逝,殊可惜也。”

罗钦顺对佛学唯心本质的揭示和批判,也甚有见地。认为佛(禅)学之失,主要有二:一是不解世界实有,反而鼓吹虚无,二是“佛氏有见于心,无见于性”。这是说佛学对人的主观精神能力(“心之妙”)有所认识,但对性理之本质却茫无所知,却反而将此“心之妙”当成性之本体了。也正因此“无见”,佛氏遂“以知觉为性”,沉湎于虚灵之妙而幻化客观世界。罗钦顺还指出禅学否定人的感觉器官与客观事物相接而产生的感觉和印象(即所谓“意见”),从而把人和客观世界隔绝开来,使人的思维活动停止。顿悟只不过是人的主观意识的作用。

明初诸儒皆沿袭程朱余绪,到了明中叶学术开始出现了分化,尤其是王阳明心学问世后,程朱理学的一统天下被打破,史称阳明“别立宗旨,显与朱子背驰,门徒遍天下,流传逾百年。其教大行,其弊滋甚。嘉、隆而后,笃信程朱不迁异说者,无复几人矣。”[①]这屈指可数的“几人”中,就有罗钦顺,“时天下言学者不归王守仁,则归湛若水;独守程朱不变者,惟(吕)柟与罗钦顺云。”在“心学”席卷之下,罗钦顺宛如中流砥柱,依然坚守程朱理学,故被时人目为“宋学中坚”。

总的说来,虽然罗钦顺思想的创造性不是很大,但其间也不乏新论和创意。在学术史上,罗钦顺固守宋学,客观上既继续推进了程朱理学,又丰富了其时的学术形态。在“心学”勃兴并成为“显学”之时,罗钦顺与之争辩,客观上阻止了心学的一统天下,故亦有利于学术的多元和繁荣。从学术思潮的演变大势来看,罗钦顺推崇“实学”的思想,实为明清之际实学思潮的滥觞。从气本论的

① 《明史》卷二八二《儒林传》。

哲学发展来看，罗钦顺的理气一元论既上承张载，又下启王夫之、戴震，有着承上启下的重要意义。

罗钦顺除了与王守仁辩论之外，还对陆九渊、陆学传人杨简（慈湖）、陈献章和湛若水等人的学说发表了自己的评论。从整体上看，这些评论是对整个心学系统的评价与反驳，落脚点是维护和修正宋学。

明中期江西王学虽盛极一时，但传承程、朱之学的仍不乏其人，罗钦顺之外，较突出的还有弋阳汪俊、进贤舒芬、吉水李中等。汪俊之学，“以程朱为的，然以阳动阴静，流行而不息者为心，而其不易之常体则性也。性虽空无一物，而万化皆从此出。故性体也，心用也，浑然不可分析”。尤崇程子，指出朱熹在性理气关系上不合程子之旨。汪俊与王守仁交好，而“不同其说”，批评王学“学不从穷事物之理，守吾此心，未有能中于理者”。[①]舒芬曾与王守仁一起论学且“拜弟子”[②]，然而其学仍宗宋儒，“以濂溪得斯道之正脉，故于《太极图说》为之绎义”。李中之学以为“学只有存养，省察是存养内一件。儒者之学，理一而分殊，分不患其不殊，所难者理一耳”。[③]王守仁巡抚赣州时，“檄（李）中参其军事，预平宸濠”。而江右王门的罗洪先则曾学于李中。

但是，明中期以后江西传程朱之学者只是承其余绪，虽有罗钦顺独守程朱而稍加变通，但终无重大影响，与心学相比，显得极为微弱。

第四节
明代江西的宗教

一、明代的宗教政策与江西的宗教活动

佛、道二教是中国古代势力最大的宗教，与儒家并称三教。佛教为外来，道教为自生。宗教的起源和传播并非出于政治目的，但其深入发展显然又与政治密切相关。明初，太祖和成祖制定的宗教政策，奠定了有明一代的基本宗教国策，这些政策对安抚民心、巩固政权和稳定明朝政局起到了重要的作用。主要

---

① 《明儒学案》卷四八《诸儒学案中二》。

② 王守仁：《王阳明全集》卷三四《年谱二》。

③ 《明儒学案》卷五三《诸儒学案下一》。

内容包括:第一,通过优礼和重用僧人道士,修建寺观,保护寺观经济,编刻宗教典籍等措施,对佛教道教实行保护和扶持;第二,通过将佛道地位排在儒家之后,设置系统的僧道衙门,编制僧道册籍,限制僧道数量,对佛道加以限制和控制;第三,对民间广为流传的秘密宗教严行禁止,残酷镇压。同时,对佛道二教采取调和(多少有些崇扬道教)的政策,使之皆隶属于政治之下,以达到"阴翊王度"的目的。

明代江西的宗教活动,主要是道教,高道辈出;佛教也有一定的发展,出现了"曹洞中兴";天主教传入江西并有了初步发展;弥勒教、白莲教、明尊教、白云宗等秘密宗教的活动与"作乱",均遭镇压。如永乐七年九月,江西人李法良"行弥勒教流入湘潭,聚众为乱"。明廷即命丰城侯李彬发江西、湖广兵进行围剿。李法良在安福县战败,部众丧失几尽,本人逃至吉水县被俘。李彬将其"械送京师",被诛杀。[①]

道教

明代道教的发展可划分为前后两个阶段。从明初到世宗嘉靖时,道教尚能得到统治者扶持,在上层社会有一定地位,特别是在明世宗时,受到尊崇,道教(主要是正一道)一度兴盛。穆宗隆庆之后,道教与统治者的关系日渐疏远,社会地位下沉,加之自身不能作出调适更新等原因,道教在组织规模、教理教义等方面走向衰微。

明代道教以江西贵溪龙虎山的天师道即正一道地位最尊(详后),除历代张天师外,明代江西还出现了几位颇有影响的道士,均极富传奇色彩。

周颠[②],佚名,建昌人。据载,周颠于十四岁时得了一场大病,在南昌街上讨饭,语言胡乱,人们都呼说他有颠。长大后有异状,多次拜谒长官,曰"告太平"。其时天下太平,人们以疯癫视之。陈友谅占据南昌后,周颠消失了;及朱元璋攻克南昌,周颠又出现了。朱元璋还金陵时,周颠也随之前往。多次"告太平",朱元璋不厌其烦,命人用巨缸盖住周颠,周围用大火焚烧。等到薪尽,抬起巨缸,周颠竟安然无恙,只是额头上有些微汗而已。朱元璋见状十分惊异,命寄食蒋山僧寺。后来僧人告状,说周颠与其争食,并且因此而生气,已绝食半月。朱元璋好奇往观,周颠竟然面无饥色。乃赐盛馔,食毕,闭空室中,绝其食一月。至期

① 《明成祖实录》卷九六,永乐七年九月辛未。

② 《明史》卷二九九《方伎》;《明太祖实录》卷一三,至正二十三年八月壬戌;《明太祖实录》卷二二九,洪武二十六年七月辛未。

往视,仍如故。将士敬酒,喝了即吐;朱元璋与其共食,则无事。

朱元璋征伐陈友谅,临行前问周颠:“此行可乎?”周颠答道:“可。”又问:“彼已称帝,克之不亦难乎?”周颠仰首视天,然后正容说道:“天上无他座。”朱元璋遂携之出征,大军至安庆时,无风不便前行,遣人问之。周颠说:“行则有风。”于是命牵舟进,不久果然起大风,直抵小孤山。朱元璋生性多疑,恐其胡言乱语扰乱军心,遂派人密切监视。船队至马当山时,周颠见江豚戏水,叹道:“水怪见,损人多。”朱元璋闻言大怒,以为扰乱军心,命将其投入江中。大军至湖口时,周颠复来,且乞食。食罢辞去,不复见。朱元璋灭陈友谅后,派人去庐山寻求周颠,不见踪迹,“因疑其仙去”。但到洪武中,已是“洪武帝”的朱元璋患热症,几乎不治,周颠却又神秘出现,并献上丹药。朱元璋服了丹药之后,当晚病愈。朱元璋感念周颠之恩,亲自撰写《周颠仙传》记其事,并遣礼部官员往祭庐山,为周颠立碑。由于这段缘分,明朝历代皇帝都对庐山眷顾有加。

张中①,字景华,临川人,号“铁冠道人”。年轻时因考进士不中,于是放情山水,遇见奇人,授以卜算之术,于是料事如神。朱元璋攻下南昌后,邓愈极力推荐张中,遂召至并赐座。朱元璋不无得意:“予下豫章,兵不血刃,此邦之人其少息乎?”张中对曰:“未也。旦夕此地当流血,庐舍毁且尽,铁柱观亦仅存一殿耳。”不久,降将祝宗、康泰果然发生叛乱,正如张中所言。不久又说国中大臣有变,宜早加预防。后果然有平章邵荣、参政赵继祖为乱,事发遭诛杀。

陈友谅围困南昌达三个月之久,朱元璋亲率大军讨伐。出发前召问之。张中说:“五十日当大胜,亥子之日获其渠帅。”于是命一同前行,船队至孤山时,无风不能进。张中乃以“洞元法”祭天,于是风大作,遂直达鄱阳湖,与陈友谅军大战。常遇春孤舟深入,陈友谅舟将其重重包围,朱元璋忧之。张中说:“无忧,亥时当自出。”结果不出其所料。自朱元璋南京启行至陈友谅被杀,正好五十天。南昌被围时,明太祖曾问张中:“何日当解?”答曰:“七月丙戌。”而解围正在这一天。张中为人狷介寡合,有人与其论道德伦理,即乱以他语,类佯狂玩世者。因时戴一顶铁冠,故人称“铁冠子”或“铁冠道人”。

赵宜真②,号原阳子,安福人,元末明初著名道士。幼喜读书,博通经史百家言。长习举业,因久病不愈乃弃儒入道。赵宜真师承多元,所传亦多途:起初师事

① 《明史》卷二九九《方伎》;《明太祖实录》卷一三,至正二十三年八月壬戌。

② 陈铭珪:《长春道教源流》,《续修四库全书》子部第1295册。

清微派曾贵宽，复师事吉州泰宇观道士张天全，得长春北派之传；并拜江南全真道士、内丹名家金野庵弟子李玄一为师，修白玉蟾南宗之学；还令当时濒临灭绝的道派之一“净明道”再次复兴，被奉为“净明道”第四代掌教。初居江西庐山，四方闻其能致“雷雨之术”，不远千里，云集座下。元至正十二年，携弟子西游，经湘、蜀，历武当，谒龙虎山，访汉天师遗迹，受到四十二代天师张正常的礼遇，山中道士多师事之。洪武初，还居江西于都紫阳观，从事著述，弟子益众。“或以诗歌以自警，犹以医济人。且绝交处，寡言笑，闻者愿礼不获，其高行伟操，为时所推。”封崇文广道纯德法师、教门高士。景泰六年，追赠“崇文广道纯德原阳赵真人”。著作有《灵宝归空诀》1卷，《原阳子法语》2卷，《仙传外科秘方》11卷。弟子众多，最著名者为刘渊然。

在《原阳子法语》中，赵宜真多内丹阐发言论；而在《道法会元》中，则见其对清微法的考订、阐述之文，对“净明忠孝道法，间有阙文，悉加订正”。故被清微派尊为一代宗师，又被净明道尊为第五祖。赵宜真对净明道法的补阙，订正文字，现已不存。所论丹法，大体与全真北派一致，以“自性法身”为内丹之本，强调无为为采炼诀要。《原阳子法语·还丹金液歌》序云：“自性法身本来具足，不假于外，自然之真；其进修则摄情归性，摄性还元，有为之为出于无为，无证之证所以实证。”同书《真道归一偈》总括内丹大要，称：“摄情还性归一元，元一并忘忘亦去，囊括三界入虚空，粉碎虚空绝伦伍”。与禅宗思想颇相近似。其对清微法的理论，一本于宋元清微派。以内炼为基础，以心诚感物为主旨，不重仪式上的繁文缛节。故谓：“清微祈祷本无登坛，……所谓天地大天地，人身小天地，我之心正，则天地之心亦正，我之气顺，则天地之气亦顺矣。故清微祈祷之妙，造化在吾身中，而不在乎登坛作用之繁琐也。”又谓炼度之法，依赖于炼度者的内炼工夫，不依赖于仪节之繁琐。

刘渊然[①]，赣县人。幼为赣州城祥符宫道士，后赴雩都从赵宜真学法，据称能呼召风雷。洪武二十六年，明太祖闻其名，下令召见并赐号高道。永乐中，随至北京。因性耿介而忤权贵，谪置龙虎山，又谪云南三年。仁宗即位后召回，赐号“长春真人”，给二品印诰，地位与正一真人等，领天下道教事。宣德初，进大真人，七年乞归南京朝天宫。卒年八十二，阅七日入殓，端坐如生。刘渊然道术高超，第四十三代天师张宇初法术为其传授。为人清静自守，故为历朝所礼。他

① 《明史》卷二九九《方伎》。

和赵宜真一样,被净明派尊为嗣师。

邵元节[①],贵溪人,龙虎山上清宫道士。师事范文泰、李伯芳、黄太初,尽得其法术。宁王朱宸濠召之,坚辞不往。自嘉靖三年被召入京后,专司祷祀,极受嘉靖帝的宠信。因“雨雪愆期,祷有验”,五年被封为“清微妙济守静修真凝玄衍范志默秉诚致一真人”,统辖朝天、显灵、灵济三宫,总领道教。六年乞求回龙虎山,世宗赐邵元节紫衣玉带,并赠其父母以封号。下令建真人府于城西,以其孙邵启南为太常丞,曾孙邵时雍为太常博士。每年拨给邵元节禄百石,以校尉四十人听其使唤,赐庄田三十顷并蠲其租。嘉靖帝又遣宦官建道院于贵溪,赐名仙源宫,竣工后,乞假还山。还朝时,邵元节船才至潞河,嘉靖帝即命宦官迎入,赐蟒服及“阐教辅国”玉印。此后因“皇嗣未建,数命元节建醮……越三年,皇子迭生”,嘉靖帝更是大喜,多次加恩邵元节,并拜礼部尚书,赐一品服。邵元节八十岁生日时,嘉靖帝特为其题诗祝贺。邵元节逝世后,嘉靖帝遣宦官护丧回山,葬用伯爵礼,谥“文康荣靖”。[②]

蓝田玉[③],南昌铁柱宫道士。嘉靖时严嵩致仕归家,至南昌,便到铁柱宫延请蓝田玉为嘉靖帝建醮祈福。正好御史姜儆至江西为嘉靖帝寻访秘法,严嵩遂索蓝田玉诸符箓进献。蓝田玉亦自以召鹤术托姜儆上奏,得召进宫表演法术,与万象并以扶鸾术供奉西内,因得嘉靖宠信。

道教符箓派三大宗之一的江西阁皂宗,在明代也有微弱发展。阁皂宗由灵宝派繁衍而来,以阁皂山为本山,故称。阁皂山距临江府城六十里,“山形如阁,色如皂”,故名。相传汉张道陵、晋丁令威、葛孝先皆尝修炼于此。山有凌云峰、漱玉泉、磨剑池,为道教第三十六福地。宋绍圣四年(1097年)敕令龙虎山、茅山、阁皂山为经箓三山,三宗鼎立的格局形成。灵宝派自南朝陆修静之后传承不明,隋唐时在社会上默默无闻,直到北宋时才在阁皂山出现了传授灵宝经箓的阁皂宗。两宋时灵宝派道士编了几部大型斋醮科仪全书,这时的灵宝道士多活动于社会底层,地位和影响都不及龙虎、茅山宗道士。到元代,该宗已衰微,但仍受元室尊崇,阁皂山万寿崇真宫第四十六代嗣教宗师杨伯受封为“太玄崇德翊教真人”。阁皂宗在元以后并入正一道,进入明代,其地位被武当道取代,

① 《明史》卷三〇七《佞幸》。

② 按:“文康荣靖”是个不伦不类的谥号。《明史·佞幸传》载,元节死后,礼部拟谥“荣靖”,世宗不满意。又拟“文康”,世宗仍不满意,命名为“文康荣靖”。世宗行事,多无规矩,此为一例。

③ 《明史》卷三〇七《佞幸》。

但仍传承未绝。俞策《冏皂山志》卷上记：

> 壬辰(1352)，山寨邓克明之变，(崇真宫)台基殿俱毁。明洪武初，道士徐麟洲复之。十七年(1384)，授五十代孙李半仙为灵官，王圭石副之。二十七年(1394)，复授张尊礼为灵官。宣德初，授黄谷虚，第五十二代也。至八年(1433)，岁饥，有采蕨者遗火，延毁宫观。谷虚稍修复之，嗣后教典不坠。

可见至宣德年间，阁皂宗仍有传绪，其教仍有传播，但在此后即趋衰落，以致一蹶不振。上书接着说道："至嘉靖中，积负虚税，黄冠星散，仅存一二人。万历间，道士刘开化欲还旧观，未果。"时"惟仙公殿、东岳殿、丹井尚存，其余琳宫绛阁，弥望丘墟矣。"至清代，雍正《江西通志》卷一一一记："今所存者惟八景坛基，有碑记及诗。"祖宫凋零如此，其教之不振，可想而知。

此外，万寿宫在明代的修建和兴旺是道教发展过程中的亮点，也是国家制度与地方社会互动的结果。万寿宫是为奉祀许逊而建，在南昌地区有两座，一座在其结庐之地、南昌城郊约30里处的西山，所以称西山万寿宫，又称"玉隆万寿宫"或"逍遥山玉隆万寿宫"；另一座在南昌城广润门内翠华街，因宫前有许逊镇压孽龙的铁柱，故称"铁柱(万寿)宫"，又称"妙济万寿宫"或南昌万寿宫。

明代以前，因历朝政府尤其是宋朝对道教的推崇和对许逊的褒封，西山万寿宫和铁柱万寿宫都经历了较长的发展和繁荣时期。入明以来，两宫的地位与命运出现了很大的不同。铁柱万寿宫一向是江西省城官民崇奉许逊的重要祠庙，作为官方的祭祀中心，在明代继续受到朝廷和政府官员及士人广泛持久的重视。先是明太祖朱元璋即位后过南昌首先到铁柱宫，降御香，其后宋濂作《镇蛟灵柱颂》。明英宗正统元年江西按察使石璞奏准将许逊、韦丹列入祀典。胡俨撰文说："二君于民功德若此而报祀不举，岂非旷典欤？按察使石璞举二君之事封章，上闻，遂命礼官具祝册……许君仍旧观以祀，即铁柱延真宫也。"[①]天顺七年镇守太监叶适与监察御史刘敬见许真君木刻旧像剥落，乃各捐俸资，铸以铜像，并请大学士李贤撰《重新许真君神像记》。成化二十年，明宪宗命龙虎山第四十七代天师张元庆降香铁柱宫。正德三年，朝廷赐金修建；十年，唐寅游宫，

① 胡俨：《许韦二君功德碑》，万历《新修南昌府志》卷二八《艺文》。

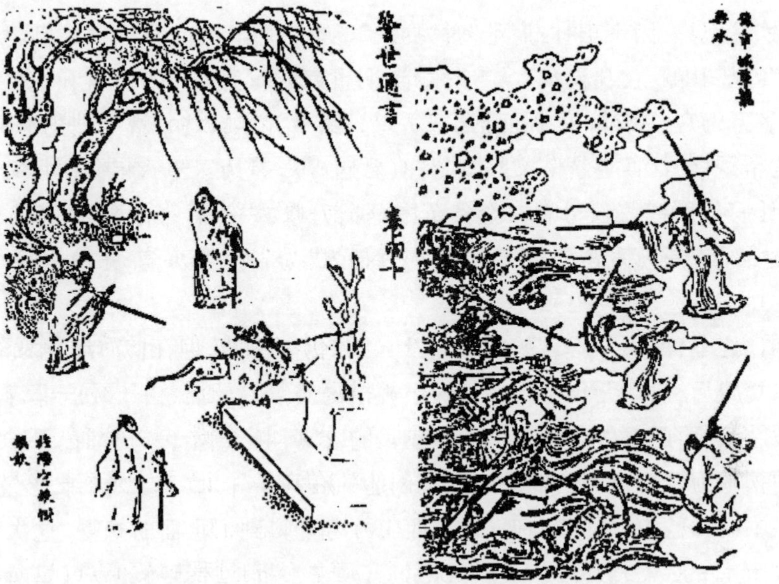

图6-3　许真君降服孽龙,《警世通言》插图,《古本小说集成》本。

图6-4　许真君择地西山,《铁树记》插图,《古本小说集成》本。

并作《铁柱记》。因平华林“寇乱”时“真武”显灵,嘉靖元年,遂在铁柱宫附建玄帝殿,“峥嵘壮丽,美矣至矣”。二十六年,明世宗同时为西山万寿宫和铁柱宫赐额“妙济万寿宫”,并御书“神仙抬世”之句。四十五年铁柱宫遭火灾化为灰烬,世宗拨帑重修,江西巡抚陈文烛撰《许真君庙碑》。万历二十八年铁柱宫又遇火灾,致仕官宦新建张位号召在全省范围募捐大修,竣工后张位撰《重建万寿宫记》。这样,南昌万寿宫地位尊崇,声名远播,成为省内外乃至海内外万寿宫的祖庭。

相比之下,西山万寿宫的经历则没有如此引人注目。西山万寿宫在元末被红巾军烧毁后,洪武元年曾有过一次小规模的修复。此后,由于政府推行严格的宗教政策,西山万寿宫进入了一个较长的衰落期。直至万历时期,政府宗教政策的松弛为西山万寿宫的重新兴起创造的有利条件。在官方、士绅、乡党、民众这些不同利益集团的共同努力下,西山万寿宫得到了全面的修复。这次重建始于万历十一年七月,万历十三年秋完工,是在一批地位显赫的乡宦如南昌万恭,新建吴桂芳、张位、李迁、李逊,丰城李拭等人的推动下,采取募缘筹集资金的方式,由新建县令主持完成的。重建西山万寿宫的过程充分反映了这一时期地方权力体系的重新整合,其结果是在省城之外产生了一个新的宗教信仰和文化权力中心。西山万寿宫的重新兴起,是明后期江西极其重要的社会文化现象。①

佛教

明代统治者鉴于元代崇奉喇嘛教的流弊,转而支持汉地传统的佛教各宗派,因此喇嘛教在内地渐衰,而禅、净、律、天台、贤首诸宗逐渐恢复发展。明初各宗派中,禅宗盛行,而以临济为最,曹洞次之。明初知名的禅僧有季潭宗泐、恕中无愠、呆庵普庄、见心来复、斯道道衍、雪轩道成、南洲溥洽等。中叶以后,则有楚山绍琦、空谷景隆、笑岩德宝、无明慧经、无异元来、永觉元贤、湛然圆澄等,各阐禅学于南北各地。

隋唐时期,江西是全国佛教传播弘扬之要地。入宋以后,禅宗在江西的弘传尤为兴盛。至明代,禅宗临济久传不衰,曹洞宗在江西得以中兴。常忠法承河南嵩山少林寺小山座下,返赣后嗣法慧经,而后开法新城寿昌寺(今属黎川县)

① 参考李平亮:《明后期南昌西山万寿宫的重兴与地方权力体系的演变》,《江西社会科学》2003年第9期。

与广信府永丰县博山能仁禅寺(今属广丰县),代相传承,形成曹洞门下寿昌法系。洪断诸缘于少林常润座下得法后,振兴云居山真如禅寺(今属永修县),座下法嗣甚众,弘传于赣北、赣西一带,形成曹洞宗下云居法系。明亡后,一大批官宦名士遁入空门,聚集于赣中。吉安青原山与萍乡武功山便成为佛法兴盛之地。其中突出的有大然、药地[①]等人。戒显则弘法云居山真如禅寺,所著《禅门锻炼说》十三篇,至今仍有“禅门兵法”之誉。

明中叶曹洞宗少林法系中高僧辈出。小山禅师将法脉延衍于长江以南,师徒相续,连绵兴盛,成为明中叶后曹洞宗的又一大法系,出现了佛教史上的“曹洞中兴”。

常忠(1514—1588年),字蕴空,建昌府常氏子。少时习儒,稍长研究阳明良知之学。后出游镇江,得季善和尚劝引,膺服佛法,于高度寺剃度出家。一年后,转至少林寺参学。投小山禅师,久受钳锤。继随小山禅师改住北京宗镜寺,服勤三载,深得玄理,得印可,为曹洞宗第二十五世。其后南下,返回建昌,起初在一僻处静修,后至新城廪山结茅习禅,长达20余年。期间,不与闲人接触,独与罗汝芳、邓元锡二人交谈“性命之学”。“间拈《金刚》、《圆觉》,发挥宗门大意,及举向上事,剖决良知,扫除知解,皆超出情见。”常忠有感于“当嘉、隆间,宇内宗风,多以传习为究竟”,始说法传徒,倾心调教,尽囊而付,使无明慧经成为继其之后的一代宗师。其法嗣四人,以博山元来、鼓山元贤二系最盛。由此二系的蕃衍,使曹洞一宗在江西、福建、广东三省与天童一系的临济禅形成对峙之势。

慧经[②](1548—1618年),字无明,俗姓裴,抚州崇仁人。早年就有出家之志,到廪山从常忠修法三年,后隐遁黎川峨峰三年。有一天,因要移动一块巨石,慧经及僧众们怎么挪也挪不动,后来大家一合计,终于用推的办法将它搬动。由此慧经豁然大悟,于是口诵一偈:“欲参无上菩提道,急急疏通大好山。知道始知山不好,翻身跳出祖师关。”27岁时受具足戒,此后24年不出山,潜心修行。万历二十六年应乡邑之请主持临川宝方寺,经数年后将殿宇修葺一新,前来参学的僧众愈多。随后南游拜访袾宏大师,到嵩山少林寺参拜菩提达摩碑塔。后又到北京、五台山等地参学。万历三十六年,移住新城寿昌寺,开堂说法,大弘曹洞宗风。十余年中,广收门徒,法嗣有博山元来、晦台元镜、寿昌元謐、鼓山元贤

① “药地”即明末清初桐城方以智皈依佛门后的别号之一,此外还有“弘智”、“浮山愚者”、“愚者大师”、“极丸老人”等。

② 释自融:《南宋元明禅林僧宝传》,卷一四《寿昌经禅师》,《四库全书存目丛书》子部第255册。

等,皆成为明末著名的曹洞宗师,继而形成寿昌一系。其门徒代相传承,直至清末。门人黄伯端在《寿昌语录序》里说:“我明自从正、嘉以来,禅道中绝,先师乘悲愿力应化阎浮,于是江西之宗旨始立。”慧经中兴曹洞,世人评价甚高,被誉为“百丈(即唐代怀海大师)之后,一人而已”。①

慧经除潜心参禅修行、开堂说法外,对寺院的修建,对食用的自给也很重视,并亲自参加体力劳动。他“增精进力,凡作务,必以身先,虽形枯骨立,不厌其劳。故不数年,百堵维新,开山若干,其佛殿、三门、堂厨毕备,四方僧众闻风而至者甚多”。但自己则自奉甚薄,生活十分清苦。人们称赞慧经“生平佛法,未离镬头边也。四十年来,竟无一刻以便自安”。慧经用踏实刻苦的行动,实践自己“镬头即佛性,佛性即镬头”;也就是“搬柴运水,无非佛事”。这种“农禅”者的本色,实在可敬可爱。其弟子刘崇庆在《寿昌和尚语录序》中说,寿昌和尚(慧经禅师)“日惟随众作务,众未及田,师已荷镬先至,虽栉风沐雨,亦无倦意”。门人元贤还说:“先师粗衣粝食,躬秉耒耜,年七十,未尝暂辍。……盖百丈之后,一人而已。”

慧经开堂说法,简捷明了,不故弄玄虚。譬如提倡并强调“看话头”,为“道眼未明”的“参学之士”指明了一条捷径。为了突出看话头的优越性,一口气摆出了十个“不须”,看了话头,即能大彻大悟,得大自由,彻底解脱,无论看宗、看教、游方、混众、独居都行。为了打破历来参禅修行的神秘化、繁琐化,慧经还对“心法”、“省悟”做出明确、通俗的阐述。

元来②(1575—1630年),字大舣,号无异,安徽舒城沙氏子。少时习儒,16岁于金陵瓦楞寺(一说瓦棺寺)听讲《法华经》而向佛。后到五台山出家习修,5年后,慕名参慧经禅师,见其貌似农人,遂未停留,便去福建白云峰诛茅潜修三年,初得证悟。返寿昌寺,受慧经之嘱,苦参深究“看藏身没纵迹”之话头,后见人上树而大悟,得印可,授以心法,为曹洞宗第27世。此后,受师命为首座。后隐居于信州西岩祖印院。万历三十年,主广丰博山能仁禅寺法席。入院之初,见道场荒废日久,于是“诛茅为屋,仅足容膝,而禅律并行,蹶然兴起”。至寺宇大体恢复之时,又改往福建,先后住建州董岩、仰山。天启七年,入主福州鼓山涌泉寺。此时的涌泉寺,自明嘉靖二十一年遭火灾以来,仍破败不堪。元来率众奋力

① 释元贤:《永觉元贤禅师广录》,卷三〇《续寱言》。

② 释自融:《南宋元明禅林僧宝传》,卷一五《博山来禅师》。

振兴,立规饬绳,四众翕然。苦心经营至初见规模时,元来将其交付门徒住持,自己改往金陵天界寺。不久返回再主博山法席。元来二度主法博山,力弘曹洞法门,禅律并行,禅教兼重,并有所创新。

首先,元来主张“参禅须要立得心真,便头正尾正,其间亦不颠倒。禅人若能以此持之以恒,方可修成正果。”认为禅人参学要防止误入歧途,则更要识得病根始得。只有断种种病根,总能得悟;只有认真能究话头,总是正道。同时,元来也不以参究话头而排除其它,主张在参究话头的同时深入经藏。其次,元来主张“禅教融通”。认为“宗、教殊途,皆归一致;都城趋入,迟速不同。”以宗抑教,或是以教抑宗,“即是魔人”!宗与教非水火不容,两者之间“宗乃教之纲,教乃宗之目,举一纲则众目张”。再次,元来在教诲学人认真参禅的同时,主张融会禅净。在他看来,“禅、净无二”。“禅、净二门,非别立标帜。”这样,元来以其独到的禅修,奋力振兴祖庭,声名大振,“弟子益进,朔即燕都,南尽交趾,望风而至者岁以千计”。其门徒甚众,如长庆道独、雪磵道奉、古航道舟、瀛山智暗,皆成为明末至清代曹洞宗大师,弘法于赣、粤、浙、闽等处,后人称之为慧经禅师寿昌一支的博山法系。有《无异元来禅师广录》35卷、《博山无异大师语录集要》6卷等流传。

慧经禅师另一高足——元谧(1579—1649年),字暗然(一说阒然),号见如,南城胡氏子(一说南昌王氏子)。20岁断荤酒,至宝方寺,礼明铠和尚为师,继受具足戒。一年后返宝方寺,先为火头,继充维那,一夜在金栖峰坐静,闻蛙声而有省,述偈“虚空逼塞一蛙声,大地含灵共一家。十字街头新眼盾,自歌自唱哩莲花”。得印可,为曹洞宗第27世。后游五台,再回宝方寺,众请住持,辞之曰:“愿终身居学地,不欲出世。”因而潜往福建建宁。三年后,归住新城寿昌寺,执掌法席20多年,力弘曹洞法门,多有建树。修葺殿堂,丰裕常住。晚年获悉宝方寺毁于火,又前往主持重建。同时重振新城龙湖禅寺。有《见如元谧禅师语录》1卷传世。

慧经禅师门下,除元来、元贤、元镜、元谧等高徒外,还有真元禅师。真元(?—1638年),号本寂,福建光泽邓氏子。21岁投了空和尚出家,旋至云栖受具。不久,赴新城寿昌寺,礼慧经禅师,随侍三载,方获印可,得承曹洞法脉。万历四十三年,入主吉安青原山净居禅寺。数年之内,苦心经营,祖庭面貌焕然一新,为“重兴青原中兴祖师”。

又有诸缘洪断和尚(1550—?),俗姓张,真定府藁城县人。幼失怙恃,年少屡求出家不成。17岁时，礼崇效寺兴阳为师。志崇净业，请玉峰老师讲四十八愿。尝留伏牛山广悟庄，学《法华经》。过武当，上终南，复至峨眉，燃指及燃顶香，克苦参究。过南岳，遇大干师翁，付授大衣。圆戒于北京宾湖老师。26岁游南海。复至伏牛山，遇大方老师，发明楞严三观。又上五台保山住静。因看《黄檗传心法要》，举道明趁六祖公案，忽然有省。后邀入北京西山万佛堂，住约13年。受紫柏尊者之请，于明万历二十年荷策来复兴毁于元末兵火的云居山真如寺。先闭关三年，率众"垦劈荆棘，诛茅缚屋"。跪诵华严，后得神宗之母资助重建道场。他费尽艰辛，历时二十载，终于重新恢复了云居祖庭，"云居殿堂寮舍，凡丛林所宜有者，内外焕然。续置庄田，约计七处"。三十七年请古心和尚登云居山，弘演昆尼。时千华三昧老人董勤戒席，江楚倾动。三十九年请革空法师讲《楞严》诸经论。然功成不居。四十年，63岁的洪断和尚决定离开云居山，返归北京万佛堂。临行前，因恐云居山十方丛林演变为子孙丛林，遂将自己的所有徒属共十人分别遣散到各地之小寺庵。另商请十方高僧住持常住，以公法化。一直到崇祯十年颛愚观衡禅师来游云居山，洪断和尚高徒常慧禅师见而大喜，再三邀聘，以真如常住付托颛愚。自已仍退守祗树堂，克己修行。颛愚观衡禅师主持云居法席后，清苦如淡，安贫如素，不事外缘，身亲畚插，乃大兴云居道场。[①]

洪断和尚徒嗣甚众，研究佛典有得。常元，于云居山得诸缘禅师印可，授曹洞宗法券，万历四十一年率徒开法于敖阳（今江西上高县）芭蕉园普慧庵，广弘曹洞法门，并著《禅净通别》、《华严法界图》、《八乙识规矩补注》、《肇论物不迁解》、《怀净土诗》等。观衡颛愚（1578—1645年），相继主法云居山真如禅寺、吉安青原山净居寺，著有《楞严经悬谈》、《首楞严经四依解》、《金刚般若略谈》、《心经小谈》、《集律常轨》、《礼佛发愿仪》等。明清鼎革之际，药地和尚皈依金陵天界寺觉浪道盛法师，主法吉安青原山净居寺，有《冬灰录》、《五位纲宗》、《青原愚智者禅师语录》、《禅乐府》、《一贯问答》、《青原志略》等传世。

天主教[②]

从明代万历年间开始，伴随着学界习称的第一波"西学东渐"的浪潮，众多西方天主教耶稣会传教士（简称耶稣会士）来华。江西是南北交通的枢纽，是北上的必经之地，这一特殊的地理位置使江西成为耶稣会士进入中国腹地时期

① 《云居山新志》，中国文史出版社1992年版，第101—103页。

② 参考吴薇：《明清江西天主教的传播》，《江西师范大学学报》2003年第1期。

重要的活动区域之一。耶稣会士进入中国初期,以江西为跳板,通向京城;教难时期,江西成为大多数传教士的避难所,并且在避难期间,江西地区的传教事业也得到拓展,连续开辟了南昌、建昌、赣州和抚州四大教区。

意大利籍耶稣会士利玛窦(Mathien Ricci)是中国内地天主教开教的创始人和主要代表人物之一。他在进入南昌之前,已在广州、肇庆和韶关等地传教12年。万历二十三年至二十六年,利玛窦在南昌定居生活了整整三年。比利玛窦早几年进入中国传教的罗明坚(Michele Ruggieri)神父提出,耶稣会在华传教的总策略应当是:小心行事,不惊动人民,首先取得士大夫的信任,然后打入宫廷。[①]利玛窦严格遵循这一策略,在南昌期间广泛接触和结交士人和官员,取得他们的信任和支持。利玛窦通过一个名叫王继楼的医生,结识了江西巡抚陆万陔,得到了在南昌定居的权利。利玛窦还结识了两位居住在南昌的明朝宗室:建安王和乐安王,并说服了建安王全家入教。万历二十三年,利玛窦写出第一本中文著作《交友论》,献给建安王。次年,又写完巡抚所要的《西国记法》,这是一部论述如何记忆的书。这两部书并不涉及传教,但是它们的刊行,成功地扩大了利玛窦的社会影响,使得南昌士绅对他刮目相看。利玛窦本人的谦逊博学很快赢得了南昌上层社会的赞赏,帮助他在南昌立稳了脚跟。[②]此外,他还与白鹿洞书院山长、被《明史·儒林传》称为"江右四君子"的章潢及其门人弟子交往密切,向书院师生介绍基督教教义以及数学等科学知识。[③]

虽然得到了一些上层绅士和宗亲的好感,不过利玛窦在南昌的传教也并非一帆风顺,"仍然经常与邻居、以及别的人发生冲突和矛盾……神父们有时被知识阶层侮辱,有时又受到贵人的虐待,也受到百姓的骚扰,有时甚至受到基督徒本身的骚扰"[④]。尽管如此,他还是取得了可喜的成绩。随着天主教徒的增多和教徒中地位显赫者的支持,利玛窦在南昌的根基逐渐牢固。万历二十四年,利玛窦在南昌建立了江西第一座、全国第三座耶稣会士住院。利玛窦在南昌期间的生活及活动具有非同寻常的意义。这不仅因为南昌是利玛窦从广

① 郭卫东:《中土基督》,云南人民出版社 2001 年版,第 26 页。

② 〔意〕利玛窦、金尼阁:《利玛窦中国札记》,中华书局 1983 年版(2005 年重印),第 283-285、293-307 页。

③ 汾屠立编辑:《利玛窦书信集》,台北光启出版社、辅仁大学出版社 1986 年版,第 211、188 页,转引自肖朗:《利玛窦与白鹿洞书院及其他》,《江西社会科学》2007 年第 1 期。

④ 〔葡〕曾德昭:《大中国志》,上海古籍出版社 1998 年版,第 218 页。

图6-5 利玛窦与徐光启像

这是一幅十七世纪的铜雕版画，藏于美国纽约贝特曼档案馆 (Bettmann Archives)。利玛窦与徐光启是明末中西文化交流的典范，两人情谊深厚，合译了欧几里德《几何原本》的前六卷。

东前往北京的中转站，更为重要的是，利玛窦在南昌的交友及其著述活动成功地扩大了其社会影响，使其确立的传教路线和方针取得了前所未有的明显效果。

万历二十六年，利玛窦离开南昌，接替他主持南昌教务的是葡萄牙籍耶稣会士苏如望 (Jean Soeno)，和他一起到达的是中国修士黄明沙(Francois Martinez)。他们在南昌取得了不错的传教成绩，“第一年劝化一七十岁之老人入教，第二年受洗者有三百人，以后每年如是。新入教之人中有明朝宗亲数人。”[①]利玛窦离开南昌时，另一位葡萄牙籍耶稣会士罗如望(Jean de Rocha)被派至南昌，与苏如望共同主持南昌教务。三十五年，苏如望因病卒于南昌(另有一说，于三十六年逝世于澳门)。万历二十四年，葡萄牙籍耶稣会士李玛诺(Emmanuel Diaz Senior)被派入中国内地，任韶州、南昌、南京3个住院的神父。三十四年，李玛诺在中国修士丘良厚(Paeal Mendez)的陪同下，重返南昌传教。入教之人日渐增多。李玛诺曾在南昌为一明室宗亲及其兄弟三人，以及亲王之

① 〔法〕费赖之：《在华耶稣会士列传及书目》上册，中华书局1995年版，第63页。

老母和婢女、侄女等6人洗礼。[①]

苏如望和李玛诺主持南昌教务时期，南昌的基督教发展并不顺利，南昌士人曾攻击李玛诺，要把他赶出住所，撵出城去。因当时官员闻得利玛窦在京受宠，出面保护，李玛诺才避免被逐。

万历三十六年，南昌修院开办，当时只有修士4人，俱是外籍，辅佐教友3人，皆华人。主院事者为葡萄牙籍耶稣会士骆入禄(Jerome Rodriguez)，次年，骆入禄他因病与李玛诺共还澳门。其后，意大利籍耶稣会士王丰肃(又名高一志，Alphonse Vagnoni)与葡萄牙籍耶稣会士林斐理(Felicien da Silva)前往南京途中，曾在南昌居住4个月。

万历四十四年，爆发了天主教在明朝传教史上的第一次大教案——“南京教案”。这是基督教入华后第一次大规模中西文化冲突表面化的标志。在满朝弥漫保守、排外的氛围中，万历皇帝终于在十二月二十八日下旨：“王丰肃等立教惑众，蓄谋叵测，可递送广东抚按，督令西归。其庞迪峨(我)等，礼部曾言晓知历法，请与各官推演七政，且系向化来，亦令归还本国。”[②]明廷下令将在北京的传教士庞迪我、熊三拔和南京的王丰肃、谢务禄(后改名曾德昭)一同押解出境。在这次教案中，被抓捕的教会人士共有34人，其中有包括江西教徒在内的中国教徒24人。但在韶州、南雄和南昌等地的传教士均未受到这场风波的影响[③]，他们在中国教徒的掩护下隐蔽起来。教案发生后，耶稣会士的传教活动受到一定限制。传教士们建立互助团体，让信仰虔诚的教徒去访问和安抚其他人，神父们则定期去给他们做忏悔和行圣礼，但他们不能在一个地方停留过久。

罗如望偕丘良厚避难至建昌(今南城)，和另外两名神甫藏身于一位教民家里。此后就在建昌传教。建昌是南京教案之后，耶稣会士在全国建立的新驻地之一。此外，葡萄牙传教士费奇规(Gaspard Ferreira)亦曾在建昌建筑教堂一所。费奇规原在韶州传教，因遭到当地儒生、僧人及城中居民反对，于万历四十年乘舟至梅岭脚下的南雄县城赁屋而居，设立礼拜堂一所。南京教案发生后，南雄官吏命其出境。崇祯三年前后在建昌建教堂一所，清初重回广东。

---

① 〔法〕费赖之：《在华耶稣会士列传及书目》上册，第78—79页。

② 《明神宗实录》卷五五二，万历四十四年十二月丙午。

③ 江文汉：《明清间在华的天主教耶稣会士》，知识出版社1987年版，第32页。

“南京教案”平息后，南昌教务得到复兴。葡萄牙人曾德昭(Alvaro Semedo，又名谢务禄)万历四十一年到达南京，开始传教并研习中国语文。南京教案发生后，和王丰肃同时被捕，遣返澳门。四十八年重入内地，改名曾德昭，在中国布道和开辟新教区。这段时间曾德昭居住在南昌继续传教，在最繁华的街道修建了一座新教堂和房屋。此时，天主教已经以南昌为中心，开始向外辐射传播。虽然天主教在南昌得到官府的支持，但是在省城以外的其他城市，地方官员对于天主教及其传播不甚了解，仍然把它当作异类，并深怀恐惧，竭力排斥与驱赶。天主教在这一时期的传播是一个由上而下的过程，它的传教对象是从官员到百姓，其传播途径也是从朝廷到各省，再到各县。

崇祯三年是教案平息后江西教务最繁荣的一年。这一年，谢贵禄(Tranquille Grassaetti)、努纳爵(Ignace Nunez)、方德望(EtienneFaber，Le Fèvre)、杜本笃(Benoitde Mattos)、金弥格(Michel Trigault)、孟儒望(Jean Monteiao)、梅高(Joseph—EtiEnned'lmeida)等人先后来到江西或途经江西。其中特别值得一提的是谢贵禄，他以南昌为主要驻所，赴各地传教，并卒于江西。崇祯十七年清兵攻陷南昌，他与孟儒望、梅高遇“盗匪”，同时被害，其墓在南昌。

崇祯六年，天主教徒在江西召开了一次重要会议。这次会议由当时任中国视察员的葡萄牙耶稣会士班安德(Andr é Palmeiro)主持。会议肯定了利玛窦的传教方针，将1627年嘉定会议上讨论的中国礼仪、上帝或天主名称等问题再次加以讨论，并希望各国传教士能和睦团结。①因为此前，龙华民(Nicolas Longobardi)任中国会督，在传教观念与方法上与其前任利玛窦完全背道而驰，从而引起耶稣会内部产生分歧，导致后来引发中国礼仪问题的争论。

从最早来华传教的耶稣会士利玛窦，到南京教案平息后在南昌振兴教务的曾德昭，30年来，通过耶稣会士的努力，天主教终于在江西扎下根基。究其原因，是在明廷与洋教尚未正式接触之前，耶稣会士就已经利用各种手段打通层层关节，赢得了高级地方官员和上层绅士的支持。在利玛窦到北京之前，他已经把基督教义传播到了好几个地方，南昌也成为他的根据地之一。继利玛窦之后，南昌教务得到很好的保持和推广，尽管仍不时遭到一些百姓和士绅的攻击，教务发展仍然很快。“南京教案”爆发后，包括江西在内的各地教会被禁止，传教士被逮捕、驱逐，教徒被抓，基督教受到打击，但并不惨重；传教

① 〔法〕费赖之：《在华耶稣会士列传及书目》上册，第202页。

活动受到限制，但并没有断绝。传教士和教徒得以继续生存下来，神父们避开中心城市，转而向边区小城市发展教务，罗如望和费奇规利用这个时机在建昌开教，加强了江西的天主教基础。教案平息后，教士又恢复了正常的传教活动。

二、龙虎山的"天师府"与"天师"

广为流传的"北有孔夫子，南有张天师"之谚，显示了正一道(即正一嗣教，亦称天师道)首领张天师的尊贵地位。而孔府"衍圣公"也一面拿着明朝的补贴，一面尊张压朱："天下只三家人家：我家与江西张、凤阳朱而已。江西张，道士气；凤阳朱，暴发人家，小家气。"[①]天师道的祖庭同时也是道教的祖庭，称为天师府，在贵溪龙虎山，是历代天师生活起居之所和祀神之处。龙虎山风光优美，《水浒传》第一回"张天师祈禳瘟疫，洪太尉误走妖魔"即以"千峰竞秀，万壑争流。瀑布斜飞，藤萝倒挂"这样生动的文字描写了这里的景色。天师府有明代大书法家董其昌手书楹联："麒麟殿上神仙客，龙虎山中宰相家"，形象地表达了历代天师既是"神仙"又是"宰相"的双重显赫地位，也阐明了天师道与历代皇权的密切关系。

图 6-6　明代张天师龙纽白玉印，江西省博物馆藏。

道教自元代中后期起，便逐渐归为以符箓为主的正一道和以丹鼎为主的全真道。入明以后，明

① 张岱：《陶庵梦忆》卷二《孔庙桧》。

太祖制定了以儒教为主、三教并用的政策，加强了对宗教管理与约束，道教的发展受到了一定的限制。但在明代前中期，由于诸帝都不同程度地尊崇道教特别是崇奉正一道，故正一道仍能获得较大的发展，其政治地位高于全真道。明太祖朱元璋运用道教来证明其君权神授，对正一道优礼扶持[①]。明成祖朱棣继续尊崇正一道，尤其崇奉真武神，大建武当山宫观，使武当道教兴旺起来。明代诸帝中最为崇道的当数世宗嘉靖皇帝，偏爱斋醮法术，故明代正一道较全真道兴旺，正一道及其道士极受宠信。张天师家族在明代前中期所受的尊宠并不亚于宋元时期。世宗之后，统治者对道教的崇奉日渐降温，加之张天师道流素质低下，对教理教制毫无建树，又因愚弄权贵，扰乱地方，鱼肉人民，引起了朝廷与各级官员的不满，也失去了民间百姓的信奉，正一道逐步衰弱下去。张天师的衰落表现在府第、田产的破落和方术的日渐贫乏等方面。

对于历代“世蒙恩泽”的“张天师”家族，《明史·方伎传》认为：“张氏自正常以来，无他神异，专恃符箓，祈雨驱鬼，间有小验。顾代相传袭，阅世既久，卒莫废去云。”天师所处的地位与境遇在不同的历史时期是不一样的，总的趋势是由尊崇渐到衰微。

“天师”由龙虎山张氏世袭，明代“天师”的家族谱系[②]为：

张正常（第42代）→张宇初（第43代）→张宇清（第44代）→张懋丞（第45代）→张元吉（第46代）→张元庆（第47代）→张彦頨（第48代）→张永绪（第49代）→张国祥（第50代）→张显祖（第51代）→张应京（第52代）

① 在中国历代开国君主中，以僧徒出身而最后拥有天下的，明太祖朱元璋堪称千古一帝，是以其对宗教作用的认识、控制与利用多有其过人与独到之处。明太祖对道教尤其是正一教及其道士厚望有加，其理由大致有三：一、道教人士对太祖的新政权一开始即表示非常拥护的态度，当太祖率师攻取江西时，张正常便来求见。周颠、张中等道家人物，更对太祖的平定群雄，有策算之功。加以“从龙”武将又多信奉道教，故而稍重之。二、道教虽亦有派别之分，但正一教的张天师为张陵后嗣，隐然为正统之领袖；不似佛教，宗派纷杂，无世代相传的领导者。三、更重要的是，明太祖想藉以调和平衡二教。因为元代崇佛抑道，道教自元宪宗、世祖以来颇受摧残，势力不振，故太祖稍重之，使道教地位不致去佛教太远，略收制衡作用。如此宗教势力便无法超越政治之上，仅能做阴翊王度的工具，同时也解决了佛教与道教千年来的争执及相互排斥的冲突。

② 以下对历代天师的述论如无特别注明，皆来自《明史》卷二九九《方伎》。

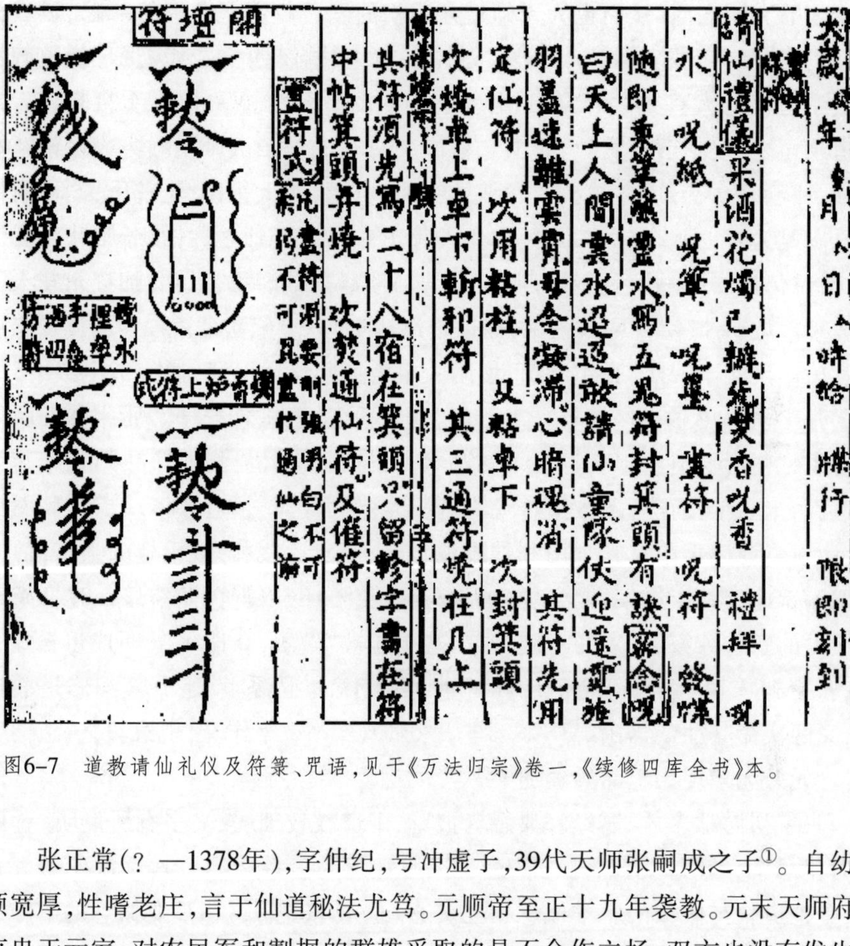

图6-7　道教请仙礼仪及符箓、咒语，见于《万法归宗》卷一，《续修四库全书》本。

张正常（？—1378年），字仲纪，号冲虚子，39代天师张嗣成之子①。自幼聪颖宽厚，性嗜老庄，言于仙道秘法尤笃。元顺帝至正十九年袭教。元末天师府一直忠于元室，对农民军和割据的群雄采取的是不合作立场，双方也没有发生过正面接触，至张正常开始与朱元璋军建立关系。至正二十年，在尚未攻下信州前夕，朱元璋便向张正常伸出了“橄榄枝”：“发御榜招聘信州龙虎山正一教四十二代天师大真人张正常”。张正常一改以往天师府臣顺蒙元政权、不与割据势力接触的态度，明确站到反元的立场，果断地投靠朱元璋，“遣使者上述臣顺之意”。在朱元璋建立朱明政权的过程中，张正常发挥了其独特的作用，成为创

① 按：《明史·方伎》记张正常“汉张道陵四十二世孙也”，误也。天师名号的传承遵循的是兄终弟及、父死子继的原则，从张道陵至张正常，其间多次发生兄弟子侄相传之事。张正常生父即为三十九代天师张嗣成。当年其父去世时，因其年纪尚幼，由其叔张嗣德继位袭爵，张嗣德又传于其子张正言。至正十九年（1359），张正言去世，张正常继位。

建新朝的有功之臣，从而也为天师道在明初的发展奠定了良好的基础。洪武元年，朱元璋登基，张正常入贺，被授予正一教主、嗣汉四十二代天师、护国阐祖通诚崇道弘德大真人之号，领道教事，给以银印，视二品[①]，位在玄教院和后来的道录司之上，其下设赞教、掌书二幕僚。自此，龙虎山天师道教主由江南道教领袖一跃而为天下道教的教主和精神领袖。其后，明太祖以“至尊惟天，岂有师也？以此为号，亵渎甚矣”为由，遂命去其正一教主天师之称，改天师印为真人印，爵位仍视二品。自后屡觐京师。洪武二年，修葺其府第，五年，加授永掌天下道教事。九年，遣使召见张正常，赐以金纹法文、玉圭佩法器之属。敕代祀于中岳嵩山。洪武十一年，张正常逝世，明太祖曾亲制祭文一通，遣使诣山致祭。

张宇初[②](1359—1410年)，字子璿，别号耆山，张正常长子。张宇初幼时聪颖持重，“初尝受道法于长春真人刘渊然，后与渊然不协，相诋讦”。洪武十年袭掌道教，十三年授正一嗣教道合无为阐祖光范大真人，领道教事。二月，特召入朝，命建斋设醮于南京紫金山和神乐观。二十三年入觐，降敕重建大上清宫。二十四年旨谕禁私出符箓，赐龙虎山天师正一玄坛印，以俾关防符箓。建文帝奉行严厉的宗教政策，张宇初一度受贬，甚至还被“坐法，夺诰印”。明成祖朱棣即位，张宇初入贺至阙，得到信任和尊重，不仅恢复了诰印，还命其编修道教典籍，又两次命其往武当山寻访张三丰。永乐八年卒。著作有《岘泉集》、《道门十规》、《元始无量度人上品妙经通义》等。

张宇初博学多才，儒经释典悉皆披览，于道教教理、教义多有所发明。他顺应时代思潮，“贯综三氏，融为一途”，以心性统为三教之源。其学说的最大特点，是把道教与儒家的基本概念相互贯通。他对“太极”这一重要概念的解释即

① 《明太祖实录》卷三四，洪武元年八月甲戌。至于朱元璋革天师道教主的天师名号而改称大真人，世人多以此认定是对天师道的打击，实情则不尽然。关于天师名号的由来，虽说法不一，但“天师”的本意并非是至尊之师则可以肯定。朱元璋起初也是按习俗对正一教主以天师相称，始革教主天师之号是在洪武八年八月。毋庸置疑，朱元璋对“天师”含义的新诠释，反映了其性格和建立高度强化的专制皇权的要求。或许，他内心未必不知“天师”的本意并非如他所解释的，但此一称谓毕竟容易产生歧义。帝王尚称天子，世间岂能还有一个天师？正是顾及到了这一点，才有革天师之号、以大真人为官方称谓的事情发生。值得注意的是，朱元璋虽然革除天师名号，并未影响他对天师道的信任和使用。既以名号本身而论，一则“真人”也是天师道教主在历史上延用很久的另一称呼，再则由于历史上朝野使用天师的称谓已久，在朱元璋作此革除举动之后，士夫缙绅与村野小民仍习惯延用以天师相称，朝廷也从未横加干涉或问罪。由此可见，入明以后，天师名号虽然在官方文书中消失了，但天师道及其教主在教徒中的声望和影响并未因之而受损。

② 《明成祖实录》卷一〇二，永乐八年三月辛卯。

图6-8　张天师拜见永乐帝图,见于《三宝太监西洋记通俗演义》第九回插图。

深刻地体现了他贯道儒、存体用、涵动静,是为万化之源、万有之本的思想。[①]将宋代诸儒的概念融为一体,统之以心,名之以道,既反映出他的道教本位立场,也有将宋代理学心学化的理论倾向。从"心即是太极"、"万化本诸心"的观点出发,张宇初提出道教修炼的要诀在于"虚心净虑,守之以一"的主张,又着力于整顿纲纪,但收效甚微。

张宇清[②](?—1427年),字彦玑,别号西壁,宇初之弟,永乐八年嗣教,诰授正一嗣教清虚冲素光祖演道大真人,领道教事。十一年七月,遣使赐太和山

① 张宇初:《岘泉集》,卷一《太极释》,《四库全书》本。

② 《明宣宗实录》卷三〇,宣德二年八月戊辰。

(即武当山)圆光图,八月降敕命选有道行的道士为武当山住持。十三年诏修大上清宫,敕建真懿观。十六年二月奉敕入京,赐冠服彩币,白金百镒,命祠玄帝金像于太和山。十八年十月命建普度大斋于福建灵济宫。二十二年又奉诏醮于太和山。仁宗即位,入贺命修荐扬大斋,敕奖金玉法印、织文金衣等。宣宗改元,因刘渊然进号大真人,张宇清入朝时"恳礼部尚书胡濙为之请",遂得加封为正一嗣教清虚冲素光祖演道崇谦守静洞玄大真人,掌天下道教事。宣德二年卒。

张懋丞(1387—1444年),字文开,别号九阳,宇清之侄。宣德三年入觐,诰授为正一嗣教崇修至道葆素演法真人,领道教事。五年设醮于仁智殿,诏授上清宫高道为道录宫。六年遣宦官护送还山。八年复入京,次年两建醮坛以祷安。赐给部牒五百,俾度道士。英宗即位,曾敕建京都天师府于朝天宫内东北隅,遣礼官迎天师入府居住,命修升真大斋于朝天宫。正统二年至四年数次奉诏设醮坛行斋醮,六年又敕给部牒五百以度道士,九年辞归,卒于龙虎山。英宗尝诏遣礼部郎中谕祭。

张元吉(1435—?),字孟阳,号太和,懋丞之孙。正统十年,年11岁赴阙,诰授正一嗣教虚守素绍祖崇法真人,领道教事,"年幼,敕其祖母护持,而赠其父留纲为真人"。英宗念其幼孤,敕谕禁止族属侵侮,勉励进修用以承教,更授赞教掌书等道官辅之,其祖母训诲尔孙,勉学修行,加意保护。[①]颁赐《道藏》经一部安奉于龙虎山大上清宫。景泰二年二月,给部牒1000以度道士。景泰五年入朝,乞给道童420人度牒。胡濙复为请,许之。寻欲得大真人号,胡濙为请,又许之。天顺七年,再乞给道童350人度牒,礼部尚书姚夔力持不可,乃诏许度150人。自正统嗣教,历代宗、英宗、宪宗朝,张元吉屡奉诏设坛建醮十数次之多。历代皆加封赐,成化三年尝加封为正一嗣教体玄崇默悟法通真阐道弘化辅德佑圣妙应大真人,掌天下道教事,给金镂正一嗣教大真人府印并玉印,御书大真人府额。所受恩宠超过前代。成化年间,朝廷给张真人的待遇已超过衍圣公(孔子后嗣),陆容《菽园杂记》卷八记:"袭封衍圣公,每岁赴京朝贺,沿途水陆驿传,起中马站船廪给;回日,无马快船装送。而张真人往回,水陆起上马站船廪给,且有马快船之从。"但张元吉素凶顽,竟至僭用乘舆器服,擅易制书。且恃宠骄恣,横行乡里,强夺民女,诈人财物,私设牢狱,杀害无辜达40余人。成化五年

① 《明英宗实录》卷一二八,正统十年夏四月戊辰。

事发后，押送至京，有司拟罪凌迟，绝其荫封。但宪宗一再加以宽宥，由凌迟减至充军肃州卫，仅三年即放回。刑部尚书陆瑜等请停袭，去真人号。宪宗未许，命仍旧制，择其族人授之，有妄称天师印行符箓者，重罪不贷。[①]元吉免死，杖一百，发肃州军，寻释为庶人。

张元庆（？—1509年），字天锡，别号贞一，又号七一丈人，元吉之堂弟。博学能文，长于诗画。成化十三年诏见，命宦官梁芳传旨，聘成国公朱仪之女为配，成了明王朝的皇亲国戚，地位较其先辈更加显赫。制授正一嗣教保和养素继祖守道大真人，领道教。二十年又重申禁道流伪造私出符箓，次年春曾特敕江西守臣重建大真人府第。孝宗弘治十四年冬，携子入朝。次年陪祀长陵，准其所奏，以子张彦頨袭真人职事。四月，尝命赍香达天目、葛仙、华盖、武当、鹤鸣五山，回京后，诏遣通州卫指挥领官兵护送还山，并授其致仕书以荣之。成化、弘治年间，尝屡奉诏命设醮，赐以金币、玉带、金冠、蟒衣等。正德四年终。

张彦頨（1490—1550年），字士瞻，别号淇然。弘治十四年，年十二随父元庆入朝，允奏授正一嗣教致虚静承弘化大真人，掌天下道教事。正德三年入贺，给度牒五百，敕内官会同江西镇巡重修大上清宫。嘉靖元年，入贺召问。三年，诏聘安远侯柳文之女为继室，敕留都内外守备官陪往亲迎。五年加封“怀玄抱真养素守默葆光履和”十二个字，准授上清宫道士为赞教、掌书。敕往祷于太和山，重建大真人府第，诏刻部查护上清宫田粮。十一年又敕修大上清宫，免其差徭。十六年祷雪内庭有验，赐金冠玉带、蟒衣银币，易金印。十八年准奏齐云山如太和山例，除宫道住持管理。嘉靖年间，敕天师书谕达数十次之多，斋醮和赏赐不断。张彦頨知天子好神仙，遣其徒十余人乘传诣云南、四川采取遗经、古器进，且以蟒衣玉带遗镇守中贵，为云南巡抚欧阳重所劾，世宗不问。嘉靖二十九年逝世，世宗尝敕文谕祭。

张永绪（？—1565年），字允承，别号三阳。嘉靖二十八年随父彦頨入朝，准嗣教袭爵，诰授正一嗣教守玄养素遵范崇道大真人，掌天下道教事。诏聘定国公徐延德之女为配，命成国公朱希忠、遂安伯陈鏸议行婚礼。三十一年召见，赐伯爵朝祭常服冠带之属。次年又发内帑银若干锭，敕建正一、静应、祥符三观宇。三十七年，准加授道士金元清等为道录司和齐云山玄天太素宫、龙虎山大上清宫提点、提举。后又特谕敕有司官员人等不许违慢，禁约族属人等侵害。四

① 《明宪宗实录》卷六六，成化五年夏四月戊午。

十三年建保国安民大醮于朝天宫，次年又醮于内庭，有蟒衣玉带之赐。嘉靖四十四年卒，世宗遣使谕祭。

张国祥（？—1611年），字文徵，号心湛，永绪之侄。永绪无子，卒后，穆宗初政，崇道有所节制，吏部主事郭谏臣乘机上奏请夺其世封。下江西守臣议，巡抚任士凭言："张氏职名赐印，不载典制，且隐税逃役，公行吞噬，无功于世，有害于民，宜永为裁革。"于是隆庆二年去真人号，授张国祥上清观提点，秩五品，给铜印。[①]神宗继位，遂又获恩宠。万历五年，张国祥重贿冯保，始复故封，礼赉如旧，仍给还正一嗣教真人金印。赴京陛见，神宗亲书宗传字额赐之，并赐以玉刻守传之印。敕命重修朝天宫内的府第以居，御书龙虎山真人府额。旨聘附马都尉谢公诏之女为配，凡六礼之费，悉出于内帑。留京十三年，恩赉甚渥。还山后神宗赐修建上清宫殿宇，工程未完，无恙而化。

张显祖（1587—1667年），神宗敕改名显庸，字九功，国祥之子，熹宗天启六年袭教。继理修建大上清宫事，两年后方竣工。因志尚淡，乐事修炼，年未及艾，即不再掌教事，以印剑授子张应京。自号浴梧散人，别构静室，名曰"梧绿轩"。每日与弟子探究先天太极及心性之学。著《三教同涂论》、《金丹辨惑》、《浴梧诗集》等。乐善好施，每遇灾年岁饥，尽以所积赈济邻里。时土贼环窥上清，设法御之，地方赖以安逸。诰封正一嗣教光扬祖范冲和清素大真人，掌天下道教事。享年81岁卒。

张应京（？—1651年），字翊宸。崇祯九年袭爵，十三年入觐。时皇子得疾，奉召设坛祈禳，皇子病旋愈，赏赐优渥。十四年，帝以天下多故，召应京祈祷。既至，命赐宴。礼臣言："天顺中制，真人不与宴，但赐筵席。今应京奉有优旨，请仿宴法王佛子例，宴于灵济宫，以内官主席。"从之。次年三月，张应京请加三官神封号，中外一体尊奉。礼官力驳其谬，事得寝。十七年，时贵溪与福建接壤处盗贼蜂起，祸及上清，募乡勇御之，以保境安民。清朝定鼎，张应京进京入贺，顺治帝仍命其袭职掌天下道教，恩礼如故。

值得一提的是，在明代帝王的支持下，张天师家族前赴后继，还编纂成了一部《道藏》。成祖即位初年，曾敕令张宇初重编《道藏》，永乐四年，又"敕真人张宇初，前者命尔编修道教书，可早完进来，通类刊版"。永乐八年，张宇初去世，诏令张宇清继续主持编修。宣德二年张宇清卒，未完成。正统年间又继续纂

① 《明穆宗实录》卷一六，隆庆二年正月壬戌。

图6-9 《道藏》卷首图(下为局部)。
明正统十年(1445)内府刊本,版画,纵27厘米,横118厘米,北京白云观藏。

修,到正统九年始行刊版,十年竣事,命名《正统道藏》,计480函,5305卷。万历年间,神宗又命张国祥续补《道藏》32函,180卷,名《万历续道藏》。以上正、续《道藏》共512函,5485卷,为保存道教文化作出了重要贡献。

第七章

明代江西的文学艺术与科学技术

第一节 汤显祖与明代江西的戏剧

一、朱权与《太和正音谱》

朱权(1378—1448年)为明太祖朱元璋第十七子,别号臞仙、涵虚子、丹丘先生等,正统十三年病故,谥献王,故世称宁献王。朱权学识渊博,为明朝第一位戏曲理论家和宗室著名学者。正统十三年九月去世时,《明实录》对其多才多艺作了如下评价:

> 王天性颖敏,负气好奇绩,学攻文,老而不倦,方之古贤王迨不多让。所著有诗、赋、杂文及天运绍统录、医卜、修炼、琴谱诸书,又有博山炉古制瓦砚,皆极精致云。①

《明史·诸王传二·宁献王传》历数朱权的著述:"尝奉敕辑《通鉴博论》二卷,又作《家训》六篇,《宁国仪范》七十四章,《汉唐秘史》二卷,《史断》一卷,《文

① 《明英宗实录》卷一七〇,正统十三年九月戊戌。

谱》八卷,《诗谱》一卷,其它注纂数十种。"《明史·艺文志》著录其中的17种。其作品虽然存世不多,但仅《太和正音谱》一种就已对后世曲界产生重大影响。

《太和正音谱》又名《北雅》、《北曲谱》,上、下两卷,分《乐府体式》、《古今英贤乐府格势》、《杂剧十二科》、《群英所编杂剧》、《善歌之士》、《音律宫调》、《词林须知》、《乐府》等八章。朱权为该书作"自序",书成于洪武戊寅即三十一年(1398),是一部戏曲文学理论、戏曲史料和戏曲音乐理论的著作。而朱权其时仅21岁,其序自云:

> 猗欤盛哉,天下之治也久矣。礼乐之盛、声教之习,薄海内外,莫不咸被仁风于帝泽也,于今三十有余载矣。……余因清讌之余,采摭当代群英词章,及元之老儒所作,依声定调,按名分谱,集为二卷,目之曰《太和正音谱》;审音定律,辑为一卷,目之曰《琼林雅韵》;蒐猎群语,辑为四卷,目之曰《务头集韵》。以寿诸梓,为乐府楷式,庶几便于好事,以助学者万一耳。①

此序不仅说明其作在洪武末年,也说明除了《太和正音谱》,当时已成之作还有《琼林雅韵》和《务头集韵》数种。

《太和正音谱》内容大致可分两大部分。

第一部分为前七章,是有关古典戏曲(含散曲)的理论及史料,包括古曲的体例、流派、制曲技术、北"杂剧"题材分类、古剧角色源流考辨等方面。其中对有元一代曲家的风格流派之研究评价,属开创性工作,也不乏精彩见解。朱权广泛地评论了元代剧作家、散曲家187人,明洪武时剧作家、散曲家16人。如在《古今英贤乐府格势》谓:马致远词如"朝阳鸣凤","典雅清丽";张可久词如"遥天笙鹤","可被太华之仙风,招蓬莱之海月";王实甫词如"花间美人","铺叙委婉,深得骚人之趣,极有佳句,若玉环之出浴华清,绿珠之采莲洛浦"等。又谓张鸣善词如"彩凤刷羽",关汉卿词如"珠簁醉客",等等。这些评议无不在言辞之中透露出灵俏之气。其所录作品名目,也是研讨戏曲史的宝贵资料。此外,还有

① 朱权:《太和正音谱》,《中国古典戏曲论著集成》第三辑,中国戏剧出版社1959年版,第11页。按《明太祖实录》卷一一八载:"洪武十一年五月壬申朔,皇第十七子权生。"是洪武三十一年时朱权年仅二十一岁,则《太和正音谱》是否真为朱权个人所著,抑或为门客所著,当存疑问。事实上,洪武时诸王之藩,明太祖不仅"锡土",且赐乐户及剧本,秦、晋、燕、宁诸王府中也确实搜罗了不少剧作家。参见无名氏:《录鬼簿续编》。

一些关于戏曲声乐、歌唱方法、宫调性质的论述以及歌曲源流、历代歌唱家的史料，虽有不少蹈袭前人，但还是增加了许多新的东西。如《词林须知》部分的内容，基本上袭用了燕南芝庵的《唱论》，但有所增补和发挥。值得一提的是，《群英所编杂剧》分列“国朝三十三本”，著录了明初杂剧作家的杂剧名目，其中在他本人——丹丘先生的名下著录的杂剧剧目有《瑶天笙鹤》、《白日飞升》、《独步太罗》、《辨三教》、《九合诸侯》、《私奔相如》、《豫章三害》、《肃清瀚海》、《勘女石妇》、《烟花判》、《杨女矣复落娼》、《客窗夜话》12种，这在明初杂剧家中是较为丰富的。

另一部分为第八章《乐府》，即北杂剧曲谱，占全书篇幅4/5。根据北曲黄钟、正宫、大石调、小石调、仙吕、中吕、南吕、双调、越调、商调、商角调、般涉调等12宫调分类，逐一记述各个曲牌的句格谱式，以元明杂剧或散曲的作品为谱例，“依声定调，按名分谱”，详细说明四声平仄，用大小字体标清正字和衬字，共收曲牌335支。这是专为创作北曲制订的标本，明清人所撰北曲曲谱，都取材此书。明人范文若的《博山堂北曲谱》、清人李玉的《北词广正谱》，以及《钦定曲谱》、《九宫大成南北词谱》中的北曲部分，都是以《太和正音谱》为基础，重新编制而成的。①

故台湾卢元骏在重印《太和正音谱》小序中说：

> 惟世之所最推重者，则为其所著《太和正音谱》一编，盛传后世，而为研究元明北曲之要籍焉。谱凡二卷；上卷分列乐府体式、古今英贤乐府格势、杂剧十二科、群英所编杂剧、善歌之士、音律宫调及词林须知诸大端，靡不详尽。而尤以乐府格式，评尽元明曲家之风格，及群英所编杂剧，著录元明杂剧目，至为完备。下卷为曲谱，则分宫别调，详载谱式，诚为现存最古之北曲谱。②

今存各种版本的《太和正音谱》卷首有洪武三十一年朱权之自序，为曲坛

---

① 参见《太和正音谱提要》，《中国古典戏曲论著集成》第三辑，第 3—4 页。按：《提要》说朱权为明太祖“第十六子”，误。按前引《明太祖实录》于朱权生时明言为“皇第十七子”；谈迁《国榷》及《明史·诸王传》都将明太祖诸子列出，朱权为第十七子。但此误首见于《明英宗实录》卷一七〇：“正统十三年九月戊戌，宁王权薨。王，太祖高皇帝第十六子，母杨氏，洪武十一年生，二十四年册封，之国大宁。”

② 卢元骏：《太和正音谱小序》，《续修四库全书》第 1747 册。

所珍视。明臧懋循曾摘录《太和正音谱》中论述作家、作品部分，改名为《涵虚子曲品》，载其《元曲选》卷首。《太和正音谱》现通行版本，是《涵芬楼秘籍》中的影钞明初洪武间原刻本，以及清代长洲汪氏所藏影写洪武间原刻本、清代山阴沈氏藏别本影写洪武间刻本，此外还有《录鬼簿（外四种）》本、明人程明善辑刻《啸余谱》本、崇祯间黛玉轩刻本等流行。中华人民共和国成立后，由中国戏剧出版社整理刊印《中国古典戏曲论著集成》，《太和正音谱》收入该集成的第三辑，系根据涵芬楼秘籍所收现存最早的影钞明初洪武间原刻本重新校印，并用明代万历四十七年流云馆刻《啸余谱》本校勘，附有详细校勘记。

《太和正音谱》为古典戏曲理论的研究提供了具有参考价值的史料，特别是曲谱部分，是现存最古的北杂剧曲谱。朱权关于音乐理论方面的著述，除《太和正音谱》外，还有《太古遗音》、《琴阮启蒙》、《神奇秘谱》等。

朱权能够在21岁即整理出《太和正音谱》等文献，其实与元末明初的社会风气和明太祖的喜好有着密切的关系。李开先说明太祖之好戏曲：

> 洪武初年，亲王之国，必以词曲一千七百本赐之。对山（康海）高祖名汝楫者曾为燕邸长史，全得其本，传至对山，少有存者。①

虽然“一千七百本”之说不免有所夸张，但诸王之国时，明太祖为其选名儒、选高僧确是事实；而洪武诸王中又出现了为数不少的文学家、戏曲家，赐剧本之事应该是有根据的。徐渭《南词叙录》中的一段记载也可成为明太祖喜好戏曲并以剧本赐诸王的佐证：

> 永嘉高经历明，避乱四明之栎社，惜伯喈之被谤，乃作《琵琶记》雪之。……我高皇帝即位，闻其名，使使徵之，则诚详狂不出，高皇不复强。亡何，卒，时有以《琵琶记》进呈者，高皇笑曰：“五经四书，布帛菽粟也，家家皆有；高明《琵琶记》，如山珍海错，贵富家不可无。”②

既然是贵富之家不可无，皇族子弟自然是应该有的。当时不仅赐剧本，还

① 李开先：《麓中麓闲居集》卷六《张小山小令后序》。
② 徐渭：《南词叙录》，《中国古典戏曲论著集成》第三辑，第240页。

赐给乐户。《明太宗实录》记,成祖即位的当月(建文四年七月),即“补赐”诸王乐户。[①]这是沿用洪武时的惯例。虽然为王府配给乐户从本意来说是为了各种典礼仪式的需要,但明太祖的这一举措客观上却在各王府为子孙保留了一批戏曲的种子,宁献王朱权及周宪王朱友燉便是其中的硕大者。而成祖在燕邸时,身边除了姚广孝、袁珙等出谋划策的谋士,还有贾仲明、汤舜民、杨景贤等戏剧作家,相信宁府也有这类人物,即所为“当代群英”及“元之老儒”,他们应是朱权完成这些著作或作品的参与者。[②]

二、汤显祖与“临川四梦”

汤显祖(1550—1616年),临川人,字义仍,号海若,又号海若士,一称若士,自署清远道人,晚年自号茧翁,别号玉茗堂主人。

汤显祖生于诗书礼仪之家,祖上四代都有文名,家中藏书万卷。父祖辈嗜书喜文,并酷爱戏曲歌艺,出于对汤显祖的厚望,课读要求十分严格。

汤显祖21岁中举时,就已久负盛名。但在此后的两度会试中,因不肯阿附首辅张居正而两度落榜。直到万历十一年,即张居正死后次年,33岁的汤显祖始中进士,授南京太常博士,迁南京礼部主事。在职期间,与东林党人邹元标、顾宪成等交往甚密,同时也深深地感受到“仙都”南京的文学与戏曲气氛。万历十九年,上《论辅臣科臣疏》,历数神宗在位20年间朝政腐败、科场舞弊、弄臣贿赂、言路阻塞等弊端,因而触怒了当道,谪为广东徐闻县典史。一年后,调任浙江遂昌知县。汤显祖清廉简朴,体恤民情,在当地修相圃书院及演武堂,教民学文习武,又下乡劝课农桑、平反冤狱、惩处地方恶霸,深得民心。终因不满朝政腐败,于万历二十七年弃官回乡闲居,寓所号“玉茗堂”,致力戏剧和文学创作活动,终其一生。[③]

汤显祖承家传亦酷爱戏曲艺术,政治仕途上不得志,便把全部精力放在了戏曲创作上。在南京任职时,汤显祖始作《紫箫记》,因涉嫌影射“秉国首揆”而辍笔,后改写为《紫钗记》。弃官返乡之年作《还魂记》(即《牡丹亭》),顿时在社

---

① 《明太宗实录》卷一〇下洪武三十五年(即建文四年)七月壬寅条记:“敕礼部臣曰:昔太祖高皇帝封建诸王,其仪制服用俱有定著。乐工二十七户,原就各王境内拨赐,便于供应。今诸王未有乐户者如例赐之,有者仍旧,不足者补之。”

② 无名氏:《录鬼簿续编》。

③ 《明史》卷二三〇《汤显祖传》,钱谦益:《明朝诗集小传》丁集中,《汤遂昌显祖传》。

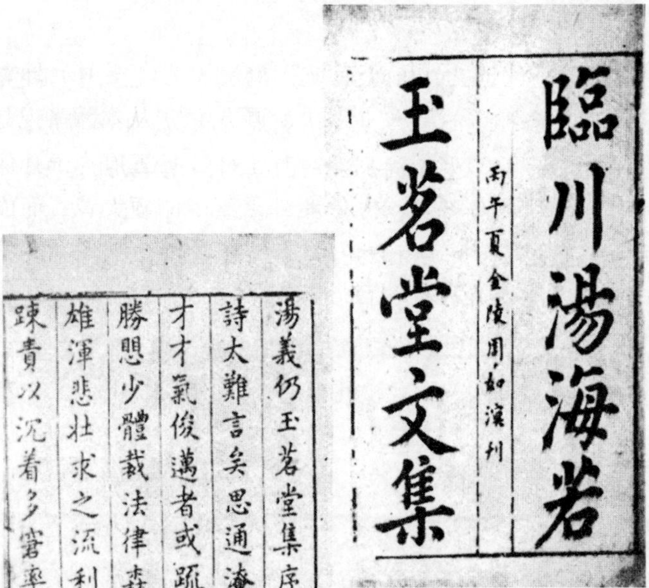
臨川湯海若
玉茗堂文集
丙午夏金陵周如溪刊

湯義仍玉茗堂集序
詩太難言矣思通滄緯者多乏天
才才氣俊邁者或疏冥討氣韻高
勝思少體裁法律森嚴時減風致
雄渾悲壯求之流利則窮清蒨蕭
疎責以沉着多審率意師心託之

图 7–1　万历三十四年(1606)刻《玉茗堂文集》。

会上引起轰动。酷爱戏曲的沈德符惊叹:“《牡丹亭》一出,家传户诵,几令《西厢》减色。”①沈宠绥《弦索辨讹序》说:“擅才情则推临川。临川胸罗二酉,笔组七襄,玉茗四科,脍炙词坛。”清人姚燮《今乐考证》则认为:“《还魂》妙处种种,奇丽动人,称古今绝唱。”②万历二十八年夏,汤显祖作《南柯记》,次年秋作《邯郸记》。此四大传奇剧皆有梦境构想,故并称“临川四梦”;因其所居名玉茗堂,故又称“玉茗堂四梦”。

汤显祖少年时代曾深受程朱理学的熏陶,后结识并拜泰州学派学者江西南城罗汝芳、永新颜钧为师,受其影响而逐渐抛弃传统的程朱理学。在南京为官时,他倾心佩服从禅宗的立场上反对程朱理学的高僧达观,佩服泰州学派的

① 沈德符:《万历野获编》,卷二五《词曲》

② 姚燮:《今乐考证》,《续修四库全书》第 1759 册。而《柳亭诗话》及《黎潇云语》还记载当时有少女读其剧作“忿惋而死”及杭州女伶演“寻梦”时感情激动,卒于舞台,足见其影响之巨,感人之深。

另一位思想家李贽。达观虽为和尚,但其入世济天下的思想与超然出世、洁身明志的思想并存,汤显祖在这一点上与达观颇为相似。而李贽那富有强烈叛逆性和积极进取性的思想,以及崇尚真性情而反对假道学,针对文学失“真”的通病而倡导的“童心”说,也给汤显祖以促进与鼓舞。对国计民生的共同关心,使汤显祖将一些早期的东林党人引为知己,众人吟诗唱和、讨论时政。汤显祖虽然不断在拜师结友,又尊师好学,却并不盲从。在对人生的深切体验中,他形成自己的具有鲜明人文主义色彩的“知生贵生”思想,即“天地之性人为贵”。在“生”的权利面前,从尊重人的生存权利出发,形成了关心民生疾苦、为民兴利除弊的思想。在哲学观念上,他归纳出一个“情”字,总结并提出“情至说”,认为“世总为情”,“人生而有性”,“性无善无恶,情有之”,肯定“情”是生活的客观规律,与正统思想的“理”相对立。治理天下,汤显祖也认为应首先唤起人“情”。[①]“贵生”的社会理想与“情至上”的哲学观念,既是他为官施政的准则,也是他戏剧创作的思想基础,融汇贯穿于他的“四梦”中。

图 7-2 《紫钗记·荣归燕喜》图,《汤显祖集》(上海人民出版社 1973 年版)第 1665 页。

“四梦”第一剧是《紫钗记》。此剧取材于唐人传奇小说《霍小玉传》,但情节改动很大。故事梗概是:才子李益元宵灯会拾得小玉紫钗,与小玉喜结良缘。后赴考高中状元,

① 汤显祖:《耳伯麻姑游诗序》、《宜黄县戏神清源师庙记》、《复甘义麓》等篇,见《汤显祖诗文集》卷三四、四七,上海古籍出版社 1982 年版。

却得罪卢太尉,命往玉门边关参与军事。李益建功凯旋,卢太尉又欲招其为婿,将其幽禁于卢府,劝婚逼亲;同时派人蒙骗小玉,诈称李已入赘卢府。小玉闻讯,肝肠寸断,病中梦见黄衣人送鞋,这是连理重谐的预兆。有了此梦的精神力量,小玉之病渐愈。后因法力广大的黄衫豪士仗义相助,卢太尉被弹劾削籍,李益小玉夫妻得以团圆。剧中人物个个栩栩如生。情义并重、情义至上、以情格权、情义胜权,成为《紫钗记》宣扬和盛赞的主题。

汤显祖最负盛名的代表作当然是"临川四梦"中的第二梦《牡丹亭》即《还魂记》。《牡丹亭》取材明代话本小说,成于万历二十七年秋。剧情为:南宋时江西南安郡太守杜宝的女儿杜丽娘,春日游园,见到一温雅书生柳梦梅。此后,她为相思所苦,感梦伤情而死。三年后,柳梦梅赴京赶考,经过埋葬杜丽娘之处,丽娘的鬼魂与柳相遇,两人情深意切,丽娘得以再生。两位至情男女终成恩爱夫妻。不料,杜宝坚持反对两人的结合,且不认女儿。柳梦梅喜中状元,最后皇帝裁定父女夫妻相认。皇命固难违,当然更重要的是柳梦梅不再是一介贫寒书生而是新科状元,杜宝默认了丽娘、梦梅的自主婚姻,于是一家团圆。此剧面世,轰动文坛剧坛。人生而有性,世总为情,情至上的观念在《牡丹亭》中全盘托

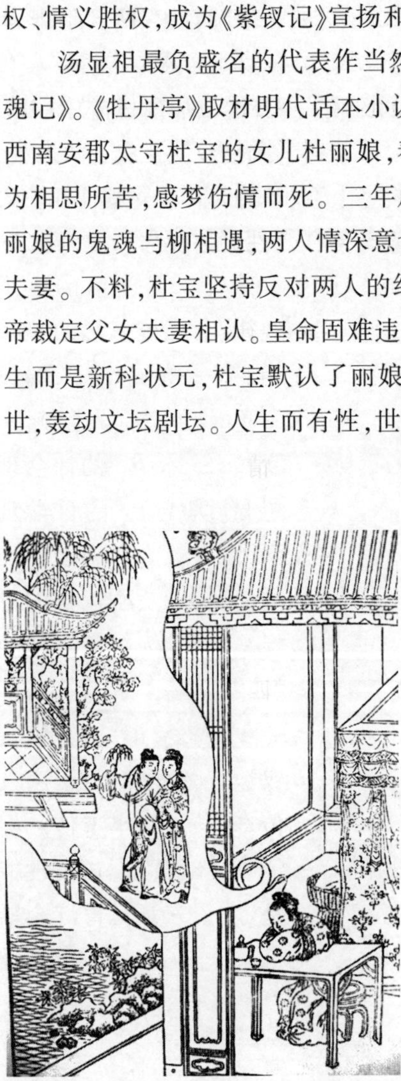

图 7-3 《牡丹亭·惊梦》图,《汤显祖集》第 1847 页。

图 7-4 《牡丹亭·玩真》图,《汤显祖集》第 1924 页。

出。情之所至,生可以死,死可以生,更可以与理相抗衡。一曲情的礼赞,控诉了封建礼教对人们幸福生活、美好理想的扼杀与摧残,也表达了在封建专制重压下青年要求个性解放,争取爱情自由、婚姻自主的呼声;同时通过歌颂杜丽娘的无畏抗争,构想出爱情终于获胜、情终胜理的理想结局,给人以启示与鼓舞。

万历二十八年,汤显祖写出《南柯记》,第二年《邯郸记》问世。两剧都据唐人传奇小说更衍而成。

《南柯记》叙述的是唐贞元年间,东平人淳于芬,一日醉倒居所庭院中古槐树下,入梦,被蚁国招为驸马,封官南柯太守。淳于芬辛勤治政20年,政绩斐然,因之加官晋爵,却为宫中右相妒忌。右相挑唆皇上召驸马回宫,公主病卒,淳依旧受宠,得意忘形,酗酒寻欢,声名狼藉。时值天象有变,右相进谗,淳被遣还人

图 7–5 《南柯记·寻寤》图,《汤显祖集》第 2257 页。

世。惊醒,乃知是南柯一梦。人生如蚁如梦,淳觉一切皆空,便遁入空门。作者在剧中既讴歌了真情的美好,又鞭挞了矫情的丑恶。托之于蚁穴世界的寓言,既描绘了理想国的蓝图,又慨叹理想无法实现,社会不可救药,人生无常,仕途维艰等。

《邯郸记》的情节最为简单,说唐开元年间,秀才卢生一日投宿酒店,借得吕洞宾一瓷枕作眠,朦胧间,神入枕窍,做一梦:卢生娶崔小姐为妻,婚后崔氏让他携家兄“钱”去应考。以钱开道、广行贿赂,果然被钦点为状元。后因得罪宰相,屡屡遭谗,又每每因祸得福:开河道、立河功,御强虏、立边功,又被流放,复又升官当道。最后淫乐无度,死于相位,临终时尚念念不忘后事。一梦醒来,店主的黄粱米饭还未蒸熟。人生不过如此,卢生感慨万分,遂随吕洞宾出家。此剧与《南柯记》有近似之处,但重点则是对科举制度与官场的揭露与批判。

“四梦”是一个整体,“情”的观念贯穿其间,并有所发展。《紫钗记》确立了以情格权的思想,《牡丹亭》则向着以情格理的深度推进。若说前二梦是对真情的歌颂,后二梦则是对矫情的批判。后二梦题材有所拓宽,笔触深入社会政治生活领域。但是社会现实使汤显祖看不到出路,痛苦之余,积极批判之余,他只能用消极避世的思想来安慰自己。“四梦”的发展也显示出汤显祖思想上从对君主尚抱有希望,到愤世、醒世,希望破灭,乃至出世的变化过程。

汤显祖因感世而梦,借梦以讽世,借梦以抒情,借梦以追求理想的天地,借梦以避文祸,即如其所言:“因情成梦,因梦成戏。”汤显祖浪漫主义的遐想融汇于现实主义的笔触中,既有现实的深度,又闪耀着理想的光辉,构成传奇剧真实与奇幻相统一,神奇中蕴含着真实的艺术效果。作品飞扬的文采、天然妙致的语言,则为虚实一体的梦境平添无尽的情趣。

与“四梦”同垂千古的是汤显祖的文艺思想,主要是戏剧理论。其论述以《宜黄县戏神清源师庙记》较为集中系统,其他则散见与友人的书信及辞赋酬唱中。汤显祖认为,情乃戏之源,戏曲是一种言“情”的艺术,能“极人物之万途,攒古今之千变”[①]。而要达到这个目的,光有好的主题还不够,演员必须要善于体会所表现的人物之“情”,进行逼真的表现,才能收到观众忘我动“情”之效。汤显祖主张创新,反对因袭泥古的保守文风,“凡文以意趣神色为主”[②]。即重言

---

① 《汤显祖诗文集》卷三四《宜黄县戏神清源师庙记》。

② 《汤显祖诗文集》卷四七《答吕姜山》。

情，重灵气，重意轻律，维护曲词的神气俊采，而不苛求曲词合律依腔。他自己勤于艺术实践，“为情作使，劬于伎剧”，同临川一带上千名宜黄班艺人保持着广泛的联系，实际上成了地方戏曲运动的领袖。他还亲自为演员解释曲意，指导排练，“自踏新词教歌舞”，“自掐檀痕教小伶”。

围绕戏曲艺术的内容与形式，曲意与声律的关系，汤显祖与当时曲匠们的宗师、吴江派的领袖沈璟展开了一场争论，是谓明代曲坛上著名的汤、沈之争。汤、沈之争的起因在于沈璟改动了汤显祖的《牡丹亭》，汤显祖的好友吕玉绳将此事告诉汤显祖，并寄去了沈璟的改本。汤显祖看到后对沈璟提出批评，并表达了自己的戏曲主张。他强烈反对沈不顾剧作内容与文采意趣，唯律至上的形式主义倾向。当时王骥德在《曲律·杂论下》中对这一争论的起因及争论的过程有记载：

> 吴江（按：沈璟）尝谓：“宁协律而不工，读之不成句，而讴之始协，是为曲中之巧。”曾为临川改易《还魂》字句之不协者，吕吏部玉绳（郁兰生尊人）以致临川。临川不怿，复书吏部曰：“彼恶知曲意哉！余意所至，不妨拗折天下人嗓子。”其志趣不同如此。

汤、沈之争持续了相当一段时间，客观上促进了我国戏曲声腔的发展，而汤显祖倡导的美学原则与创新精神更值得肯定。正是出于这种创新精神，使得汤显祖在拓宽我国古典戏剧表现领域的同时，自己也成为我国戏曲艺术的浪漫主义巨匠。

汤显祖的作品和戏剧实践活动具有深远的影响。师法于他的“临川派”戏剧家，在明代有吴炳、孟称舜等，在清代有李渔、洪升、蒋士铨等。直到今天，《四梦》里的许多精彩片断还保留在昆剧舞台上。赣剧弋阳腔《还魂记》还被摄成彩色影片，深受广大观众欢迎。汤显祖不仅属于中国，也属于世界。20世纪初，他的作品不断被翻译介绍到国外，乃至被一些学者誉为“东方的莎士比亚”①。

汤显祖的剧作诗文自明代以来刊本甚多，其戏曲则与其他作品一样，为当局所忌讳，《四库全书》只存目其诗文《玉茗堂集》29卷。1962年，中华书局参照

① 当然，对于这种比喻，笔者并不苟同。在中国古代戏曲发展史上，汤显祖无疑具有重要的影响，但无论是从作品的数量还是各方面的影响力，莎士比亚都是独一无二的。而汤显祖的作品，无论从当时的传播状况还是在中国古代戏曲史上，真正具有震撼力和影响力的，也只是《牡丹亭》。

历代刻本,详加校勘,出版了包括汤显祖全部作品的四册校勘本《汤显祖集》,这是迄今最为完善的汤显祖著作版本。1973年上海人民出版社再版。1978年和1982年,上海古籍出版社又先后将戏曲和诗文分别从《汤显祖集》中抽出单独出版,使汤显祖的戏曲诗文得到更为广泛的流传。

三、弋阳腔与明代江西地方剧种和戏剧家

在元代各类声腔的竞争和交流中,江西的弋阳腔开始崭露头角,自明初开始,它不断繁荣发展,演变成为一个声腔系统,影响遍及南北。弋阳腔、昆山腔、海盐腔、余姚腔四大声腔成为明代南戏的代表,并且取代了北曲在戏曲舞台上的霸主地位,引领风骚数百年。四大声腔中的弋阳腔、昆山腔及海盐腔的发展,与江西有密切的关系。

从明初永乐至嘉靖、隆庆年间,在当时南戏诸腔中,产生于江西的弋阳腔流布范围最广,影响也最大。明人徐渭将弋阳腔列为诸腔之首:

> 今唱家称"弋阳腔",则出于江西,两京、湖南、闽、广用之;称"余姚腔"者,出于会稽,常、润、池、太、扬、徐用之;称"海盐腔"者,嘉、湖、温、台用之。惟"昆山腔"正行于吴中,流丽悠远,出乎三腔之上,听之最足荡人,妓女尤妙此,如宋之嘌唱,即旧声而加以泛艳者也。①

魏良辅《南词引正》(又名《曲律》)更说:

> 腔有数样,纷纭不类。各方风气所限,有昆山、海盐、余姚、杭州、弋阳。自徽州、江西、福建,俱作弋阳腔,永乐间,云、贵两省皆作之,会唱者颇入耳。惟昆曲为正声,乃唐玄宗时黄幡绰所传。②

魏氏于四大声腔外,又举出"杭州腔",且说明弋阳腔在明初永乐间已传至云南、贵州两省,那时魏氏已认为昆山腔才是"正声",而徽州、江西、福建仍然俱作弋阳腔。可见弋阳腔起码在明初永乐间已相当盛行,其流播地除江西本土

① 徐渭:《南词叙录》,《中国古典戏曲论著集成》,第三辑,中国戏剧出版社1959年版,第242页。
② 魏良辅:《南词引正》,《中国古典戏曲论著集成》,第五辑,第5—6页。

外,安徽、浙江、江苏、湖南、福建、广东、云南、贵州、北京、南京皆风行,遍及全国。

那么,弋阳腔何以流播地域能够如此广阔呢?这应当和它的腔调特质以及保持许多早期戏文面貌有密切的关系。弋阳腔的特色在于:锣鼓帮衬,不入管弦;一唱众和,音调高亢;无须曲谱,鄙俚无文;曲牌联套多杂缀而少套式曲中发展出滚白和滚唱等。[①]但需要强调的是,弋阳腔的广泛传播更与元末明初开始并持续到清中期的江西人口流动密切相关。江西移民到哪里,江西商人也到哪里,江西会馆(或称"万寿宫"、"萧公祠"、"晏公祠"、"昭武庙"等)便建到哪里。几乎所有的江西会馆都有戏台,或建在会馆主体建筑之内,或在其外。如至今尚在的四川成都洛带镇的江西会馆,会馆之内有六角戏台,会馆外又有"万年台"。而江西移民聚集地所唱的,自然就是江西戏曲,是弋阳腔。清嘉庆二十四年所发生的震惊朝野的湖南湘潭江西客民与湖南土著居民之间的械斗,其起因正是搬演江西戏曲。[②]

弋阳腔形成于江西东部广信府弋阳一带,故得名。它以当地的目连戏为基础,在搬演南戏传奇的过程中,不断吸取当地民间艺术养料如音乐、歌舞(如傩舞)等,以及北曲杂剧的唱腔发展而成。弋阳地属广信府,与饶州府毗邻,语言系统属中州语系,与吴浙音区别很大。因其语音语调风格独特,故在南戏系统中,它有别于吴浙语系的海盐、余姚和昆山三腔而自成一家。汤显祖在《宜黄县戏神清源师庙记》一文中,记述了弋阳腔的演唱情况:曲体为长短句的曲牌联缀,后发展了滚唱(调),即在曲牌联套的结构形式中插进一段或数段类似朗诵体的歌腔。这种通俗的韵文能解释深奥的曲文,既便于抒情,又利于理解,念的称滚白,唱的称滚唱。唱词浅白,通俗易懂,且不受格律限制,读来顺畅,听来分明。曲调高昂激越,直率奔放,字多腔少,一泄而尽,较少婉转曲折。后来的梆子和皮黄等板腔体音乐就是在这个基础上发展起来的。艺术风格粗犷豪放,演唱灵活自由,一人唱而众和之,独唱和人声帮腔结合交替。亦有紧板慢板,善"错用乡语",即用方言演唱,无弦索和管乐,只用锣鼓伴奏,"其节以鼓,其调宣"[③]。弋阳腔擅演连台多本戏,剧目多以历史传说和神话故事为内容,如《三国传》、

① 参考曾永义:《弋阳腔及其流派考述》,《台大文史哲学报》第65期,2006年11月。

② 参见方志远:《明清湘鄂赣地区的人口流动与城乡商品经济》,人民出版社2001年版,第681—683页。

③ 汤显祖:《汤显祖诗文集》卷三四《宜黄县戏神清源师庙记》。

《水浒传》、《岳飞传》、《西游记》等，故事有头有尾，并善于"改调歌之"，大量采集其他声腔的剧本来上演。可见，弋阳腔在声腔形式及剧目特点等方面，乡土气息浓郁，为群众喜闻乐观，适合于草台演出，便于在群众中流传。弋阳腔以其通俗粗犷的风格与人民群众保持着密切的联系，同时又能够不断从民间艺术的土壤中汲取营养，丰富壮大自己，因而在民间，特别是在广大乡村有着深厚的基础，经久不衰。[①]

兹举《珍珠记》【江儿水】一曲为例，以见明代弋阳腔剧的面目：

> 【江儿水】(旦)忆昔爹娘娇养，爱奴如掌上珍，谁知今日受此情况？夫！你遇着奸相，逼做东床。(白)你在温府中呵，(唱)穿的是绫罗锦绣，吃的是百味珍馐。朝朝筵宴稳坐高堂，怎知道妻房到此衔冤枉！(滚白)爹娘呵，你倚定门儿牢望。你那里挂念儿行，儿在京城思想爹娘。正是人居两地，天各一方。多应是阻隔这烟水云山，两地一般情况。(唱)恨只恨温氏太心狠，高文举！你是个薄幸郎！将我恁般磨瘴。奴不惮千里迢遥，指望寻夫返故乡，谁知今朝没下场。(合)误了我青春年少，耽拦我佳期多少，闪得人有上稍来没下稍。[②]

正是民间性与草根性赋予了弋阳腔以顽强的生命力，使其获得了巨大的传播空间和传播效应。这种民间性，除了题材选择、创作立场等外，从语言上看，是"错用乡语"，也就是说，它走到什么地方，就采用什么地方的方言演唱，入乡随俗，落地开花，这就使它从审美本性上更贴近大众，更能适应各地条件，故"四方土客喜闻之"[③]，赢得了各地的观众并在各地很快发展起来。从音

① 弋阳腔的这些特点多被士大夫目为"俗"和"土"，遭到他们的嘲笑与排斥。祝允明在《猥谈·歌曲》中便提到："数十年来，所谓'南戏'盛行，更为无端。于是声音大乱……盖已略无音律、腔调。愚人蠢工，徇意更变，妄名余姚腔、海盐腔、弋阳腔、昆山腔之类。"泰昌元年刻本冯梦龙《新平妖传》卷首张誉序则说"弋阳劣戏，一味锣鼓了事"。凌濛初《谭曲杂札》批评汤显祖不谐昆山腔音律，指责他入弋阳腔之俗："义仍自云：'骀荡淫夷，转在笔墨之外，佳处在此，病处亦在此。'彼未尝不自知。只以才足以逞而律实未谙，不耐检核，悍然为之，未免护前，况江西弋阳土曲，句调长短，声音高下，可以随心入腔，故总不必合调，而终不悟矣。"

② 明万历金陵文林阁刻本《高文举珍珠记》第二十出《逢夫》，收入《古本戏曲丛刊》二集第一函，(上海)商务印书馆1955年版，第17页。

③ 顾起元：《客座赘语》，卷九《戏剧》。

乐上看,是继承发展了南戏演唱“顺口可歌”的民间传统。弋阳腔的曲调多出自宋词和民歌小调,没有固定的曲谱规范。它“向无曲谱,只沿土俗”①,“改调歌之”②,恰恰保持了即兴式的民间创作的自由本性。弋阳腔的特点使得它极易在各地生根,同当地方言和民间艺术相结合,进一步促进声腔的地方化。但是,也正是因为它的入乡随俗,所以也容易和其他声腔相融合而产生新的声腔。

嘉靖、隆庆间,弋阳腔流行于松江地区,当时就有艺人对弋阳腔作过改造,吸收较雅正、柔婉的声腔,试图使弋阳腔适应听惯了昆曲的江南观众,但结果并不如意。范濂《云间据目抄》说:

> 戏子在嘉、隆交会时,有弋阳人入郡为戏,一时翕然崇尚,弋阳人遂有家于松者。以后渐觉丑恶,弋阳人复学为太平腔、海盐腔以求佳,而听者愈觉恶俗。故万历四、五年来遂屏迹,仍尚土戏。③

嘉靖以后,流传到江西乐平的弋阳腔,演变成了乐平腔;流传到安徽的弋阳腔,分化为徽州腔(四平腔)、池州腔(青阳腔)、太平腔、石台腔;流传到浙江,发展成义乌腔;流传入北京,则变为京腔。于是,弋阳腔由一个声腔剧种,经过在不同地区的演出并与当地地方剧种的融合,形成一个声腔系统。属于这一系统的诸声腔,共同特点是音调高亢、富有朗诵意味,故称“高腔”。这可以说是弋阳腔的全盛时期,但也是逐渐消失的开始。至清代,高腔进入北京,曾盛极一时,成为京剧的先声。当时曾有“南昆、北弋(即指京腔)、东柳、西梆”之说。作为地方戏曲四大声腔系统之一的高腔,在今天的赣剧、湘剧、祁阳戏、川剧、闽剧、潮剧等不少戏曲剧种仍有所保留。所以,弋阳腔也被称为是中国高腔戏曲的鼻祖,被誉为中国四大声腔之首。

昆山腔于元末产生于江苏昆山一带。早年流传不及弋阳、海盐、余姚三腔广泛,“只行于吴中”④,以清曲小唱驰名,后来才成为演唱传奇的南戏声腔。因其唱腔清丽悠远,悦耳动听,深受文人士大夫喜爱,亦受到他们的扶持,故在城

---

① 李调元:《剧话》卷上,《中国古典戏曲论著集成》第八辑,第46页。

② 朱彝尊:《静志居诗话》,卷十四《梁辰鱼》。

③ 范濂:《云间据目抄》,卷二,《笔记小说大观》第13册,广陵古籍刻印社1983年版。

④ 徐谓:《南词叙录》。

市里较为流传，这与弋阳腔深受百姓喜爱，盛行民间乡村小镇，构成鲜明的对比。士大夫的大力扶持，促成了昆山腔的大发展。其中首功当推江西的音乐家魏良辅。昆山腔经魏良辅的革新，开始走向兴盛。此后，汤显祖名垂千古的杰出创作，亦为昆山腔传奇戏增辉添彩。

魏良辅，号尚泉（或上泉），原籍江西豫章（南昌），寓居江苏太仓。太仓以善歌闻名，魏良辅初习北曲，因觉不及北人，便发愤改习南曲。改革之前的昆山腔，腔调平直，尚欠韵味和意趣。魏熟谙当时流行的南北曲多种声腔，为探索南曲的改进，创造新的声腔，付出了艰辛的劳动。清人余怀《寄畅园闻歌录》说他"镂心南曲，足迹不下数十年"。魏良辅在张野塘、过云适等戏曲家的协助下，对旧的昆山腔进行了改革，于唱曲和伴奏两个方面取得突出成就。在唱曲方面，集北曲及南曲海盐、弋阳等声腔之所长，同时发挥昆山腔本身"流丽悠远"的特点，讲究"转喉押调"，"字正腔圆"，要求唱出"曲情理趣"等。改革以后的昆山腔，"调用水磨，拍捱冷板，声则平上去入之婉协，字则头腹尾音之毕匀，功深熔琢，气无烟火，启口轻圆，妆音纯细"，故昆山腔又称"水磨腔"。南词音理，自有良辅，"已极抽秘逞妍矣"[①]。伴奏方面，亦是众采群英，将弦索、箫管、鼓板三类乐器合为一体，一改南戏诸声腔仅用锣鼓板而无管弦伴奏的旧习，大大地丰富了昆山腔的音乐伴奏。从此，昆山腔音色丰富，既体现出南曲清柔舒徐、婉转有致的特点，又保存了北曲激昂慷慨的声腔，其艺术技巧及表现力都达到了当时的高峰。它以"新声"的姿态出现，备受众士大夫与广大市场的青睐，逐渐取代海盐腔而成为南戏"正宗"。魏良辅的改革为昆腔由清唱走上戏曲舞台迈出了极其重要的第一步，开创了戏曲舞台上昆山腔与弋阳诸腔并驾称盛的新局面，并极大地影响了其他地方戏曲音乐的发展。他晚年著《南词引正》，论述昆山腔的唱法，是继元朝燕南芝庵的《唱论》之后的又一戏曲声乐论著，对戏曲艺术理论作出了重要贡献。因此，后世奉他为昆腔鼻祖，艺坛尊其为"曲圣"。

海盐腔元末产生于浙江，入明以后南北盛行。嘉靖年间，海盐腔传入江西宜黄、临川一带。宜黄戏班伶人本来演唱弋阳及徽州青阳诸腔，至此竞相学唱海盐新腔，海盐腔遂一时风靡江西。海盐腔调因宜黄人在演唱过程中结合当地乡音土语而不断发生变化，又被人称为宜黄腔。也就是说，海盐腔在江西演变

① 沈宠绥：《度曲须知·曲运隆衰》，《中国古典戏曲论著集成》第五辑，中国戏剧出版社 1959 年版。

成了宜黄腔。宜黄腔的走红和扬名,还在于它首先上演了汤显祖的名作“临川四梦”。“四梦”是汤显祖按海盐腔曲牌为宜黄戏而写的,首先在宜黄戏人中传唱,在玉茗楼上演,而后才为其他声腔所搬演[①],并成为昆曲的传统保留剧目。

此外,明代江西还有两位较有影响的戏曲作家,一为谢廷谅,一为郑之文。

谢廷谅,字友可,号九紫,抚州府金溪人[②],万历二十六年进士,“未授官,即极论矿税之害”,旋授南京刑部主事,终顺庆知府。[③]谢廷谅与汤显祖自幼结识,汤显祖特请谢廷谅为诗集《问棘邮草》作序,其处女作《紫箫记》亦得到廷谅的鼓励。时人把谢廷谅与汤显祖相提并论:“九紫先生兄弟叔侄同时四登进士榜,而九紫名尤赫,与若士汤先生并帜词坛,时有汤、谢之目。”著有《纨扇记》、《诗囊记》、《离魂记》等传奇及诗集《薄游草》。《纨扇记》被明吕天成《曲品》赞誉为“才人之笔”。

郑之文,字应尼、豹先,号豹卿,建昌府南城人,万历中登进士,官南部郎。出为真定知府。[④]著有《旗亭记》、《芍药记》和《白练裙》传奇三种,且填词精妙,有《远山堂》、《锦砚斋集》并行于世,其剧作以塑造女性典型见长。亦与汤显祖友善,为忘年之交,汤显祖曾为《旗亭记》作序,对该传奇大加赞赏。

《旗亭记》共两卷40出。剧中叙宋代饶州德兴人董国度(字元卿),在金兵南下兵荒马乱中,经历苦难与家人团聚的故事。此剧本事原见于宋洪迈《夷坚志》卷一《侠妇人》、冯梦龙《情史》卷四《董国度妻》,结尾董生与隐娘团聚情节则为郑之文增出。汤显祖《董元卿旗亭记·序》赞曰:“立侠节于闺阁嫌疑之间,完大义于山河乱绝之际,其事可歌可舞。”“其词南北交参,才情并赴。千秋之下,某氏一戎马间妇人,时勃勃有生气。”《远山堂曲品》评曰:“董元卿遭胡金之乱,得遇隐娘,既能全元卿于宋,复能全己于元卿。隐娘之侠,高出阿兄上矣。区区衲中之金,何足窥此女一斑哉!曲亦爽亮,但铺叙关目,犹欠宛转。后得清远一序,殊为增色。”将其列为“能品”,并说:“郑君词曲,乃文人之雄。”《曲品》也评论说:“郑进士月露才华,风流雅俗。”“董元卿遇侠事佳,曲多豪爽。”

《白练裙》为嘲讽当时金陵名妓马湘兰与王稚犀而作。甫经问世,“一时为

① 南戏各声腔习惯互相改调而歌,汤、沈之争的直接原因即在于沈璟改动了汤显祖的《牡丹亭》。

② 吕天成《曲品》、庄一拂《古典戏曲存目汇考》等谓谢廷谅为湖广人,有误。

③ 《明史》卷二二三《谢廷赞传附》。

④ 詹贤:《詹铁牛文集》,卷四《处士谢翁潭先生传》,《四库禁毁书丛刊》,北京出版社1998年影印本。

之纸贵"。该剧为郑之文作为下第举人在南京国子监读书时所作。对于这一曾在南京引起轰动的故事,《列朝诗集小传》记载:

> 之文字应尼,南城人。公车下第,薄游长干。曲中马湘兰负盛名,与王百谷(按:稚犀)诸公为文字饮,颇不礼应尼。应尼与吴非熊辈,作《白练裙》杂剧,极为讥调,聚子弟演唱,召湘兰观之。湘兰为之微笑。定襄傅司业清严训士,一旦召应尼跪东厢下,出衔袖一编,掷地数之曰:"举子故当为轻峡蝶耶?"收以夏楚,久之乃遣去。①

谈迁《北游录》亦记事之始末:

> 南城郑之文应尼,公车下第,薄游金陵。时北里马湘兰负盛名,与王百谷诸公为文字饮,易视应尼。应尼与吴非熊作白练裙杂剧,极为讥调。聚子弟演唱,召湘兰观之,湘兰为之微笑。②

明末钱谦益有诗云:"子弟犹歌白练裙,行人尚醇湘兰墓"。清初王士禛《秦淮杂诗》也说:"石桥巷口诸少年,能唱当年白练裙。"《曲品》谓《白练裙》:"风流调笑,真戏笔也,不必以传奇体绳之。"

第二节 杨士奇与明代江西的文学、史学

一、杨士奇与明前期的"台阁文学"

明前期约60年的时间里,文坛格局既承元末余绪,又受明初政治、思想、文化诸因素的影响而发生了深刻变化。其显著特征是声势浩大的吴中、越中文人群相继走向衰落,江西文人成了文坛的主要力量。典雅淳朴的江西文风成了文坛的主导风格,并对雄踞明代文坛近百年的台阁体文风产生了直接的

① 钱谦益:《列朝诗集小传》,丁集上《郑太守之文》。

② 谈迁:《北游录》,纪闻上。

影响。

明初文坛主要分为特色鲜明的吴派、越派、闽派、粤派及江右(江西)派等五派。明人胡应麟《诗薮》追记当时各派的地域分布及代表作家:

> 国初吴诗派仿高季迪,越诗派仿刘伯温,闽诗派仿林子羽,岭南诗派仿于孙贲仲衍,江右诗派仿于刘崧子高,五家才力,咸足雄据一方,先驱当代。[①]

此五派构成了明初文坛的主流,尤以吴派、越派声势影响更大,乃是明初文坛的代表,但对此后明代文坛发生重要影响的则是以吴伯宗、刘崧、陈谟等为代表的江西派。

吴伯宗(1334—1384年),名祐,以字行,抚州金溪人,为明朝开科后首位状元。[②]吴伯宗博学多才,文思敏捷,词旨雅洁,其《长江潦水诗十二韵应制》等颇得李(白)诗遗风,景象万千、气势蓬勃。《四库全书总目》评其诗文:“皆雍容典雅,有开国之规模。明一代台阁之体,胚胎于此”。

刘崧(1321—1381年),旧名楚,字子高,号槎翁,吉安泰和人。对于他的作品,历代评价都很高。刘永之序其诗曰:“其年愈老,思愈壮,诗愈工。”因历经离乱,故诗文深沉中见忧愤,但其风格的主要方面还是和谐典雅。《四库全书总目》称其“大抵以清和婉约之音,提导后进。洎杨士奇等嗣起,复变为台阁博大之体。”

陈谟(1305—1400年),字一德,又字心吾,吉安泰和人。元时一试科举不利,即弃去。洪武初征诣京师,宋濂、王袆等请为国学师。引疾辞归,家居教授,屡应聘为考试官,一时经生学士靡然从之,称“海桑先生”。所著诗文为《海桑集》十卷,为其甥杨士奇所编。《明史·儒林传》记:“谟幼能诗文,邃于经学,旁及子史百家,究心经世之务。尝谓:‘学必敦本,莫加于性,莫重于伦,莫先于变化气质。若礼乐、刑政、钱谷、甲兵、度数之详亦不可不讲习。’”《四库全书总目提要》评曰:“文体简洁,诗格舂容,则东里(杨士奇)渊源实出于是。其在明初,固沨沨乎雅音也。”

从上述对吴、刘、陈三人的评价可见,温柔敦厚、平和典雅乃中国诗文之

---

① 胡应麟:《诗薮·续编》,卷一。

② 关于吴伯宗生平事迹及主要成就,详见本章第三节。

"正声",历来为中国正统文论所倡导。中国文人的这种和谐、柔美即中和之美的审美情趣与儒家主张的中庸思想是并行不悖的。江西文人不仅因其自甘淡泊、淳孝仁厚的行为方式和性格特征得以成为明初文坛的主力,而且因其平和雅正的诗风成为明初文学思潮的主导。这种文风在永乐至成化近百年间,衍变为词气安闲、雍容典雅的台阁体诗风。

与吴、刘、陈共同构筑这一文风的还有同时代的一批江西文人,此举其著者。

梁寅(1303—1390年),字孟敬,号石门,临江新喻人。梁寅博学多才,尤精于五经,被学者称为"梁五经",又称"石门先生"。元末任集庆路儒学训导,明初被征与修礼乐。事毕,以老疾辞,结庐石门山中,讲经于石门书院,四方学子多从之游,与邓雅、刘永之、胡行简等友善。所著有《周易参义》、《诗演义》及诗文集《石门集》。①

梁兰(?—1410年),字庭秀,一字不移,吉安泰和人。元末兵乱,养母至孝,不以家贫为意,苦学不辍,明初屡辞征辟,永乐中卒,有《畦乐集》。

胡行简,字居敬,临江新喻人,元至正间任江西廉访司经历。元亡归家隐居,以传授生徒经义为业。洪武二年与刘于、刘永之、梁寅同被征至京,与修《大明集礼》。事毕,以老病辞官,赐帛遣归。所著诗文有《樗隐集》。

刘永之,字仲修,晚年自号山阴道士,临江清江人。元至正间,曾任建宁左卫镇抚,与刘崧、万石、杨伯谦、彭声之、辛敬、周浈、王佑、王沂等称为"江西十才子",交游唱和,长达半个多世纪,声名远播,当世翕然从之。明初被征召至京与修礼乐,事毕,以重听辞归。所著有《山阴集》。其弟子章喆、何光编有《刘仲修先生诗文集》。

王沂(1317—1383年),字子与,号竹亭,吉安泰和人,与弟王佑(字子启)同为"江西十才子"。王沂精于程朱性理之学,洪武三年被征至京,上书论事称旨,授福建盐运副使,以老疾辞归。所著有文集若干卷,其文"根柢于诸经,涵濡乎百氏,体制严而幅尺宏,音节谐而理趣远,有益乎伦理之重,不爽乎物则之则"②,诗若干卷,同郡杨伯谦为之作序。

刘于(1317—1372年),字允恭,又字永泰,吉安永丰人。曾受学于虞集,深

① 《明史》卷二八二《梁寅传》。

② 宋濂:《宋文宪公全集》,卷七《王君子与文集序》。

受器重,中至正七年乡试,授泰和学正,元末辞官归隐。洪武元年征召遗逸,以病辞谢。洪武四年,再征至京师,讲书称旨,聘为福建、广东考官。朱元璋欲授以官,坚辞不受,太祖怜其老,命太常赐酒放还,隐居以终。

如果说吴伯宗等人共同开启了"台阁体"的先声,杨士奇等人则以他的政治地位和博大文风,开创了延续近一个世纪的台阁体诗文流派。

台阁体以"三杨"(杨士奇、杨荣、杨溥)作品为代表,而同时期官员们的创作都可以归属这一流派,其形式以诗歌为主,也兼及散文。台阁体大体与这样的几种因素相关联:一是密切结合官方意识形态即程朱理学,故表现的思想情感"雅正平和",有浓厚的道学气;二是反映上层官僚的生活内容,故应制、唱和之作数量非常之多;三是与当时政治平静、人事结构稳定的状况相对应,表现出陶然悠然的满足心态,故钱谦益《列朝诗集小传》称杨士奇有"太平宰相风度"。后世论者对台阁体抨击否定居多,虽其中不乏公论,却有失偏颇,更未能深入认识江西士人的地域文化传统与明代政治、文学的关系。

明太祖朱元璋既为配合思想文化领域礼法统治的需要,也受当时风气的影响,酷爱文学戏曲。其制作诗文,倡导和平简朴文风,认为文章只要能够说明道理就行,不需用浮辞藻饰:"凡著笔之际,勿使高而下,低而昂,当尊者尊,当卑者卑,钦天畏地,谨人神,必思至精之言以为文。"[①]他批评群臣所进笺文:"颂美之辞过多,规戒之言未见,殊非古者君臣相告以诚之道。"要求"今后笺文只文意平实,勿以虚辞为美也。"[②]不仅如此,洪武二年、六年、二十九年曾多次下诏禁止"奇巧浮艳"、"深险怪僻"、"卑弱哀怨"的文体。正如梁寅所说:"今天子统一宇内,教化之行,无远弗届,文章归正,肇自上意,朝廷制作悉循古。虽山岩之士,皆承风而知所趋。"[③]可见明太祖本人对明初文风的直接影响。明初以刘崧、陈谟、梁兰等为代表的江西文人雍容雅正的风格既与开国气象一致,又与简朴纯正的文风协调,因而成为明初文坛的主流。不仅如此,其后江西台阁体作家与明初江西文人有着紧密的亲缘师承关系,后者的道德文章深刻影响了台阁文人文风。

虽然人们都认为台阁体的代表作家以"三杨"为领袖,但主要成员大多为江西人。最早指出这事实的正是三杨之一的杨荣,其《杏园雅集图后序》记载了

① 《明太祖文集》卷一三《文·辩韩愈讼风伯文》。

② 《明太祖实录》卷二二,吴元年正月辛丑。

③ 梁寅:《金征士守正文集序》,《雪崖先生诗集》卷首附。

正统二年的一次聚会：

正统二年丁巳春三月朔，适休暇之晨，馆阁诸公过予，因延于所居之杏园。永嘉……谢君精绘事，遂用着色写同会诸公及当时景物：倚石屏而坐者三人，其左少傅庐陵杨公，其右为荣，左之次少詹事泰和王公；傍杏花而坐者三人，其中大宗伯南郡杨公，左少詹事临川王公，右侍读学士文江钱公；徐行后至者四人，前左庶子吉水周公，次侍读学士安成李公，又次侍讲学泰和陈公，最后至者谢君，其官锦衣卫千户。而十人者皆衣冠伟然，华发交映。①

图7-2　杏园雅集图，绢本设色，纵37厘米，横401厘米，镇江市博物馆藏。

《杏园雅集图》真实地描绘了"三杨"等十人在杨荣的杏园内聚会的情景，画家本人也在其中。画面人物衣冠整齐，各依品第，构图宾主分明，聚散合宜，背景松柏掩映，新篁交错，杏枝吐蕊，玉石处处。此画以其写实的形象、贴切的表情、工细的笔法、鲜艳的色彩，创造了明代雅集图的新样式，为明代早期人物画的代表作。

① 杨荣：《文敏集》，卷一四《杏园雅集图后序》。

画家谢环(字廷循)之外,“馆阁诸公”共九人,除杨荣(福建建阳)、杨溥(湖广石首)非江西人,其余七人杨士奇(吉安泰和)、钱习礼(吉安吉水)、王英(抚州金溪)、王直(吉安泰和)、李时勉(吉安安福)、周叙(吉安吉水)、陈循(吉安泰和)皆为江西人。

又钱谦益《列朝诗集小传·乙集·杨荣》条记:

> 馆阁三杨而外,则有胡广陵、金新淦、黄永嘉,尚书则东、西王,祭酒则南陈、北李,勋旧则东莱、湘阴,词林卿贰则有周石溪、吴古崖、陈廷器、钱遗庵之属,未可悉数。

王世贞《艺苑卮言》卷五亦载:

> 杨尚法源出欧阳氏,以简淡和易为主,而无充拓之功,至今贵之曰台阁体,同时名臣胡光大(广)、杨勉仁(荣)、金幼孜、黄宗豫(淮)、曾子启(棨)、王行俭(直)诸公,皆庐陵之羽翼也。

由此我们大致可以推断出台阁体作者除三杨外,主要有胡广、金幼孜、梁绩、黄淮、王英、王直、李时勉、周叙、陈循、陈琏、曾棨、钱习礼、夏原吉等。除黄淮为浙江永嘉人,陈琏为广东东莞人,夏原吉为湖广湘阴人(祖籍江西德兴)外,其余都为江西人,而尤以吉安人为主。

钱谦益《列朝诗集小传·甲集·刘崧》条:“国初诗派,西江则刘泰和,闽中则张古田。泰和以雅正标宗,古田以雄丽树帜。江西之派,中降而归东里。”明确指出了江西派与台阁体的传承关系。杨士奇是台阁体的盟主, 其文学步欧阳修,以论道述理为主,而以游记、传记为优。其诗古体学汉魏,近体学盛唐,而以古体为佳。其文学创作为台阁体的创作提供了范本,对台阁体文风的形成产生了很大的影响。

杨士奇为陈谟的外甥,又与梁兰为世婚姻家,故从陈谟学文,又从梁兰学诗,尽得二人诗文之法。梁兰、陈谟以欧阳修、曾巩等乡邦前贤为师,杨士奇对欧阳修也顶礼膜拜。对欧阳修人品、文品的学习推崇,这正是江西文人的共同的特征。杨士奇与王沂为世交,又“少尝侍教先生兄弟”[①]。刘永之、梁寅、胡行简等的道德文章也深受杨士奇、金幼孜等台阁文人的喜爱。杨士奇曾多次为他们诗文集作题跋,推崇其文章学行,如《东里文集》卷一〇有《题刘山阴集》、《题刘仲修书虞揭诗后》,卷一八有《题山阴集》诸篇。刘永之为练子宁姐夫,练子宁又与杨士奇幼同里习学、壮同朝为官。其他如梁绩,字用之,为梁兰子,受经于王沂及舅氏陈仲述,“父子兄弟讨论切磋无虚日”,历翰林修撰,右春坊赞善,与杨士奇“少学同业,壮而仕于朝同官”,“所著诗文皆可传”[②]。

金幼孜初名善,以字行,新淦人,终礼部尚书兼武英殿大学士,有《北征集》,“其学赅博,文章和平宽厚,类其德性”[③]。《四库全书总目》评金幼孜:“其文章边幅稍狭,不及士奇诸人博大,而雍容雅步,颇亦肩随。”

胡广陵即胡广,字光大,庐陵人,累官文渊阁大学士,有《晃庵扈从集》,其文集典雅平和,多为歌功颂德之词。王英字时彦,金溪人,与刘崧同受知于太祖,累官南京礼部尚书,有《泉坡文集》,朱彝尊《静志居诗话》卷六谓“西王密切谨严,句无浮响”。王直字时佥,江西泰和人,与杨土奇交游唱和,主张为诗“从容中度,不失其正”,有《抑庵诗集》,集中诗不出台阁风范。此外,周叙字功叙,吉水人,有《石溪集》行于世。李茂字时勉,江西安福人,受经于胡行简,有《古雅文集》。

明中叶以后,台阁体文风依然弥漫一时,但日久弊生,诗文内容陈腐,终于在以李梦阳、何景明等前七子为代表的文学复古运动的冲击下逐渐退出文坛。

二、“时文四大家”与晚明江西文风

当弘治、正德时期“前七子”(李梦阳、何景明、王九思、康海、王廷相、徐祯卿、边贡)雄起于北方文坛、“吴中四子”(唐寅、祝允明、文徵明、徐祯卿)唱和于江南市井之时,当嘉靖、万历年间“后七子”(李攀龙、王世贞、谢榛、宗臣、梁有誉、徐中行、吴国伦)飚发于前,“公安”(袁中道等)、“竟陵”(钟惺、谭元春)应酬于后,江西读书人的主要精力仍然耗费在“举业”。而举业的发展终于还是有了收获,不仅出了一批举人、进士,而且出了一批写科举文即“时文”的高手。汤显

① 杨士奇:《东里文集》,卷五《西昌梁氏续谱序》。

② 杨士奇:《东里文集》,卷一七《梁用之墓碣铭》。

③ 杨士奇:《东里文集》,卷一八《太子少保礼部尚书兼武英殿大学士赠荣禄大夫少保谥文靖金公墓志铭》。

祖作为时文大家在当时已经得到公认。至晚明,艾南英、陈际泰、章世纯、罗万藻更被誉为“时文四大家”。

将时文即科举应试的范文作为文学作品看待,可能会引起诸多不解。但明代人确实作如是观。李贽《焚书》将当代的科举时文与六朝的骈文、唐代的诗歌和传奇、金元的院本杂剧、明代白话小说并列,称为“至文”:

> 诗何必古选?文何必先秦?降而为六朝,变而为近体,又变而为传奇,变而为院本、为杂剧、为《西厢曲》、为《水浒传》,为今之举子业,皆古今至文,不可得而时势先后论也。①

沈德符《万历野获编》说:

> 今教坊杂剧,约有千本,然率多俚浅,其可阅者十之三耳。元人未灭南宋时,以此取士子优劣,每出一题,任人填曲,如宋宣和画学,出唐诗一句,恣其渲染,选其得画外趣者登高第,于是宋画元曲,千古无匹。②

明代科举时文,如同宋画元曲,乃明人用以获取荣华富贵的手段,所以也是千锤百炼,遂为“古今至文”。而将这些“古今至文”传播于世,起初本为官方的示范行为,但在利益的驱动下,发展为传抄、私刻、商刻。官刻的目的本来是“以风四方”,如万历十三年礼部《论科场事宜疏》所说:“夫士子中试,既藉其名以献矣,并录其文,以风四方,制也。”③所以,在会试结束之后,选出官方认可的文字进行版刻。而坊刻或商刻的目的则是赢利,所刻之文最初也与官刻无异,其后则请人捉笔,预测试题,成了科举的备试文。当然,在商品经济的影响下,官刻的性质此后也变成以赢利为主要目的了。

至嘉靖中后期,刊行时文已风靡各地,时文也成为具有重要影响的文学品种,一些戏剧作家,如宜兴生员邵文明写作《香囊记》,即以时文入曲中④,但并不成功。而至万历间汤显祖以时文入“临川四梦”,其技巧已至炉火纯青,《牡丹

① 李贽:《焚书》,卷三《童心说》。

② 沈德符:《万历野获编》,卷二五《词曲·杂剧院本》。

③ 王世贞:《弇山堂别集》,卷八三《科试考三》。

④ 徐渭:《南词叙录》。

亭》则更被许多士子作为时文教科书来研习。有影响的科举时文汇编也出现了,始为《艺海元珠》、《阅艺随录》,选家为著名文人冯梦桢和王士骕。

不仅有选本,而且有评论,并出现了一批以评点科举时文著名的大家,如沈一贯、李廷机等,书商便以他们的名义选编评点时文集,如《沈相国续选百家举业奇珍》(署名沈一贯)、《翰林评选注释程策会要》(署名李廷机)等。当然,若论数量之多、挑选之严,自然是清乾隆时所编的《钦定四书文》。该书共收明代永乐以后的作者151人、文章486篇。在这些作者中,可以确定籍贯的有132人,他们的作品为455篇,按作者及篇数排列,各省的次序是:南直(56人、220篇)、浙江(24人、63篇)、江西(21人、128篇)、湖广(12人、20篇)、福建(9人、10篇)、北直(3人、6篇)、广东(3人、3篇)、山西(2人、3篇)、陕西(2人、2篇)。浙江虽然入选人数超过江西,但篇数只有江西的一半。其中陈际泰一人入选59篇,在全部入选者中居首位,独占江西的46.09%;再加上章世纯(14篇)、罗万藻(9篇)、艾南英(8篇),四位作者共90篇,占江西的70.31%。

《明史·文苑传》评价明中期以后文坛各家:"归有光颇后出,以司马、欧阳自命……而徐渭、汤显祖、袁宏道、钟惺之属,亦各争鸣一时……至启、祯时,钱谦益、艾南英准北宋之矩矱,张溥、陈子龙撷东汉之芳华,又一变矣。"

与归有光、徐渭及袁宏道等人不同的是,汤显祖主要是以其戏曲,艾南英则主要以撰写时文而名扬天下,而与艾南英共同掀起的革新文风的时文写作活动,则得到陈际泰、章世纯、罗万藻等人支持。他们互相激发,继汤显祖之后,在明末号称"时文四大家",或称"江右四大家"[1]。艾、章、罗、陈等为挽文坛狂澜,不遗余力,他们提倡"以古文为时文",以兴起浑朴高洁的斯文为己任,反对创作脱离现实生活,主张写真情,表现"时"与"境"。他们疾呼之余且身体力行,其文章多能切中时弊,文风别具一格,故以"时文"名号一时。但有意思的是,艾、章、罗、陈本为扫除场屋文的腐烂而写时文,刻印成书,以示典范,他们的时文却和其他"场屋文"一样,后来也成了士人夺取功名的读本。《明史·文苑传》说:"万历末,场屋文腐烂,南英深疾之,与同郡章世纯、罗万藻、陈际泰以兴起斯文为任,乃刻四人所作行之世。世人翕然归之,称为章、罗、陈、艾。"[2]

艾、陈、章、罗同为时文高手,又各具特点,各有所好。

① 计六奇:《明季北略》,卷一〇《江右四大家》。

② 《明史》卷八八《文苑传》。

艾南英在八股理论和八股评选方面，堪称专门家，其地位无人可以替代，自称："予以积学二十余年，制艺自鹤滩（钱福）、守溪（王鏊），下至弘正、嘉隆大家，无所不究；书自六籍子史、濂洛关闽、百家杂说，阴阳兵律、山经地志、浮屠、老子之文章，无所不习。"[①]其读书面甚广，同时把时文写作与古文写作等同。吴伟业《复社纪事》记载，艾南英"侨居吴门，论定帖括，挟异同，贾声利"，其时文水平之高，以致陈子龙、张溥与其论争时，"不复用制艺与千子争短长，所取其折衷于介生"。不仅如此，艾南英文学理论上的建树也是值得重视的，其反拟古、反浮艳、反险涩，重古朴、重雅洁的主张，实开清代桐城派之先河。所以，人们将其列于四家之首是有道理的。

陈际泰为高产作家，所传时文为明人之冠，"日或抄数十艺，不少倦，积文万余"[②]。《明史·文苑传》记陈际泰返临川后："与南英辈以时文名天下。其为文敏甚，一日可二三十首，先后所作至万首，经生举业之富，无若际泰者。"罗万藻则"为文坚洁、深秀，与艾南英主文柄者四十余年，海内并称"。[③]除艾、罗、陈、章这四大家外，江西还有不少八股名家高手。如金溪人吴堂，"以制艺负重名，陈际泰、艾南英皆推下之"。[④]此外，明代江西还有不少挑选八股选本的名家，他们是许多书坊店肆的台柱子，常被重金请到苏、杭等地去挑选文章。明代开创选印"程墨"风气的便是江西清江人敖英，后来的艾、陈、章、罗四家八股文《合稿》以及艾南英所选编的《明文定》、《明文待》等八股选本，一经刊行，立即被抢购一空，在明末清初的科场上产生了重大影响。

出卖时文乃是明代江西及浙江、南直隶等经济发达、科举兴盛地区的传统，而作为一种产业，江西则更为兴盛。明代书坊，在苏州、湖州者，多刻印唐诗、宋词、元曲及明代戏文；在建阳者，多刻印通俗小说及百姓日用杂书；而在江西者，多刻科举范文。这也是时尚所致。苏、松、杭、嘉、湖，为当时全国经济最发达、城市最集中而繁荣的地区，也是全国的消费中心，文人墨客多居于此，所以雅文学的作品有较大的销路。建阳书坊面向大众，特别是面向商人，所以这里的书商聘请了一批通俗小说的创作者，一边写作、一边印刷，形成一个巨大的通俗文学生产基地。江西则如陈循所说，因人多田少而以科举为脱贫的出

① 艾南英：《前历试卷自叙》，《明文海》卷三一二，中华书局 1987 年影印本。

② 计六奇：《明季北略》，卷一〇《江右四大家》。

③ 同治《抚州府志》卷五八《文苑》。

④ 同治《抚州府志》卷五八《文苑》。

路，因而科举应试范文具有广大的市场，从而形成为一种产业。这一产业的中心地区在产生过汤显祖、陈际泰等时文大家的抚州，主要刻印地则在抚州的金溪、东乡。

与此同时，明代江西有不少以研究八股时文、谋求科举功名为目的的特殊社团组织——文社。明代许多文人集团的创立与科举和八股文有关系，不少文社带有强烈的实用色彩，它们其实是研究时艺的文人集团，可称为八股文写作研习小组或研究会。如袁宏道组织的南社其实就是研究时艺的文社。复社的建社初衷也主要是揣摩八股，切磋学问，后来逐渐壮大并带有强烈的政治色彩。江西的社事继复社而起，与三吴、两浙的社盟互为声气，并自具特色。豫章社于明后期由艾南英等人发起组成。《四库全书总目提要》把豫章社列于当时江南文人社团之首：

> 明之末年，中原云扰，而江以南文社乃极盛。其最著者，艾南英倡“豫章社”，衍归有光等之说而畅其流；陈子龙倡“几社”，承王世贞等之说而涤其滥；(张)溥与张采倡“复社”，声气蔓衍，几遍天下。然不甚争学派，亦不甚争文柄，故著作皆不甚多。

叶梦珠《阅世编》论及晚明文章，也首列抚州诸子：

> 朝廷以八股文章取士，士子进身，率由乎此，非特空言文字而已。世运不能无迁流，则文运不能无升降，理势使然。前朝之文，嘉、隆以前，无得而议。自万历末而文运始衰。启、祯之际，社稿盛行，主持文社者，江右则有艾东乡南英、罗文正万藻、金正希声、陈大士际泰，娄东则有张西铭溥、张受先采、吴梅村伟业、黄陶庵淳耀，金沙则有周介生钟、周简臣铨，溧阳则有陈百史名夏，吾松则有陈卧子子龙、夏彝仲允彝、彭燕又宾、徐暗公孚远、周勒卣立勋。皆望隆海内，名冠词坛。①

明代江西社事起步较早、发展快、数量多、规模大、影响深，故可与三吴、两浙互为声气。谢国桢先生曾叹曰：“原来在应社成立之前，江西的社事，本来很

① 叶梦珠：《阅世编》，卷八《文章》。

发达了。”[①]据艾南英《天佣子集》、陈际泰《太乙山房集》两书记载，明代江西文社有：

豫章大社：创办者艾南英。“先是诸生中，有合豫章大社者，而严其人。每郡推一人为祭酒，有佚入者比于盗地以下敌之罚。既而公所选士，大都皆其推为祭酒之人，所脱者十才二三耳。”

豫章九子社：“杨伯祥为主”。

新城大社：“忆予庚子之役，既罢归，因邀同人为社，二十年间，先后去，如丘毛伯、游太来、曾隆吉、祝文柔、管龙跃、傅旋履。而其最亲厚者为艾千子、章大力、罗文止，独二三人，与仆骑玉牛耳。”

禹门社：张天如、周介生与陈际泰合办。“介临（川）、金（溪）之间，……中辍者数年近乃复有。”

偶社：艾南英、王慎五、沈眉生等创办。“盱中之士毕集羊城，其中尤妙之材，是为同人。”

合社：为张采知临川时所立。

芳社：黎乾生所主办。

平远堂社：参加者有吴逢因、叶孟侯等人。

瀛社：“吴山焕璧，黄良冶虞鼐、喻立生中立，陈子蜚英、龚叔升俊选、聂惠甫侨六君子新旧课文若干耳。”

豫章社：艾南英于南昌创办。

除上述所举之外，明代江西文社还有不少散见文集、方志、谱牒等材料，它们或有名或无名，择要抄录于下：

白社：天启元年（1621）宗室朱谋玮创于南昌，参加者有涂子明、邹逸少、涂不凝等。[②]

紫云社：崇祯三年（1630）前，由陈际泰创立，参加者有丘毛伯、章大力、罗文止。[③]

友教社：蔡懋德与南昌府推官李嗣京创立。[④]

---

① 谢国祯：《明清之际党社运动考》，中华书局1982年版，第105页。

② 郑仲夔：《隽区》卷二《玉尘新谭》。

③ 陈孝逸：《痴山集》卷一《府君行述》。

④ 查继佐：《罪惟录》卷九上《蔡懋德》。

聚奎社:创于新城,人数有百人。[①]

五笥社:涂仲倩创设于新城,"以通经学者为师"[②]。

持声社:崇祯年间创立于广信府,参加者有卢吉、叶震亨、王拭等人,其特点是"文章取其友,友取其砥行实"[③]。

匡山大社:高安人舒宏绪立,参加者有文用昭、徐巨源等人。[④]

赤水社:瑞金人杨以任创建。"与同邑朱敬之、谢士芳、子起、兄希之、侄汝基结赤水社……与陈、罗、章、艾并称为江西五大家。"[⑤]

此外,则社、历亭社、席社、昆阳社、云簪社这五社则为复社组织中的江西文社。无传名目的还有不少文社,如临川人姜鸿绪"与帅机、汤显祖结社里甲"[⑥]。高安人徐日曦"与同里刘丹生、熊坊、刘九嶷等共社,咸推社中祭酒"[⑦]。

明代江西文社分布范围广,遍及于南昌、抚州、建昌、广信、饶州、瑞州、赣州等府县,而且参加的人数不少,定期活动。所有这些无疑会对明代江西科举考试产生深远的影响。

以艾南英为首的江西派和以陈子龙为首的云间派、以张溥为首的复社之间论争十分激烈,有时甚至大打出手。对于江右与云间的矛盾,方苞说:"几社之文多务怪奇,矜藻思,用此为西江所诋排。"[⑧]俞长城说:"几社名士首推陈卧子,卧子天才迅发,好上下古今,切合时务而敷以藻艳。……东乡(艾南英)主理学,卧子主议论;东乡主秦汉,卧子主晋魏。互持不相下,至于攘臂。要其独主所见,不肯雷同,诚艺林盛事也。"[⑨]作为张溥的学生,吴伟业《复社纪事》对此也有记载:"天下争传先生(张溥)之文,而艾千子独出其所为书相訾謷。千子之学,雅自命大家,熟于其乡南丰、临川两公之文,未尝无依据,顾为人褊狭矜愎,不能虚公以求是。"还有更详细的描述:"某月日,艾千子来吴,谬约之面相参证。

① 黄瑞伯:《瑶光阁集》,卷八《聚奎社序》、《摩虹草序》。

② 黄瑞伯:《瑶光阁集》,卷八《摩虹草序》。

③ 侯峒曾:《侯忠节公全集》卷一二《持声社序》。

④ 同治《瑞州府志》卷一四《文苑》。

⑤ 同治《赣州府志》卷五五《人物》。

⑥ 同治《抚州府志》卷五八《文苑》。

⑦ 同治《瑞州府志》卷一四《文苑》。

⑧ 夏允彝:《"微子去之"一章》文总评,《钦定四书文·启祯四书文》卷五。

⑨ 梁章钜:《制义丛话》,卷七引,上海书店出版社 2001 年版,第 114 页。

……语不合,陈卧子及周介生之幼弟我客共挟之,千子即夜去。”[①]和艾南英等江西文人因论辩而打架的,还不止陈子龙、周我客等人,复社名流、安徽芜湖人沈昆铜和江西人刘进卿也动过手。据黄宗羲记载:“明年(1634年),余过湖上,昆铜又在,江右刘进卿、秋浦吴次尾亦至。……一日,昆铜诋分宜于座,进卿争之,至于揎拳恶口,余与君解去。”[②]江西派系与其他派系文社的论争,突出反映了其立场和宗旨的不同,而这一次动手,直接导火线则是对严嵩的评价。

根据《明史》中《儒林传》和《文苑传》的两种资料进行统计,可以对明代文人的地域分布、文化传统及明代江西文学有更深入的了解。《明史·儒林传》一共收入明代知名理学家116人,其中江西最多,达40人;浙江其次,20人;以下依次为:南直隶17人,福建10人,陕西9人,河南6人,山东和广东各5人,湖广2人等。江西按府统计,则依次是:吉安18人,南昌7人,抚州、广信各4人,饶州、赣州、建昌各2人,临江1人,分别占江西总数的45%、17.5%、10%、5%、2.5%,九江、南康、瑞州、袁州和南安等五府则无人入传。江西省的40位理学家:吉安府18人,所属九县,安福8人、泰和4人、吉水3人、府治所在地庐陵县2人,永丰、永新、万安和龙泉四县无;南昌府7人,所属八县,府治所在地新建县和南昌县分别为5人和1人、丰城1人,宁州、武宁、靖安、奉新和进贤五县无;抚州府4人,所属六县,崇仁、金溪各2人,府治所在地临川县及东乡、宜黄、乐安三县无;广信府4人,所属八县,府治所在地上饶县2人、贵溪和永丰(清代改“广丰”)二县各1人,玉山、兴安、弋阳、贵溪、铅山五县无;饶州府2人,所属七县,府治所在地鄱阳县以及余干县各1人;赣州府2人,均在雩都,其余十一县皆无;建昌府2人,在府治所在地南城;临江府1人,在新喻县。《明史·文苑传》为明代223位文学家立了传,这些文学家的地域分布是:南京及其所在的南直隶97人,浙江48人,福建22人,江西14人。江西的14位文人,有将近一半在抚州府(6人),特别是府治所在地临川县(4人);省府南昌及赣州、广信、吉安、建昌、九江、饶州、袁州等府各1人。

从以上数字可以看出,《文苑传》中记载的文学家和《儒林传》中记载的理学家一样,也主要集中在南方特别是东南四省,但这四省的排序却不一样。江西是理学家最多的省,但文学家的数量则排在第四位;浙江的地位未变,文学

---

① 吴伟业:《复社纪事》,卷二,《中国野史集成》本,巴蜀书社 1999 年版。

② 黄宗羲:《南雷文定四集》,卷二《郑玄子先生述》。

家和理学家一样，也排在第二位；理学家居第三位的南直隶，文学家的数量却排在第一位；福建文学家的数量则超过江西而处第三位。同处东南地区的湖广、广东二省也紧随其后，分居第五位和第六位。比较而言，江西是理学家的摇篮，江南地区即今南京、苏州、上海一线和浙江，则是文学家的乐园。这与宋、元、明时期这些地区所形成的地域经济优势和文化传统有着有密切的关系。江西和南直隶、浙江一样，在明代都是经济最发达、文化最先进的省份。以科举而言，洪熙时定乡试举人名额，江西居十三布政司之首，每届录取举人50人，而与江西并称人文荟萃的浙江为45人。景泰以后，江西为95人，浙江为90人。以进士的总数看，成化以前江西居全国首位，此后虽逊于南直隶和浙江，仍在全国位居第三。虽然如此，江西与南直、浙江在文化传统和消费习俗等方面的差异却是十分明显的。理学家需要的是劳其筋骨、独立思考，文学家需要的则是浪漫洒脱、相互唱和。环境的恶劣造就理学家和学问家，生活的优裕却造就文学家和艺术家。如果说江西有特例，那就是抚州，特别是临川，不仅产生了汤显祖这样的戏剧大师，而且形成了以艾南英、陈际泰、章世纯、罗万藻为代表的"时文"作家群。

清代以来绝大多数学者都把明代八股文发展分为四个阶段，并套用唐诗之初盛中晚的分期以命名，这种命名已隐然包含着对不同时期八股文价值评价在内。如李光地说："明代时文，洪、永、宣、景、天为初，成、弘为盛，正、嘉为中，庆、历为晚，天启以后不足录已。"[①]特别对晚明的八股文持蔑视态度，不免有些偏颇。俞长城亦认为"文统在上则盛，文统在下则衰"[②]。晚明确出现"文统在下"的现象，不过，如果不是从正统的价值观去评价的话，当时许多八股文确另有一种特殊的光芒，绝不是可以简单用"衰"字来概论的。

三、李昌祺的文言短篇小说与邓志谟的白话神魔小说

李昌祺与明前期江西学者的文言短篇小说

中国文言小说成熟于唐传奇，宋人传奇可以说是唐传奇的继续，但较唐传奇已大为逊色。直到明初瞿祐的《剪灯新话》问世，传奇小说才出现转机。《剪灯新话》一出，"为时流所喜，仿效者纷起"，李昌祺的《剪灯余话》可算其中的代表。

① 李光地：《榕村语录》，卷二九，中华书局1995年点校本，第527页。
② 俞长城：《俞宁世文集》，卷四《先正程墨序》。

李昌祺(1376—1452年),名祯,以字行,吉安府庐陵县人。永乐二年进士,选翰林院庶吉士,预修《永乐大典》,擢礼部郎中,迁广西左布政使。永乐十七年因过失被罚役房山,一年后赦免回京。仁宗洪熙元年重新起用为河南左布政使,正统四年告病致仕。家居二十余年,“屏迹不入公府,故庐裁敝风雨,伏腊不充”。昌祺为官清厉刚正,救灾恤贫,官声甚佳,且才华富赡,学识渊博,著作有诗文集《运甓漫稿》、《客膝轩草》、《侨庵诗余》等。①

李昌祺酷爱瞿祐的《剪灯新话》,永乐十七年谪役房山期间,他依照《剪灯新话》体例,借鉴其技巧,写成了《剪灯余话》四卷二十篇(另附《还魂记》一篇,今整理本均为五卷二十二篇,增入《还魂记》、《至正妓人行》两篇)。其内容则不株守瞿祐故辙,而是自辟蹊径,凡群儒谈经、农民起义、官宦暴虐、狐鬼志怪,各具特色。该书于永乐十八年由翰林侍读学士曾棨、翰林侍讲王英、翰林修撰罗汝敬等为之作序,昌祺本人也写了序言,叙述了《剪灯余话》成书的原委:“矧余两涉忧患,饱食之日少,且性不好博弈,非籍楮墨吟弄,则何以豁怀抱,宣郁闷乎?”又云:“若余者,则负谴无聊,姑假此以自遣,初非平居有意为之,以取讥之大雅。”昌祺在永乐年间已写成此书,但一直不敢刊行,直到十三年后的宣德时期才刊出。问世

新刊剪燈餘話卷之一
廣西左布政使 廬陵 李昌祺 編撰
翰林院庶吉士 文江 劉子欽 訂定
上杭縣知縣 旴江 張光啟 校刊
長安夜行錄

图7-3 《剪灯余话》书影,《古本小说集成》本。

① 《明史》卷一六一《李昌祺传》。

后，人们纷纷竞求抄录，索者踵至，轰动一时。其中一些作品被后人吸取改写成其他文学作品，如《连理树记》被《情史类略》收录；《田洙与薛涛联句记》被收入《艳异编》卷四〇鬼部五，还被采作《二刻拍案惊奇》卷一七《同窗友认假作真，女秀才移花接木》的"入话"；《芙蓉屏记》、《秋千会记》被明末凌蒙初改写后收入他的拟话本小说集《初刻拍案惊奇》中；《贾云华还魂记》被周清原改成话本，多篇故事被改成戏曲；而《胡媚娘传》、《江庙泥神记》的人鬼恋爱、狐妇描写实开《聊斋志异》之先河。

由于李昌祺曾两度奉朝廷之命抚恤灾民，"两涉忧患，饱食之日少"，使他对黎民百姓的苦难和悲哀有较深的体会，故而在作品中无法回避现实的黑暗和人民的苦难。书中写灵怪、幽冥各篇，借古人之口而议论古今政事，间接反映社会现状。《长安夜行录》通过明人马期仁的奇遇，描写了一个唐代卖饼者之妻当年如何被唐宁王李宪所夺又放归的经过，借此女子所蒙受的冤屈，揭露了上层统治者夺人妻女的罪行。文中特别借卖饼者妻之口，对一些舞文弄墨者的无耻行径表示愤慨。这些文人用轻描淡写的韵事来文饰宁王夺人之妻的罪行，以谎言掩盖事实，开脱美化罪恶。明明是唐宁王以势压夺人妻，而《本事集》却记载为："当时夫婿轻一诺，金屋茆檐两迢递"。卖饼者妻抗议道："厚诬如此，何以堪之！""呜呼！回思当时，事出迫夺，薰天之势，妾夫尚敢喘息耶？今以轻一诺为妾夫罪，岂不冤哉！"《月夜弹琴记》中，宋代谭节妇赵氏因为不甘受辱于元兵，视死如归，结果影留人世，魂上仙界。《琼奴传》写琼奴被吴指挥所悦，欲娶为妾，琼奴不从，则遭受百般折磨，先是"压以官府"，琼奴被逼自缢未遂，然后被"逐去他居，欲折困之"。在驿站，琼奴与未婚夫相遇成婚，吴指挥竟以逃军罪名将其夫杖毙埋在炭窑内，扬言："若又不从，定加毒手。"统治者的骄横可见一斑。《秋夕琵琶亭记》论陈友谅杀功臣，亲小人，武臣纵情酒色，文吏惟事空言，终于未成帝业。特别是《青城舞剑录》议论元代当太平之日，以高枕肆志，纵情于声色犬马，终至亡国的教训，明显讥刺时政。又褒扬张良能功成身退，明哲保身，为杰中之杰，反喻洪武时被诛杀的诸功臣。

李昌祺富于才华，为人正直，为官有声，刚严方直，但因为写了这本《剪灯余话》，引起了诸多的非议，正统七年(1442年)，国子监祭酒、昌祺曾经的好友及同乡李时勉奏请禁毁《剪灯新话》之类，《剪灯余话》自然也遭查禁。[①]昌祺死

① 叶盛：《水东日记》，卷一四《庐陵李布政使》。

后,“议祭于社,乡人以此短之”。叶盛《水东日记》记:

> 庐陵李祯……为人耿介廉洁,自始仕至归老,始终一致,人颇以不得柄用惜之。尝自赞其像曰:“貌虽丑而心严,身虽进而意止。忠孝禀乎父师,学问存乎操履。仁庙称为好人,周藩许其得体。不劳朋友赞词,自有帝王恩旨。”盖亦有为之言也。景泰中,韩都御史雍以告之故老进列先贤祠中,祯独以尝作剪灯余话不得与。①

都穆《都公谈纂》为此告诫说:“景泰间,韩都宪雍巡抚江西,以庐陵乡贤祀学宫,昌祺独以作《余话》不得入,著述可不慎欤!”但祝允明《野记》则替其鸣不平:

> 李布政昌祺,才学赡雅,少时曾作《剪灯余话》,虽寓言小说之靡,其间多讥失节,有为作也。同时诸老,多面交而心恶之。李不屑意,其《弹琴记》有“江南旧事休重省,桃叶桃根尽可伤”之句,亦别有所指……盖时独以为文人,且病其怪乱乃尔。未知公也,纵未知也,公大节高明,安得以笔墨疵戏累之?

其实,《剪灯余话》并没有什么淫秽之处,但为何遭到不少官吏、乡绅的反对乃至官方的禁毁?上述祝允明说“其间多讥失节”,实际上指出了个中原因。《续文献通考》编者王圻(1530—1615年)也在其《稗史汇编》中云:“李布政昌祺,为人正直不阿,于才学亦赡淡少双,其作《剪灯余话》虽寓言小说,然多讥失节,有为而作也。”如果这种说法不是臆测,则被《剪灯余话》所讥者,应该是在建文永乐易代之际的迎降诸人,包括解缙、杨士奇、胡广等同乡“诸老”。

其他江西文人有一定影响的笔记小说,还有南昌胡俨的《胡氏杂说》,临川伍福的《萃野纂闻》,安福刘元卿的《贤奕编》、《应谐录》,泰和郭子章的《黔类》,朱孟震的《河上楮谈》、《汾上续谈》、《浣水续谈》、《游宦余谈》等,或收入《四库全书》与《续修四库全书》,或存于《四库全书总目》。

邓志谟与明后期的“神魔小说”

鲁迅在《中国小说史略》中将表现神魔“斗法”故事的作品称为“神魔小

---

① 叶盛:《水东日记》,卷一四《庐陵李布政使》。

说”,并指认和分析了几部作品,如《三遂平妖传》、《八仙出处东游记》、《南游记》、《北游记》、《封神演义》、《西游记》等,以及几部仿续《西游记》的作品。后来,另外一些以神仙、妖魔为主人公、以神魔斗法为主要情节的小说也被列入此类,如《飞剑记》、《铁树记》、《咒枣记》、《韩湘子全传》、《女仙外史》、《绿野仙踪》等。作为明代通俗小说的重要类型,“神魔小说”的产生显然受到当时佛、道二教特别是道教盛行的影响。

江西是佛道两教发生和发展的重要地区,道教天师道(明代称正一教)的祖庭在江西贵溪龙虎山,佛教净土宗的发祥地在江西庐山东林寺,禅宗南系两大法系之一的青原系祖庭在江西吉安青原山净居寺,曹洞宗和伪仰宗的发祥地则在江西宜丰洞山、宜黄曹山和宜春仰山。早在唐朝,就有“做官到长安,朝佛去江西”的说法,王士性在《广志绎》中则说江西是“洞天福地”。关于张天师的传说,关于梅福、许真君的故事,流传广泛,致使江西人在外省的聚集地也取名为“万寿宫”。曾经辅佐过明太祖夺取天下的术士周颠(周颠仙)、张中(铁冠道人)等都是江西人。因此,江西籍的作家喜欢写神魔鬼怪小说也就很正常了,内容也多是关于上述的传说,其代表作家则是邓志谟。

邓志谟,生卒年不详,饶州府安仁人,字景南,号竹溪散人(亦号百拙生),不仅是明代白话小说家,同时也是戏曲作家。邓志谟“尝游闽,为建阳余氏塾师,故所著多为余氏刊行”[①]。余氏即为建阳著名书坊萃庆堂主人余泗泉。邓志谟是万历、天启年间的一位怪才,他集著者、编辑、出版者于一身,著述颇丰,推出了不少面貌独特的作品。其著作体裁多诞怪,好作通俗小说,今存《许仙铁树记》、《吕仙飞剑记》、《萨真人咒枣记》三种。又尝作许多“争奇”,如《山水争奇》、《风月争奇》、《梅雪争奇》、《花鸟争奇》、《童婉争奇》、《蔬果争奇》等六篇。所著《五局》传奇:一用骨牌名,名曰《八珠环记》;一用曲牌名,名曰《玉连环记》;一用鸟名,名曰《乱头鞋记》;一用药名,名曰《玛瑙簪记》;一用花名,名曰《并头花记》。此外,通俗日用类书如《丰韵情书》乃一部时人的书信选集;《新刻一札三奇》分仕进、婚姻、时节、酬谢、吊唁等数十类,详述各种札启之写法,实为一部应用文体大全;而《精选故事黄眉》、《重刻增补故事白眉》、《古事镜》则不啻于是三部写作借鉴词典。

邓志谟有着深厚的道教背景,其所创作的神魔小说《许仙铁树记》、《吕仙

① 孙楷第:《中国通俗小说书目》,人民文学出版社 1982 年版,第 195 页。

图7–4 《许仙铁树记》封面及插图。

飞剑记》、《萨真人咒枣记》等,多写道仙、禅师的离奇故事。这些神魔小说的一个显著特点是,人物形象中很大部分并非作者独立设计或虚构,而是来自于在社会中拥有巨大影响力的“知名”道教仙真,许多还是当时重要道派的主要代表人物和崇拜偶像。小说的主题为“神仙救世”和“修道成仙”,其结构以天界神仙聚会及活动,向读者展现天界的仙境及神仙体系,但主要情节却在人间尘世展开;神魔斗法一般都以尘世为背景,具有世俗政治及社会内涵,以主人公功成圆满、荣归天界及得授仙职为结局。这类小说的产生,同嘉靖以后道教、佛教相继盛行颇有关系。

邓志谟小说最具异趣者,当推六篇争奇小说。这些小说采用拟人化的手法,叙双方争胜,相互辩驳之事,唇枪舌剑,你来我往,又间杂诙语,颇多谐趣,读来令人捧腹。其故事发生、发展的基本模式为:双方因争地位高低而爆发舌战,主将副将次第出阵,自我标榜,相互攻讦,难分伯仲,暂时休战。但均感愤愤不平,于是各修奏本,请第三方公断。第三方一般由东皇、玉帝、王母娘娘、上帝、造化神等担任,接奏后,先出题考校双方,然后下判语调解,论争两方遂重归于好。这些无疑就是佛道论难、帝王仲裁的真实缩影。小说的语言通俗易懂,时时出现俚言鄙语。六篇争奇小说以协韵宽泛的对句为主体,为追求“欣欣然解颐”、“陶陶然绝倒”的效果,其中杂有不少戏谑性的互嘲。除却双方的争辩、

图7–5 《吕仙飞剑记》插图，《古本小说集成》本。

图7–6 《萨真人咒枣记》书影及插图，《古本小说集成》本。

互嘲外,整篇小说几乎没有任何其他情节。此等游戏之作,特别是运用论辩形式,以对话构成小说主体的创作方式,即使在整个明清小说中,亦属罕见。从曲艺史的角度来看,其渊源可以直接上溯到唐代的论议伎艺表演。

邓志谟的小说之中多插有可供搬演的传奇短剧,如《童婉争奇》插有《幽王举烽取笑》、《龙阳君泣鱼固宠》传奇两本;《风月争奇》末附《风月传奇》一本;《花鸟争奇》尾载"南腔""北腔"传奇两本;《梅雪争奇》书生以诗为判语公断梅雪之争后,又作传奇一本,凡此,皆透露出浓重的表演色彩。事实上,六篇争奇小说本身也非常适合演出,邓志谟在每篇之后,还辑录了数量可观的历代有关诗词曲赋,它们亦可视为是演员搬演时的参考材料。小说运用的典故、史实、稗记资料极其丰富,天文地理,花鸟虫鱼,无所不包,真正做到了"铺陈夸饰、广征博引",这正是民间俗文学的特质之一。

四、陈诚、陈邦瞻与明代江西的史学

陈诚使西域与记西域

在明代的东西交通史及外交史上,郑和七下西洋,至今为人们所津津乐道;而陈诚五次出使西域,则不被重视,甚至一直受到冷落。其实,蒙元至明初的丝绸古道上仍不减汉唐气象。明初崛起于撒马儿罕(今乌兹别克斯坦东南部)的帖木儿自称是成吉思汗的继承者,洪武年间虽向明朝称臣纳贡,但扣留明朝使者达十年之久。永乐三年帖木儿率兵20万,拟"东征"明朝,途中病死罢兵。其子沙哈鲁继位(驻哈烈,今阿富汗西北部之赫拉特),与明朝修好。陈诚以其突出的外交才能与丰富阅历荣膺其选。陈诚等人的西使,不仅为明廷提供了大量的西域情报,还与中亚各国建立了和睦关系。其所著《西域行程记》与《西域番国志》对当时西域的情况,都有翔实的记载,为后人了解明代新疆及中亚地区的历史地理与社会、宗教文化,留下了宝贵的文献资料。

陈诚(1365—1457年),字子鲁,号竹山,吉水人,洪武二十七年进士,授吏部行人司行人①。史称其"北平求贤,山东蠲租,安南谕夷,皆能不辱使命"。永乐初,陈诚以吏部主事升任员外郎,屡次奉命,或随中官李达、鲁安,或与助手李暹等出使西域,功绩卓著,升迁为广东布政司右参政。朱棣之子朱高炽即位后,

① 《明史》卷七四《职官三·行人司》:"职专捧节、奉使之事。凡颁行诏敕、册封宗室、抚谕诸番、征聘贤才以及颁赏、慰问、赈济、军旅、祭祀,咸叙差矣。"

停止四夷差使,“不务远略,践祚之初,即撤西洋取宝之船,停止松花江造船之役,召还西域使臣还京”,明初东西交通的黄金时代从此结束。陈诚被解职,退休回乡,优游林下三十余年,以九十三岁高龄卒于家,有《竹山文集》传世。其五次出使西域的经历如下:

第一次在洪武二十九年三月至九月,为时半年,奉明太祖朱元璋之命,出使撒里畏兀儿(今甘肃、青海、新疆交界一带),重建安定等卫,稳定了西部局势。

第二次在永乐十一年九月至十三年十月,为时两年多,护送帖木儿帝国的使臣返回哈烈、撒马儿罕等地,并赏赐沿途西域诸部。

第三次在永乐十四年六月至永乐十六年四月,为时近两年,出使地点与使命同前一次。

第四次在永乐十六年十月至十八年十一月,为时两年多,出使地点与使命同前。

第五次在永乐二十二年四月至十一月,为时七个月,行至甘肃,明成祖“驾崩”,仁宗即位,奉命返回。

这五次出使西域,除赴撒里畏兀儿重建安定卫、安抚葱岭以东天山南北旧疆诸地外,其主要使命是与帖木儿帝国的友好往来。美国学者莫里斯·罗沙比在《明朝到亚洲腹地的两位使者》一文中指出:“永乐年间有二十次使团来自撒马儿罕和哈烈,三十二次使臣来自中亚其他城镇,四十四次使臣来自哈密绿洲和西北部附近。有些其他的中亚商人和官员只到达中国西北境的居民点,未计在这个数字之内。即使如此,永乐在位的二十一年中,这些使团平均每一年多达四次以上,可见明与中亚各地的亲密关系,这无疑是陈诚这些高度成功的和受到很好接待的出使促进的。”[①]丝绸古道上再现商旅相望于途、使节络绎不绝的盛况,无疑加强了中外联系,推进了东西文化交流。陈诚西使的贡献和意义,正在于此。自洪武二十九年至永乐二十二年,陈诚在前后29年的外交活动中,往返西域诸国,翻雪山,走戈壁,冲流沙,钻丛林,涉恶水,饱受严寒酷暑之苦,经常是:“杯泉杓水求不得,且向道旁少休息。”“马带征鞍卧软沙,人拥毡裘坐终夕。”“路人穷荒三万里。”“六月渡阴山,阴山雪数尺。”陈诚出使西域,“遍历诸国,宣布明天子德音,未尝鄙夷其人”,即以平等的姿态对待西域部落,故西

① 〔美〕莫里斯·罗沙比:《明朝到亚洲腹地的两位使者》,《中国史研究动态》1982年第2期。

域诸国君主臣民“皆向风慕义，尊事朝廷，奔走迎送，惟恐或后”，其使节“奉其奇宝珍货，稽首阙庭，岁无虚日”。陈诚率领的使团一到，“才读大明天子诏，一声欢笑动春雷”。“皇威到处边城静，何用嫖姚百万兵。”陈诚的外交活动，一谕安南，二抚外族，三使西域，为睦邻友好，沟通文化，发展贸易，巩固边隘，作出了巨大的贡献。

第二次出使归来，陈诚向永乐帝呈上两份报告。一名《西域行程记》，为西使的日程记录，计五千字，按日记载万里行程兼及沿途风物、地貌、气候、住地等。他由哈密抵吐鲁番，径直向西入天山到巩乃斯，渡伊犁河，绕过热海(今伊塞克湖)南下到哈烈。一名《西域番国志》，计八千字，分地记载西域诸国十八处城镇，依次为哈烈、撒马儿罕、俺都淮、八剌黑、迭里迷、沙鹿海牙、塞蓝、达什干、卜花儿、渴石、养夷、别失八里、土尔番、崖儿城、盐泽城、火州、鲁陈城、哈密。按其地理方位，大体是由西向东，与《行程记》成逆向排列，即行程道里取西行历程，山川风物则以东归次序记录。这是明代亲历西域的唯一文献，载入《明实录》，明修《明一统志》、清修《明史·西域传》亦多所采用；对东西交通史和中亚文化史的研究，至今仍有重要的参考价值。《明史》不为陈诚立传，致使其赫赫功业久湮不闻。但正如史学家谢国桢先生所说：“盖自永乐以来，西域朝贡诸国，虽未必全由陈诚、李达所抚而来，然绥服向化之风，则由陈诚而起。……世徒知郑和之乘槎南洋，而不知陈诚之奉使西域，其功不减于(郑)和。”[①]陈诚出使西域的伟大功绩和历史意义以及在世界历史上产生的深远影响，远可匹张骞出使西域，近堪比郑和乘槎南洋。

值得一提的是，陈诚为抒发“书生不惮驱驰苦，愿效微劳答圣朝”的心志所写的西行诗文[②]，对西域风光多有描述，也有极高的史料价值。如《哈密城》：“荒村漠漠连天阔，众木欣欣向日荣。”又如《火焰山》：“一片青烟一片红，炎炎气焰欲烧空。春光未半浑如夏，谁道西方有祝融。”《鲁陈城》(古柳中城，在今鄯善县鲁克沁镇)：“花凝红杏胭脂浅，酒压葡萄琥珀浓。古塞老山晴见雪，孤村僧舍暮闻钟。”《火州城》(高昌故城)：“高昌旧治月氏西，城郭萧条市肆稀。遗迹尚存唐制度，居民争睹汉官仪。梵宫零落留金像，神道荒凉卧石碑。征马不知风土异，隔花犹自向人嘶。”《崖儿城》(交河故城)：“沙河二水自交流，天设危城水上头。

① 谢国桢：《西域番国志·跋》，《国立北平图书馆善本丛书》第一集，1937年商务印书馆影印。

② 本文所引陈诚诗文，皆引自陈诚著、周连宽校注：《西域行程记西域番国志》，中华书局1991年版。

断壁悬崖多险要，荒台废址几春秋。”这些诗都采用了写实手法，读之如见沙漠绿洲，如临戈壁赤土，可与《西域番国志》相互印证。如《西域番国志》记火州城：“城近北山，地势卑下，山色青红若火，天气多热，故名火州。城方十余里，风物萧条。昔日人烟惟多，僧堂佛寺过半，今皆零落。”又记崖儿城：“二水交流，断崖居中，因崖为城，故曰崖儿。广不二里，居民百家。旧多寺宇，有石刻存。”据此可知，陈诚西行时，高昌、交河二城虽未废弃，但已萧条，与我们今天见到的高昌故城、交河故城，又不可同日而语。这也是陈诚西行诗文弥足珍贵的原因。

陈邦瞻与明代江西史家

与陈诚以当事人记当时事成就一段历史不同，陈邦瞻则是从事前代历史的编撰，主要著作为《宋史纪事本末》和《元史纪事本末》。纪事本末体史书是我国古代与编年体、纪传体鼎足而三的一种史书，创立于南宋袁枢的《通鉴纪事本末》。这种史书，以历史事件为中心，铺陈事件的原委。即以历史事件命题，选钞史文，汇集成篇。虽然作者未必有新的史料，但既克服了编年体史书一事隔越数卷、首尾难稽的缺陷，也避免了纪传体史书纪与传相分离的不足。

陈邦瞻(1557—1623年)，字德远，高安人，万历二十六年进士，授南京大理寺评事，历南京吏部郎中、浙江布政司参政、福建按察使，迁右布政使，改补河南，天启三年卒于兵部左侍郎任上。邦瞻在河南任职期间，曾开水田千顷，并建滏阳书院，“集诸生讲习，士民祠祀之”。任兵部右侍郎、总督两广军务兼巡抚广东时，葡萄牙殖民者占澳门，不断扩大居住区，“筑室建寺”，且“时侵内地”，邦瞻命“燔其巢”，灭其气焰。《明史》本传称邦瞻：“好学，敦风节，服官三十年，吏议不及。”[①]邦瞻学识渊博，尤精史学。无论先秦两汉、诸子百家，稗官野史、小说，他都旁搜博览。在从政之余，也积极从事史学编撰。除宋、元二史《纪事本末》，另有《莲华山房集》等。

《宋史纪事本末》109卷，约60万字，自《太祖代周》至《文谢之死》，记述了宋代(960—1279)3000余年历史。在陈邦瞻之前，有山东临朐人冯琦曾起草编写此书；此外还有南京的监察御史沈越，也用同样的体裁编录宋代的史事，取名《事纪》，这两部书都未完稿。后来由冯琦的弟子监察御史刘曰梧、应天府丞徐申创议，请陈邦瞻将冯、沈二书加以增订，合为一编。陈邦瞻于万历二十二年着手编撰，历时大约一年，全书完成。《四库全书总目提要》说这部书“大抵本于琦

① 《明史》卷二四二《陈邦瞻传》。

者十之三，出于邦瞻者十之七”，漏略了沈越的《事纪》。宋代史书浩博，元朝修的《宋史》有近500卷之多，分量大、内容杂。其他几部有关两宋历史的书，如王偁的《东都事略》、李焘的《续资治通鉴长编》、徐梦莘的《三朝北盟会编》、李心传的《建炎以来系年要录》等，虽也卷帙浩富，记述的却非宋代全史。《宋史纪事本末》以较少的篇幅，按历史事件把大量的史料加以剪裁、整理和集中，确实表现出纪事本末体的那种前后始末一目了然的特色。书中涉及的问题也较为广泛，除政治事件外，如治河、茶盐、学术思想等都有专题叙述，还记载了金和蒙古早期的历史情况。有关农民起义及统治者议论朝政的章节，也在一定程度上提供了研究和了解宋代社会阶级矛盾的线索。

《宋史纪事本末》撰成后，由刘曰梧、徐申校订刊行，分28卷，刻于万历三十三年。这个本子，可以称之为原刻本。在这以后，又由徐申动议，请陈邦瞻续编元代部分，约用一年左右的时间完成《元史纪事本末》初稿，27卷，约10万字。最初版本为明万历三十四年刻本，其后有江西书局本、上海书业公所本等上十种。此书在内容上侧重于记述关系到元王朝兴衰成败的重大事件和制度，如对元代推步之法，科举学校之制以及漕运、河渠诸大政记载甚详。并且，对于与明代有关联的问题，如科举考试、文武官品、大运河等，皆能简明扼要地介绍。

不过，由于编撰时间短，所以无论是《宋史纪事本末》还是《元史纪事本末》，都存在着史实考证不够精当的问题。

陈邦瞻之外，明代还有大批江西文人主持和参与了官修史书的编纂，出现了一个规模较大的史学家群体。《永乐大典》的编纂，揭开了明清两代巨型类书纂修工程的序幕。此书由解缙首倡并主持，其体例、指导思想及具体要求，皆由他谋划、拟定。永乐元年，解缙率一百多人，博采众书，分门别类，依韵纂辑了一部大类书，于次年冬呈上。成祖赐名《文献大成》，但认为内容不够详备宏广，下令重修。解缙遂与儒臣文士两千多人，“词臣纂修者，及太学儒生数千人，繙秘库书数百万卷，浩无端倪”，费时五年，于永乐六年冬成其事，成祖赐名《永乐大典》。全书22937卷(含目录60卷)，装成11095册，保存了上自先秦，下迄明初的各种典籍资料8000余种，内容博奥浩繁，巨细并蓄，经、史、子、集、释、道、戏曲、平话、医卜、工技、农艺等各类著作无所不录，总计约3.7亿多字。《永乐大典》是当时世界上最大的一部百科全书，对于保存中国古代文献资料作出了重大贡献。但其此后的流传和保存情况令人心酸，至今仅存约400册，800余卷，尚不到原书的4%。

图7-7 《永乐大典》书影，中国国家图书馆藏。

除解缙任总裁外，曾棨（字子棨，吉安府永丰人）为《永乐大典》的副总裁，有"永乐大手笔"之美称。胡俨（字若思，南昌人）亦任总裁官。梁潜（字用之，泰和人）、张叔豫（字顺动，永新人）、余学夔（字一夔，泰和人）、李祯（昌祺）、董琰（字子庄，乐安人）等均曾效力于该书的编纂。

其他明代官修史书亦凝聚了大量江西文人的劳动与心血。洪武年间，官修《元史》210卷，曾鲁（字德之，新淦人）、赵壎（字伯友，新喻人）为纂修官。明朝历代实录的编撰均由大学士领衔，翰林院、春坊官参与，而这些职位在明前期大量地由江西籍官员充任，所以，从永乐时修《太祖实录》，到宣德时修《太宗实录》、《仁宗实录》，正统时修《宣宗实录》，以及成化时修《英宗实录》，都有大量的江西籍官员参与。如《太祖实录》的总裁官三人，其中两位为江西籍官员：文渊阁大学士胡广（吉水）、国子监祭酒胡俨（南昌），另一位是福建建安杨荣；十位纂修官有八位属江西籍：翰林院学士金幼孜（新淦）、杨士奇（泰和），翰林院侍读学士曾棨（永丰），侍读梁潜（泰和），侍讲邹缉（吉水）、王英（金溪），修撰罗汝敬（泰和），刑部主事李时勉（安福），另两位为余鼎和陈敬宗。再如《太宗实录》的总裁官六人，领衔者为兵部尚书兼华盖殿大学士泰和杨士奇；纂修官的前八位也全是江西籍官员：曾棨、王英、王直（泰和）、周述（吉水）、李时勉、钱习礼（吉水）、余学夔（泰和）、陈循（泰和）。再如《英宗实录》的两位总裁官，礼部尚书兼翰林院学士陈文、兵部尚书兼翰林院学士彭时分别为江西庐陵和安福人，两位副总裁太常寺少卿兼翰林院侍读学士刘定之、吴节则分别为江西永新和泰和人。

五、罗洪先、郭子章与明代江西的地理学

罗洪先与《广舆图》

中国古代舆地之学真正成为一门学问，肇始于西晋裴秀。裴秀首创了所谓“制图六体”，即：分率（比例）、准望（方位）、道里（距离）、高下（地形）、方邪（角度）、迂直（曲直）；并据《禹贡》所记，绘制《禹贡地域图》，又绘西晋舆地图《地形方丈图》。裴秀所绘两图虽佚，但“制图六体”却流传下来，成为中国古代舆地学发展史上极为重要的里程碑。唐代贾耽（《旧唐书》作“贾躭”）是裴秀之后又一位作出重要贡献的舆地家。其贡献在于采取了以一寸折成百里的比例方法，也就是人们常说的“计里画方”法。这种方法较之裴秀的分率法，又更为精密。至明代，罗洪先采用裴、贾遗法，在元代朱思本《舆地图》的基础上，增补绘制了《广舆图》，使地图更为科学实用，代表了明代地理制图的最高成就。

罗洪先为王守仁的私淑弟子，也是王门江右学派的主要代表人物之一，同时又是一位出色的地理学家、舆图学家。一生博学多闻，且注重务实。朱思本是临川县人，早年学道于龙虎山，元仁宗时奉诏代祀名山大川，根据实地考察各地交通道路的起始和终点、里程长度、道路宽窄、沿途桥梁、驿站、兵站等并参校前人著作，先绘各地分图，继为总图，图广七尺、幅面四十九平方尺，是为《舆地图》。《舆地图》原图已佚，但成为罗洪先《广舆图》一书的祖本和蓝图。

罗洪先中第后在翰林院为史官，有机会“考图观史”，发现当时地图多疏密失准、远近错误，于是决定亲自外出调查收集资料，重新编制成内容丰富、位置准确的地图。他注意实地考察，“甘淡泊，炼寒暑”，勘测山山水水，遍访海内名胜，每闻人谈名胜，辄生羡心，即数千里外亦不惮跋涉。罗洪先根据其游历全国各地所获的丰富地理知识，针对“朱图长广七尺，不便卷舒”的情形增补《舆地图》，终于嘉靖二十年前后绘成《广舆图》两卷。

罗洪先在“自序”中说到绘制《广舆图》的初衷与过程：

> 往来京师，在友人闻天下缓急大势，始知考次古今名人经略之迹，独恨山川险夷，郡邑联络，有不得尽闻者，则既无以即其形实，以究当时趋避

取舍之所在，况得较论其失得哉！尝遍观天下图籍，虽报详尽，其疏密失准，远近错误，百篇如一，莫之能易也。访求三年，偶得元人朱思本图，其图有计里画方之法，而形实自是可据，从而分合，东西相侔，不至背舛。于是，悉所见闻，增其未备，因广其图，至于数十，其诸沿革，统驭不可尽载者，咸具副纸。山中无力佣书，积十余年寒暑而后成。”①

《广舆图》是我国历史上现存最早、最准确的分省地图，以总图为首，按行政区划分幅列图，并附有专门性地图，为一部综合性地图集。首列舆地总图，其次为分省舆地图和九边图。计有：两直隶、十三布政司图(16幅)，九边图(11

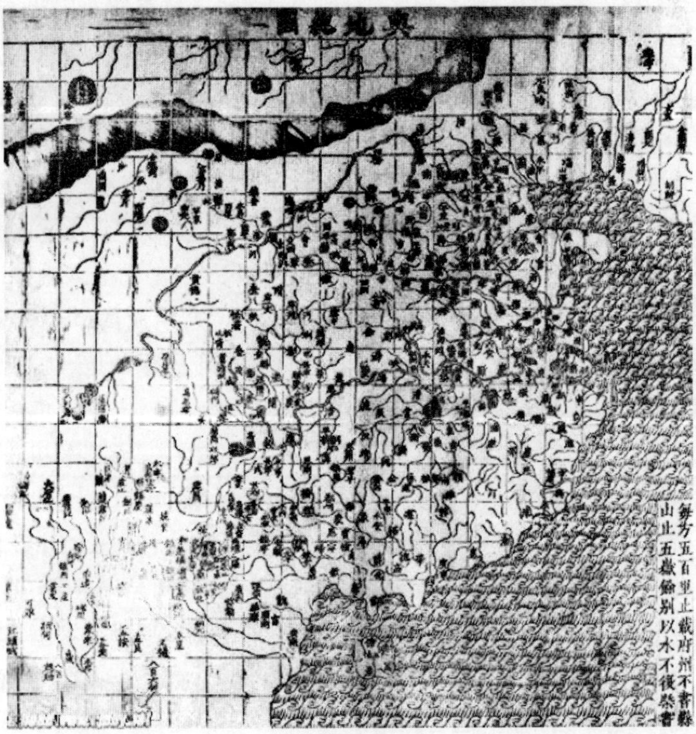

图7-8 《广舆图》首幅地图——《舆地总图》。

明嘉靖三十四年初刊本，地图版框为纵34.5厘米，横35.5厘米。中国国家图书馆藏。

① 朱思本绘、罗洪先增纂：《广舆图·序》，嘉靖三十四年初刊本，中国国家图书馆藏。

幅)，洮河、松潘、虔镇、麻阳诸边图(5幅)，黄河图(3幅)，漕河图(3幅)，海运图(2幅)，朝鲜、朔漠、安南、西域图(4幅)。除两直隶、十三布政司图是根据朱思本《舆地图》改编绘制外，其余地图均为罗洪先所增绘。另外，在每幅图背还附有图叙、表解，以补充说明每个省区的沿革、形胜、府、州、县所辖的范围和计征求田赋数字等，是研究明代历史和地理的重要史料。

为了准确绘制《广舆图》，并便于翻阅、携带和保存，罗洪先依一定的比例尺绘制，比例尺的大小因图而异，"据画方，易以编简"，将大幅改为小幅，单张图改为地图册，便于刊行、流传。又首创图例标志，对山川、湖泊、道路以及州、府、县、卫、所等分别用24种不同符号标明。图形轮廓比较正确，山脉用写景法表示，河流用双曲线绘制，湖泊用圆圈加绘波纹表示，地名用方、圆、菱形等多种符号定点，名称注记在符号旁边。这种处理，能使看图者对山川、湖泊、道路和府、州、县、卫、所等级行政区方位的所在以及距离远近一目了然。这在当时来说实为创举，在地图学发展史上有极重要意义，其首创的不少方法和符号至今还在沿用。罗洪先改编后的省区图幅，较朱思本的《舆地图》更为精确，每幅省区分图与现在国内出版的实例地图省区方位、大小大致相合，有很高的精确度。

《广舆图》于明代嘉靖三十四年第一次刊印，至清代嘉庆四年，200多年中共刊印六版，广为流传，为西学东渐之前由中国人所绘制的最为科学、精确的地图，为明中期至清中期地图绘制的蓝本与规范，对后来的地图学产生了重要影响。罗洪先本人堪称与荷兰著名地理学家基哈德斯·墨卡托(Gerardus Mercator，1512—1594)同时代的东方最伟大的地图学家。

郭子章与《郡县释名》

我国传统地名学以考释地名渊源为主要特征。这种特征在先秦时代已露端倪，东汉时期以班固、应劭的著作为代表而渐趋完善，至南北朝、隋唐以降逐渐走向成熟。然而，自从第一部具有地名学研究内容的著作《汉书·地理志》问世以来，从未有过单独考释地名渊源的专门著作。直到明朝万历年间郭子章的《郡县释名》问世，才弥补了这一缺憾。

郭子章(1543—1618年)，字相奎，号青螺，别号蠙衣生，泰和人。隆庆五年进士，除授福建建宁府推官、摄延平府事，入为南京工部虞衡清吏司主事，又督榷南直隶太平府、领凤阳山陵(即明祖陵)事。万历十年，迁广东潮州府知府，四年后督学四川，历任浙江参政、山西按察使、湖广右布政使、福建左布政使。万历二十六年为右副都御史巡抚贵州、兼制蜀楚军事,与湖广川贵总督李化龙合力剿平播州杨应龙叛乱,又多次平定贵州苗、瑶骚乱,以功封兵部尚书、右都御史,加太子少保衔。郭子章与许多任职于翰林院、内阁的江西士大夫不同,他任职中外,属历练型官员,深谙各地风土人情。又读书不辍,"文章、勋业亦烂然可观"。史称"能文章,尤精吏治","于书无所不读","宦辙所至,随地著书","著述几于汗牛","以为欧阳永叔之后,一人而已"。

据《明史·艺文志》、《四库全书总目》、《清代禁书知见录》等所作的统计,郭子章的著作有92种、数百卷之多,传世著作有《蠙衣生易解》、《蠙衣生马记》、《蠙衣生剑记》、《蠙衣生文章》、《蠙衣生养草》、《平播始末》、《豫章书》、《豫章诗话》、《续豫章诗话》、《豫章杂记》、《广豫章灾详记》、《圣门人物志》、《郡县释名》、《阿育王山志》、《黔类》、《黔草》、《黔记》、《黔小志》、《六语》、《蜀草》、《晋草》、《楚草》、《家草》、《西南三征记》、《官释》、《潮中杂记》、《博集稀痘方论》等。

《郡县释名》是一部关于万历时期两京十三布政使司及其所辖各府、州、县名称来历的著作。书前有浙江宁波府人王佐撰《大司马青螺郭公郡县释名序》、郭子章自撰《郡县释名序》。该书体例以布政使司(省)为纲,各篇冠以省名,如《北直隶郡县释名》、《江西郡县释名》等,其余依次类推;北直隶、山东、江西、广东、广西五省还有小序。该书卷帙合计26卷。

关于地名,郭子章有一段著名的言论:"意者地之灵、人之杰,不尽系名称耶?地灵人杰,则以曲阜、驺人而生孔、孟;地薄人悍,即以元城、陇西而生莽、卓。"[①]他很早就对地名产生了兴趣,并立志探索地名的渊源。他的四个儿子孔建、孔延、孔太、孔陵分别是他在为建宁府推官、摄延平府事、督榷太平府、领凤阳山陵事时出生的,均以当时出生的地名为名。万历十五年,郭子章督学四川,来到重庆府大足县,问诸生"大足"之义,诸生举山中巨人迹以对,又称土肥人富,乃称大足,但郭子章认为这些都是"曲为之辞"。于是发愤钻研,遂有《郡县释名》问世。此书的写作经历了十分漫长的时间,各省释名系陆续撰成。现在所知的最早刻本出现在万历四十二年。

历来地名的释义,众说纷纭,其中不免穿凿附会,以讹传讹。郭子章不被这些说法迷惑,对于一些似是而非又十分流行的说法逐一辨正,颇具真知灼见。在该书中,郭子章对地名学的规律进行了探索,发表过许多精辟的见解。在总

① 郭子章:《郡县释名·自序》,《四库存目丛书》史部第166—167册。

结江西境内地名命名情况时说:“大都江右之名不出山水、人物,则出年号、祥瑞,于义无甚玄。”据《江西郡县释名》上、下两卷,江西全省的县名,由山水得名者19个,由人物得名者4个,由年号得名者3个,由祥瑞得名者16个,总计42个,占被释江西地名80个的一半以上。可见郭子章的这个归纳抓住了要害。即使对于同一地名的阐释,《郡县释名》也比其他书更为详尽。如江西泰和县,《明史·地理志》云:“元太和州,洪武二年四月改为泰和县”,《方舆纪要》仅有“本朝改太为泰”一语,郭子章则说:“明改吉之太和为泰和,别于凤阳、大理之太和耳。”[①]原来,明初凤阳、大理、吉安三府均辖有太和县,为避免同名,才将江西吉安府的太和县改成了泰和县。对于一些不得其解的地名,郭子章宁付阙如,在《郡县释名》中直言“义未详”,不妄下断语,不望文生义。他注意到广西许多地名带“罗”字,苦无释义,曾在柳州府罗平县下云:“宋开宝中置罗城县,义未详。柳州地名‘罗’者甚多,如罗池、罗艾山、罗洪洞,皆有‘罗’,义不独罗城。”今天,我们知道在壮语里“罗”字大部分为“山”的意思,小部分为“田”的意思,“罗”字地名集中分布在广东西部和广西东部的西江流域,那一带山岭崎岖,山中田畴棋布,壮族的先民千百年来就生息其间,这是“罗”字地名由来的地理基础。《四库全书》将《郡县释名》列入存目,指责说:“其书以郡县地名一一诠释其文义,文义可通则略为训诂,如福州则云取百顺之名、永清则云取边境永清之类,皆固陋之甚。至不可解者,则置而不言,亦何取于释名乎?”不免过于苛求。

郭子章对地名的解释主要依靠的是文献材料,同时也结合亲身见闻与实地考察,对当时的1411个政区地名作了渊源解释,涉及自然地理、人文地理二十多个方面的内容。如此解释全国政区地名的著作,《郡县释名》可谓前无古人。

《郡县释名》的完成,与郭子章直接参与新置政区地名的命名有一定的关系。郭子章巡抚贵州长达11年之久,平定杨应龙叛乱是他的主要政绩之一,平叛后曾向万历皇帝进呈《播平善后事宜疏》,认为:“播州之名,其来已久;播之为字,番之有才者也,以故应龙阻兵。”所以,“播之为名,似当更易,伏乞圣裁”,建议将播州之地“改设郡县”,“东、西可设二府,每府可设二三县”。这一建议为明廷采纳,于是置为遵义、平越二府。郭子章《四川郡县释名》遵义府下写道:“万历二十七年,(杨)端孙、(杨)应龙叛,诏合四川、湖广、贵州三省兵讨之。予

① 郭子章:《郡县释名·自序》,《四库存目丛书》史部第166—167册。

承乏巡抚贵州，遂协力，以二十八年平播献俘，改土为流。一曰遵义府以隶蜀，一曰平越府以隶黔。遵义者，遵王之义也。”又在《贵州郡县释名》平越府下云：“万历二十八年播平，总督李化龙会同子章、巡按宋兴祖奏请分播地为二府，二十九年诏名遵义、平越，遵义属蜀，平越属黔。黔因有平越卫，今以卫属府，为军民府，故因卫名。”

郭子章宦迹半天下，以数十年之功著成《郡县释名》，不仅全面地诠释1411个政区地名，而且对区域地名特征，如因水为名、地形地名、物产地名、美愿地名、人物地名、避讳地名、国号地名、地名通名、异地同名等传统地名学内容均有独到的见解，某些方面的创见已上升到地名学理论的高度。作为明代杰出的地名学家，郭子章的《郡县释名》是继承《汉书·地理志》以来地名渊源解释的集大成之作。

《广舆图》、《郡县释名》之外，明代江西籍学者撰写的重要地理著作还有：

金幼孜著《北征录》。金幼孜（1368—1431年），名善，以字行，号退庵，新淦人。建文帝时进士，成祖时迁文渊阁大学士。仁宗朝任礼部尚书兼武英殿大学士。宣宗时修两朝实录，任总裁官。金幼孜曾随成祖历次北征，所过山川险要处，成祖命记之，据马鞍立就。《北征录》撰成于行军途中，分为前后两录，分别详记两次北征期间成祖言行，行军作战情况，以及行军路程、山川胜迹、见闻趣事等，既为地理著作，也为研究明与蒙元残部战争的参考书。

伍福著《咸宁县志》、《陕西通志》、《三吴水利论》。伍福字天锡，临川人，正统年间举人，历任咸宁教谕、陕西按察副使。伍福风格高迈，诗文典雅，兼工书法，编著还有《苹野纂闻》、《南山居士集》、《云峰清赏集》、《说扈强志》等。

第三节 宋应星与明代江西的科学技术

一、吴伯宗与江西的天文历算家

吴伯宗（？—1384），名祐，以字行，金溪人。洪武四年廷试第一，授礼部员外郎，与修《大明日历》。因不附胡惟庸，谪居凤阳。上书论时政，指斥胡惟庸专恣不法，不宜独任，久之必为国患。奉命出使安南，还任国子助教，进讲东宫，改翰林院典籍。朱元璋制十题命赋，援笔立就，词旨雅洁。改任太常司丞，不就；再改司业，亦辞。忤旨贬金县教谕，未至任而召为翰林检讨。洪武十五年进武英殿大学士。洪武十六年，坐弟仲实罪，降检讨。洪武十七年四月二十八日卒于官。《明史》评价吴伯宗："为人温厚，然内刚，不苟媕阿，故屡踬。"[①]有《吴伯宗全集》、《荣进录》等。吴伯宗又酷爱天文，曾与回族天文学家一起翻译《回回历法》，并奉诏修订《大明日历》。

在元代，回族天文学家将西域和阿拉伯天文学介绍到中国，为中国天文历算的发展作出了重大贡献。明朝保留了元朝的天文学机构——回回司天监，留任了原回回司天监的十四位穆斯林天文学家，如回回大师马沙亦黑、黑的儿、阿杜拉、郑阿里、阿答兀丁、马哈麻等。明洪武十五年，明太祖命马沙亦黑、马哈麻等回族天文学家与吴伯宗、李翀合译洪武初年得于元大都之回回历等"秘藏之书数十百册"，于洪武十六年译出《明译天文书》(亦称《天文宝书》)、洪武十八年译出《回回历法》。《天文书》系波斯天文学著作，书中说星分六体，这是星等概念在汉文中的初次出现，列有12个星座共30颗星的星等和黄经。这部书的翻译，第一次将西方有关"星"的要领以及20个西方星座名称介绍给汉语人群。《回回历法》根据阿拉伯天文学的计算方法，充分利用马沙亦黑等天文学家的观测结果以及元朝时搜集的资料加以综合编译而成。《回回历法》所运用的许多天文数字都达到了当时世界先进水平，成为明朝天文学的一部重要著作。《明史·历志七》记《回回历法》：

> 洪武初，得其书於元都。十五年秋，太祖谓西域推测天象最精，其五星纬度又中国所无。命翰林李翀、吴伯宗同回回大师马沙亦黑等译其书。其法不用闰月，以三百六十五日为一岁。岁十二宫，宫有闰日，凡百二十八年而宫闰三十一日。以三百五十四日为一周，周十二月，月有闰日。凡三十年月闰十一日，历千九百四十一年，宫月日辰再会。此其立法之大概也。

这两部书使阿拉伯的许多重要天文学成果首次传入中国，对中国天文学的发展产生了重要影响。万历十二年十一月，《大统历》推日食92秒，《回回历》推不食，结果《回回历》应验，礼科给事中侯先春建议："《回回历》推算日月交食、五星凌犯，最为精密，何妨纂入《大统历》，以备考验。"诏可，因并二历。此

① 《明史》卷一三七《吴伯宗传》。

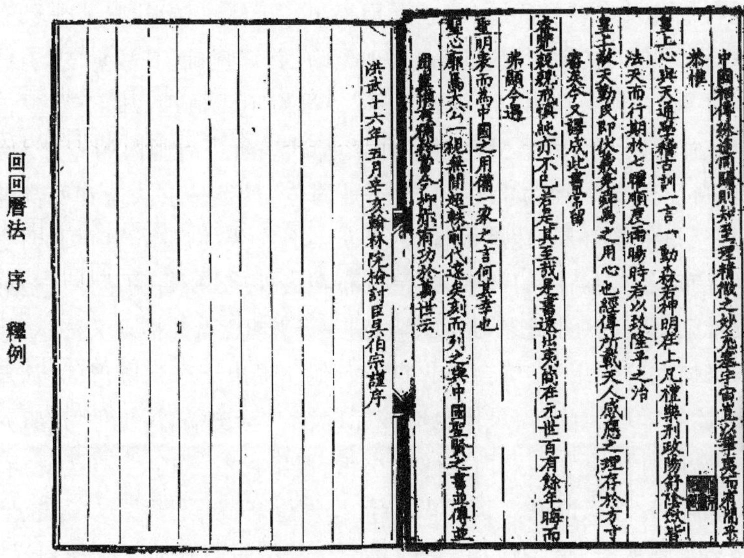
中國相傳殊途同歸則知至理精微之妙充塞宇宙豈以華夷而有間乎
恭惟
皇上心與天通學稽古訓一言一動森若神明在上凡禮樂刑政陽舒陰慘皆
法天而行期於七曜順度雨暘時若以致隆平之治
皇上敬天勤民即伏羲堯舜禹之用心也經傳所載天人感應之理存於方寸
審矣今又譯成此書常留
睿覽兢兢戒慎純亦不已若是其至哉是書遠出夷[illegible]在元世百有餘年晦而
弗顯今遇
聖明表而為中國之用備一家之言何其幸也
聖心廓焉大公一視無間超軼前代遠矣刻而列之與中國聖賢之書並傳並
用豈獨有補於當今抑亦有功於萬世云
洪武十六年五月辛亥翰林院檢討臣吳伯宗謹序

回回曆法　序　釋例

图7–9　《回回历法》书影，《续修四库全书》本。

后，《回回历》与《大统历》参用长达270余年，在中国历史上起过重要的作用。

明清之际，江西又出了一位天文学家，建昌府广昌县人揭暄，其传世之作为《璇玑遗述》(一名《写天新语》)。

揭暄(1614—1697年)，字子宣，别号半斋。明末清初著名的军事著述家、天文学家和数学家。揭暄自幼聪明好学，一览成诵，博闻强志，“好精湛之思”，“于诸子、诗赋、数术、天文、军事、歧黄等无所不穷”，时人皆称“才品兼优，德学并茂”。年轻时，揭暄曾在家乡组织义兵抗击清军，失败后隐居家乡，致力科研和著述。对天文学家方以智执弟子礼，与方以智之子方中通讨论天文学，成《揭方问对》一书，并与天文学家游艺、梅文鼎交好。著有《璇玑遗述》、《揭子兵经》、《揭子战书》、《周易得天解》以及《道书》、《射书》、《星书》、《火书》、《舆地》、《水注》等共17部，涉及天文、地理、军事、历史等众多领域。

《璇玑遗述》是揭暄耗五十年精力写成的一部天文学力作，该书不仅阐发了他在天文学方面的惊人创见，还体现了其渊博的数学知识，同时也可视为中国理学宇宙论与西学碰撞交融的结果。在《璇玑遗述》及《昊书》中，他主要讨论了天体运行机制及自转的问题，并独立地提出了天体自转思想。在《璇玑遗述》开篇，他批评西方天文学“其说愈精，其理愈晦，其算愈确，其故愈支”，认为“泰西则分天九重”，“层各坚实，相包而不通”，[①]虽然不无道理，却不免意气用事，反显偏执。而其天体运行思想就总体而言，却代表着当时国内的先进水平。揭暄提出，实际上天球以地为中心，但天不是固体，只是一层从东到西高速旋转的气。这层气每天转一周，速度极快，因此可对各个天体产生约束。日月五星按轻重大小分布在不同高度的气中，恒星分布在最外层。所有的星体(包括地球)均在气旋推动下旋转。在此基础上，揭暄进一步推想，当气推动天体运动时，由于天体本身惯性的作用，必然会激起自转。他还提出天球是圆形的，而星体也是圆形的，既然天球能旋转，星体也应该能旋转。《清史稿》评价他“论日月东行如槽之滚丸，而月质不变。又谓七政之小轮，皆出自然，如盘水之运旋而周遭，以行疾而成旋涡，遂成留逆。于五星西行，日月盈缩，皆设譬多方，言之近理。”梅文鼎阅毕揭暄所寄《璇玑遗述》草稿，赞誉他“深明西术而又别有悟入，其言多古今所未发”[②]。方以智也称其为“出千古下，集千古智”，“其论出于大西诸儒之上”的千古奇人。揭暄的自转学说在中国天文学发展过程中有着重要地位，具有开创性意义。

二、宋应星与《天工开物》

宋应星(1587—1666年)，字长庚，奉新人，明代杰出的科学家。宋应星出生在官宦之家，曾祖父宋景官至都察院左都御史，卒后追赠太子少保、吏部尚书。父亲则一生没有取得功名，在奉新县做了40年的生员。宋应星自幼聪慧过人，决心步曾祖后尘，作出一番声名显赫的事业。进入青年时代，宋应星把科举入仕看作复兴社会、济国济民的手段和施展抱负的必由之路。万历四十三年，时年28岁的宋应星与其兄一起在江西乡试时同榜中举，一时传为佳话。但此后从万历四十四年至崇祯四年，宋应星同其兄先后6次进京参加会试，都榜上无名。在科举场中屡受挫折、“六上公车而不第”之后，宋应星对功名逐渐冷淡，开始将主要精力用于游历考察，著书立说。宋应星兴趣十分广泛，对农业、手工业生产都注意观察和研究。在由奉新到北京的长途旅行中，他除了饱览

① 揭暄:《璇玑遗述》卷一,《四库存目丛书》子部第55册。

② 《清史稿》卷五〇六《畴人传一·方中通传附揭暄传》。

各地的风景之外,沿途停留时,走访南北农田、作坊,考察各种农工业生产技术,激起了对学习技术的兴趣和研究民生日用实学的渴望,时时将所见所闻记录并描绘出来。每次落第而返,宋应星行囊中都装有科学考察的笔记。

崇祯七年,宋应星任袁州府分宜县学教谕。崇祯九年,撰《野议》,著《画音归正》。崇祯十年四月,完成并刊出了一生中最重要的著作《天工开物》;六月,著述《论气》;七月,写作《谈天》。十一年,改福建汀州府推官。崇祯十四年,调升亳州知州。崇祯十五年,改任滁和道、南瑞兵巡道,创作《思怜诗》。十七年,明朝覆灭,清兵入关,宋应星弃官归里,以文字著述自娱,此后不再复出,卒于家。

宋应星著述颇丰,其代表作自然是"于功名进取毫不相关"[①]的《天工开物》。书名取自《易·系辞》中"天工人其代之"及"开物成务",意即自然形成万物,由人开发利用,强调的是自然力(天)和人力(工)的配合,表现的是一种具有普遍意义的科学思想。这种科学思想的核心意义是以"天"补"工"开万物,或者是借助于自然力和人力的协调,通过技术从自然界中开发万物。

我国古代农业、手工业、商业在明代都有一定程度的发展。农业的发展表现在耕地面积扩大、作物品种得到改良和增加,粮食作物、经济作物的单位面积产量和总产量都有了明显提高, 一些地区出现了专业化经营。手工业种类多,且已具备了一定规模,尤其是与国计民生关系较为密切的冶金、陶瓷、纺织等行业更为发达。商业和交通亦较发达,毋论富商大贾,即使一些小商小贩也往往行程千里。农业、手工业和商业的发展,促进了科学技术主要是冶金、陶瓷、纺织等行业工艺上的发展,这就需要进行科学的总结,《天工开物》便是时代要求和个人因素的产物。

《天工开物》分上、中、下三卷,共18章。此书的篇目次序依照"贵五谷而贱金玉"的观点排列,体现了中国传统的重农思想,但其中最精彩的部分恰恰是观念中所"贱"的金玉特别是冶金技术。

上卷为《乃粒》、《乃服》、《彰施》、《粹精》、《作咸》、《甘嗜》六章,多数是和农业有关的。《乃粒》主要论述稻、麦、黍、稷、粱、粟、麻、菽(豆类)等粮食及油料作物的种植、栽培技术,并包括了各种水利灌溉机械在内的有关生产工具,特别详细地介绍了以江西为代表的南方水稻栽培技术。其中所提到的用浸种法育

① 宋应星:《天工开物·序》,《续修四库全书》本。

秧、以砒霜为农药拌种，以及作物与环境的关系等，都是我国古代先进农业生产技术与实践的总结。《乃服》包括养蚕、缫丝、丝织、棉纺、麻纺和毛纺等生产技术，还有相关生产工具、设备、操作要点，重点介绍了浙江嘉兴、湖州地区养蚕的先进技术和丝纺、棉纺机械以及大提花机的结构图。在叙及蚕种时介绍了新蚕种的培育，反映了我国古代生物学上的一项重要成就——人工杂交育种。《彰施》介绍各种植物染料和染色技术，对于蓼蓝的种植和蓝靛的提取，从红花提取染料的过程叙述得比较详细，还涉及到各种染料的搭配和媒染方法。《粹精》叙述稻、麦等的收割、脱粒和磨粉等农作物加工技术和工具，侧重于介绍加工稻谷用的风车、水碓、石碾、土砻、木砻和制面粉的磨、碾等工具。所叙述的江西水磨，以水力为能源，通过立式主轴带动各机件，同时具有灌田、脱粒和磨面三种功能，是17世纪世界上先进的农用机械。《作咸》论述海盐、池盐、井盐等盐产地和制盐技术，对海盐和井盐论述得比较详细。《甘嗜》主要叙述甘蔗种植、制糖技术和工具，同时论及到蜂蜜和饴饧(麦芽糖)，重点介绍了将水稻育秧法移植到甘蔗种植中，实行甘蔗移栽的新技术。各章各节所叙述的内容主次分明，重点产品重点研究，特别突出了先进地区的生产技术。

中卷共七章，都是手工业技术。《陶埏》叙述建筑房屋用的砖瓦和日常生活用的陶器、瓷器(白瓷、青瓷)的制造技术和工具。重点是介绍景德镇生产民用白瓷的技术，从原料配制、造坯、过釉到入窑烧结，都有说明。《冶铸》是中国传统铸造技术论述最详细的记录，重点叙述铜钟、铁锅、铜钱的铸造技术和设备，包括施蜡、实模和无模铸造等三种基本方法。《舟车》首先用数据标明了船舶和车辆的结构构件和使用材料，同时说明各种船、车的驾驶方法，详细介绍了大运河上航行的运粮船“漕船”。《锤锻》系统叙述了铁器和铜器的锻造工艺，讨论范围从万斤大铁锚到纤细的绣花针，还有斧、凿、锄、锯等各种生产工具的制造、焊接、金属热处理等加工工艺，其中记载了一项先进的金属加工工艺——“生铁淋口”。《燔石》论述采煤及烧制石灰、矾石、硫磺和砒石的技术，还论述了煤的分类、采掘和井下安全作业。《膏液》介绍了十六种油料植物子实的产油率，油的性状、用途，以及用压榨法、水代法提取油脂的技术和工具，还谈到柏皮油的制法和利用柏皮油制蜡烛的技术。《杀青》叙述纸的种类、原料和用途，详细地叙述了造竹纸和皮纸的全套工艺技术和设备。

下卷包括五章，也属于手工业技术。《五金》介绍金、银、铜、铁、锡、铅、锌等金属矿开采、洗选、冶炼和分离技术，还有灌钢、各种铜合金的冶炼和生产

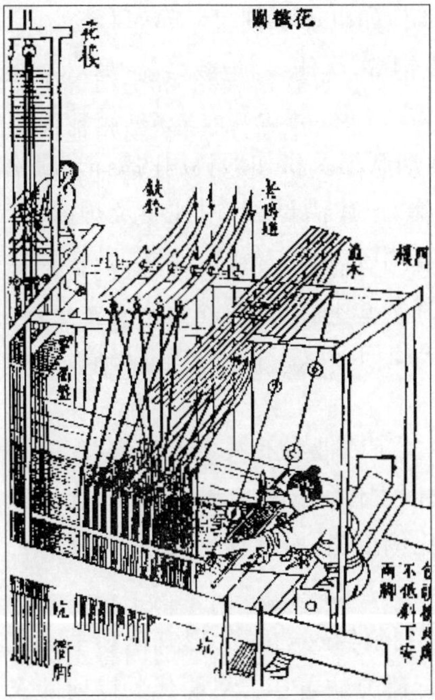

图7-10　提花机图,《天工开物》卷上《乃粒》。

图7-11　风车图,《天工开物》卷上《粹精》。

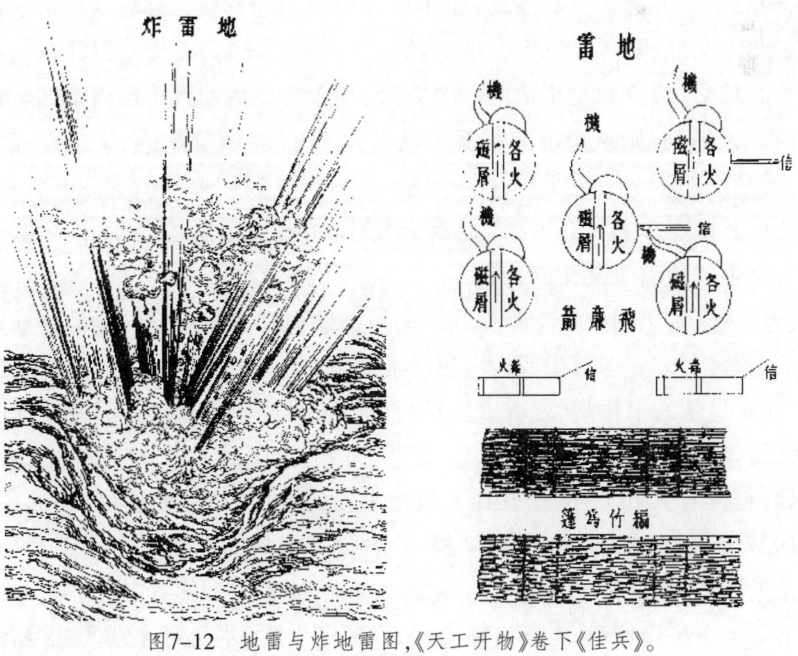

图7-12　地雷与炸地雷图,《天工开物》卷下《佳兵》。

设备图。这一章记载了不少工匠的创造发明，如以煤炼铁，用活塞风箱鼓风，直接将生铁炒成熟铁，以生铁与熟铁合炼成钢等。《佳兵》记载弓箭、弩等冷兵器和火药、火器的制造技术，包括火炮、地雷、水雷、鸟铳和万人敌（旋转型火箭弹）等武器。《丹青》主要叙述以松烟及油烟制墨及供作颜料用的银朱（硫化汞）的制造技术，产品均为文房用具。《曲蘖》记述酒母、药用神曲及丹曲（红曲）所用原料、配比、制造技术及产品用途，其中红曲具有特殊性能，是宋朝以后才开始出现的新品种。宋应星把《珠玉》置于卷末，主要叙述在南海采珠，在新疆和田地区采玉，在井下采取宝石的方法和加工技术，还谈到了玛瑙、水晶和琉璃等。

《天工开物》图文并茂，形象生动地展示了工农业各有关生产过程，反映了我国劳动人民的智慧和创造才能，是研究我国古代科技的宝贵资料。除文字叙述外，还有123幅插图，所绘插图精美细致，比例恰当，有立体感，已具备现代工程画的一些特点。

《天工开物》是我国历史上第一部从专门科学技术角度，把农业和手工业的18个生产领域中的技术知识放在一起进行研究的著作，对明代及以前的农业和手工业方面积累起来的技术经验作了比较全面和完整的概括，并使它系统化，构成了一个科学技术体系。由于作者所引用的资料，是以江西农业、矿业和手工业为基础的，所以有不少研究者认为，《天工开物》首先是对江西传统科学技术的总结。但这只是事情的一个方面。如果考虑到明代中国西南的矿业多由江西商人控制，则从铸冶的角度来说，《天工开物》所反映的，又不仅仅限于江西，而是反映了全国主要矿业生产地区的状况。之所以认为《天工开物》首先是对江西传统科学技术的总结，是因为“滇南黔湘冶金采矿之业，又皆操于先生乡人之手”（前引丁文江语）。

《天工开物》于明崇祯十年初刊于南昌，之后很快便由坊间再版，并被清代官刻大型著作《古今图书集成》及《授时通考》广泛摘引。乾隆时修《四库全书》时，在江西进献的书籍中，发现宋应星哥哥宋应升的《方玉堂全集》及宋应星友人陈弘绪等人的著作中有反清思想，《天工开物》也因此与《四库全书》无缘。乾隆以后，再没有人刊刻《天工开物》，故此书在清代没有得到更为广泛的传播。直到1927年，在丁文江、章鸿钊、罗振玉、陶湘等人的努力之下，《天工开物》才得以在天津重印。1950年代初期，在宁波发现了《天工开物》的原刻本，不久由中华书局上海编辑所（今上海古籍出版社）影印出版，才受到普遍重视。虽然如

图7–13 《天工开物》崇祯十年刊本书影。

此,《天工开物》却传入国外,产生了很大的影响。17世纪末,《天工开物》传入日本,成为江户时代日本各界广为重视的读物,刺激了“开物之学”的兴起。20世纪初,此书又被译成现代日语,至今畅销。18世纪,《天工开物》传到朝鲜,成为李朝后期实学派学者参引的重要著作。1830—1840年间,《天工开物》中的《丹青》、《五金》、《乃服》、《彰施》及《杀青》等章被摘译成法文,接着转译成英文、德文。《乃服》中的养蚕部分被译成意大利文和俄文,达尔文曾读过这部分内容,并作过转引。1869年,《天工开物》有关工业各章的法文摘译刊于巴黎。1964年,有关农业的前四章被译成德文。1966年,《天工开物》全书被译成英文,在美国出版。法国学者S·儒莲(Julien)称此书为“技术百科全书”,日本学者三枝博音称其为“中国有代表性的技术书”,英国学者李约瑟(Joseph Needham)把《天工开物》作者宋应星称为“中国的阿格里科拉”和“中国的狄德罗”。可见这部书在世界科学史中占有重要的地位。①

图7–14 《天工开物》1927年重印本书影。

三、金溪龚氏与江西的医学家

明代江西的医学在元代的基础

① 参考潘吉星:《宋应星评传》第十二章《国际影响》,南京大学出版社 1990 年版。

上有更大的发展。其表现,一是明代江西出现了众多的名医和良医;二是这些医家对各种疾病有更广泛的研究并有不少著述问世;三是明代江西的医家治疗各种病的技术有长足的进步。尤其值得一提的是,有少数医家还掌握了人痘接种法治疗天花。

在明代的江西诸医学家中,以金溪龚氏影响最大,其著述在中国医学史上有重要的地位。①

龚信是明代金溪龚氏的第一位名医,字西园(一说字瑞芝),正德、嘉靖时以医术闻名于世,曾任太医院医官,编纂过《医学源流肯綮大成》,著有《古今医鉴》八卷,其子龚廷贤付梓刊行。《古今医鉴》为综合性医书,上自《内经》、《难经》等经典,下及金元各名家的学说,并结合作者本人的医疗实践总结论述诸病症,首论脉诀、病机、药性、运气,后述内、外、妇、儿各科症治。每病皆按脉、证、方记述。全书内容丰富,理法方药俱全,多切合临床使用。书中还记载许多民间验方、外治、针灸等,很有临床参考价值。麻疹的病名最早见于此书,并从症候上与容易混淆的痘疹作了鉴别。

龚信之子龚廷贤,字子才,号云林山人,又号悟真子。廷贤幼攻举业,后随父学医,又访贤求师,中年医名大振,后任太医院吏目。因治愈鲁王张妃臌胀,获赠"医林状元"匾额,誉为"回天国手"。龚廷贤著述颇多,有《种杏仙方》、《万病回春》、《复明眼方外科神验全书》、《鲁府禁方》、《寿世保元》、《小儿推拿方脉全书》及《云林神彀》等。此外,《医学准绳》、《经世全书》,《痘疹辨疑全幼录》、《本草炮制药性赋定衡》等,亦托名为龚氏所撰。其中以《万病回春》和《寿世保元》流传最广。《万病回春》是龚廷贤苦心十载搜集整理、参以己意著成的医典,体现辨证详明、选方恰当的特点,尤其对中风的叙述,颇有临床参考价值。《万病回春》卷末附有"医家十要"和"病家十要",涉及医学伦理学、医学社会学问题,是明代重要的医德文献。《寿世保元》是龚氏晚年所著,不但有许多前人的养生理论,而且搜集了大量延年益寿的秘方,较为切合临床实用。龚廷贤行医凡六十年,曾言"良医济世,功与良相等",其著作浅显实用,丰富了中医宝库,故数百年流传不衰,并传入日本、朝鲜等国。其弟廷器及子守国、守宁,侄懋官,门人吴济民等,也都得其薪传,以医留名于世。

龚居中是金溪龚氏在明末的又一位名医,字应园,号如虚子。精医术,擅长

① 康熙《金溪县志》卷九《方外》。

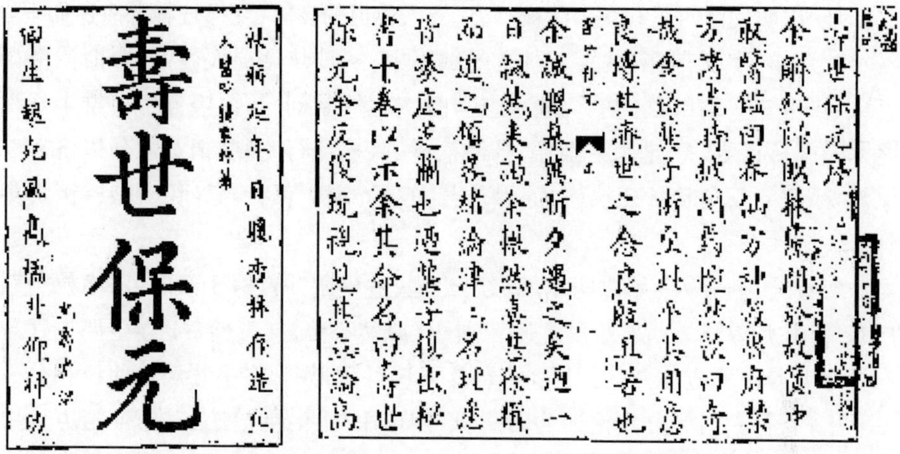

图7–15 《寿世保元》书影,《续修四库全书》本。

内、外、妇、儿诸科,也曾任职于太医院。著有《痰火点雪》、《外科活人定本》、《外科百效全书》、《幼科百效全书》、《女科百效全书》、《小儿痘疹医镜》、《福寿丹书》(又名《五福万寿丹书》)等。所著关于痨瘵(肺结核)、外科、儿科的重要著作,尤其是《痰火点雪》、《小儿痘疹医镜》为中医理论的重要著作,有很高的临床参考价值。《痰火点雪》(又名《红炉点雪》)四卷,完成于崇祯三年,是一部专治虚损痨瘵的医药书。卷一、卷二论述痨瘵各种主证、兼证的证治;卷三介绍治则与杂证补遗;卷四为灸法及却病秘诀和注意养生调息等方法。龚居中认为“痰火固为恶候,治之愈与不愈,亦在人之调摄何如尔”。对气功疗法研究较深,在这部书中,与气功有关的有四部分,包括却病秘诀、却病延年一十六句之术、动功六字延寿诀及静坐功夫。还辑录了一些简单易学、行之有效的练功方法,主要有“运睛除眼害法”、“自搓涂驻颜法”、“凝息袍固丹田法”、“运识五脏升降法”、“闭摩通滞气法”、“鼓呵消积滞法”、“兜礼治伤寒法”等。[①]《福寿丹书》共七卷,为明代养生专著,成书于明天启四年。内容包括:一、安养篇,主要阐述衣、食、住、行、宜忌与长寿之关系;二、延龄篇,载诸仙修炼图势及秘诀;三、服食篇,录有关抗老防衰、益寿延龄之食疗、食养方;四、采补篇,介绍吕祖采补延年秘诀与房中养生至要;五、玄修篇,授气功、炼丹之术,乾坤交媾之法;六、清乐篇,宣传清乐之乐;七、脏腑篇,论述脏腑对人体之重要性与保护之方。

① 龚居中:《新刻痰火点雪》卷四,《续修四库全书》本。

此外,明代江西还有众多泽被一方、受人称道的良医,现择较著者简述如下:

沈应善,字嘉言,南昌人。科举屡试不中,一日梦见神人说“上帝命汝活千万人,宁可守一编以自负乎”,遂立志学医。初学《素问》、《内经》诸书,继学导引之术及秘藏诸方。于是医名渐振,药到病除,疾病流行时则“捐资贮药以济人”。家设“来安堂”,免费救死扶伤,深得贫苦大众赞颂。著有《素问笺释》、《医贯集补》等。[①]

彭用光,庐陵人。始以医术闻名于当地,后出游并行医于河北、河南、浙直、广东等地,疗效卓著。尤善太素脉。[②]所著《原幼心法》共三卷。上卷主要论述孕产及小儿养护所应注意的问题。中卷及下卷以证为纲,将小儿病自幼及长分成二十七门,每一门又分别论述病因病机、四诊用药、治则治法,并据证定方。书中还采用诗歌、赋的形式,并附有图谱,使全文形象易懂,便于记诵。全书方论证治完备,广征博引,间述新见,于治则治法论述颇多。该书推原本始,重视胎教。治法多样,重视外治。书中一些医学观点,如信医不信巫、无子之因不可尽归咎于母等,颇有见地。此外还有《体仁汇编》六卷,摘录王叔和、李东垣脉诀药性等书及治验方药,以及同县赵铨《太素钞》之精粹。又有《简易普济良方》、《潜溪续编伤寒蕴要》(又作《续伤寒蕴要全书》)、《简易便览眼目方》等。

赵铨,字仲衡,号石亭子,庐陵人。少习科举,以诸生入监贡,虽任两地知县,但不废医业。嘉靖时获大学士夏言赏识入京城,因治愈嘉靖皇帝疾病,官至太医院使,但不欲久仕,辞官归里,著书行医。遇求医者即赴之,且有医德,不受病人财物。所著有《春风堂集》、《石亭医案》、《岐黄奥旨》、《太素脉诀》等,均佚。[③]

旷处良,字易直,永新人,少时读书,后精究《素问》、《灵枢》、阴阳五行之理,集古今名医之论,邹元标等人延入京师开讲医学。著有《旷氏家抄》、《医槛要删》等书行世。其后代世儦传其家世,以医闻名同郡。当地有谚语“命非景儒不谈,药非世儦不服”流传,因刘景儒精通星术,故以之相配。[④]

王九达,德安人,因性情放荡不羁,遭官府追捕,逃亡于吴越之间。与当地文人笔墨应酬,遂定居江南,晚年思归故里,逝于家中。“攻医,自司心法,凡遇奇病,治辄应手断除,崇祯间典职太医”。著有《素问灵枢合类》9卷、《心传》9种。

① 康熙《新建县志》卷二八《人物传》。

② 万历《吉安府志》卷三一《杂记》。

③ 光绪《吉安府志》卷三七《人物志》。

④ 同治《永新县志》卷二〇《方技》。

[①]《素问灵枢合类》将"素问"和"灵枢"内容分类合编而成。共分摄生、藏象、经度、运气、脉候、色诊、病能、论治、针刺九类,在各篇原文之后均有题解及注释,是分类研究《内经》的著作之一。

潘涛,上高人,世代业医,"至潘涛而名愈显,全活者甚众,尝著《医学绳墨》一书行世"。[②]

萧九贤,字慕白,会昌人,精内外诸科。洪武中任里长,解运土物至南京,时马皇后患病甚危,太医治而不效。应召诊视,投剂三日而愈,授太医院吏目,驰驿归里。所著《外科启钥》、《回生要义》,均佚。[③]

喻昌(1585—1664年),字嘉言,晚号西昌老人,新建县人。喻昌是明清之际具有传奇色彩的名医,在中医史上有较大的影响,被视为清初三大名医之一。喻昌本姓朱,为明宁献王朱权后裔,明亡后畏祸改成"喻"姓。自幼习举业,少时能文而放荡不羁,与陈际泰交游。崇祯中以副榜贡生入京上书言国事,诏征不就。后值清兵入关,遂皈依佛门,兼事医术,往来南昌、靖安间。顺治初年,应钱谦益之邀,蓄发还俗,遍游江南,侨居常熟直至逝世。《清史稿》称其"以医名,治疗多奇中,才辩纵横,不可一世。"[④]钱谦益在顺治八年所作的《赠新建喻嘉言》,基本上概括了喻昌的生平事迹和精神风貌。诗云:

公车不就幅巾征,有道通儒梵行僧。
习观湛如盈室水,炼身枯比一枝藤。
尝来草别君臣药,拈出花传佛祖灯。
莫谓石城难遁迹,千秋高获是良朋。

喻氏认为"吾执方以疗人,功在一时;吾著书以教人,功在万里",因此一生的许多精力放在著书立说和教授生徒上。著有《寓意草》、《尚论篇》、《医门法律》、《瘟疫明辨》及其他九种医书,前三书合称为《喻嘉言医学三书》。《寓意草》为喻昌手订治疗内科杂病或伤寒等疑难杂病症的60余则案例,强调治病必先识病,见病然后议药的原则,并订立议病格式,规范病症书写等要求,内容详

① 同治《九江府志》卷四一《方技》。
② 同治《瑞州府志》卷一五《人物》。
③ 同治《赣州府志》卷五八《艺术》。
④ 《清史稿》卷五〇二《喻昌传》。

尽，是中医史上医案书写的典范，至今仍有借鉴意义。《尚论篇》分前后两篇，前为尚论篇，以论述六经证治为旨趣，意在恢复张仲景伤寒论原貌，并条分缕析，详加诠释；后篇论述温症、伤寒、真中风、小儿诸症。《医门法律》阐释临床辨证论治法则，揭示临床诊治错误的禁例。此书体例谨密，析理透彻，法律显明，“专为庸医误人而作，分别疑似，使临诊者不敢轻尝，有功医术”。喻昌久居江南，培养了一大批医术高明的医生，如名医徐彬、程林等，且其后代世为中医。

第八章

明代江西的社会风俗及其嬗变

第一节 岁时节令

一、春季

按照中国古代的历法，农历一、二、三月为春季，主要节令有元旦、立春、上元、清明等。

元旦[①] 又称元日，农历正月初一，以其为新的一年的开始故云。中国古代十分重视元旦，《汉书》中有“三元”、“三朝”、“四始”之说。一年的岁、月、日、时皆从元旦开始，古人又称之为“履端”。

明代，皇帝每年元旦日的清晨在奉天殿接受群臣拜贺。宫中，宫女、宦官等五更起身，爽香、放鞭炮，将门闩或木杠在院中地上抛掷三次，称“跌千金”；饮椒实、柏叶浸泡的椒柏酒，吃水点心即扁食，或暗包二枚银钱于其中，得之者以

① “元旦”有很多不同的名称。东汉崔寔《四民月令》说：“正月元旦，是谓正日。”宋朝人蒲积中编《岁时杂咏》一书中“元日”部分从三国到宋朝的诗歌，就有正旦、元正、元日、新年、初年、太岁日、岁日、朝元、岁旦、新正等名称，其中以元旦最普遍。明清地方志中的风俗志，一般称正月初一为元旦。元旦及新年的名称一直流行到今天，不过自1911年辛亥革命后元旦及新年是指阳历（公历）的每年第一天，而传统的元旦则相当于现在阴历的春节。

卜一岁之吉；宫内互相拜祝，称“贺新年”；用乌金纸或草做成闹蛾、蝴蝶等簪在头上，“以应节景”[①]。地方官员则赴省(府、县)随队行朝贺礼，谒文庙、城隍庙，拜官长，然后拜亲友。如在南安府，官方庆贺元旦的仪节是，南安府知府率僚属及千户所、大庾县各属，先于前日设龙亭、仪仗、金鼓、旗乐等，各具朝服于玄妙观习仪，仍用鼓乐，迎龙亭仪仗设于府堂。元日天刚亮，即具朝服，行舞蹈，山呼祝礼如制。礼毕，参庙，知府率僚属盛服诣文庙。行礼毕，诣城隍庙。行礼毕，各属官生吏胥赴府行庆贺礼。以后每月朔望诣文庙行礼毕，升明伦堂讲书。之后，诣城隍庙行礼。[②]所属南康、上犹、崇义三县礼同。在南康县，“知县率僚属先一日设龙亭、仪仗、金鼓、旗乐，各具朝服。……至日质明，具朝服行舞蹈，山呼祝礼如制。”[③]

百姓也是五更或雄鸡初鸣时起身，穿上盛装，摆设酒果香烛，接神，拜天地，祭祀祖先。祭祀毕，奉酒为年长者祝寿，然后出见乡邻，互贺新年。各家设宴招待乡里亲邻拜贺者，至初三、初五日止，有的延至二三月者。在南康县，正月元旦族长率族人方舆时之吉，曰“出行”；插烛焚香合拜神祇，谒先祖；既而拜尊长，退而往视亲邻相贺；归则长幼宴饮，曰“年酒”。[④]新城县元日，男妇各盛服祀祖先、拜尊长，然后出谒亲族邻里。初一至初五谓之“节假”，互相庆贺。[⑤]瑞州府元旦，拜祖毕，亲族相贺，初出曰“出方”。初三日清晨执杖欢噪以逐兔，取驱逐瘟疫之意。[⑥]建昌府岁首，人最重年。亲族里邻咸衣冠交贺。凡三日不扫除，不倾水，谓之“聚财”。[⑦]铅山县礼重岁首，岁首三日不扫除，以为聚财。[⑧]南安府于元旦，先祭拜祖先，设先世遗像焚香烛率长幼男女展拜，拜毕，则少长伦序以次拜贺，然后亲友交相拜曰“贺年”，如此三四日。拘忌者预择所行利方始出，以为向往。至初六、初七，闲适者携酒果出游为乐，年少者群伙游戏，衢市设神会，夜则击锣鼓歌饮，名“闹船”。[⑨]瑞金县春节期间有跳傩的习俗：“元旦以后事傩最

---

① 刘若愚：《酌中志》卷二〇《饮食尚纪略》。

② 嘉靖《南安府志》卷一〇《礼乐志》。

③ 嘉靖《南康县志》卷四《礼制》。

④ 嘉靖《南康县志》卷一《风俗》。

⑤ 正德《新城县志》卷一《地理·风俗》。

⑥ 正德《瑞州府志》卷一《地理志·风俗》。

⑦ 正德《建昌府志》卷三《风俗》。

⑧ 嘉靖《铅山县志》卷二《风俗》。

⑨ 嘉靖《南安府志》卷一〇《礼乐志》。

盛,男神则龙,女神则凤"[1]。

立春　一年二十四节气之首,在每年公历2月4日前后。但在中国的农历,立春却是一个变动较大的日子,一般在十二月中下旬至正月的上旬。如果遇上闰月,则有可能一年有两个立春日,而次年则有可能没有立春日。不管立春是在十二月还是正月,都象征着春天的到来,预示着一年农事的开始,古人以之为"春节"。立春是一个节气,又是一个节日,与农业生产有着极其密切的关系。在中国历史上,于立春举行的迎春礼就是一个重要的农业礼仪。立春日吃春饼称为"咬春"。明代皇帝立春日照例要在奉天殿接受朝臣们的贺礼,朝贺之后赐宴。而在北京东直门外五里则立春场,建春亭。立春前一日,顺天府长官率僚属至东郊迎春。迎春时,京师勋戚、内臣、达官、武士赴春场跑马,比较优劣。立春日,人不分贵贱,皆咬萝卜,称"咬春";互相请宴,吃春饼和菜,以绵塞耳,"取其聪也"。[2]各地官府行鞭春礼。鞭春(也叫打春)时,有乐队,用鼓吹,官员们在知府(知县)的带领下,绕土牛(纸扎或泥塑的牛)三周,象征性地鞭打几下,然后由衙役把土牛打碎,民众争抢碎土或牛纸,认为土块或牛纸会带来幸运。南安府凡是遇立春,预先于大庾县东郭广化寺塑造土牛、芒神,立春头一天知府率领属县官员正式着装,用鼓乐将土牛、芒神从东门迎入府仪门外安放。立春日天刚亮,知府穿朝服为"班首",各官随从行祭礼鞭击。[3]各地的迎春仪式非常热闹,引得人们纷纷前来观看。如南安府迎春日,"城市内外老稚集于通衢竞看"。而且这一天还有吃春饼的风俗,"是日以麦为饼,裹生菜诸肉啖之,曰'春饼'。以后一月燕会多设饼,自春日始"[4]。建昌府新春时,集亲友谓"会春",客席谓之"春台座"[5]。

上元　正月十五日,道教以之为上元节。上元之夜称元夕、元夜、元宵,各地有燃灯、观灯之俗,所以上元节又称灯节。在明代,上元是超过元旦、立春的更为热闹的节日。沈德符在《万历野获编补遗》卷三《元夕放灯》中详记京师北京自永乐建都至万历年间上元日气象。

江西的元宵也是一年中最热闹的节日。如南安府,自十一夕至十五,作灯

---

① 康熙《瑞金县志》卷二《地舆志·风俗》。

② 刘若愚:《酌中志》卷二〇《饮食好尚纪略》。

③ 嘉靖《南安府志》卷一〇《礼乐志》。

④ 嘉靖《南安府志》卷一〇《礼乐志》。

⑤ 正德《建昌府志》卷三《风俗》。

市。十五日,采松柏叶竹枝结棚,下缀以灯,皆彩绘刻饰人物故事,悬剪纸人马于傍,以火运之,曰"走马"。灯又缚竹糊纸为鳌山,箫鼓喧闹,或放谜灯,题写经书典故、鸟兽草木等,作诗词粘于方纸灯笼谜中,喝彩揭之,名曰"打灯谜"。人们着装鲜丽,罗绮金翠,络绎不绝,以致官府有弛禁城门之举。十六日绘纸船送江焚烧,曰"送船",以禳一岁之灾。[①]该府南康县在上元前数日,各家及城市悬灯为乐,灯或剪纸及竹丝为之,元夕尤盛。元宵日,"同里巷之人祀土神为社,因绘纸为船,曰禳灾。宰肉聚饮尽其欢"[②]。费元禄描写铅山河口镇元夕景象:"园林亭榭秀甲一时,每花时春事,元夕灯棚,歌声伎馆,钟鼓丝竹,千家嘹亮,士女云集,斗鸡蹴踘,白打樗蒲,赏心乐事,技艺杂沓。"[③]建昌府元宵灯市的盛况是:

> 以篷箬结棚通衢作灯市,游人往来达曙,灯有鳌山、绣球、走马、窠菜等名,皆刻饰楮帛或琉璃竹丝菩提叶等为之,四周悬带尤极精丽,往时有张一灯费一金者。南丰县装成大架,肩舆而迎之,费尤甚。故家子弟稍知书者作灯谜。沿街烟火……至药发,光怪百出,若龙蛇飞走、帘幕、星斗、人物、花果之类,粲然若神。

编修方志的地方绅士感叹道:"若是景象,吾犹见之而今无矣,民财可知。"[④]其属新城县上元节自初十夜起,城市人家皆搭棚横跨街上,明灯彻夜而作乐以赏之,至十五夜止,过十六后则谓之"残灯"[⑤]。南昌府宁州的元宵景象是:"妆扮男女各样故事,以奇巧相竞,鳌山结彩,锣鼓喧阗,遍游街市,以为盛事。"[⑥]

除了观灯以外,宫中、民间皆制元宵或汤圆以食。此外,有走百病的习俗。十六日,民间妇女纷纷出家门,结伴而行,"前令人持一香辟人,名曰走百病。凡有桥之所,三五相率一过,取度厄之意,或云终岁令无百病"[⑦]。广信府亦然,如铅山县元夕,"张灯城中为盛,越明夕男妇相率夜行,谓之'走百病'"[⑧]。

---

① 嘉靖《南安府志》卷一〇《礼乐志》。

② 嘉靖《南康县志》卷一《风俗》。

③ 费元禄:《晁采馆清课》,《四库全书存目丛书》子部第118册。

④ 正德《建昌府志》卷三《风俗》。

⑤ 正德《新城县志》卷一《地理·风俗》。

⑥ 嘉靖《宁州志》卷一三《风俗》。

⑦ 沈榜:《宛署杂记》卷一七《民风》。

⑧ 嘉靖《铅山县志》卷二《风俗》。

清明 二十四节气之一,公历在每年四月五日前后,农历则在每年的二月中旬到三月上旬,其早与晚,则与立春的早晚和闰月有关。寒食节在清明的前一天,本有插柳、荡秋千、放风筝等活动,由于这些活动后来延续到清明,久而久之,清明与寒食已没有区别。于是清明既是节气,又是节日,寒食则渐渐被人遗忘。

清明一到,气温升高,雨量增多,正是春耕春种的大好时节,故有"清明前后,种瓜点豆"的农谚,可见这个节气与农业生产有着密切的关系。清明节是我国最重要的传统祭祀节日,是祭祖和扫墓的日子。清明又是春光明媚草木吐绿的时节,也正是人们春游(踏青)的好时候,所以古人有清明踏青,并开展一系列体育活动的习俗。清明节的习俗是丰富有趣的,除了讲究祭祖、扫墓、插柳,还有踏青、荡秋千、蹴鞠、打马球等一系列体育活动。因此,这个节日中既有祭扫新坟、生别死离的悲酸泪,又有踏青游玩的欢笑声。

江西民间清明日,各家门上插柳,头上簪柳,携带酒食扫墓,祭后择风景佳处享用祭物。南安府各属寒食日,"作青精饭为食,或以相馈"。清明日遍插柳于门,前往扫墓,修理松楸,剪除荆棘,"祭日男女皆往,备载酒肴牲仪聚亲朋以祭,祭毕会宴"。先后几日听其便,皆为清明之举。[①]南康县于清明日祭先于祠,复以醴馔拜于墓,标以纸钱曰"醮墓"[②]。建昌府清明插柳辟邪、扫墓,还有"标坟"的说法,即"以竹悬纸钱而插之"[③]。新城县在寒食日,"人争持羊承酒走先人冢,覆土挂钱,以丰洁为雅尚,即贱人走隶不废也"[④]。于清明日皆具牲醴祭墓,插柳枝于门之两旁,男女亦各簪一枝于首,谓之"辟邪"[⑤]。

明代江西春季较重要的节令还有正月下旬或二月上旬的"起学"(或称集学),以及惊蛰始浸种、做春社(春祈)等。如南安府各地元宵过后择吉日,父兄各以童蒙就外傅,曰"起学"。新城县,二月初旬,访都人之有子弟者相与延师于里塾,教仪诗书。[⑥]建昌府于惊蛰日,将少许石灰置于柱下或墙脚,以使不生虫

① 嘉靖《南安府志》卷一〇《礼乐志》。

② 嘉靖《南康县志》卷一《风俗》。

③ 正德《建昌府志》卷三《风俗》。

④ 乾隆《新城县志》卷七《崇尚》。

⑤ 正德《新城县志》卷一《地理·风俗》。

⑥ 正德《新城县志》卷一《地理·风俗》。

蚁。[①]南安二月初,“以惊蛰为始浸谷,上戊日祭社祈谷”。[②]瑞州府二月初做春社,祀土谷之神后乃浸种。[③]南康县“二月农夫粪其田,惊蛰始浸谷,上戊日祭社以致春祈”。[④]

二、夏季

农历四、五、六月为夏季,江西在夏季的主要节令有浴佛节、端午节、六月六等。

浴佛节 浴佛节又名佛诞节、龙华会,在农历四月初八,佛教称这天是佛祖释迦牟尼的生日。它是佛教传入中国后兴起的宗教节日,但是又有中国传统文化的特点,其中的浴佛、斋会、结缘、放生和求子在相当一段时间里广为流行。四月初八虽为浴佛节,但是人们总是把自己的愿望表现在节日的活动中,这其实早已世俗化,求子就是一个突出的例子。建昌府的浴佛节,成了本地妇女的节日,“浮屠作浴佛会,有乌桐饭、香水,先时妇女往观之”[⑤]。浮梁县四月八日则“馈遗浮屠”。铅山县于这一天取木叶黑汁渍米和砂,姻戚互相馈送。[⑥]明中后期,江西有些地方的官员认为浴佛节不合儒家传统,且有伤风化,对此风俗加以禁止。如南安府,“四月八日浮屠氏习荆楚岁事,以香水浴释迦太子佛,为龙华会,愚者亦间从之,近日渐革”[⑦];瑞州府“四月七日庆城隍,八日浴佛,至者塞途,今皆有禁。”[⑧]

端午节 端午节在农历五月初五,这是仲夏的第一个“午日”,也是我国农历三大节之一。端午节还有许多别称,如:午日节、重五节、五月节、浴兰节、女儿节、天中节、地腊、诗人节、龙日等。虽然名称不同,但总体上来说,南北各地过节的习俗还是大同小异。民谚说:“清明插柳,端午插艾”。每到这一天,家家户户都以菖蒲、艾叶、榴花、蒜头、龙船花等,制成人形,称为艾人。将艾叶悬于堂中,剪为虎形或剪彩为小虎,贴以艾叶,妇人争相佩戴,以辟邪驱瘴。又用菖蒲作剑,插于门楣,说是有驱魔祛鬼之神效。吃粽子(又叫“角黍”),饮雄黄酒,

① 正德《建昌府志》卷三《风俗》。
② 嘉靖《南安府志》卷一〇《礼乐志》。
③ 正德《瑞州府志》卷一《地理志·风俗》。
④ 嘉靖《南康县志》卷一《风俗》。
⑤ 正德《建昌府志》卷三《风俗》。
⑥ 嘉靖《铅山县志》卷二《风俗》。
⑦ 嘉靖《南安府志》卷一〇《礼乐志》。
⑧ 正德《瑞州府志》卷一《地理志·风俗》。

游百病，佩香囊等都是端午节的主要内容，而赛龙舟则是最重要的节庆活动。浮梁县端午悬艾于门，竞渡龙舟；宁州端午为龙舟角力之戏；瑞州端午插艾，食粽子，饮菖蒲酒，划龙舟竞渡。南安五月五日，以“角黍相馈送，涂雄黄，饮菖阳酒，悬艾于门，儿女辈又杂取佩之以辟邪”。而且，“里人造龙舟竞渡，夺标取胜，两岸聚观如堵”①。建昌府过端午节，也是插艾、菖蒲，饮雄黄酒。小孩则颈项系百索（五色线），谓能辟邪；用百草水洗澡谓“不生疥”，观看竞渡有人持酒肉犒劳，谓之“赏标”。②南康县，端午“插艾于户，饮雄黄菖蒲酒以辟毒。馕角黍相馈。市人或伐木为船，群聚竞戏于江”③。

但是，从治安的角度来说，地方政府及绅士又往往将龙舟竞渡视为陋习，原因是时常发生争端乃至械斗。新城县过端午，“先数日用箬叶裹米为粽，祭先。是日插菖蒲、艾于户，饮菖蒲酒，”，各乡村造龙舟竞渡，发生争端，以致有殴伤溺水者。官方遂加以禁止，但风气使然，“虽有禁而人心不能禁”④。清康熙二十一年纂修的《金溪县志》引明代嘉靖志说：上元迎灯，端午龙船竞渡，造作工巧，大伤民财，且有因而争斗往往致死者，俗以此三事可以祛疫，故竭力为之。嘉靖五年邑令林初曾下令禁绝，其风稍杀云。⑤在铅山，地方官员也禁止民间端午竞渡。正德三年，南康县民吴登显等三家因为赛龙舟而招致大祸。《明武宗实录》载：

> 正德三年六月癸未，籍江西南康县民吴登显等三家。先是设立西厂，令太监谷大用领之，分遣逻卒四出，刺民间阴事。登显等遇端午为竞渡之戏，盖江南旧俗也。逻卒归报，以为擅造龙舟，遂罹此祸。自是四方传闻，远近大怖，偏州下邑，见有华衣怒马作京师语音者，辄相惊告，蹋蹐有司，闻风密赂之，冀免奇祸。亦有无赖子虚喝以售奸获利者。天下皆重足屏息，嚣然丧其乐生之心矣。⑥

① 康熙《浮梁县志》卷一《舆地·风俗》、嘉靖《宁州志》卷一三《风俗》、正德《瑞州府志》卷一《地理志·风俗》、嘉靖《南安府志》卷一〇《礼乐志》。

② 正德《建昌府志》卷三《风俗》。

③ 嘉靖《南康县志》卷一《风俗》。

④ 正德《新城县志》卷一《地理·风俗》。

⑤ 康熙《金溪县志》卷一《风俗志》。

⑥ 《明武宗实录》卷三九，正德三年六月癸未。

其实,任何民间活动都有一定的风险性,关键在于是否管理得当、因势利导。官府为图省事,动辄禁止,反而弊病丛生。

六月六。农历六月初六,相传是佛祖释迦牟尼晒经的日子,故民间认为这一天晒的东西易于保存。民谣云:“六月六,晒衣服。”是日,京师内府皇史宬古今通集库、銮驾库晒晾书籍、衣物等;宫眷内臣吃过水面、“银苗菜”(嫩藕秧),储水制曲、酱;锦衣卫驯象所牵象到城外洗浴,两岸围观者数万人,“面首如鳞次贝编焉”[①]。江西万载六月六日“烘霉晒服”。建昌在六月六日不仅晒衣,且兴“食鸡粥”,“谓能补阳”[②]。

三、秋季

农历七、八、九月为秋季,主要节令有七夕、中秋、重阳等。

七夕 也称“乞巧节”或“女儿节”,时在农历七月初七晚。七夕节最普遍的习俗,就是妇女们在七月初七的夜晚进行的各种乞巧活动。乞巧的方式大多是姑娘们穿针引线验巧,做些小物品赛巧,摆上些瓜果乞巧,各个地区的乞巧方式不尽相同,各有趣味。明代,宫眷内臣穿鹊桥补子蟒衣,宫中设乞巧仙子,兵仗局伺候乞七针,宫女穿针乞巧。江西民间,妇女乞巧,“各备酒果悬箕于桌上、星月下,罗拜请画诸品花样,谓之乞巧。又以线刺针孔,中者云得巧”。[③]或女人陈瓜果,结彩缕,穿针拜庭下以乞巧。[④]

中元 农历七月十五日。道观是日举行斋醮,佛教则称此日为盂兰盆节(简称盂兰节)[⑤],寺院举行法会,荐祭亡灵。江西建昌府中元节“俗为鬼节,多设斋僧会荐亡,曰盂兰会”[⑥]。在铅山县,中元祭先肴馔荤斋相半,或荤斋分夜两祭。[⑦]上犹,七月望日,或亦行俗礼“烧衣”。南安县民间,“中元以楮为衣,拜献于先祖焚之,仍合族祭于祠,亦有用浮屠氏为追荐者。”新城县俗以七月十五日为

---

① 刘侗:《帝京景物略》,卷二《城东内外》。

② 正德《建昌府志》卷三《风俗》。

③ 嘉靖《南安府志》卷一〇《礼乐志》。

④ 康熙《浮梁县志》卷一《舆地·风俗》。

⑤ 盂兰盆,华梵兼称,是“Ullabana”的音译略词,“盂兰是西域之语,此云倒悬。盆乃东夏之音,仍为救器,若随方俗,应曰救倒悬盆”。

⑥ 正德《建昌府志》卷三《风俗》。

⑦ 嘉靖《铅山县志》卷二《风俗》。

中元,以锡箔纸糊为金银,以彩色纸糊为衣服,"至期侑以酒肴荐诸祖先"[①]。在南安府,七月十五日僧舍多营斋供荐亡,作盂兰会超度亡灵,百姓人家则"用彩色纸糊为冠履衣裾,剪制金银为首饰带锭之类,备牲醴祀祖先",之后焚烧。如是新丧者,后人还要继以哭泣。[②]

中秋 农历八月十五日,又称团圆节。明代,宫中自初一日即有卖月饼者,宫眷内臣以月饼、西瓜、藕等互相馈遗;十五日,宫内供奉月饼、瓜果,待月上焚香拜祭;祭毕分而食之,并吃螃蟹,蘸醋、蒜佐酒,饮苏叶汤,"多竟夜始散席"[③]。民间各家也以月饼、瓜果等祭月,祭毕全家团坐共食之,或馈赠亲友。妇女有回娘家者,此日必返夫家团圆,一家人月下饮酒吃月饼,称赏月或玩月。江西各地也如此,浮梁县中秋赏月,南康县中秋"设酒对月",建昌府中秋夜"登楼玩月,多用西瓜、团饼"。新城则有些特别,迎灯于市,如同元宵。[④]妇女通过拜月卜吉凶,南安妇女于中秋夜仍设酒果悬箕以卜休咎,谓之"祀月姑"。

立秋 二十四节气中的第十三个节气,也是农家重视的大节气。古人早有立秋迎秋之俗。明代江西南康县立秋日有"禳灾"的习俗,"立秋日聚众作木船以香楮送于江,亦曰'禳灾',仍丰其酒食聚而罢"[⑤]。南安府,立秋日"闾巷咸具妆饰,争奇竞侈",为故事如《十八学士》、《明皇游月宫》之类,"冠服尽罗绮,赞佩尽金宝",遍游街市为"迎秋会",热闹非凡。[⑥]

重阳 农历九月初九。金秋送爽,丹桂飘香,重阳节活动丰富,情趣盎然,有登高、赏菊、喝菊花酒、吃重阳糕、插茱萸等。明代,江西民间多用米粉蒸糕,染以五色,或插上菊花、彩纸花等,成花糕以食,或互相馈赠,有的还拿到集市出售。人们带酒具、食盒登高,饮茱萸酒或菊酒。南康县重阳日,人们"登高玩菊佩萸,随其所适"[⑦]。建昌府,值九月九日,民间用百果及肉杂米粉蒸菊花糕,老幼皆登南城凤凰冈,仿古人登高避难之意。[⑧]在南安,九月九日,以麦为糕相馈送,富者则设宴会,士大夫携酒登高为乐。儿童夜晚则各执木棒击之,以驱狐

① 正德《新城县志》卷一《地理·风俗》。
② 嘉靖《南安府志》卷一〇《礼乐志》。
③ 刘若愚:《酌中志》卷二〇《饮食好尚纪略》。
④ 正德《建昌府志》卷三《风俗》。
⑤ 嘉靖《南康县志》卷一《风俗》。
⑥ 嘉靖《南安府志》卷一〇《礼乐志》。
⑦ 嘉靖《南康县志》卷一《风俗》。
⑧ 正德《建昌府志》卷三《风俗》。

狸,名曰“禳灾”[①]。新城人最重重阳节。自九月初一日起,皆设席宴会亲宾,“又和麦面及米粉与果实相间为糕,其亲宾尤厚者既燕复以此糕及糖鱼相馈遗”。至初九日则饮茱萸酒,男女老少俱插一株茱萸,谓可辟恶气。[②]

四、冬季

农历十、十一、十二月为冬季,主要节令有十月一、冬至、祭灶日、除夕等。

十月一 古人以之为冬季之始,从此天气变冷。在明代,这是颁布来年历法的日子。民间,各家上坟祭先,送寒衣,“坊民刻板为男女衣状,饰文五色,印以出售。农民竟以是月初一日鬻去,焚之祖考”[③]。倘若新丧,则用白纸为衣,“曰新鬼不收衣彩也”[④]。在江西宁州,农民对此极为重视,“十月朔日田家饭牛,用餐果祷祀牛祖”。建昌府民间,十月一日于先人坟墓前烧化衣物,谓之“送寒衣”,人家开炉烧茶为会。[⑤]

冬至 俗称“冬节”、“长至节”、“亚岁”等,是我国农历中一个非常重要的节气,也是一个重要的传统节日。民间有“冷在三九,热在三伏”的说法。明代,京中百官戴暖耳入朝贺冬,吉服三日,具红笺互拜,所谓“朱衣交于衢”,“一如元旦”[⑥]。各地民间,官僚、士大夫、亲友、近邻互相贺拜,荐先祭祖,仪如元旦。在江西南安、建昌府等地,正德、嘉靖年间冬至节还没有在民间广泛流行,只在士大夫当中举行。南安,“冬至为士夫行庆贺礼,乡市人不然”;建昌,“冬至,人初不为重,近时士夫家行祀先礼,人渐效之”[⑦]。铅山县也是“礼重岁首而轻冬至”。相比之下,南康、新城、宁州等地则更为重视。南康县,“冬至祭先于祠,醮墓如清明”;新城县,冬至“陈牲醴荐祖先”;宁州,“长至聚食于家,谓之‘冬饭’”。而瑞州值冬至日,“郡城如度岁然,交相拜贺”[⑧]。

---

① 嘉靖《南安府志》卷一〇《礼乐志》。

② 正德《新城县志》卷一《地理·风俗》。

③ 沈榜:《宛署杂记》卷一七《民风一》。

④ 刘侗:《帝京景物略》卷二《城东内外》。

⑤ 正德《建昌府志》卷三《风俗》。

⑥ 刘侗:《帝京景物略》卷二《城东内外》。

⑦ 嘉靖《南安府志》卷一〇《礼乐志》、正德《建昌府志》卷三《风俗》。

⑧ 正德《瑞州府志》卷一《地理志·风俗》。

祭灶日 农历腊月二十三日或二十四日。我国春节，一般是从祭灶揭开序幕的，因此民间俗称腊月二十三日或二十四日为"过小年"，亦称小年、小年下、小年节等。江西民间，一般以腊月二十四日为过小年、祀灶神。瑞州，腊月二十四日俗呼为"小年"。南康县，"岁腊二十四日扫舍宇，始随宜具年节及杵米为糍粑相馈。是夜祀灶"[①]。宁州这一天还有祭祖的风俗，"腊月二十四日名'小除'，晦日名'大除'，皆设祭于家庙"[②]。南安府各地，腊月二十四日，洁扫舍宇以尘秽置之远方，夜祀灶，设酒果用糖为荐，俗谓灶神。[③]建昌府民间，腊月祀灶，用粉团糖饼，谓灶神朝天言人家过失，用糖取胶牙之意。扫屋尘，名"除残"。小儿辈则带面具戏舞于市，似古傩礼。[④]

除夕 俗称"大年三十"，农历一年的最后一天。除夕和春节相连，风俗内容有别而相联系。除夕主题是除旧布新，团圆喜庆。主要习俗活动有祭祖拜神、贴春联、围炉、守岁、辞岁等。明代，江西有些地方年前有"送年"的习俗，至除夕日各家皆祭祀祖先，换门神、桃符、贴春联，燃放爆竹，吃年夜饭，或围炉团坐，竟夜不寐，称为"守岁"。守至深夜子正零时之际，家家户户鞭炮齐鸣，点灯笼上香，迎新迎福，跨进新年，称为"辞岁"。南康，除夕则换桃符，写春帖，"悬先世遗像于堂，荐之醴馔时物，既而烧爆竹，动鼓吹合，长幼团圞宴饮，曰守岁"[⑤]。浮梁，除夕守岁，燃灯爆竹以为乐。新城，岁将尽数日，亲朋好友以酒果之类互相馈遗，"以为迎新聚饮之储"。除夕则换桃符，夜放火爆，满室点灯，或饮酒或不寐守岁。[⑥]瑞州，"年熈，亲友相遗曰'送年'，母女相遗曰'逻年'"。岁除，祭祖祀神，扫屋迎新，粘春对张门神。南安，除夕日"出数世遗像设寝堂，午后具祭品为祀"。男女盛酒馔为长者祝贺一岁平安、健康高寿，小孩则因又长了一岁而欢喜。又"杵黍为糍粑，亦相馈送"。易门神，换桃符，更春帖，挂纸币于门，至夜各室燃灯焚香，放爆竹，举家坐守不寐，谓"守岁"[⑦]。建昌，岁除日换桃符春帖，夜则爆竹于庭；"列炭数行，烧辟瘟丹"，围炉守岁。[⑧]守至深夜子时之际，家家户户

① 嘉靖《南康县志》卷一《风俗》。

② 嘉靖《宁州志》卷一三《风俗》。

③ 嘉靖《南安府志》卷一〇《礼乐志》。

④ 正德《建昌府志》卷三《风俗》。

⑤ 嘉靖《南康县志》卷一《风俗》。

⑥ 正德《新城县志》卷一《地理·风俗》。

⑦ 嘉靖《南安府志》卷一〇《礼乐志》。

⑧ 正德《建昌府志》卷三《风俗》。

鞭炮齐鸣,点灯笼上香,迎新迎福,跨进新年,称为“辞岁”。辞岁结束后,除夕节日礼仪活动的大幕才算是徐徐落下,人们兴致勃勃、喜气洋洋地又投身到庆祝“农历新年”——春节的节日活动中去了。

第二节 冠婚丧祭

一、冠服

在古代中国,作为规范人们行为的“礼”也包括服饰,所以如何穿着,本身就体现着“礼”。它是一种身份地位的象征,是一种符号,代表着尊卑贵贱,有其固有的制度和习俗。

明朝推翻元朝统治后,下令禁“胡服”,“车服尚质”,参酌汉、唐之制,颁行遵守。①

为了维护等级制度,明政府严令官民不得违反规定而服。实际上,服饰逾制的现象从明初已经开始出现,明中期以后,这种现象更加广泛。万历时张瀚就说:“国朝士女服饰皆有定制,洪武时律令严明,人遵画一之法。代变风移,人皆志于尊崇富侈,不复知有明禁,群相蹈之”,“今男子服锦绮,女子饰金珠,是以僭拟无涯,逾国家之禁也”②。到了明末,士庶冠服呈现了多样、多变的风貌,服饰逾越等级制度的情形更甚,团龙、立龙等纹饰已成为普通百姓常用的花纹,甚至乐人也仿效士大夫在服饰上饰以禽鸟,倡优满头珠翠,隶卒脚登云头鞋,“人不以为异”③。

与服饰逾制不同的是,明初的冠礼则因其程序繁多、费用过大而渐趋废弃。洪武元年定冠礼,虽然“下及庶人,纤悉备具”,但“自品官而降,鲜有能行之者”。南康县嘉靖年间冠礼行朱子家礼,但当地士绅都认为“举筵连日,似为太费”④。

至明中期,江西的一些偏远地区如赣西北宁州,赣西南南安、赣东北铅山等府州县还在实行明初的冠礼,或服饰的变化不大。嘉靖时宁州士大夫家,“冠

① 《明史》卷六五《舆服志一》。

② 张瀚:《松窗梦语》,卷七《风俗纪》。

③ 万历《通州志》卷二《风俗》。

④ 嘉靖《南康县志》卷一《风俗》。

婚丧祭悉行文公家礼”。嘉靖十五年《南安府志》卷一〇《礼乐志》记当地民间礼仪中的冠礼：

> 凡冠具古仪礼。朱文正家礼、丘文庄公家礼，仪节甚备。南康士庶、大庾大夫士家多习而行。上犹近日尚礼，士庶家亦间行之。崇义行者尚少，其不行冠礼者惟择吉日，男子坐中室，不设位，不戒宾，不择赞，不具冠服，父兄以小帽加首，亲友略举礼贺，富者具鼓乐，饮燕而罢。贫朴者亦不举贺，于礼尤简略。

铅山县“旧时男帽有桃尖墩子平等诸样，女髻矮蹲如拳，续高几尺而锐。男衣下高及脑，女衣上长过膝”。弘治末年以来，“稍得中帽、穹窿，髻五寸为度，衣各齐腰，率用布，素无文采侈靡之饰，有不识珠玉为何物者”。即使是富人，乘车步行甚至会见宾客，也只是青鞋布袜，“靴用牛革而已”[①]。

但大多数地方随着社会经济的发展，服饰形式多样，甚至有模仿与僭越之风。这种变化在士大夫看来则是渐趋奢靡，世风日下。万历年间南昌万廷言写道：“国初民俗尤为近古。亲党有谒，手单布深衣革履，道路间不敢服，及门服以谒，谒罢持归，故或终身不易衣履……故吾乡非独形胜据东南总会，而俗化风标，盖自古为西江冠首焉。惟是靡习蘖自濠藩，浸淫闾巷，冠裳燕会之侈，顿非其旧。”[②]新城县士绅家冠婚丧祭皆遵守明初礼制，正德年间“渐起奢靡”，至隆庆时“服饰、器用、燕会日向奢靡，犯分耗材，无复顾忌，则渐于南城也”。这种风气随着王朝的更替并未消失，清乾隆年间的地方士绅感叹道：“邑俗自前明中叶以至末造，浇漓日甚，民用不古，迄昭代与之更始，俗虽渐变，然余波未竭。前志所书诸弊端，尚有仍者，移而易之，其沦肌浃髓之效与？”[③]吉安府嘉靖中期“中古之醇风犹存一二”，至万历时则“文稀有余，质厚不足。羡慕丰丽之习而耻其故常”[④]。东乡县“舆服稍从侈靡，弃坚务缕以相夸耀”[⑤]。康熙年间万载县的地方士绅面对清初战乱后的萧条景象，追忆昔日，不禁发出感慨：“在昔豪民拥厚

① 嘉靖《铅山县志》卷二《风俗》。
② 万历《新修南昌府志》卷首《序》。
③ 乾隆《新城县志》卷七《崇尚》。
④ 万历《吉安府志》卷一一《风土志》。
⑤ 康熙《东乡县志》卷二《物俗志》。

赀，辄广第宅，盛服饰，饮食奢侈，靡知樽节。今市井寥落，原野萧条，即士夫子弟鲜用罗绮，衣冠朴素。”[①]赣东北广信府地方也纷纷效仿南京、江南地区的艳丽服饰，“衣裳冠履之制，视诸京色而以时变易之”，“奢僭甚而犯礼多，浑朴消而殷富替”。其具体情形是：

> 成化前制式不一，大率惟弘治末得中如穹圆帽、平头靴，衣折以腰为中，皆合象宜人，今犹用之。先是男子衣惟绸布土缣，富者间衣文绮，必袭以布，谓之“衬衣”，仕非达官员领不得辄用苎丝。女子服饰，视贫富以为艳朴，士人之妻非受封不得长衫束带。

至于冠礼，天顺以前“犹备三加[②]，生员之冠多于学宫行之”，成化间渐渐废除不用。[③]

建昌府从正统到弘治数十年间服饰、饮食风尚的变化很大。在天顺、景泰以前，男子“窄檐高帽，衣腰中，裾幅周身，袖曲肱而已”；妇女“平髻，衫制古朴，婚会以长衣”。成化间“男饰或莲子帽、桃尖帽、平顶帽，宽衣大袖，或腰及于膝，或近于胸，咸非中制”。正德时“稍稍复古，而侈妇饰僭拟妃嫔，娼优隶卒之妇亦有黄金横带者”。至于食物方面，“先时燕会果肴用大器，多不过五品，谓之‘聚盘’，后用小盘至数十品，谓之‘簇盘’”。正德时仿效京师，“杂陈奇品”。正所谓“服食之变可以观俗也”！[④]这些习俗与风气，本与整个社会经济的发展相一致，却为地方士绅所不能容忍。天启《赣州府志》的编修者视此变化为“洪水猛兽”：

> 乃今凿朴为雕，易俭为侈，服饰器用，燕饮之浮薄，转相慕效。而又不分贵贱，不论贤愚，戴方巾，被花绣，蹑朱履，盖装银顶，乐用铜鼓，犯上亡等，法制谓何？[⑤]

---

① 康熙《万载县志》卷三《风俗》。

② 三加，冠礼，初加缁布冠，次加皮弁，再加爵弁。

③ 嘉靖《广信府志》卷一《地舆志·风俗》、嘉靖《永丰县志》卷二《风俗》。

④ 正德《建昌府志》卷三《风俗》。

⑤ 天启《赣州府志》卷三《舆地志·土俗》。

二、婚姻

像服饰礼仪一样,明朝对婚姻礼仪也规定得具体、繁琐而严格。虽然明政府对各色人等的婚姻礼仪做了严格规定,但江西民间的婚姻也只是在原则上受礼的制约,并没有为这些规定所束缚,故婚姻习俗五花八门。

明代江西的婚姻礼俗兼用,既普遍遵循明初制定的礼仪,又根据具体情况加以变通。嘉靖十五年编修的《南安府志》对此记载颇为详细,兹录如下:

> 凡议婚,男女自幼从媒妁通名,取女氏庚帖送男氏推卜。既合,媒妁报吉,男氏择日行定礼,用金银、钗钏、果饼、鼓乐,送至女家。收纳亦用金银、簪佩、果饼从宜回答(尚朴者或贫者略用果饼定答从宜)。男女既长,将成婚数月前媒妁通言,择吉日,男氏行聘礼,用金银首饰、罗缎衣服、猪羊果饼牲酒(尚朴者、贫者有急事从宜聘答),鼓乐送至女氏。收纳,礼相称答。至成婚之期,女氏旦备奁仪,鼓乐送至男氏,男子昏时或质明行奠雁礼,至女氏亲迎成婚。命醮参谒兼用礼俗。酒食燕会从宜丰俭。①

即使是在同一个府,各个县的情况也还是存在差异:"此大庾、南康大夫士庶尚礼者所行也,上犹亦间行之,崇义尚寡行者。"

婚礼有严格遵行《朱子家礼》者,也有沿用俗礼甚至违礼者。南康县"多用家礼,纳采纳币,亲迎如仪",但"城中行聘在成婚之时,近者初议婚酒席烦琐可厌;各乡则于初议婚媒妁报吉遂择日行聘,其诸俗习违礼"②。正德时期建昌府"多沿俗礼,冠不备三加,婚不亲迎"。嘉靖时铅山县已"废礼","婚不亲迎"③。上犹县婚礼行三礼,俗称"报好"、"下定"等。成婚后新婿诣妇翁家,俗云"上门"④。

邓元锡说嘉靖、万历间新城的情况:"婚嫁重阀阅,视名行相配。资送质厚无绮文,女妇无观游,终岁处闺阁,非牙媒途坎无士女也。"⑤南安府大庾县,"重阀阅,不择贫富,不论财多寡,不责妆奁厚薄"。

① 嘉靖《南安府志》卷一〇《礼乐志》。

② 嘉靖《南安府志》卷一〇《礼乐志》。

③ 正德《建昌府志》卷三《风俗》。

④ 康熙《上犹县志》卷五《礼乐志·风俗附》。

⑤ 乾隆《新城县志》卷七《崇尚》。

重财礼是明人婚姻更为突出的特点。如果说讲究门第体现了婚姻较浓的政治色彩的话，那么重财礼则更多地表现出了婚姻随着社会经济的发展和社会财富的积累而“与时俱进”的经济色彩。明初，民间婚姻即有“专论聘财，习染奢侈”的现象，故洪武五年政府颁行仪制，令“务从节俭，以厚风俗”[①]。虽“其时品节详明，皆有限制”，但禁令并未生效，“克遵者鲜”。明中叶以后，社会皆以豪奢为时尚，婚姻重财礼之风更盛。这种习俗在一定程度上也促成和助长了溺女之风。万历时期吉安府“婚聘至较金多寡，娶则计妆厚薄”，以婚姻为市场，“乃至男女婚媾失期，甚则生女必杀之”[②]。上犹县贵男贱女，德安县婚姻论财，彭泽县“婚姻论财，多不育女”[③]。浮梁县“婚计资送，多溺女”。丰城县的溺女陋习由来已久，地方士绅认为原因在于女方父母害怕负担丰厚的嫁妆，“度其心不过虑婚费之难供也”。嘉靖时期地方官员虽作歌以禁溺女，但似乎收效甚微。[④]南康县，“用银折充奁仪，以省浮费，其数以多为尚”。因此“富家育女不过一二，男子必与奁仪相称”。虽然有些地区如大庾县的一些人家婚姻更注重门第而不择贫富、不计较聘礼多寡与嫁妆厚薄，但这并不是普遍现象，更多的还是“屑屑相较”。在上犹县，即使议婚已定，稍有不合，虽临婚亦忿争悔退。至于寡妇改嫁，“翁家多受财物”，南康为甚。[⑤]至于嫁娶时间，大多选在冬季，建昌府则选在二月十五日花朝(节)，“人家多行婚礼”[⑥]。

与婚姻习俗有关的明代妇女贞节观，也需一提。明代对妇女贞节的要求进一步加强，民间也把女子的贞操看得很重。与重视女子贞操相一致，明代对寡妇守节采取奖励政策。洪武元年，明太祖曾下过一个诏令：民间寡妇，三十以前夫亡守制，五十以后不改节者，旌表门闾，除免本家差役。[⑦]既然寡妇守节不但本身可以记其事迹，赐于祠祀、树坊表，表彰节妇烈妇，而且可以免除本家的差役，又有哪个女子能不守节、哪个家庭或家族能不劝导寡妇守节？一时守节风盛，空前绝后，大量的贞节牌坊就是从明代开始树立的。在政府的提倡和奖励下：“乃至僻壤下户之女，亦能以贞白自砥。其著于实录及郡邑志者，不下万余

① 《明史》卷五五《礼志九》。

② 万历《吉安府志》卷一一《风土志》。

③ 嘉靖《九江府志》卷一《方舆志·风俗》。

④ 嘉靖《丰乘》卷三《风俗志》。

⑤ 嘉靖《南安府志》卷一〇《礼乐志》。

⑥ 正德《建昌府志》卷三《风俗》。

⑦ 《明会典》卷七九《旌表门》。

人,虽间有以文艺显,要之节烈为多"[①]。二十四史中,节烈妇女最多的,莫过于《明史》了。元代以前,每部正史收录的节烈女子至多不过60人,而明初修《元史》,收187人。明代节烈女子见于记载者不下万余人,《明史·烈女传》收其尤者300余人,其中有江西九江人"黑头节妇"欧阳氏。欧阳氏年方十八丈夫身亡,"抚遗腹子,纺绩为生"。由于父母逼迫再嫁,她用针在其额头刺"誓死守节"四字,并涂上墨水,四字深入肤里,人们都称为"黑头节妇"[②]。现存各种明代的江西方志都会专门设"列女"(或名"贞烈"、"贞节"等)一门,以表彰贞节之妇。贞节观的变化,既反映了明代在婚姻方面对妇女歧视的加重,也是传统礼教对妇女摧残和束缚的深化。

三、丧葬

明初立国,在整顿纲纪的理念下,推行教化,颁布一系列礼制,对丧葬的仪节、仪物加以规范。就像婚俗一样,随着社会经济的发展,政府规定的丧葬礼仪也遭到不断的冲击和挑战。最迟至成化年间,民间的丧葬习俗已不若明初那样质朴简约,渐多违礼。临丧不哀、崇尚虚文、使用佛道仪式、铺张奢侈,以及惑溺于风水葬师之言,已成为一种风气。[③]王守仁在南赣巡抚任上倡导"南赣乡约",内有两条:

> 男女长成,各宜及时嫁娶;往往女家责聘礼不充,男家责嫁妆不丰,遂致愆期。约长等其各省谕诸人,自今其称家之有无,随时婚嫁。
>
> 父母丧葬,衣衾棺椁,但尽诚孝,称家有无而行。此外或大作佛事,或盛设宴乐,倾家费财,俱于死者无益。约长等其各省谕约内之人,一遵礼制。有仍蹈前非者,即与纠恶簿内书以不孝。[④]

前者说的是婚嫁的讲究财礼,后者说的是丧葬竞相奢侈,可见这种风气在正德时已经十分严重,而且由来已久,根深蒂固。

---

① 《明史》卷三〇一《列女传一》。

② 《明史》卷三〇二《列女传二》。

③ 参考何淑宜:《以礼化俗——晚明士绅的丧俗改革思想及其实践》,《新史学》(台北)第11卷第3期(2000年9月)。

④ 王守仁:《王阳明全集》,卷一七《南赣乡约》。

明代中后期以来，江西的丧葬习俗各地不尽相同，且处于变化之中。有循礼者，亦有违礼者；循礼之中有不循礼处，违礼者也遵循着某些礼仪。大体来说，士大夫循礼者多些，乡间则多用俗礼。同时也各取所需，儒、佛、道的丧葬仪式并行不悖。嘉靖时铅山县风俗，“丧不尚靡，文士大夫家间行古礼，未能尽变也”[①]。宁州地处江湖交界，“俗多类楚，近世士大夫家冠婚丧祭悉行文公家礼，然城市村落之民犹多袭旧”[②]。九江府德化县与湖口县两县习俗，“举葬娱尸数日”[③]。

作为普遍习俗，不少地方丧葬时请僧侣诵经礼忏，设坛作斋，为死者超度亡魂。各地方志多有类似记载：新城县“或浮屠”，广信府“丧事尚佛老”，所属弋阳县“迎神赛会丧祭多用浮屠”，宁州“治丧溺于浮屠”，建昌“丧事尚佛老，尤泥堪舆家学”，瑞昌、德安“举葬娱尸作佛事”。这种情况经过一些地方官员的治理，效果各异。以经过王守仁治理后的赣州府各县为例：雩都“丧不用浮屠”，信丰“俗尚浮华，疏于礼节”，安远“婚姻苟且，丧祭疏略”，龙南“丧葬褒赀”，瑞金“疾病丧葬多崇巫佛”[④]。可见效果并不明显。嘉靖中期，瑞金因“近被政教甄陶，稍识礼度”，地方绅士非常尊崇王阳明的教化，以为“习俗之变，存乎其人”。[⑤]南昌府则自嘉靖而至万历时期，风气为之一变。嘉靖初王阳明提倡良知之学，有助于“一郡风教”，然“风教有隆替，而风俗因之”。民间本来“爱惜廉耻，畏法度”，“无敢公然酣饮、歌呼狂躁”，“今则不然”。学校本以礼让相先而今少长无序，缙绅本为闾阎表率而今靡丽相高，每每崇富贵而羞贫贱，喜事功而黜恬退，“婚媾縻金币，馈宴侈珍奇，居丧喧鼓吹而尚浮屠，疾病急符祷而忽医药”。世风日下，地方士绅喟叹：“蜉蝣其习，陸梁其性者，如颓波下注匪堤，曷止哉？”[⑥]

风水（或称堪舆）对明代江西民间的丧葬习俗有很大的影响。[⑦]浮梁县，“丧不即葬，而以堪舆惑”。万载县，葬祭“惑溺风水，停延至岁月”。嘉靖时期丰城地方绅士严厉谴责当地的“暴丧”恶习：数十年不葬者有之，终身不葬者有之。死者以得土为安，暴露于外，人子何忍焉？[⑧]

---

① 嘉靖《铅山县志》卷二《风俗》。

② 嘉靖《宁州志》卷一三《风俗》。

③ 嘉靖《九江府志》卷一《方舆志·风俗》。

④ 嘉靖《赣州府志》卷一《风俗》。

⑤ 嘉靖《瑞金县志》卷一《地舆类·风俗》。

⑥ 万历《新修南昌府志》卷三《风土》。

⑦ 对这一问题的论述，可与本章第三节互相参照。

⑧ 嘉靖《丰乘》卷三《风俗志》。

有些地方的丧葬习俗具有特色。嘉靖时期南安府,“凡丧殓停柩,老者以岁,少者以月,择地营葬。”除了大庾县是这种情况之外,其余县则停柩数年不葬。初丧,“为子但哭泣营殓,不行报讣,至亲者闻而吊慰悲哀,疏者陆续吊问”。至于发引,富家裂帛张乐,男吊玄冠素衣,女吊盛饰,送殡亲戚沿街祭奠,观者塞途,热闹非凡。丧葬极重操办,“丧家开宴酒筵待客,奢靡相尚,惟南康为甚。上犹、崇义加以椎牛飨宾,侈费无节。大庾旧尚简朴,蔬食待宾,惟用鼓乐侑吊送葬,非宜,迩年稍变,更相仿效,屠牛设酒,亦趋浮侈”。至于执礼相助,妇女非至亲不吊,设祭者止于丧家行礼,不以扛送郊奠为盛。[①]南康县,“凡初丧,为子但哭泣营殓,不行报讣,亲友闻而吊慰。既卜葬裂帛张乐。至于送殡,亲戚延街祭奠,观者塞途裂帛。近虽稍变,但葬期太速,而停丧者又或至数年,甚而旷日弥久”[②]。上犹县丧礼丰俭随宜,“入棺后儿女哭踊,五服以次哭临,亲知陆续吊唁,主人朝夕哭馈”。出殡之日,亲戚好友再来举奠,名曰“奠别”。正德、嘉靖间,始有丧葬重操办之风,“因丧延客甚侈,以椎牛杀牲多者为孝”。相信风水,“葬亦信巫相山所葬之山,家叠叠以百十计,亦有一山而数姓同葬者”[③]。

面对民间丧葬习俗的违礼与奢僭,怀抱经世之志的官员与士绅不只是停留于批评和谴责,同时积极从事革除丧俗弊端的改革。其中家族、乡约等组织在当时尤其担负丧俗改革的重任,地方官员和士绅利用这些组织规劝、禁止民间违礼的丧俗,宣导儒家正统的丧礼。地方官借助乡约进行移风易俗,以王阳明的《南赣乡约》最为著名。详见本书第六章第二节,此处不赘述,只举一例说明士绅如何在宗族内推行他们的理念,进行丧葬习俗的改革。

万历二十三年五月,儒生刘孔当首次在家乡安福县聚合族众举行家会。家会固定每月中旬举行一次,由族中各支派轮流负责,参加的成员限定为家庭族众,不许异姓远客参与,集会的场所则选定在各支派的小宗祠。与同时代其他宗族聚会不同的是,刘氏家会举行的用意以“引诱长育为主”,并不在家会中惩过罚恶。家会进行的程序包括宣读家约、朗诵小学经传等。[④]刘孔当为使家训的内容能真正被族众所了解,进而以浅白的俗语改编家约,以“家约俗演”的方式在集会时宣讲。刘氏家会的家约俗演包括十个条目,内容不只是道德的劝说,

---

① 嘉靖《南安府志》卷一〇《礼乐志》。

② 嘉靖《南康县志》卷一《风俗》。

③ 康熙《上犹县志》卷五《礼乐志·风俗附》。

④ 刘孔当:《刘喜闻先生集》,卷一二《家会引》。

更加入了许多针对社会习俗的批评。如对道场,他说:

> 今人往往父母存日，一杯酒一片肉不肯把与父母吃，但要自家做家火;及至父母百年之后,请起和尚道师来家作道场追荐,打过铙钹,烧过香烛,以此为报本。不知如此报本,倒不如当初好生供养,岂不是父母实实落落受用的。①

对于久丧不葬的风气,刘氏更是苦口婆心地力图劝止:

> 父母不幸殁时,凡衣衾棺椁袝于身者,必诚必信,勿使有悔。今人有父母临死时,且不去打叠父母身上事,只是去与兄弟家人趁乱抢东抢西,甚至丢父母在床,过时尚不入殓,甚至身尸腐臭,此心何安?戒之戒之。

至于因信风水，致使父母遗体不得安宁，他更是严厉禁止:“至于父母之丧,酷信风水,以致盗葬非分,坟山播迁无定,祸败相寻,皆宜痛戒。违者本祠重议责罚。”

在刘氏的家约俗演中到处可见对民间违礼的丧葬习尚的关切，以及希望导正这种风气的意图。他依循基本的儒家礼仪标准，以求改革整体的社会风俗。不过,他并不认为“礼”只存在于读圣贤书的士人身上,只要适当引导,不识字的庶民大众一样可以有符合礼意的行为。

四、祭祀

祭神

洪武元年,朱元璋在“国之所重,莫先庙社”的指导思想下,改革旧的“胡制”,厘正祀典,命礼官及翰林、太常诸儒臣拟订新的祭祀制度。列入祭祀对象的是名山大川、历代圣帝明王、忠臣烈士以及有功于国家及惠爱黎民者,载入祀典,“令有司岁时致祭”。而圜丘(祭祀天)、方泽(祭祀地)、宗庙(祭祀祖宗)、社稷(祭祀土地、五谷)则为国之“大祀”,皇帝均须“亲祀”。其后,又诏天下神祇,有功德于民,事迹昭著者,虽不致祭,禁人毁撤祠宇;并定诸神封号,凡后世

① 刘孔当:《刘喜闻先生集》,卷一二《家约俗演》。

溢美之称皆革去。天下神祠不应祀典者,即淫祠,有司不得致祭。[①]

对于地方官员而言,每年需要举行的祭祀种类较多。如在南安府,有祭风云、雷雨、山川、城隍,祭社稷坛,祭三贤、寓贤、名宦、乡贤祠等官方规定的祭祀活动。但官方的这种仪式受条件的影响时断时续。南安府虽“其祭乐器历年举行如式,缺则修补”,但“乐舞音容渐废弗习”。弘治六年知府重加修葺,请南京太常寺道士教习乐舞。弘治十三年,大水把存放祭器、乐器的神库浸毁,后虽祭器渐次修补,但乐器废缺,“祀不称典”。嘉靖三年知府补置音乐舞佾,命教职训习如仪。[②]

明洪武年间推行的里社制度,要求全国每里建一社坛,奉祀社稷之神,每年于二月和八月的第一个戊日举行祭社仪式。与此同时,要求全国每里建一厉坛,奉祀无人祭拜的鬼神,每年举行三次祭厉仪式。[③]除每年五次的祭社和祭厉活动之外,禁止民间的其他宗教活动。[④]

由此可见,在明代法定的民间祭祀制度中,只有里社的祭祀活动是合法的,其他宗教活动都是非法的。事实上,明初规定的里社与乡厉祭祀仪式,并未得到全面实行,或者不能持久,而民间传统的宗教活动,也并未真正能够禁止。

至嘉靖、万历时期,随着里甲组织的破坏和解体,里社祭祀也日益废弛,江西许多地方由官方组织的祭社和祭厉活动已经废止。如南康县里社乡厉久废,其制荡然无余,“稍有里社,不过为醵饮浮靡之习,而厉祭则莫之见矣”。春、秋社祭还有所保留,不过已成为民众聚宴娱乐的节日,几乎不见官方的色彩了。各地的社稷坛、云雷风雨山川坛、邑厉坛、里社坛等,或俱废,或“为民居所侵”[⑤]。有鉴于这种情况,南昌府决心恢复洪武旧制,颁布了《南昌府为申明乡厉典礼议祭无祀鬼神事》。文中说:

> 一里应各有乡厉之祭,访得乡村都里并未举行,以致年荒多废。且江右民风信巫尚鬼,其不当祭鬼神如信佛拈香、迎神赛会,无故费财渎礼,而正经国典合祭乡厉反皆不知,殊为可讶。除渎礼之祭、邪巫僧道妄谈福祸、煽

---

① 《明史》卷五〇《礼制四》。

② 嘉靖《南安府志》卷一〇《礼乐志》。

③ 万历《明会典》卷九四《礼部二》。

④ 万历《明会典》卷一六五《律例六》。

⑤ 嘉靖《南康县志》卷四《礼制》。

惑妖言等项非法者,本府已经出示并通行所属严禁外,所据乡厉祭祀合遵旧制举行。……庶国典不为虚文,怨鬼不致失所,而水旱灾咎其亦可免矣。[①]

虽然官方谕令各乡村市镇要遵旧制举行乡厉祭祀,但收效甚微,而民间各种与老百姓密切相关的宗教、祭祀活动则屡禁不止,甚至显得十分活跃,呈现勃勃生机。

至迟在弘治初年,抚州地方官府已经对境内的淫祠欲禁不能,正如府志所说:“淫祠之盛,先儒皆以为政教不明而然。……郡境民祀,淫祠纷然,旧者不见革,新者复加崇,此则在下者之罪也。抚州五邑淫祠……不下千万,今略书其所祀之神出处,使观者不必惑而乞灵之,无益也。”[②]修志者虽然深知这些神庙淫祠不符合官方的规定,但还是无可奈何地将它们记入方志当中。其属金溪县,“淫祠最盛,城市各乡俱有”:每年五月至仲冬竞举神会、社火、迎赛,男女混杂,私宰、赌博、演戏等,“多则弥月,少亦兼旬,此村方罢,彼闾代兴,伤财堕业,诲淫诲盗,莫此为甚”[③]。再如瑞州府,俗以上元日“舁佛出游,士民喧动,糜财币不可胜计”[④];三月二十九日郡城诸神迎入东岳庙享宴,所费甚多,遭官府禁止。玉皇、五通生日,市民邀僧道作斋醮,四月七日庆城隍,八日浴佛,至者塞途,皆有禁。还有俗称“猖祭”的习俗,即“岁前后召师巫鸣锣吹角以祀五通,跳舞猖狂”,由此得名。此外当地还有傀儡戏剧之一的“阳戏”,“民或从而神之,执而弄者曰‘棚戏’,挈而弄者曰‘提戏’,谓之‘还愿’”[⑤]。王阳明的弟子黄弘纲曾在其师的授意下,给雩都知县上书,书中描述了雩都县城天符圣诞会的热闹狂欢景象,并且要求禁止本县的游神赛会等积弊陋习:

城中举天符圣帝之会,通城有十一方,每方有会首几人,劝缘几人,造舟几人,各执事又几人,大都每方少者不下三四十人,多则过之,自来月十一日起至二十二三止,各用五色彩笺装制楼船龙首燕尾,栋宇焕然。晡时合数十人共举之游于市。灯烛辉煌,鼓吹喧嗔,假禳灾集福之名,唱竞渡采

① 万历《新修南昌府志》卷二五《艺文》。

② 弘治《抚州府志》卷二六《神庙》。

③ 康熙《金溪县志》卷一《风俗志》。

④ 张萱:《西园闻见录》,卷一〇六《毁淫祠》。

⑤ 正德《瑞州府志》卷一《地理志·风俗》。

莲之曲,欢呼呐喊,达旦不休。奸淫偷盗肆行无忌,以攘夺为英雄,以斗狠为豪俊……(五月)十八日云是圣帝诞辰,先期迎神出游,巧扮人物,粉饰故事,逞艳斗丽,各极华美。导之以旌麾,拥之以奇异,锣鼓之声震动一邑,自东来者尽西而返,自南来者穷北而还。众人聚观道傍,无分老幼,接踵摩肩,充塞衢路,诚所谓一国之人皆若狂也。①

南昌府奉新县又有所谓"樟柳神"者,假托"九天玄女"之术,俗名"耳报"。其神为一小孩,"不忌淫秽,不讳尊亲,不明礼法,随事随报",纵使为盗亦听之。②

祭祖

祭祖也是民间的重要祭祀活动。在明代江西,庶民一般有传统的墓祭习俗,一些家族还有较为繁琐的祭祖礼仪。祭祖礼仪包括在正寝祭祀和祠堂祭祀,基本上依据朱熹《家礼》实行。依礼祭祖,特别是建祠祭祖,成为士大夫的行为特色。居乡的士大夫不仅自己实行,还以此倡行乡里。民间家祭则往往祖先与观音、祖师佛老及诸神像杂处,祖先神主也不符合所谓"礼制"。士大夫与地方官的祭祀礼仪,一定程度上是试图进行一场儒学的移风易俗的改革,并起了一定的作用。③

广信府,"祭以俗节,尤重墓祭,士夫家间行古礼,闾阎好事者慕之,俗亦渐变云"。东乡县民间祭祖,遵朱熹《家礼》。嘉靖时宁州当地礼仪:"近世士大夫家冠婚丧祭,悉行文公《家礼》。"建祠祭祖自然也包括在内。吉安府,"故家世胄族有谱、家有祠,岁时祭祀必以礼"④。临江府,"邑多巨族,乡村聚族而处……宗祠及公众赡差之田,得古之遗"⑤。可见吉安、临江地区聚族而居,宗族建有祠堂祭祖。

每逢岁时节日,祭祀祖先除了墓祭外,通常以家祭为主,并往往以宗族祠祭的形式进行。方志记载:"腊月二十四日名小除,晦日名大除,皆设祭于家庙。"⑥即灶王、除夕二节,宁州有家庙祭祖之俗。南康县志载:"清明祭先于祠,

① 康熙《雩都县志》卷一三《纪言志》。

② 王士性:《广志绎》,卷四《江南诸省》。

③ 限于篇幅,此处不多述,欲详请参考常建华《明代宗族研究》第四章《江西吉安府的宗族祠庙祭祖》,上海人民出版社2005年版。

④ 万历《吉安府志》卷一一《风土志》。

⑤ 崇祯《清江县志》卷一《舆地》。

⑥ 嘉靖《宁州志》卷一三《风俗》。

复以醴馔拜于墓,标以纸钱曰醮墓……中元以楮为衣冠,拜献于先祖焚之,仍合族祭于祠,亦有用浮屠作为追荐者……冬至礼先于祠,醮墓如清明。"[①]南康的清明、中元、冬至诸节均在祠堂祭祖,可见祠祭之盛。隆庆时新城县,"族力稍充必立宗祠,力尤充者,冬至、立春、四仲、季秋诸祭咸不废。墓祭之田,盖家有之,清明祭扫之盛,他方莫及"[②]。嘉靖年间南安府各地的祭祀风俗较为复杂多样,官方倡导的礼仪与民间流行的旧俗并行:

> 凡祭,古有大夫五祀、庶人先祖之礼,其仪俱在,知礼者以时行之(大小宗祠堂,惟南康为讲,上犹一二姓为然)。其非时祭,遇有吉事大者,请主于厅事设位,具羹饮酒果羊豕致祭,主祭不拘宗子,惟老长行祝告三献礼,侑以鼓笛俗乐。小事则设常品祭告于寝(庶人及卿落虽大事亦止从俗常祭)。往者,初丧凡遇七日、百日、周年、三年用浮屠氏为追荐,佛事近日亦以祭礼代行。此大庚变而慕古也。间有不知礼、崇信佛氏尚依旧俗而行。[③]

"主祭不拘宗子",这表明南安地方已经突破了朱熹所设计的宗子主祭权。关于南康县宗祠祭祖的具体情况,嘉靖《南康县志》说:"祭礼:士庶家多立祠堂(无者祭于寝),一依朱子《家礼》行之。清明、中元、冬至合族人于祠致祭,惟冬至祭始祖、立春祭先祖、季秋祭祢,尚未有定论。其仪文简略,合祭太数,当议而正之。"[④]这里不仅士大夫祠祭先祖,庶民也建祠祭祖。建祠依朱熹《家礼》,而祭祀则采纳程颐的说法,修志者对其祭祀持保留态度。上犹有宗祠与小宗祠之分,祭祀方式与时间有所不同:"祭皆有宗祠,其祠以始徙家者为初祖,或又有小宗祠,以再徙家或别子为先祖,每岁三月清明、七月望日行礼,侑以俗乐,或巫祭或推族长族贤主祭。七月望日或亦行俗礼烧衣,间有八月举祭,无冬至行祭礼者。"[⑤]

在明代江西的祭祀活动中,官方倡导的祭礼与民间流行的俗礼总是并行不悖、相互影响的。地方官员与士绅对淫祠和其它违礼习俗的禁止与打

① 嘉靖《南康县志》卷一《风俗》。
② 乾隆《新城县志》卷七《崇尚》。
③ 嘉靖《南安府志》卷一〇《礼乐志》。
④ 嘉靖《南康县志》卷四《礼制》。
⑤ 康熙《上犹县志》卷五《礼乐志·风俗附》。

击收效甚微,这既反映了政府移风易俗的努力,也反映了民间传统习俗根深蒂固。

庆寿

生日庆寿自然不属"祭祀",却有一定的联系。祭祖祝的是逝者,庆寿祝的则是生者,是中国古代喜庆活动的重要内容。随着社会财富的积累,明代的生日庆寿也发生演变。其一、贺礼越来越多、越送越贵重;其二、做寿规模越来越大,寿期越来越长;其三、做寿演戏成为风气,增加了喜庆气氛;其四、做寿仪式日趋复杂。[①]一般来说,各地多逢十做寿,但有些地方如江西南部及岭南地区也逢一做寿。屈大均曾记:"世之称寿者,率以十为数,岭南及江西宁都,则以十之一为数。"[②]明中叶归有光说他本来以为只有苏州庆寿浮夸,及至北京,发现"京师则尤有甚焉";而与同年进士相互交谈之后,也才知道各地"其俗皆然"[③]。与归有光同时代的吉水罗洪先,在六十岁生日前所写的谢却亲戚朋友祝寿的文中说:

> 今世风俗,凡男妇稍有可资,逢四、五十谓之"满十",则多援显贵礼际以侈大之。为之交游、亲友者,亦皆曰:"某将满十,不可无仪也"。则又醵金以为之寿,至乞言于名家,与名家之以言相假者,又必过为文饰以传之,而其名益张。凡此皆数十年以来所甚重,数十年以前无有是也。夫满十而不容无言,交游亲友知之矣。[④]

第三节
堪舆之风

一、兴国三僚村与明代江西的堪舆术

堪舆是风水的学名,堪舆术即风水术,是中国古代沿袭至今的一种择吉避

---

① 郑土有:《做寿习俗的历史发展及其文化内涵》,载于《中国民间文化〔七〕:人生礼俗研究》,学林出版社1992年版,78—81页。

② 屈大均:《广东新语》,卷九《称寿》。

③ 归有光:《震川先生集》,卷一二《李氏荣寿诗序》。

④ 罗洪先:《念庵文集》,卷四《谢却渊友祝年》。

凶的术数,要旨是对人在生前及死后的住居环境进行选择和处理,追求生理上和心理上都能得到满足的外部条件,也可以说是追求人与自然的和谐。堪舆又是一种流传广泛的民俗和社会文化现象,同时也是一种有关人与环境关系的哲学。风水的起源可追溯到3000年前西周的“卜宅”,后来又有“相土尝水”,选择城址以及相宅、相墓之举。到汉代已有风水理论的萌芽,唐代发明罗盘,宋代风水已形成江西派与福建派两大派别。明代是中国风水的鼎盛时期,民间风水实践和风水理论都有很大发展,各种风水书籍纷纷问世,其中署名刘基的《堪舆漫兴》、蒋平阶的《水龙经》及《阳宅指南》、高濂的《相宅要说》、张道宗的《地理全书》等较为重要。

明代风水派别很多,但仍以江西、福建两派为主干。江西派又称形势派,其理论主要阐述山川形势和宅形格式,其特点在于重视宅与自然的关系;福建派又称理法派,其为说多主于星卦。不过,从明代风水书籍的内容来看,不论是江西派还是福建派,实际上都既讲形法又讲理法,只是各有侧重而已。在实践过程中,两派都以罗盘(尊称为“罗经”)为基本工具,用以确定方位,并根据罗盘上的数字与天文、地理名称,开出种种风水处方。

江西是天师道的所在地,民间以堪舆、占卜、相术、巫术谋生者甚多,故堪舆术等有深厚的基础。前文多次提及的王士性《广志绎》对于江西人的“堪舆、星相、医卜”有十分深刻的印象。

不过,江西堪舆文化在全国独树一帜,成为全国最有影响的一个流派,其动力在一定意义上还是来自最高统治者。明成祖和明世宗两次下诏在全国范围内公开征召堪舆术士(或称风水先生、阴阳人、地仙、形家等),江西赣州府兴国县三僚村的堪舆师在此过程中独占鳌头,遂使赣南堪舆术、“赣州先生”声名远播,流布天下。

三僚村位于兴国县东南60多公里的梅窖镇,地处兴国、宁都、于都三县交界。三僚村本是一个默默无闻的山区自然村寨,唐末,曾任司天监正的风水大师杨筠松(名益,号救贫)携其门徒曾文辿、廖瑀、刘江东、黄妙应等人,选中这块“宝地”侨居,授徒传业,开创了中国南方风水文化之先河。杨筠松后被堪舆界尊为祖师,三僚村的曾、廖两姓村民,以堪舆之术,世代相传,人才辈出,享誉海内外,故被后世赞之为“中国风水文化第一村”。

自明朝初期至清代中叶这一期间,三僚村先后有数十人奉诏供职于钦天监,专司皇家堪舆职事。廖氏在钦天监任监正、监副及五官灵台郎等职的有:廖

图 8–1　兴国三僚村的杨公祠

金精、廖兴、廖均卿、廖旺隆、廖文政；任钦天监博士的有：廖景庵、廖必旺、廖用成、廖歧山、廖绍定、廖觉先、廖炳、廖绍宠等。曾氏担任过钦天监职司的有曾从政、曾邦旻、曾鹤宾、曾永章、曾国瑞等。

其中最著名的自然是廖均卿与曾从政，他们曾奉旨相度天寿山（即十三陵的第一陵长陵）和故宫紫禁城，至于廖、曾二姓中奉旨相度的其他皇陵、修筑长城和治理黄河等，以及参与相度各州州府、古寺、文庙及宗祠的风水师，则不胜枚举。

明十三陵位于昌平县东黄土山，四面青山环抱，中间明堂开阔，水流屈曲横过并且各陵都背山面水，处于左右护山的环抱之中。这一陵址位置的经营方式与建在平原之上的陵墓相比，更能显示皇帝陵寝肃穆庄严和恢宏的气势。明朝皇家陵地卜选采用的就是当时盛行的江西形势派堪舆术。时值永乐五年，成祖居南京，欲"移旋北地"，但尚未在北平卜山陵，责成礼部尚书赵羾择寻"精阴阳者"。赵羾报告说："查得唐时杨筠松、廖、曾精通地理，有仙道之机。查得乃江西人也。"永乐五年十二月，公文下到江西省、府、县，曾文政、廖均卿等立即启程先赴北平。[①]永乐七年五月，"上命礼部尚书赵羾以明地理者廖均卿等择地，

① 此据《均卿太翁钦奉行取插卜皇陵及行程回奏实录》。该《实录》为廖均卿之子廖信厚根据其父勘舆明陵笔记整理而成，于光绪年间所修《三僚廖氏三房族谱》中发现。

得吉于昌平县东黄土山。车驾临视，遂封其山为天寿山。是日，遣武安侯郑亨祭告兴工，命武义伯王通董役事，均卿等咸受官员”[①]。此事郑晓《今言》也有记载：

> 廖均卿，江西人，精地理。成祖择寿陵，久不得吉壤。永乐七年，仁孝皇后尚未葬，礼部尚书赵羾，以均卿至昌平县，遍阅诸山，得县东黄土山最吉。成祖即日临视定议，封为天寿山。命武义伯王通等董役，授均卿官。[②]

永乐八年，廖均卿辞归未果，成祖赐四品职衔供养在钦天监衙门，直至永乐十三年老死，方派钦差护送回乡荣葬。作为堪舆术士，永乐皇帝对其恩宠可谓前无古人后无来者。现三僚村仍有廖均卿墓(廖生前所选)，碑文称为金幼孜所撰，但未见于《金文靖集》。但金幼孜与廖均卿的交往却见于金幼孜的《廉泉书舍记》，文中对廖氏从事堪舆的来由也有所记载，略录于下：

> 廖氏为章贡望族，其居之邑曰兴国，乡曰衣锦。在宋时有讳某者，为大学生，后登显仕，洎归老于家，捐私财创廉泉书舍，聚宗族乡党之子弟而训之。雨雪之朝，灯火之夕，弦诵之声，洋洋乎盈耳。……而其中叶尤攻于郭景纯、蔡季通之学，累世相承，显于江右，阴阳家皆师宗之。至均卿复以其术见知于朝，得膺灵台之任。永乐八年，予以扈从留寓北京，而辱与均卿以乡故相往还，间请于予曰：均卿上世所建书舍，未有记，丐一言以记之。余谓自三皇五帝以降，载之方册，若经史诸子、天文地理、医药卜筮、稗官小说之类，名虽不同，而总谓之书。然而经以载道，史以记事，至于百家之书，人亦莫不资之以为用焉。予尝观夫古人藏书之多，至于汗牛充栋，则凡于此又岂有一之不备哉。……今廖氏书舍所积之富，固未可量，而其涵泳圣涯嚅哜道味以昭前闻而淑后胤者，亦必有所在。若其能博涉地理阴阳之书，超取名位，以克大其家声，斯可谓盛矣。视世之儒者，寻常摘句占毕竟日至于终其身不得一命者，诚有间哉。此书舍所以久存而不坏也，均卿尚勖之，是为记。[③]

---

① 《明太宗实录》卷九二，永乐七年五月己卯。

② 郑晓：《今言》卷三。

③ 金幼孜：《金文靖集》，卷八《廉泉书舍记》。

在金幼孜看来,廖氏为当之无愧的堪舆大师,故"阴阳家皆师宗之",其地理阴阳之书,足以"超取名位,以克大其家声",比之腐儒寻章摘句终老一生,更具有价值。

与廖均卿同到北平为皇室择陵的三僚风水大师还有曾从政。曾从政先是给皇后徐氏择陵,事成授钦天监博士,进五官灵台郎。永乐十一年五月,"定营建长陵功赏,太常寺博士阴阳训术曾从政、阴阳人刘玉渊,皆钦天监漏刻博士,食禄不视事"[①]。曾从政还勘定督修紫禁城,为修建万里长城、九镇军事要塞和北京祈年殿勘址。老死后,明成祖派遣两名太监护送其灵柩还乡荣葬。

嘉靖十五年,明世宗认为天寿山风水虽好,但已葬七位皇帝,遂下诏在全国征召堪舆师为其择地建陵,并由夏言主持、礼部出题对堪舆师进行考试。题曰:"盖穴有三吉,葬有六凶,有山五不葬者,何曰吉?何曰凶?辨之果皆合于理而不足凭乎?仰多居其畜会贵之。望而不信地理之家书多,必本注大要,试悉言之,以观汝术。"结果,兴国三僚廖文政(廖均卿从孙)得"风水状元",廖氏廖胜概,曾氏曾邦旻、曾鹤宾等也脱颖而出,共同相看献陵,并奉旨治理黄河、兼通漕运,从而一再受到封赏。

但是,从根本上说,堪舆家风水师的活动对于儒家学说来却是"异端",通过这种方式获得奖赏是理所当然,除了钦天监外,却不能作为升授的理由。[②]而随着政治环境的宽松和价值观念的变化,廖文政等人也并不像乃祖廖均卿那样,在意朝廷的封赏,常常是"差已竣事而日久未回任",终因"违限最久"而被黜为民。[③]

这些风水大师不仅在实践上有很大的作为,而且在理论上也有不少的创新,整理出诸如《阳宅简要》、《地理指迷》、《向水指南》、《地理心得》等一批有价值的风水著作。同时,他们也将其理论运用于家乡的建设,留下了不少风水实践杰作。

即使今日走进三僚村,也如同进了一座巨大的风水文化陈列馆。在这个不足两平方千米的山村,布满了历代风水师们留下的独具匠心的风水文化建筑。

① 《明太宗实录》卷一四〇,永乐十一年五月壬寅。

② 参见方志远:《"传奉官"与明成化时代》,《历史研究》2007年第1期。

③ 《明世宗实录》卷三四〇,嘉靖二十七年九月壬辰。

这里有大小祠堂四十二座，典型的有“挂壁天井”、“蛇形祠”、“龟蛇会”、“狗形祠”、“半坑祠”、“无蚊祠”、“万方祠”、“月洲祠”、“美女照镜祠”等。每一座祠堂都蕴藏着玄机，包含着神奇的故事。这里还保存着明清以前的古墓几百座，座座皆有风水说道，诸如“鹅形”、“蜈蚣形”、“观音望海”、“夫子弹琴”、“凤凰翘尾”、“上水鲤鱼”、“侧面卧虎”、“猛虎回头”、“五虎下山”等。在这一个个富含诗意的名字背后，却是一个个家族之间为求生存而相互争斗的故事。在三僚村，还有多口人工开挖的池塘，这便是有名的“七星池”和“百口塘”。这“七星池”、“百口塘”开挖以后，与屋场周边小溪相连贯通，排水通畅，气韵回旋，可谓“藏风得水”，居住环境更加宜人美妙。据说，这是风水师们针对所居屋场犯“四煞嶙峋”而采取的“消水”“制煞”的措施。虽然不免带有浓厚的“迷信”色彩，但古代的科学从来都是用故弄玄虚来装点和掩饰的，当然，这里面或许包括着一种神圣和信念，只是局外人无法理解而已。

二、堪舆与明代江西的科举习俗

明代江西尤其是在风水的发源地赣南，一个比较引人注目的现象是，兴起了一股造风水以兴科举的热潮。[①]影响所及，明代江西几乎所有的府州县学都进行过改迁与重建，大量风水塔也由官方和民间合力兴建。

以赣州府学和县学为例(赣州府城所在地为赣县)，就先后在成化四年、嘉靖四十一年、万历三十二年进行过三次搬迁，而且每次搬迁的理由都是学校的风水不利于科举。关于成化四年赣州府学(包括县学)的搬迁，明人彭时以为赣州“科目乏人”的原因是“地有不利”，而知府曹凯把学校迁到一所佛寺，在当时并非轻易之事。曹凯之所以力排众议，坚持把学校搬迁到景德寺的重要理由是景德寺地理上的“当崆峒之胜”，“山势耸拔如卓笔状”。就在赣州府县学搬到景德寺的当年，赣州“名乡荐者二人”，明年，董越进士及第，后官至兵部尚书，迁学的效果似乎非常明显。[②]有意思的是，嘉靖四十一年南赣巡抚陆稳又把赣州府县学从景德寺迁出，理由是“堪舆家弗之善，思复其旧”[③]。万历三十二年，南赣巡抚李汝华等地方官，因为赣州“举制科者往往逊他邑”，遂“相与质之形家，

① 参见黄志繁：《明代赣南的风水、科举与乡村社会“士绅化”》，《史学月刊》2005年第11期；黄志繁：《“贼”“民”之间——12至18世纪赣南地域社会》第三章第四节，三联书店2006年版。

② 彭时：《新迁府县儒学记》，嘉靖《赣州府志》卷一一《艺文》。

③ 天启《赣州府志》卷二〇《纪言志二》。

佥谓景德旧址,丰隆宏敞,延袤正方,北亘郁孤,南瞰崆峒,风池匪遥,翠玉可枕,如彭学士所称洵吉壤"①。于是,嘉靖年间"堪舆家弗之善"的景德寺地址此时又成了"吉壤",李汝华等人又把赣县县学迁到景德寺。真是"成也萧何,败也萧何",风水竟能如此左右科举!

同时,明代江西还出现了兴建文峰塔的风潮,目的也是为了振兴当地科举。以瑞金县为例,该县在明后期就动员县里绅士耆老,兴建了两座文峰塔。康熙《瑞金县志》记载:

> 龙珠塔,县西南五里。本县峰峦耸秀,江水环带,亦称佳丽。惟是西南少秀拔峰。故议以西面赤砝岭为县水口,位属辛,宜建天乙贵人峰。以南面方巾岭,位属巽,宜建云霄状元笔,久议未就。万历壬寅冬月,知县堵奎临酌合邑议,申详道府。……匾曰龙珠塔。庶几风气秀发,人文振起。②

兴建龙珠塔完全是由于风水上的理由,建塔的过程惊动了从知县到举人、监生、秀才、耆老等地方上的各类人士。随后,瑞金又兴建了"与龙珠寺塔相对"的"巽塔",名为"文兴塔"。全县人士对二塔寄予厚望,谓"巽、辛二塔对峙,屹然凌霄,后日必有人文振起,秀甲寰区者矣"③。

兴建文峰塔的并非只有瑞金一地,如大庾县,"东山望旭,西华倚空,万古巨瞻,一方雄镇,顾以巽峰少锐,堪舆家致有异言,必须文笔增巍,经学士取为吉兆",于是"建石塔于龙华院之东"④。上犹县卢公塔,在县东五里,"本府同知卢洪夏……见犹邑科目寥寥,由水口文峰低小,乃建七层浮屠于巽山之巅,自是人文顿盛,邑人呼曰卢公塔"⑤。

城门的方向也被认为与科举的兴旺发达有关。宁都在清初有拆塔建城之说,魏禧在给友人的书信中以自己明末的冲动之举为例,对此极力劝止:

> 适闻邑中有议拆大东、小东新城,而兄将主其事,弟笑叹惊怖,甚以为

① 同治《赣州府志》卷二四《学校》。

② 康熙《瑞金县志》卷三《建设》。

③ 康熙《瑞金县志》卷三《建设》。

④ 刘节:《梅国前集》卷三二《重建文峰塔疏》,《四库全书存目丛书》集部第57册。

⑤ 康熙《上犹县志》卷三《寺观》。

> 不可也。……居民尚赖此为屏障。一旦以莫须有之风水劳民伤财，以坏生民万世之利，吾不知其何心也。……又闻将起塔于巽峰。吾意说者必谓移城砌塔，一举两得。不知工费出办何所。……犹记壬午（崇祯十五年，1642）场后，吾邑以连科不得第，有建修风水之说。弟少年不经，妄听轻作，遂同令弟毅然任之。结怨费财，日营无益。①

本来，以风水之说来搬迁儒学、兴建文峰塔，对士大夫和官方并不是一个堂皇的理由，但赣南作为赣派风水的发源地，风水之说自然在平民百姓中有深厚的信仰基础。以风水的说法作为振兴科举的理由，确实容易激发民众的向学和助学热情。万历时杨守勤在《新建儒学碑记》中说：

> 予为诸君子之心，岂惑堪舆，总为赣士。盖人情无与萃涣则不专，无与激昂则不奋。工之肆，齐之庄岳，专故也；下流而邑醪，决胜终食，奋故也。今士专且奋矣，而缵成大道，步趋文成者，又方为尔赣士鹄，宜何省惕，以仰副上人立学意耶？倡率而鼓舞之，是诚在子。②

按照杨守勤的解释，地方官就是利用堪舆学说来“倡率而鼓舞之”。事实证明，这种地方官首肯或提议→绅士积极倡导→民众积极响应的运作模式是较为成功的，使得当时大多数风水建筑的营建得以顺利进行。

风水也多与丧葬礼仪、住宅选址等活动联系起来。由于迷信风水及经济上的压力，江西民间有暴丧迟葬的陋习。《明史·儒林传》说：“江西俗好阴阳家言，有数十年不葬父母者。”此嚣风恶习愈演愈烈，引起了江西地方官府的高度重视和严厉制裁。官府认为：“择葬之宜慎也，然因是以久暴其亲，安乎？又以求福荫之故，数改其葬，甚至侵占相寻，祸生讼狱，死而有知当亦有隐恫焉。”③然而，民间迟葬、迁葬的风习屡禁不止。弘治年间，江西提学副使邵宝下达了“士不葬亲者不得应试”的严令通牒，此风才为之一变，“于是相率举葬以千计”④。邵宝

---

① 魏禧：《魏叔子文集》卷七《与友人》。

② 同治《赣州府志》卷二四《学校》。

③ 《明史》卷二八二《儒林传一》。

④ 《明史》卷二八二《儒林传一》。

是个有经验的官员,他敏锐地认识到,民间的迟葬、迁葬之风既受风水的影响,也是由科举考试而起、而兴。要消除它,必须以科举功名为制约,此举果然收效甚大。

第四节
曾经"讼风"如潮

一、江西"讼风"的表现及影响①

宋明时期江西的"讼风"

"无讼"是中国历代统治者治国行政的最高境界。但社会的发展却并不按照统治者所定下的规则行进,社会矛盾、经济纠纷无时不在、无处不有。不管统治者愿不愿意,听讼实际上已经成了地方官员的主要事务。正如明代学者丘浚所说:"民生有欲,不能无争,争则必有讼。苟非听讼者中而听不偏,正而断合理,则以是为非、以曲作直者有矣,民心是以不平。初则相争,次则相斗,终则至于相杀,而祸乱之作,由此始也。是以为治者,必择牧民之官、典狱之吏,非独以清刑狱之具,亦所以遏争斗之源而防祸乱之生也。"②至明代,不仅诉讼已为社会生活中习以为常之事,一些社会关系复杂、商品经济发达的地区,"讼风"更成了令人注目的社会现象,江西即为典型。

江西"讼风"始于唐末而盛于宋明。明太祖朱元璋凭借农民战争摧枯拉朽的力量和新政权的高效机制,以重典治天下,希望将所有的社会活动纳入政府控制的范围之内,"讼风"自然不允许继续存在。为此,明太祖一再命户部向既为财赋之地又是"好讼"之乡的江西及浙江、苏松等地发布"榜文",要求这里的民众息争止讼、应役输粮:

> 为吾民者,当知其分。田赋、力役,出以供上者,乃其分也。能安其分,则保父母妻子,家昌身裕,斯为忠孝仁义之民,刑罚何由而及哉。近来两浙、江西之民,多好争讼,不遵法度,有田而不输租,有丁而不应役,累其身

① 参见方志远:《明清湘鄂赣地区的"讼风"》,《文史》2004年第3期。

② 丘浚:《大学衍义补》,卷一〇六《治国平天下之要·慎刑宪》。

以及有司，其愚亦甚矣。曷不观中原之民，奉法守分，不妄兴词讼，不代人陈诉，惟知应役输租，无负官府。是以上下相安，风俗淳美，共享太平之福。以此较彼，善恶昭然。今特谕尔等，宜速改过从善，为吾良民。苟或不悛，不但国法不容，天道亦不容矣。①

两浙江西等处人民，好词讼者多，虽细微事务，不能含忍，径直赴京告状。设若法司得人，审理明白，随即发落，往往亦要盘缠。如法司囚人数多，一时发落不及，或审理不明，淹禁月久，死者亦广。其干连之人，无罪而死者不少。详其所以，皆由平日不能互相劝诫，不忍小仇，动辄经由官府，以致身亡家破。如此者连年不已，曾无警省。今后老人，须要将本里人民恳切告诫，凡有户婚、田土、斗殴、相争等项细微事务，互相含忍。设若被人凌辱太甚，情理难容，亦须赴老人处告诉，理事轻重，剖断责罚，亦得伸其抑郁，免致官府系累。若顽民不遵榜谕，不听老人告诫，辄赴官府告状，或径赴京越诉，许老人擒拿问罪。②

在发布告民榜谕的同时，对热衷参与讼事的“刁民”进行严厉打击。兹列《大诰》所举洪武十八、九年间明太祖亲自过问的一个案例。江西郭和卿状告王迪渊等四十五人，称其为害民之胥吏、皂隶、豪民。经通政司提审，令原告、被告面质，但原告郭和卿竟“默然无对”，坦言所有被告人的姓名、劣迹，都是一个名叫周继奴的人所提供，自己只是代人投诉。③

这类事情，本来各地都在发生，按《大明律》论处，不过徙、流，但在“治乱世用重典”思想的指导之下，均被“押回原籍，枭令于市，阖家成丁诛之，妇女迁于化外”④。同时，又令各布政司和府、州、县所在官司，以及“贤良方正、豪杰之士”，如有在役之吏、在闲之吏，以及城市乡村老奸巨猾的“顽民”，“起灭词讼、教唆陷人”，即行绑缚赴京治罪。⑤不仅如此，明太祖对江西的“刁民”和“讼风”，比浙江、苏松似乎有更多的成见和警惕，故在处理了郭和卿诬告之事后，特别指出：“天下十三布政司良民极广，其刁顽者虽有，惟江西有等顽民，奸顽到至

---

① 《明太祖实录》卷一五〇，洪武十五年十一月。

② 张卤：《皇明制书》卷九《教民榜文》。

③ 《大诰三编·代人告状第三十一》。

④ 《大诰续编·断指诽谤第七十九》。

⑤ 《大诰·乡民除患第五十九》。

极之处,变作痴愚"[①]。

在明初的高压政策的严厉打击之下,江西有组织的"讼学"及"讼风"曾一度沉寂,但随着严酷冷峻的洪武、永乐时期的消逝,特别是商品经济的复苏和发展,"讼风"重又死灰复燃,并有越演越烈之势。

成化十八年二月,镇守江西太监在奏疏中对当时江西的"讼风"作了全面的描述:

> 江西地方,虽曰文献之邦,然民俗刁顽,素称健讼。有等刁泼之徒,不务生理,专以捏词告人,图利肥己。有因争斗小忿,就将远年病死人命,捏作打死;有被强盗窃去家财,就告平昔有仇之人强劫;有因争竞一事理,作不干己数事,牵告百十余人。所司审出虚诈,不予准理,私忿不遂,辄便赴京,捏词奏告。及行提问,百无一实。中间又有一等豪恶之徒,因事打死人命,或占人田土,奸人妻女,抢人家财,骗人财物,被人告,自知罪恶深重,不肯出官对理。……妄捏谋逆重情,赴京伸诉,声动朝廷,烦渎圣听。[②]

丘浚在其《大学衍义补》中也说:"今日健讼之风,江右为甚,此风不息,良善不安,异日将有意外之变。"[③]

江西的"讼风",又以有"文章节义之邦"美誉的吉安为最盛。成化四年七月,新任吉安知府许聪刚刚受命,就忐忑不安地向朝廷诉说他所听到的传闻:

> 吉安地方虽广而耕作之田甚少,生齿虽繁而财谷之利未殷,文人贤士固多而强宗豪右亦不少。或相互争斗,或彼此侵渔,嚣讼大兴,刁风益肆。近则报词状于司府,日有八九百;远则致勘合于省台,发有三四千。往往连逮人众,少不下数十,多或至百千。其间负固不服者,经年行提不出;恃顽变诈者,累发问理不结。[④]

不仅是许聪,当时的各级官员也都对吉安的"讼风"给予密切关注。成化十

① 《大诰三编·代人告状第三十一》。

② 《皇明条法事类纂》补遗《都察院等衙门右都御史等官戴等题为处置民情事》。

③ 丘浚:《大学衍义补》,卷一〇五《治国平天下之要·慎刑宪·明流赎之意》。

④ 《明宪宗实录》卷五六,成化四年七月。

五年三月，巡视江西南京刑部右侍郎金绅上疏，反复陈述“吉安地广讼繁”，明廷为此升南京大理寺署寺正黄韶为江西按察司佥事，“专分巡吉安府地方”[①]。二十三年七月，吉安知府张锐上疏：“江西多大家，往往招纳四方流移之人，结党为非。如吉安一府，健讼尤甚，囚犯监禁，常累至千人。缘官少不能决断，多致瘐死。今宜增设推官一员，专理词讼，不得以他事差遣。”刑部支持了张锐的请求，增设吉安府推官一员，专司理刑。[②]弘治十七年，巡抚江西都御史张本上疏，极言江西“吉安、瑞州等府刁民妄起词讼”，刑部为此下令：“禁军民奏诉泛及七、八人以上……仍治其人。”[③]

正德五年，王阳明来到吉安府庐陵县任知县。在处理完镇守中官的胡乱摊派之后，他开始着手治理庐陵县积习已久的讼风了。其《告谕庐陵父老子弟》云：

> 庐陵文献之地，而以健讼称，甚为吾民羞之。县令不明，不能听断，且气弱多疾。今与吾民约，自今非有迫于躯命、大不得已事，不得辄兴词。兴词但诉一事，不得牵连，不得过两行，每行不得过三十字。过是者不听，故违者有罚。县中父老谨厚知礼法者，其以吾言归告子弟，务在息争兴让。呜呼！一朝之忿，忘其身以及其亲，破败其家，遗祸于其子孙。孰与和巽自处，以良善称于乡族，为人之所敬爱者乎？吾民其思之。[④]

与吉安同处赣江中游且经济发达的临江、瑞州等府，也是“讼风”盛行。成化时由扬州知府改任临江的周源，到任伊始，就感觉到此处比扬州更难治理，并将这一感受告诉友人：“临江民好讼，株连蔓引，动千百人，比扬尤号难治。”[⑤]嘉靖《临江府志》卷一《郡域志》也说：“地狭而庶仰食旁郡，或弃农远服贾矣，庶故易讼”。正德《瑞州府志》卷一《地理志》记载当地风俗：“珥笔之民新昌颇多，积年之害高安为最”。而宋元以来盛行、在明初受到打击的“讼学”，也在这一带出现。张景《疑狱录》明言：“今古筠等府，书肆有刊行《公理杂词》，民童时市而

---

① 《明宪宗实录》卷一八八，成化十五年三月辛巳。

② 《明宪宗实录》卷二八八，成化二十三年七月壬戌。入清，推官革除，由同知理刑，江西各府同知及通判的养廉银每年六百两，独吉安一府为九百两（据《皇朝文献通考》卷四二《国用考四·俸饷》）。

③ 《明孝宗实录》卷二一一，弘治十七年闰四月辛酉。

④ 《王阳明全集》卷二八《告谕庐陵父老子弟》。

⑤ 吴俨：《吴文肃摘稿》，卷四《明故广西左政致仕周公合葬墓志铭》。

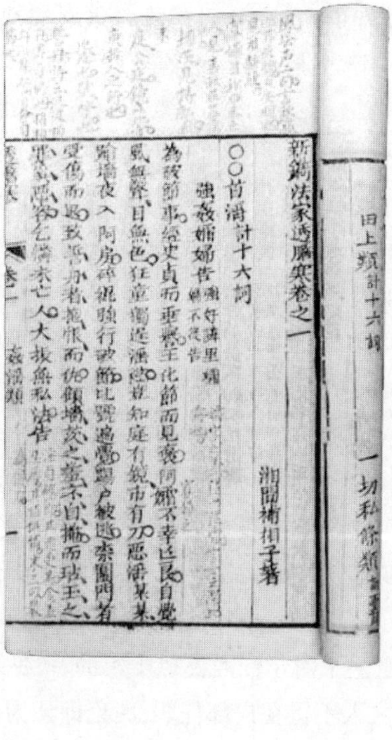
新鐫法家透膽寒卷之一

湘間補相子著

图8-2　明清时期民间广泛流传的讼师秘本——《新镌法家透胆寒》书影，清道光十九年(1839)刊本，竹纸，线装，半框16.6×11厘米。

诵之。"[①]诸晦香《明斋小识》也说："凡村塾蒙师，多取呈状课童子。"[②]

此外，江西其它各府的讼风程度不一。洪武时南昌府风土，"尚气太过不能忍，小忿辄至斗讼"[③]。丰城县"喜争健讼"[④]。嘉靖时九江府德安县，"乡市之民俱健讼"，彭泽县"民习经商，乡民十九、二十都者健斗喜争"[⑤]。嘉靖武宁县"好讼不靖"[⑥]。广信府则有"告讦之风"[⑦]，其属永丰县"啬之忍施，讦之健讼"[⑧]，弋阳县

① 张景：《疑狱录》卷九《虔效邓贤》。
② 诸晦香：《明斋小识》卷一《打轿夫》。
③ 万历《新修南昌府志》卷三《风土》。
④ 嘉靖《丰乘》卷三《风俗志》。
⑤ 嘉靖《九江府志》卷一《方舆志·风俗》。
⑥ 嘉靖《武宁县志》卷一《舆地类》。
⑦ 嘉靖《广信府志》卷一《地舆志》。
⑧ 嘉靖《(广信府)永丰县志》卷二《风俗》。

"有争则讼","狱讼不息"[①]。南安府风俗"争讼必务求胜,荡家产不顾","好嚣争,多为讼者师"[②]。嘉靖三十三年南安知府说南安"民俗有古人之遗风",其气习尚朴,"讼牒亦稀",然而四邑之中,南康"人有健讼,俗好侈靡"[③]。

江西的"讼风",又随着江西人口的外迁和江西商人的活动而向外省传播,成为朝野高度关注的影响全局的社会问题。

宣德十年五月, 河南南阳县知县李桓疏称: 该县有江西流民,"多越讼告讦"[④]。正统十四年十月,河南布政使年富上疏,说江西在河南的"逃户","诱人刁泼",请示朝廷批准,将在河南的江西人尽皆驱逐出境。[⑤]天顺二年九月,刑部所上题本说,该衙门几乎每天都要收到各地商人赴京投诉的案子,其中最多的是江西商人在湖广一带有关债务的纠纷。[⑥]成化时,刑部题本再一次指责江西等处流民"进入湖广等处禁山寄籍并捏词"[⑦]。成化十年八月,刑部题本又说,"江西人民"携带火药、布匹等物,至四川交易铜铁,屡起词讼,请命江西有司严给文引、西南各省严加盘查。[⑧]万历时王士性任云南腾冲兵备道,屡屡受理江西特别是江西抚州商人的案子,但其中多有欺诈。一怒之下,王士性表示,凡江西抚州人的案子,概不受理。[⑨]

好讼之风、告讦之习,也影响着朝野上下对于江西民风士习的看法。洪武时定制,苏州、松江二府及浙江、江西二省之人不得在户部任职,舆论即认为,这是因为苏松、浙江为财赋之地,而"江西士风谲诡"[⑩]。由于江西商人在河南经商放债、累起词讼,河南邓州籍的新科进士李贤竟然拒见江西泰和籍大学士杨士奇[⑪],并且

---

① 万历《弋阳县志》卷二《疆域志·风俗》。

② 嘉靖《南安府志》卷一〇《礼乐志》。

③ 嘉靖《南康县志》,序。

④ 《明英宗实录》卷五,宣德十年五月丙申。

⑤ 《明英宗实录》卷一八四,正统十四年十月辛亥。

⑥ 《皇明条法事类纂》卷三八《江西客人各处买卖奏告情词立案不行》。

⑦ 《皇明条法事类纂》卷一二《流民进入湖广等处禁山寄籍并捏词具告问罪枷号充军例》。

⑧ 《皇明条法事类纂》卷二九《江西人不许往四川地方交结夷人讦告私债例》。

⑨ 王士性:《广志绎》卷五《西南诸省·云南》。

⑩ 沈德符:《万历野获编》遗补卷三《历法·算学》。

⑪ 《明史》卷一七六《李贤传》。

专门写了一篇文章，将河南民众的贫困归之于江西商人的盘剥。[1]由于江西籍在京官员卷入派系斗争，明武宗便将其原因归之为“江西土俗，自来多玩法者”[2]。还是由于江西人的好争喜讼，遂落了个“浮躁”、“蹊跷”的名声，《金瓶梅》的作者特别将其拎出，进行数落。《金瓶梅》第四十九回叙西门庆宴请蔡御史及巡按宋御史，费去千两金银，但宋御史只坐片刻即回。如此叙述，本来正常，不料中间却插出一段话来：“那宋御史又系江西南昌人，为人浮躁，只坐了没多大回，听了一折戏文，就起来。”西门庆送了一大堆礼物，回头对蔡御史说：“我观宋公，为人有些跷蹊。”这也本属正常，却又让蔡御史说出一番话来：“他虽故是江西人，倒也没甚跷蹊处。只是今日初会，怎不做些模样。”作者对江西人的成见溢于言表。

二、江西“讼风”的特征

通常意义上的诉讼是社会生活中的常数，特定意义上的“讼风”则是社会生活中的变量；诉讼是“讼风”的基础，“讼风”则是诉讼的变异。二者之间有着密切的联系，但也有重大的区别。与一般的诉讼相比，明代江西的“讼风”有三个显著特征：

1.从一般的民众中分离出专门从事或者热衷于从事诉讼并从中获得利益的群体或社会职业，诉讼成为职业；

2.民众对基层调解及审判丧失信任，越讼成风乃至成为时髦；

3.普通的民事、刑事诉讼往往转化为行政诉讼，民告官形成风气。

在所有涉及明代江西地区“讼风”的文献中，几乎都要谴责那些在诉讼中或者推波助澜或者无风起浪的“刁泼之徒”。正是因为有他们的存在和积极活动，才造成了江西及其他一些地区“讼风”的盛行。这既是“讼风”的主要表现及特征，也是判断一个地区“讼风”是否存在的重要依据。

这些所谓的“讼师”、“讼棍”们一般没有政府所认定的正当职业，既不从事农业生产，也不从事手工业或商业活动。但他们却有共同的特点，那就是接受过教育，有的曾为生员、监生、塾师、儒士，属于知识阶层；同时，又都仕进无门，

---

① 李贤：《古穰集》卷九《说·吾乡说》：“吾乡地广土肥，民亦竭力其中，而卒无千石之富者何也？岂上之人侵渔，或下之俗侈靡邪？已而觇之，盖非二者之弊，乃贾人敛之耳。吾乡之民朴钝少虑，善农而不善贾。惟不善贾，而四方之贾人归焉，西江来者尤众。岂徒善贾，谲而且智，于是吾人为其劳力而不知也。”

② 《明武宗实录》卷五九，正德五年正月己卯。

既不愿或不屑从事农、工、商、贾,又耐不住塾师、学究的清苦,遂干起了代告、包揽、代书的勾当,并以此为职业。与一般的腐儒不同,他们见过世面,懂得法律,不惧官府,敢于对簿公堂。如果说他们是“无赖”、“光棍”,那也是知识“无赖”、知识“光棍”。按前述成化时江西镇守太监的界定,他们是“不务生理,专以捏词告人,图利肥己”的群体。因此,他们理所当然被官府视为好逸恶劳者,视为“异端”,视为社会的不安定因素,应该受到法律的制裁和舆论的抨击。

既然以诉讼为职业、为生计,则“讼棍”、“光棍”、“讼师”们首先考虑的自然是经济利益;既然被视为“异端”,其手段则没有道德的限制,无中生有、颠倒是非、夸大事实、牵连无辜,无所不用其极。经他们之手,平常小事或许成了惊天大案,个人恩怨可能牵连数百上千人,片言只语可以协调的关系终致成年累月无法结案。但不管其动机如何贪婪、手段如何卑劣,也不管官府如何厌恶、舆论如何指责,他们的活动却无疑在一定范围内为希望通过诉讼维护权益的民众提供了法律帮助,也可能在弹指挥臂间为事主排忧解难,还可以在一定程度上对官府的胡作非为起着制约作用。因而,他们的活动也得到一定范围的认可。正是因为有这种社会的需求,有存在的合理性,这一职业、这一群体遂能长期存在,并在部分地区如江西、湖广、江浙、苏松等地民众的社会生活中发生重要作用。在江西广为流传的《邓思贤》、《四言杂字》、《公理杂词》等讼书,以及散布于城市乡村的“讼学”,正适应了这一需求,培养出一代又一代、一批又一批热衷诉讼的人群。

“越诉”既是江西等地区“讼风”的主要表现和特征,也是影响统治者及社会舆论对某一地区的看法并将其视为“好讼”的重要因素。明太祖指责两浙、江西之民“好词讼者多”,是因为这里的民众“虽细微事务,不能含忍,径直赴京告状”;吉安知府许聪称吉安人好讼,是因为这里的诉讼者“近则报词状于司府”、“远则致勘合于省台”。

社会矛盾是否能在基层解决,从来都是统治者判断“治世”与“乱世”的标准。无论地方官府如何敲剥百姓,如何草菅人命,只要民众不闹事、舆论不揭露、“圣聪”不受惊动,统治者照例认为是太平盛世。而大大小小的官员们,以及管理着他们的最高统治者,只要民众不闹事,一般也不希望矛盾被揭露。但“越诉”恰恰是揭露矛盾,是将社会的不公、将被基层掩盖的矛盾揭示并加以放大,是对作为政权基石的地方官府的一定程度的否定,是将统治者理想中的“治世”描绘成“乱世”。因此,越诉者所诉之事即使属实,也要受到惩罚。但在明代的江西等地,越诉恰恰成了风气乃至时髦。

按照明初制定的社会管理模式,民间发生婚姻财产纠纷,首先应由“里老”进行协调或仲裁,不得贸然告官,否则便是越诉。

“里老”处分乡间词讼作为法律制度,有其特殊的背景。这个背景就是,当时的明太祖既严厉制裁江西等地的好讼“刁民”,也重刑惩治贪官污吏。他认定,地方官吏大多贪赃枉法、殃害百姓,民间词讼赴京越诉,乃是迫不得已。因此,他希望通过宗族或亲情的作用,将社会矛盾解决于底层,以减轻越诉对官府造成的压力。

但是,里老对民间纠纷的裁决,严格地说只是民间调解和仲裁,它不可能取代官方的法律审判。何况,里老可能解决的只是发生在家庭、家族内部及邻里之间的纠纷,如户婚、土地、继承、债务、孝悌等,却无法解决新形势下的新纠纷,如主客矛盾、商业诉讼等。而明代江西所发生的诉讼,大多恰恰是这类诉讼。

国家制定法律、设立官员,其公共职能之一就是协调社会矛盾、解决民间的争端和纠纷。既然通过科举考试产生、又有严酷的法令进行约束的官员也不可能发挥应有的作用,那就更不可能指望由地方官员挑选的“里老”在处理词讼方面有太多的作为。而且,里老如果没有势力,则无权威,解决不了问题;如果有势力、有权威,则可能成为乡间恶霸,欺压民众,产生新的社会问题。

既然乡间里老的徇私舞弊层出不穷,基层官员及吏员又贪赃枉法、理断不公,越诉乃至动辄赴京告状便成自然之理。一旦胜诉或案情有所转机,无疑对新的越诉又是一种鼓励。刑部的一个报告展示了江西越诉者的种种途径与方法:

成化十三年九月初三日,刑部等衙门奏,都察院即将江西等处军民人等赴京奏告原籍户婚田土等事,具照诏书事理,问罪所决,送回原籍,官司问结,以此人知警惧,词讼顿简。近日以来,法司即将抱本状之人,不行照例问罪,径送顺天府,给引照旧听理。以此刁泼之徒,既不见问越诉之罪,又图径送给引之利,成群结党,闻风而来。有因官解军匠物料到京者,又有因公差生理顺便者,辄将户婚田土小事,捏人命诈言等重情。或隐下自己姓名,捏作户丁抱本,雇请外人冒顶家人名字,擅动实封,烦渎圣听。其间牵告人名多者动至二三百,少者不下六七十。又送给引之后,有责执文引,中途逃去别处,以致原籍官司提取被告之人在官,盗禁囹圄,经年累月,不得结绝。[①]

从实质上说,越诉其实就是告官、告吏、告里老,告他们的无能和徇私。这也是明代江西乃至中国古代"讼风"的主要特征或表现之一。

从现有记载中所涉及的具体案例看,明代的江西民众越诉的内容多与官吏相关,其中一部分则由一般的民事诉讼和刑事诉讼转化为行政诉讼。同一时期在江西发生的几起越诉案,也是民告官。对于职业讼师,越诉的过程或许带来心理上的满足,但对于一般民众,越诉告官实为迫不得已之举,无法设想普通平民会无缘无故与官府作对。《皇明条法事类纂》关于江西民众诉讼的一段记载,可以看出他们的艰辛和无奈:

> 江西地方小民,多被势要大户占种田地、侵占坟山、谋骗产业、殴伤人命。(小民)状投里老,(里老)畏惧富豪,受私偏判。反告到县,平日富豪人情稔熟,反将小民监禁,少则半年,多则一二年以上,贿属官吏,止凭里老地邻保结,妄行偏断。小民屈抑,又逃司、府伸诉,(司、府)又行审查原案,本县妄称问结,一概朦胧申覆。(小民)屈抑不伸,及赴御史处伸冤,御史又行查审,曾经司、府、州、县、里老剖断过者,不行准状。以致小民率至含冤受苦。[②]

这可以说是越诉或告官的普遍结局。但也就在同一时期,巡按御史赵敔在奏疏中却指出了江西"讼风"的新动态:

> 切见江西小民,俗尚健讼。有司官吏,稍不顺其情者,动辄捏词告害。其风宪官之忠厚正大者,必先察其贤否。若果贪酷,然后就逮黜;若廉勤,则极力扶持之。其用意深刻者反是,惟欲张威扬誉,不复顾事体、惜人材。不问贤否是非,一概逮系,刑逼招承。甚至刁民自知所告不实,潜行远避,致将被害人久禁不治。[③]

① 《皇明条法事类纂》卷四七《有司决囚》。

② 《皇明条法事类纂》卷二九。

③ 《明英宗实录》卷一八四,正统十四年十月辛亥。

从上述记载看，明代江西的告官已经成为风气，并且在一定的范围内，由无奈演变为蓄意。讼师、讼棍们深谙官场游戏规则的套路，并利用这些规则来保护自己、打击对手。官员们一旦成为打击目标，往往身败名裂。谢肇淛《五杂俎》记明代官场谚语："命运低，得三西。"①"三西"指的是山西、陕西和江西。山、陕固然是"近边苦寒之地"，生态环境恶劣，农民生活贫困，官员难以中饱私囊；江西地处江南腹地，经济文化相对发达，得官于此，也说是"命运低"，也难以中饱私囊，则与江西民告官成风，"贪污之吏，断无所容"有关。②

诉讼成为职业、越诉成为时髦、告官成为风气，明代江西"讼风"的这三大表现或特征是紧密相连、相辅相成的。没有专门从事诉讼、以诉讼为职业的讼师、讼棍，越诉和告官之事或难以发生，至少不可能形成风气，民间诉讼也不可能造成牵连成百上千的声势；没有越诉，讼师、讼棍们便缺少了活动的空间，"讼风"更不可能引起全社会的关注；如果没有告官的胆量和手段，讼师、讼棍们便无法生存，越诉也就没有了条件。

三、江西"讼风"的社会文化基础

对明代江西"讼风"的发生与盛行，时人就进行了各种解释，主要集中在两个方面。

其一、生存环境的严峻，养成了江西人克勤克俭、事事认真乃至执拗的性格。

郑晓《地理述》称："江西之民，质俭勤苦，时有忧思，至争曲直、持官府，即费财不吝。"③王士性《广志绎》的描述则更为细化：

> 江右俗力本务啬，其性习勤俭而安简朴。盖为齿繁土瘠，其人皆有愁苦之思焉。又其俗善积蓄，技业人归，计妻孥几口之家，岁用谷粟几多，解橐中装籴入之，必取足费。家无囷廪，则床头瓶罂无非菽粟者。余则以治缝

---

① 谢肇淛：《五杂俎》，卷四《地部二》。

② 与江西相似的是苏松杭嘉湖地区。《五杂俎》卷四《地部二》同时指出："江南繁华富庶，未尝乏地也。而奸胥大驵，舞智于下，巨室豪家，掣肘于上，一日不得展胸臆，安在其为善地哉？"沈德符《万历野获编》卷十一《吏部·掣签授官》记：有一陕西老儒，掣签得任杭州府推官。这个职务本为肥差，但杭州与吉安、苏州、松江，号为"难治"，老儒惊惧而泣，不敢赴任。

③ 光绪《江西通志》卷四八《风俗》。

浣、了征输,绝不作鲜衣怒马、燕宴戏剧之用。[①]

郑晓和王士性都是浙江人，在目睹了苏松杭嘉湖地区城市的繁荣和民间的奢华之后,他们对江西人的勤苦和节俭有特别深刻的印象。既然一饭一粟、一分一厘的获得都要通过艰辛的劳动,自然不愿任意挥霍,更不容他人侵夺,由此而使江西人不惜破家费财,也要维护自身的利益。

其二、讲究气节,好论是非曲直,其流弊则为"健讼"。

罗洪先《舆图志》说江西"俗尚气节,君子重名,小人务讼。"邓元锡《方域志》也说江西"君子尚名,小人尚气,颇多讼,称难治。"[②]罗洪先和邓元锡都是明代江西著名学者,他们对江西人的"气节"津津乐道,但也认为江西"小人"的"务讼"、"尚气"与此有关。王守仁在《重修文山祠记》中则直截了当地指出,江西"讼风"实由"气节"而起:

> 吉士之以气节行义,后先炳耀,谓非闻公(按:指文天祥)之风而兴不可也。然忠义之降,激而为气节;气节之弊,流而为客气。其上焉者无所为而为,固公所谓成仁取义者矣;其次有所为矣,然犹其气之近于正者也;迨其弊也,遂有凭愤戾粗鄙之气,以行其妒嫉偏骜之私。士流于矫拂,民入于健讼,人欲炽而天理灭。而犹自是以为气节,若是者容有之乎?[③]

郑、罗、邓、王诸人从生态环境与习性气质内外两个方面进行的分析和解释,对于揭示明代江西"讼风"的盛行原因具有重要意义。但如果没有以下因素,江西的"讼风"不可能像已经发生的那样引人注目,也难以有上述的种种表现。

首先是书院教育的发达以及由此而带来的科举的兴盛和"异端"的张扬。

这些书院既继承了儒学传道、授业的传统，也吸收了禅学自由论辩的精神。因而,既灌输了卫道报国的思想,也培养了独立思考的意识;正统学说既得

---

① 王士性:《广志绎》,卷四《江南诸省·江西》。

② 光绪《泰和县志》卷二《风俗》。

③ 王守仁:《王阳明全集》卷七《重修文山祠记》。又,王士性《广志绎》卷七《江南诸省·江西》说:"吉安夙称节义之乡,然至宋而盛。"江西的"节义",至宋而盛;江西的讼风,也开始盛行于宋。这两个现象的同步发生,也并非完全偶然。

推广，异端思潮也同时张扬。

南宋初年朱熹与陆九渊的论战是江西自由"讲学之盛"的起点，它既揭开了宋明时期儒家学说内部不同学术流派公开论战的序幕，也是儒家学说内部的异端公开向正统挑战的开始。虽然在元代确立了朱学的正统地位，但一些江西学者仍在继承陆九渊的"异端"学说，对程朱理学进行批评。正是有了这样的基础，更大的"异端"王学才得以在江西盛行并为江西学者所继承。

从严格意义上说，宋明时期江西的"讼风"，也正是这种异端思潮的表现。江西多讼师而浙江出师爷，也反映出这两个经济文化发达地区的不同文化精神：前者为异端，其内在精神却是气节；后者为附庸，其内在精神则是投机。

教育的发达培养了大量的人才，他们中的不少人在科举失败之后成了讼师、讼棍，成了江西"讼风"的主体；教育发达产生的另一个更为人们关注的结果是科举的兴盛，它使江西成为宋明时期提供官员最多的省份之一。这一批批进士和举人们进入仕途之后，成了江西"讼风"的保护伞。江西人的越诉和告官往往奏效，与他们的支持有直接关系。正统、景泰时泰和籍吏部尚书王直就公开为吉安的"讼风"进行辩护：

> 江西之郡十又三，而吉安为易治。其人多读书知道理，其出赋税力役以供公上，皆不后诸郡，而或者以好讼病之，此不善为理也。夫生民有欲，有欲则不能无争，争则狱讼兴焉。顾吾所以理之者何如耳。苟有公平正大之心，是非必明、操纵必当，则无实者不敢至其前，将自然无讼。其所以纷纷，皆为之长者不能是故也，岂独民之过哉！夫民患不读书，昧于道理，则告之而不知、谕之而不从，肆其嚣顽，以抵牾其长，如是则难治。吉安岂其然哉！[①]

大凡越是经济文化发达的地区，民众对法律也就越是了解。民风"好讼"其实也要从两个方面来看，它既表现了当地居民的难以治理，但也说明他们愿意按国家法律来解决纠纷。民风好诉讼与民风好械斗大不一样，前者是希望依据法律解决问题，后者却是自行付诸武力、视官府为蔑如。从这一点来说，好讼比好斗还是便于治理的。遇事有争，诉于官府，绝非"好讼"，而是"读书知理"的表现，以王直为代表的江西士大夫的观念与儒家正统理念有着重要的分歧。走上

① 王直：《抑庵文后集》，卷一六《赠陈太守诗序》。

仕途正道的进士、举人,与走上异端邪道的讼师、讼棍,在江西“讼风”的发生和发展过程中各自发挥着不同的作用,扮演着不同的角色。

其次是生存环境的严峻,加以宗族势力强大,造成江西人口职业的多样化和社会关系的复杂化。

明景泰时江西泰和籍大学士陈循在一份奏疏中说:

> 江西及浙江、福建等处,自昔四民之中,其为士者有人,而臣江西颇多;江西诸府,而臣吉安府又独盛。盖因地狭人多,为农则无田,为商则无资,为工则耻卑其门地,是以世代务习经史。……皆望由科举出仕。①

王士性《广志绎》的一段话更耐人寻味:

> 江、浙、闽三处,人稠地狭,总之不足以当中原之一省,故身不有技则口不糊,足不出外则技不售。惟江右尤甚,而其士商工贾,谭天悬河,又人人辩足以济之。又其出也,能不事子母本,徒张空拳以笼百务,虚往实归,如堪舆、星相、医卜、轮舆、梓匠之类,非有盐商、木客、筐丝、聚宝之业也。故作客莫如江右,而江右又莫如抚州。②

由于人多田少、生存环境严峻,读书入仕成了江西人体面脱贫的出路,而外出经商或从事各种手工业,以及无需资本投入的堪舆、星相、医卜、僧道诸行当,更成了江西人通常的谋生手段。职业的多样化成为江西社会的一大特色。这些职业既为原有的经济生活注入了新的活力,也在原有的经济生活中增添了更多的矛盾和纠纷。而在书院、讼学以及社会实践中所训练出来的“谭天悬河”、“辩足以济之”的本领,无疑又是他们所从事的职业所必须,同时,也使他们对于越诉、告官无所顾忌。

手工业者固然是凭手艺生活,商人主要面对的也是一般民众,但术士、医卜、僧道却上可通天,下可彻地,皇帝、后妃、宦官、文臣武将及平民百姓都需要他们祈福祛祸、预测吉凶,因而他们往往是下层民众与上层显贵沟通的渠道。而江西恰恰以多僧道术士而著称。道教天师府在江西贵溪龙虎山,“张真人”每

① 《明英宗实录》卷二六八,景泰七年七月丙申。

② 王士性:《广志绎》,卷五《江南诸省·江西》。

年赴京朝贺，其待遇高于曲阜的“衍圣公”[①]；元末西支红军的领袖彭莹玉(彭和尚)和曾经帮助明太祖战胜陈友谅的术士周颠(周颠仙)、张中(铁冠道人)等，还有替皇室选择宫殿、寝陵位置的风水大师，都是江西人。

成化时为吉安知府的许聪，特别强调江西“文人贤士固多，而强宗豪右亦不少”。其实，江西的文人贤士多出身于强宗豪右，而强宗豪右中有不少就是文人贤士，两者是合而为一、难解难分的关系。江西民户多聚族而居，或一村一姓，或数村一姓，家有祠、族有谱，有共同的族田族产和严格的尊卑长幼秩序。许多家族都有子弟乃至大批子弟通过科举、荐举或其他途径进入仕途。这些官员既将家族视为本根，又是家族的靠山；既为维护国家的整体利益而效劳，又为维护家族的自身利益而干扰国家的政策。而且，许多家族不但以血缘为纽带，而且以诗书相凝聚，父子、叔侄、兄弟、族姻，自为师友，并通过师承关系与其他家族、其他群体发生联系。苏州太仓籍著名学者陆容，对江西宗族的礼义之风赞不绝口：

> 乡党莫如齿，此先儒之论也。然礼亦有“一命齿于乡、再命齿于族”之文。今学校老生，凡遇仕而返乡者，辄以齿自居，略无贵贵之义。彼为命士大夫者，又皆避嫌从厚，不以自明。于是先王之礼，遂成偏废而不明。……闻安福彭文宪公(时)省亲还家，族党以三命不齿于族致隆于公。公不敢当，乃受异席。盖其族党，多读书知礼之士故耳。[②]

于此也可以看出江西家族传统在全国的影响。

上述因素，又构成了明代江西错综复杂而又几乎无所不在的社会关系网。

永乐二年，吉水解缙为会试主考官，新科进士中便有111位江西人，而且三名一甲进士及二甲进士的前四名全是吉安府人。王世贞在羡慕的同时特别提醒：“(廷试)内阁学士读卷五人：解缙(吉水)、胡广(吉水)、杨士奇(泰和)、胡俨(南昌)、金幼孜(新淦)皆江西，中三人皆吉安府。”[③]洪熙元年，杨士奇主持复位乡试名额，江西遂高居于十三布政司之首。[④]这是江西关系网在乡人入仕时发

---

① 陆容：《菽园杂记》卷八。

② 陆容：《蓬轩类记一》，见邓士龙辑《国朝典故》卷六八。按，《周礼》原文为：“一命齿于乡里，再命齿于父族，三命而不齿。”(《周礼注疏》卷一二)

③ 王世贞：《弇山堂别集》卷三《一郡三及第》。

④ 弘治《明会典》卷七七《礼部·科举》。

生的作用。[1]成化时,南昌术士李孜省向宪宗上了“江西人赤心报国”的乩语,遂有尹直入阁、谢一夔等五位江西籍官员为吏、户、礼三部尚书或侍郎及都察院都御史的任命。万历时,临川人乐新炉在京城捏造“飞语”,以江西邹元标等十人为十君子,抨击赵卿等八人为八狗、杨四知等三人为三羊:“若要世道昌,去了八狗与三羊。”[2]这是江西关系网为同乡势力的扩张而制造的政治舆论。永乐十三年,太监王房等督夫6000人在辽东黑山淘金,十五年,又命内臣在广西南丹州开金矿;成化十年,命内臣在湖广宝庆府开金矿,每年役夫55万人;万历时,矿监税使遍天下。不管是否确实,沈德符认定这是江西吉水胡广、安福彭时、新建张位执政时为照顾江西商人所致。[3]还是这位“新建张相”张位,为了安排江西同乡而干预吏部铨选,吏部尚书孙丕扬无奈之下,竟创“掣签”法,用抽签的方式来安排中下级官员职务,成为千古笑柄。[4]

社会关系的复杂化,使得江西一些被视为“负贩贱夫”之类的人物,也往往有一定的社会背景。强宗豪右固可通天,孱弱小民或许也可能通过种种关系达于当路。明成化时期,吉安知府许聪“请敕”便宜行事,对吉安的“讼风”大加惩治,却因拷讯了一个微不足道的小人物而触动了关系网,被置于死地。《明宪宗实录》对此事有详细的记载:

> (许)聪以吉安民好讼,劫盗方炽,且奉诏行事,特严刑立威,以禁制其下,死于狱者五十余人。……遣锦衣卫千户金章核实,械聪至京,仍命都察院会官廷鞫之。乃比故勘律拟斩。命即如所拟处决。刑科都给事中白昂等以未经审录为请,不从,且命毋覆奏。遂以是日夜四鼓押赴市曹斩之。……说者谓其凶暴致祸固宜,但系比律,不许覆奏,又乘夜行刑,则以司礼监黄高纳其所厚吉安人洪僧官,以聪尝笞辱其徒,至以瓦擦其首流血,积恨之潜所致。[5]

正是这些社会背景,造成了江西“讼风”的种种特征和表现,也使得江西“讼风”长盛不衰而治理尤难,成为困扰历代统治者的社会问题。也正是这些社

① 《明史》卷三〇七《佞幸传》。
② 沈德符:《万历野获编》补遗卷三《刑部·山人蜚语》。
③ 沈德符:《万历野获编》卷二《列朝·矿场》。
④ 沈德符《万历野获编》卷十一《吏部·掣签授官》。
⑤ 《明宪宗实录》卷九七,成化七年十月壬申。

会背景,构成了江西地域文化的特征。

对于江西乃至全国的"讼风",官方从来就持批评态度。而将这一现象称之为"好讼",将从事这一职业的群体称之为"讼棍"乃至"光棍",本身就是从管理者或统治者的角度出发的。但是对于类似于江西"讼风"的种种表现,政府虽然屡有禁令,法律却为其留有空间。

对于讼师人等的活动,《大明律》定:"凡教唆词讼,及为人作词状,增减情罪诬告人者,与犯人同罪;若受雇诬告人者,与自诬告同。受财者计赃以枉法从重论。其见人愚而不能申冤,教令得实,及为人书写词状而罪无增减者,勿论"[①]。这条法令的前半段是禁止,禁止的是教唆、诬告;后半段则为讼师们留下了活动的空间,这个空间在虚妄与真实、恶意教唆与善意指导之间,其范围是巨大的。

对于越诉,《大明律》定:"凡军民词讼,皆须自下而上陈告。若越本管官司,辄赴上司称诉者,笞五十。若迎车驾及击登闻鼓申诉而不实者,杖一百,事重者,从重论;得实者,免罪"[②]。其中的矛盾也是明显的,其实为赴京越诉提供了法理上的依据和精神上的鼓励。薛居正对此作了精辟的解释:"越诉得实而犹坐者,所以明体统也;奏诉得实而免罪者,所以达民隐也。"[③]

既要明体统,又要达民隐;既有民众迫不得已的越诉,又有讼师精心策划的告官;既有民众的蛮狠和无理,更有官吏的贪婪和不公。法律为讼师的存在、为越诉和告官的行为保留空间,并非是因为法律制定者的疏漏,而是因为社会矛盾的复杂。当然,也是为了在国家意志和民众意愿之间,在统治的有序和无序、有为和无为之间,寻找一种平衡。

因此,"好讼"之风的兴起,与其说是民众刁顽、风俗浇漓的表现,倒不如说是官府无能、制度僵化的结果。历代统治者对其进行的压制和打击,不仅使官府自身不断陷于被动,也不利于新的生产关系的成长。

---

① 《大明律》卷二二《刑律五·诉讼·教唆词讼》。

② 《大明律》卷二二《刑律五·诉讼·越诉》、《大清律例》卷三〇《刑律·诉讼·越诉》。

③ 薛居正:《唐明律合编》,卷二四《刑律·斗讼四》。

附　录

引用及主要参考文献

一、正史、官书

《明太祖实录》,(台湾)"中央研究院"校勘本。

《明太宗实录》,(台湾)"中央研究院校"勘本。

《明宣宗实录》,(台湾)"中央研究院"校勘本。

《明英宗实录》,(台湾)"中央研究院"校勘本。

《明宪宗实录》,(台湾)"中央研究院"校勘本。

《明孝宗实录》,(台湾)"中央研究院"校勘本。

《明武宗实录》,(台湾)"中央研究院"校勘本。

《明世宗实录》,(台湾)"中央研究院"校勘本。

《明穆宗实录》,(台湾)"中央研究院"校勘本。

《明神宗实录》,(台湾)"中央研究院"校勘本。

《明熹宗实录》,(台湾)"中央研究院"校勘本。。

《清世祖实录》,中华书局影印本。

《清圣祖实录》,中华书局影印本。

《清世宗实录》,中华书局影印本。

《清高宗实录》,中华书局影印本。

《汉书》,中华书局标点本。

《晋书》,中华书局标点本。

《隋书》,中华书局标点本。

《旧唐书》,中华书局标点本。

《新唐书》,中华书局标点本。

《宋史》,中华书局标点本。

《元史》,中华书局标点本。

《明史》,中华书局标点本。

《清史稿》,中华书局标点本。

弘治《明会典》,上海古籍出版社影印文渊阁《四库全书》本。

万历《明会典》,商务印书馆《万有文库》本。

(明)李贤等:《明一统志》,《四库全书》本。

《皇明诏判》,齐鲁书社《四库全书存目丛书》本。

《皇明诏令》,《四库全书存目丛书》本。

(明)戴金等:《皇明条法事类纂》,刘海年、杨一凡主编《中国珍稀法律典籍集成》本,乙编第四、五、六册,科学出版社1994年版。

(清)薛居正:《唐明律合编》,《万有文库》本。

(清)永镕等:《古今图书集成》,中华书局1934年缩印本。

《康熙朝汉文朱批奏折汇编》,档案出版社1985年影印本。

《雍正朝汉文朱批奏折汇编》,江苏古籍出版社1992年影印本。

嘉靖《漕运通志》,《四库全书存目丛书》本。

嘉庆《两淮盐法志》,嘉庆刻本。

光绪重修《两淮盐法志》,《续修四库全书》本。

《清朝文献通考》,中华书局影印本。

《清朝续文献通考》,中华书局影印本。

中国第一历史档案馆档案:军机处录副奏折。

《礼记》,中华书局影印《十三经注疏》本。

《周礼》,商务印书馆《四部丛刊》本。

(魏)何晏撰、(梁)皇侃疏:《论语集解义疏》,《四库全书》本。

(清)《御定全唐诗》,《四库全书》本。

二、文集、笔记及其他文献

(汉)崔寔:《四民月令》,《丛书集成续编》本。

(唐)李吉甫:《元和郡县志》,《四库全书》本。

(宋)洪迈:《容斋随笔》,《四库全书》本。

(宋)李心传:《建炎以来系年要录》,《丛书集成初编》本。

(宋)欧阳修:《欧阳修集》,《四库全书》本。

(宋)沈括:《梦溪笔谈》,《丛书集成初编》本。

(元)陶宗仪:《南村辍耕录》,中华书局标点本。

(元)汪大渊(苏继庼校释):《岛夷志略》,中华书局标点本。

(元)于钦:《齐乘》,《四库全书》本。

(元)周密:《癸辛杂识》,中华书局标点本。

(明)艾南英:《天佣子集》,清刊本。

(明)包汝楫:《南中纪闻》,《丛书集成初编》本。

(明)陈诚(周连宽校注):《西域行程记、西域番国志》,中华书局1991年版。

(明)陈洪谟:《治世余闻》、《继世纪闻》,中华书局标点本。

(明)陈九德:《皇明名臣经济录》,《四库禁毁书丛刊》本。

(明)陈全之:《蓬窗日录》,上海书店影印本。

(明)陈子龙等:《明经世文编》,中华书局1962年影印本。

(明)董其昌辑:《神庙留中奏疏汇要》,《续修四库全书》本。

(明)范濂:《云间据目抄》,《笔记小说大观》本,广陵古籍刻印社1983年版。

(明)冯梦龙:《喻世明言》、《醒世恒言》,上海古籍出版社影印本;《明清民歌时调集》,上海古籍出版社影印本;《新平妖传》,明泰昌元年刻本。

(明)龚居中:《新刻痰火点雪》,《续修四库全书》本。

(明)顾起元:《客座赘语》,中华书局标点本。

(明)归有光:《震川先生集》,《续修四库全书》本。

(明)郭子章:《郡县释名》,《四库全书存目丛书》本。

(明)何孟春:《余冬序录》,《四库全书存目丛书》本。

(明)何心隐:《何心隐集》,中华书局标点本。

(明)侯峒曾:《侯忠节公全集》,北京图书馆《北京图书馆年谱丛刊》本。

(明)胡直:《衡庐精舍藏稿》,《四库全书》本。

(明)胡应麟:《诗薮》,《续修四库全书》本。

(明)黄汴:《一统路程图记》,杨正泰《明代驿站考》附载,上海古籍出版社1994年版。

(明)黄佐:《翰林记》,中华书局《丛书集成初编》本。

(明)黄瑞伯:《瑶光阁集》,《四库全书存目丛书》本。
(明)焦竑:《玉堂丛语》,中华书局标点本。
(明)揭暄:《璇玑遗述》,《四库全书存目丛书》本。
(明)金幼孜:《金文靖集》,《四库全书》本。
(明)李贤:《古穰集》,《四库全书》本。
(明)李翊:《戒庵老人漫笔》,中华书局标点本。
(明)李贽:《焚书》,中华书局标点本。
(明)李开先:《麓中麓闲居集》,《续修四库全书》本
(明)李维桢:《大泌山房集》,《四库全书存目丛书》本。
(明)梁份:《怀葛堂集》,《豫章丛书》本。
(明)刘节:《梅国前集》,《四库全书存目丛书》本。
(明)刘嵩:《槎翁诗集》,《四库全书》本。
(明)刘侗:《帝京景物略》,《续修四库全书》本。
(明)刘若愚:《酌中志》,《丛书集成初编》本。
(明)陆容:《菽园杂记》,中华书局标点本。
(明)陆深:《俨山集》、《俨山外集》,《四库全书》本。
(明)陆树深:《耄余杂识》,《丛书集成初编》本。
(明)罗洪先:《念庵文集》,《四库全书》本。
(明)罗钦顺:《困知记》,《丛书集成初编》本;《整庵存稿》,《四库全书》本。
(明)罗曰褧:《咸宾录》,《四库全书存目丛书》本。
(明)吕坤:《去伪斋集》,《四库全书》本。
(明)吕天成:《曲品》,《中国戏曲史集成》之六,中国戏剧出版社1959年版。
(明)聂豹:《双江聂先生文集》,《四库全书存目丛书》本。
(明)潘季驯:《河防一览》,《四库全书》本。
(明)丘浚:《大学衍义补》,《四库全书》本。
(明)沈榜:《宛署杂记》,北京古籍出版社1983年标点本。
(明)沈德符:《万历野获编》,中华书局标点本。
(明)沈思孝:《晋录》,《丛书集成初编》本。
(明)宋濂:《宋文宪公全集》,《北京图书馆藏珍本年谱丛刊》本。
(明)宋应星:《天工开物》,《续修四库全书》本。
(明)汤显祖:《汤显祖诗文集》,上海古籍出版社1982年标点本。

(明)童承叙:《平汉录》,《续修四库全书》本。

(明)《高文举珍珠记》,万历金陵文林阁刻本,载《古本戏曲丛刊》二集第一函,(上海)商务印书馆1955年版。

(明)汪道昆:《太函集》,《四库全书存目丛书》本。

(明)王鏊:《守溪笔记》,《纪录汇编》本。

(明)王直:《抑庵文集》,《四库全书》本。

(明)王士性:《广志绎》,中华书局标点本。

(明)王世懋:《二酉委谭摘录》、《窥天外乘》,《丛书集成初编》本;《闽部疏》,《明清史料汇编初集》,台北文海出版社1973年版。

(明)王世贞:《弇山堂别集》,中华书局标点本。

(明)王守仁:《王阳明全集》,上海古籍出版社标点本。

(明)魏良辅:《南词引正》,《中国古典戏曲论著集成》之五,中国戏剧出版社1959年版。

(明)吴俨:《吴文肃摘稿》,《四库全书》本。

(明)无名氏:《录鬼簿续编》,《中国古典戏曲论著集成》之二,中国戏剧出版社1959年版。

(明)吴应箕:《楼山堂集》,《丛书集成初编》本。

(明)吴与弼:《康斋集》,《四库全书》本。

(明)夏尚朴:《东岩集》,《四库全书》本。

(明)项元汴:《蕉窗九录》,《丛书集成初编》本。

(明)谢肇淛:《五杂俎》,中华书局标点本。

(明)熊鸣岐:《昭代王章》,《玄览堂丛书》本。

(明)徐渭:《南词叙录》,《中国古典戏曲论著集成》之三,中国戏剧出版社1959年版。

(明)徐咸:《西园杂记》,《丛书集成初编》本。

(明)徐光启:《农政全书》,《四库全书》本。

(明)徐学聚:《国朝典汇》,《四库全书存目丛书》本。

(明)严嵩:《钤山堂集》,《四库全书存目丛书》本。

(明)颜钧:《颜钧集》,中国社会科学出版社1996年标点本。

(明)杨荣:《文敏集》,《四库全书》本。

(明)杨士奇:《东里集》,《四库全书》本。

(明)叶权:《贤博编》,中华书局标点本。

(明)叶盛:《水东日记》,中华书局标点本。

(明)尹直:《謇斋琐缀录》,邓士龙《国朝典故》收录,北京大学出版社1993年点校本。

(明)袁袠:《世纬》,《丛书集成初编》本。

(明)于慎行:《谷山笔麈》,中华书局标点本。

(明)张岱:《快园道古》,浙江古籍出版社1986年标点本;《陶庵梦忆》,西湖书社1982年标点本。

(明)张瀚:《松窗梦语》,中华书局标点本。

(明)张卤:《皇明制书》,《续修四库全书》本。

(明)张萱:《西园闻见录》,《续修四库全书》本。

(明)张宏道、张凝道:《皇明三元考》,《四库全书存目丛书》本。

(明)张自烈:《芑山文集》,《四库禁毁书丛刊》本。

(明)章潢:《图书编》,《四库全书》本。

(明)赵秉忠:《江西舆地图说》,《丛书集成初编》本。

(明)郑晓:《今言》,中华书局标点本。

(明)周用:《周恭肃公集》,《四库全书存目丛书》本。

(明)朱权:《太和正音谱》,《中国古典戏曲论著集成》之三,中国戏剧出版社1959年版。

(明)朱国桢:《涌幢小品》,中华书局标点本。

(明)朱元璋:《御制文集》、《御制大诰》、《大诰续编》、《大诰三编》、《御制皇明祖训》,均见张德信、毛佩琦主编:《洪武御制全书》,黄山书社1995年版。

〔意〕利玛窦、金尼阁:《利玛窦中国札记》,中华书局1983年版(2005年重印)。

〔葡〕曾德昭:《大中国志》,上海古籍出版社1998年版。

〔法〕费赖之:《在华耶稣会士列传及书目》,中华书局1995年版。

(清)包世臣:《齐民四术》,清刊《安吴四种》本。

(清)陈宏绪:《寒夜录》,《续修四库全书丛书》本。

(清)陈盛韶:《问俗录》,北京出版社《四库未收书辑刊》本。

(清)方以智:《物理小识》,《四库全书》本。

(清)辅德:《覆奏查办江西祠堂疏》,载《皇清奏议》(《续修四库全书》本)。

(清)傅春官:《江西农工商矿纪略》,光绪三十四年石印本;《江西物产总会说明书》,宣统石印本。

(清)谷应泰:《明史纪事本末》,中华书局标点本。

(清)顾炎武:《日知录》,《日知录集释》本,上海古籍出版社1985年影印本;《天下郡国利病书》,(上海)商务印书馆《四部丛刊三编》本;《肇域志》,《续修四库全书》本;《顾亭林诗文集》,中华书局标点本。

(清)何刚德:《抚郡农产考》,《续修四库全书》本。

(清)贺长龄等:《清经世文编》,中华书局1992年影印本。

(清)黄鼎彝:《敖阳三事始末》,道光八年(1828)刻本。

(清)黄宗羲:《明儒学案》,中华书局标点本;《明文海》,中华书局1987年影印本;《南雷文定》,《续修四库全书》本。

(清)计六奇:《明季北略》,中华书局标点本。

(清)纪昀等:《钦定四书文》,《四库全书》本;(清)纪昀等:《四库全书总目提要》,中华书局影印本。

(清)蓝浦著、郑廷桂补辑:《景德镇陶录》,清刻本。

(清)李调元:《剧话》卷上,《中国古典戏曲论著集成》之八,中国戏剧出版社1959年版。

(清)李光地:《榕村语录》,中华书局1995年点校本。

(清)李世熊:《寇变记》,载中国社会科学院历史所研究室编《清史资料》(第一辑),中华书局1980年版。

(清)梁章钜:《制义丛话》,上海书店出版社2001年版。

(清)罗绕典:《黔南职方纪略》,(台湾)成文出版有限公司《中国地方志丛书》本。

(清)毛德琦:《白鹿书院志》,《续修四库全书》本。

(清)钱泳:《履园丛话》,中华书局标点本。

(清)钱谦益:《列朝诗集小传》,上海古籍出版社1983年标点本。

(清)全祖望:《鲒埼亭集》,《续修四库全书》本。

(清)屈大均:《广东新语》,中华书局标点本。

(清)阮葵生:《茶余客话》,中华书局标点本。

(清)沈宠绥:《度曲须知》,《中国古典戏曲论著集成》之五,中国戏剧出版社1959年版。

(清)谈迁:《国榷》,中华书局标点本;《北游录》,中华书局标点本。
(清)檀萃:《滇海虞衡志》,《丛书集成新编》本。
(清)王士禛:《池北偶谈》,中华书局标点本。
(清)王猷定:《四照堂集》,《丛书集成续编》本。
(清)魏礼:《魏季子文集》,易堂本《宁都三魏全集》。
(清)魏禧:《魏叔子文集》,易堂本《宁都三魏全集》;《魏叔子文钞》,《续修四库全书》本。
(清)魏源:《魏源集》,中华书局标点本。
(清)吴其浚:《植物名实图考》,《续修四库全书》本。
(清)吴伟业:《复社纪事》,《中国野史集成》本,巴蜀书社1999年版。
(清)吴嵩梁:《东乡风土记》,道光《香苏山馆全集》本。
(清)吴允嘉:《浮梁陶政志·附景镇旧事》,《四库全书存目丛书》本。
(清)徐珂:《清稗类钞》,中华书局标点本。
(清)徐松:《宋会要辑稿》,中华书局影印本。
(清)徐世溥:《榆溪集选》,光绪《国朝文录续编》本。
(清)严如煜:《三省边防备览》,《续修四库全书》本。
(清)姚燮:《今乐考证》,《中国古典戏曲论著集成》之十,中国戏剧出版社1959年版。
(清)叶梦珠:《阅世编》,中华书局标点本。
(清)永镕等:《御批通鉴辑览》,清刻本。
(清)于成龙:《于清端政书》,《四库全书》本。
(清)俞长城:《俞宁世文集》,《四库全书未收丛书》本。
(清)曾国藩主编:《江西全省舆图》,清刻本。
(清)查继佐:《罪惟录》,浙江古籍出版社1986年标点本。
(清)詹贤:《詹铁牛文集》,《四库禁毁书丛刊》本。
(清)赵翼(王树民校证):《廿二史札记》,中华书局标点本。
(清)赵吉士:《寄园寄所寄》,《续修四库全书》本。
(清)朱琰:《陶说》,《续修四库全书》本。
(清)朱彝尊:《静志居诗话》,人民文学出版社1990年标点本。
(清)诸晦香:《明斋小识》,《续修四库全书》本。

三、志书、家谱

嘉靖《江西通志》,(台湾)成文出版有限公司《中国地方志丛书》本。

嘉靖《江西省大志》,明嘉靖三十五年刻本,国家图书馆藏。

万历《江西省大志》,(台湾)成文出版有限公司《中国地方志丛书》本。

康熙《西江志》,(台湾)成文出版有限公司《中国地方志丛书》本。

雍正《江西通志》,《四库全书》本。

光绪《江西通志》,光绪七年刻本。

万历《江西赋役全书》,(台湾)学生书局1970年影印本。

万历《湖广总志》,湖南省图书馆藏影印本。

民国新纂《云南通志》,民国刻本。

弘治《抚州府志》,《天一阁藏明代地方志选刊续编》本,上海书店影印,下同。

弘治《黄州府志》,《天一阁藏明代地方志选刊》本,上海古籍出版社影印,下同。

弘治《永州府志》,《天一阁藏明代地方志选刊续编》本。

弘治《岳州府志》,《天一阁藏明代地方志选刊续编》本。

正德《瑞州府志》,《天一阁藏明代地方志选刊续编》本。

正德《南康府志》,《天一阁藏明代地方志选刊》本。

正德《饶州府志》,《天一阁藏明代地方志选刊续编》本。

正德《建昌府志》,《天一阁藏明代地方志选刊》本。

正德《袁州府志》,《天一阁藏明代地方志选刊》本。

嘉靖《临江府志》,《天一阁藏明代地方志选刊续编》本。

嘉靖《赣州府志》,《天一阁藏明代地方志选刊》本。

嘉靖《南安府志》,《天一阁藏明代地方志选刊续编》本。

嘉靖《广信府志》,《天一阁藏明代地方志选刊续编》本。

嘉靖《九江府志》,《天一阁藏明代地方志选刊》本。

嘉靖《袁州府志》,《天一阁藏明代地方志选刊续编》本。

隆庆《临江府志》,《天一阁藏明代地方志选刊》本。

嘉靖《常德府志》,《天一阁藏明代地方志选刊》本。

嘉靖《宁州志》,《天一阁藏明代地方志选刊续编》本。

万历《新修南昌府志》,《稀见中国地方志汇刊》本,中国书店1992年影印,下同。

万历《吉安府志》,《稀见中国地方志汇刊》本。

万历《扬州府志》,《稀见中国地方志汇刊》本。

天启《赣州府志》,(台湾)成文出版有限公司《中国地方志丛书》本。

顺治《吉安府志》,(台湾)成文出版有限公司《中国地方志丛书》本。

康熙《饶州府志》,(台湾)成文出版有限公司《中国地方志丛书》本。

康熙《临江府志》,(台湾)成文出版有限公司《中国地方志丛书》本。

康熙《南康府志》,(台湾)成文出版有限公司《中国地方志丛书》本。

康熙《南康府志》,(台湾)成文出版有限公司《中国地方志丛书》本。

乾隆《袁州府志》,(台湾)成文出版有限公司《中国地方志丛书》本。

乾隆《建昌府志》,(台湾)成文出版有限公司《中国地方志丛书》本。

乾隆《广信府志》,(台湾)成文出版有限公司《中国地方志丛书》本。

乾隆《赣州府志》,(台湾)成文出版有限公司《中国地方志丛书》本。

道光《宁都直隶州志》,(台湾)成文出版有限公司《中国地方志丛书》本。

同治《南昌府志》,(台湾)成文出版有限公司《中国地方志丛书》本。

同治《袁州府志》,(台湾)成文出版有限公司《中国地方志丛书》本。

同治《九江府志》,(台湾)成文出版有限公司《中国地方志丛书》本。

同治《瑞州府志》,(台湾)成文出版有限公司《中国地方志丛书》本。

同治《饶州府志》,(台湾)成文出版有限公司《中国地方志丛书》本。

同治《建昌府志》,(台湾)成文出版有限公司《中国地方志丛书》本。

同治《广信府志》,(台湾)成文出版有限公司《中国地方志丛书》本。

同治《临江府志》,(台湾)成文出版有限公司《中国地方志丛书》本。

同治《赣州府志》,(台湾)成文出版有限公司《中国地方志丛书》本。

同治《南安府志》,(台湾)成文出版有限公司《中国地方志丛书》本。

同治《抚州府志》,(台湾)成文出版有限公司《中国地方志丛书》本。

同治《南安府志补正》,(台湾)成文出版有限公司《中国地方志丛书》本。

正德《新城县志》,《天一阁藏明代地方志选刊续编》本。

嘉靖《(广信府)永丰县志》,《天一阁藏明代地方志选刊》本。

嘉靖《上高县志》,(台湾)成文出版有限公司《中国地方志丛书》本。

嘉靖《丰乘》,《天一阁藏明代地方志选刊续编》本。

嘉靖《进贤县志》,(台湾)成文出版有限公司《中国地方志丛书》本。

嘉靖《武宁县志》,《天一阁藏明代地方志选刊续编》本。
嘉靖《瑞金县志》,《天一阁藏明代地方志选刊》本。
万历《南丰县志》,(台湾)成文出版有限公司《中国地方志丛书》本。
崇祯《清江县志》,《四库全书存目丛书》本。
顺治《石城县志》,(台湾)成文出版有限公司《中国地方志丛书》本。
康熙《兴国县志》,(台湾)成文出版有限公司《中国地方志丛书》本。
康熙《湖口县志》,(台湾)成文出版有限公司《中国地方志丛书》本。
康熙《宜黄县志》,(台湾)成文出版有限公司《中国地方志丛书》本。
康熙《新昌县志》,(台湾)成文出版有限公司《中国地方志丛书》本。
康熙《都昌县志》,(台湾)成文出版有限公司《中国地方志丛书》本。
康熙《龙南县志》,(台湾)成文出版有限公司《中国地方志丛书》本。
康熙《金溪县志》,《稀见中国地方志汇刊》本。
康熙《建昌县志》,(台湾)成文出版有限公司《中国地方志丛书》本。
康熙《铅山县志》,(台湾)成文出版有限公司《中国地方志丛书》本。
康熙《瑞金县志》,《稀见中国地方志汇刊》本。
康熙《乐安县志》,(台湾)成文出版有限公司《中国地方志丛书》本。
康熙《南城县志》,(台湾)成文出版有限公司《中国地方志丛书》本。
康熙《东乡县志》,《稀见中国地方志汇刊》本。
康熙《新淦县志》,(台湾)成文出版有限公司《中国地方志丛书》本。
康熙《南丰县志》,(台湾)成文出版有限公司《中国地方志丛书》本。
康熙《广昌县志》,(台湾)成文出版有限公司《中国地方志丛书》本。
康熙《永丰县志》,(台湾)成文出版有限公司《中国地方志丛书》本。
康熙《新城县志》,(台湾)成文出版有限公司《中国地方志丛书》本。
康熙《鄱阳县志》,(台湾)成文出版有限公司《中国地方志丛书》本。
康熙续修《瑞金县志》,《稀见中国地方志汇刊》本。
康熙《宜春县志》,(台湾)成文出版有限公司《中国地方志丛书》本。
康熙《万载县志》,《稀见中国地方志汇刊》本。
康熙《新喻县志》,《稀见中国地方志汇刊》本。
康熙《高安县志》,《稀见中国地方志汇刊》本。
康熙《上高县志》,(台湾)成文出版有限公司《中国地方志丛书》本。
康熙《武宁县志》,(台湾)成文出版有限公司《中国地方志丛书》本。

康熙《玉山县志》,(台湾)成文出版有限公司《中国地方志丛书》本。
康熙《进贤县志》,(台湾)成文出版有限公司《中国地方志丛书》本。
雍正《万载县志》,(台湾)成文出版有限公司《中国地方志丛书》本。
乾隆《湖口县志》,(台湾)成文出版有限公司《中国地方志丛书》本。
乾隆《彭泽县志》,(台湾)成文出版有限公司《中国地方志丛书》本。
乾隆《浮梁县志》,江西省图书馆1960年油印本。
乾隆《峡江县志》,(台湾)成文出版有限公司《中国地方志丛书》本。
乾隆《南康县志》,(台湾)成文出版有限公司《中国地方志丛书》本。
乾隆《信丰县志》,(台湾)成文出版有限公司《中国地方志丛书》本。
乾隆《广丰县志》,(台湾)成文出版有限公司《中国地方志丛书》本。
乾隆《金溪县志》,(台湾)成文出版有限公司《中国地方志丛书》本。
乾隆《龙泉县志》,乾隆三十六年刻本,江西省图书馆藏。
乾隆《赣县志》,(台湾)成文出版有限公司《中国地方志丛书》本。
乾隆《泰和县志》,(台湾)成文出版有限公司《中国地方志丛书》本。
乾隆《武宁县志》,(台湾)成文出版有限公司《中国地方志丛书》本。
乾隆《德化县志》,(台湾)成文出版有限公司《中国地方志丛书》本。
乾隆《大庾县志》,《稀见中国地方志汇刊》本。
嘉庆《彭泽县志》,(台湾)成文出版有限公司《中国地方志丛书》本。
道光《崇仁县志》,(台湾)成文出版有限公司《中国地方志丛书》本。
道光《庐陵县志》,(台湾)成文出版有限公司《中国地方志丛书》本。
道光《宜黄县志》,(台湾)成文出版有限公司《中国地方志丛书》本。
道光《金溪县志》,(台湾)成文出版有限公司《中国地方志丛书》本。
道光《浮梁县志》,道光十二年刻本,江西省图书馆藏。
道光《瑞金县志》,道光二年刻本。
道光《玉山县志》,(台湾)成文出版有限公司《中国地方志丛书》本。
道光《定南厅志》,(台湾)成文出版有限公司《中国地方志丛书》本。
道光《丰城县志》,(台湾)成文出版有限公司《中国地方志丛书》本。
咸丰《梓橦县志》,(台湾)成文出版有限公司《中国地方志丛书》本。
道光《贵溪县志》,道光四年刻本,江西省图书馆藏。
同治《雩都县志》,(台湾)成文出版有限公司《中国地方志丛书》本。
同治《宜黄县志》,(台湾)成文出版有限公司《中国地方志丛书》本。

同治《临川县志》,(台湾)成文出版有限公司《中国地方志丛书》本。
同治《万载县志》,(台湾)成文出版有限公司《中国地方志丛书》本。
同治《安福县志》,(台湾)成文出版有限公司《中国地方志丛书》本。
同治《湖口县志》,(台湾)成文出版有限公司《中国地方志丛书》本。
同治《余干县志》,(台湾)成文出版有限公司《中国地方志丛书》本。
同治《安仁县志》,同治十一年刻本,江西省图书馆藏。
同治《崇义县志》,(台湾)成文出版有限公司《中国地方志丛书》本。
同治《龙泉县志》,(台湾)成文出版有限公司《中国地方志丛书》本。
同治《星子县志》,(台湾)成文出版有限公司《中国地方志丛书》本。
同治《都昌县志》,(台湾)成文出版有限公司《中国地方志丛书》本。
同治《丰城县志》,(台湾)成文出版有限公司《中国地方志丛书》本。
同治《乐平县志》,同治九年刻本,江西省图书馆藏。
同治《德兴县志》,(台湾)成文出版有限公司《中国地方志丛书》本。
同治《上高县志》,(台湾)成文出版有限公司《中国地方志丛书》本。
同治《清江县志》,(台湾)成文出版有限公司《中国地方志丛书》本。
同治《彭泽县志》,(台湾)成文出版有限公司《中国地方志丛书》本。
同治《永宁县志》,(台湾)成文出版有限公司《中国地方志丛书》本。
同治《安义县志》,(台湾)成文出版有限公司《中国地方志丛书》本。
同治《新城县志》,(台湾)成文出版有限公司《中国地方志丛书》本。
同治《大庾县志》,(台湾)成文出版有限公司《中国地方志丛书》本。
同治《广丰县志》,(台湾)成文出版有限公司《中国地方志丛书》本。
同治《南城县志》,(台湾)成文出版有限公司《中国地方志丛书》本。
同治《万安县志》,(台湾)成文出版有限公司《中国地方志丛书》本。
同治《广昌县志》,(台湾)成文出版有限公司《中国地方志丛书》本。
同治《庐陵县志》,(台湾)成文出版有限公司《中国地方志丛书》本。
同治《永丰县志》,(台湾)成文出版有限公司《中国地方志丛书》本。
同治《兴国县志》,(台湾)成文出版有限公司《中国地方志丛书》本。
同治《上饶县志》,(台湾)成文出版有限公司《中国地方志丛书》本。
同治《峡江县志》,(台湾)成文出版有限公司《中国地方志丛书》本。
同治《金溪县志》,(台湾)成文出版有限公司《中国地方志丛书》本。
同治《东乡县志》,(台湾)成文出版有限公司《中国地方志丛书》本。

同治《南丰县志》,(台湾)成文出版有限公司《中国地方志丛书》本。
同治《鄱阳县志》,(台湾)成文出版有限公司《中国地方志丛书》本。
同治《安远县志》,(台湾)成文出版有限公司《中国地方志丛书》本。
同治《会昌县志》,同治十一年刻本,(美国)犹他州家谱学会缩微本。
同治《德化县志》,(台湾)成文出版有限公司《中国地方志丛书》本。
同治《玉山县志》,(台湾)成文出版有限公司《中国地方志丛书》本。
同治《桂东县志》,(台湾)成文出版有限公司《中国地方志丛书》本。
光绪《长宁县志》,(台湾)成文出版有限公司《中国地方志丛书》本。
光绪《龙南县志》,(台湾)成文出版有限公司《中国地方志丛书》本。
民国《南昌县志》,(台湾)成文出版有限公司《中国地方志丛书》本。
民国《万载县志》,(台湾)成文出版有限公司《中国地方志丛书》本。
民国《大庾县志》,(台湾)成文出版有限公司《中国地方志丛书》本。
民国《吉安县志》,民国三十年铅印本,江西省图书馆藏。
民国《庐陵县志》,(台湾)成文出版有限公司《中国地方志丛书》本。
民国《松滋县志》,民国八年刻本。
民国《蒲圻乡土志》,民国十二年刻本。
冼宝干等:《佛山忠义乡志》,民国十五年刻本。
宣统二年刻本《江西物产总会说明书》。
民国三十八年版《江西之特产》。
光绪十八年湘潭《石浦王氏六修族谱》,湖南省图书馆藏。
清江《香田聂氏重修族谱》,清刻本,江西师范大学图书馆藏。
光绪清江《杨氏五修族谱》,清刻本,江西师范大学图书馆藏。
道光《清江东里黄氏族谱》,清刻本,江西师范大学图书馆藏。
民国二十二年湘乡《龙田彭氏族谱》,湖南省图书馆藏。
《泰和南冈周氏漆田学士派三次续修谱》,1996年铅印本。
陈铭珪:《长春道教源流》,《续修四库全书》本。
释自融:《南宋元明禅林僧宝传》,《四库全书存目丛书》本。
《云居山新志》,中国文史出版社1992年版。

四、今(近)人论著

著 作

鲍彦邦:《明代漕运研究》,暨南大学出版社1996年版。

曹树基:《中国移民史》第五、六卷(明时期、清时期),福建人民出版社1997年版。

曹树基:《中国人口史》第四、五卷(明时期、清时期),复旦大学出版社2000年版。

常建华:《明代宗族研究》,上海人民出版社2005年版。

陈锋:《清代盐政与盐税》,中州古籍出版社1988年版。

陈柏泉:《江西出土墓志选编》,江西教育出版社1991年版。

陈文华、陈荣华主编:《江西通史》,江西人民出版社1999年版。

杜婉言、方志远:《中国政治制度通史·明代卷》,人民出版社1996年版。

方志远:《成化皇帝大传》,辽宁教育出版社1994年版。

方志远:《明清江右商帮》,中华书局(香港)1995年版。

方志远:《旷世大儒——王阳明传》,河北人民出版社2000年版。

方志远:《明清湘鄂赣地区的人口流动与城乡商品经济》,人民出版社2001年版。

方志远:《明代城市与市民文学》,中华书局2004年版。

方志远:《明代国家权力结构及其运行机制》,科学出版社2008年版。

郭红、靳润成:《中国行政区划通史·明代卷》,复旦大学出版社2007年版。

郭卫东:《中土基督》,云南人民出版社2001年版。

傅衣凌:《明清社会经济史论文集》,人民出版社1982年版。

韩大成:《明代社会经济初探》,人民出版社1986年版。

韩大成:《明代城市研究》,中国人民大学出版社1991年版。

《汉语大辞典》,汉语大辞典出版社1997年版。

黄国信:《区与界:清代湘粤赣界邻地区食盐专卖研究》,三联书店2006年版。

黄志繁:《“贼”“民”之间:12—18世纪之间赣南地域社会》,三联书店2006年版。

江文汉:《明清间在华的天主教耶稣会士》,知识出版社1987年版。

李洵:《正德皇帝大传》,辽宁教育出版社1993年版。

李棪:《东林党籍考》,人民出版社1957年版。

李文治:《中国近代农业史资料》,三联书店1957年版。

李文治等:《明清时期的农业资本主义萌芽》,中国社会科学出版社1983年版。

梁方仲:《中国历代户口、田地、田赋统计》,上海人民出版社1980年版。

梁方仲:《梁方仲经济史论文集》,中华书局1989年版。

梁淼泰:《明清景德镇城市经济研究》(增订版),江西人民出版社2004年版。

吕妙芬:《阳明学士人社群:历史、思想与实践》,新星出版社2006年版。

刘志伟:《在国家与社会之间——明清广东里甲赋役制度研究》,中山大学出版社1997年版。

南炳文、何孝荣:《明代文化研究》,人民出版社2006年版。

欧阳琛、方志远:《明清中央集权与地域经济》,中国社会科学出版社2002年版。

潘吉星:《宋应星评传》,南京大学出版社1990年版。

彭泽益:《中国工商行会史料集》,中华书局1995年版。

孙楷第:《中国通俗小说书目》,人民文学出版社1982年版。

孙述诚主编:《九江港史》,人民交通出版社1991年版。

谭其骧主编:《中国历史地图集》,中国地图出版社1982—1988年版。

唐立宗:《在"盗区"与"政区"之间——明代闽粤赣湘交界的秩序变动与地方行政演化》,台湾大学出版委员会2002年版。

吴梅:《吴梅戏曲论文集》,中国戏剧出版社1983年版。

吴承明:《中国资本主义与国内市场》,中国社会科学出版社1986年版。

吴晗:《朱元璋传》,三联书店1965年版。

吴宣德:《江右王学与明中后期江西教育发展》,江西教育出版社1996年版。

谢国桢:《西域番国志·跋》,《国立北平图书馆善本丛书第一集》,1937年商务印书馆影印。

谢国桢:《明清之际党社运动考》,中华书局1982年版。

许涤新、吴承明主编:《中国资本主义发展史》第一卷《中国资本主义的萌芽》,人民出版社1985年版。

许怀林:《江西史稿》,江西高校出版社1993年版。

杨正泰:《明代驿站考》,上海古籍出版社1994年版。

张国雄:《明清时期的两湖移民》,陕西人民教育出版社1995年版。

张海鹏等:《中国十大商帮》,黄山书社1993年版。

张正明:《晋商兴衰史》,山西古籍出版社1995年版。

赵世瑜:《吏与中国传统社会》,浙江人民出版社1994年版。

郑振满:《明清福建家族组织与社会变迁》,湖南教育出版社1992年版。

中国硅酸盐学会:《中国陶瓷史》,文物出版社1982年版。

朱保炯、谢沛霖:《明清进士题名碑录索引》附《明清进士题名碑录》,上海古籍出版社1980年版。

朱东润:《张居正大传》,湖北人民出版社1957年版。

庄一拂:《古典戏曲存目汇考》,上海古籍出版社1982年版。

左东岭:《王学与中晚明士人心态》,人民文学出版社2000年版。

左行培:《宋、元、明、清江西书院简表》,江西师范大学历史系1987年油印本。

〔德〕恩格斯:《家庭、私有制和国家的起源》,《马克思恩格斯选集》第四卷,人民出版社1972年版。

〔美〕巴林顿·摩尔:《民主与专制的社会起源》,华夏出版社1987年版。

〔美〕何炳棣:《中国会馆史论》,(台北)学生书局1966年版;《1368—1953年中国人口研究》,上海古籍出版社1989年版。

〔美〕黄宗智:《华北的小农经济与社会变迁》,中华书局2000年版。

〔日〕加藤繁:《中国经济史考证》,(台湾)华世出版社1981年版。

〔美〕施坚雅主编:《中华帝国晚期的城市》,中华书局2000年版。

〔韩〕吴金成:《明代社会经济史研究》,东京汲古书院1990年版。

论　文

曹国庆:《王守仁与南赣乡约》,《明史研究》第三辑,1993年7月。

曹国庆:《明代江西科第世家的崛起及其在地方上的作用——以铅山费氏为例》,《中国文化研究》1999年第4期(冬之卷)。

曹国庆:《朱元璋与天师道》,《南昌大学学报》1999年第1期。

曹国庆、肖放:《景德镇考察记》,《中国社会经济史研究》1988年第2期。

附 录

引用及主要参考文献

曹树基:《赣闽粤三省毗邻地区的社会变动和客家形成》,《历史地理》第14辑,上海人民出版社1997年版。

陈定荣、林友鹤:《娄妃之父辨》,《江西师范大学学报》1991年第1期。

丛瀚香:《试述明代植棉和棉织业的发展》,《中国史研究》1981年第1期。

邓智华:《明中叶江西地方财政体制的改革》,《中国社会经济史研究》2001年第1期。

邓智华:《明后期江西地方财政体制的败坏》,《江西师范大学学报》2003年第5期。

丁文江:《奉新宋长庚先生传》,载武进陶氏编《天工开物》卷上。

丁文江:《历史人物与地理的关系》,《科学》第八卷,1922年。

方志远:《明代的巡抚制度》,《中国史研究》1988年第3期。

方志远:《"江浙"辩》,《争鸣》1988年第5期。

方志远:《略论西汉初期的分封与削藩》,《南昌职业技术师范学院学报》1989年第3期。

方志远:《论明代内阁制度的形成》,《文史》第33辑,中华书局1990年版。

方志远:《论明代的君主专制》,《严嵩与明代政治》, 上海人民出版社1990年版。

方志远、黄瑞卿:《明清江右商的经营观念与投资方向》,《中国史研究》1991年第4期。

方志远、黄瑞卿:《明清江右商的社会构成与经营方式》,《中国经济史研究》1992年第1期。

方志远、黄瑞卿:《明清西南地区的江右商》,《中国社会经济史研究》1993年第4期。

方志远:《明代的镇守中官制度》,《文史》第40期,中华书局1994年版。

方志远:《明清江右商与商事诉讼》,《南昌大学学报》1995年 "赣文化研究专号"。

方志远:《历史上的奸臣与〈奸臣传〉》,《文史知识》1998年第12期。

方志远:《明清湘鄂赣地区的食盐输入与运销》,《中国社会经济史研究》2001年第4期。

方志远:《阳明史事三题》,《江西师范大学学报》2003年第4期。

方志远:《明清湘鄂赣地区的"讼风"》,《文史》2004年第3期(总第68辑)。

方志远:《明代苏松江浙人“毋得任户部”考》,《历史研究》2004年第6期。

方志远:《明清湘鄂赣地区的“淮界”与私盐》,《中国经济史研究》2006年第3期。

方志远:《“传奉官”与明成化时代》,《历史研究》2007年第1期。

方志远:《地域文化与江西传统商业盛衰论》,《江西师范大学学报》2007年第1期。

(日)夫马进:《明清时代的讼师与诉讼制度》,王亚新、梁治平编:《明清时期的民事审判与民间契约》,法律出版社1998年版。

顾诚:《明前期耕地数新探》,《中国社会科学》1986年第4期;《明帝国的疆土管理体制》,《历史研究》1989年第3期。

郭培贵:《明代各科庶吉士数量、姓名、甲第、地理分布及其特点考述》,《文史》2007年第1辑(总第78辑),中华书局2007年版。

郭松义:《清初的更名田》,《清史论丛》第八辑,中华书局1991年版。

何文君:《明至清初江西对湖南人口的迁徙》,《湖南师范大学学报》1990年第3期。

何淑宜:《以礼化俗——晚明士绅的丧俗改革思想及其实践》,《新史学》(台北)第11卷第3期(2000年9月)。

胡水凤:《繁华的大庾岭古商道》,《江西师范大学学报》1992年第4期。

黄长椿:《明正德年间江西农民起义的特点》,《江西师院学报》1986年第1期。

黄启臣:《试论明清商业资本流向土地的问题》,载《中国史研究》编辑部编《中国封建经济结构研究》,中国社会科学出版社1985年版。

黄志繁:《明代赣南的风水、科举与乡村社会“士绅化”》,《史学月刊》2005年第11期。

蓝勇:《清代四川土著和移民分布的地理特征研究》,《中国历史地理论丛》1995年第2期。

李平亮:《明后期南昌西山万寿宫的重兴与地方权力体系的演变》,《江西社会科学》2003年第9期。

梁洪生:《吴城商镇与早期商会》,《中国经济史研究》1995年第1期。

林金树等:《关于明代田土管理系统的问题》,《历史研究》1990年第4期。

刘石吉:《明清时代江西墟市与市镇的发展》,台湾“中研院”第二次中国近代经济史会议论文,1989年。

吕作燮:《试论明清时期会馆的性质和作用》,南京大学历史系编《中国资本主义萌芽问题论文集》,江苏人民出版社1983年版。

〔美〕莫里斯·罗沙比:《明朝到亚洲腹地的两位使者》,《中国史研究动态》1982年第2期。

欧阳琛:《明代的司礼监》,《江西师范大学学报》1984年第4期。

邱仲麟:《诞日称觞——明清社会的庆寿文化》,《新史学》(台北)第11卷第3期(2000年9月)。

饶伟新:《明代赣南的移民运动及其分布特征》,《中国社会经济史研究》2000年第3期。

饶伟新:《明代赣南的社会动乱与闽粤移民的族群背景》,《厦门大学学报》2000年第4期。

(美)苏均炜:《大学士严嵩新论》,《明清史国际学术讨论会论文集》,天津人民出版社1983年版。

王根权:《明清时期一个典型农业地区的墟镇——江西抚州府墟镇试探》,《江西师范大学学报》1990年第2期。

王曾瑜:《中国古代的丝麻棉续编》,《文史》2006年第3辑(总第76辑)。

唐立宗:《明代南赣巡抚辖区新探》,《历史地理》第19辑,上海人民出版社2003年版。

魏崇新:《明代江西文人与台阁文学》,《中国典籍文化》2004年第1期。

巫仁恕:《明代平民服饰的流行风尚与士大夫的反应》,《新史学》(台北)第10卷第3期(1999年3月)。

吴薇:《明清江西天主教的传播》,《江西师范大学学报》2003年第1期。

肖朗:《利玛窦与白鹿洞书院及其他》,《江西社会科学》2007年第1期。

许檀:《明清时期运河的商品流通》,《历史档案》1992年第1期。

许檀:《明清时期江西的商业城镇》,《中国经济史研究》1998年第3期。

许檀:《清代前期的九江关及其商品流通》,《历史档案》1999年第1期。

许春华、许文峰:《湘赣边界的土籍与客籍》,载刘劲峰、耿艳鹏主编:《吉安市的宗族、经济与文化》下(客家传统社会丛书22),国际客家学会、海外华人资料研究中心、法国远东学院2005年出版。

许怀林:《明清鄱阳湖区的圩堤围垦事业》,《农业考古》1990年第1期。

颜学恕、颜煜开:《明代平民思想家颜钧的理想追求》,《中国史研究》1997年第2期。

尹玲玲:《明代江西鄱阳（湖）地区的渔业经济》,《中国社会经济史研究》2000年第2期。

于志嘉:《明代江西兵制的演变》,《中央研究院历史语言研究所集刊》第66本第4分,1995年12月。

于志嘉:《明代江西卫所屯田与漕运的关系》,《中央研究院历史语言研究所集刊》第72本第2分,2001年6月。

曾永义:《弋阳腔及其流派考述》,《台大文史哲学报》第65期,2006年11月。

张国雄:《"湖广熟天下足"的内外条件分析》,《中国农史》1994年第3期。

张建民:《"湖广熟，天下足"述论——兼及明清时期长江沿岸的米粮流通》,《中国农史》1987年第4期。

郑土有:《做寿习俗的历史发展及其文化内涵》,载于《中国民间文化〔七〕:人生礼俗研究》,学林出版社1992年版。

邹逸麟:《万恭和〈治水筌蹄〉》,《历史地理》第3辑,上海人民出版社1984年版。

后　记

《江西通史·明代卷》是我和谢宏维博士共同完成的。其中，一、二、四、五等章主要是我的成果，但宏维进行了补充和修订；三、六、七、八诸章由宏维撰写，当然也参考了我的一些成果。初稿完成后，张德信、曹国庆二教授对书稿进行了评审，并写出了详细的书面意见；通史编撰领导小组随即召开了初评会，邵鸿、彭适凡、孙家骅、林学勤、游道勤诸教授对书稿进行了评议；感人至深的是全书总顾问、已故周銮书教授在病榻之上通读了书稿，并写出了审读意见。随后，宏维根据专家的意见对全稿进行了修改，并加了附图。最终经我改定。

在书稿即将付梓之际，谨向上述各位学者以及所有对本书给予帮助者表示感谢。在本书写作过程中，参阅了大量已有的研究成果，虽然已经一一注明出处，仍在此向有关学者致谢。特别需要说明的是，许智范教授不仅校读了全部书稿，而且修正了书中的多处错误，特致谢意。书中照片文物多为江西省博物馆藏品(赵可明摄影)，由《南方文物》编辑部供稿。

11卷本《江西通史》工程从启动到最后完成并公开出版，都倾注着主编钟起煌先生的心血。从作者的确定和变更、稿件的完成和评审、经费的筹措和使用，到责任编辑的选择、封面设计的审定、部门之间的协调，乃至作者个人的某些琐细要求，起煌主编均处处关心、事事躬亲。作为这一工程全过程的参与者，其间的艰辛和困难，我比其他作者了解得更多一些。可以负责任地说，如果没有起煌主编的狠抓严管和关爱有加,这套书不要说无法启动,即使启动也随时有夭折的可能。

方志远

2007年7月18日

江西师大北区寓所

图书在版编目(CIP)数据

江西通史·明代卷/方志远,谢宏维著.—南昌:江西人民出版社,2008.11(2017.8 重印)

(江西通史/钟起煌主编)

ISBN 978-7-210-03977-8

Ⅰ.江… Ⅱ.①方…②谢… Ⅲ.江西省—地方史—明代 Ⅳ.K295.6

中国版本图书馆 CIP 数据核字(2008)第 182744 号

江西通史·明代卷

方志远　谢宏维　著

责任编辑:游道勤

封面设计:同异文化传媒

出版:江西人民出版社

发行:各地新华书店

地址:江西省南昌市三经路 47 号附 1 号

学术出版中心电话:0791-86898330

发行部电话:0791-86898815

邮编:330006

网址:www.jxpph.com

E-mail:swswpublic@sina.com　web@jxpph.com

2008 年 11 月第 1 版　2017 年 8 月第 3 次印刷

开本:787 毫米×1092 毫米　1/16

印张:34　插页:4

字数:540 千字

ISBN 978-7-210-03977-8

定价:105.00 元

承印厂:江西华奥印务有限责任公司印刷